AGROBIODIVERSIDADE
E DIREITOS DOS AGRICULTORES

AGROBIODIVERSIDADE
E DIREITOS DOS AGRICULTORES

Juliana Santilli

EDITORA
Peirópolis

Copyright © ilustração Taisa Borges

© creative commons

Atribuição-Uso Não-Comercial-Compartilhamento pela mesma Licença 2.5 Brasil

Você pode:
- copiar, distribuir, exibir e executar a obra
- criar obras derivadas

Sob as seguintes condições:
- Atribuição. Você deve dar crédito à autora original, da forma especificada pela autora.
- Uso Não-Comercial. Você não pode reproduzir esta obra com finalidades comerciais.
- Compartilhamento pela mesma Licença. Se você alterar, transformar, ou criar outra obra com base nesta, você somente poderá distribuir a obra resultante sob uma licença idêntica a esta.

- Para cada novo uso ou distribuição, você deve deixar claro para outros os termos da licença desta obra.
- Qualquer uma destas condições pode ser renunciada, desde que você obtenha permissão da autora.
- Esta licença não vale para as ilustrações, que permanecem em copyright.

Editora
Renata Farhat Borges

Coordenação editorial
Carla Arbex

Revisão
Mineo Takatama
Denise Gomide

Projeto gráfico e editoração eletrônica
Alfredo Carracedo Castillo

Capa
Carla Arbex

Ilustrações
Taisa Borges

Índice Remissivo
Ângela Galvão

Dados Internacionais de Catalogação na Publicação (CIP)
(Câmara Brasileira do Livro, SP, Brasil)

Santilli, Juliana
 Agrobiodiversidade e direitos dos agricultores/Juliana Santilli. – São Paulo: Peirópolis, 2009.

Bibliografia.
ISBN 978-85-7596-157-5

1. Agricultura 2. Agricultura – Brasil – História 3. Agrobiodiversidade 4. Biodiversidade – Conservação 5. Desenvolvimento sustentável 6. Direito ambiental 7. Ecologia agrícola I. Título.

09-07704 CDU-34:502.7

Índices para catálogo sistemático:

1. Agrobiodiversidade e direitos dos agricultores: Direito ambiental   34:502.7

EDITORA
PeirópoliS

1ª edição – 2009 | 1ª reimpressão – 2012
Editora Peirópolis Ltda.
Rua Girassol, 128 – Vila Madalena
05433-000 São Paulo – SP
vendas@editorapeiropolis.com.br
www.editorapeiropolis.com.br

FSC
www.fsc.org
MISTO
Papel produzido
a partir de
fontes responsáveis
FSC® C012418

Para Márcio e Lucas

Sumário

LISTA DE QUADROS 10
LISTA DE SIGLAS 11
APRESENTAÇÃO 15
PREFÁCIO 19
AGRADECIMENTOS 23
INSERÇÃO INSTITUCIONAL E APOIO FINANCEIRO 25
INTRODUÇÃO 27

OS SISTEMAS AGRÍCOLAS E A AGROBIODIVERSIDADE 33
UM POUCO DA HISTÓRIA DAS AGRICULTURAS 35
    Origens da agricultura 35
    A agricultura neolítica e as civilizações hidroagrícolas 43
    As revoluções agrícolas: da antiguidade à modernidade 49
HISTÓRIA DA AGRICULTURA NO BRASIL 65
    Arqueologia brasileira 65
    Os sambaquieiros e outros povos pré-históricos 71
    A agricultura do Brasil Colônia. Do Império à República 73
    A criação do Jardim Botânico do Rio de Janeiro 79
    Agricultura camponesa, familiar e o agronegócio: a diversidade
    de modelos agrícolas 81
AGROBIODIVERSIDADE: UM CONCEITO EM CONSTRUÇÃO 91
AGROBIODIVERSIDADE E SEGURANÇA ALIMENTAR, NUTRIÇÃO,
SAÚDE E SUSTENTABILIDADE AMBIENTAL 100
AGROBIODIVERSIDADE E MUDANÇAS CLIMÁTICAS 106
AGROBIODIVERSIDADE E AGROCOMBUSTÍVEIS 120

A AGROBIODIVERSIDADE E O SISTEMA JURÍDICO 129
AS LEIS DE SEMENTES 132
    A influência do modelo agrícola industrial 132

As sementes e os sistemas agrícolas locais 142
A Lei de Sementes brasileira 147
As sementes locais, tradicionais ou crioulas 157
As sementes "para uso próprio" 164

O SISTEMA UPOV E A PROTEÇÃO DE CULTIVARES 172
Histórico 172
A Convenção da Upov: principais conceitos e normas 180
O Acordo sobre Aspectos dos Direitos de Propriedade Intelectual
Relacionados ao Comércio da OMC 183
O patenteamento de variedades de plantas 188
As Atas de 1978 e de 1991 da Upov 194
Alguns países que disseram NÃO à Upov 198
As patentes e o sistema Upov 201
A Lei de Proteção de Cultivares do Brasil 203

O ACESSO AOS RECURSOS GENÉTICOS DE PLANTAS: REGIME
JURÍDICO INTERNACIONAL E NACIONAL 219
Introdução 219
O regime jurídico internacional 228
   O Compromisso Internacional sobre Recursos Fitogenéticos 228
   As Resoluções 4 e 5/89 e 3/91 da Conferência da FAO 230
   A Convenção sobre Diversidade Biológica e a agricultura 233
   O Tratado Internacional sobre os Recursos Fitogenéticos para
   a Alimentação e a Agricultura 244
      Visão Geral 244
      O sistema multilateral de acesso e repartição de benefícios 259
O regime jurídico nacional 273
   A Medida Provisória 2.186-16/2001 273
   A implementação do Tratado Internacional sobre os Recursos
   Fitogenéticos para a Alimentação e a Agricultura no Brasil 285

DIREITOS DOS AGRICULTORES 295
HISTÓRICO 297
O TRATADO INTERNACIONAL E O ARTIGO 9º 307
OS DIREITOS DOS AGRICULTORES DE GUARDAR, USAR, TROCAR E VENDER SEMENTES ... 310

A Utilização de variedades comerciais no melhoramento
realizado pelos agricultores 314
A Proteção dos conhecimentos tradicionais e a repartição dos benefícios ... 319
O melhoramento participativo 335
A participação política dos agricultores 342
Os direitos dos agricultores em outros países 350
    A Lei de Proteção às Variedades de Plantas e aos Direitos
    dos Agricultores da Índia 350
    A Lei Modelo Africana para o Reconhecimento e a Proteção dos
    Direitos de Comunidades Locais, Agricultores e Melhoristas e para
    a Regulamentação do Acesso aos Recursos Genéticos 356
    A Diretiva Europeia sobre as Variedades de Conservação 359
    As leis regionais italianas 362
    A Lei Suíça 367
O movimento *software* livre, os *commons* e as sementes 369
Os sistemas agrícolas e a proteção ao patrimônio cultural 382
    Os bens culturais de natureza imaterial 382
    As paisagens culturais 390
    Os sistemas engenhosos do patrimônio agrícola mundial 395
As áreas protegidas 399
As indicações geográficas 419

CONCLUSÃO 445

REFERÊNCIAS BIBLIOGRÁFICAS 453

BIBLIOGRAFIA CONSULTADA 486

ÍNDICE REMISSIVO 501

LISTA DE QUADROS

Quadro 1 – Dispositivos referentes aos cultivares locais, tradicionais ou crioulos

Quadro 2 – Dispositivos referentes às sementes para uso próprio

Quadro 3 – Formas de proteção de variedades de plantas no direito norte-americano

Quadro 4 – Diferenças entre as atas de 1978 e de 1991 da Upov e o sistema de patentes

Quadro 5 – Principais dispositivos da Lei de Proteção de Cultivares e da Lei de Patentes brasileiras

Quadro 6 – Principais distinções entre o regime bilateral da CDB e o sistema multilateral instituído pelo tratado da FAO

Quadro 7 – Lista de cultivos agrícolas incluídos no sistema multilateral (Anexo 1 do tratado): cultivos alimentares

Quadro 8 – Lista de cultivos agrícolas incluídos no sistema multilateral (Anexo 1 do tratado): forrageiras

Lista de Siglas

AAAS – American Association for the Advancement of Science
Abrasem – Associação Brasileira de Sementes e Mudas
ANR – Agence Nationale de la Recherche
Aped – Associação de Pesquisa e Ensino em Ecologia e Desenvolvimento
AS-PTA – Assessoria e Serviços a Projetos em Agricultura Alternativa
BNDES – Banco Nacional de Desenvolvimento Econômico e Social
BRG – Bureau des Ressources Génétiques
CAA-NM – Centro de Agricultura Alternativa do Norte de Minas
Cabi – Centre for Agricultural Bioscience International
Capri – Collective Action and Property Rights
CDB – Convenção sobre Diversidade Biológica
Cgen – Conselho de Gestão do Patrimônio Genético
Cgiar – Consultative Group on International Agricultural Research
Cirad – Centre de Coopération Internationale en Recherche Agronomique pour le Développement
CNPq – Conselho Nacional de Desenvolvimento Científico e Tecnológico
CNRAB – Centre National de Ressources en Agriculture Biologique
CNRS – Centre National de la Recherche Scientifique
Copersucar – Cooperativa de Produtores de Cana-de-Açúcar, Açúcar e Álcool do Estado de São Paulo
Dater – Departamento de Assistência Técnica e Extensão Rural
Deser – Departamento de Estudos Sócio-Econômicos Rurais
Edusp – Editora da Universidade de São Paulo
Elni – Environmental Law Network International
Emater – Associação Rio-grandense de Empreendimentos de Assistência Técnica de Extensão Rural
Embrapa – Empresa Brasileira de Pesquisa Agropecuária
Esac – Escola Superior Agrária de Coimbra

Esaf – Escola de Administração Fazendária
ETC Group – Action Group on Erosion, Technology and Concentration
FAO – Food and Agriculture Organization of the United Nations
Faperj – Fundação Carlos Chagas Filho de Amparo à Pesquisa do Estado do Rio de Janeiro
Fase – Federação de Órgãos para Assistência Social e Educacional
FGV – Fundação Getúlio Vargas
Finep – Financiadora de Estudos e Projetos
Fiocruz – Fundação Oswaldo Cruz
Funai – Fundação Nacional do Índio
Gatt – General Agreement on Tariffs and Trade
Giahs – Globally Important Agricultural Heritage Systems
Grain – Genetic Resources Action International
GTZ – Deutsche Gesellschaft für Technische Zusammenarbeit
Ibama – Instituto Brasileiro do Meio Ambiente e dos Recursos Naturais Renováveis
IBGE – Instituto Brasileiro de Geografia e Estatística
Iddri – Institut du Développement Durable et des Relations Internationales
IDRC – International Development Research Centre
IEB – Instituto Internacional de Educação do Brasil
IFB – Institut Français de la Biodiversité
Ifpri – International Food Policy Research Institute
Iheal – Institut des Hautes Études de l'Amérique Latine
Iica – Instituto Interamericano de Cooperação para a Agricultura
Incra – Instituto Nacional de Colonização e Reforma Agrária
Inpi – Instituto Nacional de Propriedade Industrial
Inra – Institut National de la Recherche Agronomique
Ipam – Instituto de Pesquisa Ambiental da Amazônia
IPCC – Intergovernmental Panel on Climate Change
Ipgri – International Plant Genetic Resources Institute
Iphan – Instituto do Patrimônio Histórico e Artístico Nacional
IRD – Institut de Recherche pour le Dévéloppement
ISA – Instituto Socioambiental
Isaaa – International Service for the Acquisition of Agri-Biotech Applications

ISHS – International Society for Horticultural Science
IUCN – The World Conservation Union (UICN em português)
Mapa – Ministério da Agricultura, Pecuária e Abastecimento
MDA – Ministério do Desenvolvimento Agrário
MMA – Ministério do Meio Ambiente
MNHN – Muséum National d'Histoire Naturelle
MPEG – Museu Paraense Emílio Goeldi
Nead – Núcleo de Estudos Agrários e Desenvolvimento Rural
Nupaub – Núcleo de Apoio à Pesquisa sobre Populações Tradicionais e Áreas Úmidas Brasileiras
Nupeea – Núcleo de Publicações em Ecologia e Etnobotânica Aplicada
OGM – Organismos Geneticamente Modificados
OIT – Organização Internacional do Trabalho
OMC – Organização Mundial do Comércio
Ompi – Organização Mundial de Propriedade Intelectual (Wipo em inglês)
OMS – Organização Mundial da Saúde
ONU – Organização das Nações Unidas
PIB – Produto Interno Bruto
PPGSCA-Ufam – Programa de Pós-Graduação Sociedade e Cultura no Amazonas da Universidade Federal do Amazonas
Proagro – Programa de Garantia da Atividade Agropecuária
Pronaf – Programa Nacional de Fortalecimento da Agricultura Familiar
Rafi – Rural Advancement Foundation International
Renasem – Registro Nacional de Sementes e Mudas
RNC – Registro Nacional de Cultivares
SAF – Secretaria da Agricultura Familiar
SBPC – Sociedade Brasileira para o Progresso da Ciência
Sebrae – Serviço Brasileiro de Apoio às Micros e Pequenas Empresas
Senac – Serviço Nacional do Comércio
SNSM – Sistema Nacional de Sementes e Mudas
SPDA – Sociedad Peruana de Derecho Ambiental
Sristi – Society for Research and Initiatives for Sustainable Technologies and Institutions
Tirfa – Tratado Internacional sobre os Recursos Fitogenéticos para a Alimentação e para a Agricultura

Trips – Trade-Related Aspects of Intellectual Property Rights Agreement
UFGO – Universidade Federal de Goiás
UFPA – Universidade Federal do Pará
UFPR – Universidade Federal do Paraná
UFRGS – Universidade Federal do Rio Grande do Sul
UFRJ – Universidade Federal do Rio de Janeiro
UFSM – Universidade Federal de Santa Maria
UICN – União Internacional para a Conservação da Natureza (IUCN em inglês)
Unaic – União das Associações Comunitárias do Interior de Canguçu
UNB – Universidade de Brasília
Unced – United Nations Conference on Environment and Development
UNDP – United Nations Development Programme
Unep – United Nations Environment Programme
Unesco – United Nations Educational, Scientific and Cultural Organization
Unesp – Universidade Estadual de São Paulo
Unicamp – Universidade Estadual de Campinas
Upov – União Internacional para a Proteção das Obtenções Vegetais
Usaid – United States Agency for International Development
USP – Universidade de São Paulo
WWF – World Wildlife Foundation
Wipo – World Intellectual Property Organization (Ompi em português)
WTO – World Trade Organization

APRESENTAÇÃO

É com enorme satisfação que o Instituto Internacional de Educação do Brasil (IEB) apresenta este novo trabalho de Juliana Santilli. O livro, derivado de sua tese de doutorado, defendida na Pontifícia Universidade Católica do Paraná (PUC-PR), examina o impacto do sistema jurídico sobre a agrobiodiversidade e suas diversas interfaces, inclusive a implementação dos direitos dos agricultores no Brasil.

Juliana acumula uma longa experiência na defesa dos direitos socioambientais: desde a sua atuação em organizações da sociedade civil, como assessora jurídica do Núcleo de Direitos Indígenas, e depois no Instituto Socioambiental, do qual é sócia fundadora e colaboradora até hoje, até sua atuação como Promotora de Justiça do Ministério Público do Distrito Federal e Territórios. Contribui com o trabalho do IEB desde seus primórdios e é professora de nosso curso de Direito Ambiental desde a sua primeira edição, em 1999.

A primeira parte do livro é dedicada a uma descrição histórica sobre as origens da agricultura e dos diversos sistemas agrícolas, com ênfase na história da agricultura no Brasil. Além de examinar as mais recentes pesquisas arqueológicas, que mostram quão densa era a ocupação de várias regiões amazônicas e quão complexas eram as sociedades que ali habitavam, e suas revelações sobre os sistemas agrícolas da época, Juliana mostra como, ao longo da história, foram se delineando, no Brasil, dois modelos bastante distintos de agricultura. O primeiro, é a chamada agricultura camponesa ou familiar, ainda que pesem as inúmeras divergências sobre esses conceitos; e o segundo, é a agricultura patronal, hoje transmutada no agronegócio. Ainda nessa primeira parte, a ideia de "agrobiodiversidade", como um conceito em construção, e suas interfaces com a segurança alimentar, a nutrição, a saúde, a sustentabilidade ambiental, as mudanças climáticas e os agrocombustíveis, são examinadas.

A segunda parte do livro analisa os impactos que diversos instrumentos legais produzem sobre a agrobiodiversidade. São objetos dessa análise tanto leis nacionais como a Lei de Sementes, a Lei de Proteção de Cultivares e a Medida Provisória que regula o acesso aos recursos genéticos e ao conhecimento tradicional associado, como instrumentos jurídicos internacionais, entre eles, a Convenção Internacional para a Proteção das Obtenções Vegetais (Upov), a Convenção sobre Diversidade Biológica e o Tratado Internacional sobre Recursos Fitogenéticos para Alimentação e Agricultura. A questão da propriedade intelectual está entre as tratadas nessa segunda parte. São debatidas questões como a tensão entre a possibilidade de patenteamento das variedades de plantas e o livre acesso aos recursos fitogenéticos, e os seus impactos diretos sobre os agricultores familiares, acostumados a compartilhar e a promover o intercâmbio de materiais genéticos, saberes locais e experiências agrícolas. Com a análise dessas tensões, feita por Juliana, espelhadas nos instrumentos jurídicos nacionais e internacionais, é possível aquilatar a complexidade que o conceito de agrobiodiversidade, em todas suas acepções, carrega.

A terceira parte do livro é consagrada aos direitos dos agricultores. Após um histórico desses direitos, Juliana examina alguns instrumentos legais, como a Lei de Sementes e a Lei de Proteção de Cultivares, o Tratado Internacional sobre Recursos Fitogenéticos para Alimentação e Agricultura e a Convenção sobre Diversidade Biológica. O exame desses instrumentos permite a análise do tratamento que o conhecimento tradicional associado à biodiversidade vem recebendo no país e das iniciativas governamentais e não governamentais que com ele dialogam. Juliana, com sua vasta experiência nesse tema, mostra como muitas dessas iniciativas não estão associadas a ferramentas legais, mas poderiam ser fortalecidas com medidas relativamente simples, que ajudariam a promover o uso sustentável da agrobiodiversidade e assegurar o espaço legal para a manutenção da diversidade de sistemas agrícolas.

Apresentação

Essa última parte do livro abarca várias outras análises. Há um exame detalhado dos direitos dos agricultores em outros países e regiões, como a Índia, a África, a União Europeia, a Itália e a Suíça. Juliana explora ainda as interfaces entre o movimento *software* livre, os *commons* e as sementes, bem como aquelas entre os sistemas agrícolas e os mecanismos de proteção ao patrimônio cultural, material e imaterial.

Os recortes adotados no livro são múltiplos e o resultado é uma obra de fôlego, bastante abrangente e capaz de reforçar as correlações, tradicionalmente olvidadas, entre a agricultura e a biodiversidade, e de revelar conexões não tão evidentes como as similaridades entre o movimento *software* livre, os *commons* e as sementes e seus mecanismos de proteção.

Com esse livro, Juliana mostra que, apesar de não podermos atribuir a perda da biodiversidade agrícola ao sistema jurídico, esse tem grande impacto sobre a agrobiodiversidade, e muitos de seus dispositivos têm contribuído para agravar seus efeitos negativos. Com a análise de diversas experiências aponta, também, para um conjunto de subsídios que podem ser de grande utilidade na elaboração de um novo regime jurídico nacional de acesso e repartição de benefícios para os recursos fitogenéticos.

A importância do tema da agrobiodiversidade e suas interfaces com a sustentabilidade ambiental e a segurança alimentar, para as atividades de capacitação e fortalecimento institucional realizadas pelo IEB, é evidente. O apoio do Instituto à publicação do presente livro corrobora para que esses temas sejam debatidos mais amplamente. As atividades do Instituto, principalmente em seus projetos do Sul do Amazonas e na formação de indígenas, dialogam amplamente com as conexões realizadas neste livro, tanto aquela que permeia toda a obra, a relação entre a agrobiodiversidade e os instrumentos jurídicos como outras, frutos de iniciativas e experiências que podem ser revisitadas e utilizadas de maneira a fortalecer e inovar nosso trabalho.

Cabe lembrar ainda que Juliana, como professora do curso de Direito Ambiental do IEB, traz à tona um tema que merece destaque nesse espaço de formação. Tanto a agrobiodiversidade como os direitos dos agricultores e as questões ligadas à segurança e à soberania alimentar devem fazer parte dos conteúdos programáticos desse curso, conferindo a ele não apenas mais atualidade, como também um caráter mais interdisciplinar.

Pioneira no tratamento dessas questões no Brasil, como foi o livro anterior da autora, "Socioambientalismo e novos direitos", esta obra certamente ajudará no melhor entendimento das questões que circundam a agrobiodiversidade e, se tivermos sorte, também auxiliará na construção de arcabouços políticos e jurídicos que zelem melhor por essa diversidade e pelos direitos dos agricultores.

Boa leitura!

Brasília, junho de 2009.

Instituto Internacional de Educação do Brasil – IEB

Prefácio

Antes a terra não era uma mercadoria que se pudesse vender sem usar ou mesmo sem conhecer. A terra não era objeto de direito de propriedade. A terra é abundante, dizia Locke, e, portanto, não necessita ser protegida pelo direito de propriedade, o direito de uso é bastante.

Com o passar dos tempos e os negócios se avolumando com os frutos da terra, esses, sim, propriedade e mercadoria, a terra mesma foi sendo objeto de venda e compra. Num determinado momento da modernidade, que autor nenhum pode precisar quando, a terra virou mercadoria e propriedade, passou a ser vendida e comprada independentemente do uso, como qualquer outra mercadoria. Ninguém pode precisar quando o cercamento inglês passou a ser propriedade, nem se pode dizer o momento em que as sesmarias portuguesas passaram a ser inúteis, porque a terra já não podia ser distribuída pelo poder do príncipe, apenas por compra e venda entre particulares.

Afinal, nem foi tão difícil para a moral europeia aceitar a terra como propriedade privada: já iam longe as teorias de Santo Tomás de Aquino (século XIII) e mais ainda de São Basílio (século V) que desconsideravam a propriedade de qualquer coisa que fosse útil e necessária a outrem. Muito diferente da antiga teoria cristã, a terra podia ser cercada, individualizada, não consumível e imóvel. É objeto do direito de propriedade perfeito para a modernidade capitalista. Tão fácil e adequada, que o direito civil codificado no século XIX quase fez da terra o exato conceito de propriedade. No mesmo século XIX, mais de seiscentos anos depois de Santo Tomás, o Papa Leão XIII define a propriedade como direito natural, e nele, obviamente, incluída a terra.

Mas se a terra pode ser negada a todos pelo direito de propriedade individual, poderão sê-lo também as sementes? É que as sementes são irmãs gêmeas da terra. Nada existirá se a terra e as sementes não se unirem para produzir frutos. Já sabíamos que os frutos da terra, animais e plantas úteis aos seres humanos, eram mercadorias, objeto do direito de propriedade móvel, consumível. Mas a terra e a semente não! Assim como a semente depende do fruto para produzir, a terra depende da semente para generosamente prover as necessidades de todos os seres. Desde que o mundo é mundo essa relação se repete: a semente germina em contato com a terra e a terra, germinando a semente, provê as necessidades de todos os seres. Essa relação independe do ser humano, é, como se diz, natural.

Alguns, animais e humanos, esperavam pacientes que a terra germinasse a semente e coletavam os frutos, todos eram coletores. Outros, sabendo que os coletores viriam buscar os frutos, os esperavam para caçá-los, eram os caçadores. Os humanos sempre foram bons caçadores e coletores, tão bons que aprenderam a amansar, cercar e tanger a caça, tornaram-se pastores. Até que um dia descobriram que o casamento entre a terra e as sementes podia ser usado para plantar e determinar quais e onde nasceriam os frutos. Nesse dia, começou a nascer uma nova raça de humanos, os agricultores. As sementes e os agricultores, assim, são filhos do mesmo passo dado pela humanidade. Não há um sem outro, a condição da existência de um é a existência do outro. Essa repetição se dá há mais de dez mil anos, os agricultores guardando, escolhendo, melhorando suas sementes, mas também repartindo, trocando, aprimorando. Esse árduo e longo trabalho, feito ano após ano, lutando contra as intempéries e todas as vicissitudes naturais, não é obra de um homem só, mas de povos inteiros, e não de um só povo, mas de muitos povos em cooperação ou guerra.

Assim tem sido a vida da humanidade: separar as sementes, plantar, colher, separar novamente as sementes, voltar a plantar. É verdade que não é fácil a vida dos agricultores, o trabalho é duro, o ganho, pouco, mas sempre há a alegria de ver germinar o grão na terra arroteada, de ver crescer a planta e novamente colher o grão, que mais uma vez será semente lançada à fértil e fofa terra.

Mas a modernidade que conseguiu a façanha de transformar a terra em propriedade privada, promovendo a exclusão de todos os outros

Prefácio

que não seu individualista proprietário, no final do século XX inventa uma propriedade privada para as sementes, uma espécie de cercamento de sementes e mudas, como se o mesmo feijão que comemos já não germinasse no algodão úmido, como fazíamos na nossa infância, como se o agricultor já não pudesse ou não soubesse escolher suas sementes e muito menos tivesse a generosidade de reparti-las entre os vizinhos, parentes e camaradas. Como se as sementes não fossem o grão escolhido, os filhos dos melhores frutos e o produto das plantas mais generosas.

O processo de cercamento, porém, se deu de forma célere e agressiva, desde as últimas décadas do século XX. Forçados pela Organização Mundial do Comércio e instrumentalizado por outra organização internacional chamada Upov (União para a Proteção das Obtenções Vegetais), os países foram legislando, cercando, obstruindo os conhecimentos dos agricultores e das populações tradicionais a tal ponto que as sementes passaram a ser propriedade privada de uns, excluídos todos os outros. Assim como a terra, as sementes perdiam sua natureza e se transformavam em mercadorias acessíveis apenas pelo contrato, perdida a generosidade da dádiva e entregue ao interesse mais mesquinho de um proprietário individual.

Assim como a terra, não é fácil, porém, tirar as sementes do mundo da natureza e da generosidade humana. Os agricultores, as populações tradicionais, os homens e mulheres conscientes, buscam encontrar saídas a essas armadilhas da propriedade privada do conhecimento e da terra.

A história, tão breve e fracionariamente contada neste prefácio, está relatada com a maestria, o conhecimento e a profundidade que somente a Doutora Juliana Santilli pode e sabe fazer. O livro conta ainda os problemas desse cercamento, como os impactos gerados na agrobiodiversidade e suas possíveis saídas, conta os ardis e as dificuldades de implantação dessa nova fronteira da imaginação e ganância humanas. Conta como os povos de agricultores do mundo resistem, aliados a todos aqueles que sabem que a apropriação individual da natureza e do conhecimento pode levar, como está levando, a humanidade a um beco sem saída. Conta como estão sendo estudadas, pensadas e propostas as alternativas.

Não imagine o leitor, porém, que vá encontrar um texto árido e técnico, escrito somente para iniciados. Não, longe disto: se lê este livro, de preciso rigor científico, como se lê um romance, porque ele não esconde em nenhum momento a profunda, intransigente e doce dimensão humana da autora. Este é um livro rigorosamente científico, para ser lido com prazer, mas também com indignação, porque se sua leitura aumenta nosso conhecimento, aumenta ainda mais nossa esperança.

Curitiba, 22 de junho de 2009.

Carlos Frederico Marés de Souza Filho

Professor Titular da PUCPR.

Agradecimentos

A Laure Emperaire, sem ela nada disso teria sequer começado. Pelas inúmeras contribuições a este trabalho, pela confiança e pelo exemplo inspirador.

A Carlos Marés, pela orientação e pelo apoio solidário à realização deste trabalho.

Ao Ministério Público do Distrito Federal e Territórios (MPDFT), que autorizou o afastamento de minhas atividades para a conclusão do curso de doutorado, sem o qual este trabalho não teria sido possível.

A todos os professores e alunos do Programa de Pós-Graduação em Direito da PUC-PR, pela acolhida e pelo convívio fraterno em Curitiba, e a Eva e Isabel, por toda a atenção e ajuda ao longo do doutorado.

A todos os pesquisadores do Programa "Populações Locais, Agrobiodiversidade e Conhecimentos Tradicionais na Amazônia Brasileira (Pacta)".

À Universidade e Centro de Pesquisa de Wageningen, pela oportunidade de participar do excelente programa de treinamento internacional *Contemporary Approaches to Plant Genetic Resources, Conservation and Use*, e à Netherlands Organization for International Cooperation in Higher Education (Nuffic).

Ao Centre de Coopération Internationale en Recherche Agronomique pour le Développement (Cirad), ao Institut de Recherche pour le Développement (IRD) e à Fondation Agropolis, por todo o aprendizado proporcionado pela minha participação na *École Thématique Internationale Agrobiodiversité: des hommes et des plantes. Outils et méthodes d'analyse*.

Aos amigos e parceiros do Instituto Internacional de Educação do Brasil (IEB), pela confiança, compreensão e pelo fundamental apoio à publicação deste trabalho.

Aos amigos e parceiros do Instituto Socioambiental (ISA), pelo companheirismo socioambiental.

A Altair Toledo Machado, pelas diversas entrevistas e contribuições a este trabalho.

A Patricia Bustamante, pelo convívio fraterno em Wageningen e pela oportunidade de conhecer a comunidade de agricultores e extrativistas de Água Boa, em Rio Pardo de Minas (MG).

A Nivaldo Peroni, pelas diversas contribuições e subsídios a este trabalho.

A Maria Rita Reis, por todas as sugestões e trocas de ideias.

A Luiz Cláudio Bona, da AS-PTA, pela generosa acolhida em Porto União, Santa Catarina e União da Vitória, Paraná e pelo lindo trabalho com agroecologia, e aos agricultores Alfredo, Tereza e Afonso Bauer, Aires Niedzielski, Félix e Bromilde Vergopola, Getúlio e Carmelinda Padilha, Elio e Edio Kottwitz, Bernardo Samunek, Oswaldo Pinto, João Altair de Lima e Hélio da Silva, pela oportunidade de aprender com suas ricas e valiosas experiências. A Wilson Meira Rocha, André Emílio Jantara e Edney de Almeida, por toda a ajuda.

A todos os representantes de órgãos públicos, da indústria de sementes, de organizações de agricultores e da sociedade civil, cientistas e professores que se dispuseram a ser entrevistados e a fornecer subsídios a este trabalho.

À bibliotecária Dulcineide, do MPDFT, sempre tão gentil e atenciosa.

A Ana e Antônia, a minha profunda gratidão pelo carinho com que cuidam de mim e da minha família.

À minha grande amiga Andréa Chaves, com quem compartilhei todas as aflições e comemorei todos os avanços na realização deste trabalho.

A Denise Nicolaidis, pelo carinho e apoio em todos os momentos.

Às tias Branca, Xoxô e Lilinha, tão maravilhosas e sempre tão próximas, e a Aninha e Duda, pela amizade e companheirismo.

Às minhas queridas irmãs e amigas Ariadna e Amaryllis, presenças constantes e imprescindíveis na minha vida.

A Esmeralda, que tem um talento tão especial para aliviar as angústias e encher o coração de conforto.

Aos meus amores, Márcio e Lucas.

INSERÇÃO INSTITUCIONAL E APOIO FINANCEIRO

A realização deste trabalho só foi possível graças à concessão de uma licença remunerada, para fins de estudos e aperfeiçoamento profissional, pelo Ministério Público do Distrito Federal e Territórios, com fundamento no art. 204, I, da Lei Complementar nº 75/93 e na Resolução nº 71/2006, do Conselho Superior dessa instituição.

Esta pesquisa foi realizada no âmbito do programa de cooperação bilateral CNPq – IRD nº 492693/2004-8 "Populações Locais, Agrobiodiversidade e Conhecimentos Tradicionais na Amazônia Brasileira" (Pacta), coordenado por Mauro Almeida e Laure Emperaire e realizado por meio da parceria entre o Institut de Recherche pour le Développement/ (IRD, UMR 208, "Patrimônios Locais"/Muséum National d'Histoire Naturelle) e a Universidade Estadual de Campinas (Unicamp), com a participação do Instituto Socioambiental (ISA) e de pesquisadores de diversas instituições.

A pesquisa recebeu o apoio financeiro do CNPq, do IRD, do Bureau des Ressources Génétiques (BRG), projeto "Normas Locais e Normas Legais: Interfaces para um Manejo Sustentável da Agrobiodiversidade na Amazônia Brasileira" e da Agence Nationale de Recherche / IFB – Institut Français de la Biodiversité (ANR), projeto "Das Produções Localizadas às Indicações Geográficas: Instrumentos para Valorizar a Biodiversidade nos Países do Sul".

Durante a pesquisa de doutorado, a autora foi beneficiada por uma bolsa de estudos do Netherlands Fellowship Programme (NFP), da Netherlands Organization for International Cooperation in Higher Education (Nuffic), para participar do programa de treinamento internacional *Contemporary Approaches to Plant Genetic Resources, Conservation and Use*, realizado pela Universidade e Centro de Pesquisa de Wageningen em 2008.

O Centre de Coopération Internationale en Recherche Agronomique pour le Développement (Cirad, UMR Développement et Amélioration des Plantes), o Institut de Recherche pour le Développement (UMR Diversité et Adaptation des Plantes Cultivées) e a Fondation Agropolis apoiaram a participação da autora na *École Thématique Internationale Agrobiodiversité: des hommes et des plantes. Outils et méthodes d'analyse* em 2008.

Introdução

A biodiversidade é em geral associada a animais e plantas silvestres. Há, tanto na sociedade como entre os ambientalistas, menos consciência e menos militância em favor da diversidade biológica e genética na agricultura – a agrobiodiversidade ou biodiversidade agrícola – do que da biodiversidade silvestre. Historicamente, o componente cultivado da biodiversidade tem sido negligenciado pelos ambientalistas e pelas políticas e órgãos públicos. Os juristas também têm se ocupado muito pouco do tratamento jurídico da agrobiodiversidade, mesmo aqueles que se dedicam ao direito ambiental ou socioambiental.

Proteger variedades de mandioca, milho, arroz, feijão e os nossos ecossistemas agrícolas é tão importante quanto fazê-lo com a floresta amazônica, a mata atlântica, o mico-leão-dourado, o lobo-guará etc. Muitas variedades e espécies agrícolas já se extinguiram e outras correm risco de extinção, e a nossa alimentação se baseia em um número cada vez mais reduzido de espécies, com consequências para o meio ambiente e para a nossa saúde, que está diretamente associada à qualidade dos alimentos que comemos. Temos uma alimentação cada vez mais pobre, e poucas pessoas se dão conta das interfaces entre os modelos agrícolas hegemônicos e o padrão alimentar que nos é imposto, e de suas consequências socioambientais: marginalização socioeconômica dos agricultores tradicionais e familiares, perda da segurança alimentar, contaminação das águas, erosão dos solos, desertificação, devastação das florestas etc. Na agricultura, os impactos ambientais afetam a própria base de produção, o agroecossistema.

A conservação da agrobiodiversidade não é, entretanto, apenas uma questão ambiental. A segurança alimentar e nutricional de toda a população, o desenvolvimento rural sustentável, a inclusão social e o combate à fome e à miséria estão, direta ou indiretamente, relacionados à conservação e ao uso dos recursos da agrobiodiversidade. Hoje cerca de 75% dos mais pobres do mundo – 1,2 bilhão de pessoas – vivem em áreas rurais e dependem da agricultura para sua subsistência. Só no Brasil, o Programa Nacional de Fortalecimento da Agricultura Familiar (Pronaf), do Ministério do Desenvolvimento Agrário, estima que a categoria "agricultores tradicionais" represente em torno de 15% da população agrícola, e a diversidade agrícola constitui a base de sua sobrevivência e da estabilidade de seus sistemas agrícolas. A redução da diversidade agrícola, entretanto, compromete a sustentabilidade de todos os sistemas agrícolas, e não só da agricultura tradicional e familiar, ainda que os impactos sejam distintos.

Apesar dos avanços das leis socioambientais nos últimos anos, ainda não há nenhuma especificamente consagrada à agrobiodiversidade (ou que pelo menos lhe dê uma atenção especial), e há poucas políticas públicas voltadas para a conservação da biodiversidade agrícola. Entre as principais leis socioambientais, como as que tratam da política nacional de meio ambiente, da política nacional da biodiversidade, do sistema nacional de unidades de conservação e do acesso aos recursos genéticos e conhecimentos tradicionais, nenhuma delas se preocupa especificamente com o tratamento da agrobiodiversidade. Pior do que isso é o fato de que as leis agrícolas (sementes, cultivares etc.) têm sido editadas sem considerar os seus impactos sobre a diversidade genética, de espécies agrícolas e de ecossistemas cultivados.

As leis agrícolas têm desconsiderado que a biodiversidade – e a sociodiversidade associada – são protegidas pela Constituição e que as leis e políticas públicas setoriais, incluindo as políticas agrícolas, devem promover sua conservação e utilização sustentável. A preservação da diversidade e da integridade do patrimônio genético é expressamente determinada pela Constituição (artigo 225, parágrafo 1º, II), assim como a salvaguarda do rico patrimônio sociocultural brasileiro (artigo 216), que inclui as variedades agrícolas, as práticas, saberes e inovações desenvolvidas pelos agricultores. Este trabalho faz uma leitura das leis agrícolas por esse ângulo: que impactos produzem sobre a agrobiodiversidade e a diversidade sociocultural associada e como podem ser implementados os direitos dos agricultores, uma parte essencial de qualquer política de conservação e uso sustentável da agrobiodiversidade.

O trabalho analisa como o sistema jurídico tem influenciado a diversidade de espécies, variedades e ecossistemas cultivados, quais os espaços legais conferidos aos sistemas agrícolas tradicionais e locais e que impasses e empecilhos precisam ser superados para que as conquistas dos movimentos sociais do campo no plano legislativo se concretizem. Analisa como os instrumentos jurídicos podem ser úteis para promover a conservação e o uso sustentável da agrobiodiversidade, enfocando tanto os em vigor como os que ainda estão em construção. Por outro lado, mostra o quanto pode ser feito em prol da diversidade agrícola sem a necessidade de quaisquer instrumentos jurídicos, por meio do relato de iniciativas e experiências no Brasil e em várias regiões do mundo. Em outras palavras, o trabalho discute não apenas o que os instrumentos jurídicos podem fazer, mas também o que não devem fazer e o que pode ser feito sem a necessidade do Direito e de suas ferramentas.

Para enfrentar tais questões, o trabalho adota uma abordagem interdisciplinar, em um esforço para romper com o confinamento do Direito e com a sua rigidez dogmática. Assim, fazemos algumas incursões por outras áreas de conhecimento, sem as quais a análise dos instrumentos jurídicos se tornaria extremamente pobre e limitada. Sem pretender reinventar ou aprofundar a análise de temas afetos a outras disciplinas, o trabalho apresenta alguns conceitos que são essenciais à análise das leis agrícolas e de seus impactos sobre a agrobiodiversidade. É o caso, por exemplo, do próprio conceito de agrobiodiversidade, que emergiu nos últimos dez a quinze anos, em um contexto interdisciplinar que envolve diversas áreas de conhecimento (Agronomia, Antropologia, Ecologia, Botânica, Genética, Biologia da Conservação etc.), e que ainda não encontrou seu lugar e reconhecimento no mundo jurídico.

Além dos levantamentos bibliográficos e de relatórios e documentos oficiais e não oficiais, o trabalho se baseou em um conjunto de entrevistas com os diferentes atores sociais envolvidos no tema: representantes e técnicos de órgãos públicos com atribuições afetas ao tema, agricultores familiares, tradicionais e agroecológicos e representantes de suas organizações, sindicatos de trabalhadores rurais, representantes de organizações da sociedade civil brasileira e de outros países e da indústria de sementes, além de cientistas e pesquisadores que trabalham com a temática da agrobiodiversidade.

Assim, discorremos inicialmente sobre as origens da agricultura e os diferentes sistemas agrícolas existentes no mundo e um pouco sobre a história da agricultura no Brasil, do período pré-colombiano aos dias atuais, mostrando a diversidade de modelos agrícolas. Essa introdução ao tema é necessária para que possamos compreender que a diversidade foi sempre uma característica dos modelos agrícolas e, portanto, deve ser considerada quando se elaboram instrumentos jurídicos voltados para a área agrícola. Discutimos o conceito (em construção) de agrobiodiversidade e suas interfaces com segurança alimentar, nutrição, saúde, sustentabilidade ambiental, mudanças climáticas e agrocombustíveis. Apresentados tais conceitos iniciais, o trabalho analisa os impactos sobre a agrobiodiversidade produzidos pelos instrumentos legais, como a Lei de Sementes (Lei 10.711/2003), que regula a produção e a comercialização das sementes. O termo "sementes" é aqui utilizado em sentido amplo: inclui não só as sementes, no sentido botânico, como todo e qualquer material de propagação vegetal (mudas, tubérculos etc.) que encerre em si a vida de uma planta. As sementes são a base da agrobiodiversidade, e não podemos compreender o impacto do sistema jurídico sobre a diversidade agrícola sem uma análise das normas que regulam a produção, a comercialização e a utilização das sementes.

Analisamos também a Convenção Internacional para a Proteção das Obtenções Vegetais (conhecida como a "Convenção da Upov") e a Lei de Proteção de Cultivares (Lei 9.456/1997), que regula os direitos de propriedade intelectual relativos aos cultivares e foi editada nos moldes do sistema Upov. Mais uma vez, a análise é feita pela perspectiva de seus impactos sobre a agrobiodiversidade e sobre os sistemas agrícolas tradicionais e locais. Em síntese, o sistema Upov não considera ou reconhece as inovações produzidas pelos agricultores e, ao mesmo tempo, impõe uma rígida proteção às inovações produzidas pelo melhoramento genético vegetal realizado pelas instituições, públicas e privadas, que fazem parte do sistema "formal". É também por essa perspectiva que são analisados a Convenção sobre Diversidade Biológica, o Tratado Internacional sobre Recursos Fitogenéticos para Alimentação e Agricultura e a Medida Provisória nº 2.186-16/2001, que regula o acesso aos recursos genéticos e conhecimentos tradicionais associados à biodiversidade.

Finalmente, passamos da análise crítica à proposição: apresentamos propostas e instrumentos para a implementação dos direitos dos agricultores no Brasil. Apesar de reconhecermos que os direitos dos agricultores abrangem o acesso a terra e à reforma agrária, esse não será o foco do trabalho, que trata principalmente das interfaces entre os direitos dos agricultores e a agrobiodiversidade. Discutimos ainda as leis adotadas em outros países e regiões (Índia, África, União Europeia, Itália e Suíça) para assegurar os direitos dos agricultores, as interfaces e as similaridades entre o movimento *software* livre, os *commons* (bens comuns) e as sementes, os instrumentos jurídicos de proteção ao patrimônio cultural e a sua aplicação aos sistemas agrícolas, as áreas protegidas e o potencial uso das indicações geográficas para valorizar os produtos da agrobiodiversidade e se integrar a estratégias de conservação in *situ/on farm* da biodiversidade agrícola e da diversidade cultural associada.

Brasília, 15 de junho de 2009.

Juliana Santilli

Os sistemas agrícolas e a agrobiodiversidade

Um pouco da história das agriculturas[1]

Origens da agricultura

O surgimento da agricultura produziu os impactos de uma revolução social e cultural sobre a humanidade. Por isso, o processo pelo qual o homem deixou de caçar e coletar alimentos na natureza para cultivar a terra e criar animais é conhecido como "revolução agrícola neolítica"[2] e teria ocorrido há cerca de dez a doze mil anos.

A agricultura mudou a relação do homem com a natureza, permitindo que ele passasse a controlar[3] quando, onde e como as plantas seriam cultivadas e os animais, criados. Aos poucos, as sociedades de caçadores-

---

1. A história da agricultura contada neste subcapítulo se baseia principalmente na obra magistral de Marcel Mazoyer e Laurence Roudart, intitulada: *História das agriculturas do mundo:* do neolítico à crise contemporânea (Lisboa: Instituto Piaget, 1998). O livro traça as origens da agricultura e analisa toda a herança agrícola e agrária da humanidade, descrevendo os principais sistemas desenvolvidos ao longo da história. É leitura obrigatória para qualquer interessado na história da relação do homem com as plantas cultivadas. Consultar também Miguel Angel Pons. *História da agricultura.* Caxias do Sul: Maneco, 1998.
2. O Neolítico, também conhecido como Idade da Pedra Polida, foi o último período da Pré-História e se prolongou de 12000 a 4000 a.C.
3. Até certo ponto, pois o controle do homem sobre a natureza nunca será absoluto. Muitas populações tradicionais caçam, pescam, coletam, praticam o extrativismo e também a agricultura.

coletores transformaram-se em sociedades de agricultores. De uma prática de coleta de grãos espontaneamente gerados pela natureza, principalmente os cereais, as sociedades humanas passaram a selecionar os grãos de algumas espécies e a cultivá-los e reproduzi-los em condições artificialmente criadas pelo homem. As espécies eram selecionadas para usos alimentícios, medicinais, religiosos[4] etc.

Essa mudança na relação do homem com a natureza foi lenta e gradual, e pode-se dizer, usando as palavras de Harlan, que "a agricultura não foi descoberta ou inventada"[5]. A agricultura evoluiu ao longo de séculos e passou por transformações sucessivas, que afetaram as sociedades humanas em tempos e lugares distintos. O desenvolvimento de novos sistemas agrícolas esteve associado a mudanças ambientais, sociais, econômicas e culturais.

Estudos arqueológicos mais recentes indicam que o surgimento da agricultura teria ocorrido de forma independente em várias regiões do mundo. Pelo menos dez centros de origem já foram identificados pelos arqueólogos (incluindo a África, a Índia e a Nova Guiné[6]), e já não se acredita (como ocorria nos anos 1950) que a agricultura tenha se iniciado em apenas dois centros (o Oriente Próximo e as Américas) para depois se irradiar para o resto do mundo[7].

---

4. Nas mitologias clássicas de muitas civilizações, a agricultura tem origem divina e teria sido oferecida aos homens por deusas: Ísis no Egito, Deméter na Grécia e Ceres em Roma. Na mitologia chinesa, Shen Nung, uma divindade com corpo humano e cabeça de boi, teria inventado o arado e ensinado a agricultura aos homens. Já os Astecas acreditavam que o milho teria sido um presente do deus Quetzalcoatl (o "Pássaro-Serpente") para os homens. Quetzalcoatl teria se disfarçado de formiga preta para chegar até a montanha onde o milho era guardado por formigas vermelhas, a fim de roubar alguns grãos e oferecê-los aos homens. (Jack R. Harlan. *Crops and man*. Madison: American Society of Agronomy; Crop Science Society of America, 1975a, p. 35-40.).
5. Jack R. Harlan.*The living fields:* our agricultural heritage. Cambridge: Cambridge University Press, 1995, p. 239.
6. Katherine Neumann. "New Guinea: a cradle of agriculture" *Science*, v. 301, p.180-181, 11/7/2003.
7. Michael Balter. "Seeking agriculture's ancient roots" *Science*, v. 316, p.1830-1835, 29/6/2007.

O desenvolvimento da agricultura foi durante muito tempo atribuído ao aumento da população humana e a uma suposta incapacidade de a caça e a coleta suprir as necessidades de alimentos, o que atualmente é relativizado por muitos historiadores. Marcel Mazoyer e Laurence Roudart consideram que nada permite afirmar que o desenvolvimento da agricultura no Neolítico tenha respondido à necessidade de ultrapassar uma "crise" da caça e coleta[8].

A agricultura contribuiu, entretanto, para um aumento de dez vezes da população humana (que passou de 5 para 50 milhões de pessoas no período de dez mil a cinco mil anos atrás), já que permitia alimentar um número maior de pessoas do que a caça e a coleta. Muitos arqueólogos acreditam, ainda, que a agricultura está diretamente associada ao modo de vida sedentário. Ela teria sido ainda facilitada por um novo processo de fabricação de instrumentos: o polimento da pedra, ocorrido no início do período Neolítico, há cerca de 12 mil anos. Os machados de pedra polida teriam facilitado a derrubada das florestas para cultivo, já que eram mais eficazes do que os de pedra lascada.

Outra teoria[9] largamente difundida era que os períodos de seca prolongada, ocorridos no final da era glacial (entre 11000 e 9500 a.C.), teriam forçado os homens e os animais a se refugiar em oásis e nos vales

---

8. Marcel Mazoyer, Laurence Roudart. *História das agriculturas do mundo*: do neolítico à crise contemporânea. Lisboa: Instituto Piaget, 1998, p. 57.

9. As origens da agricultura, e os motivos que teriam levado o homem a abandonar progressivamente a caça e a coleta de plantas para se dedicar à agricultura, são um dos temas mais controvertidos da arqueologia. As teorias expostas neste capítulo se baseiam nas seguintes obras (além das já citadas de Jack Harlan, 1975a e 1995): Tim Denham, Peter White. *The emergence of agriculture*: a global view. Nova York: Routledge, 2007; Peter Bellwood. *The first farmers*: origins of agricultural societies. Oxford: Blackwell Publishing, 2005; Jacques Cauvin. *The birth of the gods and the origins of agriculture*. Cambridge: Cambridge University Press, 2000. Um curioso estudo sobre as "formigas agricultoras" foi coordenado por Ted Schultz, entomólogo do Museu Nacional de História Natural dos Estados Unidos, apontando que as formigas teriam começado a praticar a agricultura há 50 milhões de anos. Entre as "formigas agricultoras" estaria a saúva, que usa as folhas que corta para cultivar o fungo do qual se alimenta. (*FORMIGA pratica agricultura há 50 mil milênios, diz estudo*. Ambiente Brasil, 26/3/2008. Disponível em http://www.ambientebrasil.com.br. Acessado em 26/3/2008).

de rios. Para a "teoria do oásis", o confinamento de homens e animais em áreas restritas e de alta densidade demográfica teria levado ao desenvolvimento da agricultura. Essa teoria também perdeu prestígio e credibilidade por causa das pesquisas arqueológicas mais recentes.

Muitos arqueólogos concordam, entretanto, que as origens da agricultura estão, de alguma maneira, associadas à transição do período geológico conhecido como Pleitosceno (predominantemente frio e seco, em que as geleiras se deslocaram dos polos e se estenderam pela maior parte dos continentes) para o Holoceno, mais quente e úmido, que se iniciou há cerca de dez mil anos e é o período geológico em que vivemos hoje. As condições climáticas do Holoceno teriam favorecido o desenvolvimento agrícola, apesar de já não serem vistas como a única razão para o seu surgimento. Uma combinação de fatores ambientais, sociais, econômicos e culturais teria levado ao surgimento da agricultura – e esses devem ter sido diferentes em cada região do mundo. Afinal, como desenvolver uma única teoria sobre o início da agricultura que se aplique indistintamente à África e às Américas?[10]

As espécies selvagens foram cultivadas pelas sociedades neolíticas durante muito tempo, e a domesticação pode ter levado milhares de anos, e não os duzentos anos que alguns arqueólogos previram inicialmente. Se, por um lado, as pesquisas arqueológicas realizadas no Oriente Próximo (em um sítio arqueológico da Turquia chamado Nevali Çori) pelo arqueobotânico George Willcox[11] indicam que a domesticação no mundo antigo pode ter levado muito mais tempo do que se supôs inicialmente, os resultados de escavações arqueológicas realizadas nas Américas revelam exatamente o contrário: a domesticação de plantas como abóbora, amendoim e algodão teria ocorrido muito antes do que se supunha. Isso significaria que a agricultura se desenvolveu nas Américas em épocas quase tão antigas quanto aquelas em que se desenvolveu no mundo antigo. Pesquisas realizadas nos declives andinos no Norte

---

10. Jack R. Harlan. *Crops and man*. Madison: American Society of Agronomy; Crop Science Society of America, 1975a, p. 57.
11. Michael Balter. "Seeking agriculture's ancient roots" *Science*, v. 316, p.1830-1835, 29/6/2007.

do Peru pelo antropólogo Tom Dillehay e sua equipe concluíram que a abóbora teria 9,2 mil anos; o amendoim 7,6 mil; e o algodão 5,5 mil.[12]

A domesticação das plantas teve um papel crucial no desenvolvimento da agricultura, e as primeiras plantas a serem domesticadas foram os cereais (trigo, cevada). No caso dos cereais, a domesticação levou à seleção de plantas que têm grãos que amadurecem ao mesmo tempo, não se soltam da planta, têm espigas de grande tamanho e ricas em sementes etc. Já a mandioca (originária do sudoeste da Amazônia) desenvolveu, entre outras características, a capacidade de produzir tubérculos de tamanho significativo para o consumo humano[13].

Domesticar[14] uma planta não é o mesmo que cultivar. A etnobotânica Laure Emperaire explica que a domesticação é o processo de evolução que faz uma planta passar do estado silvestre – independente da ação humana – para uma relação mais estreita com o homem e suas atividades agrícolas. A domesticação implica uma modificação no patrimônio genético da planta. Ao longo dos seus ciclos, uma espécie vai perder algumas características e, outras, mais proveitosas para o homem, vão ser selecionadas. As modificações são induzidas por práticas agrícolas, pelos critérios de seleção dos agricultores e também por condições ambientais não diretamente controladas pelos agricultores.

---

12. Tom Dillehay et al. "Preceramic adoption of peanut, squash and cotton in Northern Peru." *Science*, v. 316, p. 1890-1893, 29/6/2007. No Brasil, José Francisco Valls descreveu o amendoim (*Arachis*) como importante fonte de proteínas na dieta pré-colombiana há mais de 3,7 mil anos ("O gênero *Arachis* L. (Leguminosae): importante fonte de proteínas na pré-história sul-americana?" *In*: Reunião Científica da Sociedade de Arqueologia Brasileira, 8ª, 1995, Porto Alegre, RS. *Anais*. Porto Alegre: Sociedade de Arqueologia Brasileira, 1996. v. 2, p. 265-281).
O gênero *Arachis* L. é nativo da América do Sul, ocorrendo naturalmente na Argentina, Bolívia, Brasil, Paraguai e Uruguai. O centro de diversidade está localizado no planalto central brasileiro. Ocorrem naturalmente no Brasil pelo menos 64 das 81 espécies de *Arachis*, das quais 47 são exclusivas do país. (Andréa Del Pilar Peñaloza; José Francisco Valls; Glocimar Pereira Silva. "Coleta de germoplasma de espécies silvestres de amendoim." *In*: Bruno M. T Walter & Taciana B. Cavalcanti (eds.). *Fundamentos para a coleta de germoplasma vegetal.* Brasília: Embrapa Recursos Genéticos e Biotecnologia, 2005, p. 308-325.
13. Laure Emperaire. "O que é domesticação?" *In*: Instituto Socioambiental. *Almanaque Brasil Socioambiental:* uma nova perspectiva para entender o país e melhorar nossa qualidade de vida. São Paulo: ISA, 2005, p. 339.
14. Etimologicamente, a palavra domesticar vem de *"domus"*, que quer dizer "casa", e domesticar significa, portanto, "trazer para casa, para o ambiente doméstico".

À medida que uma planta se adapta às novas condições criadas pelo homem, vai perdendo sua capacidade de se desenvolver e de se reproduzir em ambientes silvestres. A domesticação e a criação de novas variedades de plantas cultivadas são um processo contínuo[15]. Charles Clement aponta para o fato de que há vários estágios intermediários entre as populações silvestres e domesticadas. Tais estágios são assim definidos por Clement: 1) silvestres (quando os genótipos e fenótipos[16] não sofreram qualquer intervenção humana); 2) "incidentalmente coevoluídas" (quando se adaptaram a um ambiente perturbado pelo homem, possivelmente sofrendo alteração genética, mas sem seleção humana); 3) "incipientemente domesticadas" (quando sofreram um certo grau de seleção e intervenção humanas, mas o seu fenótipo médio ainda está dentro do raio de variação encontrado nas populações silvestres daquela espécie); 4) "semidomesticadas" (significativamente modificadas pela seleção e intervenção humanas, e o fenótipo médio diverge do raio de variação encontrado nas populações silvestres daquela espécie, mas elas ainda são capazes de sobreviver em ambientes silvestres); 5) domesticadas (que só sobrevivem em ambientes criados pelo homem, ou seja, em paisagens cultivadas)[17].

As plantas domesticadas dependem de tal forma do homem para sobreviver que muitas chegam a perder a capacidade de dispersão de sementes, como, por exemplo, o milho. E o homem também depende das plantas para sua alimentação e sobrevivência. Para Jack Harlan, o homem se tornou tão dependente das plantas que, em um certo sentido, as plantas também o domesticaram[18]. As relações entre o homem e as

---

15. Laure Emperaire. "O que é domesticação?" In: Instituto Socioambiental. *Almanaque Brasil Socioambiental:* uma nova perspectiva para entender o país e melhorar nossa qualidade de vida. São Paulo: ISA, 2005, p. 339.
16. O genótipo são as informações hereditárias de um organismo contidas em seu genoma e o fenótipo são as características (morfológicas, fisiológicas, comportamentais etc) de um organismo que podem ser observadas. Por exemplo, a cor ou a altura de uma planta são características fenotípicas. O fenótipo resulta da interação do genótipo com o ambiente.
17. Charles R. Clement. "1492 and the loss of Amazonian crop genetic resources. I. The relation between domestication and human population decline" *Economic Botany*, v. 53, p. 188-202, 1999a.
18. Jack R. Harlan. *Crops and man*. Madison: American Society of Agronomy; Crop Science Society of America, 1975a, p. 3.

plantas se tornaram simbióticas, gerando uma interdependência recíproca, e a agricultura é frequentemente associada a outras formas de manejo e uso dos recursos naturais, como o extrativismo, a caça e a pesca.

Para Charles Clement, entretanto, não apenas as plantas são domesticadas pelo homem, mas também as paisagens agrícolas. Ele define a domesticação de uma paisagem como um "processo consciente pelo qual a intervenção do homem em uma paisagem resulta em alterações ecológicas e na demografia das populações de vegetais e animais, gerando uma paisagem mais produtiva e adequada às necessidades humanas"[19]. As paisagens cultivadas seriam o resultado de uma completa transformação do ambiente a fim de favorecer o cultivo de uma ou algumas espécies de plantas úteis ao homem, e haveria também estágios intermediários entre as paisagens prístinas (intocadas pelo homem) e as cultivadas. De acordo com Clement, as terras pretas da Amazônia, por exemplo, seriam resultado do processo de domesticação de paisagens[20]. Tais terras estão entre os solos mais férteis e produtivos (do ponto de vista agrícola) da Amazônia e se formaram pelo acúmulo de detritos orgânicos, cacos de cerâmica, ossos e carvão em sítios de moradia e cultivo agrícola de povos pré-históricos. São solos antropogênicos, ou seja, que resultaram de intervenções humanas sobre a paisagem.

As plantas silvestres, entretanto, também são cultivadas pelo homem, e não apenas as domesticadas. Cultivar, segundo Harlan, significa cuidar de uma planta e envolve atividades como lavrar o solo, preparar as sementeiras, arrancar as ervas daninhas, podar, regar, adubar etc,[21] ou seja, as plantas cultivadas não são necessariamente domesticadas, mas o inverso não ocorre: as plantas domesticadas são necessariamente cultivadas.

---

19. Charles R. Clement, Joseph M. Mccann, Nigel J. H. Smith. "Agrobiodiversity in Amazonia and its relationship with dark earths" *In*: Johannes Lehmnann et al (eds.). *Amazonian dark earths*: origin, properties, management. Holanda: Kluver Academic Publishers, 2003, p. 160.
20. Idem, *Ibid*, p. 161. Consultar também: Geraldo Mosimann da Silva. "Terra preta arqueológica: um solo bastante especial." *In*: Instituto Socioambiental. *Almanaque Brasil Socioambiental*: uma nova perspectiva para entender o país e melhorar nossa qualidade de vida. São Paulo: ISA, 2008, p. 334.
21. Jack R. Harlan. *Crops and man*. Madison: American Society of Agronomy; Crop Science Society of America, 1975a, p. 64.

Além das plantas domesticadas, há aquelas que se tornam muito próximas ao homem sem que haja modificação de seu patrimônio genético. Na definição de Harlan, essas seriam as plantas "favorecidas" (por meio da criação de condições propícias para que elas se desenvolvam) ou apenas "toleradas" pelo homem. Exemplos de plantas "favorecidas", mas não domesticadas, são o baobá, uma árvore muito difundida nas savanas da África, do Sul da Ásia e do Norte da Austrália, cujas sementes podem ser comidas cruas, como castanhas, torradas, como amendoim, ou misturadas com milho, para fazer mingau[22]; e a árvore de carité, também conhecida como "árvore da manteiga", que é considerada semissagrada e seu corte só é permitido em situações excepcionais[23]. No Brasil, são exemplos de plantas favorecidas, entre outras, os ingás, encontrados principalmente nas margens de rios e lagos, cujas sementes são envolvidas por uma polpa branca, levemente adocicada e fibrosa, sendo muito consumidos na Região Amazônica. No Nordeste brasileiro, o juazeiro, uma planta típica da caatinga, é um bom exemplo de planta favorecida, cujos frutos adocicados e ricos em vitamina C são consumidos por aves, animais domésticos e pelo homem, sendo usados ainda para fins medicinais. Tais espécies são poupadas pelo homem, que as protegem na hora das queimadas e derrubadas, favorecendo, assim, o seu desenvolvimento.

Os animais também foram domesticados pelo homem, como os cães e ovelhas. Muitos historiadores sustentam que os cães derivaram da seleção genética de filhotes de cães selvagens que viviam em volta dos acampamentos humanos, alimentando-se de restos de carcaças deixadas pelos caçadores-coletores. Os seres humanos teriam reconhecido certa utilidade nesses animais, pois eles davam alarme da presença de outros animais selvagens mais perigosos (como os lobos e os grandes

---

22. Sobre o baobá, também chamado de embondeiro e de adansônia, e os contos africanos sobre essa árvore, que se tornou um símbolo da luta dos povos africanos para manter sua integridade cultural, consultar o simpático livro de Heloísa Pires Lima, Georges Gneka e Mário Lemos, intitulado *A semente que veio da África* (São Paulo: Salamandra, 2005), que tem lindas ilustrações de Véronique Tadjo.
23. Jack R. Harlan. *Crops and man*. Madison: American Society of Agronomy; Crop Science Society of America, 1975a, p. 64-65.

felinos). Como os animais mais ferozes eram impedidos de se acasalar, houve uma seleção de animais mais mansos (aos quais era permitido o acasalamento). Isso pode ter levado à criação de uma nova espécie, os cães domésticos. Os cães teriam sido domesticados há 16 mil anos.

De maneira semelhante, espécies de animais selvagens (como carneiros e bovinos selvagens) foram usadas na criação de seus correspondentes domésticos (carneiros e bovinos). Os carneiros teriam sido domesticados há nove mil anos e os bovinos, há 8,4 mil anos. Os porcos, domesticados há cerca de 9,2 mil anos, teriam se originado dos porcos selvagens e dos javalis. Outro animal domesticado pelo homem, há 5,5 mil anos, foi o burro[24].

A AGRICULTURA NEOLÍTICA E AS CIVILIZAÇÕES HIDROAGRÍCOLAS

A agricultura neolítica se desenvolveu de duas formas principais (não excludentes uma da outra): os sistemas de criação de gado pastoril e os sistemas de culturas em terrenos de florestas derrubadas e queimadas.

Os sistemas de criação de gado pastoril se desenvolveram em regiões de formações herbáceas (tundra, estepes, pradarias continentais, savanas tropicais etc.), onde os animais podiam pastar. Tais sistemas proliferaram principalmente na Eurásia Setentrional, na Ásia Central ou no Oriente Próximo[25], no Saara, no Sahel[26], nos altos Andes, entre outras regiões.

---

24. Achilles Gautier. *La domestication – et l'homme créa ses animaux*. Paris: Errance, 1990 (Coleção Jardin des Hesperides).

25. O Oriente Próximo compreende a região da Ásia próxima ao mar Mediterrâneo, a oeste do rio Eufrates, incluindo Turquia, Síria, Líbano, Palestina, Iraque, Irã, Israel, Jordânia, Arábia Saudita, Emirados Árabes Unidos, Kuwait e Qatar. Consultar: Andrew Watson. *Agricultural innovation in the early islamic world*: the diffusion of crops and farming techniques, 700-1100. Cambridge: Cambridge University Press, 2008. Nesse livro, o autor descreve as transformações nos sistemas agrícolas do Oriente Próximo e do Norte da África após as conquistas árabes e como diversos cultivos agrícolas, como o sorgo e o centeio, se difundiram por essa região.

26. O Sahel é uma região da África situada entre o deserto do Saara e as terras mais férteis do Sul. Incluem-se no Sahel os seguintes países: Senegal, Mauritânia, Mali, Burkina Faso, Níger, o norte da Nigéria, Chade, Sudão, Etiópia, Eritreia, Djibouti e Somália. O termo "Sahel" foi cunhado para designar uma região fitogeográfica, dominada por vegetação de savana, que recebe uma precipitação entre 150 e 500 milímetros por ano.

Já os sistemas de culturas em terrenos de florestas derrubadas e queimadas se estenderam aos poucos sobre as florestas temperadas e tropicais, principalmente da Ásia, América Latina e África (onde perduram até hoje). Em tais sistemas, o cultivo é feito em terrenos de florestas (bosques, arbustos, savanas arborizadas etc.), que são derrubadas e depois queimadas. As áreas desflorestadas são cultivadas por um, dois ou três anos e depois deixadas em pousio[27] durante um ou vários decênios, antes de serem novamente cultivadas. As culturas são temporárias e de curta duração, alternando com um longo baldio arborizado para formar uma rotação que pode variar, dependendo do sistema, de dez a cinquenta anos. O intenso processo de desflorestamento promovido por tais sistemas provocou, em algumas regiões do mundo, a degradação da fertilidade dos solos em virtude da erosão e da desertificação. Os sistemas de culturas sobre as terras desmatadas e queimadas levaram ao surgimento de sistemas agrários pós-florestais, muito diferenciados entre si, de acordo com as condições ambientais e climáticas de cada região.

Nas regiões áridas (ou que se tornaram áridas em virtude do desflorestamento), sistemas agrários hidráulicos formaram-se desde o final da época Neolítica na Mesopotâmia, nos vales do Nilo e do Indo, e nos oásis e vales do Império Inca, onde o solo era pobre em matéria orgânica e as culturas pluviais, inviáveis. Assim, só eram cultiváveis as áreas que se beneficiavam de algum recurso externo. As culturas se formaram em alguns oásis com boas provisões de água ou que dependiam das águas das cheias dos rios e da irrigação. Os maiores desses oásis eram formados pelos vales do Tigre, do Eufrates, do Nilo e do Indo, nos quais a extensão das culturas exigia vastas obras hidráulicas, como diques, canais, represas e barragens. Foi nesse contexto que nasceram as primeiras civilizações hidroagrícolas da Antiguidade. O sistema agrário

---

27. Nivaldo Peroni chama atenção para a diferença entre agricultura "itinerante", em que as áreas cultivadas são deixadas em pousio (para se regenerar e ser utilizadas futuramente) e as situações em que as áreas cultivadas são usadas e depois simplesmente abandonadas. ("Agricultura de pescadores." In: Alpina Begossi. *Ecologia humana de pescadores da Mata Atlântica e da Amazônia*. São Paulo: Hucitec, 2004, p. 59-87.

Inca é um exemplo americano de sistema hidroagrícola pós-florestal de região árida, muito diferente do egípcio, mas que apresenta, apesar da distância no tempo e no espaço, algumas características comuns[28].

Na América do Sul, o Império Inca foi o herdeiro das civilizações hidroagrícolas que haviam começado a se desenvolver havia mil anos, na costa desértica do Pacífico e nos vales áridos da cordilheira dos Andes. As civilizações pré-incaicas dominavam técnicas aperfeiçoadas de irrigação: canais e aquedutos de quilômetros de comprimento abasteciam de água os oásis costeiros, e os vales andinos eram dispostos em terraços, irrigados ou não, em grandes altitudes. O Império Inca se baseou na herança hidroagrícola dessas antigas civilizações para construir pontes, aquedutos e canais de irrigação, que subiam e desciam montanhas altíssimas. Em seu apogeu, no século XV, o Império Inca ocupava um território que compreendia (o que é atualmente) o Equador, o Peru, o Norte do Chile, o Oeste da Bolívia e o Noroeste da Argentina, estendendo-se por 4,3 mil quilômetros, com uma população estimada em 10 milhões de pessoas. O centro desse império era Cuzco e sua língua franca, o Quéchua; O Império Inca tinha um sistema agrário de montanha, composto de subsistemas com formações ecológicas complementares, extremamente complexo e desenvolvido. Foi brutalmente destruído por expedições do conquistador espanhol Francisco Pizarro, entre 1527 e 1532[29].

A civilização olmeca floresceu na América Central e no México entre 1200 a.C. e 400 d.C. A ela se atribuem os primeiros sistemas de irrigação, as primeiras pirâmides e as primeiras formas de escrita do Novo Mundo. Para alguns especialistas, a civilização olmeca[30] teria sido a mais antiga das Américas e a mãe das civilizações Asteca e Maia. Para

---

28. Marcel Mazoyer, Laurence Roudart. *História das agriculturas do mundo: do neolítico à crise contemporânea.* Lisboa: Instituto Piaget, 1998, p. 180.
29. Para saber mais, consultar: Henri Favre. *A civilização Inca.* Rio de Janeiro: Jorge Zahar, 2004.
30. "Civilização Olmeca divide os arqueólogos". *Jornal da Ciência*, São Paulo: SBPC, 16/3/2005. Disponível em www.jornaldaciencia.org.br. Acessado em 27/1/2008. "Civilização Olmeca seria a mais antiga da Américas". *Revista Museu*, 24/3/2005. Disponível em www.revistamuseu.com.br. Acessado em 27/1/2008.

outros, a civilização olmeca teria sido contemporânea de outras civilizações, como a Maia[31]. A civilização Maia ocupou uma região onde se situam hoje o México (península de Yucatán, no Sul do país), a Guatemala e Honduras, e sua economia era essencialmente agrícola, com complexos sistemas de irrigação. Os Maias ergueram pirâmides, templos e palácios e possuíam uma sofisticada arquitetura. Um dos aspectos intrigantes da civilização Maia era sua capacidade de alimentar tanta gente. Após a descoberta dos restos de uma lavoura de mandioca de 1,4 mil anos (a mais antiga evidência da domesticação da planta nas Américas), em Cerén (El Salvador), arqueólogos da Universidade do Colorado chegaram à conclusão de que a extraordinária produtividade da mandioca ajuda a explicar como as enormes cidades clássicas Maias, como Tikal, na Guatemala, e Copán, em Honduras, conseguiam abrigar populações tão densas[32].

O Império Asteca conquistou um vasto território, que corresponde hoje ao México e ao norte da América Central (Guatemala e Nicarágua). Esse império foi construído em um século (do início do século XIV ao início do século XV). Tenochtitlán (hoje Cidade do México) tinha uma população de 400 mil habitantes e era maior do que qualquer cidade europeia da época. Grande parte dos 80 mil quilômetros quadrados do vale do México, núcleo do Império Asteca, era composta por colinas, lagoas e zonas pantanosas que foram adaptadas à agricultura mediante aplicação de engenhosas técnicas de preparo de terreno para cultivo, drenagem e aterro. Uma das mais interessantes era a construção de canteiros flutuantes – as *chinampas* – que consistiam no empilhamento de galhos de árvores, barro e limo, que se fixavam no fundo dos lagos. Nas *chinampas* eram (e ainda são, em algumas regiões) cultivadas várias plantas. A partir de 1519, expedições espanholas comandadas por Hernán Cortéz destruíram a civilização Asteca[33].

---

31. Para saber mais, consultar: Paul Gendrop. *A civilização Maia*. Rio de Janeiro: Jorge Zahar, 2005.
32. Fonte: "Mandioca era segredo do sucesso dos Maias". *Globo Online*, Rio de Janeiro, 22/8/2007. Disponível em www.oglobo.globo.com. Acessado em 23/8/2007.
33. Para saber mais, consultar: Jacques Soustelle. *A civilização Asteca*. Rio de Janeiro: Jorge Zahar, 2002.

Os sistemas agrícolas e a agrobiodiversidade

Os sistemas agrários desenvolvidos pelas civilizações Inca e Asteca testemunham a excepcional contribuição dos povos indígenas das Américas para a herança agrícola da humanidade. Foram os povos indígenas americanos que domesticaram o milho, a batata, a batata-doce, a mandioca[34], a pupunha, o feijão, o tabaco, o cacau, o tomate, o amendoim, a abóbora, a pimenta-vermelha, o abacate, o abacaxi, o caju, o mamão, o maracujá etc. Estima-se que pelo menos 257 espécies eram cultivadas nas Américas quando Colombo chegou em 1492[35], muitas das quais se tornaram alimentos fundamentais em outras partes do mundo, como a batata, o milho e a mandioca. Esses povos domesticaram também animais, como a lhama e a alpaca[36].

Os colonizadores europeus, entretanto, desprezaram as civilizações pré-colombianas e massacraram impiedosamente os povos indígenas e suas culturas. O frei Bartolomé de las Casas, em sua obra *Brevísima relación de la destrucción de las Indias Ocidentales*, publicada em 1552[37], relata a extrema violência praticada pelos colonizadores espanhóis contra os povos indígenas das Américas, que resultou no extermínio de pelo menos 12 milhões de pessoas. As formas de violência relatadas vão do genocídio, que eliminou a quase totalidade da população originária

---

34. Para saber mais sobre sítios arqueológicos com evidências de cultivo da mandioca e de outros tubérculos nas Américas: Kenneth Olsen & Barbara Schaal. "Evidence on the origin of cassava: phylogeography of *Manihot Esculenta.*" *Proceedings of the National Academy of Sciences*, v. 96, p. 5586-5591, 1999; Dolores Piperno & Deborah Pearshall. *The origins of agriculture in the lowland neotropics*. San Diego: Academic Press, 1998. Consultar também: Deborah Pearshall. Plant domestication and the shift to agriculture in the Andes. In: Helaine Silverman & William H. Isbell (eds). *Handbook of South American Archaelogy*. Nova York: Springer, 2008, p.105-120.
35. Charles R. Clement. "1492 and the loss of Amazonian crop genetic resources. I. The relation between domestication and human population decline" *Economic Botany*, v. 53, p. 188-202, 1999a.
36. A alpaca é um mamífero, da família dos camelídeos, menor que a lhama e de cor variável, em geral escura. A lã desse animal é muito usada para fazer tecidos, principalmente no Peru e na Bolívia.
37. Essa obra foi publicada pela primeira vez no Brasil em 1944 e relançada em 2007, com o nome *O paraíso destruído*, pela L & PM, de Porto Alegre.

das ilhas e das regiões continentais, à escravização dos índios e à brutal repressão de suas práticas religiosas e culturais.

A rica diversidade de plantas e sistemas agrícolas, mantida pelos povos indígenas, foi também desprezada pelos colonizadores. Os complexos e diversificados sistemas agrários desenvolvidos pelas civilizações pré-colombianas foram substituídos por monoculturas exportadoras (cana-de-açúcar, algodão, café, cacau, óleo de palmeira, banana etc.), voltadas ao abastecimento dos colonizadores europeus. Os grandes latifúndios monocultores marginalizaram a agricultura camponesa e indígena e condenaram grande parte da população rural e indígena à fome e à miséria.

Nas demais regiões tropicais (Índia, Vietnam, Tailândia, Indonésia, Madagascar, costa da Guiné etc.), desenvolveram-se outros sistemas hidráulicos, baseados na oricicultura aquática. Essas regiões estão sujeitas a precipitações de vários metros por ano, e foi nesse ambiente úmido que o arroz aquático (que nasce em terreno inundado) começou a ser cultivado há seis mil anos, em várias regiões da Ásia das monções, da Índia à China meridional. A cultura do arroz de origem asiática (*Oryza sativa*) estendeu-se às regiões tropicais e subtropicais da Ásia e depois às regiões temperadas quentes da Ásia, da Europa e da América. O arroz aquático se desenvolveu amplamente, gerando muitas variedades, e, ao lado do trigo e do milho, é um dos três cereais mais consumidos no mundo: um terço da humanidade alimenta-se dele todos os dias. Outra espécie de arroz, de origem africana (*Oryza glaberrima*), foi domesticada no delta central do Níger e deu origem a muitas variedades. Segundo alguns historiadores, o arroz africano chegou às Américas – e também ao Brasil – muito antes que se espalhassem as plantações do arroz de origem asiática[38].

Na Europa mediterrânea e temperada, a evolução da agricultura nos séculos posteriores ao Neolítico é mais conhecida e estudada do que em outras regiões. Após o desflorestamento característico desse período,

---

38. Judith Ann Carney & Rosa Acevedo Marin. "Saberes agrícolas dos escravos africanos no Novo Mundo." *Ciência Hoje*, v. 35, n. 205, p. 26-33, jun. 2004.

sucederam-se sistemas pós-florestais, que após transformações sucessivas, chegaram aos sistemas atuais. Essas transformações, apesar de terem ocorrido de forma lenta e gradual, são chamadas, por muitos historiadores, de "revoluções", razão pela qual manteremos esse nome ao longo do trabalho.

AS REVOLUÇÕES AGRÍCOLAS: DA ANTIGUIDADE À MODERNIDADE[39]

A revolução agrícola da Antiguidade fez nascer os chamados "sistemas de pousio e cultura atrelada ligeira", que se desenvolveram inicialmente nas regiões temperadas quentes do Mediterrâneo (onde coexistiu com os sistemas hidroagrícolas). Esses sistemas agrários eram praticados em ambientes suficientemente úmidos para permitir a cultura dos cereais e suficientemente desarborizados para permitir a criação de gado pastoril. São sistemas que se assentaram na associação das duas atividades (cultura de cereais e criação de gado) e se caracterizaram pelo uso de ferramentas manuais, como a pá e a enxada, e de uma ferramenta puxada por animais: o arado. Tais sistemas apresentavam baixa produtividade, em virtude da precariedade dos instrumentos de trabalho e de transporte, e as sociedades mediterrâneas e europeias da Antiguidade passaram por períodos prolongados de escassez de alimentos.

Alguns séculos mais tarde, os "sistemas de pousio e cultura atrelada pesada" se espalharam pelas regiões temperadas frias da Europa, iniciando a revolução agrícola da Idade Média. Esses sistemas também se assentaram na associação entre a cultura pluvial de cereais e a criação de gado. Entretanto, passaram a empregar meios de transporte e de trabalho do solo mais eficientes: os carros de boi (puxados também por cavalos ou mulas) e a charrua, que substituiu o arado. A charrua é um instrumento composto de várias ferramentas: uma, que corta o

---

39. A história das revoluções agrícolas, da antiguidade à modernidade, aqui narrada se baseia na obra de Marcel Mazoyer e Laurence Roudart (*História das agriculturas do mundo: do neolítico à crise contemporânea*. Lisboa: Instituto Piaget, 1998, p. 40 e seguintes).

solo verticalmente, e outra, triangular e assimétrica, que corta o solo horizontalmente e tem a função de rasgar o solo e revolver e afofar a leiva. Com a charrua, passou-se a realizar uma lavra mais eficaz da terra, suficientemente rápida para enterrar o estrume todos os anos e permitir uma fertilização mais eficaz dos solos.

Os novos materiais fizeram aumentar práticas agrícolas até então limitadas: a produção de feno (que serve de alimento para o gado durante o inverno), a construção de estábulos para abrigar os animais e de celeiros para armazenar o feno no inverno e o emprego do estrume, para fertilizar os solos. As terras aráveis se tornaram mais amplas, mais bem fertilizadas (pelo estrume) e preparadas para o cultivo, e a associação da cultura com a criação de gado foi significativamente fortalecida.

Os carros de boi, a charrua, o feno, os estábulos e o estrumes já eram conhecidos no Ocidente desde a Antiguidade. Mas é somente na Idade Média central (do século XI ao século XIII) que os "sistemas de pousio e cultura atrelada pesada" se desenvolveram largamente na região norte da Europa. Mais tarde, os "sistemas de pousio e cultura atrelada pesada" foram transferidos, por meio da colonização europeia, para as regiões temperadas das Américas, da África do Sul, da Austrália e da Nova Zelândia.

A revolução agrícola da Idade Média (século XI ao XIII) aumentou consideravelmente a produção e a produtividade agrícolas, e houve uma quase duplicação da produção dos cereais, em decorrência do emprego extensivo dos meios e práticas agrícolas descritas acima (carros de boi, charrua, feno, estábulos etc.).

A alimentação também tornou-se de melhor qualidade: o pão permanecia o alimento básico – pão de centeio para a maior parte das pessoas e pão de trigo para os ricos –, mas seu consumo passou a ser acompanhado de outros alimentos, como leguminosas (ervilhas, lentilhas etc.) e derivados do leite (manteiga e queijo), ovos, peixes, carnes. A população tornou-se também mais resistente às doenças e a mortalidade infantil diminuiu nesse período.

O aumento da produção e da produtividade agrícolas liberou excedentes para outras atividades não agrícolas: artesanais, industriais, comerciais, intelectuais e artísticas. Propiciou o desenvolvimento do artesanato, do comércio e das cidades (urbanização) e aumentou a produção siderúrgica, em virtude do aumento da procura por ferro.

"A revolução agrícola da Idade Média foi inseparável de uma verdadeira revolução artesanal e industrial", afirma Jean Gimpel[40]. A partir do ano 1000, a Europa cobriu-se de mosteiros, catedrais e conventos e, a partir dos séculos XII e XIII, são criadas as primeiras universidades. O ensino abriu-se a novas disciplinas, como a Matemática, a Medicina, a Teologia e a Filosofia. Durante três séculos, do ano 1000 ao 1300, a expansão agrícola alimentou o desenvolvimento demográfico, econômico, urbano e cultural.

Todavia, já no final do século XIII, os primeiros sinais de declínio começaram a aparecer. O superpovoamento levou à superexploração dos recursos naturais, à degradação dos ecossistemas cultivados, e à consequente redução da fertilidade dos solos e da produção/produtividade agrícolas. Fragilizado pela fome, o homem se tornou vulnerável às epidemias: pestes, tuberculose e varíola. Uma peste de origem asiática (conhecida como "peste negra") estendeu-se por toda a Europa de 1347 a 1351, dizimando grande parte de sua população. A ruína demográfica fez regredir o desenvolvimento agrícola, industrial, comercial e artesanal. As perturbações sociais e as guerras (como a Guerra dos Cem Anos, entre França e Inglaterra, que começou em 1337 e terminou apenas em 1453) multiplicaram-se nesse período. A fome, as pestes, as pilhagens e as guerras provocaram uma queda dramática da população e da produção agrícola.

Do século XVI ao XIX, grande parte da Europa passou por uma nova revolução agrícola, "a primeira revolução agrícola dos tempos modernos", assim conhecida por ter-se desenvolvido em estreita ligação com a primeira revolução industrial. A primeira revolução agrícola dos tempos modernos criou os sistemas de culturas de cereais e forrageiras sem pousio. Essa é uma das principais transformações do novo sistema, já

---

40. Jean Gimpel. *La révolution industrielle du moyen age.* Paris: Éditions du Seuil, 1975.

que os pousios tiveram papel fundamental nas antigas rotações trienais. Os pousios foram substituídos por pradarias artificiais de gramíneas e forrageiras, e as forragens passaram a se alternar quase continuamente com os cereais.

O pousio – a interrupção do cultivo de uma área por determinado período, para que a fertilidade natural da terra possa se regenerar – constitui uma das principais diferenças entre os sistemas gerados pela revolução agrícola e os que prevaleciam anteriormente, e ainda prevalecem em alguns sistemas agrícolas tradicionais. A duração do pousio é um dos parâmetros para se avaliar a intensidade do uso da terra, e em alguns sistemas agrícolas tradicionais prevalece a prática de intercalar um ou dois anos de cultivo com alguns anos de pousio e, no extremo oposto, há sistemas agrícolas que proporcionam no mínimo duas colheitas anuais[41].

A primeira revolução agrícola dos tempos modernos impulsionou a substituição dos pousios por culturas forrageiras, o que permitiu duplicar a produção de estrume, a força da tração animal e os produtos de origem animal (leite, queijo, manteiga, carne, peles e lãs). Ao desenvolver a cultura de plantas total ou parcialmente destinadas ao consumo animal, a primeira revolução agrícola moderna também acentuou a integração da cultura com a criação de gado.

Os sistemas agrários sem pousio duplicaram a produção e a produtividade agrícolas e, pela primeira vez na história, a agricultura foi capaz de produzir um excedente agrícola comercializável, que representou mais de metade da produção total. Atendendo às necessidades de uma população não agrícola mais numerosa do que a própria população agrícola, as atividades industriais e comerciais puderam desenvolver-se e passaram a ocupar mais da metade da população total. O desenvolvimento agrícola esteve intimamente ligado ao crescimento das cidades, da indústria e do comércio. Os contrastes permaneciam, entretanto,

---

41. José Eli da Veiga. *O desenvolvimento agrícola*: uma visão histórica. São Paulo: Edusp, Hucitec, 1991. (Estudos rurais, 11).

entre o norte e o centro da Europa (Países Baixos, Inglaterra, França, Alemanha, Suíça, Áustria, norte da Itália etc.), onde as revoluções agrícola e industrial caminharam juntas, e o sul (Andaluzia, Mezzogiorno etc.), aonde a indústria levou mais tempo para chegar.

Após o período das grandes "descobertas", os sistemas agrícolas europeus enriqueceram-se com as plantas originárias do Novo Mundo (batata, feijão, milho, abóbora, tomate, cacau, pimentas etc.). À alimentação europeia, até então baseada no trigo-centeio-cevada, foi incorporada a batata andina, que se disseminou em pouco tempo por todo o continente. Se do ouro e da prata trazidos das Américas restou pouco, a batata (originária dos Andes) ainda alimenta não só a Europa como boa parte do mundo. O consumo do chocolate, que era uma bebida exótica e pouco conhecida quando os espanhóis chegaram ao México e à América Central (por onde se estendia o Império Asteca), também difundiu-se pelo mundo inteiro. Poucos se lembram, entretanto, de que foram os Astecas que desenvolveram as técnicas para secar e tostar as sementes de cacau, que depois de moídas e aquecidas, transformavam-se na pasta de *xocoatl*. Da mesma forma, os europeus introduziram novas culturas em suas colônias nas Américas, ainda que não oriundas da Europa (trigo, cevada, aveia, centeio, cana-de-açúcar etc.), além de terem desenvolvido outras formas de consumo das plantas nativas das Américas. À pasta de *xocoatl* os europeus acrescentaram açúcar, avelã e nozes, para melhorar o sabor. Os tomates, naturais das Américas, e as massas feitas com trigo, originário do Oriente Próximo, formaram a base de diversos pratos da culinária italiana.

As plantas migraram com as pessoas e se adaptaram às novas condições. Se, por um lado, a mandioca, o milho e o feijão, que se originaram na América, tornaram-se espécies de grande importância alimentar na África, o mesmo ocorreu com variedades africanas de sorgo, que contribuem para a alimentação de países asiáticos e americanos. Já o arroz e a soja, de origem asiática, migraram para a América. As migrações de populações humanas, facilitadas pelo desenvolvimento dos meios de transporte, permitiram o intercâmbio de variedades de origens diferentes, e os cruzamentos resultaram em novas variedades, distintas dos parentes silvestres. Em contextos sociais e culturais diferentes, as plantas ganharam novas dimensões culturais e usos. Assim, uma espécie de cereal pode ser usada para fazer pão em determinada cultura, enquanto outra sociedade poderá selecionar uma variedade mais macia para fazer mingau, por exemplo. O sorgo é usado em algumas culturas para fazer pães, massas e doces e, em outras, para fazer cerveja.

A partir do final do século XVII, a indústria, que até então produzia principalmente bens de consumo, passou a fabricar máquinas, como a máquina a vapor. No século XIX, a indústria já produzia máquinas agrícolas, como charruas, semeadoras, ceifadeiras, debulhadoras de carrossel, ventiladores para limpar os grãos, artefatos para cortar raízes, trituradores etc. Essas máquinas duplicaram a superfície cultivada por trabalhador e a produtividade do trabalho nos sistemas sem pousio. Passaram a ser, a partir da metade do século XIX e do início do século XX, largamente difundidas, primeiro nos Estados Unidos e depois nas colônias europeias das regiões temperadas (Canadá, Argentina, Austrália etc).

A segunda revolução agrícola dos tempos modernos se caracterizou pelos novos meios de produção agrícola, derivados da revolução industrial: a mecanização, a motorização e a introdução de produtos químicos (adubos, fertilizantes e agrotóxicos). Caracterizou-se também pela seleção de variedades de plantas e de raças de animais adaptados aos novos meios de produção agrícola e pela especialização das propriedades rurais. Essas foram, aos poucos, abandonando a poliprodução vegetal e animal para se dedicar exclusivamente a alguns produtos mais vantajosos, em função das condições ecológicas da região, da maior ou menor facilidade para o escoamento dos produtos e dos conhecimentos e especialidades dos agricultores locais. Até então, a maior parte dos sistemas agrícolas se baseava na policultura e na criação de gado e produzia grande variedade de produtos, destinados a satisfazer as necessidades da própria família camponesa: sementes, forragens, estrume e feno, raízes e tubérculos para alimentação e madeira para construção[42].

---

42. Marcel Mazoyer e Laurence Roudart, *História das agriculturas do mundo*: do neolítico à crise contemporânea. Lisboa: Instituto Piaget, 1998, p. 303 e seguintes.

A segunda revolução agrícola levou ao surgimento de regiões altamente especializadas: na produção de cereais, vinhos, leite, queijos, carnes, lã etc. Os ganhos de produtividade não se comparam com os de nenhuma das revoluções agrícolas precedentes. Eles levaram apenas algumas décadas para se espalhar pelos países desenvolvidos (de forma desigual) e por alguns setores (limitados) dos países em desenvolvimento. A produtividade bruta do trabalho agrícola mais do que centuplicou. Nos países industrializados, a população agrícola, reduzida a menos de 5% da população total, passou a alimentar toda a população. Enquanto a mecanização aumentou a superfície e o número de animais por trabalhador agrícola, a utilização de produtos químicos e o melhoramento genético de variedades de vegetais e raças de animais aumentaram o rendimento por hectare ou por animal. No início do século XIX, o emprego de produtos químicos cresceu significativamente, principalmente depois da Segunda Guerra Mundial. Esse crescimento foi acompanhado da formulação de novas teorias científicas, que incentivaram a substituição da fertilização orgânica pela fertilização química.

Em 1840, o químico alemão Justus von Liebig publicou a obra clássica, e referencial para a agroquímica, intitulada *Organic chemistry in its application to agriculture and physiology*[43], na qual defendia que a nutrição das plantas se dava essencialmente por meio das substâncias químicas presentes no solo e que o aumento da produção agrícola era diretamente proporcional à quantidade de substâncias químicas incorporadas ao solo[44]. Liebig foi o primeiro professor de química a desenvolver o método de ensino em laboratório e é conhecido como o "pai" da indústria de fertilizantes químicos. Além do primeiro fertilizante composto de nitrogênio, Liebig criou um processo de fabricação de extrato de carne de vaca, com base na carcaça desse animal, e fundou uma empresa, a Liebig Extract of Meat Company, para fabricar e vender esse produto,

---

43. Justus von Liebig. *Organic chemistry in its application to agriculture and physiology*. Londres: Taylor and Walton, 1840.
44. Eduardo Ehlers. *Agricultura sustentável:* origens e perspectivas de um novo paradigma. 2ª ed. Guaíba: Agropecuária, 1999, p. 22.

que ele considerava uma alternativa mais barata e nutritiva à carne de vaca verdadeira.

Diversos cientistas contestaram e relativizaram as teorias de Liebig, considerando-as reducionistas. O cientista francês Louis Pasteur foi um de seus principais opositores e provou que os processos de fermentação do vinho e da cerveja não eram provocados apenas por reações químicas, como defendia Liebig, mas pela ação de organismos vivos: as leveduras[45]. Depois de identificar a levedura responsável pelo processo de fermentação do vinho e da cerveja, Pasteur propôs o aquecimento de tais bebidas até alcançar 48° C, para matar as leveduras, mantendo-as hermeticamente fechadas para evitar a contaminação. Esse processo originou a atual técnica de "pasteurização" dos alimentos. Pasteur tornou-se conhecido também por descobrir vacinas, em especial a antirrábica,e em 1888 fundou o Instituto Pasteur, um dos mais famosos centros de pesquisa científica.

Pasteur demonstrou que todo processo de fermentação e decomposição orgânica ocorre por causa da ação de organismos vivos. Os estudos de Pasteur, e de outros cientistas, como Serge Winogradsky e Martinus Beijerink, precursores da microbiologia dos solos, ajudaram a contestar as teorias quimistas de Liebig, demonstrando a importância da matéria orgânica na nutrição e no crescimento das plantas[46]. Entretanto, as teorias de Liebig e os interesses da indústria em ampliar suas vendas impulsionaram o mercado dos fertilizantes químicos e levaram muitos agricultores a abandonar as práticas de fertilização orgânica dos solos. Os fertilizantes químicos (potássio, nitrogênio e fósforo) foram, aos poucos, substituindo os fertilizantes naturais (húmus e esterco).

A indústria passou a produzir os fertilizantes químicos e as rações para alimentar os animais, e os agricultores a comprar tais produtos, em vez de produzi-los em suas propriedades. Como já não precisavam

---

45. Eduardo Ehlers. *Agricultura sustentável:* origens e perspectivas de um novo paradigma. 2ª ed. Guaíba: Agropecuária, 1999, p. 24.
46. Idem, *Ibid*, p.25.

produzir para o autoconsumo, uma vez que podiam ser abastecidos por terceiros, os agricultores deixaram aos poucos de praticar a policultura e se tornaram cada vez mais especializados, não só em razão das condições locais como da localização das indústrias de transformação. Os sistemas monoculturais atendem basicamente aos imperativos comerciais dos mercados e tendem a exacerbar as diferenças naturais entre as propriedades, privilegiando aquelas com melhores solos[47].

Com o advento da fertilização artificial, da mecanização, da motorização, da especialização e do melhoramento genético das plantas e dos animais domésticos, operou-se uma nova divisão (vertical e horizontal) do trabalho: a indústria passou a vender os bens de produção destinados à agricultura, como rações, adubos, motores, máquinas e ferramentas, e os agricultores tornaram-se produtores de matérias-primas agrícolas. A esse processo, pelo qual a indústria passa a produzir fertilizantes químicos, pesticidas, rações para alimentação animal, máquinas agrícolas etc., Goodman, Sorj e Wilkinson dão o nome de "apropriacionismo"[48]. Chamam de "substitucionismo" o processo pelo qual a indústria química substitui os produtos agrícolas por industriais. É o que ocorre, por exemplo, quando a produção de sacarose torna-se independente do açúcar ou do milho ou são introduzidos no mercado produtos cada vez mais industrializados, como margarina, leite em pó, biscoitos.

Paralelamente ao "apropriacionismo-substitucionismo", descrito por Goodman, Sorj e Wilkinson, ocorreu a especialização das atividades intelectuais agrícolas. Os agricultores foram excluídos das atividades de concepção e desenvolvimento dos novos bens de produção agrícola, assumidas por técnicos e pesquisadores de instituições públicas e privadas. As atividades de seleção, cruzamento e melhoramento de plantas e animais desenvolvidas pelos agricultores passaram a ser desvalorizadas

---

47. Ademar Ribeiro Romeiro. "Agricultura e ecodesenvolvimento", Ecologia e Desenvolvimento, Rio de Janeiro: Aped, 1992, p. 207-233.
48. David Goodman, Bernardo Sorj, John Wilkinson. *Da lavoura às biotecnologias:* agricultura e indústria no sistema internacional. Rio de Janeiro: Campus, 1990, p. 6.

pela modernização agrícola e a ser vistas como práticas tecnicamente inadequadas.

A seleção de variedades, por meio de processos de experimentação e inovação conduzidos pelos agricultores, assim como o intercâmbio de saberes agrícolas e sementes, são práticas tão antigas quanto a própria agricultura. A enorme diversidade de plantas cultivadas e de ecosssistemas agrícolas existentes no mundo deve-se essencialmente a tais práticas locais e tradicionais. O processo de seleção, domesticação de plantas e de animais e desenvolvimento de novas variedades é contínuo, e a agricultura é permanentemente reinventada e redescoberta pelos agricultores, para atender a necessidades sociais, culturais e econômicas dinâmicas.

Para a modernização agrícola, entretanto, não bastou usar quantidades crescentes de adubos e fertilizantes químicos. Foi necessário desenvolver e selecionar variedades de plantas capazes de absorver e potencializar os efeitos de tais insumos químicos. As plantas passaram a ser também selecionadas em função de características mais adequadas à mecanização: variedades mais homogêneas quanto à data de maturação, mais fáceis de debulhar etc. O objetivo não era apenas adaptar as variedades de plantas ao uso dos adubos químicos, mas também aos novos meios mecânicos e às exigências da indústria agroalimentar.

Isso ocorreu também em relação às raças de animais domésticos, que passaram a ser selecionadas de acordo com a capacidade de consumir as rações industriais e de se adaptar à mecanização. Assim, passaram a ser selecionadas vacas cujas tetas não fossem muito grandes, pequenas ou malformadas para que pudessem ser ordenhadas mecanicamente, e eliminadas aquelas vacas que retêm o leite ou contraem doenças de mama, ou têm altura ou tamanho fora do padrão das novas instalações industriais. Tais animais, cada vez mais confinados em pequenos espaços, passaram a representar um grande capital imobilizado, e para reduzir eventuais perdas por doenças, os criadores de gado começaram a tomar precauções sanitárias extremamente rigorosas, como aplicar todo tipo de vacinas e antibióticos. Muitas raças de animais domésticos foram perdidas durante esse processo de padronização.

Os sistemas agrícolas e a agrobiodiversidade

Com o fim da Segunda Guerra Mundial, os países industrializados adotaram políticas de apoio à revolução agrícola, garantindo aos produtores preços estáveis e crédito facilitado. Adotaram também medidas para facilitar o escoamento dos produtos, a aquisição de máquinas, adubos e fertilizantes químicos, pois pretendiam acelerar a revolução agrícola e liberar mão de obra para a indústria e para o setor de serviços. Na maioria dos países industrializados, o desenvolvimento agrícola se realizou com base na agricultura familiar, que se beneficiou de estruturas de apoio à pesquisa e à organização dos mercados, assistência técnica, financeira etc. O objetivo era transformar as unidades camponesas em estabelecimentos familiares viáveis e capazes de responder a uma exigência básica do processo de industrialização: alimentação farta e barata para as populações urbanas[49].

No final da década de 1950 e início da de 1960, o processo pelo qual o modelo agrícola dependente de insumos industriais e da mecanização se estendeu por várias regiões do mundo tornou-se conhecido como "revolução verde", e se caracterizou pela associação de insumos químicos (adubos e agrotóxicos[50]), mecânicos (tratores, colheitadeiras mecânicas etc.) e biológicos (variedades melhoradas). Os avanços da genética vegetal, proporcionados principalmente pela descoberta das leis da hereditariedade pelo monge austríaco Gregor Mendel, hoje considerado o "pai da genética", contribuíram para a revolução verde. Foram desenvolvidas variedades vegetais de alta produtividade, que dependiam, entretanto, da adoção de um conjunto de práticas e insumos conhecido como "pacote tecnológico" da revolução verde (insumos químicos, agrotóxicos, irrigação, máquinas agrícolas etc.). Foi criada também uma estrutura de crédito rural subsidiado e, paralelamente, uma estrutura de ensino, pesquisa e extensão rural associadas a esse modelo agrícola.

---

49. José Eli da Veiga. *O desenvolvimento agrícola:* uma visão histórica. São Paulo: Edusp, Hucitec, 1991, p. 189. (Estudos rurais, 11).
50. Os agrotóxicos foram desenvolvidos principalmente a partir da Segunda Guerra Mundial, como armas químicas, e depois adaptados ao uso industrial e agropecuário para eliminar pragas.

Com o apoio de órgãos governamentais e de organizações internacionais, a revolução verde expandiu-se rapidamente pelo mundo, promovendo uma intensa padronização das práticas agrícolas e artificialização do ambiente natural[51].

As inovações tecnológicas permitiram essencialmente maior controle sobre os processos biológicos que determinam o crescimento e o rendimento das plantas e a compatibilização de fatores biológicos com os insumos produzidos industrialmente. Foram introduzidas sementes selecionadas para responder positivamente a altas doses de fertilização nitrogenada e de procedimentos químico-mecânicos de preparo do solo e controle de pragas, necessários para viabilizar a monocultura em larga escala[52].

A partir do início da revolução verde, um dos principais argumentos para a disseminação desse modelo de produção agrícola (gestado nos Estados Unidos e na Europa) para os países em desenvolvimento foi a promessa de que ele acabaria com a fome no mundo. Isso, evidentemente, não ocorreu, entre outras razões, porque o impacto da modernização agrícola e da revolução verde foi extremamente desigual em todo o mundo, e apenas segmentos sociais e econômicos muito específicos se beneficiaram dos avanços tecnológicos e dos aumentos de rendimento e de produtividade, ocasionados pela substituição dos sistemas agrícolas tradicionais pelos sistemas modernos. O novo modelo agrícola e suas mudanças tecnológicas beneficiaram especialmente as grandes propriedades rurais, monocultoras, voltadas para a exportação de cultivos comerciais[53].

A maior parte dos agricultores dos países em desenvolvimento da América Latina, da Ásia e da África não foi beneficiada pela revolução verde. A semeadura dos novos cultivos de alto rendimento e sua

---

51. Eduardo Ehlers. *Agricultura sustentável:* origens e perspectivas de um novo paradigma. 2ª ed. Guaíba: Agropecuária, 1999, p. 33.
52. Idem, *ibid.*, p. 33; Ademar Ribeiro Romeiro. "Agricultura e ecodesenvolvimento", Ecologia e Desenvolvimento, Rio de Janeiro: Aped, 1992, p. 221.
53. Miguel Altieri. *Biotecnologia agrícola:* mitos, riscos ambientais e alternativas. Petrópolis: Vozes, 2004, p. 11-28.

manutenção, por meio de pesticidas, fertilizantes e máquinas agrícolas, é muito cara e inacessível para os agricultores pobres. A população rural desses países é justamente a mais atingida pela fome, o que mostra a ineficácia de um modelo agrícola que estimulou o aumento da produção e da produtividade, mas marginalizou as populações que não podem ter acesso às tecnologias da revolução verde. O combate à fome passa, fundamentalmente, pela valorização das capacidades e dos potenciais produtivos das populações e regiões que ficaram até aqui à margem das formas dominantes de progresso técnico na agricultura, como destaca Ricardo Abramovay[54].

Estima-se que em todo o mundo haja 923 milhões de pessoas subnutridas e que, em 2007, o número de pessoas que passam fome aumentou em 75 milhões em relação ao período anterior analisado pela Organização das Nações Unidas para Agricultura e Alimentação (FAO, Food and Agriculture Organization), de 2003 a 2005, em que a estimativa era de 848 milhões de pessoas[55]. Estima-se ainda que 2 bilhões de pessoas têm alimentação deficitária em algum nutriente (vitaminas, proteínas etc.) e 200 milhões de crianças de menos de cinco anos estão abaixo do peso[56], o que revela a situação de insegurança alimentar em que vive grande parcela da população mundial, principalmente nos países em desenvolvimento. Boa parte das pessoas passa fome porque não tem acesso à comida e/ou recursos para adquiri-la, e a fome é provocada muito mais pela distribuição desigual de alimentos do que por razões tecnológicas. Não é a incapacidade dos sistemas agrícolas de produzir alimentos em quantidade suficiente para alimentar toda a população que provoca a fome, mas a sua incapacidade de destiná-los a quem mais precisa[57].

---

54. Ricardo Abramovay. "A atualidade do método de Josué de Castro e a situação alimentar mundial" *Revista de Economia e Sociologia Rural*, v. 3-4, p. 81-102, jul.-dez.1996.
55. FAO. *The state of food insecurity in the world 2008. High food prices and food security:* threats and opportunities. Roma: FAO, 2008.
56. INTERNATIONAL TECHNICAL CONFERENCE ON PLANT GENETIC RESOURCES, 4ª, 17-23 jun. 1996, Leipzig, Germany. Relatório. Roma: FAO, 1996.
57. Ricardo Abramovay. *O que é fome*. São Paulo: Brasiliense, 1998, p. 55. Consultar também: Josué de Castro. *Geopolítica da fome*. 3ª ed. Rio de Janeiro: Casa do Estudante, 1954.

Os impactos socioambientais do modelo de produção agrícola gerado pela revolução verde se tornaram cada vez mais evidentes: contaminação dos alimentos, intoxicação humana e animal, surgimento de pragas mais resistentes aos agrotóxicos, contaminação das águas e dos solos, erosão e salinização dos solos, desertificação, devastação de florestas, marginalização socioeconômica dos pequenos agricultores, perda da autossuficiência alimentar, êxodo rural e migração para as cidades, desemprego etc. A homogeneização das práticas produtivas e a extrema artificialização dos ecossistemas agrícolas produziram, entre outras consequências, uma brutal redução (e, em muitos casos, a eliminação completa) da diversidade de espécies e variedades de plantas cultivadas e de ecossistemas agrícolas existentes no planeta. Ao longo dos últimos cem anos, os agricultores perderam entre 90% e 95% de suas variedades agrícolas, e há estimativas de que a taxa de perda de diversidade genética vegetal seja atualmente de 2% ao ano[58].

Nos anos 1990, mais uma vez a promessa de erradicação da fome se tornou o principal argumento para legitimar a "nova" revolução biotecnológica. As empresas do ramo químico-farmacêutico passaram a vislumbrar novas perspectivas comerciais com a biotecnologia agrícola, principalmente com o desenvolvimento da tecnologia do DNA recombinante, ou transgenia. Essa tecnologia permitiu a transferência de genes de um organismo a outro, superando as barreiras de cruzamento genético entre as espécies, o que aumentou muito a produtividade das pesquisas no desenvolvimento de cultivares com características agronômicas desejáveis e propiciou uma cobrança mais eficiente dos direitos de propriedade intelectual[59]. A transgenia representaria, portanto, um grande avanço em relação às técnicas de melhoramento genético convencional, já que tornaria possível a inserção de genes (que podem

---

58. Stuart Coupe & Roger Lewins. *Negotiating the seed treaty*. Warwickshire, Grã-Bretanha: Practical Action Publishing, 2007.
59. Leide Albergoni & Victor Pelaez. "Da revolução verde à agrobiotecnologia: ruptura ou continuidade de paradigmas?" *Revista de Economia*, v. 33, p. 31-53, jan.-jun. 2007.

ser ou não da mesma espécie da planta receptora) correspondentes à característica desejável (tamanho, cor, sabor, produtividade etc.). Dessa forma, a transgenia reduziria muito o tempo necessário para a obtenção de novas variedades[60].

As primeiras lavouras transgênicas começaram a ser cultivadas a partir de 1996. Desde então, a área global de cultivos transgênicos cresceu mais de cinquenta vezes: de 1,7 milhão de hectares, em 1996, para mais de 100 milhões de hectares, em 2006. As principais espécies cultivadas são soja, milho, algodão e canola, e as características predominantes incorporadas nessas espécies são a resistência a insetos e a tolerância a herbicidas. A soja tolerante a herbicida é a lavoura transgênica dominante, com 60% da área total de transgênicos, seguida do milho Bt (24%), algodão (11%) e canola (8%)[61].

Como demonstram Victor Pelaez e Leide Albergoni em minucioso trabalho, a biotecnologia agrícola não rompeu com o paradigma da revolução verde por intermédio de uma suposta mudança no modelo agrícola baseado no uso intensivo de agrotóxicos[62]. Para os defensores da biotecnologia agrícola, a mudança de paradigma tecnológico estaria centrada no

---

60. Para saber mais sobre os transgênicos, sugerimos a leitura de: José Eli da Veiga (org.). *Transgênicos:* sementes da discórdia. São Paulo: Senac São Paulo, 2007; José R. Morato Leite & Paulo R. A. Fagúndez (orgs). *Biossegurança e novas tecnologias na sociedade de risco:* aspectos jurídicos, técnicos e sociais. Florianópolis: Conceito Editorial, 2007; Gilles Ferment & Magda Zanoni. *Plantas geneticamente modificadas:* riscos e incertezas. Brasília: MDA, 2007; Lavínia Pessanha & John Wilkinson. *Transgênicos, recursos genéticos e segurança alimentar:* o que está em jogo nos debates. Campinas: Armazém do Ipê, 2005; Rubens Nodari & Miguel P. Guerra. "Implicações dos transgênicos na sustentabilidade ambiental e agrícola". *História, Ciência e Saúde – Manguinhos*, v. 7, n. 2, p. 481-491, 2000; Miguel P. Guerra & Rubens Nodari. "Impactos ambientais das plantas transgênicas: as evidências e as incertezas" *Agroecologia e Desenvolvimento Rural Sustentável*, v. 2, n. 3, p. 30-41, 2001.
61. International Service for the Acquisition of Agri-Biotech Applications. *Global status of commercialized biotech/GM Crops:* Ithaca, 2006. (ISAAA Briefs, n.35). Disponível em: www.isaaa.org/resources/publications/briefs/35/executivesummary/default.html. Acessado em 29/1/2008.
62. Leide Albergoni & Victor Pelaez. "Da revolução verde à agrobiotecnologia: ruptura ou continuidade de paradigmas?" *Revista de Economia*, v. 33, p. 31-53, jan.-jun. 2007.

desenvolvimento de organismos geneticamente modificados (OGMs)[63] com maior resistência a determinados agrotóxicos e/ou que substituem o seu uso, levando a uma suposta redução, ou mesmo eliminação, dos agrotóxicos. Pelaez e Albergoni[64] mostram que a transgenia representa uma continuidade do paradigma da revolução verde: uma forma de revalorizar os ativos das empresas do ramo químico-farmacêutico. Tais empresas (como Pioneer-Dupont, Monsanto, Syngenta, Dow, Bayer etc.), dedicadas à produção de sementes e agrotóxicos, prosperaram durante a fase áurea da revolução verde. Nos anos 1980, as referidas empresas começaram a sofrer um processo de declínio econômico em virtude dos limites de crescimento impostos pelo próprio modelo químico-industrial da revolução verde e pelas restrições impostas pelas leis socioambientais. Assim, tais empresas começaram a procurar alternativas para manter-se no mercado, por meio de investimentos em biotecnologia para o desenvolvimento de sementes transgênicas. As empresas sofreram processos de reestruturação organizacional, tais como fusões, aquisições, incorporações, mas os mesmos capitais que produziam sementes melhoradas e agrotóxicos passaram a investir na produção de sementes transgênicas.

As mudanças tecnológicas operadas pela agrobiotecnologia ocorreram não apenas por causa da evolução do conhecimento científico e tecnológico, mas também da "dinâmica de concorrência dos respectivos mercados, bem como da lógica de valorização dos ativos das empresas oriundas principalmente do ramo químico"[65]. As estratégias empresariais de revalorização de seus ativos teriam, portanto, reforçado as características estruturais de produção e de apropriação da revolução verde.

---

63. Para o geógrafo Carlos Walter Porto Gonçalves, deveríamos usar a expressão "organismos em laboratório modificados" (OLMs), pois todos os organismos que passam por processos evolucionários naturais, resultantes das interações entre a sociedade e a natureza, seriam "geneticamente modificados". Os OLMs seriam os organismos desenvolvidos pelos grandes laboratórios do complexo técnico-científico empresarial. ("Mudança de poder na agricultura" *Folha de S. Paulo*, São Paulo, 1º/11/2007).
64. Leide Albergoni & Victor Pelaez. "Da revolução verde à agrobiotecnologia: ruptura ou continuidade de paradigmas?" *Revista de Economia*, v. 33, p. 31-53, jan.-jun. 2007.
65. Idem, *ibid.*, p. 50.

História da agricultura no Brasil

Arqueologia brasileira

Os estudos arqueológicos e paleobotânicos, visando a identificar os centros de domesticação de plantas nas Américas, têm-se voltado especialmente para a Mesoamérica – México, Guatemala e Honduras – e para os Andes centrais. Contrastando com a fartura de dados e pesquisas realizados em tais regiões, os sítios arqueológicos brasileiros ainda são relativamente pouco estudados e conhecidos[66].

O antropólogo Carlos Fausto[67] explica que grande parte dos estudos sobre a pré-história e a história do continente sul-americano se baseou, até os anos 1970, em uma oposição entre as terras altas e as baixas. De um lado, os Andes, de terrenos áridos e montanhosos, que se erguem paralelos à costa do Pacífico; de outro, o que resta ao leste, especialmente a floresta tropical, densa e úmida. Na floresta tropical, não teria florescido uma civilização capaz de cultivar intensamente o

---

66. Para saber mais sobre os estudos paleobotânicos no Brasil e sobre as evidências da domesticação de plantas já encontradas no país, especialmente no interior de Minas Gerais e no litoral fluminense, consultar: Ondemar Dias. "A produção de vegetais no Brasil antes de Cabral" *Boletim do Instituto de Arqueologia Brasileira*, n. 11, set. 2001.
67. Carlos Fausto. *Os índios antes do Brasil*. 3ª ed. Rio de Janeiro: Jorge Zahar, 2005, p. 10.

solo, domesticar os animais, dominar a metalurgia e conhecer os ardis do poder. Teria sido na aspereza dos Andes que se ergueu um império, cujos traços teriam sido marcados em pedra e metal[68]. Essa dicotomia estaria na base das versões sobre a história do continente sul-americano que dominaram a antropologia até cerca de trinta anos atrás.

A civilização que se desenvolveu nos Andes centrais e na costa do Pacífico teria conhecido o seu ápice com o Império Inca. Esse se caracterizava por populações densas, sistemas intensivos de produção agrícola e de irrigação, complexa organização sociopolítica e domínio de técnicas como a metalurgia. Tudo isso faria do mundo andino uma exceção em face das outras sociedades sul-americanas. Os povos que viviam nas terras baixas (principalmente nas matas tropicais) eram caracterizados pela negativa, por não ter o que os Incas tinham, explica Carlos Fausto[69]. Na floresta tropical viveriam apenas sociedades simples, igualitárias e de pequeno porte. O adensamento populacional nas terras baixas teria sido inviabilizado pela baixa fertilidade do solo e pela escassez de proteína animal, o que teria inibido o desenvolvimento sociopolítico dessas sociedades. Os Andes e a costa do Pacífico, por outro lado, eram vistos como o principal, se não único, centro de invenção cultural do continente: lugar de origem da domesticação de plantas e animais, do uso do metal, da manufatura de cerâmica, da estratificação social etc. Essa foi a visão que prevaleceu até os anos 1980 e 1990[70].

Segundo Carlos Fausto[71], um dos primeiros críticos dessa teoria foi o arqueólogo Donald Lathrap, que defendia a ideia de que alguns ecossistemas amazônicos, primordialmente as planícies aluviais do Amazonas, ofereciam condições para estimular o crescimento populacional e o

---

68. Carlos Fausto. *Os índios antes do Brasil*. 3ª ed. Rio de Janeiro: Jorge Zahar, 2005, p. 10.
69. Idem, *ibid.*, p. 15.
70. Idem, *ibid.*, p. 32. Os arqueólogos norte-americanos Betty Meggers e Clifford Evans foram os principais formuladores da hipótese de que os fatores ambientais estabeleceriam um limite para o potencial de desenvolvimento das sociedades amazônicas. Consultar, a esse respeito: Betty Meggers. *Amazônia:* a ilusão de um paraíso. São Paulo: Itatiaia, 1987.
71. Carlos Fausto, *op. cit.*

desenvolvimento de sociedades complexas. Para Lathrap, a Amazônia teria sido um importante centro de inovação cultural na pré-história do continente americano: um centro de domesticação de plantas e de desenvolvimento da cerâmica[72]. Também contribuíram para mudar essa visão os trabalhos da arqueóloga Anna Roosevelt[73], que realizou pesquisas na bacia do Orinoco e do baixo Amazonas e discordou do potencial do ambiente amazônico, em particular no tocante aos solos aluviais da várzea. Para Anna, as planícies inundáveis às margens do Orinoco e do Amazonas, ao invés de limitarem, teriam propiciado o desenvolvimento de formas sociopolíticas complexas. A descoberta dos restos cerâmicos mais antigos das Américas no baixo Amazonas, na região de Santarém, reforçou a ideia de que a área pode ter sido um polo de irradiação cultural. Esses restos cerâmicos remontam a oito milênios, sendo cerca de mil a 1,5 mil anos mais antigos do que aqueles encontrados no Norte da Colômbia (San Jacinto) e na costa do Equador (Valdivia)[74]. A cerâmica é geralmente associada à agricultura, pois acredita-se que os vasos serviriam para o armazenamento e o cozimento dos alimentos[75]. Na Amazônia e no norte da América do Sul, entretanto, a produção de cerâmica se iniciou em um período (entre 5000 a.C. e 3500 a.C.) em

---

72. Donald Lathrap. *O alto Amazonas*. Lisboa: Verbo, 1975; Eduardo Góes Neves. "Duas interpretações para explicar a ocupação pré-histórica na Amazônia" *In*: Maria Cristina Tenório. *Pré-história da Terra Brasilis*. Rio de Janeiro: Editora da UFRJ, 2000, p. 359-367.
73. Anna Roosevelt. "Arqueologia amazônica". *In*: Manuela Carneiro da Cunha. *História dos índios no Brasil*. São Paulo: Companhia das Letras, 1992, p. 53-86; Anna Roosevelt. *Parmana*: prehistoric maize and manioc subsistence along the Amazon and Orinoco. Nova York: Academic Press, 1980; Anna Roosevelt et al. "Eighth millenium pottery from a prehistorical shell midden in the Brazilian Amazon", *Science*, v. 254, p. 1621-1624, out. 1991.
74. Carlos Fausto. *Os índios antes do Brasil*. 3ª ed. Rio de Janeiro: Jorge Zahar, 2005, p. 32.
75. Embora seja comum associar o aparecimento da cerâmica com o advento da agricultura, há muitos casos em que as pesquisas arqueológicas não confirmam tal associação. Consultar, a esse respeito: Maria Cristina Tenório. "Coleta, processamento e início da domesticação de plantas no Brasil" e André Prous. "Agricultores de Minas Gerais" *In*: Maria Cristina Tenório. *Pré-história da Terra Brasilis*. Rio de Janeiro: Editora da UFRJ, 2000, p. 260-271; 345-358.

que a agricultura não havia sido plenamente adotada e em que predominavam a caça, a pesca e a coleta[76].

Mais recentemente, pesquisas arqueológicas realizadas no alto Xingu e na Amazônia Central, coordenadas por Eduardo Neves, do Museu de Arqueologia e Etnologia da Universidade de São Paulo (USP), e Michael Heckenberger, da Universidade da Flórida-Gainesville[77], revelam que a região era densamente ocupada antes da chegada dos europeus por sociedades complexas e altamente produtivas, que impactaram profundamente o ambiente amazônico. Tais pesquisas contrariam a ideia – muito difundida, mas sem respaldo histórico – de que a Amazônia seria, até a colonização europeia, uma floresta prístina e intocada, esparsamente povoada por pequenas tribos. Na verdade, a bacia Amazônica já era ocupada por diferentes povos indígenas no final do século XV, época do início da colonização europeia das Américas. Essa ocupação, entretanto, não era uniforme; pelo contrário, variou no tempo e no espaço. Os povos pré-coloniais adotavam padrões de organização social e política também muito variáveis[78]. Na Amazônia Central, na região da confluência entre os rios Negro e Solimões, foram encontrados vestígios arqueológicos da cultura Açutuba, que teria ocupado a região próxima a Manaus por quase dez séculos, até 1,6 mil anos atrás. A cultura Manacapuru também teria perdurado por cerca de meio milênio na mesma região. Já a região do Alto Xingu abrigava povos indígenas que viviam em aldeias de até 500 mil metros quadrados e habitadas por até cinco mil pessoas[79]. Esses povos construíram praças, estradas, pontes, aterros, represas etc.

---

76. Eduardo Góes Neves. *Arqueologia da Amazônia*. Rio de Janeiro: Jorge Zahar, 2006, p. 47.
77. Michael Heckenberger. *The ecology of power*: culture, place and personhood in the Southern Amazon, A.D. 1000-2000. Nova York: Routledge, 2005. Consultar também: Michael Heckenberger et al. "Pre-Columbian urbanism, anthropogenic landscapes, and the future of the Amazon" *Science*, v. 321, p. 1214-1217, 29/8/2008.
78. Eduardo Góes Neves, 2006, *op. cit.*, p. 9.
79. Eduardo Viveiros de Castro. "Amazônia antropizada". Instituto Socioambiental. *Almanaque Brasil Socioambiental*: uma nova perspectiva para entender o país e melhorar nossa qualidade de vida. São Paulo: ISA, 2008, p. 102-103.

e produziram profundos impactos sobre o ambiente amazônico, transformando as florestas em paisagens domesticadas[80].

Muitos sítios arqueológicos amazônicos estão localizados nas terras pretas, formados pelo acúmulo de detritos orgânicos e restos de cerâmicas, ossos, carvão etc., decorrentes de atividades humanas. As terras pretas formam "ilhas de fertilidade" na região Amazônica, onde os solos em geral são pouco férteis. A formação das terras pretas estaria relacionada a mudanças sociais ocorridas em muitas partes da Amazônia e nas terras baixas da América do Sul a partir de dez mil anos atrás. As características únicas das terras pretas e o seu potencial agrícola têm despertado o interesse dos cientistas pelo estudo desses solos antropogênicos. Alguns pesquisadores consideram que as terras pretas mantêm uma diversidade genética e biológica mais alta do que outros tipos de solo e seriam, portanto, os "reservatórios" da rica agrobiodiversidade amazônica[81].

Estima-se que, das 257 espécies que eram cultivadas nas Américas quando os europeus chegaram (em 1492), 138 eram encontradas na Amazônia. Essa rica diversidade genética, associada às práticas de manejo e cultivo dos povos pré-colombianos, teria sido fundamental para assegurar a sua sobrevivência em uma região ecologicamente tão complexa como a Amazônia. O brutal declínio da população indígena da Amazônia após a invasão europeia (entre 90% e 95% da população foi dizimada por doenças trazidas pelos europeus e pela escravização) teria provocado uma drástica redução dos recursos genéticos amazônicos,

---

80. Michael Heckenberger et al., "The legacy of cultural landscapes in the Brazilian Amazon: implications for biodiversity" *Philosophical transactions of the Royal Society*, v. 362, p. 197-207, 2007. Publicado *online* em 8/1/2007. Disponível em: www.clas.ufl.edu/users/mheckenb/; Michael Heckenberger et al. "Amazonia 1492: pristine forest or cultural parkland?" *Science*, v. 301, p. 1710-1714, 19/9/2003. Disponível em: www.sjsu.edu/faculty/kojan/page3/files/Heckenberger_2003.pdf; W. M. Denevan. *Cultivated landscapes of Native Amazonia and the Andes*. Oxford: Oxford University Press, 2001.
81. Charles R. Clement, Joseph M. Mccann, Nigel J. H. Smith. "Agrobiodiversity in Amazonia and its relationship with dark earths" *In*: Johannes Lehmnann et al (eds.). *Amazonian dark earths*: origin, properties, management. Holanda: Kluver Academic Publishers, 2003, p. 159-178. Consultar também: Bruno Glaser & William Woods (eds.). *Amazonian dark earths*: explorations in space and time. Berlin: Springer, 2004.

pois esses já se encontravam em avançado estado de domesticação e dependiam do homem para sobreviver, segundo Charles Clement[82].

A lista de plantas domesticadas na Amazônia é extensa e inclui, entre outras, o abacaxi, o açaí, o amendoim, o mamão, a mandioca e a pupunha. O arqueólogo Eduardo Neves explica que, além dos centros de domesticação de plantas já conhecidos nas Américas (a Mesoamérica e os Andes), a Amazônia tem sido, aos poucos, reconhecida também como centro independente de domesticação da América do Sul[83]. A bacia do Alto Madeira e seus afluentes (no atual Estado de Rondônia) teriam sido o centro de domesticação de duas das mais importantes plantas cultivadas na Amazônia: a mandioca e a pupunha. A domesticação da mandioca levou ao desenvolvimento de características como raízes mais grossas e longas e de uma tecnologia sofisticada, baseada no uso de vários instrumentos, como o ralador, o tipiti (cesto cilíndrico e elástico feito com fibras de arumã) e o cumatá (cesto redondo e grande, com as malhas bem apertadas, também feitas de arumã), que transformam uma planta venenosa em produtos importantes como o beiju, a farinha, a tapioca e o caxiri (bebida fermentada à base de mandioca). Da mesma forma, a domesticação da pupunha – uma espécie de palmeira cujos frutos são muito consumidos na Amazônia – privilegiou a seleção de variedades de frutos mais robustos[84]. Além das plantas destinadas à alimentação, diversas ervas e raízes medicinais são historicamente manejadas e cultivadas pelos povos indígenas, constituindo a base de sua medicina tradicional.

---

82. Charles R. Clement. "1492 and the loss of Amazonian crop genetic resources. I. The relation between domestication and human population decline" *Economic Botany*, v. 53, p. 188-202, 1999a.
83. Consultar também: Charles R. Clement. "1492 and the loss of Amazonian crop genetic resources. II. Crop biogeography at contact" *Economic Botany*, v. 53, p. 203-216, 1999b.
84. Eduardo Góes Neves. *Arqueologia da Amazônia*. Rio de Janeiro: Jorge Zahar, 2006, p. 32-33.

Os sistemas agrícolas e a agrobiodiversidade

OS SAMBAQUIEIROS E OUTROS POVOS PRÉ-HISTÓRICOS

A arqueologia brasileira tem-se voltado não apenas para os povos indígenas amazônicos como também para os ocupantes pré-históricos do litoral brasileiro. O principal vestígio deixado por esses povos foi o sítio arqueológico conhecido como "sambaqui" (palavra de etimologia Tupi: *tamba* significa conchas e *ki*, amontoado). Os sambaquieiros – pescadores-coletores-caçadores que ocuparam parte do litoral brasileiro entre seis mil e mil anos AP[85] – deixaram muitos testemunhos arqueológicos de sua presença no território brasileiro, que estão espalhados pela faixa litorânea do Rio Grande do Sul à Bahia e do Maranhão ao litoral do Pará, incluindo o baixo Amazonas, segundo relata Madu Gaspar[86].

Os sambaquieiros realizavam o manejo de plantas, tinham uma agricultura incipiente e eram mais sedentários do que os tradicionais caçadores-coletores. Tinham o hábito de acumular, em um mesmo local, restos de animais, conchas de moluscos (principalmente berbigão), ossos de peixes e mamíferos, restos de caranguejos, ouriços, frutos e sementes, artefatos como pontas de ossos e quebra-coquinhos, uma pedra geralmente achatada e arredondada, empregada como bigorna etc. Com esses materiais, faziam montes de até 30 metros de altura ou morrinhos menores, de 4 metros. Essas elevações arredondadas são chamadas de sambaquis.

Os sambaquieiros jogavam os restos de suas comidas nos próprios sambaquis. Além de guardar os fragmentos faunísticos, de alimentação e de artefatos, o povo sambaquieiro também enterrava seus mortos nesses sítios. A concentração, em um mesmo local, da moradia, do sepultamento de mortos e do acúmulo de restos de alimentos e artefatos, é considerada

---

85. AP significa, em arqueologia, "antes do presente", que, por convenção, é 1950. Essa data foi definida com a descoberta da técnica de datação com base no carbono 14, que se deu em 1952. Tal técnica permite, sob certas condições, calcular a idade da morte dos seres vivos com base na radioatividade residual do carbono preservado em carvões vegetais, em ossos ou em conchas.
86. Madu Gaspar. "Os ocupantes pré-históricos do litoral brasileiro" In: Maria Cristina Tenório. *Pré-história da Terra Brasilis*. Rio de Janeiro: Editora da UFRJ, 2000, p. 159-169.

pelos arqueólogos como a característica que mais bem diferencia o povo sambaquieiro de tantos outros que ocuparam o território brasileiro. Como a alimentação deles era baseada em frutos do mar, seus vestígios são mais resistentes do que os encontrados em outros sítios arqueológicos: conchas, carapaças de siris e ouriços, ossos de peixes, entre outros, o que facilita o estudo arqueológico de seus hábitos alimentares[87].

A intimidade dos sambaquieiros com o mar se revela também na grande diversidade de restos da fauna aquática, até mesmo de espécies de tubarão, encontrada nos sambaquis. Também nas belas esculturas de pedra e osso conhecidas como zoólitos, que fazem parte da cultura material sambaquieira, são constantemente representados animais marinhos, como raias, baleias, botos, linguados, peixes-boi etc. As causas do desaparecimento desse povo ainda não são bem conhecidas pela arqueologia, mas uma das hipóteses diz respeito aos conflitos com outros povos, como os Guarani e os Carijó[88].

Ainda há muito que ser descoberto sobre o modo de vida da sociedade sambaquieira. Entretanto, seus principais testemunhos – os sambaquis – encontram-se atualmente ameaçados pela exploração de cal, usada na construção, e pela expansão imobiliária, apesar dos avanços obtidos em sua proteção legal[89].

Outros povos pré-históricos que habitaram o território brasileiro são também estudados pela arqueologia brasileira: pescadores, caçadores, coletores, ceramistas, horticultores e agricultores, que deixaram belas marcas de sua presença: pinturas e gravuras, feitas nas paredes de grutas, abrigos, blocos etc., que são conhecidas como arte rupestre

---

87. Madu Gaspar. "Os ocupantes pré-históricos do litoral brasileiro" In: Maria Cristina Tenório. *Pré-história da Terra Brasilis*. Rio de Janeiro: Editora da UFRJ, 2000, p. 159-169.
88. Madu Gaspar. *Sambaqui:* arqueologia do litoral brasileiro. 2ª ed. Rio de Janeiro: Jorge Zahar, 2004.
89. Inês Virgínia Prado Soares é autora do excelente livro *Proteção jurídica do patrimônio arqueológico no Brasil*, editado pela Sociedade de Arqueologia Brasileira e pela Editora Habilis (Erechim, RS), em 2007. Consultar também: Tânia Andrade Lima (org.). "Patrimônio arqueológico: o desafio da preservação" *Revista do Patrimônio Histórico e Artístico Nacional*, n. 33, 2007.

e fazem referência ao território, às práticas e às condutas desses povos. Aspectos de sua vida cotidiana são também desvendados por esses grafismos[90].

Os testemunhos arqueológicos deixados por esses grupos no que é atualmente o território brasileiro revelam as raízes mais remotas da nossa rica diversidade socioambiental e são importantes para que possamos compreender a história dos povos que aqui viviam antes da chegada dos europeus. Esses povos desenvolveram, ao longo de milênios, sistemas agrícolas tradicionais e presentearam-nos com uma rica diversidade agrícola, representada por uma enorme variedade de plantas cultivadas, ecossistemas, saberes e práticas agrícolas.

A AGRICULTURA DO BRASIL COLÔNIA. DO IMPÉRIO À REPÚBLICA

Apesar do rico patrimônio biológico e cultural brasileiro, o modelo agrícola estabelecido pelos portugueses se baseou na monocultura, especialmente de espécies exóticas voltadas para a exportação (como a cana-de-açúcar e o café), no latifúndio e na escravização forçada dos povos indígenas e dos negros trazidos da África. Os ciclos econômicos que se sucederam no Brasil maltrataram a terra, produziram intensa

---

90. Madu Gaspar. *A arte rupestre no Brasil*. Rio de Janeiro: Jorge Zahar, 2006. Consultar também: André Prous. *Arqueologia brasileira*. Brasília: Editora da UnB, 1991; Pedro Paulo Abreu Funari. *Arqueologia*. São Paulo: Contexto, 2003; Francisco Silva Noelli & Pedro Paulo Abreu Funari. *Pré-história do Brasil*. São Paulo: Contexto, 2002; Carla Bassanezi Pinsky & Laima Mesgravis. *O Brasil que os europeus encontraram*. São Paulo: Contexto, 2000; André Prous. *O Brasil antes dos brasileiros*. Rio de Janeiro: Jorge Zahar, 1996; Anne-Marie Pessis. *Imagens da pré-história*. "Parque Nacional Serra da Capivara". São Paulo: Fundação Museu do Homem Americano, 2003; Nièdè Guidon. "Parque Nacional Serra da Capivara" In: Instituto Socioambiental. *Almanaque Brasil Socioambiental:* uma nova perspectiva para entender o país e melhorar nossa qualidade de vida. São Paulo: ISA, 2008, p. 112-113; 2º Simpósio Internacional o Povoamento das Américas, 16-20/12/2006, Parque Nacional Serra da Capivara, Piauí. *Manifestações culturais nas Américas:* origens e evolução. Museu do Homem Americano, 2006. *Comunicações*.

devastação ambiental[91] e a concentração de terras nas mãos de poucos senhores e proprietários, marginalizando a agricultura indígena e camponesa. Os colonizadores pretendiam enriquecer o mais rápido possível, por meio da exploração predatória dos recursos naturais e da utilização do trabalho alheio (indígena ou escravo). Tinham como objetivo "colher o fruto sem plantar a árvore", conforme descreve Sérgio Buarque de Holanda, em sua obra clássica *Raízes do Brasil*[92].

O primeiro ciclo econômico determinou o nome da nova colônia portuguesa. O Brasil herdou seu nome da árvore chamada "pau-brasil", também conhecida como "pau de brasa", por fornecer tinta vermelha. Os povos indígenas de língua Tupi a chamavam ibirapitã ou ibirapitanga. O pau-brasil era abundante na época do "descobrimento" do Brasil, especialmente na região litorânea, do Rio de Janeiro a Pernambuco. Além do cerne vermelho, do qual se extraía a tinta para tecidos, a árvore era usada para produção de remédios (por suas propriedades tônicas e adstringentes) e para construções navais e confecção de instrumentos musicais (violinos). A exploração intensa e predatória dessa espécie se deu principalmente em meados do século XVI e levou-a à quase extinção[93].

Ainda no século XVI iniciou-se a cultura da cana-de-açúcar (originária da costa da Índia), sobretudo na faixa litorânea do Nordeste. A lavoura canavieira se baseou na mão de obra escrava e na grande propriedade, onde viviam o patriarca e sua família (na casa-grande) e os

---

91. Consultar: José Augusto Pádua. *Um sopro de destruição*: pensamento político e crítica ambiental no Brasil escravista (1786-1888). Rio de Janeiro: Jorge Zahar Editor, 2002.
92. Sérgio Buarque de Holanda. *Raízes do Brasil*. 26ª ed. São Paulo: Companhia das Letras, 1995, p. 44. A primeira edição desse livro é de 1936. Outras obras clássicas que estimularam reflexões sobre a história do país são: *Casa-grande & senzala*, de Gilberto Freyre, escrita em 1933; *Formação do Brasil contemporâneo*, de Caio Prado Júnior, escrita em 1942; *Coronelismo, enxada e voto*, de Victor Nunes Leal, publicada em 1949; *Formação econômica do Brasil*, de Celso Furtado, escrita em 1959; e *Da senzala à colônia*, de Emília Viotti da Costa, publicada em 1966. Sobre a herança colonial e as culturas de exportação, consultar ainda: Tamás Szmrecsányi. *Pequena história da agricultura no Brasil*. São Paulo: Contexto, 1998.
93. Consultar: Warren Dean. *A ferro e fogo*: a história e a devastação da Mata Atlântica brasileira. São Paulo: Companhia das Letras, 1996.

escravos (na senzala). O açúcar era produzido nos engenhos e a cachaça, nos alambiques. Esse modelo, monocultor e escravista, concentrava o poder nas mãos dos senhores de engenho e dificultava muito a vida dos pequenos agricultores, que acabavam ocupando apenas as áreas que não interessavam à monocultura. Mesmo assim, sempre houve um número expressivo de homens livres que possuíam pequenas glebas de terra. Eles abriam pequenas roças nas clareiras da mata para produção de alimentos para a família, com alguns excedentes para o mercado local.

Conforme destacam Mary Del Priore e Renato Venâncio, no Brasil colônia houve muito mais do que a pura e simples *plantation* de cana. Segundo esses autores,

> A "visão plantacionista", que considera todas as atividades não voltadas para a exportação como irrelevantes, embaçou durante muito tempo a contribuição que milhares de agricultores – responsáveis pela agricultura de subsistência ou pelo abastecimento interno – deram à história de nosso mundo rural[94].

Esses agricultores, também chamados de camponeses, roceiros, caipiras, caboclos e sertanejos, faziam os seus cultivos após a derrubada e queimada de pequenas parcelas de mata, intercalando-os com longos períodos de repouso do solo. Esgotada a fertilidade natural e o húmus deixado pela floresta abatida, eles mudavam o lugar da roça, o que exigia a derrubada de outra pequena porção da mata[95]. Essa rotatividade criava

---

94. Mary Del Priore & Renato Venâncio. *Uma história da vida rural no Brasil*. Rio de Janeiro: Ediouro, 2006, p. 48. No mesmo sentido: Maria Yedda Linhares & Francisco Carlos Teixeira da Silva. *História da agricultura brasileira:* combates e controvérsias. São Paulo: Brasiliense, 1981, p. 118-119.
95. Essa forma de agricultura ainda é praticada por muitos povos indígenas, sobretudo da Amazônia. A etnobotânica Laure Emperaire destaca que "em condições de baixa pressão demográfica, a agricultura de corte e queimada constitui um sistema altamente viável, que permite conciliar objetivos de produção e de conservação da biodiversidade, tanto agrícola quanto florestal" ("O manejo do espaço agrícola" *In*: Instituto Socioambiental. *Almanaque Brasil Socioambiental:* uma nova perspectiva para entender o país e melhorar nossa qualidade de vida. São Paulo: ISA, 2008, p. 421).

um sistema de vida e um modo de produção agrícola peculiar à economia camponesa, baseada no trabalho familiar[96], herdado da agricultura indígena e adotado por diversos povos tradicionais.

A partir do século XVII, a cultura da cana-de-açúcar declinou, notadamente em virtude da concorrência dos holandeses, que ocuparam o Nordeste entre 1630 e 1654 e inundaram a Europa de açúcar barato produzido em suas colônias nas Antilhas. Os alimentos à base de açúcar (geleias, doces etc.) acabaram sendo incorporados aos hábitos alimentares brasileiros. Além do açúcar, da cachaça e da rapadura, da cana é extraída também a garapa e produzido o mel de engenho, ou melado de cana, que é o suco da cana fervido.

No final do século XVII, os bandeirantes descobriram ouro. O ciclo da mineração atingiu seu ápice no século XVIII e se estendeu sobre os (atuais) Estados de Minas Gerais, Bahia, Goiás e Mato Grosso, originando cidades como Ouro Preto, Mariana, Sabará e São João del Rei. A mineração estimulou forte corrente migratória, havendo estimativas de que, entre 1650 e 1750, aumentou em 500% o número de portugueses vindos para o Brasil e em 220%, o número de africanos. Novas cartas de alforria foram concedidas aos escravos, assim como a população branca e pobre aumentou muito, o que fez crescer o número de agricultores que cultivava a terra para se alimentar e para abastecer as vilas e cidades que se formavam em torno da economia do ouro[97].

Nos sistemas agrícolas desenvolvidos pelos pequenos agricultores, havia forte vinculação entre o que se cultivava e o que se comia. As roças produziam especialmente mandioca, feijão, arroz, milho, quiabo, jiló e hortaliças trazidas da Europa, como alface, couve, repolho, nabo, espinafre, cenoura etc., e frutas, como banana e laranja. Eram sistemas essencialmente policultores. Alguns frutos nativos eram também consumidos, como o pequi, o araticum, a mangaba, a guariroba, as nozes da macaúba,

---

96. Mary Del Priore & Renato Venâncio. *Uma história da vida rural no Brasil*. Rio de Janeiro: Ediouro, 2006, p. 48-49; Sérgio Buarque de Holanda. *Caminhos e fronteiras*. São Paulo: Companhia das Letras, 2002.
97. Mary Del Priore & Renato Venâncio, *op .cit.*, p. 50-51.

Os sistemas agrícolas e a agrobiodiversidade

a jabuticaba e o buriti, entre outros[98]. Além disso, tais agricultores criavam animais domésticos, como cavalos, vacas, porcos, ovelhas, cabras e galinhas. Muitas raças de animais domésticos, trazidas principalmente da península Ibérica e das ilhas portuguesas dos Açores, Cabo Verde e Madeira, adquiriram características como rusticidade e resistência a doenças e se adaptaram aos ecossistemas brasileiros. No litoral, proliferaram os agricultores-pescadores, chamados de caiçaras, que se alimentavam sobretudo de frutos do mar, mas eram também agricultores.

A pecuária, desenvolvida inicialmente como atividade de subsistência no litoral, penetrou nos sertões nordestino e mineiro. O Sul do Brasil se integrou à economia colonial no século XVIII por intermédio da pecuária, que fornecia couros, carnes e o gado utilizado para o transporte de cargas durante o ciclo da mineração. Até o final do século XIX, a economia sulina se baseou na pecuária e no extrativismo da erva-mate. A partir de então, inicia-se a expansão agrícola, possibilitada pelo aumento demográfico decorrente da imigração e pelo acesso aos mercados por meio da ferrovia. Os pequenos agricultores começaram então a ser expulsos das áreas florestais que até então ocupavam pelos grandes pecuaristas, interessados em expandir seus domínios[99]. Ao contrário do Nordeste, em que predominava a agricultura, no Sul a atividade econômica privilegiada era a criação de gado.

O algodão, o tabaco, o cacau e a borracha[100] (extraída das seringueiras da Amazônia) também foram produtos de exportação importantes,

---

98. Consultar: Ricardo Ferreira Ribeiro. *Florestas anãs do sertão:* o cerrado na história de Minas Gerais. Belo Horizonte: Autêntica, 2005.
99. Paulo Afonso Zarth. *História agrária do planalto gaúcho – 1850/1920.* 1988. Dissertação (mestrado em História) – Universidade Federal Fluminense.
100. Sobre a produção de borracha extrativa na Amazônia, consultar: Alfredo Homma. *História da agricultura na Amazônia.* Brasília: Embrapa Informação Tecnológica, 2003. Nesse livro é descrita a transferência, em 1876, de 70 mil sementes de seringueira da Amazônia para Londres e, posteriormente, para o Sudeste asiático, realizada por Henry Alexander Wickham. Em 1908, a produção de borracha da Amazônia representava 94,4% do total mundial; em 1913, a produção de borracha do Sudeste asiático superou a produção amazônica e, em 1918, a produção de borracha amazônica caiu para 10,9% do total mundial. Esse é frequentemente descrito como o primeiro caso de biopirataria de recursos brasileiros.

que quebraram um pouco a monotonia das lavouras de cana-de-açúcar. O cultivo do algodão se desenvolveu inicialmente no Maranhão, para depois se alastrar pelo Nordeste, chegando a ser o segundo produto da pauta de exportações entre 1796 e 1811. Nesse período, foram também exportados em grandes quantidades o arroz, o cacau e o tabaco (que já foi considerado um medicamento).

As primeiras plantações de café no Brasil ocorreram na Região Norte, em 1727, e depois se alastraram para o Rio de Janeiro, São Paulo e Minas Gerais[101]. O café, nativo da Etiópia, tornou-se o principal produto agrícola brasileiro a partir do começo do século XIX. Sua expansão coincidiu com a proclamação da independência, em 1822, e fortaleceu, política e economicamente, os "barões do café". Das pequenas plantações de café nas vizinhanças da corte, entre 1810 e 1820, os cafezais espalharam-se por todo o vale do rio Paraíba e pelo oeste paulista, chegando inicialmente a Campinas e Sorocaba e, em seguida, a Ribeirão Preto e a Araraquara. Entre 1790 e 1830, o café, que representava 1% ou 2% das exportações, passou a ser responsável por 40% ou 45% delas – dobrando a renda em relação ao açúcar[102]. Após a proibição do tráfico negreiro, políticas de incentivo à imigração trouxeram ao país milhares de colonos europeus. E mais uma vez os pequenos agricultores foram expulsos de suas terras. As pequenas roças, estabelecidas entre as matas, e muitas vezes encobertas pelas florestas, foram em grande parte substituídas pelas fazendas de café[103].

---

101. O militar brasileiro Francisco de Melo Palheta teria sido responsável pela introdução do café no Brasil, depois de uma viagem à Guiana Francesa.
102. Mary Del Priore & Renato Venâncio. *Uma história da vida rural no Brasil*. Rio de Janeiro: Ediouro, 2006, p. 133.
103. Sobre a crise da lavoura brasileira nas últimas décadas do império, consultar: José Augusto Pádua. "Cultura esgotadora: agricultura e destruição ambiental nas últimas décadas do Brasil Império" *Estudos Sociedade e Agricultura*, v. 11, p. 134-163, out. 1998. Disponível em www.bibliotecavirtual.clacso.org.ar/ar/libros/brasil/cpda/estudos/onze/padua11.htm. Acessado em 23/2/2008.

Os sistemas agrícolas e a agrobiodiversidade

A CRIAÇÃO DO JARDIM BOTÂNICO DO RIO DE JANEIRO

Ainda durante o ciclo do café, em 1808, a chegada da família real portuguesa ao Brasil, fugindo das tropas de Napoleão Bonaparte (então imperador da França), teve repercussões interessantes para a diversidade de plantas cultivadas no país. Instalada a corte no Brasil, dom João VI, que tinha especial interesse pelas plantas, criou o Jardim Botânico do Rio de Janeiro[104], um dos mais importantes hortos de aclimatação de espécies trazidas notadamente da Ásia, como a canela, o cravo-da-índia, a pimenta-do-reino, a cânfora, a manga, a fruta-pão, a jaca, a lichia, o jambo e o tamarindo, entre outras. A aclimatação, ou "educação das plantas" (como se dizia na época), tinha o objetivo de adaptar as espécies exóticas às condições ambientais brasileiras, para que pudessem ser cultivadas aqui[105]. O Jardim Botânico do Rio de Janeiro é considerado por muitos historiadores como a primeira instituição de pesquisa científica brasileira[106].

---

104. O Jardim Botânico é o único sobrevivente de uma série de jardins botânicos criados no Brasil durante esse período, com base na política implementada pelo ministro de dom João VI, dom Rodrigo de Sousa Coutinho, fundamentada no trabalho do botânico Manuel de Arruda Câmara, intitulado *Discurso sobre a utilidade da instituição de jardins nas principais províncias do Brasil*, de 1810, que sugeria o cultivo de centenas de plantas em todo o território brasileiro. (Rosa Nepomuceno. *O jardim de D. João*. Rio de Janeiro: Casa da Palavra, 2007, p. 9).
105. A coroa portuguesa manteve, entre 1796 e 1817, uma rede de jardins botânicos no território luso-brasileiro. O Jardim Botânico do Grão-Pará, em Belém, começou a funcionar em 1798, com o objetivo de aclimatar espécies exóticas e domesticar espécies nativas, incluindo madeiras de lei. Manteve-se ativo por mais de duas décadas. (Nelson Sanjad. "Éden domesticado: a rede luso-brasileira de jardins botânicos, 1790-1820". *Anais de história de além-mar*, Lisboa: Cham; Universidade Nova de Lisboa, v. VII, p. 251-278, 2007). Seguindo-se à criação do Jardim Botânico do Rio de Janeiro em 1808, foram fundados, em 1811, os jardins botânicos de Pernambuco, Bahia, Minas Gerais e São Paulo.
106. Paulo Motta. "A pesquisa agropecuária no Brasil." *In*: Embrapa. *Terra e alimento*: panorama dos 500 anos de agricultura no Brasil. Brasília: Embrapa, 2000, p. 163-182. O Instituto Agronômico de Campinas (IAC), criado em 1887, foi uma das primeiras instituições a desenvolver pesquisas agrícolas no país. A Embrapa foi instalada oficialmente em 26 de abril de 1973.

Em 1809, Luís de Abreu Vieira e Paiva, oficial da armada portuguesa, depois do naufrágio de um navio que o levava até Goa (Índia), conseguiu chegar até as Ilhas Maurício (colônia francesa na África) e de lá trouxe para o Brasil várias mudas de plantas americanas e asiáticas, cultivadas em um jardim de aclimatação criado pelo botânico francês Pierre Poivre. Algumas espécies americanas, como o abacate, o abricó-de-são domingos e as saboeiras (ou fruta-sabão) tinham atravessado os mares, saindo da América para o Índico e de lá para o Brasil[107]. Sementes foram também mandadas para as demais colônias portuguesas, como Angola, Cabo Verde e São Tomé.

Com a invasão da Guiana Francesa pelos portugueses, para retaliar a invasão de Portugal pelas tropas napoleônicas, o Jardin Gabrielle, ou Habitations Royales des Épiceries (seu nome oficial), fazenda colonial localizada em Caiena, passou às mãos dos portugueses em 1810, e diversas espécies originárias de outros países (fruta-do-conde, carambola e groselha, entre outras) foram transferidas para os hortos de Olinda e Belém e, depois, para o Rio de Janeiro[108]. No mesmo ano as primeiras sementes de chá chegaram ao Brasil, junto com as de jasmim-do-imperador, cuja flor era usada para aromatizar a infusão. Eram provenientes da China, e, em 1814, chegaram ao Rio de Janeiro cerca de trezentos chineses de Macau, encarregados de realizar o cultivo do chá. Ainda em 1809, uma decisão régia autorizava a concessão de prêmios e outras vantagens a quem se dispusesse a aclimatar árvores "úteis ao progresso agrícola do Brasil" e liberava as taxas alfandegárias para a entrada e saída de especiarias[109].

Por outro lado, do Brasil foram transferidos para Goa, na Índia, o mamão, a mandioca, a pitanga e o caju, e para a África a mandioca e

---

107. Rosa Nepomuceno. *O jardim de D. João*. Rio de Janeiro: Casa da Palavra, 2007, p. 22. Para saber mais, consultar também: Rosa Nepomuceno. *O Brasil na rota das especiarias:* o leva-e-traz de cheiros, as surpresas da nova terra. Rio de Janeiro: José Olympio, 2005.
108. Um acordo entre Portugal e França, assinado em 1817, restituiu a Guiana à sua antiga metrópole.
109. Rosa Nepomuceno, *op .cit.*, p. 24.

a batata-doce. Em compensação, o Brasil teria recebido o inhame e o dendezeiro, originário da costa ocidental da África (encontrado desde o Senegal até Angola), que se adaptou bem ao clima tropical úmido do litoral baiano. É dele que se extrai o azeite de dendê, utilizado em pratos típicos da culinária baiana, como vatapá, acarajé etc. Os escravos trazidos da África são também responsáveis pela introdução no Brasil de diversas plantas, como o quiabo, o jiló, o feijão-macassar (também conhecido como feijão-caupi e feijão-de-corda), o feijão-guandu e a pimenta-malagueta (da Costa da Malagueta, que se estende do Leste de Serra Leoa à Nigéria), entre outras. Uma espécie africana de arroz – *Oryza glaberrima*, conhecida como "arroz vermelho" – também foi introduzida nas Américas pelos escravos, e muitas mulheres africanas trouxeram grãos desse cereal nos cabelos[110].

AGRICULTURA CAMPONESA, FAMILIAR E O AGRONEGÓCIO: A DIVERSIDADE DE MODELOS AGRÍCOLAS

Ao longo da história, desenvolveram-se no Brasil dois modelos de produção agrícola, bastante distintos: a agricultura camponesa (e familiar)[111],

---

110. Judith Ann Carney & Rosa Acevedo Marin. "Saberes agrícolas dos escravos africanos no Novo Mundo" *Ciência Hoje*, v. 35, n. 205, p. 26-33, jun. 2004.
111. Há inúmeras divergências conceituais e ideológicas acerca das expressões "camponês" e "agricultor familiar", mas foge aos objetivos deste trabalho aprofundar tais discussões. Consultar: Horácio Martins de Carvalho. *O campesinato no século XXI*: possibilidades e condicionantes do desenvolvimento do campesinato no Brasil. Petrópolis: Vozes, 2005; Jan Douwe Van der Ploeg. "O modo de produção camponês revisitado" *In*: Sergio Schneider. *A diversidade da agricultura familiar*. Porto Alegre: Editora da UFRGS, 2006, p. 13-54; José de Souza Martins. *Os camponeses e a política*. Petrópolis: Vozes, 1995; Eduardo Sevilla Gusmán & Manuel Gonzáles Molina. *Sobre a evolução do conceito de campesinato*. São Paulo: Expressão Popular, 2005; Guilhermo Palacios. *Campesinato e escravidão no Brasil*: agricultores livres e pobres na capitania geral de Pernambuco. Brasília: Editora da UnB, 2004; Ciro Flamarion Cardoso. "Camponês, campesinato: questões acadêmicas, questões políticas" *In*: André Leonardo Chevitarese . *O campesinato na história*. Rio de Janeiro: Relume Dumará: Faperj, 2002, p. 19-38; Neide Esterci. "Campesinato na fronteira – O sentido da lei e a

em suas diferentes formas e expressões, e a agricultura patronal, hoje convertida no que se convencionou chamar de "agronegócio", direcionada para a exportação de *commodities* e a geração de divisas para elevar o superávit da balança comercial brasileira. O agronegócio responde por cerca de um terço do PIB (produto interno bruto) brasileiro e, segundo a Confederação Nacional da Agricultura, em 2007 as exportações do agronegócio totalizaram 58,5 bilhões de dólares e as importações, 8,5 bilhões, resultando num superávit de US$ 50 bilhões de dólares.

O agronegócio se caracteriza pela produção baseada na monocultura, especialmente de produtos cujos valores são ditados pelas regras do mercado internacional (soja, milho, trigo, algodão, café etc.), pela utilização intensiva de insumos químicos e de máquinas agrícolas, pela adoção de pacotes tecnológicos (que, mais recentemente, incluem as sementes transgênicas), pela padronização e uniformização dos sistemas produtivos, pela artificialização do ambiente e pela consolidação de grandes empresas agroindustriais.

Apesar de serem modelos agrícolas que comportam muitas divisões internas, podemos dizer, grosso modo, que a agricultura camponesa e a patronal são duas grandes categorias bastante distintas entre si. A agricultura camponesa, pouco valorizada pela historiografia oficial, foi desenvolvida por ex-escravos e por outros trabalhadores livres, que viviam nas proximidades dos engenhos e das minas de ouro, posseiros que ocupavam pequenas faixas de terra na Região Centro-Sul etc. Ricardo

---

força da aliança" *In*: Bernardo Mançano Fernandes, Leonilde Servolo de Medeiros, Maria Ignez Paulilo. *Lutas camponesas contemporâneas*: condições, dilemas e conquistas. v. 1. São Paulo: Unesp; Brasília: Nead. (Coleção História Social do Campesinato no Brasil). Consultar também: Delma Pessanha Neves & Maria Aparecida de Moraes Silva. *Formas tuteladas de condição camponesa*. v. I do tomo Processos de constituição e reprodução do campesinato no Brasil. São Paulo: Editora da Unesp; Brasília: Nead, 2008. (Coleção História Social do Campesinato no Brasil); Márcia Motta & Paulo Zarth. *Concepções de justiça e resistência nos Brasis*. v. I do Tomo Formas de resistência camponesa: visibilidade e diversidade de conflitos ao longo da história. São Paulo: Editora da Unesp; Brasília: Nead, 2008. (Coleção História Social do Campesinato no Brasil).

Ferreira Ribeiro[112] destaca que o mundo camponês, menos visível, podia possuir, em algumas regiões, maior ou menor significação e independência econômica, social e política em relação ao domínio dos grandes proprietários. Os camponeses ocupavam pequenas áreas nos espaços indefinidos entre as fazendas ou em torno dos núcleos de mineração, que dispensavam mão de obra com o declínio dessa atividade. Muitas comunidades camponesas também se formaram pelas sucessivas divisões das fazendas entre várias gerações de herdeiros, com o fracionamento da terra em médias e pequenas glebas. A agricultura camponesa sempre teve como característica básica a policultura, que inclui as roças de milho, feijão, arroz, mandioca etc. e o cultivo de hortaliças e frutíferas, perto da moradia.

A agricultura camponesa assumiu, no tempo e no espaço, uma grande diversidade de formas sociais, sendo muito difícil estabelecer um único modelo agrícola camponês. Nesse modelo, a família, ao mesmo tempo que é proprietária dos meios de produção, assume o trabalho no estabelecimento produtivo. Para Maria de Nazareth Wanderley[113], "agricultura familiar" é um conceito genérico, que incorpora uma diversidade de situações específicas e particulares, constituindo o campesinato uma forma particular de agricultura familiar, que se constitui enquanto modo específico de produzir e de viver em sociedade. Para essa autora, a agricultura familiar que se reproduz nas sociedades modernas teve que se adaptar a um contexto socioeconômico próprio a elas, que a obriga a realizar modificações importantes em sua forma de produzir e

---

112. Ricardo Ferreira Ribeiro. "O Eldorado do Brasil Central: ambiente, democracia e saberes populares no cerrado" In: Horácio Martins de Carvalho. *O campesinato no século XXI*: possibilidades e condicionantes do desenvolvimento do campesinato no Brasil. Petrópolis: Vozes, 2005, p. 118-125.
113. Maria de Nazareth Wanderley. "Raízes históricas do campesinato brasileiro." In: Horácio Martins de Carvalho. *O campesinato no século XXI*: possibilidades e condicionantes do desenvolvimento do campesinato no Brasil. Petrópolis: Vozes, 2005, p. 26-27. Consultar também: Maria de Nazareth Wanderley. "A emergência de uma nova ruralidade nas sociedades modernas avançadas: o rural como espaço singular e ator coletivo." *Estudos Sociedade e Agricultura*, n. 15, p. 87-145, 2000.

em sua vida social tradicional. Tal agricultor seria, entretanto, portador de uma "tradição camponesa" que lhe permite adaptar-se às novas exigências da sociedade[114]. Maria de Nazareth cita o conceito-síntese utilizado por Hugues Lamarche: "A agricultura familiar não é um elemento da diversidade, mas contém, nela mesma, toda a diversidade"[115].

Nessa diversidade, existem várias categorias. Alfredo Wagner[116] ressalta, ao analisar os movimentos sociais na Amazônia e os processos de territorialização que lhe são correspondentes, que os termos "camponês" e "trabalhador rural", que vinham sendo utilizados por partidos políticos e movimentos sindicais, têm coexistido com novas denominações que expressam uma forma de existência coletiva de diferentes povos e grupos sociais, como os seringueiros, as quebradeiras de coco-babaçu, os pescadores, os quilombolas etc., também chamados de "populações tradicionais". Segundo Wagner, a nova estratégia do discurso dos movimentos sociais no campo, ao designar os sujeitos da ação, não aparece atrelada à conotação política que em décadas passadas estava associada principalmente ao termo "camponês". Alguns agentes sociais passaram a adotar as denominações pelas quais se autodefinem e são representados na vida cotidiana. Além das populações tradicionais citadas acima, as comunidades de fundos de pasto (assim são conhecidas as formas tradicionais de criação de caprinos e ovinos no semiárido baiano) e as comunidades dos faxinais (sistema de produção camponês tradicional, característico da região centro-sul do Paraná), também reivindicam o reconhecimento de suas formas tradicionais de ocupação e uso comum

---

114. Maria de Nazareth Wanderley. "Raízes históricas do campesinato brasileiro." *In*: Horácio Martins de Carvalho. *O campesinato no século XXI*: possibilidades e condicionantes do desenvolvimento do campesinato no Brasil. Petrópolis: Vozes, 2005, p. 26-27.
115. Hugues Lamarche. *L'agriculture familiale:* une réalité polymorphe. Paris: L'Harmattan, 1994, p. 14.
116. Alfredo Wagner. *Terras tradicionalmente ocupadas*: terras de quilombo, terras indígenas, "babaçuais livres", "castanhais do povo", faxinais e fundos de pasto. Manaus: PPGSCA-UFAM, 2006, p. 26. Consultar também: Joaquim Shiraishi Neto. *O direito das minorias:* passagem do "invisível" real para o "visível" formal? Curitiba, 2004. Tese (doutorado em Direito) – Universidade Federal do Paraná, Curitiba. Shiraishi aborda principalmente os direitos das comunidades quilombolas e das quebradeiras de coco babaçu.

dos recursos naturais, que combinam extrativismo, agricultura, pesca, caça, artesanato e pecuária, praticados por unidades familiares.

Neste trabalho, adotaremos o conceito genérico de "agricultura familiar" proposto por Wanderley, considerando que ele é heterogêneo e abriga diversas categorias específicas, como agricultura camponesa, tradicional etc. O conceito de "agricultura familiar" surgiu no Brasil nos anos 1990, com base num conjunto de estudos e pesquisas que procuraram avançar, conceitual e metodologicamente, em relação ao conceito de "pequena produção rural". Uma das principais inovações desses estudos foi a elaboração de um conceito de agricultura familiar baseado não sobre um limite máximo de área ou de valor de produção da unidade familiar, mas com base em suas relações sociais de produção.

Em 1996, o estudo denominado "Perfil da Agricultura Familiar no Brasil: dossiê estatístico" (Incra/FAO) definia a agricultura familiar com base em três características centrais: a) a gestão da unidade produtiva e os investimentos nela realizados é feita por indivíduos que mantêm entre si laços de sangue ou de casamento; b) a maior parte do trabalho é igualmente fornecida pelos membros da família; c) a propriedade dos meios de produção (embora nem sempre da terra) pertence à família e é em seu interior que se realiza sua transmissão em caso de falecimento ou de aposentadoria dos responsáveis pela unidade produtiva. Em 2000, foi publicado o relatório "Novo Retrato da Agricultura Familiar – O Brasil redescoberto", que consolidou uma série de estudos desenvolvidos entre 1996 e 1999 no âmbito do projeto de cooperação técnica entre o Incra e a FAO[117]. Esse relatório passou a caracterizar o universo

---

117. Carlos Enrique Guanziroli & Silvia Elizabeth de C. S Cardim. *Novo retrato da agricultura familiar:* o Brasil redescoberto. Brasília: Projeto de Cooperação Técnica Incra/FAO, 2000. Consultar também as publicações do Núcleo de Estudos Agrários e Desenvolvimento Rural (Nead), do MDA, intituladas: *PIB da agricultura familiar:* Brasil-Estados e *Agricultura familiar na economia:* Brasil e Rio Grande do Sul, disponíveis em: www.nead.org.br; e João Carlos Sampaio Torrens. "Papéis da agricultura familiar na construção de um desenvolvimento sustentável" *Boletim do Deser,* n. 155, p. 7-13, dez. 2006; Valter Bianchini. "Políticas diferenciadas para a agricultura familiar." Curitiba: Deser, maio 2005. Disponível em: www.deser.org.br/biblioteca_read.asp?id=20.

familiar pelos estabelecimentos que atendiam simultaneamente às seguintes condições: a) a direção dos trabalhos do estabelecimento era exercida pelo produtor; b) o trabalho familiar era superior ao trabalho contratado. Adicionalmente, foi determinada uma área máxima regional como limite superior para a área total dos estabelecimentos familiares (a fim de evitar eventuais distorções que pudessem decorrer da inclusão de grandes latifúndios no universo de unidades familiares). Uma vez estabelecida a separação entre agricultores familiares e patronais, o relatório procurou estabelecer diferenças no interior da agricultura familiar, considerando que existem produtores familiares com distintas lógicas de produção e sobrevivência. O próprio relatório reconhece, entretanto, que nenhuma metodologia é inteiramente satisfatória para definir os agricultores familiares, pois há variáveis com pesos e significados diversos, dependendo dos contextos sociais, culturais e econômicos em que estão inseridos.

Em síntese, o relatório mostra que o universo agrário e agrícola brasileiro é extremamente complexo, seja em função da grande diversidade da paisagem agrária (meio físico, ambiente, variáveis econômicas etc.), seja em virtude da existência de diferentes tipos de agricultores, os quais têm interesses particulares, estratégias próprias de sobrevivência e de produção e, portanto, respondem de maneira diferenciada a desafios e restrições semelhantes. O relatório conclui que as unidades familiares são mais produtivas e sustentáveis, do ponto de vista socioambiental, além de serem economicamente viáveis. Destaca, ainda, que todos os países desenvolvidos tiveram na agricultura familiar um sustentáculo do seu dinamismo econômico e de uma equilibrada distribuição das riquezas.

No Brasil, a agricultura familiar tem sido a principal responsável pela produção de alimentos e pela dinamização das economias locais, respondendo por 67% do feijão consumido no país, 58% da carne suína, 54% do leite e 49% do milho, e ocupando cerca de 70% da mão de obra no campo, conforme a Secretaria de Agricultura Familiar do Ministério do Desenvolvimento Agrário. A agricultura familiar é fundamental para a segurança alimentar, a geração de emprego e renda e o desenvolvimento local em bases sustentáveis e equitativas. Ela foi, entretanto, diretamente atingida pelas políticas de "modernização agrícola" promovidas pela revolução verde, que trataram o espaço rural como se fosse uniforme e acentuaram as diferenças entre os dois modelos agrícolas (patronal e familiar), provocando a concentração e a especulação fundiárias, o êxodo rural e a marginalização da agricultura familiar.

E o pior: a alta produtividade das monoculturas não significou mais comida na mesa do brasileiro. Um estudo do Instituto de Economia da Universidade Federal do Rio de Janeiro (UFRJ) demonstrou que o aumento recorde das safras agrícolas em 2003 e 2004 não trouxe maior segurança alimentar ao país: hoje, 32 milhões de pessoas (ou 21% da população brasileira) se alimentam de forma insuficiente e com alimentos de baixa qualidade[118]. Além disso, cerca de 3 milhões de famílias rurais vivem em situação de extrema pobreza, com menos de 1 dólar *per capita* por dia[119].

Para os que defendiam a "modernização agrícola", a estrutura fundiária do país, altamente concentradora, não era a principal questão a ser resolvida, via reforma agrária, mas, sim, a baixa produtividade agrícola, que deveria ser superada por meio da modernização de base tecnológica, da mecanização, da utilização de adubos sintéticos e de variedades melhoradas[120]. A "modernização" determinou os rumos da pesquisa agropecuária, da assistência técnica e extensão rural e do crédito rural, estreitamente vinculados e destinados a favorecer o agronegócio. Ela estimulou a mecanização, o uso intensivo de fertilizantes sintéticos e agrotóxicos e a utilização das variedades, raças e híbridos de alto rendimento e baixa diversidade genética. Além disso, disseminou a ideia de que só o desenvolvimento técnico e científico seria capaz de resolver o problema da fome, desconsiderando as questões sociais e políticas envolvidas.

---

118. Instituto Socioambiental. *Almanaque Brasil Socioambiental:* uma nova perspectiva para entender o país e melhorar nossa qualidade de vida. São Paulo: ISA, 2008, p. 422.
119. Idem, *ibid*.
120. Carlos Mazzetto. "A agricultura brasileira ontem e hoje" In: Horácio Martins de Carvalho. *O campesinato no século XXI:* possibilidades e condicionantes do desenvolvimento do campesinato no Brasil. Petrópolis: Vozes, 2005, p. 230-231.

Historicamente, um dos golpes mais duros contra a agricultura familiar e o campesinato foi a aprovação da Lei de Terras (nº 601), em 1850[121]. A partir dela, o acesso a terra só se tornou possível por meio da compra – o que obrigou os camponeses nacionais, os imigrantes e os ex-escravos a procurar emprego nas fazendas, já que não tinham condições de adquirir terras para produzir por conta própria. Tornaram-se assalariados e dependentes dos latifundiários. A Lei de Terras foi aprovada em virtude do temor dos grandes proprietários de terras que, com a iminência da abolição da escravatura e a chegada dos imigrantes, os trabalhadores livres pudessem buscar terras próprias para cultivar[122]. Com a referida lei, as terras só podiam ser compradas, o que evitava que os pobres tivessem acesso a elas[123].

Diversos movimentos camponeses ofereceram resistência ao modelo agrário, que concentrou as terras nas mãos dos grandes latifundiários (os "coronéis"), como a Revolta de Canudos, ocorrida no interior da Bahia, entre 1893 e 1897, sob a liderança de Antônio Conselheiro, retratada na obra clássica de Euclides da Cunha, *Os sertões*, e a Revolta do Contestado[124], ocorrida em Santa Catarina e no Paraná, entre 1912 e 1916, quando os camponeses revoltaram-se contra a decisão do governo federal de expulsá-los de suas terras para concedê-las a empresas estrangeiras,

---

121. Sobre a Lei de Terras de 1850, consultar: Lígia Osório Silva. *Terras devolutas e latifúndio*: efeitos da lei de terras de 1850. Campinas: Editora da Unicamp, 1996; Ruy Cirne Lima. *Pequena história territorial do Brasil*: sesmarias e terras devolutas. 4ª ed. Brasília: Esaf, 1988.
122. Carlos Frederico Marés De Souza Filho. *A função social da terra*. Porto Alegre: Sergio Antônio Fabris, 200a, p. 71.
123. A estrutura fundiária concentradora tem, entretanto, origens mais antigas, que remontam ao sistema de capitanias hereditárias, pelo qual Portugal repartiu o território brasileiro em grandes lotes (as "sesmarias") em 1534, para doação a nobres portugueses.
124. Sobre a Revolta do Contestado, consultar: Frederecindo Marés de Souza. *O presidente Carlos Cavalcanti e a revolta do Contestado*. Curitiba: Lítero-Técnica, 1987; Demerval Peixoto. *Campanha do Contestado*. Curitiba: Fundação Cultural de Curitiba, 1995; Antônio Pedro Tota. *Contestado*: a guerra do novo mundo. São Paulo: Brasiliense, 1983; Mariana Baggio Annibelli. *Contestado*: um território socioambiental. Curitiba, 2009. Dissertação (mestrado em Direito) – Pontifícia Universidade Católica do Paraná.

para a construção de estradas de ferro[125]. Tais revoltas foram duramente reprimidas, mas inspiraram futuros movimentos camponeses, como as Ligas Camponesas, a União dos Lavradores e Trabalhadores Agrícolas (Ultab), o Movimento dos Agricultores Sem Terra (Master) e o atual Movimento dos Trabalhadores Rurais Sem Terra.

Os movimentos sociais do campo têm conquistado vitórias importantes, como a criação do Programa Nacional de Fortalecimento da Agricultura Familiar e da Secretaria de Agricultura Familiar[126], destinada a implementar políticas para esse setor no âmbito do Ministério do Desenvolvimento Agrário, além de novas iniciativas nas áreas de extensão rural, produção agroecológica, aquisição de alimentos etc. Além disso, iniciativas agroecológicas desenvolvidas por organizações da sociedade civil têm demonstrado a viabilidade de modelos agrícolas mais sustentáveis e estáveis a longo prazo, nos quais a conservação da agrobiodiversidade no campo (*on farm*), pelos agricultores, é um componente-chave.

Na agricultura, ao contrário do que ocorre nos demais setores produtivos, os impactos ambientais afetam a própria base de produção, o ecossistema agrícola, lembra Ademar Romeiro[127]. Entre os diversos

---

125. Ana Paula Gularte Liberato. *Reforma agrária:* direito humano fundamental. Curitiba: Juruá, 2003, p. 109-113. Consultar ainda: João Pedro Stedile. *História e natureza das ligas camponesas.* São Paulo: Expressão Popular, 2002.
126. A Lei nº 11.326/2006, que estabelece as diretrizes para a formulação da Política Nacional da Agricultura Familiar e Empreendimentos Familiares Rurais, considera agricultor familiar e empreendedor familiar rural aquele que pratica atividades no meio rural, atendendo, simultaneamente, aos seguintes requisitos: não detenha, a qualquer título, área maior do que quatro módulos fiscais; utilize predominantemente mão de obra da própria família nas atividades econômicas do seu estabelecimento ou empreendimento; tenha renda familiar predominantemente originada de atividades econômicas vinculadas ao próprio estabelecimento ou empreendimento; e dirija seu estabelecimento ou empreendimento com a família.
127. Ademar Ribeiro Romeiro. "Perspectivas para políticas agroambientais" *In*: Pedro Ramos. *Dimensões do agronegócio brasileiro:* políticas, instituições e perspectivas. Brasília: MDA, 2007, p. 283-317. Consultar também: Sílvio Gomes de Almeida; Paulo Petersen & Ângela Cordeiro. *Crise socioambiental e conversão ecológica da agricultura brasileira.* Rio de Janeiro: AS-PTA, 2001.

impactos socioambientais das monoculturas intensivas em insumos químicos (erosão dos solos, poluição das águas e contaminação por agrotóxicos, êxodo rural etc.), destacamos um deles: a enorme e irreversível perda da diversidade de espécies, variedades cultivadas e ecossistemas agrícolas e das práticas e conhecimentos agrícolas associados, em decorrência principalmente da substituição das variedades locais, adaptadas aos ecossistemas, pelas variedades homogêneas, de estreitíssima base genética.

Ironicamente, a perda da biodiversidade agrícola ameaça não apenas a agricultura familiar e camponesa como também o próprio agronegócio, já que um dos componentes da agrobiodiversidade – os recursos fitogenéticos – é essencial ao melhoramento vegetal, que fornece ao agronegócio as variedades com as características que lhe são interessantes (produtividade, resistência a doenças etc.). Ainda que de formas distintas, e com dinâmicas e finalidades essencialmente diversas, a redução da diversidade genética compromete, a longo prazo, a sustentabilidade dos dois modelos agrícolas, e a conservação da agrobiodiversidade, em suas diferentes formas, interessa a ambos.

Agrobiodiversidade: um conceito em construção

O conceito de "agrobiodiversidade" emergiu nos últimos dez a quinze anos, em um contexto interdisciplinar que envolve diversas áreas de conhecimento (Agronomia, Antropologia, Ecologia, Botânica, Genética, Biologia da Conservação etc.). Reflete as dinâmicas e complexas relações entre as sociedades humanas, as plantas cultivadas e os ambientes em que convivem, repercutindo sobre as políticas de conservação dos ecossistemas cultivados, de promoção da segurança alimentar e nutricional das populações humanas, de inclusão social e de desenvolvimento local sustentável.

A biodiversidade ou diversidade biológica – a diversidade de formas de vida – encobre três níveis de variabilidade: a diversidade de espécies, a diversidade genética (a variabilidade dentro do conjunto de indivíduos da mesma espécie) e a diversidade ecológica, que se refere aos diferentes ecossistemas e paisagens. Isso ocorre também em relação à agrobiodiversidade, que inclui a diversidade de espécies (por exemplo, espécies diferentes de plantas cultivadas, como o milho, o arroz, a abóbora, o tomate etc.), a diversidade genética (por exemplo, variedades diferentes de milho, feijão etc.) e a diversidade de ecosssistemas agrícolas ou cultivados (por exemplo, os sistemas agrícolas tradicionais de queima e pousio, também chamados de coivara ou itinerantes, os sistemas agroflorestais[128], os cultivos em terraços e em terrenos inundados). Os agroecossistemas são áreas de paisagem natural transformadas pelo homem com o fim de produzir alimento, fibras e outras matérias-primas[129]. Uma das características dos agroecossistemas é a predominância de espécies de interesse humano e uma organização espacial que estrutura e facilita o trabalho de produção, segundo Kátia Marzall[130].

A agrobiodiversidade, ou diversidade agrícola, constitui uma parte importante da biodiversidade e engloba todos os elementos que interagem na produção agrícola: os espaços cultivados ou utilizados para criação de animais domésticos, as espécies direta ou indiretamente manejadas, como as cultivadas e seus parentes silvestres, as ervas daninhas, os parasitas, as pestes, os polinizadores, os predadores, os simbiontes[131] (organismos que fazem parte de uma simbiose, ou seja, que vivem com outros) etc., e a diversidade genética a eles associada – também chamada de diversidade intraespecífica, ou seja, dentro de uma mesma espécie. A diversidade de espécies é chamada de diversidade interespecífica.

A Convenção sobre Diversidade Biológica[132] não contém uma definição de agrobiodiversidade, mas segundo a Decisão V/5, a agrobiodiversidade é um termo amplo, que inclui todos os componentes da biodiversidade que têm relevância para a agricultura e a alimentação, e todos os componentes da biodiversidade que constituem os agroecossistemas: a variedade e a variabilidade de animais, plantas e micro-orga-

---

128. Os sistemas agroflorestais são formas de uso e manejo da terra, nos quais árvores ou arbustos são utilizados em associação com cultivos agrícolas e/ou com animais.
129. Definição de Gordon Conway. "The properties of agroecosystems." *Agricultural Systems*, v. 24, n. 2, p. 95-117, 1987.
130. Katia Marzall. "Fatores geradores da agrobiodiversidade – Influências socioculturais." *Revista Brasileira de Agroecologia*, v. 2, n. 1, p. 237-240, fev. 2007b.
131. C. O. Qualset et al. "Agrobiodiversity: key to agricultural productivity" *California Agriculture*, v. 49, p. 45-49, 1995.
132. A Decisão V/5 foi adotada durante a 5ª Conferência das Partes da CDB, realizada em Nairóbi de 15 a 26 de maio de 2000.

nismos, nos níveis genético, de espécies e de ecossistemas, necessários para sustentar as funções-chave dos agroecossistemas, suas estruturas e processos. Portanto, os componentes da biodiversidade agrícola incluem: – a diversidade vegetal, domesticada e silvestre[133]; – a diversidade de animais domésticos (das cerca de 50 mil espécies de mamíferos e aves conhecidos, aproximadamente quarenta foram domesticadas e, dessas espécies, os agricultores desenvolveram cerca de cinco mil raças adaptadas a condições ambientais locais e a necessidades específicas); – a diversidade da fauna aquática (os peixes e outras espécies aquáticas integram muitos sistemas agrícolas importantes); – a diversidade subterrânea (as raízes levam os nutrientes e a água até as plantas e estabilizam o solo); – a diversidade microbiana (os micro-organismos reciclam e disponibilizam muitos nutrientes necessários às plantas, entre outras funções) ; – a diversidade de insetos (como abelhas e outros polinizadores), aranhas e outros artrópodes (gafanhotos, centopeias etc.), que agem muitas vezes como inimigos naturais de seres nocivos às plantas; – a diversidade de ecossistemas[134]. Neste trabalho, nos concentraremos sobretudo na diversidade de plantas cultivadas e de agroecossistemas, mais do que na diversidade de animais domésticos e de outros componentes da biodiversidade agrícola.

Embora os termos "agrobiodiversidade" e "agrodiversidade" sejam usados com frequência como sinônimos, há autores[135] que sustentam que agrobiodiversidade e agrodiversidade têm significados diferentes.

---

133. Wood e Lenné excluem as plantas e os animais selvagens da definição de agrobiodiversidade por considerarem que, embora sejam importantes para os agricultores, não fazem parte dos sistemas agrícolas. ("Why agrodiversity?" *In*: D. Wood & J.M Lenné. *Agrobiodiversity*: characterization, utilization and management. Wallingford, GB, Cabi Publishing, 1999, p. 1-13).
134. Elizabeth Cromwell, David Cooper, Patrick Mulvany. "Defining agricultural biodiversity." *In*: Centro Internacional de La Papa (CIP); Users' Perspective with Agricultural Research and Development (Upward). *Conservation and sustainable use of agricultural biodiversity*: a sourcebook. 3 v., v. 1, cap. 1, p. 1-12, 2003.
135. Harold Brookfield & Michael Stocking. "Agrodiversity: definition, description and design." *Global Environmental Change*, v. 9, p. 77-80, 1999.

"Agrobiodiversidade", um termo mais antigo e comum, seria usado para definir a diversidade biológica existente em ecossistemas cultivados. "Agrodiversidade" seria uma expressão mais abrangente, empregada para se referir "às muitas formas pelas quais os agricultores usam a diversidade natural do ambiente para a produção agrícola, incluindo não apenas as escolhas de espécies e variedades de plantas para o cultivo como também o manejo das terras, águas, e da biota como um todo"[136]. Outra definição de "agrodiversidade" seria "a variedade resultante da interação entre os fatores que determinam os agroecossistemas: os recursos genéticos de plantas, os ambientes bióticos e abióticos e as práticas de manejo"[137]. Utilizaremos o termo "agrobiodiversidade" por ser mais conhecido.

A agrobiodiversidade é essencialmente um produto da intervenção do homem sobre os ecossistemas: de sua inventividade e criatividade na interação com o ambiente natural. Os processos culturais, os conhecimentos, práticas e inovações agrícolas, desenvolvidos e compartilhados pelos agricultores, são um componente-chave da agrobiodiversidade. As práticas de manejo, cultivo e seleção de espécies, desenvolvidas pelos agricultores ao longo dos últimos dez mil a 12 mil anos, foram responsáveis, em grande parte, pela enorme diversidade de plantas cultivadas e de agroecossistemas e, portanto, não se pode tratar a agrobiodiversidade dissociada dos contextos, processos e práticas culturais e socioeconômicas que a determinam e condicionam. Por isso, além da diversidade biológica, genética e ecológica, há autores que agregam um quarto nível de variabilidade: o dos sistemas socioeconômicos e culturais que geram e constroem a diversidade agrícola.

---

136. Harold Brookfield & Christine Padoch. "Appreciating agrodiversity: a look at the dynamism and diversity of Indigenous farming practices." *Environment*, v. 36, p. 8-11, 1994.
137. Conny Almekinders; Louise Fresco, Paul Struik. "The need to study and manage variation in agro-ecosystems." *Netherlands Journal of Agricultural Science*, v. 43, n. 2, p. 127-142, 1995.

Os sistemas agrícolas e a agrobiodiversidade

Para Harold Brookfield, a diversidade agrícola inclui a diversidade dos sistemas de propriedade das terras utilizadas para a agricultura, as diferenças entre os agricultores em relação ao acesso a terra, a distribuição espacial e o tamanho das propriedades rurais, as divisões de trabalho em função de idade e gênero e a cooperação no trabalho, a dependência dos agricultores de trabalhos externos às propriedade rurais, entre outras. Brookfield destaca que nenhum sistema agrícola pode ser compreendido sem a consideração das formas como as propriedades rurais se organizam e como as forças (sociais, econômicas e políticas) interagem para influenciar e moldar tal organização. Ele destaca a importância crucial do dinamismo da agrobiodiversidade, uma "colcha de retalhos em constante transformação, criada pelas relações entre as pessoas, as plantas e o ambiente, que estão sempre lidando com novos problemas e em busca de novos caminhos". Segundo ainda Brookfield, o "dinamismo adaptativo" da agrobiodiversidade é a característica mais importante para a sua sobrevivência e para a recuperação do que já foi perdido. Afinal, os agricultores têm a capacidade de se adaptar tanto à adversidade como à oportunidade, e os processos de aprendizagem e experimentação são constantemente renovados[138].

A diversidade resulta tanto de fatores naturais quanto culturais. Assim, há sociedades que adaptam variedades de arroz ao cultivo aquático, submerso em água, em regiões úmidas, e há outras que adaptam variedades de arroz ao cultivo em regiões secas. As diferentes variedades de milho podem ser usadas para se comer diretamente da espiga, para alimentar os animais, para fazer pipoca e farinha ou para a fermentação da cerveja. São usadas também para fins ornamentais (principalmente aquelas com pigmentos coloridos), medicinais ou religiosos. O agrônomo Jack Harlan conta que observava um agricultor etíope selecionar (para plantio no ano seguinte) as sementes das variedades de sorgo de espiga torta. Ao indagar-lhe a razão daquele procedimento, o agricultor etíope

---

138. Harold Brookfield. *Exploring agrodiversity*. Nova York: Columbia University Press, 2001, p. 21, 38, 41, 44 e 286.

respondeu simplesmente: "Porque essas são mais fáceis de dependurar no telhado".[139] Outros agricultores selecionavam variedades de sorgo com sabor adocicado para mascar. Outras variedades de sorgo eram separadas para fazer pão e cerveja, e as variedades com fibras mais resistentes para fazer cestos e usar em construções. Uma mesma espécie pode ser usada para fins alimentícios ou como medicamento, e as diferentes partes de uma mesma planta podem também ter serventias diferentes. As plantas têm ainda usos em rituais e em cerimônias religiosas, e muitos nomes podem ser dados às variedades de uma mesma espécie. A diversidade agrícola pode também se expressar tanto em características perceptíveis pelo olhar humano, como variações de cor, forma, altura, tamanho e formato das folhas, quanto em variações genéticas, como resistência a secas, pestes e doenças, alto teor nutritivo etc., e a sua perda é difícil de ser avaliada e mensurada com exatidão. A extinção dos saberes, práticas e conhecimentos agrícolas é ainda mais difícil de ser avaliada e mensurada.

Mesmo que não se possa estimar exatamente a dimensão da perda, a diversidade agrícola está ameaçada, e ela constitui a base da sobrevivência das populações rurais, notadamente as de baixa renda. O Relatório sobre o Estado dos Recursos Genéticos de Plantas do Mundo, apresentado durante a 4ª Conferência Técnica Internacional sobre os Recursos Fitogenéticos, realizada em Leipzig, na Alemanha, de 17 a 23 de junho de 1996, foi um alerta importante para a grave erosão genética e cultural provocada pelos sistemas agrícolas modernos. O relatório[140] foi a

---

139. Jack R. Harlan. *Crops and man*. Madison: American Society of Agronomy; Crop Science Society of America, 1975a, p. 164.
140. A elaboração do relatório envolveu 151 países, cerca de cinquenta organizações não governamentais, representantes do setor privado e especialistas. O relatório subsidiou a adoção da Declaração de Leipzig e do Plano Global de Ação para a Conservação e Utilização Sustentável dos Recursos Fitogenéticos para Alimentação e Agricultura.
Uma versão atualizada do Relatório sobre o Estado dos Recursos Genéticos de Plantas do Mundo está sendo elaborada e sua divulgação está prevista para a próxima reunião da Comissão de Recursos Genéticos para Alimentação e Agricultura da FAO, de 19 a 23 de outubro de 2009. Para saber mais, consultar: www.fao.org/ag/cgrfa/. O Brasil concluiu a elaboração do 2º Relatório Nacional sobre a Situação dos Recursos Fitogenéticos para Alimentação e Agricultura em dezembro de 2008 (CD distribuído pela Embrapa).

Os sistemas agrícolas e a agrobiodiversidade

primeira avaliação global e sistemática do estado de conservação e uso dos recursos fitogenéticos existentes no planeta. Segundo o relatório, nos últimos cem anos, os agricultores perderam entre 90% e 95% de suas variedades agrícolas. Consta ainda do relatório que:

1) Na Coreia do Sul, apenas um quarto das catorze variedades vegetais nativas cultivadas em jardins e hortas em 1985 continuavam a existir em 1993. Apenas 20% das variedades de milho que existiam no México nos anos 1930 ainda existem hoje.

2) Nos Estados Unidos, 95% das variedades de repolho e 94% das variedades de ervilha, 81% das variedades de tomate deixaram de existir no último século. Das 7.098 variedades de maçã existentes entre 1804 e 1904, 86% já não existem.

3) Na China, das dez mil variedades de trigo utilizadas em 1949, apenas mil ainda eram usadas nos anos 1970. Até os anos 1970, cerca de cinco mil variedades de arroz eram cultivadas na Índia, das quais apenas quinhentas continuam a existir, e entre dez e vinte variedades ocupam a maior parte do território indiano.

A perda da biodiversidade agrícola é causada sobretudo pela substituição das variedades locais e tradicionais, que se caracterizam por sua ampla variabilidade genética, pelas variedades "modernas", de alto rendimento e estreita base genética. Segundo o referido relatório, essa é a principal causa de erosão genética (citado em 81% dos relatórios nacionais, apresentados pelos países). Desapareceram tanto espécies como as variedades cultivadas dessas espécies, e não só as espécies domesticadas pelo homem como também os seus parentes silvestres continuam a desaparecer, em virtude da rápida devastação dos ecossistemas naturais. Em alguns casos, o desaparecimento de uma variedade pode não levar necessariamente à perda da diversidade genética, já que os seus genes podem existir também em outras variedades, mas as variedades representam, em si, uma combinação única de genes, com valor e utilidade também únicas. Estima-se ainda que a perda de uma planta pode causar o desaparecimento de quarenta tipos de animal e inseto, que dela dependem para sobreviver, além de combinações genéticas e moléculas únicas na natureza[141].

A perda da diversidade de raças de animais domésticos também é extremamente preocupante, se considerarmos suas inúmeras utilidades para os homens: fornecem alimentos (carnes, ovos, leite, queijos etc.), vestimentas (algodão, lãs, peles etc.), transporte etc. Os animais são também usados em práticas esportivas e como cobaias para experiências científicas, em rituais religiosos, como alimentos para outros animais (iscas para pesca, por exemplo) etc. Tal como ocorre com as plantas, o uso dos animais varia em cada cultura. Em países como a China, Vietnã e Coreia, por exemplo, a carne de cachorro é usada para alimentação humana (existindo até mesmo a crença de que melhoraria o desempenho sexual). Na China, há cinco espécies de tartaruga que são criadas em fazendas e vendidas em mercados regionais para alimentação humana e usos medicinais. Em Singapura, o escorpião-negro frito é degustado como saboroso petisco (as altas temperaturas em que é preparado neutralizam seu veneno); a carne de canguru é servida até mesmo em pizzarias na Austrália e as formigas (principalmente a içá e a saúva), as larvas da taquara e os marimbondos fazem parte do cardápio de alguns povos indígenas amazônicos. Na Argentina, come-se churrasco de testículos de touro; na Bolívia, a carne de lhama é um prato típico; e é comum encontrar, nos restaurantes da Bolívia e da Colômbia, o porquinho-da-índia assado.

Segundo o Relatório sobre o Estado dos Recursos Genéticos Animais para Alimentação e Agricultura no Mundo, cerca de 20% das raças de vacas, cabras, porcos, cavalos e aves existentes no mundo estão ameaçadas de extinção, e nos últimos seis anos, 62 raças de animais foram

---

141. Jack Kloppenburg & Daniel Kleinman. "Plant germplasm controversy: analyzing empirically the distribution of the world's plant genetic resources." *BioScience*, v. 37, n. 3, p.190-198, 1987.

extintas, o que representa a perda de quase uma raça por mês. Esse relatório foi divulgado durante a 1ª Conferência Técnica Internacional sobre Recursos Genéticos Animais para Alimentação e Agricultura, realizada em Interlaken, na Suíça, de 3 a 7 de dezembro de 2007[142]. Há também estimativas de que, ao longo deste século, das 3.831 raças de bovinos, búfalos, cabras, porcos, carneiros, cavalos e burros existentes, 16% se extinguiram e 15% se tornaram raras, e de que 617 raças de animais domésticos desapareceram desde 1892[143]. Tanto a diversidade animal como a diversidade vegetal estão, portanto, ameaçadas.

---

142. Consultar: International Technical Conference on Animal Genetic Resources for Food and Agriculture, 3-7 sept. 2007, Interlaken, Suíça. *The State of the World's Animal Genetic Resources for Food and Agriculture*. Roma: FAO, 2007. Hans Schiere. "Perda da diversidade de espécies e de raças de animais domésticos: um tema quase esquecido" *In*: Walter S. de Boef et al. *Biodiversidade e agricultores:* fortalecendo o manejo comunitário. Porto Alegre: L & PM, 2007, p. 53-59; Embrapa. *Animais do descobrimento:* raças domésticas da história do Brasil. 2ª ed. Brasília: Embrapa, 2006; D. Steane. "Biodiversity in domesticated animals." *In*: D. Wood & J. M. Lenné. *Agrobiodiversity:* characterization, utilization and management. Wallingford, GB: Cabi Publishing, 1999, p. 59-85; Simon Anderson & Roberta Centonze. "Property rights and the management of animal genetic resources." *World Development*, v. 35, n. 9, p. 1529-1541, 2007; Antonella Ingrassia, Daniele Manzella, Elzbieta Martyniuk. *The legal framework for the management of animal genetic resources*. Roma: FAO, 2005. Consultar também o v. 2, n. 4, de dez. 2005, da revista *Agriculturas:* experiências em agroecologia, que trata de experiências de criação de pequenos animais e de sua importância para a produção de base familiar.
143. Lori Ann Thrupp. "The central role of agricultural biodiversity." *In*: Centro Internacional de la Papa (CIP); Users' Perspective with Agricultural Research and Development (Upward). *Conservation and sustainable use of agricultural biodiversity*: a sourcebook. 3 v., v. 1, cap. 3, p. 20-32, 2003. Consultar também os artigos sobre recursos genéticos animais e aquáticos que constam da mesma publicação, nos capítulos 16, 17, 18 e 26 do volume 1, os capítulos 50 a 56 do volume 2 e os capítulos 58, 63, 64 e 65 do volume 3.

Agrobiodiversidade e Segurança Alimentar, Nutrição, Saúde e Sustentabilidade Ambiental

É a diversidade de plantas cultivadas e animais domésticos, e a sua capacidade de se adaptar a condições ambientais adversas (clima, solo, vegetação etc.) e a necessidades humanas específicas, que assegura aos agricultores a possibilidade de sobrevivência em muitas áreas sujeitas a estresses ambientais. É o cultivo de espécies diversas que protege os agricultores, em muitas circunstâncias, de uma perda total da lavoura, em casos de peste, doença, seca prolongada etc. Com as monoculturas, de estreitíssima base genética, ocorre o contrário: as pestes, doenças etc. atingem a única espécie cultivada e destroem completamente a lavoura.

A uniformidade genética cria enormes riscos e incertezas para os cultivos agrícolas, que se tornam especialmente vulneráveis. A situação de vulnerabilidade genética[144] se caracteriza quando uma planta cultivada em larga escala é uniformemente suscetível a pestes, doenças ou estresses ambientais, devido à sua constituição genética, criando, dessa forma, riscos de perdas totais nas lavouras. Ainda que uma variedade moderna tenha sido desenvolvida para ter resistência contra um determinado patógeno[145], qualquer mutação nesse patógeno, por menor que

---

144. National Academy of Sciences. *Genetic vulnerability of major crops*. Washington: 1972.
145. Patógeno é qualquer organismo capaz de causar doença infecciosa em plantas, ou seja, fungos, bactérias, vírus, nematoides e protozoários.

seja, poderá ser suficiente para quebrar tal resistência, tornando vulnerável toda a lavoura.

Um dos mais famosos exemplos dos perigos representados pela uniformidade genética foi a "Grande Fome" ocorrida na Irlanda, entre 1845 e 1851, provocada pela devastação generalizada das plantações de batatas por um fungo (*Phytophthora infestans*). Noventa por cento da população da Irlanda dependia da batata como alimento principal. O fungo acabou com as plantações de batata e a fome matou 2 milhões de irlandeses (25% da população). Nesse período, 1,5 milhão de irlandeses migraram para os Estados Unidos, Austrália e Nova Zelândia. Muitos morreram durante a viagem ou logo na chegada, fragilizados pela subnutrição[146].

Há, entretanto, exemplos mais recentes. Nos anos 1970, uma doença de planta causada por um fungo (*Bipolaris maydis*), conhecida como "praga da folha do milho sulino", atacou as plantações de milho de Estados norte-americanos (inicialmente os do Sul e depois chegou até o Norte, atingindo Minnesota, Michigan e Maine). Alguns Estados chegaram a perder metade de suas lavouras. Isso ocorreu também em 1971, numa plantação soviética de uma mesma variedade de trigo, conhecida como Besostaja, em uma área de 40 milhões de hectares, que se estendia de Kuban à Ucrânia. Tal variedade apresentava altos rendimentos quando cultivada em Kuban, onde as temperaturas eram mais amenas. Naquele ano, a Ucrânia sofreu um inverno extremamente rigoroso, que devastou suas plantações e levou à perda de 20 milhões de toneladas de trigo, que correspondiam a 30% a 40% da lavoura. Conforme destacam Cary Fowler e Pat Mooney[147], em ambos os casos a culpa pelas perdas das lavouras de milho e trigo, nos Estados Unidos e na Ucrânia, não deve ser atribuída à praga que infestou as plantações de milho ou

---

146. Consultar: Cecil Woodham-Smith. *The great hunger:* Ireland 1845-1849. Londres: Penguin Books, 1991; Susan Campbell Bartoletti. *Black potatoes:* the story of the great Irish famine, 1845-1850. Michigan: Gale, 2002.
147. Cary Fowler & Pat Mooney. *Shattering:* food, politics, and the loss of genetic diversity. Tucson: The University of Arizona Press, 1990, p. IX-XI.

ao inverno rigoroso da Ucrânia, e, sim, à uniformidade genética dos cultivos[148]. As lavouras não teriam sido tão drasticamente devastadas se tivessem sido plantadas variedades diversas.

A agrobiodiversidade é essencial à segurança alimentar e nutricional, que consiste na realização do direito de todos ao acesso regular e permanente a alimentos de qualidade, em quantidade suficiente, sem comprometer o acesso a outras necessidades essenciais, tendo como base práticas alimentares promotoras de saúde que respeitem a diversidade cultural e que sejam ambiental, cultural, econômica e socialmente sustentáveis. Esse é o conceito estabelecido pelo artigo 3º da Lei nº 11.346, de 15 de setembro de 2006, que cria o Sistema Nacional de Segurança Alimentar e Nutricional, a fim de assegurar o direito humano à alimentação.

A agrobiodiversidade está não só associada à produção sustentável de alimentos, como tem também papel fundamental na promoção da qualidade dos alimentos. Uma alimentação diversificada – equilibrada em proteínas, vitaminas, minerais e outros nutrientes – é recomendada por nutricionistas e condição fundamental para uma boa saúde. Só os sistemas agrícolas agrobiodiversos favorecem dietas mais nutritivas e equilibradas. Estão diretamente relacionados a redução da diversidade agrícola e o empobrecimento das dietas alimentares. A erosão genética no campo afeta não só os agricultores como também os consumidores.

Os modelos de produção agrícola têm implicações diretas para a alimentação, a nutrição e a saúde humana. A agricultura "moderna" e o cultivo de poucas espécies agrícolas favoreceram a padronização dos hábitos alimentares e a desvalorização cultural das espécies nativas. Nos Andes, por exemplo, muitas plantas tradicionalmente empregadas na alimentação de povos indígenas e agricultores locais, como quinoa (*Chenopodium quinoa*), amaranto (*Amaranthus caudatus*), chocho (*Lupinus mutabilis*), kañina (*Chenopodium pallidicaule*), viraca (*Arracacia xanthorrhiza*) e yacón (*Polymnia suochifolia*), estão sendo abandonadas e substituídas por espécies importadas, como espinafre, couve-flor e aipo, cujo cultivo exige emprego

---

148. Cary Fowler & Pat Mooney. *Shattering*: food, politics, and the loss of genetic diversity. Tucson: The University of Arizona Press, 1990, p. XI.

bem maior de adubos e fertilizantes químicos. Nas regiões tropicais das Américas têm sido cada vez menos utilizadas plantas como beldroega (*Portulaca oleracea*, também conhecida como "salada de negro", cultivada para fazer salada e de valor nutricional quase igual ao do espinafre) e capuchinha (*Tropaeolum majus*), que já foram muito importantes para os sistemas agrícolas locais e a segurança alimentar de populações rurais[149].

A alimentação centrada no consumo de plantas (frutas, legumes e verduras) foi substituída por dietas excessivamente calóricas e ricas em gorduras, mas pobres em vitaminas, ferro e zinco. Os alimentos são feitos com um número cada vez menor de espécies e variedades de plantas, e os derivados de milho e soja, por exemplo, estão presentes na maioria dos produtos alimentícios industrializados. Para que se tenha uma ideia, estima-se que existam entre 250 mil e 420 mil espécies de plantas superiores, das quais apenas trinta corresponderiam a 95% da nutrição humana, e apenas sete delas (trigo, arroz, milho, batata, mandioca, batata-doce e cevada) responderiam por 75% desse total. Estimativas mais otimistas apontam, entretanto, que 103 espécies seriam responsáveis por 90% dos alimentos consumidos no planeta, e não somente as vinte ou trinta espécies mais comumente mencionadas[150]. De qualquer forma, a alimentação humana se baseia em um número reduzido de espécies vegetais, o que compromete a saúde.

A alimentação pouco nutritiva e balanceada responde, em parte, pela epidemia mundial de doenças crônicas como obesidade, diabetes, doenças cardiovasculares e algumas formas de câncer. Segundo a Organização Mundial de Saúde (OMS), cerca de 177 milhões de crianças de todo o mundo estão ameaçadas por doenças relacionadas com a obesidade, e a previsão é que 2,3 bilhões de pessoas de mais de 15 anos serão obesas até 2015. Atualmente, há 1,5 bilhão de pessoas obesas no mundo, enquanto

---

149. FAO. Plant Production and Protection Division. Seed and Plant Genetic Resources Service. "Seed policy and programmes in Latin America and the Caribbean." *In*: Regional Technical Meeting on Seed Policy and Programmes in Latin America and the Caribbean, 20-24/3/2000, Merida, México. *Proceedings*. Roma: FAO, 2000, p. 32. (FAO Plant Production and Protection Paper, 164).
150. Bruno M. T Walter et al. "Coleta de germoplasma vegetal: relevância e conceitos básicos." *In*: Bruno M. T. Walter & Taciana B. Cavalcanti. *Fundamentos para a coleta de germoplasma vegetal*. Brasília: Embrapa, 2005a, p. 28-55.

923 milhões são subnutridas. Nos países em desenvolvimento, o enfrentamento da fome e da miséria passa necessariamente pela adoção de práticas agrícolas mais sustentáveis[151].

A agricultura interage com o ambiente de diversas formas que afetam a saúde humana. Os efeitos nocivos do uso indiscriminado de agrotóxicos são bem conhecidos. Em casos extremos, chegam a provocar anomalias genéticas, tumores e câncer. A Organização Mundial da Saúde estima que ocorrem no mundo cerca de 3 milhões de intoxicações agudas por agrotóxicos, com 220 mil mortes por ano, das quais cerca de 70% ocorrem em países em desenvolvimento[152]. Além da intoxicação de trabalhadores rurais que têm contato direto ou indireto com esses produtos, a contaminação de alimentos atinge também os consumidores. Por causa da sua periculosidade para a saúde humana e para o meio ambiente, os agrotóxicos estão sujeitos a controles legais em muitos países do mundo, inclusive no Brasil[153]. As alterações ambientais, produzidas pela irrigação e pelo desmatamento, favorecem também o desenvolvimento de doenças como malária e esquistossomose.

A agrobiodiversidade é um componente essencial dos sistemas agrícolas sustentáveis. Um de seus princípios é justamente a diversificação dos cultivos. Um maior número de espécies em determinado ecossistema,

---

151. Consultar: Linda Jo Stern et al. "Trabalhando agricultura e saúde conjuntamente." *Agriculturas:* experiências em agroecologia, v. 4, n. 4, p. 18-22, dez. 2007; Hira Jhamtani & Putu Anggia Jenny. "Superando a desnutrição com cultivos e sistemas alimentares locais." *Agriculturas:* experiências em agroecologia, v. 4, n. 4, p. 23-25, dez. 2007.
152. Em 2008, o Brasil assumiu a liderança no consumo mundial de agrotóxicos. As vendas de agrotóxicos totalizaram 733,9 milhões de toneladas e movimentaram cerca de 7,1 bilhões de dólares, segundo o Sindicato Nacional da Indústria de Produtos para a Defesa Agrícola (Sindag). O Brasil superou o recorde dos Estados Unidos, maior produtor de alimentos do mundo, que consumiu 646 milhões de toneladas de agrotóxicos no mesmo período. Fonte: "No reino dos agrotóxicos: a Anvisa pode banir 13 pesticidas do Brasil, novo líder mundial de consumo". *CartaCapital*, 20/05/2009, nº 546.
153. A Lei nº 7.802/1989 regula a utilização, comercialização, transporte, armazenamento, importação e exportação de agrotóxicos. A Lei nº 11.936/2009 proíbe a fabricação, a importação, a exportação, a manutenção em estoque, a comercialização e o uso de diclorodifeniltricloretano (DDT).

associado a outros fatores ecológicos, assegura maior estabilidade e menor necessidade de insumos externos, como os agrotóxicos e os fertilizantes nitrogenados. Os sistemas agrícolas diversificados também propiciam colheitas de diferentes cultivos em épocas do ano alternadas. A quebra de uma safra, ou a redução do preço de determinada cultura, não causa tantos prejuízos como nos sistemas monoculturais[154].

A diversificação de um agroecossistema pode ser realizada de várias formas, que vão desde o consórcio de culturas, passando pela rotação (os "cultivos alternados"), até os sistemas agroflorestais, que são um sistema de manejo florestal que visa a conciliar a produção agrícola e a manutenção das espécies arbóreas. Esses sistemas promovem o aumento da matéria orgânica nos solos, diminuem a erosão e conservam a diversidade de espécies. Quando as matas ciliares são recuperadas, verifica-se também a diminuição da turbidez da água e uma ampliação da disponibilidade de recursos hídricos[155].

Cada agroecossistema, entretanto, apresenta características distintas e exige soluções específicas. A agricultura sustentável requer uma compreensão das complexas interações entre os diferentes componentes dos sistemas agrícolas. Cada agroecossistema deverá encontrar as soluções adequadas às suas condições ambientais, econômicas e sociais. A especialização dos sistemas produtivos e a homogeneidade genética que os caracteriza não só provocam a diminuição da diversidade de espécies e variedades como também reduzem espécies importantes ao equilíbrio dos agroecossistemas, como as bactérias fixadoras de nitrogênio, os fungos que facilitam a absorção de nutrientes, os polinizadores, dispersores de sementes etc. Comprometem ainda a resistência e a resiliência dos agroecossistemas, tornando-os mais vulneráveis ao ataque de pragas, secas, mudanças climáticas e outros fatores de risco[156].

---

154. Eduardo Ehlers. "Agricultura sustentável." *In*: Instituto Socioambiental. *Almanaque Brasil Socioambiental*: uma nova perspectiva para entender o país e melhorar nossa qualidade de vida. São Paulo: ISA, 2008, p. 414-419.
155. Maria do Carmo Bezerra & José Eli da Veiga. *Agricultura sustentável*. Brasília: MMA; Ibama; Consórcio MPEG, 2000, p. 75.
156. Eduardo Ehlers, *op. cit.*, p. 419.

Agrobiodiversidade e mudanças climáticas

É a diversidade que permite que as espécies, variedades e agroecossistemas se adaptem às mudanças e variações das condições ambientais. Plantas e animais só conseguirão enfrentar os desafios do futuro, inclusive aqueles representados pelas mudanças climáticas, se puderem contar com uma ampla variabilidade genética, biológica e ecológica. As interfaces entre agrobiodiversidade e mudanças climáticas são múltiplas: a biodiversidade agrícola é, por um lado, afetada pelas mudanças climáticas, que provocam a redução de espécies e ecossistemas agrícolas, e, ao mesmo tempo, é essencial para o enfrentamento dos impactos causados pelo aquecimento global.[157]

Há um relativo consenso internacional de que as mudanças climáticas são uma realidade. Existem divergências entre os cientistas sobre a magnitude, a velocidade e os impactos do aquecimento global, mas pouquíssimos discordam da existência desse fenômeno ou de que ele seja provocado por atividades humanas. Ao longo da história do planeta ocorreram oscilações climáticas provocadas por causas naturais, tais como os ciclos de glaciações e os intervalos entre eles. A extinção dos

---

157. Consultar: Johannes Kotschi. "Agricultural biodiversity is essential for adapting to climate change." *Gaia – Ecological Perspectives for Science and Society*, v. 12, n. 2, p. 98-101, jun. 2007. Disponível em: www.oekom.de/gaia. Acessado em 30/4/2008.

dinossauros e de outras espécies é atribuída a uma dessas oscilações naturais do clima. Entretanto, tais oscilações climáticas naturais não se confundem com o aquecimento global.

O aquecimento global decorre das atividades humanas. A queima de combustíveis fósseis, como carvão mineral, petróleo e gás natural, pelo setor industrial e de transporte, responde por cerca de 80% da concentração dos chamados "gases de efeito estufa" na atmosfera terrestre (principalmente dióxido de carbono, metano, óxido nitroso etc.). Os outros 20% são atribuídos ao uso inadequado da terra, principalmente as queimadas e o desmatamento das florestas tropicais. Historicamente, são os países industrializados que têm sido responsáveis pela emissão da maior parte dos gases de efeito estufa (os Estados Unidos respondem por cerca de 30% das emissões globais). Atualmente, entretanto, vários países em desenvolvimento, como China, Índia e Brasil também estão entre os grandes emissores. O Brasil é responsável por cerca de 5% das emissões globais, mas a maior parte delas (três quartos) decorre do uso inadequado da terra, como o desmatamento e as queimadas na Amazônia. Quando as florestas são derrubadas e queimadas, o carbono armazenado no tecido vegetal das árvores é liberado para a atmosfera na forma de gás carbônico, um dos principais gases de efeito estufa. Estima-se que, na década de 1990, 1,6 bilhão de toneladas de carbono foram emitidas para a atmosfera por ano por causa das mudanças no uso do solo[158].

De acordo com o 4º Relatório do Painel Intergovernamental sobre Mudanças Climáticas das Nações Unidas (IPCC, Intergovernmental Panel on Climate Change), divulgado em 17 de novembro de 2007, as temperaturas médias na Terra devem aumentar entre 1,8 e 4º C até o final do século. Em decorrência disso, ocorrerão alterações nos padrões

---

158. Erika de Paula Pinto, Paulo Moutinho, Liana Rodrigues. *Perguntas e respostas sobre aquecimento global*. Belém: Ipam, 2008. Consultar: www.ipam.org.br. Em 2007, o Ipam lançou o site Clima e Desmatamento: www.climaedesmatamento.org.br.

de distribuição e de intensidade de ventos e nos regimes de chuvas, com a intensificação de eventos climáticos extremos, como secas, inundações, furacões e tempestades tropicais, assim como o aumento do nível dos oceanos (em virtude do derretimento das geleiras nos polos provocado pelas altas temperaturas)[159].

Alguns impactos das mudanças climáticas sobre a biodiversidade são irreversíveis, e o 4° Relatório do IPCC cita pesquisas que indicam que cerca de 20% a 30% de espécies vegetais e animais (abrangidas pelas pesquisas) sofrerão risco de extinção se as temperaturas médias globais excederem 1,5-2,5°C (relativamente a 1980-1999). Se as temperaturas médias globais excederem 3,5°C, há projeções de que 40% a 70% dessas espécies estarão sob risco de extinção[160]. Outros estudos mostram que algumas espécies de borboleta já estão migrando e, em alguns casos, para áreas 95 quilômetros ao norte daquela que ocupavam há cem anos. Há ainda pesquisas científicas que concluíram que mais de setenta espécies de sapos da América tropical serão dizimadas por um fungo que se beneficia de temperaturas mais altas e que as rotas de pássaros migratórios serão drasticamente afetadas[161]. Não

---

159. O IPCC é um painel científico vinculado às Nações Unidas que avalia o conhecimento existente no mundo sobre a mudança climática global, seus efeitos e consequências socioambientais. Criado em 1988 pela Organização Meteorológica Mundial e pelo Programa das Nações Unidas para o Meio Ambiente (Pnuma), seu papel é analisar as informações científicas, técnicas e socioeconômicas relevantes para o entendimento do processo de mudança climática e seus efeitos. O 4° Relatório do IPCC pode ser acessado no site: www.ipcc.ch. Para mais informações sobre o impacto das mudanças climáticas na América Latina, consultar: Graciela Magrin & Carlos Gay Garcia. "Latin America." In: *Climate Change 2007*: Impacts, Adaptation and Vulnerability. *Contribution of Working Group II to the Fourth Assessment Report of the Intergovernmental Panel on Climate Change*. Cambridge: Cambridge University Press, 2007.
160. Intergovernmental Panel on Climate Change. Fourth Assessment. Report of the Intergovernmental Panel on Climate Change. Genebra, 2007. Disponível em: www.ipcc.ch. Acessado em 30/1/2008.
161. José A. Marengo. *Mudanças climáticas globais e seus efeitos sobre a biodiversidade*: caracterização do clima atual e definição das alterações climáticas para o território brasileiro ao longo do século XXI. Brasília: Ministério do Meio Ambiente, 2006, p. 76.

apenas a diversidade biológica será afetada[162], mas também a função ecológica de muitos ecossistemas, como desertos, pântanos, florestas e montanhas, que sofrerão alterações drásticas no modo como funcionam e estão estruturados. O Ártico, por exemplo, já perdeu cerca de 7% da superfície de gelo desde 1900, e na primavera essa redução chega a 15%. A África poderá perder cerca de dois terços de suas terras produtivas até 2025, enquanto a Ásia e a América do Sul poderão perder um terço e um quinto, respectivamente[163].

O Brasil apresenta um alto grau de vulnerabilidade às mudanças climáticas. Com mais de 8 mil quilômetros de costa, o aumento do nível dos oceanos afetará não apenas as cidades litorâneas (onde vive grande parte da população brasileira) como também as ilhas oceânicas, as praias, os manguezais etc. Atividades econômicas como pesca, turismo e o sistema portuário serão diretamente atingidas, assim como importantes ecossistemas brasileiros. Há previsões de "savanização" da Amazônia oriental e do aumento da desertificação no semiárido nordestino. Uma eventual desestabilização do regime de chuvas da Amazônia afetará não apenas o clima local como toda a região da bacia

---

162. Para mais informações sobre os impactos das mudanças climáticas sobre a biodiversidade, sugerimos a leitura de: The Royal Society. *Science Policy Section. Biodiversity-Climate interactions:* adaptation, mitigation and human livelihoods. Londres, 2008. Relatório de um encontro internacional apoiado pela Royal Society, realizado em Londres em 12-13 de junho de 2007. Disponível em: www.royalsoc.org. Acessado em 30/1/2008; Intergovernmental Panel On Climate Change. *Climate change and biodiversity.* Genebra, 2002. (IPCC Technical Paper, V). Disponível em: www.ipcc.ch/pdf/technical-papers/ climate-changes-biodiversity-en.pdf. Acessado em 1°/11/2007. Consultar também: FAO. *Climate change and biodiversity for food and agriculture.* Roma, 2008. Disponível em: www.fao.org/fileadmin/user_upload/foodclimate/HLCdocs/HLC08bak-3-E.pdf; FAO. *Climate change adaptation and mitigation in the food and agriculture sector.* Roma: FAO, 2008. Disponível em: www.fao.org/fileadmin/user_upload/foodclimate/HLCdocs/ HLC08-bak-1-E.pdf, e o CD "Agriculture biologique et changement climatique. Contribution de l'agriculture biologique et de nos choix alimentaires à l'effet de serre", do Centre National de Ressources en Agriculture Biologique (www.abiodoc.com).
163. Erika de Paula Pinto, Paulo Moutinho, Liana Rodrigues. *Perguntas e respostas sobre aquecimento global.* Belém: Ipam, 2008, p. 13-15. Consultar: www.ipam.org.br.

hidrográfica do Prata, onde se localizam algumas das maiores cidades sul-americanas[164].

As oscilações do clima (variações de temperatura, de precipitação atmosférica etc.) impactam também a saúde humana, acelerando ciclos infecciosos e facilitando a dispersão espacial de doenças infecciosas endêmicas, como a dengue, a malária, a leishmaniose, a diarreia infecciosa etc. Segundo a Organização Mundial de Saúde, a malária mata pelo menos cem mil pessoas por ano e surgem 50 milhões de casos de dengue em todo o mundo a cada ano, dos quais 500 mil precisam ser hospitalizados e 12,5 mil são fatais. A OMS estima que até 2080 as mudanças climáticas aumentarão o número de casos de dengue para 2 bilhões.

As mudanças climáticas constituem, assim, um dos fatores responsáveis não só pelo aumento da incidência de doenças contagiosas como também pelo transporte de doenças tropicais para outras partes do mundo. Os mosquitos transmissores da malária, por exemplo, já são encontrados em regiões onde inexistia a doença, e a febre do Nilo Ocidental chegou ao Sul da Itália. Na Europa, houve disseminação da encefalite para a Escandinávia, causada pelo aumento em média de 3º C da temperatura do continente nos últimos quarenta anos, e o carrapato causador da doença migrou para os países nórdicos. Aumentaram também as alergias respiratórias, já que a primavera europeia ficou mais longa e agravou-se a concentração de pólen na atmosfera. A OMS reservou um fundo de 10 milhões de dólares para um programa destinado a informar as pessoas e os governos dos impactos das mudanças climáticas sobre a saúde humana[165].

---

164. Para saber mais sobre as mudanças climáticas, sugerimos a leitura de: Carlos Klink. *Quanto mais quente melhor?* Desafiando a sociedade civil a entender as mudanças climáticas. São Paulo: Peirópolis; Brasília: IEB, 2007; Rachel Biderman Furriela. *Introdução à mudança climática global:* desafios atuais e futuros. Brasília: Ipam; Observatório do Clima, 2005; Fórum Brasileiro de Mudanças Climáticas. *Mudanças climáticas:* guia de informação. Brasília, 2002; Flavia Witkowski Frangetto & Flavio Rufino Gazani. *Viabilização jurídica do mecanismo de desenvolvimento limpo (MDL) no Brasil:* o Protocolo de Kyoto e a cooperação internacional. São Paulo: Peirópolis; Brasília: IEB, 2002; Márcio Santilli et al. "Tropical deforestation and the Kyoto Protocol." *Climatic Change*, v. 71, p. 267-276, 2005.
165. Fonte: www.oms.org. Acessado em 30/4/2008.

Eventos extremos ocasionados por mudanças climáticas[166] (tempestades, inundações, secas etc.) também provocam traumas físicos e psicológicos. Geram ainda refugiados ambientais, que são populações obrigadas a deixar seus locais de origem em virtude de catástrofes ambientais, levando algumas organizações de defesa dos direitos humanos a defender que os "refugiados do clima" devem ter o mesmo tratamento dos exilados políticos ou refugiados de guerra.

As classes mais pobres dos países em desenvolvimento serão as mais vulneráveis, uma vez que terão recursos limitados para se adaptar às mudanças climáticas. Por exemplo, o Estado alemão de Baden Württemberg deverá gastar 685 milhões de dólares por ano em proteção contra enchentes. Ao Fundo Especial de Mudança Climática, criado para ajudar os países pobres a mitigar os efeitos do aquecimento global, foram destinados 279 milhões de dólares (o equivalente à quase metade dos recursos disponibilizados pelo referido Estado). A França gasta atualmente em sistemas de monitoramento meteorológico mais do que despende toda a África Subsaariana (composta por 47 países). A Holanda possui 32 vezes mais estações meteorológicas por 10 mil quilômetros quadrados do que a África[167].

A agricultura será uma das atividades mais afetadas pelas mudanças climáticas, pois depende diretamente de condições de temperatura e precipitação. A elevação das temperaturas das áreas tropicais e subtropicais, que incluem a maior parte dos países em desenvolvimento, como o Brasil, afetará diretamente a produção agrícola. Estimativas apontam que os países em desenvolvimento perderão 9% de sua capacidade de produção agrícola até 2080 se as mudanças climáticas não forem controladas. A América Latina é uma das regiões cuja agricultura será mais afetada: o

---

166. Ulisses Confalonieri. "Mudança climática global e saúde." *ComCiência: Revista Eletrônica de Jornalismo Científico*, n. 85, 10/3/2007. Disponível em: www.comciencia.br/comciencia/handler.php?section=8&edicao=22&id=237. Acessado em 30/1/2008.
167. Programa das Nações Unidas para o Desenvolvimento. *Relatório de desenvolvimento humano 2007/2008*: combatendo a mudança climática: solidariedade humana num mundo dividido. Brasília: 2007. Disponível em: www.pnud.org.br. Acessado em 31/1/2008.

potencial produtivo deverá cair 13%, proporção só menor do que a da África (17%) e maior do que a da Ásia (9%) e do Oriente Médio (9%). A produção de milho na América Latina deve sofrer uma queda de 10% até 2055 e, no Brasil, de 25%, o que aumentará a fome entre as populações que dependem desse cultivo agrícola para sua subsistência[168]. Uma pesquisa sobre a conservação *in situ* de parentes silvestres de plantas cultivadas, desenvolvida pelo Programa de Meio Ambiente das Nações Unidas (Pnuma) em parceria com instituições bolivianas (o Centro de Investigaciones Fitoecogenéticas de Pairumani e o Museo de Historia Natural), estima que, dentro de dez anos, parentes silvestres da mandioca (como *Manihot tristis*) e do amendoim (como *Arachis duranensis*) poderão estar ameaçados de extinção na Bolívia, um país em que 43% da população depende da agricultura para sobreviver, mas apenas 3% da sua área do país é cultivada[169]. Outro estudo, realizado por pesquisadores da Universidade de Stanford (Estados Unidos), aponta que a África Meridional poderá perder mais de 30% do seu principal produto agrícola, o milho, nas próximas duas décadas, e o Sul da Ásia, mais de 10% de suas lavouras de milho e arroz[170].

Nos países desenvolvidos, a tendência é oposta: a produção agrícola deve crescer 8%, já que as mudanças climáticas deverão tornar mais longos os ciclos de crescimento das culturas agrícolas e aumentar as precipitações em regiões de latitudes elevadas[171]. As perdas na agricultura tendem não só a aumentar a fome, mas também a agravar as desigualdades entre

---

168. Programa das Nações Unidas para o Desenvolvimento. *Relatório de desenvolvimento humano 2007/2008*: Combatendo a mudança climática: solidariedade humana num mundo dividido. Brasília: 2007. Disponível em: www.pnud.org.br. Acessado em 31/1/2008. Consultar também: Cynthia Rosenzweig et al. "Attributing physical and biological impacts to anthropogenic climate change." *Nature*, v. 453, p. 353-357, 15/5/2008.
169. Beatriz Zapata Ferrufino, Margoth Atahuachi, Annie Lane. "The impact of climate change on crop wild relatives in Bolivia" *Crop Wild Relative*, n. 6, p. 22-23, jan. 2008. Disponível em: http://intranet.iucn.org/ webfiles/doc/SSC/Gen_docs/e_bulletin_/CWR_6_online_.pdf. Acessado em 14/2/2009.
170. Molly Lobell et al. "Prioritizing climate change adaptation needs for food security in 2030" *Science*, v. 319, n. 5863, p. 607-610, 1º/2/2008.
171. Programa das Nações Unidas para o Desenvolvimento, *op. cit.*, p. 137.

Os sistemas agrícolas e a agrobiodiversidade

países ricos e pobres, e as desigualdades internas nos países mais pobres. As mudanças climáticas impactarão a produtividade de espécies importantes para a alimentação das áreas mais pobres do mundo, como grande parte da Ásia, a África Subsaariana, o Caribe, as Américas Central e do Sul, onde vivem 95% do total mundial de pessoas desnutridas.

No Brasil, entre as possíveis consequências das mudanças climáticas para a agricultura, sobressai-se o deslocamento de culturas perenes, como a laranja, para o Sul, na busca de temperaturas mais amenas. Elevadas temperaturas de verão também podem levar ao deslocamento de culturas como arroz, feijão e soja para a Região Centro-Oeste, mudando o atual eixo de produção. Na Região Sul do Brasil a produção de grãos poderá ficar inviabilizada com o aumento da temperatura, secas mais frequentes e chuvas restritas a eventos extremos de curta duração[172].

Em estudo dedicado a esse assunto, a pesquisadora da Embrapa Raquel Ghini[173] mostra que as mudanças climáticas podem provocar significativas alterações na ocorrência e na severidade de doenças de plantas. Novas condições de clima e de solo podem resultar em infestações de diversas pragas e doenças, em virtude de seus efeitos sobre as relações patógeno-hospedeiro e do efeito do dióxido de carbono sobre as doenças de plantas e micro-organismos. Ela cita como exemplos as correlações constatadas entre os efeitos do *El Niño* e as epidemias de requeima da batata e do mofo azul do fumo, em Cuba, e a ocorrência de ferrugens em trigo, nas regiões do Norte da China e do meio-oeste dos Estados Unidos[174]. Um estudo realizado pela Universidade de Illinois

---

172. José A. Marengo. *Mudanças climáticas globais e seus efeitos sobre a biodiversidade*: caracterização do clima atual e definição das alterações climáticas para o território brasileiro ao longo do século XXI. Brasília: Ministério do Meio Ambiente, 2006, p. 137.
173. Raquel Ghini. *Mudanças climáticas globais e doenças de plantas*. Jaguariúna: Embrapa Meio Ambiente, 2005. Consultar também: Jaime Gesisky Deconto. *Aquecimento global e a nova geografia da produção agrícola no Brasil*. São Paulo: Embrapa; Campinas: Unicamp, 2008. Disponível em: www.climaeagricultura.org.br. A Embrapa criou uma plataforma de mudanças climáticas a fim de definir sua estratégia de ação e prioridades de investimentos e pesquisas sobre os impactos das mudanças climáticas sobre a agricultura.
174. Raquel Ghini, *op. cit.*, p. 11.

(Estados Unidos) revelou que, quanto mais alta a concentração de dióxido de carbono (CO_2) na atmosfera, mais vulneráveis ao ataque de insetos se tornam as plantações de soja. Os pés de soja submetidos a altos níveis de CO_2 não apenas produzem mais carboidratos – que atraem mais insetos – como perdem a capacidade de sintetizar uma substância química que atua como mecanismo de defesa natural contra os insetos, concluiu a pesquisa[175].

Uma das estratégias propostas pelos cientistas para enfrentar as mudanças climáticas é o desenvolvimento de sistemas e variedades agrícolas adaptados a eventos climáticos extremos, como secas e inundações. Para tanto, é fundamental recorrer à diversidade genética de espécies e variedades agrícolas e de seus parentes silvestres. Todas as plantas domesticadas pelo homem originaram, em algum momento, de seus parentes silvestres, que são fontes de genes para o desenvolvimento de novas variedades adaptadas a condições socioambientais adversas. Os parentes silvestres desenvolveram resistência à seca, às inundações, ao calor e ao frio extremos. Quando as plantas cultivadas são atacadas por determinada peste ou doença – ou passam a sofrer os efeitos das mudanças climáticas –, os agricultores e geneticistas precisam recorrer aos seus parentes silvestres em busca de genes resistentes a tais estresses.

Um estudo realizado por dois centros de pesquisa ligados ao Grupo Consultivo em Pesquisa Agrícola Internacional, divulgado em 22 de maio de 2007 (em que se comemora o Dia Internacional da Biodiversidade), afirma que, nos próximos cinquenta anos, 61% de 51 espécies silvestres de amendoim e 12% de 108 espécies silvestres de batata (analisadas pelo estudo) podem se extinguir por causa das mudanças climáticas. Das 48 espécies silvestres de feijão-de-corda, duas estariam ameaçadas de extinção[176].

---

175. "ALTO nível de CO_2 deixa soja vulnerável a insetos." *Agência Estado*, 25/3/2008. Disponível em: www.estadao.com.br/geral/not_ger145508,0.htm. Acessado em 26/3/2008.
176. O Grupo Consultivo em Pesquisa Agrícola Internacional (CGIAR, Consultative Group on International Agricultural Research) é uma rede de centros de pesquisa agrícola, sob os auspícios da FAO. O estudo citado foi realizado pelo Centro Internacional de Agricultura Tropical (Ciat) sediado na Colômbia, e pelo Bioversity International com sede em Roma. Disponível em: www.bioversityinternational.org. Acessado em 10/12/2007.

Os sistemas agrícolas e a agrobiodiversidade

O coordenador do estudo, o agrônomo Andy Jarvis, explica que a sobrevivência de parentes silvestres de muitas espécies, e não apenas de amendoim, batata e feijão-de-corda, estaria ameaçada mesmo se forem consideradas as estimativas mais conservadoras em relação à magnitude das mudanças climáticas globais. Segundo Jarvis, a vulnerabilidade de uma planta silvestre às mudanças climáticas depende da sua capacidade de adaptação – e uma forma de adaptação das plantas às mudanças climáticas é a migração para regiões de temperaturas mais amenas[177].

A pesquisadora Annie Lane, do centro de pesquisa agrícola Bioversity International, que participou da elaboração do estudo, destaca que

> Os geneticistas precisarão, mais do que nunca, das variedades silvestres para desenvolver novas variedades agrícolas que possam se adaptar às mudanças climáticas. Entretanto, é justamente em virtude das mudanças climáticas que corremos o risco de perder grande parte desses recursos genéticos exatamente no momento em que eles são mais necessários para manter a agricultura[178].

Annie Lane só se esqueceu de acrescentar que não apenas os geneticistas, mas também os agricultores tradicionais e locais dependem de uma ampla heterogeneidade genética para enfrentar os desafios impostos à agricultura pelas mudanças climáticas globais. A agrobiodiversidade é importante para todas as formas de produção agrícola. Dela se utilizam tanto o agronegócio, altamente dependente de variedades melhoradas pelos geneticistas, como os sistemas agrícolas tradicionais e locais, que fazem uso de sementes selecionadas e melhoradas pelos próprios agricultores. A demanda por material genético heterogêneo só tende a aumentar entre os agricultores e melhoristas convencionais.

Outra pesquisa, realizada pelo Centro de Ciência e Política Ambiental da Universidade de Stanford e por algumas instituições de pesquisa

---

177. "Climate change threatens wild relatives of key crops." *Bioversity International News*, Roma, 18/5/2007. Disponível em: www.bioversityinternational.org. Acessado em 10/12/2007.
178. *Ibid.*

norte-americanas e divulgada em 2 de maio de 2007, avaliou o impacto das mudanças climáticas sobre as plantações de arroz da Indonésia. A agricultura na Indonésia já é fortemente influenciada pelas variações pluviométricas causadas por monções e oscilações climáticas. A pesquisa enfocou principalmente Bali e Java, importantes regiões de cultivo de arroz, e chegou à conclusão de que a probabilidade de que as chuvas atrasem mais de trinta dias (prejudicando seriamente a agricultura) deve aumentar de 9%-18% (atualmente) para 30%-40% até 2050 – ou seja, mais do que duplicar. A pesquisa prevê que os agricultores asiáticos enfrentarão secas e inundações mais intensas e frequentes[179].

Finalmente, o impacto das mudanças climáticas sobre o milho, uma espécie fundamental para a segurança alimentar das populações americanas e africanas, também foi avaliado em uma pesquisa realizada pelo Centro Internacional de Agricultura Tropical e pelo Centro Internacional de Pesquisas sobre Criação de Animais (ILRI, International Livestock Research Institute). Os resultados indicaram um declínio médio de 10% na produtividade do milho até 2055[180].

Qual é a melhor forma de enfrentar os efeitos das mudanças climáticas sobre as culturas do arroz e do milho, tão fundamentais para a segurança alimentar das populações asiáticas, americanas e africanas? Entre as soluções apontadas pelos cientistas, estão: diversificação da produção agrícola e desenvolvimento de variedades agrícolas mais resistentes a secas e a temperaturas mais altas. Em ambos os casos, a diversidade de espécies e as variedades de plantas cultivadas – a agrobiodiversidade – serão um instrumento fundamental para fazer frente às mudanças climáticas.

---

179. Rosamond Naylor et al. "Assessing risks of climate variability and climate change for Indonesian rice agriculture." *PNAS: National Academy of Science*, v. 104, n. 19, p. 7752-7757, 8/5/2007. Disponível em: cesp.stanford.edu/items/pubs/21884/ Naylor_et_al_PNAS_2007.pdf. Acessado em 7/12/2007.
180. Cgiar. *Global climate change:* can agriculture cope? Pinpointing the risks to maize production. Washington: 2007. Disponível em: www.cgiar.org/impact/global/cc_mappingthemenace.html. Acessado em 7/12/2007.

Os sistemas agrícolas e a agrobiodiversidade

Seguindo tal linha de raciocínio, o Instituto Internacional de Pesquisa sobre o Arroz (International Rice Research Institute), com sede nas Filipinas, iniciou, em 2006, um programa de pesquisa voltado para o desenvolvimento de variedades de arroz que tolerem temperaturas mais altas e fenômenos climáticos extremos, assim como utilizem níveis mais altos de dióxido de carbono para aumentar a produtividade agrícola[181].

Outros cientistas têm defendido a necessidade de que a pesquisa agrícola passe a dar maior prioridade ao aumento da resiliência[182] das plantas do que à elevação de sua produtividade, em virtude das mudanças climáticas globais. Martin Parry, um dos atuais dirigentes do Painel Intergovernamental sobre Mudanças Climáticas das Nações Unidas, e William Dar, diretor-geral do Centro Internacional de Pesquisas nos Trópicos Semiáridos, em um workshop na Índia, realizado em 2007, sustentaram que a pesquisa agrícola deve ser reorientada para a adaptação a estresses ambientais, como temperaturas mais altas e escassez de água, decorrentes das variações climáticas[183]. Algumas organizações da sociedade civil têm, entretanto, denunciado uma "corrida" de multinacionais, como Basf, Syngenta e Monsanto, para se apropriar, por meio de direitos de propriedade intelectual, de variedades agrícolas resistentes a estresses ambientais provocados pelas mudanças climáticas[184].

Pensando no pior cenário de aquecimento global – e em eventuais catástrofes naturais ou guerras – é que o governo da Noruega, em parceria com a organização internacional Global Crop Diversity Trust[185],

---

181. Catherine Brahic. "Urgent need for rice that tolerates climate change." *Science and Development Network*, 29/3/2006.
182. A resiliência de uma planta ou agroecossistema corresponde à sua capacidade de integrar uma perturbação em seu funcionamento sem mudar a estrutura qualitativa (C.S. Holling. "Resilience and stability of ecological systems" *Annual Review of Ecology and Systematics*, v. 4, p. 1-23, 1973). Os agroecossistemas resilientes têm maior capacidade de resistir a tensões ou fatores limitadores do ambiente.
183. T. V. Padma. "Crop research must switch to climate adaptation." *Science and Development Network*, 23/11/2007.
184. Rick Weiss. "Firms seek patents on climate ready altered crops." *Washington Post*, 13/5/2008.
185. Consultar: www.croptrust.org. Acessado em 31/1/2008.

construiu o maior banco de sementes do mundo, em uma das áreas mais frias do planeta: uma caverna incrustada em uma montanha do Ártico, perto da cidade de Longyearbyen, no arquipélago de Svalbard, na Noruega, uma região que permanece três meses por ano em completa escuridão (a chamada "noite polar"). A temperatura dentro do banco de sementes deve chegar a aproximadamente -18°C, e o permafrost[186] natural da área, associado à neve e ao gelo que cobre a montanha a maior parte do ano, ajuda a manter as baixas temperaturas. O banco de sementes foi inaugurado em 26 de fevereiro de 2008, e tem capacidade para armazenar 4,5 milhões de amostras de semente. Foi concebido para mantê-las viáveis por um longo período, de forma que, na hipótese de ocorrência de alguma catástrofe natural ou de variações climáticas extremas, a produção de alimentos possa ser iniciada em qualquer parte do planeta. Eventuais perdas de sementes em coleções *ex situ* poderão ser também repostas com amostras armazenadas no banco de Svalbard[187].

Segundo Cary Fowler, diretor executivo da Global Crop Diversity Trust, há mais de 1,5 mil bancos de sementes em todo o mundo, mas apenas 35% a 40% deles atendem aos padrões internacionais. "O banco de sementes de Svalbard funcionará como um *backup* das outras coleções existentes no mundo", explica Cary Fowler. "É o melhor *freezer* do mundo", completa ele. Conforme Fowler, mesmo as mudanças climáticas mais severas não causarão grande impacto no banco de sementes, pois ele está situado no local mais frio da montanha e em um dos mais gelados do planeta. O banco tornou-se conhecido como a nova "Arca de Noé"[188]. Na sua entrada, será erguida uma grande escultura metálica do artista norueguês Dyveke Sanne, visível a quilômetros de distância,

---

186. Permafrost é o tipo de solo encontrado no Ártico. É constituído por terra, gelo e rochas permanentemente congelados.
187. Mike Shanahan. "Arctic cave to safeguard global crop diversity." *Science and Development Network*, 13/1/2006. Marte Qvenild. "Svalbard global seed vault: a Noah's Ark for the world's seeds." *Development in Practice*, v. 18, n. 1, p. 110-116, fev. 2008.
188. "NOVA 'Arca de Noé' vai guardar sementes." *Folha de S. Paulo*, São Paulo, 24/11/2007.

Os sistemas agrícolas e a agrobiodiversidade

que brilhará nas noites de verão e iluminará, com fibra ótica, os longos invernos no Ártico[189]. A legislação norueguesa proíbe a entrada de sementes geneticamente modificadas no país, assim como o depósito de sementes transgênicas em Svalbard, e alguns cientistas acreditam que as coleções de Svalbard poderão ser futuramente usadas para comparação com sementes contaminadas nos países de origem.

O banco de sementes de Svalbard é, entretanto, como qualquer iniciativa para conservação *ex situ* da agrobiodiversidade, apenas uma solução parcial, pois grande parte da diversidade genética é conservada pelos agricultores no campo (*on farm*) e tem sofrido grave erosão, sendo ainda insuficientes as iniciativas e os recursos destinados para a conservação *in situ* e *on farm* da agrobiodiversidade. O próprio governo norueguês, que financiou a construção da Arca de Noé, anunciou que, a partir de 2009, destinará 0,1% do valor de todas as vendas de sementes na Noruega para apoiar iniciativas orientadas para a conservação e o manejo da agrobiodiversidade *on farm*, pelos agricultores, e conclamou os demais países ricos a fazerem o mesmo.

Em suma: a conservação da agrobiodiversidade é um componente-chave das estratégias de adaptação às mudanças climáticas. Manter espécies e variedades agrícolas congeladas nos bancos de germoplasma de instituições públicas e privadas é, entretanto, apenas uma parte, ainda que importante, de tais estratégias. A conservação (por intermédio de políticas de apoio e valorização, bem como de instrumentos jurídicos) de sistemas agrícolas adaptados a condições ambientais e culturais locais é outra parte fundamental, frequentemente esquecida e subestimada.

---

189. "Engineers begin critical 'cooling down' of Arctic Doomsday Seed Vault for deep-freeze and 24-hour polar night." *Global Seed Vault News*, Oslo, 16/11/2007. Disponível em: www.seedvault.no. Acessado em 17/11/2007.

Agrobiodiversidade e agrocombustíveis

Embora seja mais comum a utilização do termo "biocombustíveis" pelos setores econômicos e políticos envolvidos no debate sobre a sua utilização, optamos pela expressão "agrocombustíveis", porque ela reforça o vínculo dessa opção energética com a agricultura e, consequentemente, com a agrobiodiversidade. Apesar de a agroenergia ter-se tornado um tema de grande visibilidade pública nos últimos anos, gerando as mais diferentes controvérsias sobre os seus impactos socioambientais, sua estreita ligação com a agrobiodiversidade tem sido relativamente pouco destacada.

Atualmente, entre 80% e 90% do biodiesel brasileiro é produzido do óleo de soja, e o etanol (álcool), da cana-de-açúcar[190], culturas que se caracterizam tipicamente pela monocultura e pelo cultivo em grandes

---

190. O uso da cana-de-açúcar para fins energéticos atingiu, em 2007, um patamar inédito na história do País. Os produtos derivados da cana (bagaço e álcool) foram responsáveis por 16% da matriz energética brasileira, tornando-se a segunda fonte primária de energia. Os derivados da cana deixaram para trás a energia hidráulica, cuja participação não passou dos 14,7%. Petróleo e seus derivados continuam sendo a principal fonte energética do Brasil, com 36,7% de participação na matriz. O crescimento da cana-de-açúcar foi impulsionado pelo elevado consumo de álcool combustível brasileiro, que, em fevereiro de 2008, suplantou a gasolina no ranking de consumo dos combustíveis. Os dados fazem parte dos estudos preliminares do Balanço Energético Nacional (BEM), divulgado pela Empresa de Pesquisa Energética (EPE). Fonte: "Cana passa a ser 2ª principal fonte de energia do Brasil." *Folha de S. Paulo*, 9/5/2008, Dinheiro, p. B4.

extensões de terras. Com 21 milhões de hectares de soja plantados, o equivalente a 45% de toda a área cultivada do país, a soja é o carro-chefe da agricultura brasileira, e a previsão é que o Brasil passe a liderar, a partir da safra 2007-2008, o ranking dos exportadores de soja, ultrapassando até mesmo os Estados Unidos.[191] Para garantir alta rentabilidade, a soja se estende por grandes áreas e tem avançado sobre o cerrado, a caatinga e a floresta amazônica[192], causando impacto em áreas importantes para a conservação da agrobiodiversidade, reduzindo os espaços da agricultura indígena, camponesa e familiar e comprometendo a segurança alimentar das comunidades locais. As ameaças da soja à agrobiodiversidade são representadas não apenas pela contaminação das águas e dos solos por agroquímicos, pela desertificação e pela substituição de florestas nativas por monocultivos como também pela introdução de sementes geneticamente modificadas. A soja transgênica contamina as demais culturas e exerce um forte impacto sobre os sistemas agrícolas mantidos por povos indígenas, quilombolas, populações tradicionais, agricultores familiares e agroecológicos. Sistemas agrobiodiversos, mais sustentáveis e estáveis a longo prazo, são substituídos por monoculturas de grande escala, de estreitíssima base genética. Variedades agrícolas adaptadas aos ambientes e às condições locais são substituídas por variedades homogêneas e padronizadas, com perda de genes úteis.

---

191. Leonardo Sakamoto. *O Brasil dos agrocombustíveis:* os impactos das lavouras sobre a terra, o meio e a sociedade. São Paulo: Repórter Brasil, abr. 2008. Relatório produzido pelo Centro de Monitoramento de Agrocombustíveis da Repórter Brasil, com apoio da Fundação Doen, Coradaid, Solidariedad e Aid Environment. O volume 1 trata da soja e da mamona; o 2 do algodão, do milho e do pinhão-manso, e o 3 da cana-de-açúcar. O relatório está disponível em: www.reporterbrasil.org.br/agrocombustiveis/relatorio.php. Acessado em 12/2/2009.
192. Na Região Norte (onde se localiza a maior parte da floresta amazônica), a área plantada de soja aumentou 20% entre as safras 2006-2007 e 2007-2008, e em 7,9% no Nordeste, enquanto no Mato Grosso o aumento foi de 4,9% e no Brasil (média), de 2,9%. Leonardo Sakamoto, *ibid.*, v. 1, p. 9-10. Consultar também: Sérgio Schlesinger & Silvia Noronha. *O Brasil está nu! O avanço da monocultura da soja, o grão que cresceu demais*. Rio de Janeiro: Fase, 2006.

Já a cana-de-açúcar, usada para a produção do etanol, é cultivada no Brasil desde os tempos coloniais e marcou profundamente a nossa estrutura agrária. Sua cultura tem-se caracterizado historicamente pela concentração de terras nas mãos de poucos proprietários, por suas degradantes condições de trabalho e pela intensa devastação ambiental. Mortes de cortadores de cana por exaustão são denunciadas todo ano por sindicatos de trabalhadores rurais, e, segundo a FAO, a carga de trabalho desses trabalhadores aumentou quatro vezes, mas eles continuaram a receber o mesmo que recebiam nos anos 1970, [193] agravando a concentração de renda no campo. Além disso, para matar as cobras e facilitar o corte manual da cana, são comuns as queimadas dos canaviais, que não só lançam a fuligem da palha queimada na atmosfera como liberam gás carbônico e outros gases de efeito estufa. Em 2008, o setor sucroalcooleiro foi o campeão de multas mais elevadas – acima de 15 mil reais – em São Paulo, motivadas pela emissão de poluentes em desacordo com a legislação ambiental, de acordo com o terceiro volume do relatório "O Brasil dos agrocombustíveis – Cana 2008", produzido pelo Centro de Monitoramento de Agrocombustíveis (CMA) da organização Repórter Brasil.

O relatório mostra ainda que, em 2008, o setor sucroalcooleiro liderou o ranking do número de trabalhadores reduzidos à condição análoga à de escravo que foram libertados pelo Ministério do Trabalho: foram 2.553 (49%) libertados do total de 5.244 trabalhadores, em relação a 1.026 (20%) na pecuária e 720 (14%) em outras lavouras. A última atualização da "lista suja" de empregadores que adotavam o trabalho escravo, divulgada em dezembro de 2008 pelo Ministério do Trabalho, traz o nome de pelo menos sete fazendas de cana ou companhias sucroalcooleiras, localizadas nos Estados de Mato Grosso, Mato Grosso do Sul, Goiás e Ceará. Em Alagoas, uma força-tarefa do Ministério Público do Trabalho (MPT)

---

193. Dados apresentados por Fernando Boto Baquero, chefe da Subdireção de Assistência para Políticas da FAO, durante a 30ª Conferência Regional da FAO para a América Latina e Caribe, realizada em Brasília de 14 a 18 de abril de 2008.

Os sistemas agrícolas e a agrobiodiversidade

inspecionou quinze grandes usinas do Estado e, em catorze delas, constatou irregularidades em mais de 20 mil trabalhadores. O zoneamento ecológico e econômico da cana-de-açúcar, prometido pelo governo federal como forma de evitar o avanço da monocultura em áreas florestais, não foi concluído em 2008. Apesar de ainda não representar uma cultura muito difundida na Amazônia, o caso da Fazenda e Usina Pagrisa deixou um legado simbólico. Em junho de 2007, 1.108 pessoas foram encontradas em condições análogas à de escravidão na propriedade situada em Ulianópolis, no Pará, na maior libertação de trabalhadores já realizada pelo grupo móvel de fiscalização do Ministério do Trabalho[194].

As lavouras de cana-de-açúcar para produção de etanol têm avançado notadamente sobre áreas prioritárias para a conservação e o uso sustentável do cerrado, um dos biomas brasileiros mais ameaçados e menos protegidos por unidades de conservação. Segundo estudo realizado pelo Instituto Sociedade, População e Natureza (ISPN)[195], em dezembro de 2007 142 mil hectares de cerrado, o equivalente ao tamanho da cidade de São Paulo, prioritários para abrigar unidades de conservação, foram transformados em canaviais na safra 2006-2007. Em relação à agrobiodiversidade, a cultura da cana-de-açúcar produz, portanto, os mesmos efeitos negativos da soja: grave e irreversível perda da diversidade genética, biológica e ecossistêmica, e ameaça à segurança alimentar das populações locais.

Tais impactos das culturas da soja e da cana-de-açúcar sobre a agrobiodiversidade devem ser levados em consideração quando se pensa na construção de alternativas energéticas mais sustentáveis para o país, especialmente porque os cientistas têm lançado muitas dúvidas sobre a efetiva contribuição dos agrocombustíveis para mitigar os efeitos do aquecimento global. Além da intensa utilização de derivados de combustíveis fósseis na produção dos agrocombustíveis (agrotóxicos e fertilizantes químicos, uso de tratores e colheitadeiras etc.), uma eventual redução da

---

194. Leonardo Sakamoto. *O Brasil dos agrocombustíveis:* os impactos das lavouras sobre a terra, o meio e a sociedade. São Paulo: Repórter Brasil, abr. 2008, v. 3.
195. Instituto Sociedade, População e Natureza. *Cana-de-açúcar avança sobre áreas prioritárias para a conservação do cerrado.* Brasília: Ispn, 2007.

emissão dos gases de efeito estufa, possibilitada pelo uso dos agrocombustíveis, estaria irreversivelmente prejudicada se forem considerados os efeitos dos desmatamentos. As derrubadas de florestas e de vegetação nativa da Amazônia e do cerrado para plantação de soja (para produção de biodiesel) e de cana-de-açúcar (para gerar o etanol) podem gerar emissões de CO_2 de 17 a 420 vezes maiores que a redução resultante da substituição de combustíveis fósseis por agrocombustíveis, segundo estudos recentes[196]. A redução das emissões de gases de efeito estufa se perde quando florestas que captam carbono são derrubadas para dar lugar a plantações destinadas à produção de agrocombustíveis.

Tais debates se acirraram nos últimos meses, quando se verificou uma extraordinária alta no preço de alimentos, que sofreram, em todo o mundo, um aumento médio de 40%, desencadeando protestos e conflitos em várias regiões do Planeta. No México, por exemplo, o preço das *tortillas* subiu mais de 400% em 2007, impulsionado pela alta das cotações do milho, usado para produzir etanol nos Estados Unidos[197]. Segundo o Programa Mundial de Alimentos (PMA), órgão da ONU responsável pela ajuda humanitária às populações de todo o mundo, 36 países já sofrem com a violência e os distúrbios provocados pela alta dos preços das *commodities* agrícolas. Cem milhões de pessoas já foram atingidas pela fome, das quais 10 milhões na América Latina[198]. Especialistas consideram que diversos fatores contribuíram para a alta dos alimentos – como a maior demanda, sobretudo na China e na Índia – a alta do petróleo, a especulação e as condições climáticas desfavoráveis,

---

196. Joseph Fargione et al. "Land clearing and the biofuel carbon debt." *Science*, v. 319, p. 1235-1238, 29/2/2008. Consultar também: Timothy Searchinger et al. "Use of U.S. croplands for biofuels increases greenhouse gases through emissions from land use change" *Science*, v. 319, p. 1235-1238, 29/2/2008. Consultar também: FAO. *The state of food and agriculture. Biofuels:* prospects, risks and opportunities. Roma: FAO, 2008.
197.Leonardo Sakamoto. *O Brasil dos agrocombustíveis:* os impactos das lavouras sobre a terra, o meio e a sociedade. São Paulo: Repórter Brasil, abr. 2008, v. 1.
198. Jamil Chade. "Países pobres querem levar crise ao Conselho de Segurança da ONU: estudo do Programa Mundial de Alimentos revela que 100 milhões já foram atingidos pela fome." *O Estado de S. Paulo*, p. A16, 11/5/2008.

e apontam o etanol produzido do milho americano como o principal vilão, e não aquele feito da cana-de-açúcar brasileira.

O relatório mencionado[199] faz, entretanto, a seguinte ponderação: se, por um lado, é difícil dimensionar o peso que os agrocombustíveis representam nos preços das *commodities* agrícolas, por outro, é elementar concluir que o aumento de demanda proporcionado por eles tenderá a pressionar ainda mais os alimentos em um cenário já altamente inflacionário, em que as cotações de produtos como soja, milho e trigo alcançam patamares recordes. A expansão da soja e do milho gera ainda a diminuição de áreas para outras culturas. Apesar de o milho não ser cultivado para produção de agrocombustível no Brasil, seu uso para a fabricação de etanol nos Estados Unidos é apontado como uma das razões para a expansão da área plantada dessa cultura na última safra. Essa expansão, porém, tem ameaçado a manutenção de práticas tradicionais de cultivo, contaminando espécies crioulas existentes no Brasil, e esse impacto deve se intensificar com a liberação recente do milho transgênico[200].

Entretanto, a soja, a cana-de-açúcar e o milho não são as únicas fontes de biomassa para a produção de agrocombustíveis. No Brasil, há também iniciativas para a utilização da mamona, do dendê, do girassol, do babaçu e do pinhão-manso. Em 2004, o governo federal lançou o Programa Nacional de Produção e Uso de Biodiesel (PNPB), com a intenção de integrar agricultores familiares na cadeia produtiva dos biocombustíveis. O programa pretende transformar os agricultores familiares nos principais produtores de matérias-primas para o biodiesel, por meio da concessão do "selo combustível social", que garante às empresas incentivos fiscais, como reduções das alíquotas de PIS-Pasep e Cofins, melhores condições de financiamento em instituições como BNDES, Banco da Amazônia, Banco do Brasil etc., e autorização para participar de leilões de biodiesel. Para obter esse selo, as empresas devem: adquirir pelo menos 50% da matéria-prima para biodiesel produzida por

---

199. Leonardo Sakamoto *O Brasil dos agrocombustíveis:* os impactos das lavouras sobre a terra, o meio e a sociedade. São Paulo: Repórter Brasil, abr. 2008, v. 1.
200. Idem, *ibid.*, v. 2.

agricultores familiares (se localizadas no Nordeste ou em regiões de Semiárido); 30%, situadas no Sudeste e no Sul; e 10%, se operarem no Norte ou no Centro-Oeste. A mamona, cultivada principalmente no semiárido nordestino, foi eleita um dos carros-chefe do PNPB[201].

Apesar do incentivo governamental, o cultivo da mamona ainda ocupa uma fatia ínfima da agricultura nacional, com apenas 158.200 hectares estimados para a safra 2007-2008, o que representa menos de 1% da produção agrícola do país e apenas 1,7% de aumento com relação à safra 2006-2007. O Ministério do Desenvolvimento Agrário calcula que, em 2008, apenas 15% do biodiesel produzido no país virá de matérias-primas fornecidas por pequenos agricultores, ressaltando que esse volume poderá aumentar conforme os novos plantios no decorrer do ano. O relatório "O Brasil dos agrocombustíveis"[202] analisou três projetos de cultivo de mamona para biodiesel, dos quais dois fracassaram (em Crateús, no Ceará, e em Canto do Buriti, no Piauí, locais em que a empresa Brasil Ecodiesel fechou contratos com agricultores familiares para o plantio de mamona) e um foi bem-sucedido, desenvolvido pela União das Associações Comunitárias do Interior de Canguçu (Unaic), no Rio Grande do Sul. Apesar de a mamona ter sido eleita pelo governo federal um dos carros-chefe da política de inclusão social da agricultura familiar na cadeia produtiva da agroenergia, os projetos de cultivos dessa planta para biodiesel ainda não trouxeram resultados concretos para os pequenos agricultores, sobretudo para aqueles que vivem no Nordeste. A cadeia produtiva da mamona ainda está muito atrelada à indústria privada de biodiesel e distante das necessidades da agricultura familiar[203].

---

201. Leonardo Sakamoto. *O Brasil dos agrocombustíveis*: os impactos das lavouras sobre a terra, o meio e a sociedade. São Paulo: Repórter Brasil, abr. 2008, v. 1, p. 37.
202. Idem, *ibid.*, p. 37 e seguintes.
203. Em relação a projetos de expansão do cultivo do dendê na Amazônia, há uma preocupação de que a proposta de mudança no Código Florestal, que visa a permitir a recuperação de reservas legais com espécies exóticas como o dendê, possa incentivar a monocultura nessa região, com todas as suas nefastas consequências socioambientais. Já o algodão avança sobre o cerrado, que não conta com sistema específico de monitoramento por satélite como a Amazônia. Segundo o Ministério do Meio Ambiente, estão em risco pelo menos seis áreas de alta biodiversidade do cerrado, ameaçadas pelo crescimento das lavouras de algodão. (Leonardo Sakamoto, *ibid.*,v. 2).

Os sistemas agrícolas e a agrobiodiversidade

O relatório chegou à conclusão, entretanto, de que quando os agricultores organizados assumem a cadeia produtiva e impõem seus próprios critérios de manejo e comercialização, a mamona pode ser uma alternativa de renda social, ambiental e economicamente sustentável[204]. Foi essa a estratégia adotada pela Unaic, que reúne 38 associações e grupos comunitários rurais e é dirigida por agricultores familiares. A fim de evitar a subordinação dos agricultores a contratos com empresas, a Unaic tomou a iniciativa de articular a participação da agricultura familiar na agroenergia, na região de Canguçu (RS), divulgando o cultivo de oleaginosas – como a mamona, o girassol e a canola[205] – entre os agricultores familiares como mais uma alternativa de renda. A Unaic garante assistência técnica e parte do custeio das lavouras para os agricultores, adotando orientação agroecológica e estimulando a rotação de culturas[206]. Ela faz questão de frisar, entretanto, que seu objetivo é alcançar a autonomia energética na cadeia produtiva da agricultura familiar e que o biodiesel e as usinas são um mercado secundário que receberá, se houver, o excedente de produção.

Em suma: talvez ainda seja cedo para saber se os agrocombustíveis serão efetivamente uma alternativa energética sustentável, do ponto de vista socioambiental, e que impactos produzirão sobre a agrobiodiversidade. As monoculturas de soja e cana-de-açúcar têm produzido efeitos adversos, desestimulando a diversificação de cultivos e a rotação de culturas e provocando a perda da biodiversidade agrícola. Outras culturas, entretanto, poderão ser alternativas interessantes para a agricultura familiar, desde que sejam preservadas as policulturas e o consorciamento com culturas alimentares e destinada apenas uma parte da propriedade ao cultivo de matéria-prima para produção de agrocombustíveis.

---

204. Consultar também: José Graziano da Silva. Agroenergia: "Malthus reprovaria." *Caros Amigos*, n. 34, p. 8-9, set. 2007; Elimar Pinheiro do Nascimento & João Nilo Vianna. *Dilemas e desafios do desenvolvimento sustentável no Brasil*. Rio de Janeiro: Garamond, 2007.
205. Desde a safra de 2008, o cultivo da canola passou a ter zoneamento agrícola no Rio Grande do Sul (o primeiro Estado a ter o zoneamento para o grão). O zoneamento indica o período adequado de plantio, de forma que reduza os riscos climáticos e, com isto, obtenha melhor rendimento. O plantio da canola foi autorizado entre 15 de abril e 25 de junho em todas as regiões, começando pelo Noroeste.
206. Para mais informações, consultar: www.unaic.com.br.

A AGROBIODIVERSIDADE
E O SISTEMA JURÍDICO

A perda da diversidade agrícola, nos mais diferentes níveis, está associada a mudanças ocorridas na agricultura, especialmente a partir da revolução verde, e, evidentemente, não pode ser atribuída ao sistema jurídico. Entretanto, diversas leis (como a de sementes, de proteção de cultivares e de acesso aos recursos genéticos) impactam diretamente a agrobiodiversidade, e seus efeitos têm sido subestimados. Mais do que isso, desconsideram que a biodiversidade e a sociodiversidade associada são protegidas pela Constituição e que as leis e políticas públicas, incluindo as agrícolas, devem promover a sua conservação e utilização sustentável. A preservação da diversidade e da integridade do patrimônio genético é expressamente determinada pela Constituição (artigo 225, parágrafo 1º, II), assim como a salvaguarda do rico patrimônio sociocultural brasileiro (artigo 216), que inclui as variedades agrícolas, os saberes e as inovações desenvolvidas pelos agricultores.

As leis de sementes

A influência do modelo agrícola industrial

As sementes – usaremos aqui este termo em sentido amplo, para incluir todo material de propagação vegetal[207] – encerram em si toda a vida de uma planta e são a base da agrobiodiversidade. Não se pode compreender o impacto do sistema jurídico sobre a diversidade agrícola sem uma análise das normas que regulam a produção, a comercialização e a utilização das sementes. As leis de sementes não apenas produzem seus efeitos sobre os sistemas agrícolas como também têm interfaces com as políticas de desenvolvimento rural sustentável, segurança alimentar e nutricional, inclusão social, agrobiodiversidade e sobrevivência

---

207. A propagação de plantas pode-se dar através de reprodução, por sementes propriamente ditas, ou multiplicação, por mudas, tubérculos e demais estruturas vegetais, ou através de ambas. Enfocaremos neste trabalho principalmente as sementes de espécies utilizadas na agricultura e na alimentação.
Distinguimos as sementes dos grãos pela sua destinação: as sementes se prestam a germinar e formar novas plantas, e os grãos se destinam ao consumo (humano ou animal) ou à transformação (em farinhas, óleos, agrocombustíveis etc.).
A Lei nº 10.711/2003 trata do registro, produção, certificação, fiscalização e comercialização de sementes e mudas. A produção de mudas é regulamentada pelo artigo 46 e seguintes do Decreto nº 5.153/2004, e a Instrução Normativa nº 24/2005 aprova as normas para produção, comercialização e utilização de mudas.

cultural dos povos tradicionais. A elaboração e a implementação das leis de sementes devem, portanto, contemplar a diversidade de sistemas agrícolas e de atores sociais envolvidos na produção de alimentos.

Atualmente, está em vigor no Brasil a Lei nº 10.711, de 5/8/2003 (mais conhecida como Lei de Sementes), que dispõe sobre o Sistema Nacional de Sementes e Mudas e "objetiva garantir a identidade e a qualidade do material de multiplicação e de reprodução vegetal produzido, comercializado e utilizado em todo o território nacional". Essa norma substituiu a lei de sementes anterior (nº 6.507 de 1977) que, por sua vez, revogou a primeira Lei de Sementes brasileira, a nº 4.727, editada em 1965 para regular a fiscalização do comércio de sementes e mudas[208]. São leis essencialmente destinadas a regular o sistema "formal" de sementes do país, cujos impactos sobre a agrobiodiversidade serão analisados a seguir.

A primeira lei de sementes brasileira foi editada em um período histórico em que muitos países adotaram legislações semelhantes, influenciados pelo paradigma do produtivismo e da "modernização" da agricultura, da padronização dos produtos agrícolas e da fragmentação das várias etapas da produção agrícola. Nesse novo paradigma industrial, as variedades de alto rendimento, homogêneas, estáveis e dependentes de insumos externos, introduzidas pela revolução verde nos anos 1960 e 1970, adquiriram papel central. As sementes de tais variedades passaram a ser vistas como um instrumento para a transferência de tecnologia, e a ampla disseminação das variedades melhoradas e de alto rendimento se tornou um dos principais objetivos de programas de desenvolvimento agrícola financiados por organismos internacionais. Entre 1958 e 1987, a Agência Norte-Americana para o Desenvolvimento Internacional (Usaid, United States Agency for International Development) apoiou o desenvolvimento de um setor "formal" de produção de sementes

---

208. A Lei nº 10.711/2003 é regulamentada pelo Decreto 5.153/2004. A Lei nº 6.507/1977 era regulamentada pelo Decreto 81.771/1978, e a Lei nº 4.727/1965 era regulamentada pelo Decreto 57.061/1965.

melhoradas em 57 países em desenvolvimento. O Programa de Melhoramento e Desenvolvimento de Sementes da FAO atuou em sessenta países entre 1972 e 1984, enquanto o Banco Mundial financiou treze programas nacionais de sementes e pelo menos uma centena de projetos relacionados com a introdução de sementes melhoradas entre 1975 e 1985. O principal objetivo de tais programas era capacitar as instituições agrícolas locais para produzir sementes melhoradas e distribuí-las aos agricultores, bem como criar condições para que o setor privado assumisse a sua produção e comercialização. Foi nesse contexto que surgiram as leis de sementes, destinadas a orientar o desenvolvimento de um setor "moderno" e comercial de produção de sementes[209].

O biólogo e historiador da ciência Christophe Bonneuil[210] chama a atenção para o papel desempenhado, nesse modelo agrícola industrial, do que chama de "paradigma fixista (ou estático) da variedade", por meio do qual a variedade agrícola (geneticamente) homogênea e estável é concebida como a "forma mais perfeita de variedade". Bonneuil cita como exemplo de tal concepção "fixista" um artigo publicado em 1944 pelo influente biólogo francês Jean Bustarret[211], em que esse considera que a homogeneidade genética é a garantia da previsibilidade e da estabili-

---

209. Niels P. Louwaars. *Seeds of confusion:* the impact of policies on seed systems. Wageningen, Holanda, 2007. Tese (doutorado), Wageningen Universiteit, p. 35.
210. Christophe Bonneuil et al. "Innover autrement? La recherche face à l'avènement d'un nouveau régime de production et de régulation des savoirs en génétique végétale." *In*: Clèment O. Gasselin. *Quelles variétés et semences pour des agricultures paysannes durables?* Paris: Inra, 2006, p. 27-51.
211. Jean Bustarret. "Variétés et variations" *Annales agronomiques*, n. 14, p. 336-362, 1944. Jean Bustarret traça uma forte distinção entre as variedades-linhagens puras e as variedades-clones, geneticamente homogêneas, por um lado, e as variedades-populações (que são as variedades locais, geneticamente heterogêneas), e sustenta que as pesquisas agrícolas devem privilegiar as duas primeiras. Bustarret foi o relator da lei que criou o Inra (Institut National de la Recherche Agronomique), importante instituto de pesquisa agrícola francês, e um dos principais dirigentes deste instituto (de 1949 a 1972), tendo assessorado vários ministros da agricultura e presidido, de 1961 a 1976, o Comité Technique Permanent de la Sélection.

dade do valor agronômico e tecnológico de uma variedade agrícola. As variedades locais teriam dois inconvenientes, segundo Jean Bustarret: por serem geneticamente heterogêneas, seriam "muito mais difíceis de descrever e caracterizar" do que as linhagens puras e homogêneas, e seriam ainda "suscetíveis de variar no tempo e no espaço". Bustarret desconsidera o papel dos agricultores no desenvolvimento das variedades locais, vendo-as apenas como resultado da "seleção natural", e o seu conceito de variedade (homogênea e estável) serve também para delimitar o campo de especialização profissional do "fitogeneticista" e para operar uma divisão de trabalho entre o cientista "inovador" e o agricultor "usuário" da ciência. Bustarret introduziu os critérios de homogeneidade, estabilidade e "características distintivas", que passaram a ser exigidos para a inscrição obrigatória das variedades agrícolas em um catálogo oficial, a fim de que pudessem ser comercializadas, o que excluiu grande parte das variedades locais[212]. O paradigma fixista da variedade ignora a evolução das variedades agrícolas no tempo e no espaço e os contextos socioculturais e ambientais em que elas se desenvolvem.

---

212. Na França, a primeira lei que estabeleceu um controle de qualidade das sementes foi editada em 1905. Em 1932, foi criado um catálogo oficial de sementes apenas para algumas espécies e variedades, inicialmente o trigo e depois a batata, a cevada, a aveia e o milho. Esse catálogo, entretanto, era a princípio facultativo. Não era obrigatório inscrever uma variedade no catálogo para poder comercializá-la. No início dos anos 1960, as hortaliças foram incluídas no catálogo oficial. Em 1942, foi criado o Comité Technique Permanent de la Sélection, que se tornou responsável pela gestão do catálogo oficial de espécies e variedades cultivadas. Um decreto de 11 de junho de 1949 proibiu a comercialização de quaisquer sementes de variedades agrícolas não inscritas no catálogo oficial. A inscrição no catálogo oficial (para fins de comercialização) é obrigatória para a maior parte das espécies cultivadas. Em 1997, a França criou um anexo ao seu catálogo nacional, relacionando variedades utilizadas por jardineiros "amadores", para fins não comerciais. Em 1966, a Comunidade Europeia criou um catálogo comum (para os países-membros), que tem, atualmente, 32 mil variedades inscritas. A Diretiva Europeia 2002/53 obriga que as variedades geneticamente modificadas inscritas no catálogo comum europeu sejam claramente indicadas como tais. A Diretiva 2008/62 trata das "variedades de conservação" (de que trataremos no capítulo seguinte deste trabalho). Fonte: www.droit-et-semence.blogspot.com e Shabnam L. Anvar. "Les indicateurs de biodiversité: de l'importance du contexte réglementaire." *Le Courrier de l'environnement de l'Inra*, n. 54, p. 9-18, set. 2007.

Atende principalmente a um padrão de produção agrícola intensivo e de escala[213]. Além disso, os critérios de homogeneidade e estabilidade, exigidos para o registro oficial, reduzem a diversidade de variedades disponíveis para os agricultores.

Além dos critérios de homogeneidade e estabilidade, a introdução de testes para a avaliação do "valor agronômico e tecnológico" das variedades agrícolas produz outro efeito reducionista sobre a diversidade: os ensaios só avaliam algumas características, notadamente o rendimento e a produtividade, anulam a diversidade de ambientes em virtude de uma extrema artificialização causada pelo uso intensivo de pesticidas e fertilizantes químicos e, a partir de certo momento, passaram a ser cada vez mais conduzidos em laboratórios e estações de pesquisa agronômica, e não nos campos dos agricultores[214], distanciando-os ainda mais dos processos decisórios. A avaliação do "valor agronômico e tecnológico" das variedades sem a participação dos agricultores e sem considerar os contextos socioambientais tende a excluir qualquer variedade não adaptada ao modelo agrícola industrial, reduzindo a agrobiodiversidade.

O modelo agrícola industrial promoveu a concepção de que tanto o melhoramento (genético) das variedades agrícolas como a produção das sementes deveriam ser atividades desenvolvidas apenas por setores profissionais específicos (fitogeneticistas, agrônomos etc.). Os agricultores passaram a ser tratados como simples produtores agrícolas e consumidores de sementes e de outros insumos agrícolas industrialmente produzidos. Passaram a ser vistos, portanto, como meros usuários finais do trabalho desenvolvido pelos técnicos do melhoramento vegetal. Trata-se de uma concepção que negou o papel dos agricultores como inovadores e detentores de saberes e práticas fundamentais para

---

213. Christophe Bonneuil et al. "Innover autrement? La recherche face à l'avènement d'un nouveau régime de production et de régulation des savoirs en génétique végétale." *In*: Clèment O. Gasselin. *Quelles variétés et semences pour des agricultures paysannes durables?* Paris: Inra, 2006, p. 27-51, p. 31.
214. Idem, *ibid.*,p. 33.

os sistemas agrícolas e para a manutenção da agrobiodiversidade. As sementes e variedades desenvolvidas e produzidas pelos agricultores, adaptadas às condições locais, começaram a ser substituídas por variedades estáticas e homogêneas, e os saberes agrícolas, a ser produzidos fora do campo, longe dos agricultores, pelas instituições de pesquisa. As políticas oficiais não conseguiram impedir, entretanto, que os agricultores continuassem a inovar, selecionando e produzindo suas próprias sementes, desenvolvendo novas variedades e realizando trocas e intercâmbios de sementes e saberes agrícolas.

As concepções vigentes – da variedade homogênea e estável como a mais "perfeita" e adequada a qualquer sistema agrícola e de que os cientistas são os únicos capazes de realizar inovações na agricultura – fundamentaram as leis de sementes aprovadas no período pós-revolução verde, que se inspiraram em leis de países industrializados e procuraram sustentar, juridicamente, um modelo industrial de produção de sementes. Tais leis tentaram, na verdade, promover a "modernização" da agricultura por meio de uma imposição legislativa artificial, que ignora a realidade sociocultural e econômica dos agricultores e dos sistemas agrícolas dos países em desenvolvimento. Atendem aos interesses e às necessidades de uma parcela muito pequena dos atores sociais do campo e não reconhecem a existência de complexos e diversificados sistemas locais de produção, distribuição, comercialização e intercâmbio de sementes, que abrangem extensas redes sociais, reguladas por normas locais.

Apesar de terem as suas peculiaridades em cada país[215], as leis de sementes se fundamentam em uma perspectiva linear: as leis e as políticas

---

215. Há diferentes níveis de intervenção do Estado na regulação da produção e da comercialização de sementes. Nos Estados Unidos, por exemplo, a certificação das sementes é voluntária e o lançamento de variedades é de total responsabilidade da empresa. As leis de sementes regulam apenas os requisitos para a certificação das sementes. Tal sistema reflete uma confiança em que o próprio mercado eliminará os produtores de sementes de má qualidade. Na Europa, pelo contrário, a maior parte dos países obriga o registro e a certificação de sementes para que possam ser produzidas e comercializadas.

devem favorecer o desenvolvimento de um setor de sementes "moderno", comercial, em que as empresas privadas têm um papel central na produção e comercialização de sementes, e do qual o poder público vai aos poucos se afastando. As políticas devem estimular os investimentos privados (de empresas nacionais e estrangeiras) na área de sementes, adotando medidas legais (como a proteção de cultivares) e econômicas (como incentivos fiscais) de apoio ao setor privado, para incentivá-lo a assumir o melhoramento, a produção, a distribuição e a comercialização das sementes. Parte-se da perspectiva (linear) de que os sistemas de sementes devem "evoluir", passando das variedades e práticas agrícolas tradicionais (atrasadas) para as variedades e sistemas agrícolas "modernos", que empregam tecnologias "modernas" e apresentam alta produtividade. As leis de sementes devem, portanto, impulsionar o sistema "formal" de sementes e eliminar (ou reduzir ao máximo) os "informais". Niels Louwaars[216] critica tal perspectiva linear, que se fundamenta principalmente em um modelo proposto por Johnson Douglas[217] para orientar o desenvolvimento do setor de sementes, com vários estágios sucessivos, que levariam à evolução do "tradicional" ao moderno. É um modelo que subestima a capacidade dos agricultores de desenvolver e produzir suas sementes, assim como seus saberes e práticas agrícolas, e considera que o conhecimento científico dará solução a todos os problemas agrícolas por meio das variedades melhoradas e das sementes "de alta qualidade". Os agricultores são vistos como meros recipientes dessas tecnologias agrícolas, que só precisam ser convencidos a adotá-las. Além disso, o modelo pressupõe que os sistemas de sementes podem – ou deveriam – funcionar da mesma forma para todas as espécies agrícolas e para todos os tipos de agricultor, o que, evidentemente, não ocorre, pois o universo agrícola é complexo e diversificado.

---

216. Niels P. Louwaars. *Seeds of confusion:* the impact of policies on seed systems. Wageningen, Holanda, 2007. Tese (doutorado), Wageningen Universiteit, p. 30-44.
217. Johnson E. Douglas. *Successful seed programs:* a planning and management guide. Boulder, CO: Westview Press, 1980.

Assim, as leis de sementes têm em comum o fato de atender principalmente ao chamado sistema "formal" de sementes, e de desconsiderar o papel dos sistemas "locais" (chamados de "informais"[218]), manejados e controlados pelos próprios agricultores, na produção, multiplicação, distribuição, intercâmbio, melhoramento e conservação de sementes. O termo "sistema formal" (convencional ou institucional) de sementes é utilizado para enfatizar a sua adequação a normas legais, e o fato de que combina atores e instituições públicas e privadas no desenvolvimento, produção e distribuição de sementes, tais como bancos de germoplasma, instituições de pesquisa agronômica, fitomelhoristas, produtores, beneficiadores, armazenadores, comerciantes e certificadores de sementes, cujas atividades são reguladas por normas técnicas e metodologias padronizadas. Trata-se de um sistema que se destina principalmente à comercialização de sementes em grande escala e em mercados/regiões que extrapolam o âmbito local. (Em muitos casos, um dos elos da cadeia – o melhoramento genético vegetal – é realizado por instituições públicas[219], mas a produção e o comércio das sementes produzidas pelo sistema "formal" tendem a se concentrar nas mãos de empresas privadas.) Os sistemas formais e locais operam sob lógicas e dinâmicas muito distintas, atendendo a necessidades de

---

218. Apesar de serem frequentemente chamados de "sistemas informais", é importante lembrar que os sistemas agrícolas locais também têm as suas "formalidades", ou seja, as suas "formas" e procedimentos que atendem a normas, contextos e lógicas locais. Como o termo "informais" tem, em alguns contextos, uma conotação negativa, preferimos adotar o termo "sistemas locais", apesar de ser mais comum a expressão "sistemas informais".

219. No Brasil, a Embrapa ainda é a principal instituição dedicada ao melhoramento genético vegetal. Segundo o Serviço Nacional de Proteção de Cultivares, a Embrapa detém 32% dos cultivares, seguida pela Monsoy (ligada à Monsanto, e trabalha com soja), com 13,39%, pela Cooperativa Central de Pesquisa Agrícola (Coodetec), com 7,30%, e pela Cooperativa de Produtores de Cana-de-Açúcar, Açúcar e Álcool do Estado de São Paulo (Copersucar), com 5,04%.
Em muitos países industrializados, o melhoramento genético vegetal foi assumido, em grande parte, por empresas privadas. Mesmo nos Estados Unidos, entretanto, onde existe um forte setor privado de sementes, o melhoramento de algumas espécies agrícolas, como cereais e leguminosas, ainda depende de vultosos investimentos públicos.

diferentes modelos agrícolas, o que tem sido subestimado pelas leis de sementes. As leis de sementes devem, portanto, se limitar a regular os sistemas formais, deixando fora de seu escopo os sistemas locais[220], que não podem ser obrigados a se enquadrar em normas tão distantes de sua realidade econômica e sociocultural. Só assim as leis de sementes estarão contribuindo para a diversificação dos sistemas de sementes, tão fundamental para uma agricultura heterogênea e para a conservação da biodiversidade agrícola.

Analisando o desenvolvimento histórico dos sistemas formais de sementes, Niels Louwaars[221] mostra que esses se desenvolveram nos países industrializados na segunda metade do século XIX e evoluíram rapidamente após a reinvenção das leis de hereditariedade de Mendel[222] no início do século XX, ganhando novo impulso com a descoberta do fenômeno da heterose e a subsequente introdução de milhos

---

220. A lei de sementes brasileira abre algumas brechas para os sistemas locais, como veremos adiante. A China, por exemplo, deixou as sementes desenvolvidas pelos agricultores fora do escopo de sua nova lei de sementes. A lei de sementes da Indonésia regula o sistema formal, mas exclui de seu escopo as sementes locais comercializadas e trocadas no âmbito local. Em outros países (como Camarões, Nigéria e Senegal), apenas as sementes comercializadas têm que ser registradas e certificadas. Há ainda países em que a obrigatoriedade do registro e da certificação só se aplica a algumas espécies e/ou variedades agrícolas, e não a todas (Zâmbia, Malawi, Índia, Bangladesh). Em outros países, as normas se aplicam apenas às sementes certificadas, a fim de garantir que só as sementes efetivamente certificadas sejam vendidas como tais, deixando de fora os sistemas locais de sementes. Para consultar as leis de sementes desses países e de outros, consultar: www.grain.org/brl. Acessado em 11/11/2008.
221. Niels P. Louwaars. *Seeds of confusion*: the impact of policies on seed systems. Wageningen, Holanda, 2007. Tese (doutorado), Wageningen Universiteit, p. 33. Consultar também: Bert Visser. "An agrobiodiversity perspective on seed policies" *Journal of New Seeds*, v. 4, p. 231-245, 2002; D. Gisselquist. "Regulatory issues" *In*: D. Wood; J. M. Lenné. *Agrobiodiversity*: characterization, utilization and management. Nova York: Cabi Publishing, 1999, p. 409-423.
222. O botânico e monge austríaco Gregor Mendel formulou as leis de hereditariedade em 1865, mas as suas descobertas permaneceram ignoradas até o início do século XX, quando passou a ser reconhecido como o "pai da genética". Mendel realizou experiências com diferentes variedades de ervilhas, demonstrando a existência de unidades hereditárias (que atualmente chamamos de genes) responsáveis pela transmissão de caracteres dominantes e recessivos.

híbridos[223]. Louwaars mostra que o sistema formal funciona, do ponto de vista da diversidade genética vegetal, como um "funil", em que, com base em uma ampla variedade de materiais disponíveis em coleções de germoplasma, são desenvolvidas – e chegam aos agricultores – pouquíssimas variedades, adaptadas ao modelo agrícola dominante, as quais, em geral, não atendem às necessidades de agricultores que vivem em ambientes marginais, sujeitos a estresses agroambientais e socioeconômicos mais complexos. Os sistemas formais estão voltados principalmente para as espécies agrícolas de grande valor comercial e de ampla utilização em ambientes homogêneos ou homogeneizados por fertilizantes químicos e pesticidas. Assim, não são capazes de oferecer grande variedade de sementes adaptadas a usos e condições locais específicas e de atender às necessidades de agricultores que dispõem de poucos recursos e vivem em regiões heterogêneas, ambiental e culturalmente[224]. Se considerarmos que a semente determina, em grande medida, o modelo agrícola a ser adotado, e se só forem disponibilizadas sementes de alto rendimento, padronizadas e dependentes de insumos externos, esse será o modelo agrícola imposto a todos os agricultores, com grandes prejuízos para a agrobiodiversidade, para os agricultores e para os consumidores, que terão uma alimentação pouco diversificada.

---

223. A heterose (ou vigor híbrido) pode ser definida como o aumento do rendimento e da produtividade de uma variedade que é resultado do cruzamento entre linhagens ou variedades geneticamente diferentes. A heterose se manifesta com maior intensidade nas espécies de polinização cruzada (como o milho) do que nas de autopolinização (feijão, trigo etc.). A descoberta desse fenômeno aumentou vertiginosamente a produtividade de algumas espécies agrícolas, como o milho, e os híbridos apresentam as seguintes vantagens, do ponto de vista comercial: – como o simples exame de uma semente de um híbrido não revela as suas linhagens parentais, as empresas mantêm o segredo e o controle sobre as sementes que desenvolvem. É o chamado "controle biológico" (ou natural), que se diferencia do "controle legal", efetivado por meio do estabelecimento de direitos de propriedade intelectual sobre as variedades agrícolas; – o vigor híbrido não é transmitido às próximas gerações, o que obriga os agricultores a comprar novas sementes todos os anos, a fim de manter a produtividade de suas sementes, tornando-os dependentes da indústria sementeira. A ampla disseminação de híbridos, geneticamente homogêneos, durante a revolução verde foi, entretanto, um dos principais fatores da perda da agrobiodiversidade e da substituição de sistemas agrícolas heterogêneos (e agrobiodiversos) por monoculturas com baixíssima diversidade genética, com todos os seus impactos socioambientais.
224. Niels P. Louwaars. *Seeds of confusion:* the impact of policies on seed systems. Wageningen, Holanda, 2007. Tese (doutorado), Wageningen Universiteit.

As sementes e os sistemas agrícolas locais

Connie Almekinders[225] prefere chamar os sistemas "locais" de "sistemas dos agricultores", para enfatizar que são os próprios agricultores que manejam e controlam tais sistemas, promovendo a seleção, o melhoramento, a produção e a difusão das sementes em contextos locais específicos. São sistemas em que os agricultores produzem suas próprias sementes, controlando os recursos genéticos de plantas de maneira integrada e com diferentes finalidades, explica Walter de Boef. Esse pesquisador acrescenta, ainda, que o manejo e a seleção dos agricultores, em combinação com processos naturais, como mutação genética e cruzamento com parentes silvestres, caracterizam um "sistema de evolução contínua dos cultivos"[226]. São sistemas que mantêm a diversidade genética no campo, em que são desenvolvidas variedades agrícolas adaptadas a condições locais específicas, que os sistemas formais não têm condições e/ou interesse em produzir e comercializar. Além disso, são os sistemas locais que produzem sementes em áreas remotas e de difícil acesso, aonde os sistemas formais não chegam. A heterogeneidade das sementes e das variedades produzidas pelos sistemas locais é, por outro lado, o que as torna mais flexíveis e capazes de se adaptar às mudanças socioambientais. Além disso, para os agricultores de baixa renda, a possibilidade de eliminar os custos com a aquisição de sementes comerciais também tem um peso significativo na escolha das sementes locais.

Os sistemas locais são amplamente predominantes nos países em desenvolvimento, especialmente para algumas espécies agrícolas utilizadas na alimentação local. Estima-se que 1,4 bilhão de pessoas vivem

---

225. Connie Almekinders & Niels Louwaars. *Farmers' seed production:* new approaches and practices. Londres: Intermediate Technology Publications, 1999.
226. Walter S. de Boef. "Uma perspectiva de sistemas aproximando agricultores e pesquisadores no manejo comunitário da agrobiodiversidade." *In:* Walter S. de Boef. et al . *Biodiversidade e agricultores:* fortalecendo o manejo comunitário. Porto Alegre: L & PM, 2007, p. 59-66.

em famílias de agricultores que usam suas próprias sementes.[227] Cerca de 80% das sementes dos países em desenvolvimento são produzidas pelos próprios agricultores, e na África esse total chega a 90% em alguns países[228]. Na Índia, apesar de todos os investimentos internacionais na criação de sistemas formais de sementes, calcula-se que apenas 10% das sementes de variedades de arroz utilizadas pelos agricultores provenham de tais sistemas formais. Para outras espécies, como trigo, amendoim e grão-de-bico, o percentual atinge menos de 5 por cento.[229] No Nepal, os sistemas formais também contribuem com menos de 5% das sementes das principais espécies agrícolas, sendo o restante produzido pelos próprios agricultores[230]. Nos países latino-americanos e caribenhos, a FAO estima que cerca de 75% das sementes utilizadas pelos agricultores sejam provenientes de sistemas locais (que a FAO denomina sistemas informais), apesar de todos os apoios e financiamentos destinados ao sistema formal por instituições governamentais e multilaterais ao longo das últimas três décadas. Já os sistemas locais receberam pouquíssimos investimentos e apoios de políticas públicas, mas prevalecem nos países latino-americanos[231].

---

227. Cary Fowler, Geoffrey Hawtin, Toby Hodgkin. Foreword. *In*: Stephen Brush. *Genes in the field*: on-farm conservation of crop diversity. Roma: International Plant Genetic Resources Institute; Ottawa: IDRC; Washington: Lewis Publishers, 1999.
228. A FAO estima que o sistema formal, que inclui tanto o setor público como o privado, seja responsável pela produção de apenas 5 a 10% das sementes usadas nos países da África subsaariana. Fonte: FAO. *Seed production and improvement*: assessment for Sub-Saharan African. Roma: Seed and Plant Genetic Resources Service, 1998. Consultar também: "Africa's seed laws: a red carpet for the corporations". *Seedling*, p.28-35, jul. 2005.
229. M. Turner. "India debates expanding seed legislation" *Seed World*, p. 48-50, dez. 1994.
230. Krishna Devi Joshi. "Strengthening the farmers' seed system in Nepal." *Biotechnology and Development Monitor*, Amsterdam: The Network University, n. 42, p. 15-17, 2000. Disponível em: www.biotech-monitor.nl/new/index.php?link=publications. Acessado em 16/2/2009.
231. FAO. Plant Production and Protection Division. Seed and Plant Genetic Resources Service. "Seed policy and programmes in Latin America and the Caribbean." *In*: Regional Technical Meeting on Seed Policy and Programmes in Latin America and the Caribbean, 20-24/3/2000, Merida, Mexico. *Proceedings* .... Roma: FAO, 2000, p. 55.

A produção de sementes pelos próprios agricultores é também bastante significativa em países industrializados. Os produtores de sementes europeus estimam que cerca de 50% das sementes utilizadas nos cultivos dos principais cereais sejam produzidas pelos próprios agricultores e que, em países do sul da Europa, como Itália e Grécia, apenas 10% das sementes (de cereais) sejam compradas pelos agricultores[232]. Na França, 50% das sementes de espécies agrícolas de autopolinização, como trigo, são produzidas pelos agricultores, e na Alemanha avalia-se que esse número chegue a 46 por cento. Em Portugal, há estimativas de que esse número chegue a 75% e a 88% na Espanha[233]. Os agricultores europeus mantêm a prática tradicional de reservar parte de sua colheita para semeadura na safra seguinte[234]. Até mesmo nos Estados Unidos a média de uso de sementes produzidas pelo sistema formal, no período de 1986 a 1997, foi de 37% para trigo, 78% para algodão e 81% para soja, tendo sido de 100% para o milho em virtude da utilização de híbridos[235].

No Brasil, os sistemas locais são fundamentais para a agricultura, sendo responsáveis pelo abastecimento de grande parte das sementes

---

232. Niels P. Louwaars. *Seeds of confusion:* the impact of policies on seed systems. Wageningen, Holanda, 2007. Tese (doutorado), Wageningen Universiteit, p. 37-38. Louwaars destaca, contudo, que tanto na Europa como nos países em desenvolvimento é equivocado supor que todas as sementes produzidas pelos próprios agricultores sejam de variedades locais, pois eles reproduzem também sementes de variedades comerciais.
233. Alvaro Toledo. "Saving the seed: Europe's challenge." *Seedling*, abr. 2002. Disponível em www.grain.org/seedling/seed-02-04-2-en.cfm. Acessado em 15/8/2008.
234. Guy Kastler. "Seed laws in Europe: locking farmers out." *Seedling*, jul 2005. Disponível em: www.grain.org/seedling. Acessado em 8/7/2008. Consultar também: Christian Deverre & Guy Kastler. "Semences, ressources génétiques et droit." *In:* Clèment O. Gasselin. *Quelles variétés et semences pour des agricultures paysannes durables?* Paris: Inra, out. 2006, p. 167-168.
235. Ivo Carraro. *A empresa de sementes no ambiente de proteção de cultivares no Brasil.* Pelotas, Rio Grande do Sul, 2005. Tese (doutorado em ciência e tecnologia de sementes) – Faculdade de Agronomia Eliseu Maciel, Universidade Federal de Pelotas, p. 43; Jorge Fernandez-Conejo. *The seed industry in U.S. agriculture:* an exploration of data and information on crop seed markets, regulation, industry structure, research and development. Washington: United States Department of Agriculture. Economic Research Service, 2004. (Agriculture Information Bulletin, 786). Disponível em: www.ers.usda.gov/Publications/AIB786. Acessado em 5/8/2008.

utilizadas pelos agricultores tradicionais, familiares e agroecológicos. Em uma estimativa feita ao longo do período de 1991 a 2003 no Brasil, a taxa média de uso de sementes produzidas pelo sistema formal foi de 19% para feijão, 48% para arroz, 72% para soja, 75% para milho, 77% para algodão e 89% para trigo[236]. Todo o restante das sementes foi produzido pelos sistemas locais, que abasteceram, durante o referido período, 81% e 52% do total das sementes utilizadas pelos agricultores em culturas fundamentais à segurança alimentar e nutricional dos brasileiros, como arroz e feijão. Os sistemas locais abrangem tanto o desenvolvimento, produção, adaptação e distribuição de sementes locais como o uso próprio de sementes comerciais (guarda de sementes para uso na safra seguinte). Nesses sistemas, as extensas e complexas redes sociais que promovem o intercâmbio de sementes, variedades e conhecimentos agrícolas têm papel fundamental na conservação da diversidade genética.

De acordo com a Associação Brasileira de Sementes e Mudas (Abrasem)[237], que reúne os maiores produtores de sementes, os agricultores brasileiros utilizaram, na safra 2006-2007, sementes produzidas pelo sistema formal nas seguintes proporções: 49% na cultura do algodão, 43% na do arroz, 15% na do feijão, 85% na do milho, 50% na da soja, 74% na do sorgo e 71% na do trigo. Isso significa que as sementes produzidas pelos sistemas locais representaram 51% na cultura do algodão, 57% na do arroz, 85% na do feijão, 15% na do milho, 50% na da soja, 26% na cultura do sorgo e 29% na cultura do trigo. Na safra 2007-2008, o uso de sementes produzidas pelos sistemas formais diminuiu em relação a

---

236. Ivo Carraro. *A empresa de sementes no ambiente de proteção de cultivares no Brasil*. Pelotas, Rio Grande do Sul, 2005. Tese (doutorado em ciência e tecnologia de sementes) – Faculdade de Agronomia Eliseu Maciel, Universidade Federal de Pelotas, p. 42.
237. Abrasem. "O mercado de sementes no Brasil." Brasília, 2008. Palestra institucional, disponibilizada em 21/07/2008 em www.abrasem.com.br. A Abrasem tem os dados referentes às sementes produzidas pelo sistema formal, mas em relação às demais sementes, que classifica como informais, não tem dados que permitam distinguir as sementes de uso próprio (guardadas pelo agricultor, a cada safra, para semeadura na safra seguinte – prática permitida pela Lei de Sementes, mediante algumas condições), das sementes produzidas ilegalmente, ou seja, sem o atendimento das exigências da referida lei.

quase todas as culturas (com exceção da soja e do sorgo), como indicam os números divulgados pela Abrasem[238]: 44% na cultura do algodão, 40% na do arroz, 13% na do feijão, 83% na do milho, 54% na da soja, 88% na do sorgo e 66 % na do trigo. Ou seja, os sistemas locais são responsáveis pelo abastecimento de sementes para a maior parte das culturas no Brasil, e o uso das sementes produzidas pelo sistema formal/comercial tem diminuído no país. Entre as razões apontadas pela Abrasem para a prática dos agricultores de guardar sementes para utilização na safra seguinte estão: tradição familiar ou regional; tentativa de redução de custos; escassez de sementes ou cultivares; preços acima do valor aceito pelo mercado; e baixa qualidade da semente comercial.

A FAO, ao analisar as principais razões que levam à predominância dos sistemas locais de sementes nos países latino-americanos e caribenhos, conclui que: o sistema formal frequentemente não produz sementes de variedades locais, importantes para os agricultores, porque essas não são rentáveis do ponto de vista comercial; a maior parte das variedades melhoradas, produzida pelo sistema formal, se destina a agricultores comerciais estabelecidos em áreas favorecidas por chuvas frequentes, irrigação e fácil acesso a insumos externos, e não aos agricultores pobres que vivem em áreas marginais ou mais remotas. Por tais razões, a FAO, embora recomende certo nível de privatização no setor de sementes, alerta os países latino-americanos da necessidade de proteção dos interesses dos pequenos agricultores, especialmente daqueles que vivem em regiões marginais, pois as suas culturas de subsistência dificilmente despertarão o interesse de empresas privadas. A FAO destaca ainda que nos sistemas locais os agricultores compartilham, trocam ou vendem, a preços baixos, as sementes para outros agricultores, e as vantagens representadas pelo baixo preço, adaptabilidade e fácil acesso acabam compensando eventuais diferenças qualitativas em relação às sementes comerciais. A FAO considera que é por tais razões, principalmente, que os sistemas locais continuam a prevalecer

---

238. Abrasem. *Semente:* inovação tecnológica. *Anuário 2008.* Brasília, 2008.

em todos os países latino-americanos e caribenhos, apesar de todos os investimentos no setor formal, realizados nas últimas décadas por inúmeras instituições multilaterais.[239]

As relações de confiança e reciprocidade são muito importantes nos sistemas locais e também ajudam a explicar a sua predominância em muitos países. Lone Badstue[240] realizou um interessante estudo nos vales centrais de Oaxaca, no México – um centro de diversidade genética do milho –, enfocando a importância das relações sociais nos intercâmbios de sementes e o papel central que a confiança mútua desempenha nos sistemas tradicionais de acesso às sementes. Muitos agricultores dos vales centrais de Oaxaca consideram que é muito mais arriscado comprar sementes em uma loja do que obtê-las em sua comunidade, onde as pessoas se conhecem e têm que arcar com as consequências se as sementes que doarem, trocarem ou venderem não forem de boa qualidade. O estudo mostra que os agricultores têm pouca confiança nos vendedores de lojas agropecuárias, porque sabem que, caso haja algum problema com as sementes, os vendedores lhes dirão que eles não semearam adequadamente ou que suas terras não foram devidamente irrigadas. Confiam mais em outros agricultores.

A LEI DE SEMENTES BRASILEIRA

Apesar da predominância dos sistemas locais nos países latino-americanos, a Lei brasileira (10.711/2003) está essencialmente voltada para o sistema formal. Contempla os sistemas locais de sementes em alguns dispositivos específicos e excepcionais, mas estabelece normas gerais que

---

239. FAO. Plant Production and Protection Division. Seed and Plant Genetic Resources Service. "Seed policy and programmes in Latin America and the Caribbean." In: Regional Technical Meeting on Seed Policy and Programmes in Latin America and the Caribbean, 20-24/3/2000, Merida, Mexico. *Proceedings* .... Roma: FAO, 2000, p. 47-50 e 55.
240. Lone Badstue. "Confiança mútua como base para a aquisição de sementes." *Agriculturas: experiências em agroecologia*, v. 4, n. 3, p. 18-21, out. 2007.

só podem ser cumpridas e respeitadas pelo setor industrial de sementes. A lei impõe excessivas restrições/limitações para que os agricultores possam produzir as suas próprias sementes, desconsiderando o fato de que essas sementes são, em geral, as mais adaptadas às condições locais. Além disso, ao impor pesados ônus para a produção e a comercialização de sementes, ignora o fato de que as pequenas empresas de sementes teriam melhores condições de atender demandas específicas de mercados locais, contribuindo assim para a conservação e o uso da agrobiodiversidade. As grandes empresas priorizam a produção de sementes que atendem ao maior número possível de produtores agrícolas e não têm interesse em produzir pequenas quantidades para atender a demandas localizadas.

Ao dar primazia ao desenvolvimento de um setor formal/comercial, e subestimar a importância dos sistemas locais, a lei de sementes brasileira exclui não só grande parte dos agricultores, que não têm condições de comprar as sementes ou preferem usar sementes adaptadas às condições socioambientais locais, como também marginaliza as espécies e variedades que os sistemas formais não têm interesse em produzir. Assim, a lei de sementes atende principalmente aos interesses privados (em assegurar mercados para as sementes comerciais), e não aos interesses dos agricultores familiares, tradicionais e agroecológicos. O objetivo de uma lei de sementes deve ser – acima de tudo – assegurar o acesso (dos diferentes tipos de agricultor) a sementes de boa qualidade, adequadas às suas necessidades, na época certa e em quantidades suficientes. Para atender a tais objetivos, as leis de sementes devem favorecer a diversificação dos sistemas de sementes, reconhecendo as complementaridades entre os sistemas formais e os locais.

A Lei de Sementes brasileira dispõe sobre o Sistema Nacional de Sementes e Mudas e estabelece que a produção, o beneficiamento e a comercialização de sementes e mudas estão condicionadas à prévia inscrição do respectivo cultivar[241] no Registro Nacional de Cultivares

---

241. A palavra "cultivar", apesar de ser frequentemente usada como se fosse substantivo feminino, até mesmo pela Lei de Sementes e pela Lei de Proteção de Cultivares, é, na verdade, substantivo masculino: o cultivar, segundo o *Dicionário Aurélio*.

(RNC)[242]. Para ser inscrito no RNC, o cultivar deve ser "claramente distinguível de outros cultivares conhecidos, por margem mínima de descritores e por sua denominação própria", além de ser "homogêneo e estável quanto aos descritores através de gerações sucessivas"[243]. Para ser homogêneo, o cultivar deve apresentar variabilidade mínima quanto aos descritores que o identifiquem (por exemplo, altura da planta, largura da folha, período de floração, pigmentação etc.; os descritores são definidos para cada cultivar, considerando as suas características). Para ser estável, o cultivar deve manter a sua homogeneidade através de gerações sucessivas. O estabelecimento de tais critérios – homogeneidade e estabilidade – exclui as variedades que não os preenchem e, em muitos casos, as variedades mais adaptadas às condições locais podem não atender a tais critérios, justamente por serem heterogêneas. Jean Marc von der Weid e Ciro Correa dão o seguinte exemplo: um dos descritores de variedades de milho no Registro Nacional de Cultivares é o ângulo entre a primeira folha e o colmo. Em variedades convencionais, esse ângulo é constante nas diferentes plantas de uma lavoura e em plantas de diferentes gerações.

---

242. Artigo 11 da Lei 10.711/2003. O Registro Nacional de Cultivares (RNC) integra a estrutura da Coordenação de Sementes e Mudas, do Departamento de Fiscalização de Insumos Agrícolas da Secretaria de Defesa Agropecuária, do Ministério da Agricultura, Pecuária e Abastecimento (Mapa). A Portaria 527/1997, do ministro da Agricultura, instituiu o Registro Nacional de Cultivares (RNC) com a finalidade de promover a inscrição prévia dos cultivares, habilitando-os para a produção e comercialização de sementes e mudas no país. Em 31 de julho de 2008, havia 23.477 cultivares inscritos no RNC. As grandes culturas representam 3.257 (14%); as olerícolas/hortaliças, 5.048 (22%); as ornamentais, 11.686 (50%); as florestais, 994 (4%); as frutíferas, 1.548 (6%); as forrageiras, 219 (1%); os cereais, 219 (1%); e as outras, 506 (2%). O RNC não diferencia as espécies entre nativas e exóticas, mas pelo site do Mapa é possível realizar outros tipos de pesquisa para os cultivares inscritos no RNC, no endereço: www.agricultura.gov.br/Serviços/Sementes e Mudas/ Cultivares Registradas.
243. Nos termos do artigo 2º, XV, da Lei 10.711/2003, o cultivar é a variedade de qualquer gênero ou espécie vegetal superior que, além de ser distinta de outros cultivares conhecidos, homogênea e estável, é também "de espécie passível de uso pelo complexo agroflorestal, descrita em publicação especializada disponível e acessível ao público, bem como a linhagem correspondente de híbridos".

Já nas variedades crioulas é possível encontrar grandes variações nesse descritor.[244]

A inscrição de um novo cultivar está também sujeita à comprovação de que ele possui valor de cultivo e uso (VCU), definido como o "valor intrínseco de combinação das características agronômicas do cultivar com as suas propriedades de uso em atividades agrícolas, industriais, comerciais ou consumo in natura."[245] Os ensaios destinados a demonstrar o valor de cultivo e uso das variedades (para fins de registro) devem ser realizados pelo requerente da inscrição e apresentados ao Ministério da Agricultura, a quem cabe fiscalizá-los e supervisioná-los[246]. Em tais ensaios, são muitas vezes utilizados critérios estatísticos, que favorecem variedades que se adaptam em maior número de

---

244. Ciro Correa & Jean Marc von der Weid. "Variedades crioulas na Lei de Sementes: avanços e impasses." *Agriculturas:* experiências em agroecologia, v. 3, n. 1, p. 12-14, abr. 2006.
245. Definição do artigo 2º, XLVII, da Lei 10.711/2003.
246. As normas para avaliação do valor de cultivo e uso são definidas pelo Ministério da Agricultura para cada espécie vegetal. A Portaria 294/1998, do Mapa, estabelece os critérios mínimos a serem observados nos ensaios para determinação do valor de cultivo e uso de cultivares de algodão, arroz, batata, milho, soja, sorgo e trigo. A Instrução Normativa 25/2006 excluiu o feijão da relação de espécies que constava da Portaria 294/1998 e estabeleceu os critérios mínimos a serem observados para a determinação do valor de cultivo e uso de cultivares de feijão. A Instrução Normativa 06/2003 estabeleceu os critérios mínimos para determinação do valor de cultivo e uso de cultivares de forrageiras temperadas, e a Instrução Normativa 23/2008 estabeleceu os critérios em relação às forrageiras tropicais. A data de início e o local de instalação dos ensaios de VCU devem ser informados previamente ao Mapa. Nos termos do artigo 18 do Decreto 5.153/2004, a inscrição de cultivar de espécie vegetal, cujos critérios mínimos para avaliação de VCU não estejam ainda estabelecidos, poderá ser requerida mediante o preenchimento de formulário específico elaborado pelo Mapa. A Instrução Normativa 058/2008 definiu as regiões para a realização de ensaios de valor de cultivo e uso de trigo.
A Instrução Normativa 25/2005 estabelece normas específicas e os padrões de identidade e qualidade para produção e comercialização de sementes de algodão, arroz, aveia, azevém, feijão, girassol, mamona, milho, soja, sorgo, trevo-vermelho, trigo, trigo-duro, triticale e feijão-caupi. A Instrução Normativa 30/2008 estabelece normas e padrões para produção e comercialização de sementes de espécies forrageiras de clima tropical.
Agradeço ao Dr. José Neumar Francelino, da Coordenação de Sementes e Mudas do Ministério da Agricultura, por todas as informações acerca dos atos normativos.

locais, em detrimento de variedades adaptadas a locais específicos. Tendem também a desconsiderar características importantes para os agricultores, como o tempo que a variedade leva para cozinhar, por quanto tempo a variedade pode ser armazenada sem se deteriorar etc. Os ensaios tendem a avaliar principalmente o rendimento das variedades, ainda que possam ser indicadas outras características importantes que justifiquem sua inclusão no RNC.

A permanência da inscrição de um cultivar no Registro Nacional de Cultivares (RNC), por outro lado, depende da existência de pelo menos um mantenedor[247], que se responsabiliza por tornar disponível um estoque mínimo de material de propagação do cultivar e deve comprovar que possui condições técnicas para garantir a manutenção do cultivar. Se, por qualquer motivo, deixar de fornecer as sementes, deverá ter o nome excluído do registro. Além disso, a inscrição dos cultivares protegidos[248] no RNC só pode ser feita pelo obtentor[249] ou por pessoa autorizada por ele. Já a inscrição de cultivar de domínio público no RNC pode ser requerida por qualquer pessoa que mantenha disponível estoque mínimo de material de propagação do cultivar.

Quando os cultivares registrados caem em domínio público, as empresas de sementes já não têm interesse em mantê-los no mercado, pois não rendem *royalties* aos seus obtentores e os agricultores passam a não ter acesso a tais variedades (a não ser que uma instituição de pesquisa assuma a condição de mantenedor, o que tem sido cada vez mais difícil para variedades cuja demanda é pequena). A falta de acesso às variedades impossibilita o uso delas, o que acaba levando ao seu desaparecimento e à redução da diversidade agrícola. Por outro lado, as

---

247. Artigo 11, parágrafo 2º da Lei 10.711/2003. O mantenedor é a pessoa ou empresa responsável por "manter" um estoque mínimo de sementes à disposição dos interessados.
248. A proteção dos direitos relativos à propriedade intelectual referente a cultivares se efetua mediante a concessão de Certificação de Proteção de Cultivar, nos termos da Lei 9.456/1997, conhecida como "Lei de Proteção de Cultivares", de que tratamos mais adiante neste trabalho.
249. O obtentor é quem obteve (desenvolveu) novo cultivar e é titular do direito de propriedade intelectual sobre ele, quando o cultivar é protegido.

pequenas empresas de sementes, que abastecem os mercados locais, assim como as organizações da agricultura familiar e agroecológica que produzem sementes comerciais registradas, têm tido dificuldades para manter a estrutura necessária (cara e onerosa) para produzir e beneficiar sementes segundo os padrões legais. Assumir a condição de mantenedor de variedades também implica elevados custos.

O artigo 11, parágrafo 7º, da Lei de Sementes diz que "o regulamento desta Lei estabelecerá os critérios de permanência ou exclusão de inscrição no RNC, dos cultivares de domínio público", mas tais critérios ainda não foram estabelecidos. Quanto aos cultivares cuja manutenção não desperta interesse comercial por já estarem em domínio público, mas que são importantes para os segmentos da agricultura familiar e agroecológica e/ou para a conservação da agrobiodiversidade, o poder público (por meio de suas instituições de pesquisa agropecuária) deveria assumir a condição de mantenedor deles, a fim de assegurar que os agricultores continuem a ter acesso a esses cultivares, ou, conforme as circunstâncias, o poder público poderia dispensar a exigência de mantenedor para que os cultivares continuassem inscritos no RNC. Afinal, não pode o acesso a um cultivar depender do interesse comercial de grandes empresas privadas, sob pena de prejuízo aos agricultores tradicionais, familiares e agroecológicos, e de redução da diversidade agrícola. Ao definir os cultivares de domínio público que permanecerão no RNC e aqueles que serão excluídos, os critérios socioambientais devem ser considerados.

O artigo 16 do Decreto 5.153/2004 (que regulamentou a Lei de Sementes) dispõe que o Ministério da Agricultura poderá autorizar, "observado o interesse público e desde que não cause prejuízo à agricultura nacional", a inscrição no RNC de espécie ou de cultivar de domínio público que não apresentem origem genética comprovada, sem o cumprimento das exigências de mantenedor. Até o momento, entretanto, a dispensa de mantenedor pelo Ministério da Agricultura se deu em duas hipóteses: para o pinhão-manso, a fim de atender às demandas do programa brasileiro de biodiesel, e para as espécies florestais, com base no artigo 47 da Lei de

A agrobiodiversidade e o sistema jurídico

Sementes[250]. Entretanto, tais possibilidades de inscrição no RNC sem o cumprimento das exigências de mantenedor devem se estender também àqueles casos em que o interesse na conservação de variedades, em virtude de sua importância para alguns segmentos de agricultores ou para a conservação da agrobiodiversidade, justifique a dispensa de mantenedor.[251]

A Lei de Sementes estabelece ainda o registro obrigatório de todas as pessoas (físicas e jurídicas) que produzam, beneficiem, embalem, armazenem, analisem, comercializem, importem e exportem sementes e mudas no Ministério da Agricultura.[252] A inscrição ou credenciamento no Registro Nacional de Sementes e Mudas (Renasem)[253] depende do

---

250. O artigo 47 da Lei de Sementes autorizou o Ministério da Agricultura a estabelecer mecanismos específicos e exceções ao disposto na lei para regulamentação da produção e do comércio de sementes de espécies florestais, nativas ou exóticas, ou de interesse medicinal ou ambiental. Foi com base nessa previsão legal que o ministro da Agricultura editou a Instrução Normativa 4, em 14 de janeiro de 2008, em que autoriza a inscrição, no Registro Nacional de Cultivares, da espécie *Jatropha curcas* L. (pinhão-manso) sem a exigência de mantenedor. Tal dispensa foi justificada pela "demanda por material de propagação para o estabelecimento de cultivos comerciais de pinhão-manso, gerada pela demanda por óleos vegetais para atender o programa brasileiro de biodiesel". A regulamentação do artigo 47 da Lei de Sementes encontra-se em fase de elaboração no Ministério da Agricultura.
A Instrução Normativa 29/2008 também autoriza a inscrição no RNC de ampla lista de espécies florestais, sem a necessidade de mantenedor. Entre tais espécies constam frutíferas como araticum, graviola, jaca, pequizeiro, caquizeiro-bravo, pitanga-preta, pitanga-cerejeira, jenipapo, jabuticaba, abacateiro-do-mato, siriguela, jambo etc.
251. As organizações da agricultura familiar e agroecológica que produzem sementes registradas têm relatado também dificuldades de acesso às sementes básicas (utilizadas para reprodução das sementes), além de serem obrigadas a readquirir as sementes básicas diretamente do mantenedor a cada cinco anos. Além dos elevados custos para os pequenos produtores de sementes, a aquisição de novas sementes básicas a cada cinco anos dificulta a adaptação das sementes aos sistemas agroecológicos, que leva vários ciclos de cultivo. É o que explica a engenheira agrônoma Flávia Londres, em *A nova legislação de sementes e mudas no Brasil e seus impactos sobre a agricultura familiar*. Rio de Janeiro: Articulação Nacional de Agroecologia, 2006. Disponível em: www.agroecologia.org.br. Esse excelente trabalho serviu como importante subsídio para a elaboração deste subcapítulo. Agradeço também a Maria Rita Reis, da organização de direitos humanos Terra de Direitos, por suas contribuições e sugestões para a elaboração deste trabalho.
252. Artigo 7º da Lei 10.711/2003 (Lei de Sementes).
253. O Registro Nacional de Sementes e Mudas faz parte da Coordenação de Sementes e Mudas, do Departamento de Fiscalização de Insumos Agrícolas da Secretaria de Defesa Agropecuária do Ministério da Agricultura, Pecuária e Abastecimento (Mapa).

pagamento de valores que variam conforme a natureza da inscrição, assim como as condições exigidas para a inscrição variam segundo cada categoria (produtor, beneficiador, armazenador, certificador, comerciante de sementes e mudas etc.)[254]. O produtor de sementes, por exemplo, deve atender às seguintes exigências: inscrever os campos de produção de sementes, comprovar a origem do material de reprodução, apresentar a autorização do obtentor (no caso de cultivar protegido) e o contrato com o certificador (quando for o caso), além dos mapas de produção e comercialização de sementes. Deve ainda manter à disposição do órgão de fiscalização o projeto técnico de produção, os laudos de vistoria de campo, o controle de beneficiamento, o termo de conformidade e o certificado de sementes, o contrato de prestação de serviços (quando o beneficiamento e o armazenamento forem realizados por terceiros) etc.[255]

Os pequenos produtores de sementes têm enfrentado enormes dificuldades para cumprir tais requisitos, que são extremamente onerosos para uma produção de sementes de pequena escala, em quantidades reduzidas, e destinada a atender apenas os mercados locais. A lei de sementes e o seu regulamento não apenas beneficiam os sistemas formais como também privilegiam as grandes empresas sementeiras, ao impor condições que apenas elas conseguem cumprir. O impacto sobre a agrobiodiversidade é perverso: deixam de ser produzidas (e, consequentemente, utilizadas) sementes de variedades adaptadas a condições socioambientais específicas e passam a ser produzidas apenas as variedades comerciais, vendidas em larga escala, cujos custos para a manutenção da estrutura técnica exigida pela lei são compensados com as vendas em grandes quantidades.

O artigo 8º, parágrafo 3º, da Lei de Sementes prevê, entretanto, que "ficam isentos da inscrição no Renasem os agricultores familiares, os assentados da reforma agrária e os indígenas que multipliquem sementes ou

---

254. Artigo 5º, parágrafo 1º, do Decreto 5.153/2004.
255. Nos termos do artigo 38 do Decreto 5.153/2004. A Instrução Normativa 9/2005 estabelece as normas para produção, comercialização e utilização de sementes; a Instrução Normativa 24/2005, as normas para a produção, comercialização e utilização de mudas.

mudas para distribuição, troca ou comercialização entre si". Ou seja, desde que a distribuição, troca e mesmo a venda de sementes e mudas sejam realizadas entre os próprios agricultores, não há necessidade de inscrição no Renasem. O Decreto 5.153/2004[256], entretanto, regulamentou a referida exceção legal em dois dispositivos:

- o artigo 4º, parágrafo 2º, dispõe que "ficam dispensados de inscrição no Renasem os agricultores familiares, os assentados de reforma agrária e os indígenas que multipliquem sementes ou mudas para distribuição, troca ou comercialização **entre si**."

- o artigo 4º, parágrafo 3º, dispõe que "ficam dispensadas de inscrição no Renasem as organizações constituídas exclusivamente por agricultores familiares, assentados da reforma agrária ou indígenas que multipliquem sementes ou mudas de cultivar local, tradicional ou crioulo **para distribuição aos seus associados**". [negrito nosso]

O Decreto 5.153/2004 faz, portanto, uma distinção que a Lei de Sementes não faz: a lei afirma que os agricultores familiares, os assentados da reforma agrária e os indígenas podem distribuir, trocar e vender sementes e mudas sem a necessidade de registro, desde que o façam entre si. Os agricultores poderão se organizar em associações, cooperativas ou sindicatos para desempenhar tais atividades (distribuição, troca ou comercialização), e o decreto não pode estabelecer que a distribuição deve se limitar aos associados de tais organizações. O objetivo da lei é estabelecer que, para fins de isenção do registro no Renasem, a

---

256. Ao tratar da utilização de sementes e mudas, esse decreto reitera a ressalva feita aos agricultores familiares. Segundo o artigo 114 do referido decreto, "toda pessoa física ou jurídica que utilize semente ou muda, com a finalidade de semeadura ou plantio, deverá adquiri-las de produtor ou comerciante inscrito no Renasem, ressalvados os agricultores familiares, os assentados da reforma agrária e os indígenas, conforme o disposto no parágrafo 3º do artigo 8º e no artigo 48 da Lei 10.711/2003" (Lei de Sementes).

distribuição, a troca ou a comercialização de sementes ou mudas devem se dar entre os agricultores familiares, assentados da reforma agrária ou indígenas, mas não faz nenhuma referência à obrigatoriedade de que os referidos agricultores sejam associados quando tais atividades se desenvolverem por intermédio de suas organizações. O decreto extrapolou os limites da lei, impondo restrições às organizações constituídas por agricultores que a lei não dispõe. A lei permite a multiplicação de sementes ou mudas para distribuição, troca ou comercialização, desde que sejam realizadas entre agricultores familiares, assentados da reforma agrária e comunidades indígenas, e não estabelece nenhuma restrição às organizações constituídas por agricultores, seja no tocante à distribuição, seja quanto à troca ou comercialização de sementes.

De acordo com o artigo 84, IV, da Constituição, o decreto deve garantir a "fiel execução da lei", e não pode estabelecer restrições a direitos que a lei não estabelece. O decreto deve se limitar a facilitar a execução da lei, dando orientações práticas para a sua aplicação, e jamais estabelecer nova regulamentação da matéria. Afinal, desde que a Constituição de 1988 entrou em vigor, já não existe no Direito brasileiro a figura do decreto "independente" ou "autônomo", que disciplina matéria não regulada em lei. De qualquer forma, não é esse o caso, pois o Decreto 5.153/2004 foi editado justamente para regulamentar a Lei de Sementes. Além disso, o artigo 4º, parágrafo 3º, ao restringir o âmbito de atuação das organizações constituídas por agricultores, está afrontando o princípio constitucional da liberdade de associação, expressamente assegurado pela Constituição (artigo 5º, XVII: "é plena a liberdade de associação para fins lícitos..."; XVIII: "a criação de associações e, na forma da lei, a de cooperativas, independem de autorização, sendo vedada a interferência estatal em seu funcionamento"). O artigo 4º, parágrafo 3º, do Decreto 5.153/2004 é, portanto, ilegal, por estabelecer restrições aos direitos dos agricultores que a lei não estabelece. Os agricultores familiares, os assentados da reforma agrária e os indígenas podem criar as suas organizações – cooperativas, associações, sindicatos etc. – e realizar a distribuição, troca e comercialização de sementes entre si, pois o direito a se associar está previsto no artigo 5º, XVII, da Constituição, e o direito a distribuir, trocar e vender sementes (entre si) está previsto na Lei de Sementes (artigo 8º, parágrafo 3º). Essa lei, em momento algum, obriga o exercício individual de tal direito. O direito de multiplicar sementes para distribuição, troca ou comercialização é, por sua própria natureza, um direito coletivo dos agricultores e, portanto, nada mais lógico que eles o exerçam de forma coletiva, por meio de suas organizações. Além disso, o fluxo e o intercâmbio de sementes – por troca ou venda – e de saberes agrícolas são essenciais para a conservação da agrobiodiversidade.

A Lei de Sementes deixa, entretanto, algumas brechas para os sistemas locais de sementes. Reconhece os cultivares locais, tradicionais ou crioulos e cria exceções às normas que obrigam o registro de cultivares para que as suas sementes e mudas possam ser produzidas, beneficiadas e comercializadas, assim como estabelece exceções ao registro obrigatório de pessoas e empresas dedicadas a tais atividades. Além disso, contém um importante dispositivo (artigo 48) que veda o estabelecimento de restrições à inclusão de sementes e mudas de cultivares locais, tradicionais ou crioulos em programas de financiamento ou em programas públicos de distribuição ou troca de sementes, desenvolvidos com agricultores familiares. A Lei de Sementes define ainda as "sementes para uso próprio" e ressalva o direito dos agricultores de reservarem, a cada safra, parte de sua produção para semeadura na safra seguinte, uma prática tradicionalmente utilizada por agricultores e muito importante para os sistemas locais. Tais exceções representam conquistas importantes dos movimentos sociais e das organizações da sociedade civil e merecem ser destacadas, apesar de alguns impasses que impedem sua plena aplicação.

AS SEMENTES LOCAIS, TRADICIONAIS OU CRIOULAS

Segundo a Lei de Sementes, entende-se por cultivar local, tradicional ou crioulo "a variedade desenvolvida, adaptada ou produzida por agricultores familiares, assentados da reforma agrária ou indígenas, com características fenotípicas bem determinadas e reconhecidas pelas respectivas comunidades e que, a critério do Ministério da Agricultura, considerados também os descritores socioculturais e ambientais, não se caracterizem como substancialmente semelhantes aos cultivares comerciais"[257]. Apesar do avanço no reconhecimento das sementes locais, a lei deixa a critério do Ministério da Agricultura, "considerados os descritores socioculturais e ambientais", definir se as variedades locais se caracterizam ou não como "substancialmente semelhantes aos cultivares comerciais". Trata-se de uma incoerência, pois é a própria lei que define a variedade local como aquela "desenvolvida, adaptada ou produzida por agricultores familiares, assentados da reforma agrária ou indígenas", com características fenotípicas "reconhecidas pelas respectivas comunidades". Deve competir às comunidades locais (ainda que com o apoio e a participação do Ministério da Agricultura ou do Ministério do Desenvolvimento Agrário e de técnicos da área agrícola) definir os critérios para a identificação e a caracterização das variedades que desenvolveram, produziram ou adaptaram às condições socioambientais locais e específicas, assim como os critérios para diferenciá-las dos cultivares comerciais.

Muitas definições de variedades (e sementes) locais, tradicionais ou crioulas têm sido propostas, e destacamos algumas delas. Para Jean Marc von der Weid e Ciro Correa[258], as sementes crioulas ou locais são aquelas melhoradas e adaptadas por agricultores, por seus próprios métodos e sistemas de manejo, desde que a agricultura se iniciou há mais de dez mil anos. Eles destacam que existem centenas de variedades de cada uma das espécies cultivadas, e cada uma delas evoluiu sob condições ambientais, sistemas de cultivo e preferências culturais específicas. Conforme Paulo Petersen, da AS-PTA[259], as "sementes da biodiversidade"

---

257. Artigo 2º, XVI, da Lei 10.711/2003 (Lei de Sementes). As sementes dessas variedades são conhecidas também como "sementes da paixão", "sementes da biodiversidade" etc.
258. Ciro Correa & Jean Marc von der Weid. "Variedades crioulas na Lei de Sementes: avanços e impasses." *Agriculturas: experiências em agroecologia*, v. 3, n. 1, p. 12-14, abr. 2006.
259. Assessoria e Serviços a Projetos em Agricultura Alternativa. www.aspta.org.br.

são mantidas pelas famílias agricultoras como um patrimônio essencial à reprodução de seus modos de vida. "São bens naturais e culturais ao mesmo tempo, possuindo características genéticas moldadas por processos de escolha consciente realizados pelos agricultores", afirma Petersen[260]. Dominique Louette propõe que as variedades locais de milho sejam consideradas "estruturas genéticas abertas"[261], e Walter de Boef e Jaap Hardon definem as variedades locais como "variedades ou populações que estão sob contínuo manejo pelos agricultores, a partir de ciclos dinâmicos de cultivo e seleção (não necessariamente) dentro de ambientes agroecológicos e socioeconômicos específicos"[262].

O agrônomo Jack Harlan faz a seguinte descrição das variedades tradicionais:

> As variedades tradicionais têm uma certa integridade genética. Elas podem ser reconhecidas morfologicamente; os agricultores dão nomes a elas[263] e as diferentes variedades diferem em relação à adaptação ao tipo de solo, ao

---

260. Paulo Petersen. Editorial. *Agriculturas:* experiências em agroecologia. v. 4, n. 3, out. 2007.
261. Dominique Louette. "Traditional management of seed and genetic diversity: what is a landrace?" *In*: Stephen Brush. *Genes in the field:* on-farm conservation of crop diversity. Roma: International Plant Genetic Resources Institute; Ottawa: IDRC; Washington: Lewis Publishers, 1999, p. 109-142.
262. J. J. Hardon & W. S. Boef . "Linking farmers and plant breeders in local crop development." *In*: W. S. de Boef et al (eds.). *Cultivating knowledge. Genetic diversity, farmers experimentation and crop research.* Londres: Intermediate Technology Publications, 1993, p. 64-171.
263. O nome das variedades locais está geralmente associado à forma ou à cor de partes da planta, a usos específicos, à sua origem, à pessoa ou família que introduziu a variedade em determinado local, ou a selecionou etc. Exemplos de variedades do Sul do Brasil: – feijão "cinquentim": de ciclo curto (cinquenta dias); – milho "cunha": com a espiga e o grão em forma de cunha, os grãos são macios e apropriados para fazer farinha; – moranga de "tortéi": morangas com a casca acinzentada e a polpa com consistência apropriada para a elaboração de um prato típico da colonização italiana, chamado "tortéi". Fonte: Centro Ecológico – Assessoria e Formação em Agricultura Ecológica. *Biodiversidade:* passado, presente e futuro da humanidade. Ipê, RS: out. 2006. Disponível em: www.centroecologico.org.br. Consultar também: Comissão Pastoral da Terra, RS. *Conhecendo e resgatando sementes crioulas.* Porto Alegre: Evangraf, 2006.

tempo de semeadura, à data de maturidade, altura, valor nutritivo, uso e outras propriedades. O mais importante – elas são geneticamente diversas. São populações equilibradas mas variáveis, em equilíbrio com o ambiente e os patógenos, e geneticamente dinâmicas.[264]

A Lei de Sementes exige a consideração dos descritores socioculturais e ambientais, e não só dos descritores agronômicos e botânicos, justamente para que sejam considerados, na definição e caracterização das variedades locais, os contextos socioculturais e ambientais em que essas variedades se desenvolveram ou se adaptaram, por seleção natural e pelo manejo dos agricultores. Laure Emperaire destaca que a noção de variedade local, ou cultivar local, varia de acordo com o contexto cultural no qual é usada. Ela cita o exemplo da mandioca: para o geneticista, uma variedade de mandioca – planta de multiplicação vegetativa – é um clone, isto é, a variedade é constituída por um conjunto de indivíduos geneticamente idênticos. Para o agricultor, a variedade é constituída de um conjunto de indivíduos considerados suficientemente próximos e diferentes de outros conjuntos, para constituir uma unidade de manejo e receber um nome próprio. Do ponto de vista biológico, a noção local de variedade encobre diversos clones aparentados, deixando espaço para uma certa variabilidade, diferente daquela aceita pelas normas legais[265]. Nivaldo Peroni também ressalta que entre os caiçaras da região sul de São Paulo foram identificados 58 nomes locais para variedades de mandioca, que correspondem tanto a variedades com nomes iguais e genótipos diferentes como também genótipos iguais e nomes diferentes. Isso ocorre porque muitas vezes os agricultores desconsideram pequenas

---

264. As variedades tradicionais são chamadas, em inglês, de *landraces*. Jack R. Harlan "Our vanishing genetic resources." *Science*, v. 188, p. 618-621, 9/5/1975. Consultar também: A. C. Zeven. "Landraces: a review of definitions and classifications." *Euphytica*, n. 104, p. 127-139, 1998.
265. Laure Emperaire. "O manejo da agrobiodiversidade: o exemplo da mandioca na Amazônia." *In*: Nurit Bensusan. *Seria melhor mandar ladrilhar? Biodiversidade*: como, para que e por quê. Brasília: UnB, IEB; São Paulo: Peirópolis, 2008b, p. 337-352.

variações morfológicas nas variedades de mandiocas, e as identificam apenas por suas características mais marcantes, sendo relativamente comum encontrar variedades que são, na verdade, famílias de genótipos com algum grau de diferenciação genética, mas com alto grau de semelhança morfológica, explica Peroni[266].

O Ministério da Agricultura deverá, portanto, consultar os agricultores e prever a participação deles na definição das variedades locais e dos critérios para distingui-las das comerciais. Até o momento, o referido ministério não editou nenhum ato normativo para definir as variedades locais. O Ministério do Desenvolvimento Agrário editou, entretanto, a Portaria 51, em 3 de outubro de 2007, que estabelece que, para fins de cadastramento na Secretaria de Agricultura Familiar, os cultivares locais, tradicionais ou crioulos são entendidos como variedades que, cumulativamente: – tenham sido desenvolvidas, adaptadas ou produzidas por agricultores familiares, assentados da reforma agrária, povos e comunidades tradicionais ou indígenas; – tenham características fenotípicas bem determinadas e reconhecidas pelas respectivas comunidades; – estejam em utilização pelos agricultores em uma dessas comunidades há mais de três anos; – não sejam oriundas de manipulação por engenharia genética nem outros processos de desenvolvimento industrial ou manipulação em laboratório, não contenham trangenes e não envolvam processos de hibridação que não estejam sob domínio das comunidades locais de agricultores familiares.

Já o artigo 48 da Lei de Sementes veda o estabelecimento de restrições à inclusão de sementes e mudas de cultivar local, tradicional ou crioulo em programas de financiamento ou em programas públicos de distribuição ou troca de sementes desenvolvidos com agricultores familiares. Tal previsão legal representou um avanço importante, porque a Lei de Sementes anterior (6.507/77) não reconhecia as sementes locais,

---

266. Nivaldo Peroni. "Manejo e domesticação de mandioca por caiçaras da Mata Atlântica e ribeirinhos da Amazônia" *In*: Walter S. de Boef et al. *Biodiversidade e agricultores*: fortalecendo o manejo comunitário. Porto Alegre: L & PM, 2007, p. 234-242.

que eram tratadas apenas como "grãos", o que dificultava o apoio de políticas públicas a iniciativas voltadas ao resgate, melhoramento e reintrodução de sementes crioulas, desenvolvidas por organizações da sociedade civil brasileira em parceria com os agricultores. O reconhecimento legal permitiu o apoio de políticas públicas a várias iniciativas dessa natureza. (Algumas iniciativas são descritas no capítulo seguinte deste trabalho).

O artigo 48 é claríssimo ao vedar expressamente qualquer restrição à inclusão das sementes locais em programas voltados para a agricultura familiar. Entretanto, os agricultores que usaram tais sementes nas safras 2004-2005 e 2005-2006 obtiveram o crédito rural do Programa Nacional de Fortalecimento da Agricultura Familiar (Pronaf) e perderam suas lavouras em virtude da forte seca na Região Centro-Sul, mas tiveram o seguro agrícola negado justamente por terem usado sementes locais. O seguro agrícola exige que as sementes utilizadas nas lavouras estejam no zoneamento agrícola de risco climático do Ministério da Agricultura, e só entram no zoneamento variedades registradas no Registro Nacional de Cultivares. Ocorre que o artigo 11, parágrafo 6º, da Lei de Sementes, estabelece que "não é obrigatória a inscrição no RNC de cultivar local, tradicional ou crioulo, utilizado por agricultores familiares, assentados da reforma agrária ou indígenas", justamente em virtude da inadequação dos requisitos exigidos pelo Registro Nacional de Cultivares às sementes locais[267].

O registro corre ainda o risco de "engessar" as sementes locais, que se caracterizam justamente por sua evolução no tempo e no espaço. "Determinar definitivamente as características de cada variedade significaria congelar a sua evolução", explica a engenheira agrônoma Flávia

---

267. O artigo 19, parágrafo 2º do Decreto 5.153/2004, que regulamentou a Lei de Sementes, prevê que o cultivar local, tradicional ou crioulo poderá, a critério do interessado, ser inscrito no RNC, "sujeitando-se às mesmas regras previstas para outros cultivares". Esse dispositivo dificulta ainda mais a inscrição das sementes locais no RNC. Se houver interesse dos agricultores em registrar as suas variedades locais, o RNC deverá prever regras específicas, ou deverá ser criado outro registro, e jamais tentar-se simplesmente enquadrar as variedades locais em critérios tão distantes de suas especificidades.

A agrobiodiversidade e o sistema jurídico

Londres[268]. São variedades essencialmente dinâmicas, sujeitas a processos de evolução e transformação contínuos. Além disso, as diferentes variedades podem ter o mesmo nome em regiões distintas, assim como a mesma variedade pode ter nomes distintos em um mesmo lugar ou em lugares diferentes, pois são constantemente intercambiadas.

Na safra 2004-2005, a Medida Provisória 285/06 autorizou (retroativamente) a cobertura de perdas pelo seguro agrícola, exclusivamente para essa safra, aos produtores rurais que tenham plantado cultivares não previstos no zoneamento agrícola estabelecido pelo Ministério da Agricultura. Na safra 2005-2006, o Conselho Monetário Nacional autorizou o pagamento do seguro agrícola aos agricultores que utilizaram sementes locais, estendendo o benefício às lavouras de soja transgênica do Rio Grande do Sul. Em 18 de julho de 2006, foi editada a Portaria nº 58, do ministro do Desenvolvimento Agrário, instituindo, no âmbito da Secretaria da Agricultura Familiar, um cadastro nacional das entidades que "desenvolvem trabalho reconhecido com resgate, manejo e/ou conservação de cultivares locais, tradicionais ou crioulos". A Portaria nº 51, de 3 de outubro de 2007[269], ampliou e tornou permanente o cadastro estabelecido pela Portaria nº 58/2006, estabelecendo que, para ser cadastrada, a entidade deverá ter dois anos de existência legal e descrever no formulário pelo menos duas atividades de resgate, manejo e/ou conservação de cultivares locais, tradicionais ou crioulos[270]. A entidade cadastrada deverá informar os cultivares locais com os quais vem desenvolvendo seu

---

268. Flávia Londres. *A nova legislação de sementes e mudas no Brasil e seus impactos sobre a agricultura familiar*. Rio de Janeiro: Articulação Nacional de Agroecologia, 2006. Disponível em: www.agroecologia.org.br. Consultar também as cartilhas *Semente crioula é legal* e *A produção de sementes registradas*, elaboradas pela Articulação Nacional de Agroecologia (ANA) e que podem ser solicitadas através do e-mail: secretaria.ana@agroecologia.org.br.
269. A Resolução 3.478/2007, do Conselho Monetário Nacional, autoriza o enquadramento do Seguro da Agricultura Familiar (SEAF), denominado "Proagro Mais", de lavouras com cultivares locais, tradicionais ou crioulos cadastrados na Secretaria da Agricultura Familiar do MDA. Ela foi sucedida pela Resolução 3.587/2008.
270. As instruções operacionais para o cadastramento estão disponíveis em: www.mda.gov.br/saf.

trabalho, suas características básicas e região de adaptação, assim como designar técnicos que se responsabilizem pelas informações.

Além das dificuldades inerentes a qualquer registro de variedades locais, outra crítica das organizações da sociedade civil ao referido cadastro é o fato de deixar "desamparados" os agricultores que desenvolvem, adaptam ou produzem variedades locais, mas não são assessorados por técnicos e entidades da sociedade civil e teriam, portanto, dificuldades para realizar o cadastramento e acessar o seguro agrícola. Para o Ministério do Desenvolvimento Agrário, o cadastramento é necessário, entretanto, não só para atender às exigências do seguro agrícola como também para identificar os trabalhos e experiências de agricultores familiares com cultivares locais, tradicionais ou crioulos para orientar políticas públicas nessa área.

A Portaria nº 51/2007 estabelece ainda que, pela sua própria natureza e tradição histórica, os cultivares locais, tradicionais ou crioulos constituem patrimônio sociocultural das comunidades, não sendo aplicável patente, propriedade e nenhuma forma de proteção particular para indivíduos, empresas ou entidades. Prevê ainda a referida portaria que o cadastro não confere à entidade direito de propriedade ou posse ao cultivar por ela cadastrada nem prerrogativa de detentora do cultivar, nem concede nenhum tipo de direito a qualquer pessoa física ou jurídica.

As sementes "para uso próprio"

Outro aspecto a ser destacado na Lei de Sementes e no Decreto 5.153/2004, que a regulamentou, é a forma como definem e regulam as sementes "para uso próprio". De acordo com o artigo 2º, XLIII, a "semente para uso próprio" é a "quantidade de material de reprodução vegetal guardada pelo agricultor, a cada safra, para semeadura ou plantio exclusivamente na safra seguinte e em sua propriedade ou outra cuja posse detenha, observados, para cálculo da quantidade, os parâmetros registrados para o cultivar no Registro Nacional de Cultivares – RNC".

Conforme já destacado, o uso próprio de sementes é uma prática amplamente difundida não só no Brasil e em outros países latino-americanos como também em países industrializados, como França, Alemanha e Estados Unidos, especialmente para espécies de autopolinização. A guarda de sementes para semeadura na safra seguinte é uma tradição e uma necessidade de grande parte dos agricultores familiares e abrange diferentes cultivos agrícolas. A salvaguarda legal dessa prática é essencial para os sistemas locais e para a conservação da diversidade de espécies, variedades e agroecossistemas.

A Lei de Sementes prevê o uso próprio de sementes, mas restringe essa prática à safra seguinte e limita a quantidade de sementes que pode ser guardada. Ela estabelece três condições para o exercício do direito ao uso próprio de sementes:

1) que sejam utilizadas na propriedade do agricultor ou em outra cuja posse detenha;

2) que a quantidade de sementes guardadas não seja superior aos parâmetros registrados para o cultivar no RNC;

3) que as sementes guardadas sejam utilizadas exclusivamente na safra seguinte.

Ora, a Lei de Sementes tem como finalidade "garantir a identidade e a qualidade" das sementes produzidas, comercializadas e utilizadas no país, e, portanto, não faz nenhum sentido que estabeleça qualquer restrição ao direito dos agricultores de guardar parte de suas sementes, a cada safra, para semeadura nas safras seguintes. Afinal, se foi o próprio agricultor que selecionou algumas sementes (de sua colheita) para serem utilizadas nas safras seguintes, ninguém melhor do que ele conhece a "identidade e a qualidade" das sementes que ele próprio plantou, colheu e selecionou. Não faz sentido restringir o uso próprio das sementes para assegurar a "identidade e a qualidade" de materiais de propagação que ele já conhece. Portanto, não condiz com os objetivos da lei criar restrições ao direito de uso próprio das sementes.[271]

O Decreto 5.153/2004, em seu artigo 115, parágrafo único, ressalva, entretanto, que as condições exigidas para o uso próprio de sementes (descritas acima e reproduzidas pelo decreto) não se aplicam aos agricultores familiares, assentados da reforma agrária e indígenas que multipliquem sementes ou mudas para distribuição, troca ou comercialização entre si. Por isso, ainda que se considere que a Lei de Sementes não deve estabelecer restrições ao uso próprio, pois essas não são compatíveis com os seus objetivos, o Decreto 5.153/2004 esclarece que as obrigações de só utilizar sementes guardadas na safra seguinte e na propriedade do agricultor, assim como de limitar a quantidade de sementes guardadas, só se aplicam aos agricultores que não sejam familiares, assentados da reforma agrária e indígenas.

Ao restringir o uso próprio, a lei estará dificultando políticas de apoio aos sistemas locais de sementes, em que o desenvolvimento, a adaptação, a produção e a distribuição das sementes estão nas mãos dos agricultores. Um estudo realizado pela FAO sobre as políticas e programas de sementes para a América Latina e o Caribe aponta que:

---

[271]. Na verdade, a Lei de Sementes utiliza, equivocadamente, um conceito da Lei de Proteção de Cultivares (9.456/1997), que tem objetivos diferentes. A Lei de Proteção de Cultivares regula a proteção dos direitos de propriedade intelectual sobre os cultivares, estabelecendo que não fere o direito de propriedade sobre o cultivar protegido aquele que reserva e planta sementes "para uso próprio". Tal ressalva se refere, entretanto, aos cultivares protegidos por direitos de propriedade intelectual, e não faz nenhum sentido estabelecer ressalvas ao direito de uso próprio em uma lei de sementes, que se destina a proteger a identidade e a qualidade das sementes, e não resguardar direitos sobre cultivares protegidos.

Da mesma forma, é equivocada a previsão, no Decreto 5.153/2004, artigo 115, III, de que as sementes guardadas para uso próprio devem ser provenientes de áreas inscritas no Mapa, quando se tratar de cultivares protegidos de acordo com a Lei 9.456/1997 (Lei de Proteção de Cultivares). Afinal, não compete ao regulamento de uma lei de sementes estabelecer condições para o exercício do direito de uso próprio de sementes de variedades protegidas que nem a própria Lei de Proteção de Cultivares estabelece. A Lei de Sementes é "mais realista do que o rei".

A agrobiodiversidade e o sistema jurídico

É de enorme importância para os países da América Latina e do Caribe criar condições para o desenvolvimento tanto do sistema formal – público e privado – como do sistema informal de produção de sementes[272].

Relativamente pouco é conhecido e documentado sobre os sistemas informais de produção de sementes *on farm* (no campo, pelos agricultores), existentes por toda a parte nesta região. Apesar do fato desses sistemas serem responsáveis pelo fornecimento de mais de 75% das sementes produzidas na maior parte dos países da região, os sistemas **informais** de produção de sementes têm sido excluídos dos programas de governo e das doações voltadas para o aperfeiçoamento do setor de sementes, de forma geral. **Seria recomendável que os governos da região não apenas reconhecessem a importância dos sistemas informais de sementes, como também introduzissem políticas e ações necessárias para estimular o seu crescimento** [destaque nosso].

Os sistemas locais (que a FAO chama de informais) deveriam, na verdade, ficar fora do escopo da Lei de Sementes, que deve se aplicar exclusivamente aos sistemas formais. Assim, o uso próprio de sementes não sofreria restrições indevidas, prejudiciais aos agricultores, e a distribuição, troca e comercialização entre os agricultores não correriam o risco de ser limitadas por decretos e regulamentos, como ocorreu com o Decreto 5.153/2004 (artigo 4º, parágrafo 3º, citado anteriormente). O argumento mais frequente, para justificar a necessidade de controles tão rígidos sobre o uso, a produção e o comércio de sementes, tem sido o risco de doenças – especialmente sua disseminação entre diferentes regiões, e a necessidade de assegurar a pureza genética, a capacidade de germinação e o vigor das sementes. Ainda que se compreenda tal argumento, é necessário considerar que os sistemas locais de sementes se baseiam principalmente em variedades localmente adaptadas, utilizadas, distribuídas e comercializadas

---

272. FAO. Plant Production and Protection Division. Seed and Plant Genetic Resources Service. "Seed policy and programmes in Latin America and the Caribbean." *In*: Regional Technical Meeting on Seed Policy and Programmes in Latin America and the Caribbean, 20-24/3/2000, Merida, Mexico. *Proceedings* .... Roma: FAO, 2000, p. 54-55.

no âmbito local e que outras soluções precisam ser encontradas para resolver as questões fitossanitárias. É importante avaliar quais os benefícios que tais controles de qualidade representam efetivamente para os agricultores, se comparados com as dificuldades e restrições a que submetem os sistemas locais de sementes[273].

Além disso, as leis de sementes foram desenvolvidas para cadeias de produção, distribuição e comercialização de sementes que envolvem vários intermediários entre os produtores e os consumidores, chamadas de "cadeias de circuito longo", em que os consumidores das sementes (os agricultores) não têm nenhuma relação direta com os produtores (as grandes empresas de produção e comercialização de sementes)[274]. Há uma enorme distância entre o produtor e o consumidor das sementes, e nenhuma relação de confiança, colaboração ou reciprocidade entre eles. A rigidez das normas estabelecidas para as cadeias de circuito longo não se justificam, entretanto, quando as sementes são produzidas e comercializadas no âmbito local e os agricultores têm acesso aos produtores de sementes. Tais normas são ainda menos justificáveis quando os agricultores produzem suas próprias sementes ou as adquirem de outros agricultores locais, por meio de suas redes sociais. Se, originariamente, o objetivo das leis de sementes era evitar a disseminação de sementes de má qualidade, elas acabaram extrapolando muito os seus propósitos iniciais e passaram a impor um único modelo agrícola, industrial e produtivista.

É também curioso que uma lei (na verdade, o decreto que a regulamenta) imponha tantas condições para o uso próprio de sementes e para distribuição, troca e comercialização de sementes entre os agricultores, sob a justificativa da necessidade de "garantir a identidade e a qualidade" das sementes, e, ao mesmo tempo, permita que o próprio produtor certifique a sua produção ("autocertificação"), ainda que sob

---

273. Niels P. Louwaars. *Seeds of confusion:* the impact of policies on seed systems. Wageningen, Holanda, 2007. Tese (doutorado), Wageningen Universiteit.

274. Nesse sentido: Shabnam L. Anvar. *Semences et droit:* l'emprise d'un modèle économique dominant sur une réglementation sectorielle. Paris, 2008. Tese (doutorado) Université de Paris I Panthéon-Sorbonne.

a fiscalização do Ministério da Agricultura – que tem, como os órgãos públicos em geral, deficiências estruturais e de fiscalização. O sistema de controle de qualidade das sementes se baseia, em grande parte, em informações prestadas pelos produtores de sementes, ainda que essas sejam, a princípio, controladas pelo Ministério da Agricultura. Até mesmo a certificação das sementes fica a cargo do próprio produtor: a Lei de Sementes, em seu artigo 27, parágrafo único, faculta ao produtor de sementes e mudas certificar sua própria produção, desde que credenciado pelo Mapa.

Ainda que as leis de sementes não possam ser inteiramente responsabilizadas pela perda da diversidade genética e sociocultural no campo, elas têm contribuído para agravar os seus efeitos. As exceções feitas às sementes locais pela Lei de Sementes brasileira – apesar de representarem uma conquista importante da agricultura familiar e agroecológica – buscam atenuar os efeitos negativos dessa lei sobre a agrobiodiversidade, mas não alteram os princípios e conceitos gerais em que ela se baseia: setorização industrial e padronização da agricultura, negação do papel dos agricultores como selecionadores e inovadores etc. São princípios e conceitos que vão essencialmente contra a lógica e os processos socioculturais e ambientais que geram e mantêm a agrobiodiversidade, em todos os seus níveis.

As leis de sementes e o pouco espaço legal que abrem para os sistemas locais dificultam a adoção de um modelo de agricultura "sustentável". A agrobiodiversidade é um componente essencial dos sistemas agrícolas sustentáveis, e cada agroecossistema apresenta características distintas, que exigem soluções específicas, adequadas às suas condições socioambientais. As sementes representam escolhas que não são apenas agronômicas, mas também socioculturais, ambientais e econômicas. Para que os agricultores possam escolher livremente as suas sementes, as políticas públicas devem promover uma ampla diversificação das sementes e conferir maior espaço – legal e institucional – para os sistemas locais, em vez de tentar impor, artificialmente, um único sistema (o sistema formal). A Lei de Sementes deve, explicitamente, deixar fora de seu escopo os sistemas locais, cujas variedades localmente adaptadas são utilizadas, distribuídas e comercializadas no âmbito local.

Quadro 1 – Dispositivos referentes aos cultivares locais, tradicionais ou crioulos

Lei 10.711/2003	Decreto 5.153/2004
Artigo 2º, XVI – cultivar local, tradicional ou crioula: variedade desenvolvida, adaptada ou produzida por agricultores familiares, assentados da reforma agrária ou indígenas, com características fenotípicas bem determinadas e reconhecidas pelas respectivas comunidades e que, a critério do Mapa, considerados também os descritores socioculturais e ambientais, não se caracterizem como substancialmente semelhantes aos cultivares comerciais.	
Artigo 8º, parágrafo 3º – Ficam isentos da inscrição no Renasem os agricultores familiares, os assentados da reforma agrária e os indígenas que multipliquem sementes ou mudas para distribuição, troca ou comercialização entre si.	**Artigo 4º, parágrafo 2º** – Ficam dispensados de inscrição no Renasem os agricultores familiares, os assentados da reforma agrária e os indígenas que multipliquem sementes ou mudas para distribuição, troca ou comercialização entre si. **Artigo 4º, parágrafo 3º** – Ficam dispensadas de inscrição no Renasem as organizações constituídas exclusivamente por agricultores familiares, assentados da reforma agrária ou indígenas que multipliquem sementes ou mudas de cultivar local, tradicional ou crioulo para distribuição aos seus associados.
Artigo 11, parágrafo 6º – Não é obrigatória a inscrição no RNC de cultivar local, tradicional ou crioulo, utilizado por agricultores familiares, assentados da reforma agrária ou indígenas.	**Artigo 19.** – Ficam dispensadas da inscrição no RNC: III – cultivar local, tradicional ou crioulo, utilizado por agricultores familiares, assentados da reforma agrária ou indígenas Parágrafo 2º – O cultivar local, tradicional ou crioulo poderá, a critério do interessado, ser inscrito no RNC, sujeitando-se às mesmas regras previstas para outros cultivares.
Artigo 48. – Observadas as demais exigências desta Lei, é vedado o estabelecimento de restrições à inclusão de sementes e mudas de cultivar local, tradicional ou crioulo em programas de financiamento ou em programas públicos de distribuição ou troca de sementes, desenvolvidos com agricultores familiares.	

Quadro 2 – Dispositivos referentes às sementes para uso próprio

Lei 10.711/2003	Decreto 5.153/2004
Artigo 2º, XLIII – semente para uso próprio: quantidade de material de reprodução vegetal guardada pelo agricultor, a cada safra, para semeadura ou plantio exclusivamente na safra seguinte e em sua propriedade ou outra cuja posse detenha, observados, para cálculo da quantidade, os parâmetros registrados para o cultivar no Registro Nacional de Cultivares – RNC.	**Artigo 114** – Toda pessoa física ou jurídica que utilize semente ou muda, com a finalidade de semeadura ou plantio, deverá adquiri-las de produtor ou comerciante inscrito no Renasem, ressalvados os agricultores familiares, os assentados da reforma agrária e os indígenas, conforme o disposto no parágrafo 3º do artigo 8º e no artigo 48 da Lei 10.711/2003. parágrafo 1º – O usuário poderá, a cada safra, reservar parte de sua produção como "sementes para uso próprio" ou "mudas para uso próprio". **Artigo 115** – O material de propagação vegetal reservado pelo usuário, para semeadura ou plantio, será considerado "sementes para uso próprio" ou "mudas para uso próprio", e deverá: I – ser utilizado apenas em sua propriedade ou em propriedade cuja posse detenha; II – estar em quantidade compatível com a área a ser plantada na safra seguinte, observados os parâmetros do cultivar no RNC e a área destinada à semeadura ou plantio, para o cálculo da quantidade de sementes ou de mudas a ser reservada; III – ser proveniente de áreas inscritas no Mapa, quando se tratar de cultivar protegido de acordo com a Lei no 9.456, de 1997, atendendo às normas e aos atos complementares; IV – obedecer, quando se tratar de cultivares de domínio público, ao disposto neste Regulamento e em normas complementares, respeitadas as particularidades de cada espécie; e V – utilizar o material reservado exclusivamente na safra seguinte. Parágrafo único. Não se aplica esse artigo aos agricultores familiares, assentados da reforma agrária e indígenas que multipliquem sementes ou mudas para distribuição, troca ou comercialização entre si.

O SISTEMA UPOV[275] E A PROTEÇÃO DE CULTIVARES

Histórico

A Lei de Sementes e a Lei de Proteção de Cultivares estão relacionadas e compartilham conceitos e lógicas comuns, mas têm finalidades diferentes[276]. No mesmo período em que começaram a ser editadas as primeiras leis de sementes também foi criado um regime internacional de propriedade intelectual para as variedades vegetais. Coube

---

275. Upov é a sigla em francês da Union Internationale pour la Protection des Obtentions Végétales, a organização intergovernamental responsável pela gestão e implementação da Convenção Internacional para a Proteção das Obtenções Vegetais. A Upov tem um vínculo próximo com a Organização Mundial de Propriedade Intelectual (Ompi, também conhecida por sua sigla em inglês: Wipo). O diretor-geral da Ompi é também secretário-geral da Upov, que mantém um escritório na sede da Ompi, em Genebra. Para uma relação atualizada dos países-membros da Upov, consultar: www.upov.int.

276. A própria Lei de Sementes prevê, em seu artigo 2º, parágrafo único, a aplicação dos conceitos constantes da Lei de Proteção de Cultivares. É importante, entretanto, não confundir os dois instrumentos legais: a Lei de Sementes estabelece normas para a produção, comercialização e utilização das sementes, ao passo que a Lei de Proteção de Cultivares regula os direitos de propriedade intelectual relativos aos cultivares.

à França[277] a iniciativa de propor, em 1961, a criação do certificado de obtenção vegetal, que assegura a quem desenvolve nova variedade vegetal o direito de propriedade sobre ela e impede terceiros de reproduzi-la sem sua autorização. O sistema de proteção de cultivares se fundamenta na ideia de que os melhoristas[278] devem ser estimulados a criar novas variedades vegetais e que, para tanto, precisam ser recompensados por suas criações. É um sistema que nasceu na Europa, para estimular investimentos privados no melhoramento de plantas, contrapondo-se ao sistema norte-americano de concessão de patentes sobre plantas, e depois se espalhou para muitos países em desenvolvimento – inclusive para o Brasil, que editou a sua Lei de Proteção de Cultivares em 1997[279].

Trata-se de um sistema legal voltado para a proteção das inovações produzidas por melhoristas de instituições públicas e privadas, por meio

---

277. O biólogo francês Jean Bustarret é considerado um dos principais responsáveis pela concepção de um regime internacional de proteção às obtenções vegetais, adotado pela Convenção da Upov em 1961. Fonte: Christophe Bonneuil et al. "Innover autrement? La recherche face à l'avènement d'un nouveau régime de production et de régulation des savoirs en génétique végétale." In: Clèment O. Gasselin. *Quelles variétés et semences pour des agricultures paysannes durables?* Paris: Inra, 2006, p. 27-51.
Consultar também: Christophe Bonneuil & Frédéric Thomas. "Du maïs hybride aux OGM: un demi-siècle de génétique et d'amélioration des plantes à l'Inra" In: Colloque l'amélioration des Plantes, Continuités et Ruptures, oct. 2002, Montpellier. *Actes*. Paris: Inra, 2002. Disponível em: www.inra.fr/gap/vie-scientifique/animation/colloque-AP2002/Bonneuil.pdf. Acessado em 16/2/2009.
278. O melhoramento de plantas visa a alterar geneticamente as plantas para que atendam às necessidades humanas. Ele pode ter como objetivo aumentar a produtividade das plantas, torná-las mais resistentes a pragas e doenças etc. O melhorista é a pessoa que se dedica a essa atividade e pode ser tanto o cientista de instituições de pesquisa dedicadas ao melhoramento genético como os agricultores que também desenvolvem atividades de seleção e melhoramento de plantas, ainda que utilizando métodos e técnicas diferentes. A lei é, entretanto, voltada principalmente para os melhoristas de instituições de pesquisa. O melhorista é também chamado de "obtentor", por ser quem obtém novos cultivares. Segundo a Lei de Proteção de Cultivares, o melhorista é quem "obtém cultivar e estabelece descritores que o diferenciam dos demais." Os descritores são as características que identificam as plantas (por exemplo, cor e tamanho da folha, altura da planta etc.).
279. É a Lei 9.456, de 25/4/1997, regulamentada pelo Decreto 2.366 de 1997.

de métodos e técnicas considerados "científicos", que resultam, em geral, em cultivares homogêneos e estáveis, adaptados ao modelo agrícola industrial. Ele se baseia na concepção de que o melhoramento (genético) das variedades agrícolas é realizado unicamente por setores profissionais específicos (geneticistas, agronômos etc.) e, consequentemente, só as variedades desenvolvidas por tais melhoristas profissionais merecem proteção. Trata os melhoristas profissionais como os únicos capazes de realizar inovações na agricultura e os agricultores, como meros usuários de seu trabalho. Tal como a Lei de Sementes, o sistema de proteção de cultivares nega o papel dos agricultores como inovadores e detentores de saberes e práticas fundamentais para a agricultura, desconsiderando que a enorme diversidade agrícola não existiria se agricultores não fossem capazes de inovar e de desenvolver novas variedades e sistemas agrícolas. Ora, se o melhoramento "científico" de plantas se desenvolveu em um período histórico relativamente recente (especialmente a partir do início do século XX, nos Estados Unidos e na Europa), o melhoramento realizado pelos agricultores se confunde com a própria história da domesticação das plantas, realizada pelos próprios agricultores ao longo dos últimos milênios. A preocupação com a criação de um regime de proteção à propriedade intelectual sobre as variedades de plantas surgiu a partir do momento em que o melhoramento vegetal passou a ser visto como uma "ciência", dominada apenas por técnicos de instituições científicas, passando a atrair os interesses do capital privado. A produção agrícola passou a ser tratada como uma atividade separada e distanciada da seleção e do melhoramento de sementes.

Para se compreender o sistema de proteção de cultivares é fundamental, portanto, ter em mente que ele foi concebido e desenvolvido por melhoristas profissionais, para atender aos interesses, necessidades e particularidades do melhoramento genético vegetal desenvolvido por instituições de pesquisa. Com o avanço da genética vegetal, o melhoramento de plantas se desenvolveu, tornando-se uma atividade economicamente promissora, e passou a despertar o interesse de empresas privadas. Os melhoristas (principalmente as grandes empresas) passaram então a reivindicar o estabelecimento de um direito de propriedade sobre as novas variedades desenvolvidas que lhes garantisse a exclusividade na produção e comercialização de suas obtenções vegetais, ainda que por determinado período. Os melhoristas sempre argumentaram que qualquer agricultor pode reproduzir as sementes, sem precisar comprá-las para as próximas colheitas, e isso os impediria de auferir ganhos econômicos com suas criações. Eles apontavam como a principal "dificuldade" para a remuneração de seu trabalho uma característica intrínseca e essencial das sementes: sua "fácil reprodução".

Com a introdução de híbridos (principalmente de milhos, a partir de 1920 a 1930), essa "dificuldade" apontada pelos obtentores vegetais foi parcialmente "superada": o aumento do rendimento e da produtividade dos híbridos (conhecido como vigor híbrido) não se transmite às próximas gerações, o que obriga os agricultores a comprar novas sementes todos os anos a fim de manter a produtividade de suas lavouras, criando um mercado estável para os híbridos. Entretanto, a hibridização não funciona bem para algumas espécies de grande importância comercial (como trigo, arroz, soja, algodão e algumas hortaliças), e foi por isso que surgiram os direitos de propriedade intelectual: para impedir que os agricultores pudessem continuar a guardar e replantar as sementes de variedades (não híbridas) e para assegurar que as empresas pudessem manter controle sobre o mercado. É o chamado "controle legal", efetivado por meio do estabelecimento de direitos de propriedade intelectual sobre as variedades agrícolas, que é distinto do "controle biológico" ou "natural", de que gozam os híbridos. Os milhos híbridos tiveram papel de destaque no desenvolvimento de um setor privado de melhoramento e produção de sementes, sobretudo nos Estados Unidos, onde prosperaram empresas de sementes que atualmente pertencem às multinacionais Monsanto, Syngenta, Dupont e outras.

Os melhoristas europeus, entretanto, consideravam inadequado o sistema de patentes para a proteção de plantas e começaram a desenvolver um sistema de propriedade intelectual *sui generis*, adaptado às particularidades do melhoramento genético vegetal. Em 1957, o governo francês organizou, em Paris, a pedido de associações de melhoristas[280], a Conferência Internacional para a Proteção de Novas Variedades de Plantas, em que foram desenvolvidos os princípios que mais tarde foram incorporados à Convenção Internacional para a Proteção das Obtenções Vegetais, assinada em 1961. Até então, os Estados Unidos eram o único país que permitiam a concessão de patentes sobre variedades de plantas, por meio da Lei de Patentes de Plantas (*Plant Patents Act*), de 1930, que, por sua vez, também era vista como um sistema *sui generis* (em comparação com o sistema de patentes convencionais), por ter sido desenvolvida especialmente para a proteção de variedades de plantas de propagação vegetativa. Mais tarde Japão, Austrália e Nova Zelândia também permitiram o patenteamento de variedades de plantas, mas a maior parte dos países adota um sistema *sui generis* de proteção às obtenções vegetais, inspirado no modelo da Upov.

Para os melhoristas europeus, o direito de obtenção vegetal deveria permitir o acesso livre e gratuito aos recursos genéticos e, ao mesmo tempo, proteger as inovações realizadas pelos melhoristas. Isso porque, para inovar e criar novas variedades vegetais, os melhoristas deveriam ter acesso à mais ampla diversidade genética possível. Para tanto, o direito à obtenção vegetal deveria permitir o livre acesso às novas variedades vegetais, não para sua reprodução e comercialização (o que violaria o direito do melhorista), mas para utilização como fonte de variação no melhoramento genético e como base para o desenvolvimento de novas variedades, o que não seria possível com o patenteamento de variedades de plantas.

---

280. Tiveram papel fundamental a Associação Internacional para a Proteção da Propriedade Industrial (APPI) e a Associação Internacional de Melhoristas para a Proteção das Obtenções Vegetais (Assinsel). Mais tarde, passaram a ter também grande influência sobre a convenção e as suas revisões posteriores a Federação Internacional de Sementes (FIS), a Comunidade Internacional de Obtentores de Plantas Ornamentais e Frutíferas de Reprodução Assexuada (Cipora) e a Câmara Internacional do Comércio. Fonte: Graham Dutfield. "Turning plant varieties into intellectual property: the Upov Convention." *In*: Geoff Tansey & Tasmin Rajotte. *The future control of food*. Londres: Earthscan; Otawa: IDRC, 2008, p. 27- 47.

Assim, uma característica fundamental do direito de obtenção vegetal, também chamado de direito de melhorista[281], é que ele resguarda o chamado "privilégio" ou "isenção do melhorista", o que significa que o direito de propriedade sobre as variedades protegidas não impede os melhoristas de utilizar quaisquer variedades como fonte de variação genética, ainda que sem a autorização do melhorista que obteve as variedades que lhes deram origem. E mais: o direito ao uso livre das variedades protegidas não se limita à fase das pesquisas dedicadas à criação de novas variedades, mas se estende à comercialização da nova variedade desenvolvida. A partir do momento em que o melhorista desenvolve uma nova variedade[282] (ainda que utilizando variedades protegidas), e essa nova variedade passa a se distinguir das demais, por pelo menos uma característica importante, a produção e a comercialização da nova variedade já não depende da autorização dos obtentores das variedades que lhe deram origem. Isso não ocorre com o direito de patente: qualquer nova invenção que incorpore uma invenção patenteada por terceiros depende da autorização do primeiro inventor.

Outra característica do direito de obtenção vegetal, que o distingue da patente[283], é que ele não protege os processos de obtenção das variedades – como cruzamentos, retrocruzamentos etc. – universais e de livre utilização por todos. O objeto da proteção é apenas o resultado, e não o processo: uma variedade vegetal, que é definida como um conjunto de indivíduos com características suficientemente homogêneas e estáveis ao longo de vários ciclos de reprodução, que se distingue de outras populações vegetais e se presta, portanto, a servir como "suporte" para os direitos de propriedade intelectual, que regulam as relações de concorrência entre os melhoristas. O objeto da proteção da obtenção vegetal não se limita, portanto, à inovação que a diferencia de outras

---

281. Neste trabalho, direito de melhorista e direito do obtentor vegetal serão utilizados como sinônimos.
282. O desenvolvimento de novo cultivar pode levar de dez a 15 anos.
283. No sistema de patentes, são patenteáveis tanto os processos, enquanto tais, como os produtos a que conduzem.

obtenções; não se protege o gene ou o conjunto de genes que foram introduzidos, ou uma característica nova, mas um organismo vivo completo e o conjunto de suas características – algumas novas; outras, não. Ou seja, a proteção não diz respeito apenas ao elemento novo que foi acrescentado à variedade, mas a toda ela, e, desse modo, a ideia de se resguardar um acesso livre e total à variedade, até mesmo à sua parte nova, para fins de melhoramento genético, foi defendida desde o início pelos melhoristas europeus, com poucas divergências. Foi acordado ainda que, no sistema *sui generis*, a variedade a ser protegida não seria "descrita", como ocorre nas invenções patenteáveis, mas seria "depositada" uma amostra viva e concreta, para avaliação[284].

Além do "privilégio" ou "isenção do melhorista", o direito de obtenção vegetal resguarda ainda o chamado "privilégio do agricultor", que preferimos chamar de "direito do agricultor"[285]. O direito de obtenção vegetal reconhece o direito do agricultor de guardar parte de sua colheita para semeadura nas safras seguintes. Ao agricultor é assegurado o direito de reservar e reproduzir sementes para uso próprio, ainda que de variedades protegidas. Como essa sempre foi uma prática tradicional, milenar e universal, adotada por agricultores de todo o mundo, o grupo de especialistas europeus (reunido em Paris desde 1957) incumbido de elaborar a nova convenção internacional para a proteção das obtenções vegetais nem sequer cogitou de impor qualquer restrição a essa prática, reconhecida como um direito costumeiro, ou mesmo de obrigar os agri-

---

284. Marie-Angèle Hermitte & P. Kahn. *Les ressources génétiques végétales et le droit dans les rapports Nord-Sud*. Bruxelas: Bruylant, 2004, p. 74.
285. A expressão "privilégio do agricultor" é tendenciosa, do ponto de vista político. Os agricultores produzem as suas próprias sementes e guardam as melhores para as safras seguintes desde o início da agricultura, há 12 mil anos. O sistema de proteção aos direitos de propriedade intelectual pretende reduzir essa prática tradicional e milenar a um "privilégio", como se fosse uma generosa concessão feita pelos melhoristas de instituições de pesquisa aos agricultores. Na verdade, foram os melhoristas que conquistaram o "privilégio" de acessar as sementes que os agricultores cultivam e conservam há milênios.
Os direitos dos agricultores não se limitam, entretanto, ao uso próprio de sementes protegidas, conforme veremos no capítulo seguinte deste trabalho.

cultores a pagar *royalties* ao titular da proteção. Como expõe Marie-Angèle Hermitte, os melhoristas estavam "habituados a tolerar" a prática dos agricultores de guardar sementes para uso próprio e esses, por sua vez, mantinham o costume "sem maiores dificuldades"[286]. Assim é que o texto da convenção, aprovado em 1961, não faz nenhuma referência ao direito do agricultor. Estabelece somente que o direito concedido ao obtentor se estende apenas à produção com fins comerciais, ao oferecimento à venda e à comercialização, o que foi interpretado, pela maior parte dos países signatários da convenção, como permissão para que os agricultores utilizem as sementes guardadas para uso próprio em safras seguintes. (Com a revisão da convenção em 1991, a situação mudou, conforme veremos adiante).

A proteção de cultivares se baseia em conceitos comuns às normas legais sobre a produção e a comercialização de variedades vegetais, já que ambas se voltam para o modelo agrícola industrial. Entre tais conceitos comuns destacam-se as exigências em relação à homogeneidade e estabilidade das variedades, adotadas também para a proteção dos direitos de propriedade intelectual sobre as variedades. São exigências que correspondem, mais uma vez, a uma concepção fixista (estática) das variedades e ignoram a evolução das variedades no tempo e no espaço e os contextos socioculturais e ambientais em que elas se desenvolvem. Assim como as variedades homogêneas e estáveis atendiam a um padrão de produção agrícola intensivo e de escala, essas também se enquadram melhor dentro da lógica dos direitos de propriedade intelectual, que exige objetos precisos e delimitados para serem protegidos[287], o que não sucede com as variedades locais, que são dinâmicas e muito "fluidas" para serem atribuídas a proprietários distintos. As exigências de homogeneidade e estabilidade excluem as variedades locais de toda forma de proteção, porque essas, em geral, não preenchem tais requisitos

---

286. Marie-Angèle Hermitte & P. Kahn. *Les ressources génétiques végétales et le droit dans les rapports Nord-Sud*. Bruxelas: Bruylant, 2004, p. 74.
287. Idem, *ibid.*, p. 23.

legais. Apesar das afinidades conceituais, o direito de melhorista é independente das normas sobre produção e comércio de sementes.

A Convenção da Upov: principais conceitos e normas

Com base em tais conceitos e pressupostos, a Convenção Internacional para a Proteção das Obtenções Vegetais foi assinada em 2 de dezembro de 1961, em Paris (e se tornou conhecida como a Convenção da Upov), inicialmente por cinco países (França, Holanda, Alemanha, Bélgica e Itália), todos ricos e industrializados, e entrou em vigor em 1968. Os principais pontos da Convenção da Upov, que estruturaram o novo sistema de proteção às obtenções vegetais, podem ser assim resumidos:

1) O direito reconhecido ao obtentor é, como todos os direitos de propriedade intelectual, um direito exclusivo e temporário. A exclusividade se estende à produção com fins comerciais, ao oferecimento à venda e à comercialização.

2) A autorização do obtentor não é necessária para a utilização da variedade vegetal como fonte de variação no melhoramento genético vegetal, com a finalidade de criar outras variedades ou mesmo para a comercialização das novas variedades. É estabelecida uma distinção jurídica entre dois objetos que, na realidade, são um só: a variedade, enquanto invenção, protegida por um direito exclusivo do obtentor vegetal, e a variedade enquanto recurso/base para outra invenção, livre de quaisquer direitos[288].

---

288. Marie-Angèle Hermitte & P. Kahn. *Les ressources génétiques végétales et le droit dans les rapports Nord-Sud*. Bruxelas: Bruylant, 2004, p. 25.

3) Para ser protegida, a variedade deve ser suficientemente homogênea e estável nas suas características essenciais, isto é, manter tais características após reproduções ou multiplicações sucessivas.

4) Para ser protegida, a variedade deve se distinguir claramente, por uma ou várias características importantes, de qualquer outra variedade cuja existência seja notoriamente conhecida no momento em que é requerida a proteção, ou seja, o que determina a proteção é a diferença em relação àquilo que já é conhecido.

5) A proteção conferida ao obtentor independe da origem, "artificial ou natural", da variação inicial da qual resultou a variedade. A proteção se estende não apenas às novas variedades, criadas por meio do melhoramento vegetal, como também às variedades melhoradas com base na descoberta e seleção de mutações e variações encontradas em uma população de plantas cultivadas. Não são os processos de obtenção, enquanto tais, que são protegidos, mas as variedades resultantes.

6) Apesar de a convenção não fazer menção explícita ao direito do agricultor de guardar parte de sua colheita para usar como semente nas safras seguintes (ainda que se trate de variedades protegidas), o fato de a convenção assegurar o direito exclusivo do obtentor apenas em relação à reprodução para fins comerciais fez que todos os países signatários reconhecessem o chamado "privilégio do agricultor".

A Convenção da Upov, assinada em 1961 e revista em 1972[289], 1978 e 1991 (falaremos a seguir das principais distinções), permaneceu como

---

289. Em 1972, foram feitas pequenas alterações na Convenção da Upov, relativas às contribuições financeiras dos países-membros.

um instrumento adotado apenas por países ricos[290] até a aprovação do Acordo sobre Aspectos dos Direitos de Propriedade Intelectual Relacionados ao Comércio (Trips)[291], em 1994, um dos acordos pilares da Organização Mundial do Comércio (OMC). Os países em desenvolvimento (liderados pelo Brasil e pela Índia) resistiram, inicialmente, à inclusão da propriedade intelectual entre os temas a serem tratados pelo sistema de comércio internacional, alegando que a Organização Mundial de Propriedade Intelectual (Ompi) era a agência especializada da ONU encarregada de tratar da propriedade intelectual. Na Ompi, a atuação dos países em desenvolvimento se dava em bloco, o que os fortalecia politicamente, ao passo que no Gatt/OMC, eram tratados diversos temas comerciais, o que dificultava o voto em bloco e dividia os países em desenvolvimento, que barganhavam vantagens comerciais individuais, fragilizando uma posição comum[292]. Com isso, a resistência inicial dos

---

290. Até a adoção do Acordo sobre Direitos de Propriedade Intelectual Relacionados ao Comércio (Trips), o único país em desenvolvimento que era membro da Upov era a África do Sul, que aderiu à convenção em 1977.
291. Trips é a sigla em inglês de Trade-Related Aspects of Intellectual Property Rights Agreement. O acordo constitutivo da OMC entrou em vigor em 1º de janeiro de 1995, e o Trips, um ano depois, em 1º de janeiro de 1996. Neste trabalho, nos limitaremos a tratar das questões relacionadas com as variedades de plantas. Para uma análise mais ampla do Trips, consultar: Patrícia Luciane de Carvalho. *Propriedade intelectual:* estudos em homenagem à Professora Maristela Basso. Curitiba: Juruá, 2008; Vanessa Iacomini. *Propriedade intelectual e biotecnologia.* Curitiba: Juruá, 2008; Patrícia Aurélia Del Nero. *Propriedade Intelectual:* a tutela jurídica da biotecnologia. São Paulo: Revista dos Tribunais, 1998; Carlos Correa. *Intellectual property rights, the WTO and developing countries:* the Trips agreement and policy options. Londres: Zed Books; Penang: Third World Network, 2000; Nuno Pires de Carvalho. *The Trips regime of patent rights.* Haia: Kluwer Law International, 2002. A Organização Mundial do Comércio (OMC) sucedeu o Acordo Geral sobre Tarifas Alfandegárias (Gatt), criado em 1947 como foro permanente para tratar de questões relativas ao comércio internacional e promover sua liberalização. Foi durante as negociações da Rodada do Uruguai (que se estendeu de 1986 a 1994) que o Gatt, como organização, foi extinto, continuando a ser apenas um acordo, dando lugar à OMC.
292. Regine Andersen. *Governing agrobiodiversity:* international regimes, plant genetics and developing countries. Oslo, 2007. Tese (doutorado), Department of Political Science, Faculty of Social Science, University of Oslo.

países em desenvolvimento foi vencida por meio de concessões obtidas dos países desenvolvidos em áreas como agricultura, têxteis e produtos tropicais, e de ameaças de sanções comerciais. Acabou prevalecendo a posição sustentada principalmente pelos Estados Unidos, que representava os interesses de empresas multinacionais das áreas farmacêutica, química e biotecnológica. Os norte-americanos conseguiram o apoio da União Europeia e do Japão, e os direitos de propriedade intelectual acabaram sendo incluídos em um dos acordos (o Trips) da OMC.

O Acordo sobre Aspectos dos Direitos de Propriedade Intelectual Relacionados ao Comércio da OMC

O Acordo Trips foi um marco importante para os direitos de propriedade intelectual, pois rompeu com os princípios adotados pelas convenções internacionais até então editadas para tratar do assunto: a Convenção de Paris para a Proteção da Propriedade Industrial, de 1883, e a Convenção de Berna para a Proteção das Obras Literárias e Artísticas, de 1886, administradas pela Ompi. Além de o tratamento dos temas relativos à propriedade intelectual ter sido deslocado da Ompi (onde eram tratados até então)[293] para os fóruns de negociação de comércio internacional (Gatt/OMC), outras diferenças importantes marcaram o Acordo Trips:

1) Antes do Trips, os países podiam excluir alguns setores industriais ou tecnológicos da proteção por patentes, assim como deixar de

---

293. A Ompi não dispunha de mecanismo de solução de controvérsias com poder coercitivo, outra razão para os Estados Unidos pressionarem pelo tratamento dos direitos de propriedade intelectual no âmbito do Gatt/OMC. Apesar de ser possível o encaminhamento à Corte Internacional de Haia de controvérsias entre países signatários das convenções administradas pela Ompi, essa corte nunca interveio em temas de propriedade intelectual. Consultar: Anderson Santos. *Os efeitos sociais da regulação jurídica da biotecnologia no Brasil: o direito como instrumento de despolitização das novas tecnologias.* Campinas: Unicamp, 2007.

conferir patentes a alguns processos e produtos, de acordo com suas estratégias de desenvolvimento nacional. Os medicamentos, alimentos e produtos químicos, por exemplo, eram excluídos do patenteamento por muitos países, como o Brasil, cuja lei de patentes anterior[294] não permitia o patenteamento de produtos alimentícios, químico-farmacêuticos e medicamentos, de qualquer espécie, bem como os respectivos processos de obtenção ou modificação. O Trips passou a prever os padrões mínimos de proteção dos direitos de propriedade intelectual, e a adesão ao Acordo Trips se tornou uma condição necessária para que os países pudessem se tornar membros da Organização Mundial do Comércio (OMC). Os países devem aceitar todos os acordos que fazem parte do "pacote" da OMC, sem exceções.

2) Com o Trips, os países se tornaram obrigados não só a reconhecer e proteger os direitos de propriedade intelectual como também a estabelecer mecanismos de execução/aplicação nacional de tais direitos, por meio de sanções administrativas, cíveis e criminais.

3) A incorporação dos direitos de propriedade intelectual ao sistema de comércio internacional estabelecido pelo Gatt/OMC significou a aplicação de seus princípios às relações entre os países-membros. A principal novidade (em relação às convenções de Paris e Berna) é o princípio do "tratamento da nação mais favorecida", que impõe que as vantagens concedidas por um Estado-membro a outro, membro ou não, da OMC (por exemplo, por meio de um acordo bilateral) serão automaticamente válidas para todos os membros.

4) Passaram a ser aplicáveis ainda os mecanismos da OMC para a prevenção e solução de controvérsias entre os países-membros, que podem implicar retaliações comerciais, incluindo as retalia-

---

294. A Lei 5.772/1971, que estabelecia o Código da Propriedade Industrial brasileiro, foi revogada pela atual Lei de Patentes (9.279/1996).

ções "cruzadas", ou seja, um país pode retaliar outro em um setor diferente daquele em que ocorreu a infração (às normas do Trips) praticada pelo outro país: bens, serviços ou direitos de propriedade intelectual. Por exemplo, uma violação de direitos de propriedade intelectual por um país pode levar outro país a retaliar em outro setor, como bens ou serviços[295].

Segundo o Trips, os países-membros não são obrigados a implementar, em suas legislações nacionais, uma proteção mais ampla do que a exigida pelo acordo. Eles podem, entretanto, estender a proteção aos direitos de propriedade intelectual acima dos patamares mínimos estabelecidos pelo Trips, o que tem ocorrido por meio de acordos bilaterais e regionais de livre comércio, celebrados entre os Estados Unidos e a União Europeia e os países em desenvolvimento. Conhecidos como "Trips-plus", esses acordos impõem obrigações não previstas no Trips, como a adesão obrigatória à Convenção da Upov de 1991 (de que se tratará mais adiante) e a obrigação de patenteamento de plantas, animais e invenções biotecnológicas. Alguns exemplos são os acordos de livre comércio dos Estados Unidos com o Chile, a Colômbia, o Equador, o Peru, Singapura e Sri Lanka, entre outros; e os acordos de livre comércio da União Europeia com a Argélia, o Egito, a Coreia[296], a Síria etc., que estabelecem tais obrigações "adicionais", restringindo enormemente a pouca flexibilidade existente no Acordo Trips e, consequentemente, a possibilidade de que os países em desenvolvimento adotem sistemas coerentes com as suas necessidades socioambientais, culturais e econômicas, para atender aos interesses do mercado mundial de biotecnologia[297].

---

295. Pedro Roffe. "Bringing minimum global intellectual property standards into agriculture: the Agreement on Trade-Related Aspects of Intellectual Property Rights (Trips)" In: Geoff Tansey & Tasmin Rajotte. The future control of food. Londres: Earths-can; Otawa: IDRC, 2008, p. 48-68.
296. Tasmin Rajotte. "The negotiations web: the complex connections." In: Geoff Tansey & Tasmin Rajotte. The future control of food. Londres: Earthscan; Ottawa: IDRC, 2008, p. 141-167.
297. Para saber mais, consultar: www.bilaterals.org.

Em 2004, um acordo de livre comércio dos Estados Unidos com os países da América Central (Costa Rica, El Salvador, Guatemala, Honduras e Nicarágua) e a República Dominicana também impôs a esses países as obrigações de aderir à Convenção da Upov (Ata de 1991) e de ratificar o Tratado de Budapeste sobre o Reconhecimento Internacional do Depósito de Micro-organismos para fins de Patentes, que contém normas contrárias à Convenção sobre Diversidade Biológica. Mais recentemente, em agosto de 2008, a Colômbia, o Equador e o Peru, que são membros da Comunidade Andina de Nações (um bloco econômico sul-americano formado por esses países e a Bolívia[298]), decidiram que o Peru poderia adotar uma legislação própria sobre propriedade intelectual para adequá-la ao acordo de livre comércio do Peru com os Estados Unidos. A Bolívia votou contra tal medida, porque a Decisão 486 da Comunidade Andina de Nações estabelece um regime comum de propriedade intelectual para os países andinos, e a decisão de permitir que cada país adote normas próprias enfraquece o regime comum.

De acordo com o artigo 27 do Trips[299], os países devem conceder patentes a produtos e processos em todos os setores tecnológicos, sem discriminação quanto ao fato de serem importados ou produzidos localmente, desde que atendam aos requisitos de novidade, atividade inventiva e aplicação industrial. Antes do Trips, os países podiam excluir do patenteamento quaisquer invenções, assim como estabelecer o prazo de vigência das patentes, mas a partir da adoção do Trips, esse prazo não pode ser inferior a vinte anos, e os países-membros só podem afastar o patenteamento nos casos excepcionais previstos no artigo 27, de que

---

298. Em 2006, o presidente Hugo Chávez anunciou a saída da Venezuela da Comunidade Andina das Nações, argumentando que os tratados de livre comércio assinados pela Colômbia e pelo Peru com os Estados Unidos causaram dano irreparável às instituições andinas.

299. Os períodos de transição estabelecidos pelo Trips para os países em desenvolvimento expiraram em 1º de janeiro de 2005. O conselho do Trips estendeu, para os países "menos desenvolvidos", o prazo para implementação do acordo até junho de 2013, e, para medicamentos, até 1º de janeiro de 2016.

destacamos o artigo 27.3 (b), por estar mais diretamente relacionado ao tema deste trabalho[300]:

artigo 27.3. Os Membros podem considerar como não patenteáveis:

(b) plantas e animais, exceto micro-organismos e processos essencialmente biológicos para a produção de plantas ou animais, excetuando-se os processos não biológicos e microbiológicos. Não obstante, os **Membros concederão proteção a variedades vegetais, seja por meio de patentes, seja por meio de um sistema** sui generis **eficaz, seja por uma combinação de ambos** [destaque nosso].

Ao estabelecer que os países-membros deveriam conceder proteção a variedades vegetais, o Trips obrigou muitos países em desenvolvimento a optar entre o sistema de patentes, um sistema *sui generis* (que o acordo não define, mas é entendido como um sistema especial, próprio) ou a combinação de ambos, pois a adesão ao Trips era fundamental para que eles pudessem se tornar membros da OMC. Como o texto do Trips não explica exatamente o que é considerado um sistema *sui generis*, os países-membros da OMC não são obrigados a se tornar membros da Upov nem a editar leis nacionais em conformidade com qualquer uma de suas atas. Entretanto, a Upov passou a sustentar que a adesão à Convenção Internacional para a Proteção das Obtenções Vegetais (Convenção da Upov) seria a forma mais adequada e eficaz de se adotar um sistema *sui generis* de proteção às variedades vegetais. Muitos países optaram, portanto, por seguir o modelo da Convenção da Upov, por meio da aprovação de leis nacionais com base em uma de suas atas (de 1978

---

300. O artigo 27.2. prevê ainda que os países-membros podem considerar como não patenteáveis as invenções, quando seja "necessário proteger a ordem pública ou a moralidade, inclusive para proteger a vida ou a saúde humana, animal ou vegetal ou para evitar sérios prejuízos ao meio ambiente". Podem ser também excluídos do patenteamento (artigo 27.3) os métodos diagnósticos, terapêuticos e cirúrgicos para o tratamento de seres humanos ou de animais.

ou de 1991) ou com a aprovação de leis nacionais apenas "inspiradas" no modelo Upov, sem necessariamente ratificarem a Convenção da Upov. Isso se deveu a muitas razões, que incluem o fato de que as leis nacionais inspiradas no modelo Upov tenderiam a ser aceitas com mais facilidade pelo Conselho do Acordo Trips do que qualquer outro sistema *sui generis*, bem como de que a Upov e a Ompi ofereciam assistência técnica e administrativa para o desenvolvimento de tais leis, o que dificilmente sucedia com os países que optassem por outros modelos de sistemas *sui generis*.

Até 1998 ainda era possível se tornar membro da Upov com a adesão à Ata de 1978, mas após essa data, os países que quiserem se tornar membros dessa organização devem aderir à Ata de 1991, que exige uma proteção bem mais ampla aos direitos dos melhoristas e é bem mais restritiva em relação aos direitos de agricultores. Quando o Trips entrou em vigor, em 1º de janeiro de 1996, a Ata da Upov de 1978 ainda estava em vigência, pois a de 1991 só entrou em vigor em 1998. O Brasil foi um dos países que aderiram à Ata de 1978 da Convenção da Upov, depois de aprovar uma legislação interna de proteção das obtenções vegetais (a Lei 9.456, de 25 de abril de 1997, mais conhecida como Lei de Proteção de Cultivares).

O PATENTEAMENTO DE VARIEDADES DE PLANTAS

Muitos países adotaram, portanto, um sistema de proteção às obtenções vegetais seguindo o modelo da Convenção da Upov (Ata de 1978 ou de 1991), e grande parte das leis de patentes proíbe o patenteamento de variedades de plantas e animais[301]. Os Estados Unidos foram o

---

301. A Diretiva Europeia 98/44, que regula a proteção de invenções biotecnológicas, proíbe o patenteamento de variedades de plantas e animais e de processos essencialmente biológicos para a produção de plantas e animais. Entretanto, ela permite que sejam patenteadas invenções (relacionadas com plantas e animais) cuja viabilidade técnica não esteja confinada a uma variedade específica de planta ou animal. Assim, as patentes não podem ser concedidas para uma única variedade de planta ou animal, mas podem ser concedidas para um grupo de plantas que se caracterize por um gene particular.

primeiro país a adotar uma legislação que permite o patenteamento de variedades de plantas: a Lei de Patentes de Plantas (*Plant Patents Act*), editada em 1930[302]. As patentes foram conferidas, entretanto, apenas às espécies de propagação vegetativa ou assexuada e se aplicam principalmente às ornamentais e às árvores frutíferas e florestais. A exclusão das plantas de reprodução sexuada ou propagadas por tubérculos reflete a percepção, vigente na época em que a Lei de Patentes de Plantas norte-americana foi editada, de que as variedades de tais plantas não seriam suficientemente identificáveis, uniformes e estáveis para justificar a proteção patentária.

Em 1952, os Estados Unidos editaram a Lei de Patentes, que estendeu a proteção, por "patentes de utilidade", a outras invenções da área agrícola, como máquinas e equipamentos agrícolas, agroquímicos etc. Ao estabelecer uma definição ampla do que é passível de proteção por patentes, essa lei abriu as portas para o patenteamento das inovações biotecnológicas e dos organismos geneticamente modificados. Em 1970, os Estados Unidos editaram a Lei de Proteção às Variedades de Plantas (*Plant Variety Protection Act*), que, ao contrário da Lei de Patentes de Plantas, só se aplica às espécies de reprodução sexuada. Os direitos conferidos ao obtentor vegetal por essa lei eram limitados pelo "privilégio do melhorista" (o uso das sementes de variedades protegidas para desenvolver novas variedades) e pelo direito do agricultor de guardar sementes para as safras seguintes e de vender tais sementes para outro agricultor (que também tenha como principal meio de sobrevivência a atividade agrícola).

Em 1994, foi aprovada uma emenda à Lei de Proteção às Variedades de Plantas (que entrou em vigor em abril de 1995), que adequou a legislação norte-americana à Convenção da Upov (Ata de 1991), permitindo que os Estados Unidos ratificassem a referida Convenção. Essa emenda

---

302. A primeira Lei de Patentes editada nos Estados Unidos, em 1790, e suas emendas posteriores, não permitiam o patenteamento de novas variedades de plantas; ao contrário, as inovações biológicas (como as variedades de plantas) eram consideradas "produtos da natureza" e, como tais, não eram patenteáveis.

também estendeu a proteção às plantas que se propagam por tubérculos e às primeiras gerações de híbridos ("chamadas de F1"). Passaram a ser objeto de proteção ainda as variedades "essencialmente derivadas", resultantes da engenharia genética, em que a inovação do melhorista consiste apenas na inserção de um novo gene ou de uma nova molécula de DNA, ou seja, uma pequena manipulação genética. Essa emenda também passou a proibir os agricultores de vender sementes de variedades protegidas sem a permissão de seus obtentores (os titulares dos direitos de propriedade intelectual). Ou seja, ainda é admitida a guarda de sementes para plantio nas terras do agricultor, mas tornou-se ilegal a venda de sementes de variedades protegidas.

Os direitos conferidos pela Lei de Proteção às Variedades de Plantas se aplicam a variedades novas, distintas, geneticamente uniformes e estáveis ao longo de gerações sucessivas. Enquanto as "patentes de utilidade" se aplicam a qualquer invenção que preencha os requisitos de patenteabilidade (novidade, atividade inventiva e aplicação industrial), a Lei de Patentes de Plantas e a Lei de Proteção às Variedades de Plantas se destinam especificamente à proteção de variedades de plantas. A seguir, uma síntese das formas de proteção de variedades de plantas no direito norte-americano.

Quadro 3 – Formas de proteção de variedades de plantas no direito norte-americano

Lei de Patentes (de utilidade)	Lei de Patentes de Plantas	Lei de Proteção às Variedades de Plantas
Protege invenções em qualquer campo tecnológico, desde que atendam aos requisitos de novidade, atividade inventiva e aplicação industrial. Aplicada sobretudo para invenções biotecnológicas.	Protege tão somente as espécies de propagação vegetativa ou assexuada. Aplicada especialmente às ornamentais e às árvores frutíferas e florestais.	Protege apenas as espécies de reprodução sexuada, e a partir da emenda aprovada em 1994, passou a proteger também as plantas que se propagam por tubérculos. Os Estados Unidos ratificaram a Convenção da Upov (Ata de 1991).

Fonte: Fernandez-Conejo, *op cit.*, 2004.

A legislação norte-americana não prevê nenhuma forma de articulação ou cooperação entre os três instrumentos legais (Lei de Patentes de Plantas, Lei de Proteção às Variedades de Plantas e Lei de Patentes de Utilidade). Portanto, é possível a concessão de mais de uma forma de proteção a uma mesma variedade (que pode ser objeto, inclusive, de várias patentes, concedidas a titulares diferentes). Essa sobreposição dá margem a inúmeras disputas judiciais acerca de tais direitos. Assim é que diversas decisões judiciais têm impactado o sistema de proteção aos direitos de propriedade intelectual. Três casos paradigmáticos, do ponto de vista da proteção às variedades de plantas, podem ser citados:

- A decisão da Suprema Corte norte-americana no caso Diamond *versus* Chakrabarty, em 1980, que admitiu (por cinco votos a favor e quatro contra) a concessão de patentes para micro-organismos geneticamente modificados (produtos da biotecnologia). No caso levado à Corte, a discussão era se uma bactéria geneticamente modificada (usada para degradar óleo cru) seria um "produto da natureza" e, dessa forma, não patenteável, ou se seria uma invenção humana e, portanto, passível de proteção por patente, tendo a Corte decidido no segundo sentido. O United States Patent and Trademark Office (Uspto), o escritório de patentes e marcas registradas norte-americano, havia negado o pedido de patenteamento da bactéria, alegando que nem a Lei de Patentes de Plantas de 1930, nem a Lei de Proteção às Variedades de Plantas de 1970, previam o patenteamento de bactérias e, consequentemente, seria necessária uma nova lei para tornar patenteável qualquer outro organismo vivo, mas esse argumento não foi aceito pela Corte, que admitiu o patenteamento da bactéria.

- A decisão do Conselho de Recursos (Board of Patent Appeals and Interferences[303]) do escritório de patentes e marcas registradas norte-

---

303. *Appeal* (Apelação) nº 645-91. Fonte: www.uspto.gov/go/dcom/bpai/index.html. Acessado em 10/12/2008.

americano, no caso Hibberd, em 1985, sobre a possibilidade de concessão da proteção patentária (segundo a Lei de Patentes de Utilidade) para uma variedade vegetal. Hibberd e sua equipe de pesquisa haviam desenvolvido uma variedade de milho rica em triptofano (um aminoácido essencial para a nutrição humana), para a qual solicitaram uma patente, que foi negada pelo examinador porque esse entendeu que só poderia ser concedido o certificado de obtentor (de acordo com a Lei de Proteção às Variedades de Plantas), e não a patente de utilidade. Para o examinador do pedido de patente, a Lei de Proteção às Variedades de Plantas é mais específica do que a Lei de Patentes de Utilidades e seria, por isso, a única forma de proteção às plantas. Entretanto, o conselho entendeu que era possível a concessão da patente de utilidade à variedade de milho[304].

- A decisão da Suprema Corte norte-americana no caso Asgrow *versus* Winterboer, em 1995, que estendeu a proibição dos agricultores venderem sementes de variedades protegidas para as variedades desenvolvidas antes de abril de 1995 (foi nessa data que entrou em vigor a emenda de 1994 à Lei de Proteção às Variedades de Plantas, que proibiu os agricultores de vender sementes de variedades protegidas sem a autorização de seus proprietários). A decisão estendeu,

---

304. O United States Patent and Trademark Office (Uspto) revogou, em 30 de abril de 2008, uma patente sobre uma variedade de feijão-amarelo, conhecido como sulfuroso ou *mayocoba*, que havia sido concedida a um norte-americano, Larry Proctor. O próprio Proctor admitiu que havia comprado o feijão-amarelo (que ele batizou de "Enola") em um mercado do México. A variedade também é cultivada na América Central, e a anulação da patente foi requerida pelo Centro Internacional de Agricultura Tropical (Ciat), que tem sede em Cali, na Colômbia, e possui uma grande coleção de feijões (estimada em 35 mil variedades). Proctor afirmou que o seu feijão tinha uma cor exclusiva, mas o Ciat enviou ao Uspto seis feijões idênticos ao apresentado por Proctor, de igual cor e composição genética. Fonte: "Patente de homem que registrou feijão latino-americano nos Estados Unidos é cancelada". Disponível em: noticias.uol.com.br/ultnot/economia/2008/04/30/ult1767u119294.jhtm.

portanto, tal proibição de venda às variedades desenvolvidas antes da entrada em vigor da emenda aprovada em 1994.

- A decisão da Suprema Corte norte-americana no caso J. E. M. Ag Supply *versus* Pioneer Hi-Bred International, em 2001, que entendeu que poderiam ser aplicadas às variedades de plantas de reprodução sexuada as duas formas de proteção (patente de utilidade e certificado de obtentor) e, portanto, no caso levado à corte, J. E. M. Ag Supply havia infringido a patente da Pioneer Hi-Bred International sobre milho híbrido ao revender pacotes de sementes sem a licença da empresa.

É comum a referência ao sistema de proteção às obtenções vegetais estabelecido pela Upov como um sistema "quase igual" ao sistema de patentes, ou mesmo a definição do certificado de proteção de cultivar como uma "patente para as plantas". Apesar de ambos os sistemas se inspirarem em uma lógica de apropriação privada e exclusivista de recursos e saberes, e de desconsiderarem as inovações desenvolvidas pelos agricultores, é importante ter em mente que, quando o sistema Upov foi criado, na Europa, a ideia era justamente excluir as variedades de plantas da abrangência do sistema de patentes. Os próprios obtentores vegetais consideravam o sistema de patentes totalmente inadequado para proteger as plantas e desenvolveram um sistema de propriedade intelectual *sui generis*, em que os agricultores podiam acessar as variedades protegidas e guardar sementes para as safras dos anos seguintes. Além disso, esse sistema resguardava o direito do melhorista de utilizar a nova variedade vegetal para criar outras variedades (a chamada "isenção do melhorista", a que já nos referimos). A isenção do melhorista e o direito do agricultor sempre foram distinções importantes entre o sistema de patentes e os direitos de obtentores fundamentados no sistema Upov.

As atas de 1978 e de 1991 da Upov

A Convenção da Upov tem passado por sucessivas revisões, que instituem uma proteção cada vez mais restritiva aos direitos dos agricultores e a aproximam cada vez mais do sistema de patentes, especialmente a última ata da Convenção da Upov, que foi aprovada em 1991, e entrou em vigor em 1998. (Veja, no quadro 4, um resumo das principais distinções entre a Convenção da Upov /Ata de 1978 e Ata de 1991 e o sistema de patentes estabelecido pelo Acordo Trips). A Ata de 1991 da Convenção da Upov restringe ainda mais o acesso e o uso de variedades protegidas sem a autorização do obtentor, tornando mais rígida a proteção.

O período de proteção é estendido, passando de no mínimo quinze anos, para a maior parte das espécies (e dezoito anos para as videiras, as árvores frutíferas, florestais e ornamentais), na Ata de 1978, para no mínimo vinte anos (e 25 anos para as videiras e árvores), na Ata de 1991. As atividades abrangidas pela proteção são também ampliadas: na Ata de 1978, só dependem da autorização do obtentor a produção com fins comerciais, o oferecimento à venda e a comercialização das variedades protegidas, ou seja, a autorização só é necessária para fins comerciais, ao passo que a Ata de 1991 passa a exigir a autorização do obtentor para a produção ou reprodução das variedades protegidas para quaisquer finalidades. Ademais, passaram a ser também abrangidas pela proteção (na Ata de 1991) a exportação, a importação e a manutenção em estoque, estendendo-se, assim, o escopo da proteção conferida aos direitos dos obtentores. O objeto da proteção é também ampliado: na Ata de 1978, ele abrange essencialmente o material de reprodução ou de multiplicação vegetativa, como tal, da variedade, ao passo que na Ata de 1991 ele passa a abranger não só o material de reprodução ou de multiplicação, em si, como também o produto da colheita (até mesmo plantas inteiras e partes de plantas) – quando obtido pelo uso não autorizado do material propagativo e se o obtentor não teve "oportunidade razoável" de exercer o seu direito em relação ao material propagativo. Mais do que isso: a ata de 1991 prevê ainda que os países podem estender a proteção aos produtos feitos diretamente com base no produto da colheita da variedade protegida (por exemplo óleo de soja, farelo de soja etc.).

As exceções aos direitos dos obtentores são, por outro lado, restringidas. Pela Ata de 1978, os obtentores podem usar as variedades protegidas para o desenvolvimento de novas variedades, assim como comercializar as novas variedades, sem a autorização do obtentor. A autorização do obtentor é exigida, entretanto, quando o uso repetido da variedade é necessário para a produção comercial de outra variedade. Na Ata de 1991, a isenção do melhorista é mantida, mas limitada. Se uma nova variedade é tão próxima de uma variedade protegida que pode ser considerada "essencialmente derivada" dessa, a autorização do obtentor é exigida, o que ocorre também em relação às variedades que não se distingam claramente das variedades protegidas. Assim, o obtentor da variedade X tem o direito de exigir que o obtentor da variedade Y solicite a sua autorização (e o eventual pagamento de *royalties*) para a comercialização da variedade Y, se essa derivou essencialmente da variedade X. As variedades "essencialmente derivadas" são, em geral, resultantes da engenharia genética, em que a inovação do melhorista consiste apenas na inserção de um novo gene ou uma pequena manipulação genética; podem resultar também de melhoramento "cosmético", que não representa nenhuma inovação significativa em relação à variedade que lhe deu origem. Na prática, entretanto, o conceito de variedade "essencialmente derivada" é altamente controvertido, e não há consenso entre os melhoristas sobre a definição da distância genética mínima necessária para que uma segunda variedade não se caracterize como "essencialmente derivada" e esteja, portanto, fora do escopo de proteção dos direitos do obtentor da primeira variedade (usada para o desenvolvimento da segunda)[305].

---

305. Laurence R. Helfer. *Intellectual property rights in plant varieties:* international legal regimes and policy options for national governments. Roma: FAO, 2004.

Outra distinção importante é a que se refere aos direitos dos agricultores. Pela Ata de 1978, os agricultores podem guardar as sementes de variedades protegidas para utilizá-las nas safras seguintes sem necessidade de autorização do obtentor. Pela Ata de 1991, os agricultores só podem utilizar as sementes guardadas de colheitas anteriores se as leis nacionais o permitirem, "dentro de limites razoáveis e desde que sejam resguardados os legítimos interesses do obtentor", e desde que "em suas próprias terras". O intercâmbio de sementes entre os agricultores não é permitido porque os agricultores devem reproduzir as sementes guardadas em suas próprias terras, e essas também só podem ser utilizadas nas suas próprias terras[306]. A venda de sementes de variedades protegidas para outros agricultores também não é permitida. Pela Ata de 1991, as leis nacionais podem decidir que os agricultores não podem reutilizar as sementes guardadas nas colheitas seguintes ou que apenas alguns agricultores (por exemplo, pequenos agricultores) têm esse direito, ou eles devem pagar *royalties* aos obtentores para que possam manter essa prática tradicional. As leis nacionais podem também limitar a extensão das áreas, a quantidade de sementes e de espécies a que se aplica o direito do agricultor de reutilização de sementes.

Finalmente, a Ata de 1978 se distingue da de 1991 por proibir expressamente a dupla proteção (por direito de obtentor e patente) a uma mesma variedade, devendo os países que admitirem a proteção pelas duas formas aplicar apenas uma delas a um mesmo gênero ou a uma mesma espécie botânica. Essa proibição foi removida da Ata de 1991, tornando possível, portanto, a aplicação da dupla proteção às variedades de plantas. O sistema Upov deixou assim de ser uma alternativa ao

---

306. Um erro comum em relação à Ata de 1991 da Convenção da Upov é supor que ela proíbe, de forma geral, os agricultores de guardar as suas sementes para utilização nas safras seguintes. A Convenção da Upov e qualquer legislação baseada nela se aplicam unicamente às variedades protegidas (por direitos de propriedade intelectual). As variedades de domínio público não sofrem tais restrições (embora sofram, no Brasil, as restrições ao uso próprio estabelecidas pela Lei de Sementes e pelo decreto que a regulamentou). Consultar, a esse respeito, o subcapítulo sobre a Lei de Sementes, em que esse tema é tratado.

Quadro 4 – Diferenças entre as atas de 1978 e de 1991
da convenção Upov e o sistema de patentes

Normas relativas à proteção	Upov 1978	Upov 1991	Sistema de patentes (Acordo Trips)
Condições para a proteção	Novidade, distinção, homogeneidade, estabilidade, denominação.	Novidade, distinção, uniformidade, estabilidade, denominação.	Novidade, atividade inventiva e aplicação industrial; a invenção deve ser divulgada.
Duração da proteção	No mínimo quinze anos.	No mínimo vinte anos.	Não pode ser inferior a vinte anos.
Âmbito da proteção	Produção com fins comerciais, oferecimento à venda e comercialização. A proteção do cultivar recai sobre o material de reprodução ou de multiplicação vegetativa como tal da variedade.	A proteção se estende também ao produto da colheita (por exemplo, grão de soja), quando obtido pelo uso não autorizado do material propagativo e se o obtentor não teve "oportunidade razoável" de exercer o seu direito. Pode se estender ainda a qualquer produto feito com base no produto da colheita (por exemplo óleo de soja).	1) Em relação aos produtos: produção, utilização, oferecimento à venda, venda ou importação; 2) em relação aos processos: utilização, oferecimento à venda, venda ou importação.
Isenção do melhorista	A isenção do melhorista é reconhecida.	A isenção do melhorista é reconhecida, mas não se aplica às variedades "essencialmente derivadas".	Depende da lei de cada país, mas as exceções se limitam a pesquisas/uso experimental.
"Privilégio" do agricultor	Não há previsão expressa a esse respeito, mas como só exige a autorização do obtentor para a produção com fins comerciais, o oferecimento à venda e a comercialização, os agricultores podem utilizar as sementes guardadas para uso próprio nas safras seguintes, assim como trocá-las entre si.	Cada país decide se permitirá, "dentro de limites razoáveis e desde que sejam resguardados os legítimos interesses do obtentor", que os agricultores utilizem, para fins de propagação e em suas próprias terras, o produto da colheita de variedades protegidas sem a autorização do obtentor. O intercâmbio entre agricultores não é permitido.	Em geral, não é previsto, mas as leis nacionais podem fazê-lo.

sistema de patentes, tal como concebido inicialmente, já que a Ata de 1991 passou a permitir que o direito de obtentor seja utilizado como proteção adicional às patentes. O sistema Upov está, na verdade, tornando-se cada vez mais próximo do sistema de patentes, sobretudo para os países que ratificaram a Ata de 1991. Atualmente, os países que quiserem se tornar membros da Upov devem aderir à Ata de 1991, pois as adesões à Ata de 1978 só foram possíveis até 1998.

ALGUNS PAÍSES QUE DISSERAM NÃO À UPOV

É possível, entretanto, ser membro da OMC e cumprir com as obrigações assumidas perante o Acordo Trips sem ter que necessariamente adotar uma das atas da Convenção da Upov ou mesmo se tornar membro da Upov. A Índia, por exemplo, aprovou, em 2001, a Lei de Proteção às Variedades de Plantas e aos Direitos dos Agricultores. A lei indiana combina aspectos da Convenção da Upov, no que diz respeito aos direitos dos melhoristas, com os princípios estabelecidos pela Convenção sobre Diversidade Biológica em relação ao acesso aos recursos genéticos e aos conhecimentos tradicionais associados, e será objeto de análise mais aprofundada no capítulo relativo aos direitos dos agricultores. O importante é destacar que a Índia é membro da OMC e aderiu ao Acordo Trips, mas adotou uma lei que não corresponde a nenhuma das duas atas da Upov – é um sistema *sui generis*.

A alternativa de não se tornar membro da Upov, apesar de fazer parte da OMC e de ter de seguir as normas do Trips e de adotar um sistema de proteção às variedades de plantas, tem sido seguida por vários países asiáticos, como Nepal, Bangladesh, Paquistão e Sri Lanka, que não são membros da Upov até o momento[307]. O Nepal sofreu forte pressão dos Estados Unidos para que aderisse à Upov, como cumprimento de suas obrigações perante o Acordo Trips, quando estava na fase inicial de

---

307. Situação em 15 de janeiro de 2009, conforme consulta ao site da Upov: www.upov.int.

adesão à OMC, em 2003. Entretanto, em virtude de ampla campanha conduzida por organizações da sociedade civil nepalense, mostrando o impacto negativo do sistema Upov sobre os sistemas agrícolas tradicionais, o governo nepalense acabou resistindo à pressão norte-americana, e não aderiu à Upov[308].

Assim como outros países asiáticos, a Tailândia optou por não ser membro da Upov, embora a sua legislação nacional adote uma orientação próxima à ata de 1978 da Upov, que confere maior flexibilidade aos países em desenvolvimento e permite reconhecimento mais amplo dos direitos dos agricultores. A lei tailandesa, aprovada em 1999, prevê vários níveis de proteção a diferentes categorias de variedades de plantas: as variedades novas (desenvolvidas ou descobertas por melhoristas), as variedades domésticas locais (que só existem em uma localidade específica dentro do país e nunca foram registradas), as variedades domésticas gerais (originárias ou existentes no país e largamente usadas) e as variedades selvagens (que existem no seu *habitat* natural e não são cultivadas). Prevê ainda a participação de membros indicados pelos agricultores na Comissão de Proteção às Variedades de Plantas, responsável pelo registro das diferentes variedades de plantas.

Alguns países africanos, como Namíbia e Uganda, têm proposto leis nacionais baseadas no modelo adotado pela Organização da Unidade Africana, organização internacional fundada em 1963, que antecedeu a União Africana, que foi constituída em 2002 e é atualmente formada por todos os países do continente africano, com exceção do Marrocos, tendo como objetivo promover a cooperação entre os países africanos.

---

308. Regine Andersen & Tone Winge. *Success stories from the realization of farmers'rights related to plant genetic resources for food and agriculture*. Lysaker, Noruega: Fridtjof Nansen Institute, 2008, p. 53-56. Consultar também o estudo realizado pelo Banco Mundial sobre os impactos das leis de proteção de cultivares sobre cinco países em desenvolvimento: China, Índia, Colômbia, Quênia e Uganda: Rob Tripp, Derek Eaton, Niels Louwaars. *Intellectual property rights:* designing regimes to support plant breeding in developing countries. Washington: World Bank, 2006.

A Lei Modelo africana[309] foi aprovada durante o 34º Encontro da Organização da Unidade Africana, realizado em Burkina Faso em 1998, em que se decidiu que os países africanos deveriam seguir tal modelo em suas leis nacionais, adaptando-o às peculiaridades de cada país. A Lei Modelo africana visa a implementar tanto a Convenção sobre Diversidade Biológica como o Acordo Trips da OMC, especialmente no que diz respeito à proteção às variedades de plantas, e prevê tanto os direitos dos agricultores como os dos melhoristas de instituições de pesquisa. (No capítulo sobre direitos dos agricultores falaremos com mais profundidade da Lei Modelo africana). Os únicos países africanos que se tornaram membros da Upov são a Tunísia e o Marrocos (que ratificaram a Ata de 1991) e o Quênia e a África do Sul (que aderiram à Ata de 1978).

Outros países, entretanto, aderiram à Upov durante a vigência da Ata de 1978 e não pretendem ratificar a de 1991, justamente em virtude das restrições impostas aos direitos dos agricultores. Em 2005, o governo norueguês rejeitou um projeto de lei que tornava mais rígida a proteção conferida aos direitos de melhoristas, para que o país pudesse aderir à Ata de 1991. O projeto de lei foi rejeitado por dois motivos principais: limitaria muito os direitos dos agricultores de guardar, reutilizar e trocar sementes e aumentaria as despesas dos agricultores noruegueses, que seriam obrigados a comprar sementes todos os anos. A Noruega é membro da Upov com base na Ata de 1978 e sustenta firmemente o seu direito de continuar membro da Upov com base nessa ata. A China também é membro da Upov com base na Ata de 1978, e nas Américas, além do Brasil, a Argentina, o Paraguai, o Uruguai, o Chile, a Colômbia, o Equador, a Colômbia e o México também o são[310]. (Muitos países americanos, entretanto, têm sido forçados a adotar regimes de propriedade intelectual mais rígidos em virtude de acordos bilaterais ou regionais de

---

309. Lei Modelo Africana para o Reconhecimento e a Proteção dos Direitos de Comunidades Locais, Agricultores e Melhoristas e para a Regulamentação do Acesso aos Recursos Genéticos.
310. Situação em 15 de janeiro de 2009, conforme consulta ao *site* da Upov: www.upov.int.

livre comércio com os Estados Unidos e com a União Europeia, conforme já informado).

As patentes e o sistema Upov

Apesar de os países-membros da OMC poderem optar, nos termos do Acordo Trips (artigo 27.3.b), pela adoção de um sistema *sui generis* para a proteção das variedades vegetais, eles estão obrigados, por esse acordo, a permitir o patenteamento dos micro-organismos e dos processos essencialmente biológicos para a produção de plantas. Portanto, uma variedade de planta pode também incorporar uma invenção, passível de patenteamento, mais provavelmente na forma de um componente geneticamente engenheirado (um gene ou uma sequência genética). Surge, diante disso, a questão: o patenteamento de um componente genético de uma variedade de planta pode restringir o uso dessa variedade para o desenvolvimento de novas variedades? Essa questão é pertinente porque a isenção do melhorista, prevista no sistema Upov, permite o acesso às variedades protegidas para o desenvolvimento de novas variedades, e o sistema de patentes em geral não prevê tal isenção, restringindo, portanto, o acesso ao componente patenteado da variedade, ainda que para fins de melhoramento.

A fim de evitar que as patentes pudessem bloquear o acesso a materiais genéticos vegetais necessários para o desenvolvimento de novas pesquisas científicas, a Diretiva 98/44 da União Europeia sobre a Proteção Legal de Invenções Biotecnológicas estabeleceu que os países-membros devem permitir que os melhoristas de plantas requeiram uma licença compulsória para o uso da invenção patenteada, mediante o pagamento de *royalties* ao titular da patente, quando a invenção patenteada (incorporada à variedade de planta) for transferida da variedade original para a nova variedade. Os solicitantes de tais licenças compulsórias devem, entretanto, demonstrar que não foi possível negociar uma licença contratual e que a variedade de planta em desenvolvimento representa um "progresso técnico significativo" e de "considerável interesse econômico, quando comparado com a invenção patenteada". Arndjan Van Wijk e Niels Louwaars destacam, porém, que tais condições são muito vagas e onerosas para os melhoristas. O desenvolvimento de nova variedade de planta geralmente leva muitos anos, e é muito difícil demonstrar o valor econômico e técnico de um eventual produto final ainda no início da pesquisa, quando a licença compulsória (para o uso do componente patenteado) deve ser requerida[311].

A França e a Alemanha adotaram leis mais incisivas para resguardar a isenção do melhorista e o avanço das pesquisas científicas, ao permitir expressamente que os melhoristas utilizem materiais genéticos que contenham componentes patenteados. Entretanto, se for desenvolvida uma nova variedade e ela contiver o componente genético patenteado, a autorização do obtentor será necessária para a comercialização da nova variedade. Se o componente genético patenteado for, contudo, "retirado" do material, o titular da patente não terá nenhum direito sobre a nova variedade.

Outro ponto de tensão é o direito do agricultor de guardar sementes para as safras seguintes, previsto no sistema Upov e, em geral, não resguardado pelo sistema de patentes. A Diretiva 98/44 da União Europeia sobre a Proteção Legal de Invenções Biotecnológicas estabelece (artigo 11) que deve ser resguardado o direito do agricultor de guardar sementes de variedades de plantas que contenham componentes patenteados (em geral, geneticamente modificadas). Para tanto, devem ser observados os seguintes parâmetros: o direito do agricultor de guardar sementes se restringe a cerca de vinte espécies (estão incluídas espécies

---

311. Arndjan Van Wijk & Niels Louwaars. *Framework for the introduction of plant breeders' rights in countries with an emerging plant variety protection system. Plant variety protection course*. Holanda: Naktuinbouw; Centre for Genetic Resources, jun. 2008. Consultar também: Rolfe Jördens. "Legal and technological developments leading to this symposium: Upov's perspective." *In*: Wipo-Upov Symposium on the Co-Existence of Patents and Plant Breeders' Rights in the Promotion of Biotechnological Developments, 25 Out. 2002, Genebra. *Documents*. Genebra: Upov, 2002. Disponível em: www.upov.int. Acessado em 10/9/2008.

de trigo, aveia, cevada, centeio, batata e de algumas forrageiras) e exige o pagamento de uma remuneração aos obtentores, que deve corresponder a um valor "substancialmente menor" do que aquele que seria devido a título de *royalties*. Estão isentos do pagamento de *royalties*, no entanto, os pequenos agricultores que produzem menos de 92 toneladas de grãos de cereais. Esses parâmetros são os mesmos aplicados para o reconhecimento do direito do agricultor sobre variedades protegidas por direitos de obtentor[312]. Os agricultores podem, portanto (atendidos os limites descritos acima), reproduzir também as sementes com componentes geneticamente modificados e patenteados.

A LEI DE PROTEÇÃO DE CULTIVARES DO BRASIL

O Brasil foi um dos países que aderiram à Ata de 1978 da Convenção da Upov, depois de aprovar uma legislação interna de proteção às obtenções vegetais (a Lei 9.456, de 25 de abril de 1997, mais conhecida como Lei de Proteção de Cultivares)[313]. Portanto, já adotou os parâmetros mínimos de proteção à propriedade intelectual sobre variedades de plantas, nos termos do Acordo Trips, e é membro da OMC desde sua fundação. O Brasil não tem nenhuma obrigação legal de aderir à Ata de

---

312. Conforme o Regulamento (da União Europeia) nº 2.100, de 27 de julho de 1994, que estabelece as normas relativas à proteção de variedades de plantas que devem ser aplicadas pelos países-membros da União Europeia.
313. A Lei de Proteção de Cultivares é regulada pelo Decreto 2.366, de 5 de novembro de 1997. Essa lei criou, no Ministério da Agricultura, Pecuária e Abastecimento (Mapa), o Serviço Nacional de Proteção de Cultivares (SNPC), a quem atribui a competência pela proteção de cultivares. NÃO confundir o Serviço Nacional de Proteção de Cultivares (SNPC), onde são inscritos os cultivares protegidos, com o Registro Nacional de Cultivares (RNC), onde são inscritos os cultivares para fins de produção, beneficiamento e comercialização de sementes e mudas. São serviços com atribuições diferentes, apesar de ambos fazerem parte da estrutura do Mapa. O SNPC está ligado ao Departamento de Propriedade Intelectual e Tecnologia da Agropecuária, da Secretaria de Desenvolvimento Rural e Cooperativismo, e tem como área de suporte o Laboratório Nacional de Análise, Diferenciação e Caracterização de Cultivares (Ladic).

1991 da Upov, podendo optar, em virtude dos interesses dos vários atores sociais envolvidos na agricultura brasileira, por manter sua adesão à Ata de 1978. Pouco antes de aprovar a Lei de Proteção de Cultivares, o Brasil havia editado a Lei de Patentes (Lei 9.279, de 14 de maio de 1996, que regula direitos e obrigações relativos à propriedade industrial).[314] (Veja o quadro 5, que contém uma comparação da Lei de Proteção de Cultivares com a Lei de Patentes).

O Brasil, como a maior parte dos países em desenvolvimento, adotou uma lei de proteção de cultivares em virtude das obrigações decorrentes da adesão ao Acordo sobre Aspectos dos Direitos de Propriedade Intelectual Relacionados ao Comércio (Trips) da Organização Mundial do Comércio (OMC) e das pressões políticas exercidas por empresas de agroquímicos, biotecnologia e produção de sementes (grande parte delas, multinacionais) e de algumas instituições de pesquisa agropecuária. A lei aprovada pelo Congresso Nacional resultou de dois projetos legislativos, apresentados pelo deputado Renato Johnsson (PPB-PR) e pelo Poder Executivo[315], e foi elaborada para que o Brasil pudesse aderir à Convenção da Upov de 1978, embora contenha alguns dispositivos (especialmente a proteção ao cultivar "essencialmente derivado") que constam apenas da Ata de 1991. As obrigações assumidas perante o Trips da OMC não obrigavam o Brasil (ou qualquer outro país) a adotar uma lei de proteção de cultivares no modelo Upov ou mesmo a se tornar membro dessa organização. O Brasil poderia ainda ter optado por outro sistema *sui generis*, como fizeram a Índia e outros países, assim como poderia ter usufruído do prazo estabelecido pelo Acordo Trips (até 2005) para que os países em desenvolvimento adaptassem suas leis

---

314. A Lei de Patentes entrou em vigor um ano após a sua publicação, revogando a lei anterior, que regulava os direitos de propriedade industrial. (Lei 5.772, de 21 de dezembro de 1971).

315. Para um histórico detalhado do processo de tramitação da Lei de Proteção de Cultivares no Congresso Nacional, com todos os projetos, substitutivos e emendas apresentados pelos diversos setores, consultar: José Cordeiro de Araújo. *A Lei de Proteção de Cultivares:* análise de sua formulação e conteúdo. Brasília: 1998. Consultar também: David Hathaway. *Quadro comparativo dos principais dispositivos:* PL 1.457/96 (Lei de Cultivares), Upov 78 e Upov 91. Rio de Janeiro: AS-PTA, 1996; David Hathaway. *A Lei de Cultivares.* Rio de Janeiro: AS-PTA, 1997.

nacionais. Tais alternativas não foram, porém, consideradas pelo governo brasileiro, que manteve o foco das discussões não sobre a alternativa de aderir ou não à Upov, mas de aderir à Upov de 1978 ou à Upov de 1991 (que só entrou em vigor em 1998)[316].

Assim, o projeto de lei aprovado pelo Congresso Nacional corresponde, em grande parte, à Convenção da Upov de 1978. Relacionamos a seguir os pontos mais importantes da Lei de Proteção de Cultivares:

1) A lei prevê a exclusividade do direito do obtentor, ou seja, aquele que desenvolve um cultivar novo, distinto, homogêneo e estável adquire o direito de propriedade (intelectual) sobre esse, por meio da concessão de um certificado de proteção de cultivar. Tornando-se o titular do direito de propriedade sobre um cultivar, o obtentor passa a ter o monopólio sobre a sua produção com fins comerciais, e os terceiros interessados em reproduzi-lo comercialmente dependem de sua autorização (em geral, condicionada ao pagamento de *royalties*). O prazo geral de proteção é de quinze anos, contados a partir da data da concessão do certificado provisório de proteção, e de dezoito anos para as videiras, as árvores frutíferas, florestais e ornamentais.

2) A proteção se estende não só ao cultivar novo como também ao cultivar essencialmente derivado. Cultivar novo é o que não foi oferecido à venda no Brasil há mais de doze meses em relação à data do pedido de proteção e não foi oferecido à venda em outros países, com o consentimento do obtentor, há mais de seis anos para espécies de árvores e videiras e há mais de quatro anos para as demais espécies.

3) A extensão da proteção ao cultivar essencialmente derivado não é prevista na Convenção da Upov de 1978, e, sim, na Convenção da Upov de 1991, e essa é a principal diferença entre a lei brasileira e a Ata de 1978 da Upov. Conforme já destacado, o conceito de cultivar

---

316. José Cordeiro de Araújo. *A Lei de Proteção de Cultivares*: análise de sua formulação e conteúdo. Brasília: 1998, p. 30.

essencialmente derivado é muito controvertido e dá margem a diferentes interpretações. Alguns pesquisadores argumentam que o conceito deve se aplicar apenas às variedades resultantes da engenharia genética, mas não há essa previsão na lei brasileira. A Upov de 1991 estabelece que a variedade essencialmente derivada de uma variedade protegida só é passível de proteção se esta não for, ela própria, uma variedade essencialmente derivada. A Upov de 1991 não permite a proteção da "derivada da derivada", mas a lei brasileira não contém tal restrição. Segundo a lei brasileira, cultivar essencialmente derivado é aquele que:

a) é predominantemente derivado do cultivar inicial ou de outro cultivar essencialmente derivado, sem perder a expressão das características essenciais que resultem do genótipo ou da combinação de genótipos do cultivar do qual derivou, exceto no que diz respeito às diferenças resultantes da derivação;
b) é claramente distinto do cultivar do qual derivou, por margem mínima de descritores, de acordo com os critérios estabelecidos pelo órgão competente;
c) não tenha sido oferecido à venda no Brasil há mais de doze meses em relação à data do pedido de proteção e não tenha sido oferecido à venda em outros países, com o consentimento do obtentor, há mais de seis anos para espécies de árvores e videiras e há mais de quatro anos para as demais espécies.

4) Cultivar distinto é o que se distingue claramente de qualquer outro cuja existência na data do pedido de proteção seja reconhecida. Cultivar homogêneo é o que, utilizado em plantio, em escala comercial, apresente variabilidade mínima quanto aos descritores que o identifiquem. Cultivar estável é o que, reproduzido em escala comercial, mantenha a sua homogeneidade por gerações sucessivas.

5) A lei prevê ainda o direito do agricultor de reservar e plantar sementes para uso próprio, em seu estabelecimento ou em estabelecimento

de terceiros cuja posse detenha (o que é chamado de "privilégio do agricultor"), assim como de usar ou vender como alimento ou matéria-prima o produto obtido do seu plantio (exceto para fins reprodutivos). Além do direito de reservar e plantar sementes para uso próprio (reconhecido a todos os agricultores), a lei estende ainda ao "pequeno produtor rural"[317] o direito de multiplicar sementes, para doação ou troca, exclusivamente para outros "pequenos produtores rurais", no âmbito de programas de financiamento ou de apoio a "pequenos produtores rurais", conduzidos por órgãos públicos ou organizações não governamentais, autorizados pelo poder público. Durante a tramitação do projeto de lei no Congresso Nacional, essa foi uma das questões mais polêmicas, pois as organizações da sociedade civil sustentaram arduamente que os pequenos agricultores deveriam ter um tratamento diferenciado não só para a multiplicação de sementes para doação ou troca, mas também para a venda[318]. A venda de sementes acabou, entretanto, sendo excluída do projeto de lei aprovado, e a necessidade de autorização do obtentor (e de pagamento de *royalties*) para a produção comercial de sementes de variedades protegidas tem trazido enormes dificuldades para que os pequenos agricultores possam produzir as suas próprias sementes e vendê-las a outros pequenos agricultores em mercados locais.

6) A lei estabelece também a "isenção do melhorista" ou "privilégio do pesquisador", ou seja, a autorização do obtentor não é necessária

---

317. Segundo o artigo 10, parágrafo 2º, da Lei de Proteção de Cultivares, é considerado pequeno produtor rural aquele que, simultaneamente, atende os seguintes requisitos: – explora parcela de terra na condição de proprietário, posseiro, arrendatário ou parceiro; mantém até dois empregados permanentes, sendo admitido ainda o recurso eventual à ajuda de terceiros, quando a natureza sazonal da atividade agropecuária o exigir; – não detém, a qualquer título, área superior a quatro módulos fiscais; – tem, no mínimo, 80% de sua renda bruta anual proveniente da exploração agropecuária ou extrativa; e reside na propriedade ou em aglomerado urbano ou rural próximo.
318. José Cordeiro de Araújo. *A Lei de Proteção de Cultivares:* análise de sua formulação e conteúdo. Brasília: 1998, p.55.

para a utilização do cultivar como fonte de variação no melhoramento genético ou na pesquisa científica. A autorização do obtentor é exigida, entretanto, quando o uso repetido do cultivar protegido for necessário para a produção comercial de outro cultivar ou de híbrido, e a exploração comercial de cultivar essencialmente derivado também depende da autorização de seu obtentor.

7) Segundo a lei, a proteção do cultivar recai sobre o material de reprodução ou de multiplicação vegetativa da planta inteira. A propagação de plantas pode-se dar por meio de reprodução, por sementes propriamente ditas, ou multiplicação, por mudas, tubérculos, estacas e demais estruturas vegetais (ou ambas). A lei não faz diferença, para fins de proteção, entre espécies que se propagam por multiplicação sexuada ou vegetativa. Os projetos de lei em tramitação no Congresso Nacional (apresentados pelo Poder Executivo e pelo deputado Renato Johnsson) previam, entretanto, que a proteção de cultivares, em relação às espécies de multiplicação vegetativa (mandioca, abacaxi, batata-doce, inhame, cana-de-açúcar etc.), se estenderia não só sobre o material de multiplicação propriamente dito, mas também sobre o produto final da lavoura, exceto em cultivos de subsistência. O agricultor, mesmo que estabelecesse sua lavoura com base na multiplicação de mudas de produção própria, deveria, para comercializar sua produção (o produto final de sua lavoura), pedir a autorização do obtentor e pagar os *royalties* correspondentes. Essa proposta, defendida principalmente pelo setor sucroalcooleiro (encabeçado pela Coopersucar)[319], acabou, contudo, não prevalecendo para todas as espécies de propagação vegetativa. Ela foi mantida, entretanto, para a cana-de-açúcar apenas: para multiplicar material vegetativo, mesmo que para uso próprio, o produtor de cana-de-açúcar é obrigado a obter a autorização do titular do direito sobre o cultivar, se detiver a posse ou domínio de propriedades rurais com áreas superiores a quatro módulos fiscais.

---

319. José Cordeiro de Araújo. *A Lei de Proteção de Cultivares:* análise de sua formulação e conteúdo. Brasília: 1998, p. 58.

8) A lei prevê ainda a "licença compulsória" e o "uso público restrito". A licença compulsória é concedida pelo poder público a legítimo interessado, para que esse possa explorar o cultivar independentemente da autorização de seu titular, por prazo de três anos, prorrogável por iguais períodos, sem exclusividade e mediante remuneração. O cultivar poderá ainda ser declarado de "uso público restrito", *ex officio*, pelo ministro da Agricultura, com base em parecer técnico dos órgãos competentes, no exclusivo interesse público, para atender às necessidades da política agrícola, nos casos de emergência nacional, abuso do poder econômico ou outras circunstâncias de extrema urgência e em casos de uso público não comercial. Ademais, entre os motivos que podem ensejar o cancelamento do certificado de proteção de cultivar está a "comprovação de que o cultivar tenha causado, após a sua comercialização, impacto desfavorável ao meio ambiente ou à saúde humana". Até o momento, entretanto, não houve, no Brasil, nenhum caso de licença compulsória, uso público restrito ou cancelamento de certificado de proteção de cultivar por impacto desfavorável ao meio ambiente ou à saúde humana.

Os impactos socioambientais da Lei de Proteção de Cultivares e da Lei de Sementes sobre a agricultura familiar e agroecológica têm sido frequentemente apontados por organizações da sociedade civil brasileira e pelos próprios agricultores[320]. Apesar disso, algumas propostas legislativas pretendem restringir ainda mais o acesso e a livre circulação

---

320. Flávia Londres. *A nova legislação de sementes e mudas no Brasil e seus impactos sobre a agricultura familiar*. Rio de Janeiro: Articulação Nacional de Agroecologia, 2006. Disponível em: www.agroecologia.org.br. Consultar também as cartilhas *Semente crioula é legal* e *A produção de sementes registradas*, elaboradas pela Articulação Nacional de Agroecologia, que podem ser solicitadas pelo e-mail: secretaria.ana@agroecologia.org.br. Consultar, ainda, a publicação *O jogo da privatização da biodiversidade,* da organização de direitos humanos Terra de Direitos, disponível em: www.terradedireitos.org.br; e Maria Rita Reis. "Considerações sobre o impacto da propriedade intelectual sobre sementes na agricultura camponesa." *In*: Fernando Mathias & Henry de Novion. *As encruzilhadas das modernidades*: debates sobre biodiversidade, tecnociência e cultura. São Paulo: ISA, 2006, p. 229-241.

Quadro 5 - Principais dispositivos da Lei de Proteção de Cultivares e da Lei de Patentes brasileiras

	Lei de Proteção de Cultivares	Lei de Propriedade Industrial: dispositivos relativos às patentes
Objeto da proteção	É passível de proteção o novo cultivar ou o cultivar essencialmente derivado, de qualquer gênero ou espécie vegetal. (Na prática, só são incluídas no regime de proteção as espécies cujos descritores mínimos já foram aprovados).	Qualquer invenção, de produto ou processo. Não se considera invenção o todo ou parte de seres vivos naturais e materiais biológicos encontrados na natureza, ou ainda que dela isolados. Não são patenteáveis o todo ou parte dos seres vivos, exceto os micro-organismos transgênicos.
Condições para a proteção	Novidade, distinção, homogeneidade, estabilidade e denominação.	Novidade, atividade inventiva e aplicação industrial.
Duração da proteção	Pelo prazo de quinze anos, contados a partir da data da concessão do certificado provisório de proteção, e de dezoito anos para as videiras, as árvores frutíferas, florestais e ornamentais.	A patente de invenção vigora pelo prazo de vinte anos, contados a partir da data de depósito.
Âmbito da proteção	Produção com fins comerciais, oferecimento à venda e comercialização.	Produção, utilização, oferecimento à venda, venda ou importação de produto objeto de patente e processo ou produto obtido diretamente por processo patenteado.
Isenção do melhorista	A isenção do melhorista é reconhecida. A autorização do obtentor não é necessária para a utilização do cultivar como fonte de variação no melhoramento genético ou na pesquisa científica. A autorização do obtentor é exigida, entretanto, quando o uso repetido do cultivar protegido for necessário para a produção comercial de outro cultivar ou de híbrido, ou para a exploração de cultivar essencialmente derivado.	Os direitos conferidos ao titular da patente não se aplicam: aos atos praticados por terceiros não autorizados, com finalidade experimental, relacionados a estudos ou pesquisas científicas ou tecnológicas; a terceiros que, no caso de patentes relacionadas com matéria viva, utilizem, sem finalidade econômica, o produto patenteado como fonte inicial de variação ou propagação para obter outros produtos.
"Privilégio do agricultor"	São previstos tanto a isenção do melhorista como o "privilégio do agricultor".	Não é previsto.
Dupla proteção	Não é permitida. A proteção de cultivares se efetua mediante a concessão de certificado de proteção de cultivar, única forma de proteção de cultivares.	Não permite o patenteamento do todo ou parte dos seres vivos, mas excetua os micro-organismos transgênicos.

e intercâmbio de sementes pelos agricultores e estabelecer uma proteção ainda mais rígida aos direitos dos obtentores, ignorando os seus reflexos sobre a conservação da agrobiodiversidade e a segurança alimentar de comunidades locais. São propostas que atendem principalmente aos interesse da agricultura industrializada e altamente capitalizada, em detrimento dos sistemas agrícolas locais.

Tramita no Congresso Nacional um projeto de lei[321] que pretende alterar a Lei de Proteção de Cultivares, estendendo os direitos dos obtentores e restringindo ainda mais os direitos dos agricultores. O projeto de lei visa a adaptar a lei brasileira às disposições da Ata de 1991 da Convenção da Upov, pois atualmente a lei brasileira segue basicamente as disposições da Ata de 1978. O projeto pretende ampliar a proteção aos direitos do obtentor: atualmente, o objeto da proteção abrange apenas o material de reprodução ou de multiplicação vegetativa, e este passaria a incluir também o produto da colheita (por exemplo, grão de soja). Ademais, pela lei atual só são abrangidas pela proteção as seguintes atividades: a produção com fins comerciais, o oferecimento à venda e a comercialização das variedades protegidas. O projeto pretende abarcar também a exportação, a importação e o armazenamento, tanto da planta inteira como de partes da planta. Restringe ainda os direitos dos agricultores de reservar e plantar sementes para uso próprio, ao acrescentar que tal direito só pode ser exercido "com fins exclusivos de consumo próprio". Caso se torne lei, o referido projeto impedirá a prática tradicional de intercâmbio de sementes entre os agricultores, fundamental para a circulação de sementes e saberes agrícolas e para a conservação da agrobiodiversidade.

O próprio Poder Executivo discute ainda, no âmbito de vários ministérios, um projeto de lei a ser encaminhado ao Congresso Nacional ainda

---

321. O Projeto de lei 2.325/2007, apresentado pela deputada Rose de Freitas (PMDB-ES), objetiva alterar os artigos 8º, 9º, 10º e 37º da Lei 9.456/1997 (Lei de Proteção de Cultivares). O deputado Moacir Micheletto apresentou o Projeto de lei 3.100/2008, que também pretende alterar o art. 10 da Lei de Proteção de Cultivares, restringindo o uso próprio das sementes.

mais restritivo em relação aos direitos dos agricultores. O objetivo do projeto é também adequar a lei brasileira às disposições da Ata de 1991 da Convenção da Upov, embora o Brasil não tenha nenhuma obrigação legal de fazê-lo. O prazo de proteção é aumentado de quinze anos (e dezoito anos para as videiras, árvores frutíferas, florestais e ornamentais) para vinte e vinte e cinco anos, respectivamente, e a proteção é estendida não só ao material de propagação (semente ou outro material de multiplicação, conforme a espécie) e ao produto da colheita (por exemplo, grão de soja) como também a qualquer produto feito diretamente deste (ex. óleo de soja, farelo de soja etc.), quando o produto tenha sido resultado da utilização não autorizada do material de propagação do cultivar protegido[322]. Além disso, o direito dos agricultores de reservar e plantar sementes para uso próprio seria muito restringido: a lei atual não estabelece condições (como renda máxima, tamanho da propriedade etc.) para que eles possam exercer tal direito. A definição de "pequeno produtor rural" estabelecida pela lei em vigor tem outra finalidade: só os "pequenos produtores rurais" podem multiplicar sementes, para doação ou troca, exclusivamente para outros "pequenos produtores rurais", no âmbito de programas de financiamento ou de apoio a "pequenos produtores rurais", conduzidos por órgãos públicos ou organizações não governamentais, autorizados pelo poder público. A lei atual reconhece, além do direito de reservar e plantar sementes para uso próprio (que é estendido a todos os agricultores), o direito de multiplicar sementes para doação ou troca (que se aplica apenas aos "pequenos produtores rurais").

Diferentemente, a proposta elaborada pelo Poder Executivo busca conceder apenas aos pequenos produtores rurais o direito de reservar e plantar material de propagação para uso próprio[323]. A definição de pequenos produtores rurais estabelecida pela proposta é também mais

---

322. Segundo a Ata de 1991 da Upov, a proteção se estende ao produto da colheita, e os países podem (mas não são obrigados) estendê-la também a qualquer produto feito diretamente do produto da colheita.
323. A proposta do Executivo estabelece que não se aplica o direito ao uso próprio aos cultivares de espécies ornamentais.

restritiva: os agricultores devem atender simultaneamente os seguintes requisitos: 1) explorar parcela de terra na condição de proprietário, posseiro, arrendatário ou parceiro; 2) manter até dois empregados permanentes, sendo admitido ainda o recurso eventual à ajuda de terceiros, quando a natureza sazonal da atividade agropecuária o exigir; 3) não deter, a qualquer título, área superior a quatro módulos fiscais; 4) ter, no mínimo, 80% de sua renda bruta anual proveniente da exploração agropecuária ou extrativa; e 5) residir na propriedade ou em aglomerado urbano ou rural próximo. Esses requisitos já são previstos na lei atual, mas a proposta acrescenta mais uma condição: 6) obter renda bruta anual inferior ou equivalente ao limite estabelecido para a não obrigatoriedade de preenchimento do demonstrativo da atividade rural para efeito de imposto de renda. Ademais, a proposta estabelece que os agricultores familiares, os assentados da reforma agrária, os indígenas e os integrantes de comunidades locais serão considerados "pequenos produtores rurais" (para fins de exceção ao direito do obtentor), se atendidos todos os requisitos acima.

A exigência de que o pequeno produtor rural não detenha, a qualquer título, área superior a quatro módulos fiscais, cria dificuldades para a caracterização de agricultores indígenas e tradicionais, especialmente na região da Amazônia, onde as áreas demarcadas podem exceder os quatro módulos fiscais. O que caracteriza o sistema agrícola tradicional não é a dimensão das terras ocupadas, e sim as formas tradicionais de cultivo e o uso dos recursos agrícolas. As limitações ao uso próprio de sementes, seja em virtude do tamanho da área, seja por causa da renda dos agricultores, ignoram a importância do uso próprio e dos sistemas locais de sementes para a manutenção da diversidade genética e sociocultural no campo.

O governo brasileiro (encabeçado pelo Ministério da Agricultura) pretende alterar a Lei de Proteção de Cultivares, restringindo ainda mais os direitos dos agricultores, justamente num momento em que o país acaba de assinar e ratificar o Tratado Internacional sobre os Recursos Fitogenéticos para a Alimentação e a Agricultura, da FAO. Esse tratado prevê expressamente, entre os direitos dos agricultores descritos no seu artigo 9º, o direito de conservar, utilizar, trocar e vender sementes ou material de propagação conservado em suas terras, deixando a implementação de tais direitos a cargo das legislações nacionais. O reconhecimento e a efetiva implementação dos direitos dos agricultores são uma parte essencial de toda política de manejo e conservação da diversidade de cultivos e práticas agrícolas, e qualquer alteração na lei de cultivares só pode ser considerada depois de implementados os direitos dos agricultores, previsto no referido tratado internacional.

Ao procurar adaptar a lei brasileira à Ata de 1991 da Convenção da Upov, a proposta do Executivo aproxima cada vez mais o sistema de proteção de cultivares das patentes. Tanto o sistema Upov (sobretudo a Ata de 1991) como o sistema de patentes foram desenvolvidos para atender às necessidades de um modelo agrícola industrial, que prevalece nos países europeus e nos Estados Unidos. São inadequados aos sistemas agrícolas dos países em desenvolvimento, onde as práticas de guardar e trocar sementes, e de venda de sementes em mercados locais, são fundamentais para os agricultores. A Ata de 1978 da Upov, em que se baseia a atual lei brasileira, tem o mérito de resguardar os direitos dos agricultores de reservar, plantar e trocar sementes (a Ata de 1991 exige que as leis nacionais regulem tais direitos, podendo prevê-los ou não) e é, portanto, mais adequada à realidade agrícola brasileira.

Todo o sistema Upov (tanto a Ata de 1978 como a de 1991) se baseia no conceito de "inovação cumulativa": para inovar e criar novas variedades vegetais, os melhoristas de instituições de pesquisa devem ter acesso à mais ampla diversidade genética possível. As novas variedades são criadas com base nas variedades e inovações já realizadas, e, portanto, as inovações se produzem "cumulativamente". O sistema ignora, entretanto, o primeiro elo e a base fundamental dessa cadeia de inovações: muitas sementes conservadas em bancos de germoplasma e utilizadas em programas de melhoramento vegetal foram coletadas nos campos dos agricultores, especialmente nos centros de origem e de diversidade de cultivos localizados em países agrobiodiversos. Portanto, é um "sistema de inovação cumulativa" que não considera ou reconhece as inovações produzidas pelos agricultores, que têm que arcar com as consequências da apropriação dos recursos e saberes agrícolas sem um reconhecimento de sua contribuição. É um sistema que procura conciliar o acesso livre aos recursos genéticos com uma rígida proteção às inovações produzidas pelo melhoramento genético vegetal realizado pelas instituições de pesquisa.

Por outro lado, os estudos que procuram avaliar os impactos da proteção de cultivares e o eventual aumento dos investimentos privados em pesquisa se limitam às espécies de grande valor comercial, como soja, arroz, algodão e trigo, hortaliças e ornamentais, e desconsideram os seus reflexos sobre as espécies de pouco valor comercial, mas de grande importância social. Dificilmente o setor privado investe em melhoramento genético de espécies sem interesse comercial. No Brasil, entre as espécies agrícolas incluídas no regime de proteção, 38,4% das variedades protegidas são de soja; 8,3%, de trigo; 6,5%, de cana-de-açúcar; e 6,3%, de algodão, de acordo com o Serviço Nacional de Proteção de Cultivares, do Ministério da Agricultura[324]. Ainda que o setor privado concentrasse seus esforços no desenvolvimento de cultivares de espécies de pouco interesse comercial ou subutilizadas, é pouco provável que os agricultores pobres tivessem acesso a elas. Além de seus elevados preços, as restrições às práticas dos agricultores de guardar sementes para uso próprio, impostas pelo sistema de proteção de cultivares, dificultam a circulação de novos materiais. Os direitos de propriedade intelectual e a lógica privatista e comercial que os fundamentam contribuem para a substituição dos sistemas agrícolas tradicionais, agrobiodiversos, por monoculturas baseadas em variedades homogêneas e dependentes de insumos químicos.

Também é controversa a ideia de que as instituições públicas de pesquisa agropecuária serão estimuladas a investir mais no desenvolvimento de novos cultivares, pois passarão a receber *royalties* sobre os cultivares que desenvolvem: corre-se o enorme risco de que essas instituições

---

324. Dados de outubro de 2008.

passem a priorizar as pesquisas envolvendo espécies de maior interesse comercial, a fim de receber *royalties* sobre sua utilização. A pesquisa pública deve considerar não só o retorno comercial dos novos cultivares, mas a sua importância para a conservação da agrobiodiversidade, para a segurança alimentar das comunidades locais e para a saúde dos consumidores. Ademais, deve ser estabelecido um sistema legal de proteção ao domínio público, que assegure que determinados recursos e saberes, coletivamente desenvolvidos, não possam ser objeto de apropriação privada por meio de direitos de propriedade intelectual.

Se os agricultores ricos podem pagar pelas inovações tecnológicas, isso não ocorre com os agricultores pobres, que têm o acesso às sementes cada vez mais dificultado pelas restrições impostas por uma proteção rígida aos direitos de propriedade intelectual. À medida que o setor de produção de sementes se torna concentrado e monopolizado por empresas de capital internacional, os preços das sementes se tornam mais altos e proibitivos para os agricultores pobres. Além disso, o sistema Upov restringe a liberdade dos agricultores de comprar sementes de outros agricultores ou de pequenos produtores de sementes, que não conseguem competir com as grandes multinacionais que monopolizam a produção e venda de sementes.

Do ponto de vista da agrobiodiversidade e dos direitos dos agricultores, entretanto, mais graves e impactantes do que os direitos de propriedade intelectual são as novas tecnologias genéticas de restrição de uso e as iniciativas em curso para legalizá-las. Está em tramitação no Congresso Nacional um projeto de lei[325] que visa a alterar a Lei de Biossegurança (Lei 11.105/2005), para permitir a pesquisa, o patenteamento ou qualquer outra atividade que não seja a comercialização de sementes que contenham tecnologias genéticas de restrição de uso. A atual Lei

---

325. O Projeto de lei 268/2007, apresentado pelo deputado Eduardo Sciarra (DEM-PR), visa a alterar o inciso VII e o parágrafo único do artigo 6º e o caput do artigo 28 da Lei 11.105/2005 (Lei de Biossegurança), além de acrescentar a seguinte definição de biorreatores: "organismos geneticamente modificados para produzirem proteínas ou substâncias destinadas, principalmente, ao uso terapêutico ou industrial".

de Biossegurança proíbe expressamente (artigo 6º, VII) "a utilização, a comercialização, o registro, o patenteamento e o licenciamento de tecnologias genéticas de restrição de uso", punindo o desrespeito a tal proibição com a pena de reclusão de dois a cinco anos e multa. O projeto de lei pretende limitar a proibição à comercialização, permitindo as demais atividades quando se tratar de sementes de plantas biorreatores. Ele visa permitir a realização de pesquisas e o patenteamento das tecnologias genéticas de restrição de uso no Brasil, apesar de essas tecnologias estarem sujeitas a uma moratória aprovada pelos países-membros da Convenção sobre Diversidade Biológica (CDB) desde 2000.

A atual Lei de Biossegurança define as tecnologias genéticas de restrição de uso como qualquer processo de intervenção humana para geração ou multiplicação de plantas geneticamente modificadas, para produzir estruturas reprodutivas estéreis, bem como qualquer forma de manipulação genética que vise à ativação ou a desativação de genes relacionados à fertilidade das plantas por indutores químicos externos. Essas tecnologias, conhecidas por sua sigla em inglês Gurts (*Genetic Use Restriction Technologies*), são comumente divididas em dois grupos: as V-gurts (o "v" corresponde à *variety*/variedade), que restringem o uso de toda a variedade, interferindo em sua reprodução (gerando sementes estéreis, conhecidas como *terminator*), e as T-gurts (o "t" corresponde a *trait*/característica), que regulam a expressão de determinadas características em uma planta, condicionando-a a indutores químicos externos (por exemplo, uma planta só geraria a resistência a um herbicida se algum outro produto fosse usado para ativar essa característica)[326].

O desenvolvimento de tais tecnologias, por empresas multinacionais (lideradas pela Monsanto), visa a permitir um controle absoluto sobre as variedades e impedir sua reprodução pelos agricultores. São, portanto, instrumentos de apropriação e monopólio comercial sobre as variedades,

---

326. Bert Visser et al. *Potential impacts of genetic use restriction technologies (GURTs) on agrobiodiversity and agricultural production systems*. Roma: FAO; Commission on Genetic Resources, 2001. Consultar também: www.terminarterminator.org.

que se destinam a complementar – e talvez até substituir – os direitos de propriedade intelectual sobre as variedades vegetais, já que garantem uma proteção mais efetiva sobre as novas variedades do que as próprias patentes ou direitos de obtentor. Para algumas espécies, especialmente as de fertilização cruzada, essa proteção "biológica" é assegurada pela hibridização. Para as espécies em que a produção de híbridos não é viável e têm alto valor comercial, como trigo, arroz, soja, algodão, hortaliças e plantas ornamentais de multiplicação vegetativa, as tecnologias genéticas de restrição de uso oferecem uma "ótima" solução: geram sementes estéreis, que os agricultores não têm condições de reproduzir e plantar e são obrigados a comprar todos os anos. Os impactos sobre a agrobiodiversidade e sobre a segurança alimentar das comunidades rurais (e urbanas) são evidentes: além da dependência tecnológica e do risco de monopólio que tais tecnologias representam, os Gurts tendem a dificultar ainda mais o acesso dos agricultores pobres a inovações tecnológicas e a novas variedades, inviabilizam as práticas tradicionais de replantio de sementes guardadas e os intercâmbios de sementes entre os agricultores e destroem os sistemas agrícolas locais e sua rica diversidade agrícola e sociocultural.

O ACESSO AOS RECURSOS GENÉTICOS DE PLANTAS: REGIME JURÍDICO INTERNACIONAL E NACIONAL

INTRODUÇÃO

Os recursos genéticos de plantas constituem a base de toda e qualquer atividade agrícola e da agrobiodiversidade em todos os seus níveis. Juntamente com a água e o solo, são essenciais para qualquer modelo de agricultura e, portanto, para a segurança alimentar. O conjunto de genes de uma planta é fundamental para determinar características como resistência a doenças e insetos ou secas prolongadas, cor, sabor, valor nutritivo, capacidade de adaptação a novos ambientes, a mudanças climáticas etc. As características hereditárias são transmitidas de uma geração a outra através dos genes, e tanto os agricultores como os melhoristas de instituições de pesquisa dependem do amplo acesso a materiais genéticos diversificados para desenvolver e/ou melhorar as variedades agrícolas e para adaptá-las a novas condições ambientais ou socioculturais. Os parentes silvestres das plantas cultivadas também são fonte importante de genes, pois têm grande capacidade de sobreviver em condições adversas.

O conceito de recursos genéticos – como qualquer material genético com valor real ou potencial – foi desenvolvido a partir dos anos 1960 e 1970, para enfatizar que os genes e as informações neles contidas têm valor estratégico, social e econômico e, por isso, devem ser tratados como "recursos". A diversidade genética deveria, portanto, ser protegida para garantir a segurança alimentar da humanidade, tanto no presente como no futuro. Os recursos genéticos passaram a ser vistos, essencialmente, como a matéria-prima indispensável ao melhoramento genético vegetal realizado por instituições de pesquisa científica. O conceito de recursos genéticos – mais tarde adotado por vários instrumentos jurídicos[327] – enfatizou, entretanto, o valor econômico e utilitário desses recursos e subestimou o valor cultural e identitário que têm para os agricultores e as comunidades locais. A conservação da agrobiodiversidade tem implicações muito mais amplas e abrangentes do que a conservação dos recursos fitogenéticos. Neste trabalho, enfocaremos a agrobiodiversidade como patrimônio biológico e cultural e os recursos fitogenéticos como um dos componentes desse patrimônio, considerando que as políticas e os instrumentos jurídicos devem contemplar tanto o suporte biológico da biodiversidade agrícola como os conhecimentos e práticas socioculturais associadas a essa.

A preocupação com a extinção de espécies e variedades agrícolas motivou a realização de uma série de encontros e conferências técnicas para tratar dos recursos fitogenéticos e discutir as estratégias mais adequadas para conservá-los, realizados pela FAO em 1961, 1967 e 1973. Nas palavras de Robin Pistorius[328], esses três eventos estabeleceram as bases e as premissas científicas para as iniciativas internacionais voltadas para a conservação *ex situ* (fora de seus *habitat* naturais, em bancos de germoplasma) dos recursos fitogenéticos. A conferência de 1967 decidiu que a conservação *ex situ* deveria ser priorizada em relação à con-

---

327. O Tratado Internacional sobre os Recursos Fitogenéticos para a Alimentação e a Agricultura define os recursos fitogenéticos para alimentação e agricultura como "qualquer material genético de origem vegetal com valor real ou potencial para a alimentação e a agricultura". Já por material genético se entende "qualquer material de origem vegetal, inclusive material reprodutivo e de propagação vegetativa, que contenha unidades funcionais de hereditariedade".
328. Robin Pistorius. *Scientists, plants and politics*: a history of the plant genetic resources movement. Roma: International Plant Genetic Resources Institute, 1997, p. viii.

servação *in situ* (nos ecossistemas agrícolas), e a de 1973 estabeleceu os critérios científicos para a conservação *ex situ*.

A decisão de priorizar a conservação *ex situ* gerou, já em 1967, divergências entre alguns cientistas reunidos na conferência da FAO. Como as diferentes estratégias de conservação, *ex situ* e *in situ*, ainda estão no centro das discussões atuais, destacamos, a seguir, alguns dos principais pontos das divergências entre os dois renomados cientistas, Otto Frankel (australiano) e Erna Bennett (irlandesa), que lideraram os debates na FAO. Foram eles que cunharam, nos anos 1960, a expressão "recursos genéticos", para destacar a importância estratégica de sua conservação e os riscos da erosão genética em curso para a segurança alimentar de toda a humanidade.

Otto Frankel e Erna Bennett participaram do painel de especialistas sobre recursos fitogenéticos da FAO durante muitos anos e tiveram papel fundamental nas discussões internacionais sobre o tema. Em 1970, Otto e Erna editaram o livro *Genetic resources in plants: their exploration and conservation*, que se tornou referência para as discussões em torno da conservação e do uso de recursos fitogenéticos nos anos 1970 e 1980. O livro ajudou a convencer os participantes da 1ª Conferência das Nações Unidas sobre Meio Ambiente, realizada em Estocolmo, na Suécia, em 1972, da necessidade de adoção de um programa global de conservação dos recursos fitogenéticos. Em 1975, Otto Frankel e Jack Hawkes editaram outro livro referencial, *Crop genetic resources for today and tomorrow*, que traz especialmente orientações técnicas e científicas para a coleta e conservação *ex situ* de recursos fitogenéticos. Os dois livros foram produtos das conferências da FAO de 1967 e 1973.

Otto Frankel foi o principal defensor das vantagens da conservação *ex situ* em relação à *in situ*. Como melhorista de trigo, Otto via os bancos de germoplasma sobretudo como estoques de materiais genéticos a serem utilizados para fins de melhoramento. Para Otto, para que tais materiais pudessem ser úteis aos melhoristas, deveriam ser mantidos em condições controladas, pois se fossem deixados nos seus ambientes naturais (*in situ*), estariam expostos a contínuas mudanças e à erosão genética.

Ele acreditava que a conservação *ex situ* criava um nicho seguro para os recursos genéticos, onde esses estariam protegidos contra alterações provocadas por fatores externos. Ele não excluía a conservação *in situ*, mas a considerava mais complexa, difícil e arriscada[329].

Erna Bennett[330] e outros cientistas concordavam com a necessidade de se adotar, com urgência, formas de conservação *ex situ*, devido à alarmante erosão genética no campo, e as defendiam ardentemente. Temiam, entretanto, que, se a conservação *ex situ* se tornasse dominante, as variedades locais perderiam sua capacidade de adaptação. Erna chegou a afirmar que a forma "estática" de se conservar sementes, armazenando-as em refrigeradores, se baseava em "conceitos museológicos". Para Erna, "o objetivo da conservação não é captar o momento presente na linha evolutiva; não há nenhuma virtude especial nisso, **mas conservar o material para que ele possa continuar a evoluir**"[331] [negrito nosso].

Havia, entretanto, outras discordâncias entre Erna Bennett e Otto Frankel. Ele achava que as variedades localmente adaptadas tinham pouca utilidade, porque só atendiam a demandas locais, muito limitadas, e deveriam ser priorizados materiais genéticos que pudessem ser utilizados em uma escala global, para "alimentar milhões de pessoas". Erna achava, pelo contrário, que o limitado uso das variedades locais não era um problema, pois elas contribuíam para manter a diversidade genética no campo e alimentar a população local. Nessa época, a revolução verde estava no auge, e a posição dos dois cientistas em relação a ela também divergia. Otto seguia basicamente a orientação dos centros internacionais de pesquisa agrícola e da FAO, voltada para o desenvolvimento de variedades de alto rendimento e diretamente associada à conservação *ex situ*. Erna, por outro lado, não estava convencida do

---

329. Robin Pistorius. *Scientists, plants and politics*: a history of the plant genetic resources movement. Roma: International Plant Genetic Resources Institute, 1997. Prefácio, p. 26.
330. Erna Bennett dirigiu a Unidade de Recursos Genéticos e Ecologia de Plantas Cultivadas da FAO nos anos 1960 e 1970 e participou de diversas expedições de coleta de materiais genéticos e programas de conservação de recursos genéticos.
331. Idem, *ibid.*, p. 27.

sucesso da revolução verde e criticava o desenvolvimento de variedades de alto rendimento, mas não adaptadas às condições ambientais locais. Considerava ainda que a revolução verde não estava efetivamente acabando com a fome no mundo. Ademais, com o avanço dos direitos de propriedade intelectual sobre as variedades de plantas, ela passou a se preocupar com o controle das multinacionais sobre os materiais genéticos conservados *ex situ*, sustentando veementemente que eles se mantivessem sob domínio público[332].

Apesar de a conservação *in situ* ter sido discutida, prevaleceu, na conferência da FAO de 1967 (e depois na de 1973), a posição de que a conservação *ex situ* deveria ser priorizada, e as políticas nacionais e internacionais passaram a se voltar especialmente para essa modalidade de conservação. Assim, aumentaram muito as expedições de coleta de germoplasma[333] e o número de bancos de germoplasma existentes em

---

332. Robin Pistorius. *Scientists, plants and politics:* a history of the plant genetic resources movement. Roma: International Plant Genetic Resources Institute, 1997, p. 27.
333. Bruno Walter et al. definem a coleta de germoplasma como o "conjunto de atividades que visa à obtenção de unidades físicas vivas, que contenham a composição genética de um organismo ou amostra de uma população de determinada espécie, com a habilidade de se reproduzir". Dependendo da espécie, o germoplasma pode ser coletado, trabalhado e conservado na forma de sementes, mudas, estacas, grãos de pólen ou por meio de cultura de tecidos. Fonte: Bruno M. T. Walter et al. "Coleta de germoplasma vegetal: relevância e conceitos básicos" In: Bruno M. T. Walter & Taciana B. Cavalcanti. *Fundamentos para a coleta de germoplasma vegetal*. Brasília: Embrapa Recursos Genéticos e Biotecnologia, 2005a, p. 31. As expedições de coleta de recursos genéticos, ainda que de forma não sistemática, são realizadas há muito tempo. Talvez o registro mais antigo de uma expedição organizada para a coleta de plantas seja de 1495 a.C., quando a rainha Hatshepsut, do Egito, enviou navios para a África oriental (onde é atualmente a Somália, a Eritreia, a Etiópia e Djibouti) para coletar plantas. O seu interesse era principalmente pela árvore do incenso, que pretendia colocar em seu templo mortuário, e por sementes de mirra (também usada como incenso em funerais e cremações). Há registros também de que um dos faraós do Egito, Sankhkara, mandou navios para o golfo de Aden (no Iêmen) para coletar canela e cássia, plantas usadas no embalsamamento dos mortos. Fonte: Adi B. Damania. "History, achievements and current status of genetic resources conservation." *Agronomy Journal*, v. 100, n. 1, p. 9-21, 2008. Disponível em: agron.scijournals.org. Durante o período colonial, muitas expedições foram também realizadas com o objetivo de coletar plantas de outras regiões do mundo.

todo o mundo durante os anos 1970 e 1980[334]. Prevalecia a ideia de que as variedades agrícolas deveriam ser coletadas e guardadas antes que desaparecessem definitivamente, já que os seus *habitat* naturais estavam sendo devastados. Uma pesquisa realizada pelo International Board for Plant Genetic Resources (IBPGR), em 1975, revelou que havia até então apenas oito centros de conservação a longo prazo de recursos genéticos, sediados sobretudo em países desenvolvidos. Apenas sete anos depois esse total já havia subido para 33[335] e estima-se que há atualmente cerca de 1,5 mil bancos de germoplama em todo o mundo, com cerca de 6 milhões de amostras de plantas.

Em 1971, foi fundado o Grupo Consultivo sobre Pesquisa Agrícola Internacional (Cgiar[336]), por iniciativa e apoio financeiro das fundações Ford e Rockefeller. O Cgiar passou a reunir os centros internacionais de pesquisa agrícola em uma única rede e a coordenar grande parte das dis-

---

Para saber mais sobre a história da coleta de germoplasma no mundo, e sobre as expedições científicas para a coleta de material botânico no Brasil, consultar: Bruno M. T. Walter & Taciana B. Cavalcanti, José Francisco M. Valls. "História da coleta de germoplasma e os coletores." *In*: Bruno M. T. Walter; Taciana B. Cavalcanti. *Fundamentos para a coleta de germoplasma vegetal*. Brasília: Embrapa Recursos Genéticos e Biotecnologia, 2005b, p. 90-136. Nesse texto, os autores relatam as célebres expedições do Royal Botanic Gardens, Kew (Inglaterra), de Alexander von Humboldt (alemão, 1769-1859), Alphonse de Candolle (suíço, 1808-1893), Nikolai Vavilov (russo, 1916 até a década de 1930), e de muitos outros coletores de plantas.

334. Historicamente, as coleções de germoplasma foram criadas com finalidades diferentes, não excludentes entre si. Por exemplo: assegurar a autonomia do país em relação a tais recursos (como a ex-União Soviética), introduzir novas plantas (em países com muitos imigrantes, como os Estados Unidos), conservar os recursos genéticos nos centros de diversidade e atender aos programas de melhoramento.

335. Adi B. Damania. "History, achievements and current status of genetic resources conservation." *Agronomy Journal*, v. 100, n. 1, p. 9-21, 2008. Disponível em: agron.scijournals.org, p. 14.

336. Cgiar (Consultative Group on International Agricultural Research) é a sigla em inglês pela qual esse grupo ficou conhecido internacionalmente. Os centros mais conhecidos são: Centro Internacional de Agricultura Tropical (Ciat), na Colômbia, o Centro Internacional de Melhoramento de Milho e Trigo (Cimmyt), no México, o Centro Internacional da Batata (CIP), no Peru, o Centro Internacional de Pesquisa Agrícola em Áreas Secas (Icarda), na Síria, o Instituto Internacional de Pesquisa com Arroz (Irri), nas Filipinas, e o Instituto Internacional de Agricultura Tropical (Iita), na Nigéria, entre outros.

cussões sobre as prioridades para a pesquisa agrícola internacional e os apoios financeiros. O Programa de Meio Ambiente das Nações Unidas (Unep, United Nations Environment Programme), a FAO, o Programa de Desenvolvimento das Nações Unidas (UNDP, United Nations Development Programme) e o Banco Mundial são os principais financiadores desse sistema, que apoia quinze centros internacionais de pesquisa agrícola, dos quais onze mantêm bancos de germoplasma[337]. Os bancos de germoplasma do Cgiar mantêm cerca de 650 mil acessos de plantas[338], que representam cerca de 10% do total mundial de amostras de recursos fitogenéticos mantidos *ex situ* e contêm a maior diversidade de recursos fitogenéticos conservados *ex situ*. Desde 1994, essas coleções de germoplasma estão sob os auspícios da FAO, e o acesso a esses materiais é regulado por um acordo entre a FAO e os centros do Cgiar.[339]

Nos anos 1980 e 1990, entretanto, o sistema internacional de conservação *ex situ* passou a ser duramente criticado por muitas organizações não governamentais, lideradas especialmente pela Rural Advancement Foundation International (Rafi), que posteriormente passou a se chamar ETC Group[340]. Afinal, ele servia aos interesses dos países desenvolvidos

---

337. Em 1974, foi fundado o International Board for Plant Genetic Resources (IBPGR), que passou a se chamar International Plant Genetic Resources Institute (Ipgri) em 1991 e também integra a rede do Cgiar. Em 2006, o Ipgri e a Rede Internacional para o Melhoramento de Banana (Inibap, International Network for the Improvement of Banana and Plantain) se tornaram uma única organização, que passou a se chamar Bioversity International. Consultar: www.bioversityinternational.org.
338. Fonte: www.cgiar.org. Acessado em 10/9/2008.
339. Esse acordo proíbe que quaisquer pessoas que acessem tais materiais genéticos requeiram direitos de propriedade intelectual sobre eles. Consultar, a esse respeito: Cary Fowler. "The status of public and proprietary germplasm and information: an assessment of recent developments at FAO." *IP Strategy Today*, n.7, p. 1-19, 2003.
340. Action Group on Erosion, Technology and Concentration. Consultar: www.etcgroup.org/en/. A International Coalition for Development Action (ICDA), que se tornou depois a Genetic Resources Action International (Grain), também teve papel importante no final dos anos 1980. Dois livros referenciais foram publicados durante esse período: *Seeds of the earth*: a private or public resource, de Pat Mooney, da Rafi, editado em 1979, e *New hope or false promise*: biotechnology and third world agriculture, de Henk Hobbelink, da ICDA/Grain, de 1987.

e da indústria sementeira internacional, e levava os países em desenvolvimento a perder o controle sobre seus próprios recursos genéticos. Os bancos de germoplasma atendiam às necessidades dos setores formais, e os centros internacionais de pesquisa agrícola se voltavam especialmente para o desenvolvimento de variedades de alto rendimento, dependentes de insumos externos caros, aos quais os agricultores pobres não tinham acesso, e as variedades localmente adaptadas não recebiam a mesma atenção. Assim, a conservação *ex situ* passou a ser cada vez mais associada à revolução verde. Além disso, os agricultores sempre tiveram pouco acesso aos recursos fitogenéticos conservados em bancos de germoplasma.

Nos anos 1980, começaram a ocorrer a erosão genética e a deterioração das sementes nos próprios bancos de germoplasma, em virtude da precariedade de muitas instalações, principalmente em países pobres; da falta de regeneração das sementes, e consequente perda de sua viabilidade; da ausência de recursos para a sua caracterização e avaliação etc.[341] Além disso, quando são conservadas em bancos de germoplasma, as plantas têm sua evolução congelada no tempo e no espaço, ao contrário da sua manutenção em seus ambientes naturais (*in situ*), em que elas podem evoluir e se adaptar às mudanças ambientais e socioculturais, ou seja, há uma forte interação entre o genótipo, o ambiente e os processos sociais e culturais. A conservação *in situ* mantém não só as plantas como

---

341. Outras limitações das coleções *ex situ* incluem o fato de que algumas sementes não toleram a desidratação e/ou não têm resistência às temperaturas subzero, não podendo ser conservadas em câmaras frias. As espécies de propagação vegetativa (como batata, cará, mandioca, inhame etc.) também têm que ser conservadas em coleções a campo ou *in vitro*, o que torna sua conservação *ex situ* mais cara, complexa e difícil de ser implementada por países pobres. Walter de Boef destaca que os "dados de passaporte" (informações sobre os recursos genéticos) raramente incluem características descritas por agricultores. Os coletores de plantas, em geral, despendem apenas alguns minutos em cada amostra coletada. Não há tempo para conversar com agricultores e registrar o conhecimento deles, e isso rompe a conexão entre os agricultores e o material biológico. (Walter S. de Boef et al. "Estratégias de conservação em unidades de produção familiares" *In*: Walter S. de Boef et al . *Biodiversidade e agricultores*: fortalecendo o manejo comunitário. Porto Alegre: L & PM, 2007c, p. 46).

os ecossistemas agrícolas, conservando a agrobiodiversidade em todos os seus níveis, e assegura um maior controle dos agricultores sobre seus recursos fitogenéticos.

Entretanto, foi apenas nos anos 1980 e 1990 que a conservação *in situ* passou a despertar interesse como uma estratégia necessária e complementar para manter a diversidade genética. Os Diálogos de Keystone tiveram papel importante no reconhecimento de que a diversidade genética deveria ser mantida não só nos bancos de germoplasma como também *in situ* e *on farm* (nos sistemas agrícolas locais, com a participação dos agricultores). Os Diálogos de Keystone ocorreram em 1988, 1990 e 1991, em Keystone, nos Estados Unidos, em Madras, na Índia (que voltou a se chamar Chennai), e Oslo, na Noruega, e reuniram 92 especialistas de trinta países diferentes, que discutiram diversos temas relacionados à conservação e à utilização sustentável dos recursos fitogenéticos. Chegou-se então à conclusão de que os programas de conservação dos recursos fitogenéticos deveriam abranger as estratégias *ex situ* e *in situ*, que são complementares.

As discussões em torno das estratégias de conservação ocuparam boa parte da agenda internacional relacionada aos recursos fitogenéticos. Outra parte dessa agenda foi, entretanto, dominada pelas divergências e conflitos de interesse em torno do acesso, controle e domínio sobre esses recursos, que passaram a ser regulados por instrumentos jurídicos internacionais. Faremos, a seguir, uma análise da evolução histórica desses instrumentos, desde a adoção, em 1983, do Compromisso Internacional sobre os Recursos Fitogenéticos até o Tratado Internacional sobre Recursos Fitogenéticos para a Alimentação e a Agricultura, adotado em 2001.

O REGIME JURÍDICO INTERNACIONAL

O Compromisso Internacional sobre Recursos Fitogenéticos

O Compromisso Internacional sobre Recursos Fitogenéticos foi adotado na 22ª Reunião da Conferência da FAO[342], por intermédio da Resolução 08/83[343]. Foi o primeiro instrumento internacional a regular o acesso aos recursos fitogenéticos, mas não era vinculante, ou seja, de cumprimento obrigatório. Adotado em 1983, o compromisso foi assinado por 113 países. Ele se baseou "no princípio universalmente aceito de que os recursos fitogenéticos são um patrimônio da humanidade e devem estar disponíveis para uso sem restrições"[344], ou seja, criou, em tese, um regime jurídico de acesso livre e gratuito aos recursos fitogenéticos.

Segundo o artigo 1º do Compromisso Internacional, seu objetivo é "assegurar que os recursos fitogenéticos de valor econômico e/ou social, principalmente para a agricultura, sejam explorados, preservados, avaliados e estejam disponíveis para o melhoramento vegetal e para fins científicos". O Compromisso Internacional estabeleceu, na realidade, duas categorias de recursos genéticos, sujeitas a regimes jurídicos distintos: os recursos fitogenéticos sob controle público, livremente acessíveis a todos (são esses, na verdade, que o Compromisso Internacional reconhece como "patrimônio comum da humanidade"), e os recursos fitogenéticos sob controle privado. O Compromisso Internacional é assinado pelos Estados, e não pelas empresas: os recursos fitogenéticos sob

---

342. A FAO é a Organização das Nações Unidas para a Alimentação e Agricultura, fundada em 1945, e tem sua sede em Roma. Consultar www.fao.org.
343. Na 22ª Reunião da Conferência da FAO, por meio da Resolução 09/83, foi estabelecida a Comissão de Recursos Fitogenéticos, que, a partir de 1995, passou a se chamar Comissão de Recursos Genéticos para Alimentação e Agricultura e teve o seu mandato ampliado, para incluir também os recursos genéticos animais, a silvicultura e a pesca. A comissão é responsável pela implementação dos compromissos e tratados internacionais da FAO nessa área e integra o Sistema Global de Conservação e Utilização dos Recursos Genéticos para a Alimentação e a Agricultura estabelecido pela FAO em 1983.
344. Artigo 1º.

controle privado não são afetados pelo princípio do livre acesso[345]. Não há nenhuma obrigação de que as empresas disponibilizem os recursos existentes em suas coleções. O Compromisso Internacional acabou beneficiando principalmente os melhoristas de instituições privadas, interessados em garantir a continuidade do acesso às coleções públicas e em coletar livremente os materiais genéticos situados nos centros de origem e de diversidade dos cultivos agrícolas, localizados nos países tropicais e subtropicais[346]. Não há qualquer previsão relativa aos direitos dos agricultores, nenhum reconhecimento de sua contribuição para a conservação dos recursos fitogenéticos e nenhuma garantia de acesso dos agricultores às coleções de materiais genéticos. Apesar disso, o Compromisso Internacional se aplica tanto às variedades desenvolvidas pelos agricultores, chamadas de "obsoletas" ou "primitivas", como às variedades "de elite"[347].

Os países em desenvolvimento defenderam, durante todas as negociações do Compromisso Internacional, o princípio de que o acesso aos recursos fitogenéticos deveria ser livre e sem restrições, mais coerente com as práticas e costumes locais, e o conceito de "patrimônio comum da humanidade" acabou sendo consagrado pelo Compromisso Internacional. Muitos países desenvolvidos (liderados principalmente pelos Estados Unidos[348]) não assinaram o Compromisso Internacional, porque consideraram que ele não reconhecia os direitos de melhoristas, nos

---

345. Marie-Angèle Hermitte & P. Kahn. *Les ressources génétiques végétales et le droit dans les rapports Nord-Sud*. Bruxelas: Bruylant, 2004, p. 31.
346. Os países signatários do Compromisso Internacional, as instituições multilaterais, como a FAO, e os centros internacionais de pesquisa agrícola do Cgiar devem: organizar expedições a fim de identificar recursos fitogenéticos em risco de extinção ou que possam ser úteis às pesquisas voltadas para o melhoramento vegetal, tais como variedades locais e tradicionais, parentes silvestres de plantas cultivadas, espécies não cultivadas que possam ser usadas como alimentos, fibras, compostos químicos ou medicamentos; preservar, avaliar e documentar os recursos fitogenéticos, em seus *habitat* naturais nos principais centros de diversidade genética, assim como nos bancos de germoplasma e coleções de plantas e assegurar o livre acesso aos materiais fitogenéticos preservados.
347. Artigo 2.1. (a).
348. Austrália, Canadá e Suíça, entre eles.

moldes estabelecidos pela Convenção da Upov. Visando a aumentar o número de adesões ao Compromisso Internacional, a Comissão de Recursos Fitogenéticos da FAO deu início a negociações com vários países sobre os seus aspectos controvertidos, que culminaram na adoção de "interpretações consensuais" sobre o Compromisso Internacional, estabelecidas pelas Resoluções 4 e 5/89 e 3/91, da Conferência da FAO.

As Resoluções 4 e 5/89 e 3/91 da Conferência da FAO

As três Resoluções aprovadas pela Conferência da FAO (4 e 5/89 e 3/91), com "interpretações consensuais" do Compromisso Internacional, representaram tantas concessões aos países desenvolvidos que o Compromisso Internacional acabou perdendo seu sentido original (assegurar acesso livre aos recursos fitogenéticos) e se tornou um instrumento vazio e incoerente, com pouca aplicação prática. Para Regine Andersen, essas três resoluções marcaram o "início do fim do Compromisso Internacional"[349].

Em 29 de novembro de 1989, a Conferência da FAO aprovou duas resoluções que reconhecem simultaneamente os direitos dos melhoristas e os dos agricultores, tentando equilibrar as relações entre os países industrializados, detentores da biotecnologia, e os países em desenvolvimento, detentores dos recursos agrícolas. Foram essas as resoluções adotadas, ambas anexadas ao Compromisso Internacional:

1) A Resolução 4/89 reafirma que os recursos fitogenéticos são "um patrimônio comum da humanidade, a ser preservado" e que esses "devem estar livremente acessíveis para utilização, para o benefício das gerações presentes e futuras". Afirma também que os direitos dos melhoristas, estabelecidos pela Convenção da Upov, não são incompatíveis com o Compromisso Internacional, mas que os países só devem impor restrições ao livre intercâmbio de materiais genéticos que sejam

---

349. Regine Andersen. *Governing agrobiodiversity:* international regimes, plant genetics and developing countries. Oslo, 2007, p. 119. Tese (doutorado) – Department of Political Science, Faculty of Social Science, University of Oslo.

estritamente necessárias ao cumprimento de suas obrigações nacionais e internacionais. Estabelece ainda que o termo "livre acesso" não significa que seja gratuito ou livre de encargos.

A Resolução 4/89 estabelece também que os países signatários do Compromisso Internacional "reconhecem a enorme contribuição dos agricultores de todas as regiões para a conservação e o desenvolvimento dos recursos fitogenéticos, que constituem a base da produção agrícola em todo o mundo e formam a base para o conceito de direitos dos agricultores". Conforme a Resolução 4/89, os países consideram que a melhor forma de implementar os direitos dos agricultores é assegurar a conservação, o manejo e o uso dos recursos fitogenéticos para o benefício das gerações presentes e futuras de agricultores. Nos termos da Resolução 4/89, tais objetivos poderiam ser alcançados através dos meios adequados, com o acompanhamento da Comissão de Recursos Fitogenéticos, incluindo, em particular, o Fundo Internacional para os Recursos Fitogenéticos (de que trata a Resolução 3/91, de que se falará a seguir).

2) A Resolução 5/89 reconhece os direitos dos agricultores, mesmo que de forma bastante vaga e imprecisa. Em suas considerações, afirma que: na história da humanidade inúmeras gerações de agricultores conservaram, melhoraram e tornaram acessíveis os recursos fitogenéticos; a maioria desses recursos fitogenéticos é originária de países em desenvolvimento, e a contribuição dos agricultores desses países não tem sido suficientemente reconhecida ou recompensada; os agricultores, sobretudo dos países em desenvolvimento, devem se beneficiar amplamente do uso dos recursos naturais que eles preservaram; é necessário continuar a conservação (*in situ* e *ex situ*), o desenvolvimento e o uso dos recursos fitogenéticos em todos os países e fortalecer a capacidade dos países em desenvolvimento nessas áreas.

A Resolução 5/89 reconhece os direitos dos agricultores como "direitos provenientes das contribuições passadas, presentes e futuras dos agricultores para a conservação, o desenvolvimento e a disponibilização dos recursos fitogenéticos, particularmente aqueles dos centros de origem/diversidade". Esses direitos são conferidos à comunidade internacional, como guardiã[350], em favor das presentes e futuras gerações de agricultores, a fim de assegurar todos os benefícios aos agricultores e apoiar a continuação de suas contribuições e a realização de todos os objetivos do Compromisso. Os direitos dos agricultores serão analisados, com maior profundidade, no próximo capítulo deste trabalho, mas é importante destacar que esse foi o primeiro ato internacional que reconheceu os direitos dos agricultores, ainda que sem eficácia concreta.

3) Dois anos depois, a Conferência da FAO adotou uma nova resolução (3/91), que tornou ainda mais ambíguas e confusas as condições para o acesso aos recursos fitogenéticos e as suas interfaces com os direitos de propriedade intelectual. A Resolução 3/91 afirma que "o conceito de patrimônio comum da humanidade, estabelecido pelo Compromisso Internacional sobre Recursos Fitogenéticos, está sujeito à soberania dos países sobre os seus recursos". O acesso aos recursos fitogenéticos deixa, na verdade, de ser livre e passa a estar sujeito à aprovação dos países de origem, no exercício de sua soberania. Esses países podem concordar, ou não, em disponibilizar livremente o acesso aos seus recursos, assim como estabelecer condições e/ou restrições em virtude dos direitos de propriedade intelectual. A própria resolução reconhece que "as condições para o acesso aos recursos fitogenéticos precisam ser esclarecidas". A Resolução 3/91 estabeleceu também um fundo internacional para apoiar programas voltados para a conservação e a utilização dos recursos fitogenéticos, especialmente nos países em desenvolvimento. Esse fundo recebeu poucas contribuições voluntárias e nunca se materializou.

Enquanto os direitos dos agricultores não saíram do papel, e não passaram do reconhecimento formal, os direitos de propriedade intelectual sobre variedades de plantas se fortaleceram cada vez mais nos anos 1980 e 1990, o que exacerbou os temores dos países em

---

350. O termo *"trustee"* pode ser traduzido por "curadora" ou "guardiã".

desenvolvimento em relação à perda do controle sobre os seus recursos genéticos e contaminou definitivamente as relações entre os países em desenvolvimento, ricos em biodiversidade, e os desenvolvidos, ricos em tecnologia. A Convenção da Upov[351], aprovada em 1961, foi revista três vezes – em 1972, 1978 e 1991 – sempre com o objetivo de assegurar uma proteção mais efetiva aos direitos de obtentores vegetais e com a imposição de maiores restrições aos direitos dos agricultores. O espaço legal para práticas agrícolas tradicionais, como guarda de sementes para replantio e intercâmbio delas, foi sendo cada vez mais reduzido, o que tornou mais acirradas as desigualdades do sistema jurídico internacional.

De acordo com Marie-Angèle Hermitte[352], os direitos de propriedade intelectual se tornaram um "obstáculo político" ao regime de livre acesso aos recursos genéticos, levando os países em desenvolvimento a defender o princípio da soberania sobre esses recursos situados em seus territórios, consagrado pela Convenção sobre Diversidade Biológica. Ironicamente, as leis nacionais de acesso e repartição de benefícios, aprovadas com base na Convenção sobre Diversidade Biológica, têm produzido efeito bastante similar ao dos direitos de propriedade intelectual: restringem ainda mais o acesso e a circulação de recursos genéticos, mantendo um universo ainda maior de recursos e saberes fora do domínio público, e, ao mesmo tempo, têm gerado pouquíssimos benefícios para as comunidades locais e para a conservação da biodiversidade.

A Convenção sobre Diversidade Biológica e a agricultura

O Compromisso Internacional adotado em 1983 continuou em vigor, formalmente, até a adoção do Tratado Internacional sobre os Recursos

---

351. Consultar o subcapítulo sobre o sistema Upov e a Lei de Proteção de Cultivares para saber mais detalhes sobre a Convenção da Upov, o Acordo Trips e a evolução histórica dos direitos de propriedade intelectual sobre variedades de plantas.
352. Marie-Angèle Hermitte & P. Kahn. *Les ressources génétiques végétales et le droit dans les rapports Nord-Sud.* Bruxelas: Bruylant, 2004, p. 29.

Fitogenéticos para a Alimentação e para a Agricultura (Tirfa), em 2001, mas passou a receber muito pouca atenção e interesse após a aprovação da Convenção sobre Diversidade Biológica (CDB), durante a Conferência das Nações Unidas sobre Meio Ambiente e Desenvolvimento (Unced, United Nations Conference on Environment and Development), realizada no Rio de Janeiro em 1992. A CDB foi o primeiro instrumento internacional a tratar da diversidade biológica e foi assinada por 157 países[353].

A Convenção sobre Diversidade Biológica representou um rompimento com a concepção de que os recursos genéticos seriam um "patrimônio comum da humanidade". Ela reconhece os direitos soberanos dos Estados sobre os seus recursos naturais e estabelece que a autoridade para determinar o acesso aos recursos genéticos pertence aos governos nacionais e está sujeita à legislação nacional. Estabelece ainda que o acesso, quando concedido, deverá sê-lo de comum acordo (em "termos mutuamente acordados") e está sujeito ao consentimento prévio fundamentado[354] do país provedor dos recursos e à repartição justa e equitativa dos benefícios derivados de sua utilização (artigo15)[355]. Inicialmente, cogitou-se de tratar do manejo e do uso dos recursos fitogenéticos em um protocolo da CDB, mas esta ideia foi abandonada[356].

Na Conferência de Nairóbi, no Quênia, que aprovou o texto final da Convenção sobre Diversidade Biológica, em 22 de maio de 1992, foi adotada ainda a Resolução nº 3 do Ato Final de Nairobi, que trata

---

353. A CDB é um dos instrumentos internacionais que conta com o maior número de adesões. Dos 192 países que são membros da ONU, 188 são partes da convenção. Os Estados Unidos assinaram, mas não ratificaram a convenção. Somália, Andorra e Iraque também não são membros da CDB.
354. A expressão *prior informed consent* pode ser traduzida como "consentimento prévio fundamentado ou informado".
355. Neste trabalho, abordaremos mais especificamente os aspectos da CDB relacionados com a agrobiodiversidade e com os recursos fitogenéticos para alimentação e agricultura. Para saber mais sobre a CDB, sugerimos a consulta ao site da convenção: www.cbd.int; e Lyle Glowka et al. *A guide to the Convention on Biological Diversity.* Gland: IUCN, 2004.
356. Regine Andersen. *Governing agrobiodiversity:* international regimes, plant genetics and developing countries. Oslo, 2007. Tese (doutorado) – Department of Political Science, Faculty of Social Science, University of Oslo.

da inter-relação entre a CDB e a promoção da agricultura sustentável. A Resolução nº 3 reconhece a importância dos princípios estabelecidos na Convenção sobre Diversidade Biológica para os recursos fitogenéticos para alimentação e agricultura e a necessidade de medidas que promovam a complementaridade e a cooperação entre a Convenção sobre Diversidade Biológica e o Sistema Global de Conservação e Utilização dos Recursos Genéticos para a Alimentação e a Agricultura da FAO. Essa organização se tornou responsável pela implementação da CDB no que diz respeito aos recursos fitogenéticos para alimentação e agricultura. A Agenda 21[357] também enfatizou a necessidade de fortalecimento do Sistema Global da FAO sobre Recursos Fitogenéticos e de sua adequação à CDB.

Em 1993, a conferência da FAO aprovou uma nova resolução (7/93), em que solicita ao diretor-geral da FAO que estabeleça um fórum para negociações entre os países a fim de: adaptar o Compromisso Internacional sobre Recursos Fitogenéticos, para que fique em harmonia com a Convenção sobre Diversidade Biológica; discutir a questão do acesso aos recursos fitogenéticos, em termos mutuamente acordados, até mesmo às coleções *ex situ* não cobertas pela CDB, assim como a realização dos direitos dos agricultores. Esse foi o ponto de partida para as longas negociações que resultaram na adoção, em 2001, do Tratado Internacional sobre os Recursos Fitogenéticos para a Alimentação e para a Agricultura[358].

---

357. A Agenda 21 é um amplo plano de ação dirigido para o desenvolvimento sustentável, aprovado durante a Conferência das Nações Unidas sobre Meio Ambiente e Desenvolvimento (Unced). O capítulo 14 da Agenda 21 trata da promoção do desenvolvimento rural e agrícola sustentável.
358. Em 1993, a conferência da FAO adotou ainda o Código Internacional de Conduta para a Coleta e Transferência de Germoplasma Vegetal. É um código voluntário, que prevê uma série de princípios gerais a serem aplicados por países e instituições (principalmente os centros de pesquisa agrícola ligados ao Cgiar) para coleta, conservação, intercâmbio e utilização de germoplasma vegetal.

A adaptação do Compromisso Internacional sobre Recursos Fitogenéticos aos princípios da CDB não foi tarefa fácil[359]. O enfoque dos dois instrumentos é bastante diferente: o Compromisso Internacional visava sobretudo a promover a agricultura sustentável e a segurança alimentar e facilitar o acesso aos recursos fitogenéticos, necessários ao melhoramento genético vegetal e ao desenvolvimento de novas variedades de plantas. Além disso, o Compromisso Internacional foi negociado por especialistas da área agrícola, em geral representantes dos Ministérios da Agricultura, no âmbito da FAO. Já a CDB foi negociada especialmente por ambientalistas e representantes de Ministérios do Meio Ambiente, com ênfase na conservação de fauna e flora silvestres, e no âmbito do Programa de Meio Ambiente das Nações Unidas (Unep)[360]. A CDB enfoca a conservação e o uso sustentável da biodiversidade e estabelece um sistema bilateral de acesso e repartição de benefícios. Ela prevê, em seu artigo 8 (j), que os conhecimentos, inovações e práticas de comunidades locais e populações indígenas devem ser respeitadas e a aplicação de tais conhecimentos, incentivada, mediante aprovação e participação de seus detentores e repartição de benefícios. A CDB prevê que as condições para acesso e repartição de benefícios devem ser estabelecidas entre os países provedores e usuários de recursos genéticos e conhecimentos tradicionais associados, caso a caso, por meio de contratos bilaterais. Cada transação é negociada com o país de origem e com as comunidades detentoras de conhecimentos tradicionais, incluindo as formas de repartição de benefícios para cada caso concreto. Trata-se de um sistema de difícil aplicação aos recursos fitogenéticos (usados para

---

359. A Decisão II/15 da 2ª Conferência das Partes da CDB, realizada em Jacarta, na Indonésia, em 1995, também reconheceu a "natureza especial da biodiversidade agrícola, suas características distintivas e problemas, que exigem soluções distintas", o que levou ao desenvolvimento de programas voltados especificamente para a agrobiodiversidade e, mais tarde, ao reconhecimento de que o regime de acesso e repartição de benefícios para os recursos fitogenéticos (para alimentação e agricultura) deveria ser diferenciado.
360. Regine Andersen. *Governing agrobiodiversity*: international regimes, plant genetics and developing countries. Oslo, 2007. Tese (doutorado) – Department of Political Science, Faculty of Social Science, University of Oslo. Em 2002, a CDB adotou a Estratégia Global para a Conservação das Plantas, que tem, entre seus objetivos, impedir a perda da diversidade de plantas.

alimentação e agricultura) e aos saberes agrícolas, e foi desenvolvido para regular o acesso aos recursos genéticos de espécies silvestres da fauna e flora.

Segundo a CDB[361], o país de origem dos recursos genéticos é aquele que possui os recursos genéticos em condições *in situ*, e essas são definidas como "condições em que os recursos genéticos existem em ecossistemas e *habitat* naturais, e, no caso de espécies domesticadas ou cultivadas[362], nos meios onde tenham desenvolvido suas propriedades características". Assim, mais do que identificar o país de origem dos recursos genéticos, a CDB exige a identificação do país em que a variedade agrícola desenvolveu suas propriedades características.

A identificação do país de origem de muitas variedades agrícolas pode ser uma tarefa complexa, em virtude de todas as migrações e intercâmbios que ocorreram ao longo da história. Identificar o país em que se originaram as propriedades características de uma variedade agrícola será uma tarefa ainda mais complicada. Nem sempre o país de origem será o mesmo em que a espécie desenvolveu suas propriedades características.

---

361. A CDB não contém uma definição de "centro de origem" ou de "centro de diversidade de cultivos", apenas de "condições *in situ*". O Tratado sobre os Recursos Fitogenéticos para a Alimentação e a Agricultura contém tais definições, mas elas não visam a definir quem tem legitimidade para autorizar o acesso aos recursos fitogenéticos ou receber os benefícios. Segundo o tratado (artigo 2º), por "centro de origem" se entende uma área geográfica onde uma espécie vegetal, quer domesticada ou silvestre, desenvolveu pela primeira vez suas propriedades distintivas; por "centro de diversidade de cultivos" se entende uma área geográfica que contenha um nível elevado de diversidade genética de espécies cultivadas em condições *in situ*.

362. A CDB define "espécie domesticada ou cultivada" como sinônimos. A "espécie domesticada ou cultivada" é definida como a "espécie em cujo processo de evolução influiu o ser humano para atender as suas necessidades." Entretanto, domesticar uma planta não é o mesmo que cultivar. A etnobotânica Laure Emperaire explica que a domesticação é o processo de evolução que faz que uma planta passe do estado silvestre – independente da ação humana – para uma relação mais estreita com o homem e suas atividades agrícolas. A domesticação implica uma modificação no patrimônio genético da planta. Fonte: Laure Emperaire. "O que é domesticação?" Instituto Socioambiental. *Almanaque Brasil Socioambiental:* uma nova perspectiva para entender o país e melhorar nossa qualidade de vida. São Paulo, 2004, p. 339.

A mesma espécie pode desenvolver novas características em locais distintos daquele em que se originou.

Entre os cientistas que estudaram a origem das plantas cultivadas, destacaremos alguns.

No famoso livro de Charles Darwin, *Origem das espécies*, de 1859, a origem das plantas cultivadas e a domesticação das plantas não foram o principal objeto de estudo. Entretanto, em um livro posterior, menos conhecido, *A variação dos animais e plantas sob domesticação*, publicado em 1868[363], Charles Darwin faz uma série de observações a esse respeito, como: há uma espécie selvagem na origem das espécies domesticadas; as modificações entre espécies selvagens e cultivadas são tão importantes que a maior parte das espécies cultivadas perde sua capacidade de sobreviver na natureza, sem a ajuda do homem; a diversidade morfológica (em sentido amplo) encontrada nas espécies cultivadas é muito maior do que nas espécies selvagens[364].

Alphonse de Candolle foi um botânico suíço que publicou em 1882 o livro *Origem das plantas cultivadas*, republicado em inglês em 1959, em que tenta identificar as regiões de origem das plantas cultivadas com base em critérios botânicos, arqueológicos, históricos e linguísticos. Ele pesquisou tanto a distribuição dos parentes silvestres das plantas cultivadas como os padrões de variação. Alphonse de Candolle foi um dos colaboradores da *Flora brasiliensis*, uma obra clássica que trata da flora brasileira, produzida na Alemanha entre 1840 e 1860 por Carl Friedrich Philipp von Martius, August Wilhelm Eichler e Ignatz Urban.[365]

---

363. A segunda edição, mais conhecida, foi publicada em 1883.
364. Jacques David. "L'histoire des plantes cultivées et son rôle sûr leur diversité." Montpellier, 2008. Apresentação realizada em 17 de novembro de 2008, em Montpellier, França, na *École Thématique Internationale Agrobiodiversité: des hommes et des plantes*, organizada pelo Cirad e pelo IRD, com apoio da Agropolis Fondation.
365. A *Flora brasiliensis* foi realizada com a participação de 65 especialistas de vários países. Contém tratamentos taxonômicos de 22.767 espécies da flora brasileira, reunidos em quinze volumes, divididos em quarenta partes, com um total de 10.367 páginas. Consultar: <http://florabrasiliensis.cria.org.br>.

A agrobiodiversidade e o sistema jurídico

Nikolai Vavilov foi um agrônomo e geneticista russo que realizou mais de cem expedições de coleta de materiais genéticos por todo o mundo, para utilização nos programas de melhoramento genético vegetal do Instituto Nacional de Plantas Industriais[366], da antiga União Soviética. Percorreu mais de cinquenta países, da Ásia, das Américas, da África e da Europa, coletando cerca de 50 mil amostras de plantas, e é considerado um pioneiro da coleta de germoplasma em bases científicas e sistemáticas. Ele defendeu a existência de oito "centros de origem" para as principais plantas cultivadas no mundo, que seriam os locais geográficos de onde as espécies se originaram. Seriam eles: China; Índia e Indo-Malásia; Ásia Central; Oriente Próximo; Mediterrâneo; Etiópia (Abissínia); Sul do México e América Central; América do Sul (Peru, Equador e Bolívia, o arquipélago de Chiloé, no Sul do Chile, e a Região do Sul do Brasil-Paraguai).

Vavilov se ocupou das origens das plantas cultivadas porque ele estava interessado na diversidade genética e considerava que as duas estavam associadas. Em 1926, Vavilov escreveu o ensaio *Sobre a origem das plantas cultivadas*, dedicado a Alphonse de Candolle (que muito influenciou seu trabalho), em que defendia que o centro de origem de uma planta cultivada estaria localizado na região com maior diversidade genética e, especialmente, onde fossem encontrados os seus parentes silvestres[367]. Mais tarde, novas pesquisas mostraram que nem sempre isso ocorre, e centro de diversidade e centro de origem não coincidem, necessariamente. As plantas migraram com os homens e foram levadas a locais distintos de onde se originaram, desenvolvendo novas características em outras regiões geográficas, que podem também se tornar centros de diversidade. Muitos cientistas apontaram lacunas nos estudos de Vavilov, pois ele não investigou com maior profundidade a África Subsaariana e

---

366. Desde 1965, chama-se Instituto Vavilov, e está situado em São Petersburgo, na Rússia. Para saber mais, consultar: Igor Loskutov. *Vavilov and his institute*. Roma: International Plant Genetic Resources Institute, 1997.
367. Jack R. Harlan. *Crops and man*. Madison: American Society of Agronomy; Crop Science Society of America. 1975, p. 52-53.

as terras baixas da América do Sul, onde muitos cultivos agrícolas importantes foram domesticados.

Muitos dos conceitos e teorias desenvolvidos por Vavilov, entretanto, ainda são de ampla aceitação e utilização pelos geneticistas[368]. As pesquisas de Vavilov foram importantes para que se compreendesse que os recursos fitogenéticos não estão uniformemente distribuídos pelo mundo. Eles estão concentrados, em grande parte, nos centros de origem e diversidade das plantas cultivadas e de seus parentes silvestres, situados principalmente nas regiões tropicais e subtropicais (África, Ásia e Américas).

Jack Harlan, agrônomo e geneticista norte-americano escreveu, em 1975, a obra clássica e referencial *Crops and man* ("As plantas cultivadas e o homem"), com base nos trabalhos anteriores de Alphonse de Candolle e Nikolai Vavilov. Harlan considerou que muitas plantas cultivadas não se originaram nos centros propostos por Vavilov. Mais do que isso, que algumas plantas não têm um centro de diversidade e outras podem ter mais de um centro de diversidade.

Harlan mostrou que os centros de origem não são o mesmo que os centros de diversidade genética e sustentou que as plantas cultivadas apresentam padrões diferentes de variação e evolução no tempo e no espaço[369]. Harlan reconheceu, entretanto, que os centros de diversidade realmente existem para muitas plantas cultivadas, e esse conceito é útil para o estudo da diversidade genética.

Muitos cientistas contestaram, reformularam e acrescentaram novos elementos às teorias de Candolle, Vavilov e Harlan, propondo outros centros de origem e de diversificação[370], e foge aos objetivos do presente

---

368. Vavilov morreu em 1943, na prisão de Saratov, na Rússia, vítima da perseguição do regime stalinista, por não concordar com as teorias desenvolvidas por Trofim Lysenko, que dirigia o Instituto de Genética da ex-União Soviética. Lysenko não aceitava as leis de hereditariedade desenvolvidas por Gregor Mendel, em que se baseia toda a genética moderna.
369. Jack R. Harlan. *Crops and man*. Madison: American Society of Agronomy; Crop Science Society of America. 1975, p. 149-167.
370. Zeven e De Wet, por exemplo, propõem três berços da agricultura: Ásia oriental (China e Myanmar), Oriente Próximo (Crescente Fértil) e América Central, e mais doze centros de diversidade *In*: A. C. Zeven & J. M. J. de Wet. *Dictionary of cultivated plants and their regions of diversity*. Wageningen: Centre for Agricultural Publishing and Documentation, 1982.

trabalho detalhar os trabalhos de todos eles[371]. O que pretendemos demonstrar é que nem sempre é fácil definir um local geográfico preciso onde uma determinada espécie agrícola se originou ou se diversificou, a fim de determinar quem tem legitimidade para autorizar o acesso ao recurso fitogenético e receber os eventuais benefícios, nos termos do sistema bilateral da CDB[372].

Além disso, do ponto de vista dos agricultores, o regime bilateral da CDB cria outro problema: a quem pertencem as plantas cultivadas e os saberes agrícolas? Quem pode autorizar o acesso e deve receber os eventuais benefícios gerados pela utilização dos recursos fitogenéticos e saberes associados? A etnobotânica Laure Emperaire explica que, nos sistemas agrícolas locais: "houve, e há de maneira contínua, seleção, melhoramento genético, intercâmbios de sementes, saberes e experiências, difusão das plantas", e esse processo é dinâmico: "as plantas circulam entre famílias, comunidades ou etnias; novos cultivares oriundos de outras regiões ou localmente produzidas são avaliadas e incorporadas no estoque de variedades do agricultor; há um interesse pela produção de diversidade em si"[373].

Acostumados a compartilhar e a promover o intercâmbio de materiais genéticos, saberes e experiências agrícolas por meio de redes sociais, reguladas por normas locais, como definirão os agricultores locais a quem pertencem esses recursos? E, ao exigir que essas comunidades estabeleçam quem são os "donos" desses recursos, não estariam a CDB e as leis nacionais que a regulamentam – estimulando disputas e rivalidades que acabariam por restringir a circulação e o intercâmbio de material

---

371. Para saber mais, consultar: Bruno M. T. Walter et al. "Origens da agricultura, centros de origem e diversificação das plantas cultivadas." *In*: Bruno M. T. Walter & Taciana B. Cavalcanti. *Fundamentos para a coleta de germoplasma vegetal*. Brasília: Embrapa Recursos Genéticos e Biotecnologia, 2005, p. 58-87.
372. Regine Andersen. *Governing agrobiodiversity*: international regimes, plant genetics and developing countries. Oslo, 2007, p. 22. Tese (doutorado) – Department of Political Science, Faculty of Social Science, University of Oslo.
373. Juliana Santilli & Laure Emperaire. "A agrobiodiversidade e os direitos dos agricultores indígenas e tradicionais" *In*: Beto Ricardo & Fany Ricardo. *Povos indígenas no Brasil: 2001-2005*. São Paulo: ISA, 2006, p. 100.

genético, fundamentais à manutenção da biodiversidade agrícola? Parece-nos que sim.

Embora a CDB não atribua propriamente um "dono" aos recursos genéticos e aos conhecimentos tradicionais associados, os seus princípios – consentimento prévio fundamentado e de repartição de benefícios com os Estados de origem e as comunidades locais – partem do pressuposto de que há "provedores" e "usuários" dos recursos, e esses devem estabelecer, por meio de contratos, as condições para o acesso e as formas de repartição dos benefícios. Os recursos genéticos e conhecimentos tradicionais acabam se transformando em *commodities* ou mercadorias, a serem negociadas a "preços de mercado", o que subverte a lógica como esses recursos e saberes são gerados e compartilhados pelas comunidades locais[374]. Além disso, a abordagem mercantilista adotada pela CDB não considera as espécies agrícolas que têm grande importância local e regional e para a segurança alimentar dos agricultores tradicionais, familiares e agroecológicos, mas não são *commodities* e, portanto, despertam pouco interesse comercial.

A complexidade dos processos de obtenção de autorizações a acesso a recursos genéticos e a conhecimentos tradicionais associados tem, em muitos países, desestimulado pesquisas sobre a diversidade biológica e cultural[375] e, ao mesmo tempo, trazido pouquíssimos benefícios concretos para as comunidades locais e para a biodiversidade. Não se tem notícia até o momento de nenhum contrato de repartição de benefícios com agricultores locais, resultante da implementação das leis de acesso fundadas na CDB[376]. O domínio público vai se tornando cada vez mais restrito – seja pela apropriação privada por meio dos direitos de

---

374. No mesmo sentido: Ângela Cordeiro. "Biodiversidade cercada: quem é o dono?" *In*: Walter S. de Boef et al. *Biodiversidade e agricultores*: fortalecendo o manejo comunitário. Porto Alegre: L & PM, 2007. p 197.

375. Nesse sentido: Charles R. Clement. "Um pote de ouro no fim do arco-íris? O valor da biodiversidade e do conhecimento tradicional associado, e as mazelas da lei de acesso – uma visão e proposta a partir da Amazônia" *Amazônia: Ciência & Desenvolvimento*, Belém, v. 3, n.5, p. 7-28, 2007.

376. Regine Andersen & Tone Winge. *Success stories from the realization of farmers' rights related to plant genetic resources for food and agriculture*. Lysaker, Noruega: Fridtjof Nansen Institute, 2008, p. 8.

propriedade intelectual, seja pelo princípio da soberania dos países de origem sobre seus recursos genéticos.

A CDB trata os recursos genéticos como bens econômicos, utilitários, fragmentados e descontextualizados dos processos biológicos e socioculturais de construção da agrobiodiversidade e dos saberes associados. Ignora as percepções e valores locais associados aos recursos e saberes da agrobiodiversidade, as normas locais sobre a titularidade de direitos sobre tais recursos, o liame entre o recurso e o conhecimento, a circulação e o intercâmbio do material fitogenético, o seu compartilhamento por várias comunidades etc. Desconsidera a complexidade dos processos que geram a agrobiodiversidade. Tende a impedir a livre circulação de material fitogenético, a estimular monopólios e a restringir o domínio público e a ter um impacto negativo sobre os sistemas agrícolas locais e sobre a agrobiodiversidade[377].

A CDB criou a expectativa, em muitos países, de que os recursos gerados por contratos de repartição de benefícios, celebrados entre provedores e usuários de recursos genéticos, seriam vultosos e reverteriam em favor da conservação da biodiversidade, o que, efetivamente, não ocorreu na grande maioria dos casos. A CDB também não corrigiu as desigualdades políticas entre os países detentores da biodiversidade (em desenvolvimento) e os países detentores da biotecnologia (desenvolvidos). O princípio da soberania dos países de origem sobre os seus recursos genéticos, estabelecido pela CDB, buscou corrigir iniquidades históricas nas relações Norte-Sul, relacionadas à "fuga dos genes do Sul para o Norte" e à apropriação desses recursos pelos países do Norte com base em direitos de propriedade intelectual. Entretanto, a CDB não trouxe soluções concretas para os impactos negativos da propriedade intelectual sobre a biodiversidade e, ao mesmo tempo, acabou legitimando, ainda que indiretamente, os direitos de propriedade intelectual. O acesso aos recursos genéticos e saberes associados, tornou-se, na verdade, mais limitado e restrito.

---

377. Juliana Santilli & Laure Emperaire. "A agrobiodiversidade e os direitos dos agricultores indígenas e tradicionais" *In*: Beto Ricardo & Fany Ricardo. *Povos indígenas no Brasil: 2001-2005*. São Paulo: ISA, 2006, p. 100.

Se o tratamento jurídico dispensado pela CDB aos recursos genéticos de espécies silvestres tem suscitado vários questionamentos, mais graves e incontornáveis são as dificuldades criadas por um regime bilateral para as espécies agrícolas. A natureza especial dos recursos fitogenéticos utilizados na alimentação e agricultura acabou levando à adoção do Tratado Internacional sobre os Recursos Fitogenéticos para a Alimentação e para a Agricultura, de que trataremos a seguir.

O Tratado Internacional sobre os Recursos Fitogenéticos para a Alimentação e a Agricultura

Visão geral

O Tratado Internacional sobre os Recursos Fitogenéticos para a Alimentação e para a Agricultura (Tirfa) foi adotado na 31ª Reunião da Conferência da FAO, realizada em Roma em 3 de novembro de 2001, e entrou em vigor internacionalmente em 29 de junho de 2004[378]. É o primeiro instrumento internacional vinculante que trata exclusivamente dos recursos fitogenéticos. Os objetivos do tratado são "a conservação e o uso sustentável dos recursos fitogenéticos para a alimentação e a agricultura e a repartição justa e equitativa dos benefícios derivados de sua utilização para uma agricultura sustentável e a segurança alimentar, em

---

378. Para saber mais sobre as negociações do tratado, consultar: Stuart Coupe & Roger Lewins. *Negotiating the seed treaty*. Warwickshire, GB: Practical Action Publishing, 2007. Para saber mais sobre os detalhes técnicos do tratado e sobre os seus membros, consultar: www.planttreaty.org. Encontra-se em discussão, na Comissão de Recursos Genéticos para Alimentação e Agricultura da FAO, a elaboração de um tratado internacional sobre recursos genéticos animais para alimentação e agricultura. O Relatório sobre o Estado dos Recursos Genéticos Animais para Alimentação e Agricultura no Mundo foi lançado durante a 1ª Conferência Técnica Internacional sobre Recursos Genéticos Animais para Alimentação e Agricultura, realizada em Interlaken, na Suíça, de 3 a 7 de setembro de 2007. Na mesma ocasião, foram adotados ainda o Plano Global de Ação para a Conservação e Utilização Sustentável dos Recursos Genéticos Animais e a Declararação de Interlaken sobre Recursos Genéticos Animais.

harmonia com a Convenção sobre Diversidade Biológica". Os princípios estabelecidos no preâmbulo do tratado são importantes para compreender os seus pressupostos e objetivos. Analisaremos alguns deles:

Segundo o preâmbulo do tratado, as partes contratantes estão *convencidas da natureza especial dos recursos fitogenéticos para a alimentação e a agricultura, e das suas distintas características e seus problemas, que requerem soluções específicas.*

A natureza "especial" dos recursos fitogenéticos é destacada em diversos trabalhos dedicados ao tema[379], a fim de justificar a necessidade de um regime jurídico diferenciado para tais recursos, distinto do regime jurídico estabelecido para os recursos genéticos em geral. São essas as principais características dos recursos fitogenéticos:

• A intervenção humana teve (e ainda tem) papel fundamental na domesticação das espécies agrícolas e na conservação da agrobiodiversidade. Ao longo da história, os agricultores domesticaram (e continuam domesticando) plantas silvestres e, por meio de um processo de seleção e melhoramento, as adaptaram à agricultura e às suas necessidades. Características interessantes, como resistência a doenças e a condições climáticas extremas, grãos maiores e mais nutritivos, germinação rápida e maturação uniforme, foram estimuladas, e outras, como a dormência em sementes, grãos com sabores amargos ou componentes tóxicos, pouco interessantes para os cultivos agrícolas,

---

379. Gerald Moore & Witold Tymowski. *Explanatory Guide to the International Treaty on Plant Genetic Resources for Food and Agriculture*. Gland: IUCN, 2005; Clive Stannard et al. "Agricultural biological diversity for food security: shaping international initiatives to help agriculture and the environment." *Howard Law Journal*, v. 48, n. 1, p. 397-430, 2004; David H. Cooper."The international treaty on plant genetic resources for food and agriculture." *Review of European Community & International Environmental Law*, v. 11, n. 1, p. 1-16, 2002; Michael Halewood & Kent Nnadozie. "Giving priority to the commons: the International Treaty on Plant Genetic Resources for Food and Agriculture." In: Geoff Tansey & Tasmin Rajotte. *The future control of food*. Londres: Earthscan; Otawa: IDRC, 2008, p. 115-140.

foram sendo excluídas. Qualquer variedade de planta cultivada é o resultado de atividades de melhoramento desenvolvidas ao longo de muitas gerações de agricultores, e a agrobiodiversidade é fruto do manejo complexo e dinâmico dos cultivos agrícolas realizado pelos agricultores. A conservação e a utilização sustentável dos recursos fitogenéticos são, portanto, indissociáveis.

Essa diferença entre biodiversidade silvestre e cultivada deve, entretanto, ser relativizada, porque a biodiversidade não pode, em nenhuma hipótese, ser reduzida a apenas um fenômeno natural: ela é também um fenômeno cultural[380]. Entretanto, as plantas cultivadas têm uma dependência do homem mais extrema, pois muitas espécies domesticadas chegam a perder a capacidade de sobreviver em ambientes silvestres.

- Os inúmeros intercâmbios realizados entre os diferentes países e entre os agricultores propiciaram o desenvolvimento de variedades com base em combinações de materiais genéticos de origens diversas, sendo difícil, em muitos casos, atribuir uma única origem à nova variedade desenvolvida ou mesmo identificar as diversas regiões de origem dos materiais utilizados no desenvolvimento e/ou melhoramento daquela variedade. Em geral, muitas variedades são utilizadas nos processos de seleção e cruzamento que permitem desenvolver novas variedades, tanto por agricultores como pelos melhoristas de instituições de pesquisa. Os sistemas agrícolas locais não são fechados nem estáticos, e os agricultores estão sempre experimentando novas variedades, muitas vezes trazidas por outros agricultores ou por instituições de pesquisa agrícola, e incorporando novos materiais aos seus estoques.

---

380. Nesse sentido: Antônio Carlos Diegues, Geraldo Andrello & Márcia Nunes. "Populações tradicionais e biodiversidade na Amazônia: levantamento bibliográfico georreferenciado." In: João Paulo Ribeiro Capobianco et al. *Biodiversidade na Amazônia brasileira*: avaliação e ações prioritárias para a conservação, uso sustentável e repartição de benefícios. São Paulo: Estação Liberdade; ISA, 2001, p. 205-24. Consultar também: Michael J. Balick & Paul A. Cox. *Plants, people and culture:* the science of ethnobotany. Nova York: Scientific American Library, 1996.

No melhoramento genético, realizado por instituições de pesquisa agrícola, ocorre algo semelhante. As variedades melhoradas têm um complexo *pedigree*, o que pode dificultar a identificação de todas as variedades que contribuíram para o desenvolvimento da nova variedade, o produto final do melhoramento genético vegetal. Avaliar a importância de cada variedade utilizada no processo de melhoramento, atribuindo-lhe um valor específico, é uma tarefa complexa. Após longo processo de seleção, cruzamento e retrocruzamento de diversas variedades, como estabelecer qual o componente genético determinante para aquela característica específica, presente na variedade final? Provavelmente, os altos custos e o tempo despendidos em tal identificação ultrapassariam os benefícios econômicos resultantes. Ademais, muitas coleções de recursos genéticos estão localizadas fora de suas regiões de origem, em locais muito distantes de onde foram coletados.

A variedade de trigo conhecida como *Veery* foi desenvolvida pelo Centro Internacional para o Melhoramento de Milho e Trigo (Cimmyt) com base em 51 variedades parentais, originárias de pelo menos 26 países[381]. A variedade de trigo *Orofen* está incluída no pedigree de 245 variedades lançadas na China[382]. Já a variedade de arroz *IR 36* foi desenvolvida de quinze variedades locais e de uma espécie silvestre[383]. Estima-se que, para o desenvolvimento de cada nova variedade de trigo, o número médio de variedades utilizadas tenha aumentado de doze para 64 em 1992[384].

O outro parágrafo do preâmbulo do tratado afirma que as partes contratantes estão *"conscientes de que os recursos fitogenéticos para a alimentação e a agricultura são uma preocupação comum a todos os países, já que todos dependem em grande medida de recursos fitogenéticos para a alimentação e a agricultura provenientes de outras partes"*.

---

381. Gerald Moore & Witold Tymowski. *Explanatory Guide to the International Treaty on Plant Genetic Resources for Food and Agriculture*. Gland: IUCN, 2005, p. 24.
382. Niels P. Louwaars. *Seeds of confusion:* the impact of policies on seed systems. Wageningen, Holanda, 2007. Tese (doutorado), Wageningen Universiteit, p. 82.
383. Gerald Moore & Witold Tymowski, *op. cit.*, p. 24.
384. Bert Visser. "Genebank management: what to conserve?" Wageningen: Wageningen International, 2008. Apresentação realizada em 18 de junho de 2008, no curso *Contemporary Approaches in Plant Genetic Resources Conservation and Use*.

Em virtude das migrações e intercâmbios ocorridos ao longo da história, todos os países se tornaram dependentes para sua alimentação, em maior ou menor medida, de recursos fitogenéticos que se originaram em outras partes do mundo. Não há, atualmente, nenhum país que seja autossuficiente em recursos fitogenéticos – todos são interdependentes. Essa interdependência entre os países é maior em relação aos recursos fitogenéticos (para alimentação e agricultura) do que em relação aos demais recursos genéticos. Portanto, os países precisam acessar e utilizar frequentemente os recursos fitogenéticos originários de outros países, tanto para pesquisas científicas e para o melhoramento genético vegetal como também para uso direto nos seus sistemas agrícolas. Manter o fluxo e o intercâmbio dos recursos fitogenéticos é fundamental tanto para os melhoristas de instituições de pesquisa como para os agricultores.

Uma pesquisa realizada a pedido do Secretariado da Comissão de Recursos Fitogenéticos para Alimentação e Agricultura da FAO[385], com base em dados de 1994, concluiu que todos os países têm, em relação aos principais cultivos agrícolas, forte dependência de recursos fitogenéticos provenientes de outras regiões do mundo, que gira em torno de 50 por cento. Estima-se que provavelmente a região mais independente é o Oriente Médio, em que cerca de 45% dos recursos são originários da própria região, como espécies de trigo, cevada, lentilha e grão-de-bico, além de animais, como cabras e ovelhas. Os países da América Latina e do Caribe, por exemplo, são centros de diversidade de recursos fitogenéticos fundamentais à alimentação de muitas outras regiões do mundo, como milho, batata, batata-doce, mandioca, feijão, cacau e tomate. Na África, por exemplo, 56,3% das leguminosas são originárias da América Latina e do Caribe; na China e no Japão, 40,7%; e na América do Norte, 40.3%[386].

---

385. Ximena Flores Palacios. "Contribution to the estimation of countries' interdependence in the area of plant genetic resources." Roma: FAO, 1999. Disponível em: www.fao.org/ag/cgrfa/docs.htm. Acessado em 2/10/2008.
386. FAO. Plant Production and Protection Division. Seed and Plant Genetic Resources Service. "Seed policy and programmes in Latin America and the Caribbean." In: Regional Technical Meeting on Seed Policy and Programmes in Latin America and the Caribbean, 20-24/3/2000, Merida, México. Proceedings. Roma: FAO, 2000, p. 31. (FAO Plant Production and Protection Paper, 164).

O Brasil, apesar de possuir entre 50 mil e 55 mil espécies de plantas superiores, e de ser o país de maior biodiversidade do mundo, é altamente dependente de recursos genéticos originários de outros países para sua alimentação. Grande parte dos componentes da dieta básica dos brasileiros é proveniente de outros países, como arroz, trigo, milho, cana-de-açúcar etc. Muitas espécies nativas têm, entretanto, importância regional e local, como mandioca, abacaxi, caju, cupuaçu, maracujá, castanha, guaraná, jabuticaba, amendoim, algumas espécies de palmeiras etc[387].

Há ainda outro parágrafo do preâmbulo do tratado que estabelece que as partes *"reconhecem que a conservação, prospecção, coleta, caracterização, avaliação e documentação dos recursos fitogenéticos são essenciais para alcançar as metas da Declaração de Roma sobre Segurança Alimentar Mundial e o Plano de Ação da Cúpula Mundial sobre a Alimentação".*

A Declaração de Roma foi adotada em 1996, durante a Cúpula Mundial sobre a Alimentação, e os países se comprometeram a realizar esforços permanentes para erradicar a fome em todo o mundo, com a meta imediata de reduzir, pela metade, o número de pessoas subalimentadas até 2015. Para atingir esses objetivos, o Plano de Ação da Cúpula Mundial sobre a Alimentação prevê que os governos, em colaboração com a sociedade civil, deverão promover o acesso dos agricultores aos recursos genéticos.

Segundo o Plano de Ação da Cúpula Mundial sobre a Alimentação, os países deverão ainda adotar um programa integrado para a conservação e a utilização sustentável desses recursos, *in situ* e *ex situ*, e promover métodos de seleção vegetal que ampliem a base genética das plantas cultivadas e a repartição justa e equitativa dos benefícios derivados do uso de tais recursos, entre outras medidas[388].

---

387. Clara de O. Goedert. "Histórico e avanços em recursos genéticos no Brasil." *In*: Luciano L. Nass. *Recursos genéticos vegetais*. Brasília: Embrapa Recursos Genéticos e Biotecnologia, 2007, p. 28.
388. Para consultar a íntegra da Declaração de Roma sobre Segurança Alimentar Mundial e o Plano de Ação da Cúpula Mundial sobre a Alimentação, acessar: www.fao.org/docrep/003/w3613p/w3613p00.htm.

O tratado reconhece as estreitas ligações entre a conservação da agrobiodiversidade e a segurança alimentar e, ao fazer referência à Declaração de Roma sobre Segurança Alimentar Mundial, contribui para a conscientização de que a fome e a subalimentação só serão erradicadas quando o acesso aos recursos fitogenéticos for devidamente assegurado às comunidades agrícolas, livre de restrições, e a diversidade genética for conservada não só *ex situ*, em coleções, como também *in situ* e *on farm*, nos agroecossistemas, com a participação dos agricultores.

Outro parágrafo do preâmbulo do Tratado afirma que as partes "*reconhecem que, no exercício de seus direitos soberanos sobre seus recursos fitogenéticos para a alimentação e a agricultura, os Estados podem beneficiar-se mutuamente da criação de um efetivo sistema multilateral para facilitar o acesso a uma seleção negociada desses recursos e para a distribuição justa e equitativa dos benefícios advindos de sua utilização*".

O tratado não cria um regime jurídico de acesso e repartição de benefícios aplicável a todos os recursos fitogenéticos para alimentação e agricultura. Embora muitas de suas disposições se destinem a todos os recursos fitogenéticos para alimentação e agricultura, o sistema multilateral de acesso e repartição de benefícios só se aplica aos recursos fitogenéticos que integram o Anexo 1 do tratado, que estejam sob a gestão e o controle dos países signatários e sejam de domínio público.

Além disso, o sistema multilateral só se aplica aos recursos fitogenéticos conservados *ex situ* (fora de seu *habitat* natural), em bancos de germopasma, coleções etc. O sistema multilateral não se aplica ao acesso aos recursos fitogenéticos que estejam em condições *in situ*[389] (em seus ambientes naturais) e suas normas não regem a coleta e o acesso a recursos fitogenéticos realizados internamente. Quando instituições de pesquisa ou empresas privadas pretenderem acessar recursos fitogenéticos encontrados *in situ*, ainda que dentro dos territórios de seus países

---

389. O artigo 12.3. "h" do Tratado estabelece que o acesso aos recursos fitogenéticos para alimentação e agricultura encontrados em condições *in situ* será concedido de acordo com a legislação nacional. Alguns países têm considerado a possibilidade de incluir também no sistema multilateral os recursos fitogenéticos encontrados *in situ* em terras de domínio público.

de origem, deverão seguir as leis nacionais, pois as normas do tratado não regem tais acessos. O sistema multilateral estabelecido pelo tratado se destina apenas a regular os intercâmbios e remessas externas, entre instituições situadas em países diferentes.

O tratado reconhece os direitos soberanos dos Estados sobre os seus recursos fitogenéticos e a autoridade para determinar o acesso a esses recursos pertence aos governos nacionais e está sujeita à legislação nacional. Entretanto, no exercício de seus direitos soberanos sobre seus recursos fitogenéticos, os países signatários do tratado concordam com a criação de um sistema multilateral de acesso e repartição de benefícios, por meio do qual disponibilizam seus recursos fitogenéticos para utilização dos demais países. Esse sistema multilateral se restringe, entretanto, a alguns recursos fitogenéticos relacionados no Anexo 1 do tratado, como arroz, feijão, batata, batata-doce, mandioca, cará, cenoura etc. (A relação completa dos cultivos agrícolas do Anexo 1 está nos quadros 7 e 8, ao final deste capítulo).

O acesso aos recursos fitogenéticos incluídos no Anexo 1 do tratado, por intermédio do sistema multilateral, é concedido exclusivamente para conservação e utilização em pesquisa, melhoramento e capacitação, na área de alimentação e agricultura. Se o acesso visar a usos químicos, farmacêuticos e/ou outros usos industriais, o sistema multilateral não será aplicável, e o interessado deverá seguir as normas da CDB, submetendo-se ao regime bilateral de acesso e repartição de benefícios, em que os acessos são negociados por meio de contratos bilaterais.

Na verdade, o tratado estabelece um duplo regime jurídico para os recursos fitogenéticos mantidos em coleções *ex situ*, que estejam sob o domínio público: 1)quando incluídos no Anexo 1 e o acesso se destinar à pesquisa, melhoramento e capacitação, na área de alimentação e agricultura, os recursos fitogenéticos são tratados como bens comuns[390], de acesso facilitado e gratuito (ou mediante cobrança apenas dos custos mínimos), por meio do sistema multilateral; 2) quando

---

390. Marie-Angèle Hermitte & P. Kahn. *Les ressources génétiques végétales et le droit dans les rapports Nord-Sud*. Bruxelas: Bruylant, 2004, p. 81.

incluídos, ou não, no Anexo 1, mas o acesso se destinar a usos químicos, farmacêuticos e/ou outros usos industriais, os recursos fitogenéticos estão sujeitos à soberania dos seus países de origem, e ao regime bilateral estabelecido pela CDB. O tratado não regula, entretanto, nem o acesso a coleções *ex situ* sob domínio privado, nem o acesso aos recursos fitogenéticos em condições *in situ*. Trataremos, a seguir, dos principais componentes do tratado (os direitos dos agricultores serão tratados no capítulo seguinte).

Um dos principais componentes do tratado são as normas gerais sobre conservação e utilização sustentável dos recursos fitogenéticos para alimentação e agricultura. Trata-se de um componente extremamente importante do tratado, e se aplica a todos os recursos fitogenéticos para alimentação e agricultura[391]. Os artigos 5º e 6º estabelecem os princípios e as diretrizes fundamentais que devem orientar as políticas e as ações voltadas para a conservação e a utilização sustentável dos recursos fitogenéticos.

Esses princípios e diretrizes se baseiam principalmente no Plano Global de Ação para a Conservação e Utilização Sustentável dos Recursos Fitogenéticos para Alimentação e Agricultura – um instrumento voluntário adotado por 150 países durante a 4ª Conferência Técnica Internacional sobre os Recursos Fitogenéticos, realizada em Leipzig, na Alemanha, de 17 a 23 de junho de 1996. O Plano Global arrola vinte áreas prioritárias, divididas em quatro grupos principais: 1) conservação *in situ* e desenvolvimento; 2) conservação *ex situ*; 3) utilização de recursos fitogenéticos; 4) fortalecimento institucional e capacitação[392]. O Plano Global é um dos componentes de apoio do tratado[393].

---

391. Todos os componentes do tratado (direitos dos agricultores, componentes de apoio, disposições financeiras e institucionais), com exceção do sistema multilateral de acesso e repartição de benefícios, se aplicam a todos os recursos fitogenéticos para alimentação e agricultura. O Anexo 1 contém a lista de cultivos agrícolas incluídos no sistema multilateral e o Anexo 2 as normas relativas à arbitragem e à conciliação.
392. O Plano Global, por sua vez, se baseou no Relatório sobre o Estado dos Recursos Genéticos de Plantas do Mundo, também apresentado durante a 4ª Conferência Técnica Internacional sobre os Recursos Fitogenéticos, realizada em Leipzig, na Alemanha, de 17 a 23 de junho de 1996.
393. Assim como as coleções *ex situ* de recursos fitogenéticos mantidas pelos centros internacionais de pesquisa agrícola do Grupo Consultivo em Pesquisa Agrícola Internacional

A conservação e o uso sustentável dos recursos fitogenéticos são indissociáveis, razão pela qual os princípios relativos à conservação, estabelecidos no artigo 5º do Tratado, e os relativos ao uso sustentável, previstos no artigo 6º, devem ser interpretados e aplicados conjuntamente, por meio de uma abordagem integrada, que favoreça a complementaridade das três formas de conservação: *on farm*, *in situ* e *ex situ*. A conservação *in situ* e *on farm* está diretamente associada à implementação dos direitos dos agricultores.

A conservação *on farm* é prevista principalmente no artigo 5.1. "c", que determina que os países devem promover e apoiar os agricultores e comunidades locais nos esforços de manejo e conservação *on farm*[394] de seus recursos fitogenéticos. É a primeira vez que um tratado internacional vinculante reconhece o papel dos agricultores e das comunidades locais na conservação da agrobiodiversidade, obrigando os países a adotar ações, políticas e programas de apoio à conservação *on farm*, ainda que o tratado reconheça que os países é que devem decidir quais ações específicas deverão adotar. A conservação *on farm* cumpre várias outras funções, além da conservação em si, como o empoderamento das comunidades locais, o fortalecimento dos sistemas agrícolas tradicionais e locais e a manutenção dos agricultores em suas terras.

Alguns autores tratam a conservação *on farm* como uma modalidade de conservação *in situ* por considerarem que o termo *in situ* se refere principalmente à conservação de espécies silvestres em seus ambientes naturais e que, quando se trata de conservação de espécies domestica-

---

(Cgiar) e por outras instituições internacionais, as redes internacionais de recursos fitogenéticos e o Sistema Global de Informação sobre Recursos Fitogenéticos também são componentes de apoio do tratado.

394. Na tradução do texto do tratado para o português, realizada pelo governo brasileiro, a conservação *on farm* é traduzida como "conservação nas propriedades", o que é inadequado, pois a expressão "conservação *on farm*" se refere à conservação nos sistemas agrícolas locais, com a participação dos agricultores, e isso não guarda nenhuma relação com o conceito jurídico de propriedade. No Brasil, as relações entre os agricultores e suas terras podem ser regidas por institutos jurídicos diferentes (posse, usufruto, arrendamento etc.), o que não faz nenhuma diferença para fins de conservação *on farm*.

das, manejadas por agricultores, seria mais adequado falar em "conservação *in situ on farm*"[395]. Walter de Boef prefere se referir à conservação "nas unidades de produção familiares", destacando ainda que o termo "manejo" é mais apropriado do que "conservação", porque traduz melhor o dinamismo dos processos humanos e ecológicos, que não podem ser controlados ou "conservados". A "conservação" seria um conceito desenvolvido por conservacionistas, e não um objetivo dos agricultores[396].

A conservação *in situ* é prevista no artigo 5.1."d", que estabelece a obrigação dos países promoverem a conservação *in situ* dos parentes silvestres das plantas cultivadas e das plantas silvestres para a produção de alimentos, até mesmo em áreas protegidas[397], apoiando, entre outros, os esforços das comunidades indígenas e locais. A conservação *in situ* das plantas cultivadas pode ocorrer tanto em áreas protegidas como fora dos limites destas, nos ambientes em que desenvolveram suas propriedades características. Quando conservadas *in situ*, as plantas cultivadas mantêm a sua capacidade de evolução e adaptação. Além disso, a conservação *in situ* mantém não só as plantas como os ecossistemas agrícolas nos quais se desenvolveram.

Já a conservação *ex situ* é tratada no artigo 5.1. "e", que estabelece que os países devem promover o desenvolvimento de um sistema eficiente e sustentável de conservação *ex situ*, prestando a devida atenção à necessidade de adequada documentação, caracterização, regeneração e avaliação dos recursos genéticos. O termo "documentação" se refere à totalidade das informações e documentos que devem acompanhar as coleções mantidas pelos bancos de germoplasma, que incluem caracterização, regeneração e avaliação dos recursos genéticos. A caracteriza-

---

395. Regine Andersen. *Governing agrobiodiversity*: international regimes, plant genetics and developing countries. Oslo, 2007, p. 23. Tese (doutorado) – Department of Political Science, Faculty of Social Science, University of Oslo.
396. Walter S. de Boef. *Tales of the unpredictable. Learning about institutional frameworks that support farmer management of agrobiodiversity.* Wageningen: Wageningen University, 2000, p. 180.
397. Também trataremos da criação de áreas protegidas, como um instrumento para a conservação *in situ* e *on farm* da agrobiodiversidade, no capítulo seguinte deste trabalho.

ção visa a estabelecer um conjunto de características visíveis a olho nu e que se expressam em todos os ambientes, como altura das plantas, tamanho dos grãos, cor das flores etc. A regeneração se refere à necessidade de se fazer periodicamente o plantio das sementes no campo, a fim de manter sua viabilidade e integridade genética. Já a avaliação se refere principalmente às características agronômicas do material genético, como resistência à seca e às doenças etc.[398]

É muito difícil – talvez impossível – saber qual a representatividade das coleções *ex situ* em relação à totalidade da diversidade agrícola encontrada *in situ*[399]. Em todo o mundo, cerca de 6 milhões de acessos de plantas são conservados em bancos de germoplasma. Entretanto, tais acessos representam um número muito limitado de espécies de interesse comercial. Espécies de plantas subutilizadas e/ou de menor valor comercial são sub-representadas nas coleções *ex situ*. Além disso, apenas um terço de todos os acessos existentes nos bancos de germoplasma já foi devidamente caracterizado, e estima-se que apenas 2 milhões (ou seja, cerca de um terço) de acessos sejam únicos e todo o restante seja duplicata[400].

Já o artigo 6º do Tratado obriga os países signatários a elaborar e manter "políticas e medidas legais" apropriadas que promovam o uso sustentável dos recursos fitogenéticos, tais como:

- adoção de políticas agrícolas justas que promovam o desenvolvimento e a manutenção dos diversos sistemas de cultivo que favoreçam o uso sustentável da agrobiodiversidade e de outros recursos naturais;

---

398. Gerald Moore & Witold Tymowski. *Explanatory Guide to the International Treaty on Plant Genetic Resources for Food and Agriculture*. Gland: IUCN, 2005, p. 47.
399. Segundo Laure Emperaire, a diversidade genética de mandioca encontrada em uma roça do Alto Rio Negro é maior que a diversidade mantida nas coleções do Centro Internacional de Agricultura Tropical (Ciat), em Cali. (Laure Emperaire. "Mandioca, raiz do Brasil." In: Instituto Socioambiental. *Almanaque Brasil Socioambiental:* uma nova perspectiva para entender o país e melhorar nossa qualidade de vida. São Paulo: ISA, 2008c, p. 420.)
400. Karl Hammer; Naney Arrowsmith, Thomas Gladis. "Agrobiodiversity with emphasis on plant genetic resources." *Naturwissenschaften*, v. 90, p. 244, 2003.

- fortalecimento da pesquisa que promova e conserve a diversidade biológica, maximizando a variação intraespecífica e interespecífica[401] em benefício dos agricultores, especialmente daqueles que geram e utilizam suas próprias variedades e aplicam os princípios ecológicos para a manutenção da fertilidade do solo e o combate a doenças, ervas daninhas e pragas;

- promoção do fitomelhoramento, com a participação dos agricultores, particularmente nos países em desenvolvimento, a fim de fortalecer o desenvolvimento de variedades especialmente adaptadas às condições sociais, econômicas e ecológicas, até mesmo nas áreas marginais;

- ampliação da base genética dos cultivos, aumentando a gama de diversidade genética à disposição dos agricultores;

- incentivo à expansão do uso dos cultivos locais e daqueles ali adaptados, das variedades e das espécies subutilizadas;

- apoio à utilização mais ampla da diversidade de variedades e espécies dos cultivos manejados, conservados e utilizados sustentavelmente *on farm* e o fortalecimento das ligações com o fitomelhoramento e com o desenvolvimento agrícola, a fim de reduzir a vulnerabilidade dos cultivos e a erosão genética, assim como a promoção do aumento da produção mundial de alimentos compatível com o desenvolvimento sustentável; e

- revisão e adequação das estratégias de melhoramento genético e da regulamentação relativa ao lançamento de novas variedades e à distribuição de sementes.

---

401. A diversidade interespecífica é a diversidade entre espécies, e a diversidade dentro de uma mesma espécie é chamada de intraespecífica.

Essa lista de medidas a serem adotadas pelos países é apenas ilustrativa, e cada país deve incorporar as medidas voltadas para a conservação e o uso sustentável dos recursos fitogenéticos em seus programas e políticas de desenvolvimento rural e agrícola, assim como cooperar com outros países, diretamente ou por meio de organizações internacionais[402]. As medidas relacionadas acima se baseiam na Decisão III/11 da 3ª Conferência das Partes da CDB[403], realizada em Buenos Aires, em 1996, e naquilo que essa considerou como os elementos principais do Plano Global de Ação. Elas traduzem o reconhecimento, mais uma vez, de que a agrobiodiversidade é fruto do manejo complexo e dinâmico dos cultivos agrícolas realizado pelos agricultores e de que as políticas públicas e instrumentos jurídicos devem promover uma abordagem integrada da agrobiodiversidade.

O tratado (artigo 4º) dispõe que os países signatários devem assegurar a conformidade de suas leis, regulamentos e procedimentos às obrigações assumidas nesse instrumento internacional. Portanto, todo o sistema jurídico (interno) dos países signatários do tratado deve estar de acordo com as obrigações internacionais que assumiram não apenas em relação ao intercâmbio de recursos fitogenéticos por meio do sistema multilateral como também em relação à conservação da agrobiodiversidade *in situ* e *on farm*. Segundo o artigo 7º do tratado, cada país deverá incorporar, em seus programas e políticas de desenvolvimento rural e agrícola, as atividades relacionadas à conservação e à utilização sustentável dos recursos fitogenéticos (previstas nos artigos. 5º e 6º citados acima) e cooperar com outros países e com as organizações internacionais.

Outro componente importante do tratado é o sistema multilateral de acesso e repartição de benefícios, que se aplica aos recursos fitogenéticos que integram o Anexo 1 do tratado. São 35 gêneros de cultivos alimentares e 29 de forrageiras (leguminosas, gramíneas e outras forrageiras de clima temperado). As forrageiras foram incluídas porque se

---

402. Os artigos 7º e 8º tratam dos compromissos nacionais assumidos pelos países, da cooperação internacional e da assistência técnica, especialmente aos países em desenvolvimento.

403. Disponível em: www.cbd.int/decisions. Acessado em 10/12/2008.

destinam principalmente à alimentação dos animais, e esses são usados na alimentação humana.

Para serem incluídos no sistema multilateral, os recursos fitogenéticos devem necessariamente ser utilizados para alimentação e agricultura. Um cultivo agrícola como o algodão, por exemplo, não atenderia a tal critério, a não ser que se trate, por exemplo, da utilização do óleo de algodão para alimentação. Da mesma forma, os recursos fitogenéticos de milho só poderão ser acessados por meio do sistema multilateral para fins de alimentação, e não para a produção de agrocombustíveis.

A inclusão dos cultivos agrícolas no Anexo 1 do tratado atendeu, em tese, aos critérios de interdependência e segurança alimentar, mas os critérios políticos também foram decisivos. A escolha dos cultivos a serem incluídos no sistema multilateral suscitou muitas controvérsias durante as negociações do tratado[404]. A extensa lista de cultivos apresentada inicialmente acabou sendo substancialmente reduzida, e cultivos importantes foram excluídos, como a soja (excluída pela China, que é o seu centro de origem e diversidade), o amendoim, o tomate, muitos parentes silvestres de plantas cultivadas, a cebola, o alho, as forrageiras tropicais, o chá, o café e o cacau, entre outros. Por outro lado, cultivos agrícolas cuja importância para a segurança alimentar mundial é altamente questionável foram incluídos, como morango e aspargo. Foram excluídos do Anexo 1 cultivos que têm grande importância local ou regional, como os parentes silvestres da mandioca (necessários para o melhoramento genético da espécie), os vários tipos de milheto usados para alimentação humana e animal na Ásia Meridional e no Oriente Próximo e as forrageiras tropicais, usadas por comunidades pastoris de várias regiões do mundo[405]. A inclusão de

---

404. Para uma descrição mais detalhada das negociações em torno dos cultivos agrícolas a serem incluídos no sistema multilateral, consultar: Lim Engsiang & Michael Halewood. "A short history of the Annex I List" In: Geoff Tansey & Tasmin Rajotte. *The future control of food*. Londres: Earthscan; Ottawa: IDRC, 2008, p. 249-250.
405. ETC GROUP. "The law of the seed." *Translator*, v. 3, n. 1, p. 2-16, dez 2001. Disponível em: www.etcgroup.org/en/. Acessado em 10/12/2008.

um novo cultivo no Anexo 1 depende do consenso de todos os países signatários do tratado[406].

Muitos países em desenvolvimento se empenharam em limitar o escopo e a abrangência do sistema multilateral, porque consideravam que o regime bilateral da CDB lhes seria mais vantajoso, pois o acesso e a repartição de benefícios são negociados diretamente com o país provedor, e os benefícios revertem para esse país, e não para o sistema multilateral. Por outro lado, os países desenvolvidos resistiram fortemente à inclusão de normas do tratado que pudessem limitar o estabelecimento de direitos de propriedade intelectual, o que aumentava a desconfiança dos países em desenvolvimento e diminuía sua disposição de fazer concessões, ou seja, de permitir a inclusão de seus cultivos agrícolas no sistema multilateral. Houve também retaliações entre os países. Brasil, Bolívia e outros países latino-americanos excluíram o amendoim, e os países africanos, as forrageiras tropicais.

O sistema multilateral de acesso e repartição de benefícios

Vejamos, a seguir, as principais normas do sistema multilateral de acesso e repartição de benefícios. Iniciaremos pelas normas relativas ao acesso facilitado.

- O sistema multilateral se aplica apenas aos recursos fitogenéticos que integram o Anexo 1 do tratado, estejam sob a gestão e o controle dos países signatários e sejam de domínio público, e o acesso facilitado é concedido às pessoas físicas e jurídicas sob a jurisdição de qualquer país signatário do tratado[407].

No sistema multilateral, a soberania dos países de origem sobre seus recursos fitogenéticos não é exercida para se estabelecer, caso a caso, as

---

406. Artigo19.2, 23 e 24 do tratado.
407. Os pesquisadores e instituições de pesquisa situados em países que não ratificaram o tratado também podem acessar os recursos fitogenéticos por meio do sistema multilateral, desde que assinem o termo de transferência de material padrão.

condições para o acesso, mas para se criar um sistema que permita o acesso de todos, em condições iguais, a todos os recursos disponibilizados pelos países. Independentemente do número de recursos fitogenéticos que cada país disponibiliza para o sistema multilateral, todos os países têm acesso a todos os recursos disponibilizados pelos demais países.

Se, por um lado, todas as pessoas (incluindo empresas privadas e instituições de pesquisa, públicas ou privadas) têm acesso livre aos recursos fitogenéticos disponibilizados pelo sistema multilateral, não há nenhuma obrigação de que as empresas privadas disponibilizem os recursos mantidos em suas coleções *ex situ*[408]. Ou seja, essas empresas se beneficiam de um acesso facilitado aos recursos mantidos pelo sistema multilateral sem ter que assumir nenhuma obrigação de compartilhar as suas próprias coleções (independentemente de sua origem e de onde os recursos tenham sido coletados). Por essa razão, algumas organizações da sociedade civil afirmam que, em sua concepção inicial, o objetivo do tratado era fortalecer os direitos dos agricultores, mas acabou se tornando um instrumento que "concede novos privilégios para a indústria". Apesar das contradições do tratado, essas organizações reconhecem que ele oferece uma alternativa viável ao regime bilateral da CDB, que acaba restringindo o acesso e a circulação dos recursos genéticos por impor complexas e onerosas negociações bilaterais[409].

O tratado contém as previsões de que todas as pessoas e instituições detentoras dos recursos fitogenéticos do Anexo 1 são "convidadas" a incluir os seus recursos no sistema multilateral e de que os países signatários devem "encorajar"[410] tais pessoas e instituições a fazê-lo, mas não há nenhuma obrigação legal de que o façam. O tratado se limita a prever

---

408. Estão também fora do sistema multilateral as variedades agrícolas conservadas *in situ* e *on farm*, pelos agricultores, e as coleções mantidas por ONGs, agricultores, cooperativas etc.
409. "The FAO seed treaty: from farmers' rights to breeders' privileges." *Seedling*, p. 21-24, out. 2005; ETC Group. "The law of the seed." *Translator*, v. 3, n. 1, p. 2-16, dez 2001. Disponível em: www.etcgroup.org/en/. Acessado em 10/12/2008.
410. Os governos, as pessoas e as instituições de pesquisa, públicas e privadas, podem incluir outros recursos fitogenéticos, além daqueles relacionados no Anexo 1, no sistema multilateral, por iniciativa própria.

que, no prazo de dois anos de sua entrada em vigor, o órgão gestor avaliará se as pessoas físicas e jurídicas (detentoras de coleções *ex situ*) que não tenham incluído os seus recursos fitogenéticos no sistema multilateral continuarão a fazer jus ao acesso facilitado ou se serão tomadas outras medidas "consideradas apropriadas".

Essa foi, na verdade, uma fórmula encontrada para postergar a solução definitiva para uma grave desigualdade do sistema: os recursos mantidos por instituições públicas ou internacionais são disponibilizados gratuitamente (ou mediante custos mínimos) para o melhoramento genético vegetal realizado por instituições privadas, mas essas não só não são obrigadas a disponibilizar as suas coleções como podem requerer direitos de propriedade intelectual sobre produtos e processos resultantes de materiais genéticos acessados por meio do sistema multilateral. Ademais, só são obrigadas a repartir os benefícios monetários quando terceiros não podem utilizar os produtos finais para pesquisa e melhoramento.

- O acesso será concedido de forma ágil, sem a necessidade de controle individual do acesso, e gratuitamente ou mediante a cobrança de uma taxa necessária para cobrir os custos mínimos correspondentes;
- O acesso inclui não só os recursos fitogenéticos como também todas as informações disponíveis (não confidenciais) sobre eles;
- O acesso facilitado será concedido de acordo com o termo de transferência de material padrão, adotado pelo órgão gestor do tratado durante a sua primeira reunião, realizada de 12 a 16 de junho de 2006, em Madri[411].

O termo de transferência de material (TTM) padrão é um contrato entre o provedor e o recipiente de um recurso fitogenético, em que são estabelecidos os termos e as condições para a transferência do material e

---

411. O TTM padrão *(standard material transfer agreement, SMTA)*, está disponível em: www.planttreaty.org. O órgão gestor do tratado adotou o TTM padrão por meio da Resolução 1/2006.

pelo qual o recipiente se compromete a respeitá-los. As partes contratantes do tratado são os países, mas as partes do TTM padrão são as pessoas físicas ou jurídicas que recebem os recursos pelo sistema multilateral. A partir do momento em que o país ratifica o tratado, passa a ser obrigatória a adoção do TTM padrão para os cultivos agrícolas do Anexo 1. Outros modelos de TTM só poderão ser usados para a transferência de recursos não incluídos no sistema multilateral.

O TTM padrão contém a cláusula segundo a qual o recipiente dos recursos fitogenéticos exigirá que as condições do referido termo sejam aplicadas nas transferências sucessivas de recursos fitogenéticos para outras pessoas ou instituições. O recipiente deve ainda disponibilizar, para o sistema multilateral, toda informação não confidencial que resulte de pesquisa e desenvolvimento realizados sobre o material recebido. Não fica claro, entretanto, quem decide o que é informação confidencial e não confidencial: o próprio recipiente ou o órgão gestor do tratado? O objetivo dessa cláusula é obrigar aqueles que acessaram os recursos incluídos no sistema multilateral a fornecer informações sobre eles, para que essas possam ser compartilhadas com os demais usuários do sistema. Entretanto, os critérios para definição do que é e do que não é informação confidencial não são estabelecidos. Isso pode dar margem a que as empresas privadas simplesmente não forneçam informações sobre os recursos acessados, sob o pretexto da "confidencialidade".

- O sistema multilateral também inclui os recursos fitogenéticos relacionados no Anexo 1 conservados em coleções *ex situ* dos centros internacionais de pesquisa agrícola do Grupo Consultivo sobre Pesquisa Agrícola Internacional (Cgiar) e de outras instituições internacionais. Conforme o tratado[412], os recursos fitogenéticos relacionados no Anexo 1 e mantidos nos centros internacionais de pesquisa agrícola serão disponibilizados de acordo com as normas gerais de acesso e repartição de benefícios do

---

412. Artigo 15 do Tirfa.

sistema multilateral (e com base no termo de transferência de material padrão)[413].

• O acesso aos recursos fitogenéticos ainda em estágio de desenvolvimento[414], inclusive o material sendo desenvolvido por agricultores, será concedido a critério de quem o esteja desenvolvendo, durante esse período. Não há obrigatoriedade de se conceder acesso a materiais em desenvolvimento e, caso se decida conceder o acesso, poderão ser estipuladas condições adicionais.

• Os beneficiários não reivindicarão direito de propriedade intelectual ou outros direitos que limitem o acesso facilitado aos recursos fitogenéticos, **ou às suas partes ou componentes genéticos**, na forma recebida do sistema multilateral.

---

413. Na segunda reunião do órgão gestor do tratado, realizada de 29 de outubro a 2 de novembro de 2007, em Roma, foi decidido que os recursos fitogenéticos **não** relacionados no Anexo 1, mantidos nos centros internacionais de pesquisa agrícola, serão também distribuídos com base no termo de transferência de material padrão.
Os países em cujo território foram coletados os recursos fitogenéticos em condições *in situ* receberão amostras de tais recursos mediante solicitação, sem a necessidade de termo de transferência de material.
A Resolução 3/2007, aprovada na segunda reunião do órgão gestor do tratado, estabelece o seu programa de trabalho e orçamento para 2008-2009. A terceira reunião do órgão gestor do tratado se realizou de 1º a 5 de junho de 2009 na Tunísia, e tratou da implementação da estratégia de financiamento do tratado e do sistema multilateral de acesso e repartição de benefícios e do programa de trabalho e orçamento para o biênio 2010/2011.
Todas as decisões do órgão gestor do Tratado são tomadas por consenso, salvo se for estabelecida, também por consenso, outra forma de decisão. As emendas ao tratado, entretanto, devem ser necessariamente aprovadas por consenso, mesmo as emendas a seus anexos. As disposições institucionais do tratado estão previstas nos artigos 19 a 35.
414. Segundo o termo de transferência de material padrão, os recursos fitogenéticos "em desenvolvimento" são aqueles que ainda não estão prontos para comercialização, e o período "de desenvolvimento" acaba quando tais recursos são comercializados como produtos.

As pessoas físicas ou jurídicas que recebem os recursos fitogenéticos (disponibilizados pelo sistema multilateral) não podem requerer direitos de propriedade intelectual sobre esses, de forma que impeça terceiros de receber os mesmos recursos desse sistema. Essa norma resultou de tensas negociações entre os países desenvolvidos, liderados pelos Estados Unidos, que se opunham a qualquer restrição ou limitação aos direitos de propriedade intelectual, e os países em desenvolvimento, que pretendiam impedir que os direitos de propriedade intelectual pudessem ser concedidos sobre materiais acessados por meio do sistema multilateral, o que limitaria o acesso a eles.

A maior parte dos países desenvolvidos entende que os direitos de propriedade intelectual podem ser requeridos em relação aos recursos fitogenéticos ou às suas partes ou componentes desde que alguma inovação ou modificação tenha sido realizada neles, ou seja, desde que o material já não esteja "na forma recebida do sistema multilateral"[415], logo, bastaria uma intervenção mínima para possibilitar a incidência de direitos de propriedade intelectual. Discute-se, entretanto, se o isolamento de um gene de um material genético acessado por meio do sistema multilateral poderia ensejar o seu patenteamento, pois caso seja permitido o patenteamento de genes isolados por empresas ou instituições de pesquisa, o acesso a tais materiais estaria restringido, o que contraria os objetivos do tratado.

- O acesso aos recursos fitogenéticos encontrados em condições *in situ* será concedido de acordo com as leis nacionais.

Para o acesso a recursos fitogenéticos encontrados em condições *in situ* é necessário o consentimento prévio informado e repartição de

---

415. Quando aderiu ao tratado, em 31 de março de 2004, a União Europeia declarou que interpreta o artigo 12.3 do no sentido de que os recursos fitogenéticos e as suas partes e componentes que tenham passado por inovações podem ser objeto de direitos de propriedade intelectual, desde que os critérios relativos a tais direitos sejam preenchidos. Áustria, Bélgica, Dinamarca, Finlândia, Alemanha, Grécia, Irlândia, Itália, Luxemburgo, Suécia, Polônia, Espanha e Reino Unido fizeram declarações no mesmo sentido. Fonte: www.planttreaty.org. Acessado em 30/12/2008.

benefícios com os países de origem e as comunidades locais, nos termos da CDB e das leis nacionais de acesso, que se aplicam também aos bancos de germoplasma, inclusive àqueles situados no próprio país onde é feita a coleta de material genético.

- Em situações de emergência, causadas por desastres, catástrofes etc., os países-membros concordam em facilitar o acesso aos recursos fitogenéticos a fim de contribuir para o restabelecimento de sistemas agrícolas.

Os bancos de germoplasma podem ser úteis à recomposição de áreas devastadas por guerras ou catástrofes naturais, o que já ocorreu em diversas situações. Quando um *tsunami* matou milhares de pessoas e devastou doze países asiáticos em 2004, os sistemas agrícolas locais também foram afetados. No Sri Lanka e na Malásia, um dos efeitos do avanço das ondas do mar sobre a areia foi a excessiva salinização das regiões costeiras, e o banco de germoplasma das Filipinas enviou seis variedades de arroz tolerantes ao sal às regiões afetadas para que pudessem reiniciar os seus cultivos. Algo semelhante ocorreu em Ruanda, que, em 1994, foi devastada pelo genocídio, pela guerra e pela fome. Cerca de 800 mil pessoas morreram em poucos meses e outros 2 milhões se refugiaram nos países vizinhos. Um programa emergencial foi montado pelo Centro Internacional de Agricultura Tropical (Ciat), com a ajuda de outros centros internacionais, instituições agrícolas de países vizinhos e organizações não governamentais, para que os agricultores recebessem sementes e assistência técnica para recompor os seus sistemas agrícolas e pudessem reiniciar o plantio de variedades locais[416]. Foram usadas sementes conservadas em bancos de germoplasma, assim como sementes de feijão e milho que os próprios agricultores haviam guardado.

Vejamos agora as normas do sistema multilateral em relação à repartição dos benefícios.

---

416. Fonte: www.cgiar.org. Acessado em 10/09/2008.

- Os países signatários do tratado reconhecem que o acesso facilitado aos recursos fitogenéticos incluídos no sistema multilateral constitui, em si, um benefício importante[417].

- Os benefícios derivados da utilização comercial dos recursos fitogenéticos, no âmbito do sistema multilateral, devem ser repartidos de forma justa e equitativa por meio dos seguintes mecanismos: 1) troca de informações, acesso e transferência de tecnologia e capacitação; e 2) repartição dos benefícios derivados da comercialização.

Há dois modelos de repartição de benefícios: o primeiro modelo (troca de informações, acesso e transferência de tecnologia e capacitação) não está vinculado a nenhum acesso ou transferência de material específicos, pois compreende mecanismos gerais que independem de transações também específicas. O outro modelo de repartição de benefícios está vinculado à comercialização e a transações específicas e é descrito abaixo.

Os benefícios derivados da comercialização são repartidos da seguinte forma: se aqueles que acessaram os recursos fitogenéticos por meio do sistema multilateral optarem por impedir terceiros de utilizar os produtos desenvolvidos com base em tais recursos para fins de pesquisa ou melhoramento, devem pagar parte dos resultados obtidos com a comercialização de tais produtos para o sistema multilateral. Se os beneficiários (aqueles que acessaram recursos mantidos pelo sistema multilateral) comercializarem um produto final (que é também um recurso fitogenético[418]) e impedirem que outras pessoas utilizem tal produto para pesquisa ou melhoramento, são obrigados a efetuar um pagamento, a título de repartição de benefícios, para o fundo de repartição de benefícios, destinado à implementação do tratado.

---

417. Artigo 13 do Tirfa.
418. Segundo a definição do termo de transferência de material padrão, considera-se "produto" o recurso fitogenético que incorpora o material (acessado por meio do sistema multilateral) ou suas partes ou componentes, e está pronto para comercialização, excluindo-se as *commodities* e outros produtos usados para alimentação e processamento.

A agrobiodiversidade e o sistema jurídico

Como os direitos de melhorista, concedidos de acordo com o sistema Upov, não limitam o acesso de terceiros aos recursos fitogenéticos (para fins de pesquisa e melhoramento), não há repartição de benefícios quando os produtos são protegidos por direitos de melhorista, mas apenas quando são concedidas patentes[419]. A repartição de benefícios deve ser também obrigatória quando são desenvolvidos híbridos, em que as linhagens parentais são mantidas em segredo, e as novas gerações perdem o vigor híbrido (é a chamada "proteção biológica", que desestimula os agricultores de reutilizar as sementes em safras seguintes em virtude da perda da produtividade). Os híbridos impedem o uso por terceiros e devem obrigar à repartição de benefícios. Outras hipóteses de repartição obrigatória de benefícios são o desenvolvimento de tecnologias genéticas de restrição de uso e as restrições impostas por contratos e licenciamentos.

No caso de repartição obrigatória de benefícios, o beneficiário pode optar por uma das duas formas de pagamento: 1,1% das vendas brutas do produto menos 30%, o que representa 0,77%; ou 0,5% de todas as vendas dos produtos resultantes do mesmo cultivo agrícola, que devem ser pagos independentemente de os novos produtos estarem disponíveis ou não. Essa opção pode ser feita por um período de dez anos, que pode ser renovado, e o exercício dessa opção deve ser notificado ao órgão gestor[420].

---

419. Como as leis de patentes de alguns países permitem a utilização do material patenteado para fins de pesquisa (é a chamada "isenção para pesquisa"), algumas empresas alegam que, nessas hipóteses, a proteção por patentes também não ensejaria a repartição de benefícios. Conforme: François Meienberg. "Access and benefit-sharing under the FAO Seed Treaty." *In*: Informal International Consultation on Farmers' Rights, 18-10 Sept. 2007, Lusaka, Zâmbia. Report. Oslo: Ministry of Agriculture and Food, 2007, p. 129-132.

420. As empresas privadas europeias, reunidas na European Seed Association, têm criticado a forma de repartição de benefícios econômicos. Alegam que são obrigadas a repartir benefícios eternamente, por prazo indeterminado, pois não é fixado um prazo específico. Alegam ainda que têm de pagar os mesmos benefícios (os percentuais são fixos) independentemente de utilizarem apenas um gene, uma pequena parte de um gene ou um grande número de genes. O artigo 13.2. do tratado prevê, entretanto, que o órgão gestor poderá decidir pelo estabelecimento de níveis distintos de pagamento para as diversas categorias de beneficiários que comercializem tais produtos.

- Se o produto desenvolvido for disponibilizado para a utilização, por terceiros, para pesquisa ou melhoramento, o pagamento deixa de ser obrigatório e se torna voluntário.

- Os benefícios econômicos (oriundos da repartição dos benefícios derivados da comercialização) não retornam ao país de origem dos recursos ou à instituição que os proveu, mas ao fundo de repartição de benefícios, destinado à implementação do tratado. Os benefícios econômicos devem reverter prioritariamente aos agricultores, especialmente dos países em desenvolvimento e com economias em transição, que conservam e utilizam, de forma sustentável, os recursos fitogenéticos[421]. Os benefícios devem ser repartidos não apenas com aqueles agricultores que detêm variedades de plantas utilizadas em programas de melhoramento, mas com todos os agricultores envolvidos na conservação e utilização sustentável da agrobiodiversidade.

A adoção de uma estratégia de financiamento é também um compromisso assumido pelos países signatários e tem como objetivo aumentar a disponibilidade, a transparência, a eficiência e a eficácia dos recursos financeiros destinados à implementação do tratado. Essa só será bem-sucedida, entretanto, se incluir outras fontes de financiamento, além dos recursos oriundos da comercialização de produtos, pois dificilmente esses serão suficientes para a implementação do tratado. Serão necessárias contribuições voluntárias, de fundações, de empresas privadas e de instituições nacionais e internacionais. A estratégia de financiamento deve cobrir todos os objetivos e atividades englobadas pelo tratado, e não apenas o sistema multilateral, e priorizar a implementação dos planos e programas destinados a agricultores de países em desenvolvimento que conservem e utilizem a agrobiodiversidade de forma sustentável[422]. O órgão gestor estabeleceu as seguintes prioridades iniciais, previstas no Plano Global de

---

421. Artigo 13.3 do tratado.
422. Artigo 18.5 do Tratado.

Ação[423]: intercâmbio de informações, transferência de tecnologia e capacitação; manejo e conservação de recursos fitogenéticos mantidos *on farm*; utilização sustentável dos recursos fitogenéticos. O primeiro edital para a apresentação de propostas a serem financiadas com recursos do fundo de repartição de benefícios do tratado foi lançado em dezembro de 2008. Noruega, Itália, Espanha e Suiça fizeram contribuições voluntárias ao fundo, e as propostas que serão contempladas por tais recursos (cerca de 500 mil dólares), oriundas de onze países, foram anunciadas durante a terceira reunião do órgão gestor do tratado, realizada de 1 a 5/6/2009 na Tunísia[424].

Finalmente, o artigo 13.2. do tratado prevê que o órgão gestor poderá, de tempos em tempos, revisar os níveis de pagamento, a fim de alcançar uma repartição justa e equitativa dos benefícios, e poderá também avaliar, dentro de um período de cinco anos da entrada em vigor do tratado (o tratado entrou em vigor internacionalmente em 29 de junho de 2004), se o pagamento obrigatório previsto no termo de transferência de material também se aplica nos casos em que esses produtos comercializados estejam disponíveis sem restrições a outros beneficiários para fins de pesquisa e melhoramento.

Portanto, diante da insuficiência de recursos para aplicação em programas de conservação e utilização sustentável da agrobiodiversidade, o órgão gestor pode – e deve – estabelecer que os pagamentos devem incidir sobre um percentual fixo de todas as vendas de produtos resultantes de materiais genéticos acessados por meio do sistema multilateral, independentemente de tais produtos serem ou não protegidos por direitos de propriedade intelectual, e de estarem ou não disponíveis para utilização em pesquisa e melhoramento. Afinal, seria justo que todos os usuários do sistema multilateral destinassem parte dos lucros obtidos com a comercialização de seus produtos à conservação dos recursos fitogenéticos[425].

---

423. Por indicação do comitê consultor *ad hoc* da estratégia de financiamento do tratado.
424. Para saber mais, acessar: www.planttreaty.org.
425. Como os recursos se destinam ao sistema multilateral, e não aos países e/ou instituições provedores, a FAO foi incumbida de fiscalizar o cumprimento dos termos de transferência de material padrão, na qualidade de "terceira parte beneficiária". Os países devem, entretanto, enviar relatórios anuais à FAO.

Quadro 6 – Principais distinções entre o regime bilateral da CDB e o sistema multilateral instituído pelo tratado da FAO

	CDB	Tratado da FAO (Sistema multilateral)
Abrangência	Todas as formas de biodiversidade, incluindo tanto recursos silvestres como domesticados.	O tratado cobre todos os recursos fitogenéticos para alimentação e agricultura, mas o sistema multilateral inclui apenas as espécies incluídas no Anexo 1, e que estejam sob o gerenciamento e controle dos países e sejam de domínio público.
Objetivos	Conservação da diversidade biológica, utilização sustentável de seus componentes e repartição justa e equitativa dos benefícios derivados da utilização dos recursos genéticos.	Conservação e uso sustentável dos recursos fitogenéticos para a alimentação e a agricultura e a repartição justa e equitativa dos benefícios derivados de sua utilização para uma agricultura sustentável e a segurança alimentar.
Finalidades do acesso	Qualquer finalidade.	Exclusivamente para pesquisa, melhoramento e treinamento relacionados à alimentação e agricultura, e desde que não incluam usos químicos, farmacêuticos e/ou outros usos não alimentícios e na indústria.
Condições para o acesso	Cabe aos países de origem autorizar o acesso aos recursos genéticos, por meio de contratos entre provedores e usuários, em que são estabelecidas, caso a caso, as condições para o acesso e as formas de repartição de benefícios.	Para as espécies incluídas no Anexo 1, aplicam-se as normas do sistema multilateral, e o acesso é concedido de forma ágil e facilitada, sem a necessidade de controle individual dos acessos.
Formas de conservação	A conservação *ex situ* é tratada como complementar à conservação *in situ* e deve ser realizada preferencialmente no país de origem dos recursos.	O sistema multilateral só abrange os recursos conservados *ex situ*, mas o tratado prevê também a conservação *in situ* e *on farm*.

Quadro 7 – Lista de cultivos agrícolas incluídos no sistema multilateral
(Anexo 1 do tratado): cultivos alimentares

Cultivo	Gênero	Observações
Fruta-pão	*Artocarpus*	Apenas fruta-pão
Aspargos	*Asparagus*	
Aveia	*Avena*	
Beterraba	*Beta*	
Brassicas	*Brassica et al.*	Os gêneros incluídos são: *Brassica, Armoracia, Barbarea, Camelina, Crambe, Diplotaxis, Eruca, Isatis, Lepidium, Raphanobrassica, Raphanus, Rorippa,* e *Sinapis*. Inclui sementes oleaginosas e cultivos vegetais como repolho, colza, mostarda, agrião, rúcula, rabanete e nabo. A espécie *Lepidium meyenii* (maca) está excluída
Guandu	*Cajanus*	Os gêneros *Poncirus* e *Fortunella* estão incluídos como porta-enxertos
Grão-de-bico	*Cicer*	
Citrus	*Citrus*	
Coco	*Cocos*	Os áruns principais incluem taro, taioba, inhame e tannia
Áruns principais	*Colocasia, Xanthosoma*	
Cenoura	*Daucus*	
Cará	*Dioscorea*	
Capim-de-galinha	*Eleusine*	
Morango	*Fragaria*	
Girassol	*Helianthus*	
Cevada	*Hordeum*	
Batata-doce	*Ipomoea*	
Chincho	*Lathyrus*	
Lentilha	*Lens*	
Maçã	*Malus*	
Mandioca	*Manihot*	Somente *Manihot esculenta*
Banana	*Musa*	Com exceção de *Musa textilis*
Arroz	*Oryza*	
Milheto	*Pennisetum*	
Feijão	*Phaseolus*	Com exceção de *Phaseolus polyanthus*
Ervilha	*Pisum*	
Centeio	*Secale*	
Batata	*Solanum*	Inclusive seção tuberosas, com exceção de *Solanum phureja*
Berinjela	*Solanum*	Inclusive seção melongenas
Sorgo	*Sorghum*	
Triticale	*Triticosecale*	
Trigo	*Triticum et al.*	Inclusive *Agropyron, Elymus* e *Secale*
Fava	*Vicia*	
Feijão-fradinho e outros	*Vigna*	
Milho	*Zea*	Com exceção de *Zea perennis, Zea diploperennis* e *Zea luxurians*

Quadro 8 – Lista de cultivos agrícolas incluídos no sistema multilateral
(Anexo 1 do tratado): Forrageiras

Leguminosas forrageiras	
Astragalus	chinensis, cicer, arenarius
Canavalia	ensiformis
Coronilla	varia
Hedysarum	coronarium
Lathyrus	cicera, ciliolatus, hirsutus, ochrus, odoratus, sativus
Lespedeza	cuneata, striata, stipulacea
Lotus	corniculatus, subbiflorus, uliginosus
Lupinus	albus, angustifolius, luteus
Medicago	arborea, falcata, sativa, scutellata, rigidula, truncatula
Melilotus	albus, officinalis
Onobrychis	viciifolia
Ornithopus	sativus
Prosopis	affinis, alba, chilensis, nigra, pallida
Pueraria	phaseoloides
Trifolium	alexandrinum, alpestre, ambiguum, angustifolium, arvense, agrocicerum, hybridum, incarnatum, pratense, repens, resupinatum, rueppellianum, semipilosum, subterraneum, vesiculosum
Gramíneas forrageiras	
Andropogon	gayanus
Agropyron	cristatum, desertorum
Agrostis	stolonifera, tenuis
Alopecurus	pratensis
Arrhenatherum	elatius
Dactylis	glomerata
Festuca	arundinacea, gigantea, heterophylla, ovina, pratensis, rubra
Lolium	hybridum, multiflorum, perenne, rigidum, temulentum
Phalaris	aquatica, arundinacea
Phleum	pratense
Poa	alpina, annua, pratensis
Tripsacum	laxum
Outras forrageiras	
Atriplex	halimus, nummularia
Salsola	vermiculata

O REGIME JURÍDICO NACIONAL

A Medida Provisória 2.186-16/2001

O Brasil foi um dos primeiros países megadiversos a adotar uma legislação interna estabelecendo um regime de acesso e repartição de benefícios e a implementar a Convenção sobre Diversidade Biológica (CDB)[426]. A Medida Provisória (MP) 2.186-16/2001 regula o acesso ao patrimônio genético e aos conhecimentos tradicionais associados. Mais recentemente, o Decreto Presidencial nº 6.476, de 5 de junho de 2008, promulgou o Tratado Internacional sobre os Recursos Fitogenéticos para a Alimentação e a Agricultura[427], que estabelece um regime jurídico diferenciado para os recursos fitogenéticos incluídos em seu Anexo 1[428], mantidos em coleções *ex situ* e de domínio publico, e desde que o seu uso se destine à alimentação e à agricultura.

O regime de acesso e repartição de benefícios estabelecido pela MP 2.186-16/2001 foi concebido principalmente para os recursos genéticos silvestres e sobretudo para uso químico, farmacêutico ou industrial, sem considerar as especificidades dos recursos fitogenéticos utilizados para alimentação e agricultura. A MP 2.186-16/2001 se aplica, contudo, tanto aos recursos genéticos silvestres como aos domesticados, e não faz distinção, para fins de acesso e repartição de benefícios, entre

---

426. A Convenção sobre Diversidade Biológica foi assinada pelo Brasil em 1992, durante a Conferência das Nações Unidas sobre Meio Ambiente e Desenvolvimento, no Rio de Janeiro, e aprovada pelo Congresso Nacional por meio do Decreto Legislativo nº 2, de 3 de fevereiro de 1994. Sua promulgação deu-se pelo Decreto Presidencial nº 2.519, de 16 de março de 1998.
427. O Congresso Nacional aprovou o tratado internacional por meio do Decreto Legislativo nº 70, de 18 de abril de 2006. O Decreto Presidencial nº 6.476, de 5 de junho de 2008 promulgou o tratado, que entrou em vigor internacionalmente em 29 de junho de 2004 e no Brasil, em 20 de agosto de 2006.
428. Entre os cultivos agrícolas relacionados no Anexo 1 e incluídos no sistema multilateral do Tratado, o único cultivo agrícola de origem brasileira é a mandioca (*Manihot esculenta*), excluídos os seus parentes silvestres. Durante as negociações houve forte pressão para que o amendoim também fizesse parte do sistema multilateral, mas não foi aprovada sua inclusão.

os dois. Assim, trataremos inicialmente das normas gerais estabelecidas pela MP 2.186-16/2001 para depois analisarmos a sua aplicação aos recursos fitogenéticos para alimentação e agricultura.

A MP 2.186-16/2001 regula o acesso aos recursos genéticos, aos conhecimentos tradicionais associados, a repartição de benefícios derivados de sua utilização e a transferência de tecnologia para a conservação e a utilização da diversidade biológica. O Conselho de Gestão do Patrimônio Genético (Cgen) é responsável pelas políticas de gestão do patrimônio genético. O conselho foi criado em abril de 2002 e é composto por representantes de diversos órgãos governamentais, estando vinculado ao Ministério do Meio Ambiente (mais especificamente à Secretaria de Biodiversidade e Florestas)[429]. Quando foi criado, participavam do Conselho apenas representantes de órgãos governamentais. Outros setores interessados, como as empresas de biotecnologia, as instituições científicas e as comunidades locais não podiam participar. Desde 2003, entretanto, representantes desses setores também participam das reuniões do conselho, com direito a voz, mas não a voto.

A partir de 2007, o Decreto 6.159 passou a prever que: "A fim de subsidiar a tomada de decisão, o Conselho de Gestão do Patrimônio Genético (Cgen) poderá deliberar pelo convite de especialistas ou de representantes de distintos setores da sociedade envolvidos com o tema". A participação de representantes de todos os atores sociais no conselho, com direito não apenas a voz, mas também a voto, é fundamental para que o conselho possa atuar como instância de mediação de interesses potencialmente conflitantes, para que haja efetivo controle social sobre a sua atuação e para que as políticas de gestão do patrimônio genético se democratizem.

O conselho edita normas destinadas a fazer cumprir a Medida Provisória 2.186-16/2001 e decide sobre a concessão de autorizações de acesso aos recursos genéticos e aos conhecimentos tradicionais associados,

---

[429]. O Decreto 3.945/2001 define a composição do Conselho de Gestão do Patrimônio Genético e estabelece as normas para o seu funcionamento. Ele foi alterado pelo Decreto 4.946/2003, pelo Decreto 5.439/2005 e pelo Decreto 6.159/2007.

após a anuência das comunidades indígenas e tradicionais envolvidas[430]. Quando há perspectiva de uso comercial, devem ser celebrados os contratos de repartição de benefícios entre os provedores e os usuários dos recursos genéticos e conhecimentos tradicionais associados, e esses contratos são submetidos à aprovação do conselho. Os contratos de repartição de benefícios, celebrados entre provedores e usuários de recursos genéticos e conhecimentos tradicionais associados, visam estabelecer formas de compensação pela utilização de tais recursos e saberes com finalidades comerciais. Os benefícios podem ser: divisão de lucros, pagamento de *royalties*, acesso e transferência de tecnologias, licenciamento de produtos e processos sem ônus, capacitação etc.

A MP 2.186-16/2001 estabelece um regime jurídico baseado em três instrumentos principais: 1) a autorização de acesso a componente do patrimônio genético e a conhecimento tradicional associado e de remessa (do componente do patrimônio genético) a outras instituições; 2) o contrato de utilização do patrimônio genético e de repartição de benefícios, que estabelece as condições para o acesso ao componente do patri-

---

430. Por meio da Deliberação nº 40, de 24 de setembro de 2003, o Cgen credenciou o Ibama para expedir autorizações de acesso a recursos genéticos para pesquisa científica sem potencial de uso econômico e que não envolva acesso a conhecimento tradicional associado. Se o acesso visar à realização de bioprospecção ou o desenvolvimento tecnológico ou envolver acesso a conhecimento tradicional associado (para pesquisa científica, bioprospecção ou desenvolvimento tecnológico), o Conselho de Gestão do Patrimônio Genético será o órgão responsável pela autorização de acesso.
A pesquisa científica é aquela que não tem identificado, *a priori*, potencial de uso econômico. A bioprospecção é definida pelo artigo 7º, VII, da MP, como "a atividade exploratória que visa a identificar componente do patrimônio genético e informação sobre conhecimento tradicional associado, *com potencial de uso comercial*". Segundo a Orientação Técnica nº 6/2008, do Cgen, considera-se identificado o "*potencial de uso comercial*" de determinado componente do patrimônio genético no momento em que a atividade exploratória confirmar a viabilidade de produção industrial ou comercial de um produto ou processo a partir de um atributo funcional desse componente.
O desenvolvimento tecnológico é definido pela Orientação Técnica nº 4/2004 do Cgen como o trabalho sistemático, decorrente do conhecimento existente, que visa à produção de inovações específicas, à elaboração ou à modificação de produtos ou processos existentes, *com aplicação econômica*.

mônio genético e ao conhecimento tradicional associado, e as formas de repartição de benefícios; 3) o termo de transferência de material, a ser firmado pela instituição destinatária antes da remessa (do componente do patrimônio genético), indicando se houve acesso a conhecimento tradicional associado.

A autorização de acesso aos recursos genéticos só pode ser concedida após a anuência prévia: dos povos indígenas, quando o acesso ocorrer em territórios desses povos; do órgão ambiental, quando o acesso ocorrer em unidade de conservação ambiental[431]; ou do titular da área privada. Quando se trata de acesso aos conhecimentos tradicionais detidos por comunidades indígenas e tradicionais, a autorização de acesso também depende de sua anuência prévia, sem a qual o conselho não pode expedir a autorização[432]. Quando há perspectiva de uso comercial, deve ser celebrado um contrato de repartição dos benefícios com as comunidades indígenas e tradicionais, prevendo os benefícios a serem repartidos[433].

Considerando a necessidade de esclarecer as atividades submetidas à nova lei, o Cgen editou a Orientação Técnica nº 01/2003, esclarecendo

---

431. A Resolução nº 09/2003, do Conselho de Gestão do Patrimônio Genético (CGEN), estabelece diretrizes para a obtenção de anuência prévia para o acesso a componente do patrimônio genético situado em terras indígenas, áreas privadas, de posse ou propriedade de comunidades locais e em unidades de conservação de uso sustentável, para fins de pesquisa científica sem potencial ou perspectiva de uso comercial. A Resolução nº 12/2004 estabelece diretrizes para a obtenção de anuência prévia para acesso com finalidade de bioprospecção ou desenvolvimento tecnológico. (Essa resolução foi parcialmente alterada pela Resolução nº 19/2005).
432. A Resolução nº 05/2003, do Cgen, estabelece as diretrizes para a obtenção de anuência prévia para o acesso a conhecimento tradicional associado ao patrimônio genético, para fins de pesquisa científica sem potencial ou perspectiva de uso comercial. (Essa resolução foi parcialmente alterada pela Resolução n. 19/2005). A Resolução nº 06/2003 estabelece as diretrizes para a obtenção de anuência prévia para o acesso ao conhecimento tradicional associado quando há potencial ou perspectiva de uso comercial.
433. A Resolução nº 11/2004, do Cgen, estabelece as diretrizes para a elaboração e análise dos contratos de utilização do patrimônio genético e de repartição de benefícios que envolvam acesso a componente do patrimônio genético ou a conhecimento tradicional associado providos por comunidades indígenas ou locais. Para consultar as resoluções do Cgen e a "Cartilha de acesso e repartição de benefícios", acessar: www.mma.gov.br/index.php?ido=conteudo.monta&idEstrutura=85.

que acesso não se confunde com coleta de material biológico. Só há acesso quando a atividade realizada sobre o patrimônio genético tem o objetivo de "isolar, identificar ou utilizar informação de origem genética ou moléculas e substâncias provenientes do metabolismo dos seres vivos e de extratos obtidos destes organismos". A coleta de material biológico, sem o objetivo de acessar os recursos genéticos, não está sujeita à autorização de acesso[434]. Já a remessa de recurso genético[435], para os fins da MP 2.186-16/2001 (e para que esteja sujeita à autorização do Cgen), se caracteriza quando ocorre o envio, permanente ou temporário, de amostra de componente do patrimônio com a finalidade de acesso para pesquisa científica, bioprospecção ou desenvolvimento tecnológico. A autorização do Cgen, portanto, só é necessária quando a atividade se enquadra em tais definições.

De acordo com a MP 2.186-16/2001, os contratos de repartição de benefícios (entre provedores e usuários de recursos genéticos, com previsão de repartição dos benefícios pela sua utilização) só se tornam obrigatórios quando são requeridas autorizações de acesso a recursos genéticos e a conhecimentos tradicionais para fins de bioprospecção (com potencial de uso comercial) ou desenvolvimento tecnológico. Quando se trata de acesso a recursos genéticos existentes em unidades de conservação ambiental (parques, estações ecológicas etc.) de domínio público federal, a União deve ser parte no contrato de repartição de benefícios (ou serão partes os respectivos Estados ou municípios, titu-

---

434. A coleta de material biológico está, entretanto, sujeita à autorização do Instituto Chico Mendes de Conservação da Biodiversidade, por meio do Sistema de Autorização e Informação em Biodiversidade (Sisbio). Consultar o *site*: www.icmbio.gov.br/sisbio. A Instrução Normativa 154/2007 regula a coleta de material biológico para fins científicos e a execução de pesquisas em unidades de conservação federais.

435. A remessa propriamente dita ocorre quando a responsabilidade pela amostra de componente do patrimônio genético se transfere da instituição remetente para a destinatária (e deve ser assinado um termo de transferência de material). Há transporte de amostra de componente do patrimônio genético (com a finalidade de acesso) quando a responsabilidade pela amostra não se transfere da instituição remetente para a instituição destinatária (e deve ser assinado um termo de responsabilidade para transporte de material). Tais distinções são estabelecidas pela Orientação Técnica nº 1/2003.

lares do domínio sobre a área). Mesmo quando a União não seja parte, ela faz jus a uma participação nos benefícios.

Se o contrato de repartição de benefícios é celebrado, por exemplo, com o proprietário de uma área privada (onde se pretende acessar o recurso), os benefícios não revertem necessariamente para a conservação da biodiversidade. Essa é uma das grandes falhas da MP 2.186-16/2001: ela confere caráter extremamente contratualista e privatista à regulamentação do acesso aos recursos genéticos. Parte dos benefícios reverte para a União, mesmo que ela não seja parte no contrato, e pode até vir a ser utilizada para a conservação da biodiversidade[436]. Não há nenhuma garantia, entretanto, de que os benefícios destinados ao titular da área privada reverterão em benefício da conservação da biodiversidade. Há quem sustente que a destinação dos benefícios aos proprietários de áreas privadas servirá como motivação para que eles conservem os recursos genéticos existentes em suas terras. Os recursos deveriam, na verdade, reverter para os fundos de repartição de benefícios, destinados a apoiar as atividades de conservação e uso sustentável da biodiversidade, ainda que os titulares de áreas privadas devam ser compensados pelo ingresso e coleta de material biológico em suas terras.

A Resolução nº 8/2003 do Cgen atenuou um pouco o caráter contratualista e privatista da MP 2.186-16/2001, ao dispensar a anuência prévia do titular da área privada quando o acesso ao recurso genético, para fins de pesquisa científica, reunir, simultaneamente, as seguintes condições: contribuir para o avanço do conhecimento sobre a biodiversidade do país e não apresentar potencial de uso econômico previamente identificado. Em tais casos, o acesso ao recurso genético é caracterizado como de "relevante interesse público" e não há necessidade de autorização de acesso, mas o pesquisador deve obter o consentimento do titular da área privada para ingresso e coleta na respectiva área. Foi um avanço positivo, no sentido de se reconhecer que o acesso e a utilização dos recursos genéticos devem atender a interesses públicos.

---

436. Os benefícios recebidos pela União são destinados ao Fundo Nacional do Meio Ambiente, ao Fundo Naval e ao Fundo Nacional de Desenvolvimento Científico e Tecnológico.

A Convenção sobre Diversidade Biológica e a MP 2.186-16 /2001 não definem o regime de domínio ou propriedade sobre os recursos genéticos. Direitos soberanos e direitos de propriedade são conceitos distintos e não devem ser confundidos. No exercício de seus direitos soberanos, os países podem estabelecer que determinados recursos naturais (como os recursos genéticos) são de propriedade pública (ou do Estado)[437]. A MP 2.186-16/2001 foi editada no exercício dos direitos soberanos do Estado brasileiro sobre os seus recursos genéticos, mas ela não estabelece o direito de propriedade do Estado brasileiro sobre os seus recursos genéticos. Os recursos genéticos – da mesma forma como os bens socioambientais em geral – devem ser reconhecidos como "bens de interesse público", independentemente de estarem situados em terras públicas ou privadas, e, como tais, devem ter seu acesso e utilização limitados e condicionados pelo interesse público. Os benefícios derivados da utilização dos recursos da biodiversidade devem reverter para iniciativas voltadas para a sua conservação, e o excessivo enfoque da MP sobre o domínio da área não considera que os recursos genéticos têm valor estratégico, social e econômico para toda a sociedade, e não apenas para os titulares das áreas onde estão situados.

Desde a sua edição, em 2001, alguns dispositivos da MP 2.186-16 já foram alterados. A MP previa que a autorização de acesso a recursos genéticos para fins de bioprospecção (com perspectiva de uso comercial) dependia da assinatura prévia de um contrato de repartição de benefícios. Mesmo antes de as atividades de pesquisa se iniciarem, e de se saber quais seriam os seus resultados (e se levariam, realmente, a resultados com perspectiva de uso comercial), a MP já exigia a assinatura do contrato de repartição de benefícios. Tanto para os provedores como para os usuários de recursos e saberes, era difícil estipular os benefícios quando os resultados da pesquisa ainda eram imprevisíveis. O Decreto 6.159/2007 passou a prever que, se o provedor concordar, o contrato

---

437. No Brasil, tramita no Congresso Nacional um projeto de emenda constitucional para transformar os recursos genéticos em bens públicos, de domínio da União.

de repartição de benefícios pode ser celebrado em um momento posterior, desde que antes do desenvolvimento de qualquer produto comercial novo e de qualquer pedido de patente. Assim, os resultados das pesquisas estarão mais claros para as partes quando negociarem o contrato de repartição de benefícios.

Além disso, em agosto de 2006, o Cgen aprovou a Resolução nº 21[438], que isentou da necessidade de autorização de acesso determinados tipos de pesquisas e atividades científicas. São elas: as pesquisas que visem a avaliar ou elucidar a história evolutiva de uma espécie ou de grupo taxonômico, as relações dos seres vivos entre si ou com o meio ambiente, ou a diversidade genética de populações; os testes de filiação, técnicas de sexagem e análises de cariótipo ou de ADN[439] que visem à identificação de uma espécie ou espécime; as pesquisas epidemiológicas ou aquelas que visem à identificação de agentes etiológicos de doenças, assim como a medição da concentração de substâncias conhecidas cujas quantidades, no organismo, indiquem doença ou estado fisiológico; as pesquisas que visem à formação de coleções de ADN, tecidos, germoplasma, sangue ou soro. A isenção dessas linhas de pesquisa científica da necessidade de autorização de acesso deveu-se ao fato de que o isolamento, identificação ou uso de genes, biomoléculas ou extratos (a ação que caracteriza o acesso ao patrimônio genético) nessas atividades é realizada de modo circunstancial, como ferramenta metodológica, e não por que seus objetivos estejam diretamente relacionados ao acesso ao patrimônio genético.

A Medida Provisória 2.186-16/2001 (artigo 31), estabelece que os requerentes de patentes ou de outros direitos de propriedade intelectual são obrigados a informar a origem dos recursos genéticos e dos conhe-

---

438. A Resolução 21/2006 foi parcialmente alterada pela Resolução 28/2007. O Decreto 5.459/2005 estabelece as sanções administrativas aplicáveis às condutas e atividades lesivas ao patrimônio genético e ao conhecimento tradicional associado. Tramita também no Congresso Nacional um projeto de lei que pretende criminalizar tais práticas.
439. ADN ou DNA é ácido desoxirribonucleico. O DNA é responsável pela transmissão das características genéticas entre os seres vivos.

cimentos tradicionais utilizados no desenvolvimento dos processos e produtos que pretendem patentear. Tais requerentes devem também assinar uma declaração de que cumpriram todas as exigências da Medida Provisória 2.186-16/2001, assim como informar ao órgão patentário o número e a data da autorização de acesso correspondente (expedida pelo Conselho de Gestão do Patrimônio Genético, após a anuência das comunidades indígenas e tradicionais). Apesar de a exigência de comprovação da origem constar da MP desde 2001, ela só passou a ser efetivamente cumprida depois da edição da Resolução nº 23 do Cgen, em novembro de 2006. Em março de 2006, um estudo elaborado pelo Instituto Socioambiental[440] havia demonstrado que até então menos de 10% dos pedidos de patentes protocolados no órgão patentário brasileiro (Inpi) indicavam a origem do material genético ou do conhecimento tradicional associado, e nenhum pedido de patente havia apresentado ao Inpi a autorização de acesso expedida pelo Cgen.

Como a Medida Provisória 2.186-16/2001 só tem vigência no território brasileiro, é importante que os países usuários de recursos genéticos também adotem leis semelhantes, que obriguem os requerentes de patentes ou de outros direitos de propriedade intelectual a informar a origem dos recursos genéticos e dos conhecimentos tradicionais utilizados no desenvolvimento dos processos e produtos que pretendem patentear ou proteger por meio de outros direitos de propriedade intelectual. A Noruega é, até o momento, o único país que propôs medidas a serem adotadas por um país usuário (ou importador) de recursos genéticos, a fim de assegurar o respeito às normas da CDB. O projeto de lei norueguês que trata da proteção do ambiente natural, das paisagens e da diversidade biológica estabelece que a importação de recursos genéticos de outros países para a Noruega só será possível se o acesso e

---

440. O estudo fez parte da Iniciativa Andino-Amazônica para Prevenção da Biopirataria, uma articulação sul-americana de organizações não governamentais e instituições de pesquisa. Henry de Novion & Fernando Mathias. *O certificado de procedência legal no Brasil:* estado da arte da implementação da legislação. Disponível em: www.socioambiental.org/nsa/detalhe?id=2221. Acessado em 10/9/2008.

a remessa de tais recursos tiverem sido previamente autorizados pelos respectivos países de origem, nos termos da CDB[441]. O estabelecimento de um regime internacional de repartição de benefícios vinculante é também um passo importante nessa direção, e ele deverá contemplar tanto as normas da CDB como o sistema multilateral estabelecido pelo Tratado Internacional sobre os Recursos Fitogenéticos para a Alimentação e a Agricultura[442].

Decorridos oito anos desde a aprovação da MP 2.186-16/2001, há um relativo consenso entre os diversos atores sociais envolvidos no tratamento dessa questão (pesquisadores e instituições de pesquisa, comunidades locais, empresas de bioprospecção etc.) de que tal legislação precisa ser revista, apesar das inúmeras divergências sobre como revê-la. Encontra-se em curso um processo de reformulação das normas sobre acesso e repartição de benefícios, e várias propostas legislativas têm sido debatidas. Neste trabalho, analisaremos especificamente a aplicação da MP 2.186-16/2001 aos recursos da agrobiodiversidade, a implementação nacional do Tratado Internacional sobre os Recursos Fitogenéticos para a Alimentação e a Agricultura e a criação de um regime jurídico de acesso e repartição dos benefícios para os recursos fitogenéticos.

Entre as lacunas mais graves da MP, está o fato de que ela não contempla as inúmeras situações em que os recursos genéticos e os conhecimentos tradicionais associados à biodiversidade são compartilhados por várias comunidades tradicionais. A MP estabelece um regime de acesso centrado em contratos bilaterais entre provedores e usuários de recursos genéticos e conhecimentos tradicionais e não oferece nenhuma

---

441. Consultar: Morten W. Tvedt & Tomme Young. *Beyond Access:* exploring implementation of the fair and equitable sharing commitment in the CBD. Gland: IUCN; Oslo: Fridttjof Nansen Institute, 2007.
442. O estabelecimento de um regime internacional de acesso e repartição de benefícios tem sido discutido no âmbito da Convenção sobre Diversidade Biológica e ainda não há consenso entre os países se o regime será vinculante ou não. De qualquer forma, o regime internacional deverá abordar as interfaces entre a CDB e o tratado internacional e considerar que todos os países signatários do tratado internacional são também partes da CDB, mas nem todos os países-membros da CDB são também signatários do tratado internacional.

solução para as situações em que os recursos e saberes são compartilhados por diversos povos tradicionais e/ou comunidades locais. Quando os conhecimentos tradicionais são compartilhados por mais de um povo tradicional, o exercício dos direitos por um ou mais detentores não pode restringir os direitos de outros povos e comunidades codetentores[443]. Caso contrário, a legislação de acesso pode gerar disputas entre as próprias comunidades em relação à titularidade dos recursos e saberes e prejudicar a livre circulação dos objetos biológicos e o intercâmbio entre as comunidades locais.

O regime bilateral já apresenta, portanto, dificuldades para a sua aplicação em relação aos recursos e conhecimentos tradicionais compartilhados por vários povos tradicionais e comunidades locais, no que diz respeito às espécies silvestres. Mais graves e incontornáveis, entretanto, são as dificuldades criadas por um regime bilateral para os recursos fitogenéticos para a alimentação e a agricultura, pelas razões já mencionadas acima, quando abordamos a natureza especial da biodiversidade agrícola: qualquer variedade agrícola local é o resultado de atividades de seleção e melhoramento desenvolvidas ao longo de muitas gerações de agricultores, e a agrobiodiversidade é fruto do manejo complexo e dinâmico dos cultivos agrícolas realizado pelos agricultores. Acostumados a compartilhar e a promover o intercâmbio de materiais genéticos, saberes e experiências agrícolas por meio de redes sociais, reguladas por normas locais, como definirão os agricultores locais quem autorizará o acesso aos recursos fitogenéticos e fará jus aos benefícios derivados de sua utilização?

A MP 2.186-16/2001 e as leis de acesso e repartição de benefícios, de forma geral, criam relações contratuais entre "provedores" e "usuários" e

---

443. Considerando que muitos recursos e conhecimentos tradicionais são compartilhados por várias comunidades, algumas organizações indígenas têm defendido que, em tais casos, as formas de repartição de benefícios devem ser coletivas, por intermédio da criação de fundos de repartição de benefícios. Assim, todas as comunidades que compartilham determinado recurso ou conhecimento tradicional teriam acesso aos recursos depositados nos fundos, que seriam divididos por regiões ecológicas e etnográficas e geridos pelas próprias comunidades.

estabelecem mecanismos "diretos" de repartição de benefícios, por meio dos quais os agricultores seriam compensados pelo material genético acessado *on farm* e utilizado para o desenvolvimento de novos cultivares[444]. Trata-se de um sistema inadequado para regular o acesso e a repartição de benefícios entre comunidades locais codetentoras de recursos e saberes associados à agrobiodiversidade[445]. Não há, até o momento, nenhum contrato de utilização do patrimônio genético e repartição de benefícios econômicos celebrado entre bioprospectores e agricultores locais com base na MP 2.186-16/2001 que tenha resultado em benefícios concretos para os agricultores e para a agrobiodiversidade.

As formas de repartição de benefícios derivados da utilização de recursos fitogenéticos (para a alimentação e a agricultura) devem ser coletivas e estar diretamente associadas ao reconhecimento dos direitos dos agricultores, que são essencialmente coletivos. Aos agricultores devem ser assegurados, entre outros, os direitos de: guardar, usar, trocar, produzir e vender as suas sementes, livres de impedimentos e restrições legais inadequadas às características dos processos produtivos locais; participar da repartição dos benefícios derivados da utilização da agrobiodiversidade, por meio de mecanismos coletivos e de políticas de valorização e fortalecimento dos sistemas agrícolas locais e tradicionais e participar dos processos decisórios, em âmbito nacional, regional e local, sobre políticas públicas (agrícolas, agrárias, ambientais etc.) que causem impacto à conservação e ao uso sustentável da agrobiodiversidade. Em vez de definir os titulares de recursos fitogenéticos para repartir benefícios,

---

444. A Orientação Técnica nº 05/2005 do Cgen estabelece os conceitos de pesquisa científica, bioprospecção e desenvolvimento tecnológico para a finalidade de melhoramento genético vegetal.
445. Atualmente, só é exigida autorização de acesso expedida pelo Cgen para as espécies nativas, e se discute nesse conselho a necessidade de autorização de acesso para as espécies exóticas que tenham adquirido "propriedades características" no Brasil, por seleção natural ou por intermédio do manejo de comunidades locais e indígenas. A questão divide os representantes de vários ministérios e ainda não há decisão definitiva a respeito.
Quando se trata de acesso a variedades crioulas ou locais, a autorização do Cgen é exigida em virtude do conhecimento tradicional associado.

o que a legislação deve fazer é criar espaços legais para que os agricultores possam continuar a conservar e manejar, de forma dinâmica, os recursos da agrobiodiversidade. Caso contrário, estará restringindo ainda mais o acesso e a livre circulação dos recursos fitogenéticos.

A implementação do Tratado Internacional sobre os Recursos Fitogenéticos para a Alimentação e a Agricultura no Brasil

Tais questões devem ser consideradas quando se elabora um novo regime jurídico nacional de acesso e repartição de benefícios para os recursos fitogenéticos para a alimentação e a agricultura e se busca implementar o tratado internacional. Esse tratado dedica todo um capítulo aos direitos dos agricultores, reconhecendo a sua contribuição para a conservação da agrobiodiversidade e para a produção alimentar e agrícola. A responsabilidade pela implementação dos direitos dos agricultores cabe aos países, que devem elaborar leis nacionais que lhes deem reconhecimento e efetividade. E o reconhecimento de tais direitos deve abranger toda a diversidade da agricultura local, que inclui não só a agricultura indígena e tradicional como todas as formas de agricultura familiar, agroecológica e camponesa, pois todas elas desempenham papel relevante na conservação da agrobiodiversidade.[446]

---

446. O Centro de Ciências Agrárias da Universidade Federal de Santa Catarina formulou um pedido de autorização de acesso a conhecimento local associado à goiabeira-serrana, detido por agricultores familiares dos municípios catarinenses de São Joaquim, Urubici e Urupema. O Mapa apresentou parecer no sentido de que "agricultor familiar", "agricultor local" e "pequeno agricultor" não se enquadram na definição de comunidades locais. O conselho determinou o arquivamento do processo por entender que o projeto de pesquisa não envolvia acesso a conhecimento tradicional associado ao patrimônio genético. (Deliberação n. 173, de 14 de fevereiro de 2007, Processo nº 02000.003004/2006-79). Para saber mais sobre a goiabeira-serrana, consultar: Rubens Nodari et al. "Goiabeira-serrana" *In*: Rosa Lía Barbieri & Elisabeth R.T. Stumpf. *Origem e evolução de plantas cultivadas*. Brasília: Embrapa Informação Tecnológica, 2008, p. 417-435. A CDB não contém uma definição de "comunidade local", mas reconhece, no artigo 8 (j), a necessidade de se respeitar, preservar e manter o conhecimento, as inovações e as práticas das comunidades locais e populações indígenas com estilos de vida

Os direitos dos agricultores são um componente-chave e fundamental de qualquer legislação voltada para o manejo, a conservação e a utilização sustentável da agrobiodiversidade, e devem, portanto, ser considerados e contemplados pela legislação de acesso a recursos fitogenéticos.

Em relação à implementação do tratado no Brasil, há outros aspectos que devem ser considerados. O sistema multilateral de acesso e repartição de benefícios estabelecido pelo tratado se aplica apenas aos recursos fitogenéticos mantidos em coleções *ex situ*, que estão incluídos no Anexo 1 e estejam sob domínio público, e quando o acesso visar apenas à utilização em pesquisa, ao melhoramento e à capacitação, na área de alimentação e agricultura, conforme já mencionado. O artigo 19, parágrafo 2º, da MP 2.186-16/2001, estabelece que a remessa de amostra de componente do patrimônio genético de *espécies consideradas de intercâmbio facilitado em acordos internacionais*, inclusive sobre segurança alimentar, dos quais o país seja signatário, deverá ser efetuada em conformidade com as condições neles definidas. Como o Brasil já ratificou o Tratado Internacional sobre os Recursos Fitogenéticos para a Alimentação e a Agricultura, os cultivos agrícolas incluídos no Anexo 1 deverão ser remetidos de acordo com as normas do sistema multilateral instituído por esse tratado.

Embora o tratado se destine a regular remessas e intercâmbios de materiais genéticos entre diferentes países, as remessas e intercâmbios entre instituições e pesquisadores nacionais também devem ser regu-

---

tradicionais relevantes à conservação e à utilização sustentável da biodiversidade. A MP 2.186-16-16/2001 estabelece a seguinte definição de "comunidade local": grupo humano, incluindo remanescentes de comunidades de quilombos, distinto por suas condições culturais, que se organiza, tradicionalmente, por gerações sucessivas e costumes próprios, e que conserva suas instituições sociais e econômicas. O tratado internacional, em seu artigo 9.1, que trata dos direitos dos agricultores, refere-se não apenas às comunidades indígenas e locais como também aos "agricultores de todas as regiões do mundo, especialmente dos centros de origem e diversidade dos cultivos agrícolas". Portanto, a definição do tratado é mais abrangente do que a da CDB e a da MP 2.186-16/2001, e é a definição ampla do tratado que deve ser adotada em relação aos agricultores, pois se trata de uma lei especial.

lados, a partir da entrada em vigor do tratado no país, pelas normas do sistema multilateral (quando se tratar – repita-se – dos cultivos agrícolas do Anexo 1, incluídos em coleções *ex situ*, e de domínio público, e o acesso visar à utilização em pesquisa, ao melhoramento e à capacitação, na área de alimentação e agricultura). Afinal, não faz sentido que o acesso às coleções *ex situ* por instituições e pesquisadores baseados no exterior seja concedido em condições facilitadas, por meio do sistema multilateral, e as instituições e pesquisadores nacionais tenham que se submeter ao regime bilateral estabelecido pela MP 2.186-16/2001[447]. Ademais, é importante que não só as instituições federais, mas também as estaduais disponibilizem suas coleções de recursos fitogenéticos por intermédio do sistema multilateral de acesso e repartição de benefícios. Outra questão que o Brasil deve decidir é sobre a inclusão, ou não, no sistema multilateral de acesso e repartição de benefícios, dos recursos fitogenéticos encontrados *in situ* em terras de domínio público – uma opção que tem sido considerada por alguns países que ratificaram o tratado.

O acesso aos recursos fitogenéticos encontrados *in situ* depende das leis nacionais, e não é regulado pelo tratado. No Brasil, o acesso aos recursos genéticos *in situ* é regulado pela MP 2.186-16/2001 e está sujeito ao regime bilateral de acesso e repartição de benefícios, razão pela qual não é possível, nos termos da legislação em vigor, incluir os recursos fitogenéticos *in situ* localizados em terras de domínio público no sistema multilateral de acesso e repartição de benefícios. Entretanto, quando se discute a criação de um novo regime jurídico de acesso aos recursos fitogenéticos para alimentação e agricultura, deve-se considerar o estatuto jurídico especial das terras indígenas e de quilombolas e das unidades de conservação de uso sustentável, como reservas extrativistas e de desenvolvimento sustentável, que admitem a

---

447. A Resolução 32/2008 do Cgen dispõe sobre o acesso a amostras de componentes do patrimônio genético coletado em condição *in situ* e mantido em coleções *ex situ*.

presença de populações tradicionais. São terras de domínio público[448], mas têm uma destinação especial, e o usufruto dos recursos naturais existentes nessas terras é um direito dos povos indígenas, quilombolas e populações tradicionais. Qualquer ingresso ou coleta de material biológico em terras ocupadas por povos indígenas, quilombolas e populações tradicionais depende do consentimento deles[449]. Por outro lado, a destinação de recursos a fundos de repartição de benefícios deve considerar os objetivos da Política Nacional de Desenvolvimento Sustentável dos Povos e Comunidades Tradicionais, estabelecida pelo Decreto 6.040/2007, e tais recursos devem ser geridos com a participação da Comissão Nacional de Desenvolvimento Sustentável dos

---

448. As terras indígenas são bens de domínio público da União e se destinam à posse permanente dos povos indígenas, cabendo-lhes o usufruto exclusivo de seus recursos naturais.
As reservas extrativistas são também de domínio público. A União celebra contratos de concessão de direito real de uso com os moradores da reserva. As reservas de desenvolvimento sustentável são também, em geral, de domínio público (embora a Lei 9.985/2000, artigo 20, parágrafo 2º, preveja a desapropriação das áreas incluídas nos limites das reservas de desenvolvimento sustentável apenas "quando necessária").
O reconhecimento dos direitos territoriais dos quilombolas é realizado mediante outorga de título coletivo e pró-indiviso às comunidades quilombolas, com as cláusulas obrigatórias de inalienabilidade, imprescritibilidade e impenhorabilidade. Quando há incidência de títulos de domínio particular sobre as terras dos quilombolas, deve ser realizada a desapropriação.
449. Nem todas as populações tradicionais vivem em unidades de conservação ambiental, e nem todas têm os direitos sobre as suas terras reconhecidos pelo poder público. O Decreto 6.040/2007 define os povos e comunidades tradicionais como "grupos culturalmente diferenciados e que se reconhecem como tais, possuem formas próprias de organização social, ocupam e usam territórios e recursos naturais como condição para sua reprodução cultural, social, religiosa, ancestral e econômica, utilizando conhecimentos, inovações e práticas gerados e transmitidos pela tradição"(artigo 3º).
Os territórios tradicionais são definidos pelo Decreto 6.040/2007 como "os espaços necessários a reprodução cultural, social e econômica dos povos e comunidades tradicionais, sejam eles utilizados de forma permanente ou temporária, observado, no que diz respeito aos povos indígenas e quilombolas, respectivamente, o que dispõem os arts. 231 da Constituição e 68 do Ato das Disposições Constitucionais Transitórias e demais regulamentações".

Povos e Comunidades Tradicionais[450], de que participam os representantes dos povos e comunidades tradicionais.

Compete ainda a cada país decidir sobre a inclusão ou não, no sistema multilateral, dos cultivos agrícolas não relacionados no Anexo 1 do tratado, que estejam em condições *ex situ*, em domínio público e se destinem ao uso agrícola. Caso tais cultivos (não relacionados no Anexo 1) sejam incluídos no sistema multilateral, as instituições e os pesquisadores nacionais também devem se beneficiar do acesso facilitado. Tal inclusão depende, entretanto, de uma alteração da MP 2.186-16/2001, pois o seu artigo 19, parágrafo 2º, só permite a remessa de recursos genéticos de espécies consideradas de intercâmbio facilitado em acordos internacionais, e o sistema multilateral estabelecido pelo tratado só contempla as espécies listadas no Anexo 1. É precipitado que o Brasil inclua outros cultivos agrícolas no sistema multilateral, além daqueles já constantes do Anexo 1, pois deve acompanhar a efetiva implementação dos mecanismos de repartição de benefícios previstos no tratado, como troca de informações, acesso e transferência de tecnologia, capacitação e repartição dos benefícios econômicos derivados da comercialização de produtos. Um novo regime jurídico (nacional) deverá, entretanto, estabelecer normas para o acesso e a repartição de benefícios para todos os recursos fitogenéticos na área de alimentação e agricultura, encontrados *in situ* ou *ex situ*, assim como implementar os direitos dos agricultores.

O Brasil deve ainda defender internacionalmente a posição de que os pagamentos ao fundo de repartição de benefícios do tratado devem corresponder a um percentual fixo sobre todas as vendas de produtos resultantes de materiais genéticos acessados por meio do sistema multilateral, independentemente de estarem ou não disponíveis sem restrições a terceiros para fins de pesquisa e melhoramento, pois essa possibilidade é expressamente prevista pelo tratado[451]. A repartição de

---

450. A Comissão Nacional de Desenvolvimento Sustentável dos Povos e Comunidades Tradicionais foi criada pelo Decreto de 13 de julho de 2006.
451. O artigo 13.2. "d", ii, do tratado estabelece que o órgão gestor poderá, de tempos em tempos, revisar os níveis de pagamento com vistas a alcançar uma repartição justa e

benefícios deve ser desvinculada da proteção ou não, por direitos de propriedade intelectual, dos produtos resultantes de materiais genéticos obtidos por intermédio do sistema multilateral. Só assim haverá recursos suficientes para viabilizar a execução de planos e programas voltados para a conservação e utilização sustentável da agrobiodiversidade, a serem desenvolvidos nos países em desenvolvimento. Como a repartição de benefícios não é obrigatória quando os produtos são protegidos por direitos de melhoristas (porque tais direitos não limitam o acesso para fins de pesquisa e melhoramento), apenas quando são concedidas patentes, é fácil concluir que haverá poucos recursos derivados da repartição obrigatória de benefícios estabelecida pelo sistema multilateral. Atualmente, os únicos países que permitem o patenteamento de variedades de plantas são Estados Unidos, Japão, Austrália e Nova Zelândia, dos quais o único que ratificou o tratado foi a Austrália[452]. Além disso, estima-se que o desenvolvimento de um novo cultivar demore cerca de dez anos, e, portanto, levará ainda muito tempo para que recursos oriundos de sua comercialização revertam em favor do fundo de repartição de benefícios do tratado.

O tratado não regula, entretanto, o acesso a coleções *ex situ* sob domínio privado, e o acesso aos recursos fitogenéticos em condições *in situ*, que devem ser regulados por leis nacionais. Seria importante que uma nova lei de acesso aos recursos fitogenéticos incluísse um dispositivo que estabelecesse que os materiais genéticos coletados (*in situ*) em terras de domínio público, ainda que conservados em coleções *ex situ* de domínio privado, devem estar necessariamente acessíveis para

---

equitativa dos benefícios. Poderá também avaliar, dentro de um período de cinco anos da entrada em vigor do tratado (*o tratado entrou em vigor internacionalmente no dia 29 de junho de 2004*), se o pagamento obrigatório previsto no termo de transferência de material (TTM) também se aplica nos casos em que esses produtos comercializados estejam disponíveis sem restrições a outros beneficiários para fins de pesquisa e melhoramento.

452. Os Estados Unidos assinaram o tratado em 1º de novembro de 2002, mas não o ratificaram. Japão e Nova Zelândia não assinaram nem ratificaram o tratado. A Austrália assinou o tratado em 10 de junho de 2002 e o ratificou em 12 de dezembro de 2005. (Consulta ao site www.planttreaty.org em 15/05/2009).

as instituições públicas e para os agricultores. O acesso de instituições privadas a coleções públicas deveria ser também condicionado à reciprocidade em relação às suas coleções. Para acessar coleções públicas, as instituições privadas deveriam ter que disponibilizar, para as instituições públicas e para os agricultores, as suas próprias coleções. Ainda que tal condição não possa ser imposta aos cultivos agrícolas incluídos no sistema multilateral, em virtude das obrigações assumidas pelo Brasil em relação ao tratado, que não permitem uma mudança unilateral nas normas do sistema multilateral, o Brasil pode, em relação aos demais cultivos agrícolas, assim como em relação a todos os recursos encontrados em condições *in situ*, estabelecer normas internas próprias.

Afinal, os recursos genéticos são bens de interesse público e, independentemente de estarem no domínio público ou privado, devem ter o seu acesso e utilização determinados pelo interesse público. Quando os materiais genéticos foram coletados por instituições privadas em terras de domínio público, ainda que sejam conservados em coleções *ex situ* de domínio privado, torna-se ainda mais evidente a necessidade de que estejam acessíveis para as instituições públicas e para os agricultores interessados. O próprio tratado prevê (artigo 11.4) que, no prazo de dois anos de sua entrada em vigor (o tratado entrou em vigor internacionalmente em 29 de junho de 2004), o órgão gestor avaliará se as pessoas físicas e jurídicas (detentoras de coleções *ex situ*), que não tenham incluído os seus recursos fitogenéticos no sistema multilateral, continuarão a fazer jus ao acesso facilitado, ou se serão tomadas outras medidas "consideradas apropriadas". Isso significa que o tratado também considera a possibilidade de impedir o acesso de instituições que não disponibilizam suas coleções para terceiros.

Discute-se se a nova lei de acesso aos recursos fitogenéticos deveria estabelecer que, sobre a comercialização de todos os produtos desenvolvidos com base em materiais genéticos acessados de coleções *ex situ* públicas ou coletados (*in situ*), incidiria um percentual fixo destinado a um fundo nacional de repartição de benefícios, independentemente de tais produtos estarem ou não disponíveis sem restrições a terceiros para fins de pesquisa e melhoramento. Outra opção seria fazer tal percentual incidir sobre todas as vendas de sementes no país, o que eliminaria a necessidade de determinar a origem e a composição genética dos novos produtos. Essa solução foi adotada pela Noruega, que resolveu destinar 0,1% do valor de todas as vendas de sementes no país para o fundo de repartição de benefícios do tratado, a fim de apoiar iniciativas voltadas para a conservação e o manejo da agrobiodiversidade[453], e o Brasil poderia estabelecer um fundo nacional de repartição de benefícios com a mesma finalidade. Essa seria uma forma de concretizar o princípio do "usuário pagador", consagrado pela Política Nacional do Meio Ambiente[454], que impõe ao usuário de recursos ambientais a obrigação de contribuir pela sua utilização com fins econômicos. Esse princípio é adotado em outras leis ambientais brasileiras, como a Lei 9.433/97, que institui a Política Nacional de Recursos Hídricos e estabelece a cobrança pelo uso de recursos hídricos. O princípio do "usuário pagador" visa a internalizar os custos ambientais de atividades econômicas, e os usuários de recursos fitogenéticos devem, portanto, contribuir para as atividades voltadas para a sua conservação. Diante disso, deveria ser destinado um percentual sobre as vendas de sementes no país a um fundo nacional de repartição de benefícios, gerido com a participação de representantes de agricultores locais, familiares e tradicionais e destinado a apoiar planos e programas voltados para a conservação *in situ* e *on farm* da agrobiodiversidade e para a implementação dos direitos dos agricultores.

---

453. Segundo o ministro da Agricultura norueguês, Terje Riis-Johansen, se todos os países (membros do tratado) contribuíssem com o mesmo percentual sobre as vendas de sementes em seus territórios, o fundo de repartição de benefícios do tratado arrecadaria cerca de 20 milhões de dólares por ano, o que permitiria apoiar os agricultores que conservam a diversidade. Fonte: International Treaty on Plant Genetic Resources for Food and Agriculture. *Norway announces annual contribution to the benefit-sharing fund of the international treaty.* Roma: FAO, 3/3/2008. Disponível em: www.planttreaty.org. Acessado em 17/10/2008.
454. A Lei 6.938/81 dispõe sobre a Política Nacional de Meio Ambiente e, em seu artigo 4º, VII, estabelece o princípio do "usuário pagador".

É uma forma de repartição de benefícios mais coerente com a natureza dos recursos fitogenéticos do que se tentar identificar, caso a caso, os "provedores" de tais recursos.

Direitos dos agricultores

Histórico

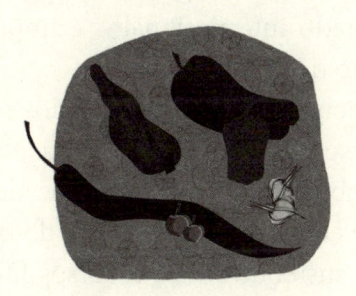

O reconhecimento e a efetiva implementação dos direitos dos agricultores são um componente-chave de qualquer política de conservação e utilização sustentável da agrobiodiversidade, e uma pedra angular do Tratado Internacional sobre os Recursos Fitogenéticos para a Alimentação e a Agricultura. Neste capítulo, abordaremos as interfaces entre os direitos dos agricultores e a agrobiodiversidade, apesar de considerarmos que tais direitos são muito mais amplos e abrangem ainda os direitos a terra e à reforma agrária, de acesso aos recursos naturais, à segurança alimentar, à saúde, à informação, à participação política, à liberdade de associação, às políticas públicas de apoio à agricultura sustentável, entre outros[455]. Apesar de tais direitos estarem intimamente ligados e serem indissociáveis, trataremos fundamentalmente dos direitos dos agricultores previstos no tratado internacional, por considerarmos

---

455. A V Conferência Internacional da Via Campesina, a mais importante rede mundial de camponeses, realizada entre 19 e 22 de outubro de 2008, aprovou a "Declaração de Maputo" (Moçambique), em que pede a aprovação de uma declaração dos direitos dos camponeses e camponesas no âmbito da ONU.
No Brasil, participam da Via Campesina oito movimentos sociais: Movimento dos Trabalhadores Rurais sem Terra (MST), Movimento dos Atingidos por Barragens (MAB), Movimento dos Pequenos Agricultores (MPA), Movimento de Mulheres Camponesas (MMC), Comissão Pastoral da Terra (CPT), Pastoral da Juventude Rural (PJR), Federação dos Estudantes de Agronomia do Brasil (Feab) e Conselho Indigenista Missionário (Cimi).

que esse instrumento oferece uma oportunidade importante para o debate sobre a construção e a implementação dos direitos dos agricultores no Brasil. Não que os direitos dos agricultores devam se limitar àqueles reconhecidos pelo tratado internacional – é importante frisar –, mas esse pode ser um ponto de partida.

Os direitos dos agricultores são reconhecidos pelo Tratado Internacional sobre os Recursos Fitogenéticos para a Alimentação e a Agricultura, em seu preâmbulo, no artigo 9º, dedicado especificamente ao seu reconhecimento, e em outros dispositivos do tratado que tratam da conservação e do uso sustentável dos recursos fitogenéticos, do sistema multilateral de acesso e repartição dos benefícios e das disposições financeiras. A responsabilidade pela implementação dos direitos dos agricultores compete aos países, por meio da aprovação de leis nacionais. Com a entrada em vigor do tratado internacional no Brasil, o país deve reformular não só a sua legislação de acesso aos recursos fitogenéticos como as demais leis agrícolas que têm interfaces com os direitos dos agricultores. Analisaremos como o conceito de direitos dos agricultores se desenvolveu internacionalmente, até chegar à formulação expressa no tratado. Depois analisaremos as formas de implementação dos direitos dos agricultores no Brasil.

A expressão "direitos dos agricultores" foi cunhada pela primeira vez nos anos 1980 por Pat Mooney e Cary Fowler, da organização não governamental Rafi[456], para destacar a enorme contribuição dos agricultores para a conservação e o desenvolvimento dos recursos genéticos agrícolas. Eles defenderam o reconhecimento dos direitos dos agricul-

---

456. Pat Mooney, Cary Fowler e Hope Shand fundaram, em 1977, a Rural Advancement Foundation International (Rafi), que mais tarde passou a se chamar ETC Group, Action Group on Erosion, Technology and Concentration. Consultar: www.etcgroup.org. Em 1983, Pat Mooney escreveu "The law of the seed" *Development Dialogue*, Uppsala: Dag Hammarskjöld Foundation, e em 1994 Cary Fowler publicou *Unnatural selection: technology, politics and plant evolution*. Yverdon: Gordon and Breach Science Publishers, 1994. (International Studies in Global Change, 6). As duas publicações são referências sobre essa temática.

tores perante a Comissão de Recursos Fitogenéticos da FAO em 1986 como uma medida de equidade Norte-Sul e uma compensação pelos direitos dos melhoristas, que já existiam e eram assegurados legalmente. A partir daí, a expressão "direitos dos agricultores" ganhou projeção e passou a ser incluída em vários instrumentos internacionais, mas produziu poucos resultados concretos.

Os direitos dos agricultores foram reconhecidos formalmente, pela primeira vez, em 1989, quando a Conferência da FAO adotou a Resolução 5/89, que reconhece os direitos dos agricultores como "direitos provenientes das contribuições passadas, presentes e futuras dos agricultores para a conservação, o desenvolvimento e a disponibilização dos recursos fitogenéticos, particularmente aqueles dos centros de origem/ diversidade". Esses direitos são conferidos à comunidade internacional[457], como guardiã, em favor das presentes e futuras gerações de agricultores, e a fim de assegurar todos os benefícios aos agricultores e apoiar a continuidade de suas contribuições e a realização de todos os objetivos do Compromisso Internacional. A Resolução 5/89 foi adotada como um anexo ao Compromisso Internacional sobre Recursos Fitogenéticos, juntamente com a Resolução 4/89, que reconheceu os direitos dos melhoristas, previstos na Convenção da Upov.

Dois anos depois, a Conferência da FAO adotou uma nova resolução (03/91), que estabeleceu um fundo internacional para apoiar programas voltados para a conservação e a utilização dos recursos fitogenéticos, sobretudo nos países em desenvolvimento. Esse fundo recebeu poucas contribuições voluntárias e nunca se materializou. O reconhecimento dos direitos dos agricultores foi meramente formal.

A Agenda 21, um amplo plano de ação aprovado durante a Conferência das Nações Unidas sobre Meio Ambiente e Desenvolvimento (Unced), em 1992, previu a necessidade de fortalecimento do sistema

---

457. A atribuição de tais direitos à comunidade internacional, na qualidade de "guardiã", tornava a sua titularidade ambígua e confusa. Na formulação do tratado, os direitos relacionados no artigo 9º são claramente atribuídos aos próprios agricultores.

mundial de conservação e utilização sustentável dos recursos fitogenéticos e de adoção de medidas orientadas para a "concretização dos direitos dos agricultores"[458]. Na Conferência de Nairobi, no Quênia, que aprovou o texto final da Convenção sobre a Diversidade Biológica (CDB), em 1992, foi adotada a Resolução nº 3, segundo a qual a "realização dos direitos dos agricultores" é apontada como uma das principais questões a serem enfrentadas. A Convenção sobre Diversidade Biológica não menciona explicitamente os direitos dos agricultores, mas estabelece, em seu artigo 8 (j), que os conhecimentos, inovações e práticas de comunidades locais e populações indígenas devem ser respeitadas e a aplicação de tais conhecimentos deve ser incentivada mediante a aprovação e participação de seus detentores e a repartição de benefícios com as comunidades locais e indígenas. Em novembro de 1993, a Conferência da FAO aprovou a Resolução 7/93, que determinou que o diretor-geral da organização desse início a negociações visando a adaptar o Compromisso Internacional sobre Recursos Fitogenéticos à Convenção sobre Diversidade Biológica e implementar os direitos dos agricultores.

Em 1996, o Plano Global de Ação para a Conservação e Utilização Sustentável dos Recursos Fitogenéticos para Alimentação e Agricultura, adotado por 150 países em Leipzig, na Alemanha, previu, entre os seus objetivos de longo prazo, a "realização dos direitos dos agricultores, no âmbito nacional, regional e internacional"[459]. Em 1999, um estudo do Conselho Econômico e Social sobre o direito à alimentação, submetido à Comissão de Direitos Humanos da ONU[460], sustentou que os direitos dos agricultores deveriam ser tratados e promovidos como uma parte

---

458. Capítulo 14.60 (a) da Agenda 21.
459. Plano Global de Ação para a Conservação e Utilização Sustentável dos Recursos Fitogenéticos para Alimentação e Agricultura, parágrafo 32.
460. United Nations. Economic and Social Council Commission on Human Rights. *The right to adequate food and to be free from hunger*. Genebra: United Nations, 1999. Updated study on the right to food, submitted by Mr. Asbjørn Eide in accordance with Sub-Commission Decision 1998/106. Sub-Commission on Prevention of Discrimination and Protection of Minorities. E/CN.4/Sub.2/1999/12.

integrante do direito humano à alimentação, já que "o nosso futuro suprimento de comida, e a sua sustentabilidade, depende de que tais direitos (dos agricultores) sejam estabelecidos com firmeza".

Mais recentemente, durante a 1ª Conferência Técnica Internacional sobre Recursos Genéticos Animais para Alimentação e Agricultura, realizada em Interlaken (Suíça), de 3 a 7 de setembro de 2007, foi adotado o Plano Global de Ação para os Recursos Genéticos Animais. Esse plano estabelece, entre seus principais objetivos,

> [...] atender às necessidades de comunidades pastoris e agricultores de ter, individual ou coletivamente, e conforme as leis nacionais, acesso não discriminatório a material genético animal, informação, tecnologia, recursos financeiros, pesquisa, sistemas de comercialização e recursos naturais, para que possam continuar a manejar e melhorar os recursos genéticos animais e se beneficiar do desenvolvimento econômico[461].

Apesar de o conceito de direitos dos agricultores ter sido incorporado a muitos instrumentos internacionais, nunca houve consenso sobre o seu significado, a extensão de seu conteúdo e a forma de implementar tais direitos. As motivações para a proteção dos direitos dos agricultores sempre variaram bastante[462]:

1) O reconhecimento dos direitos dos agricultores seria uma medida de "equidade" entre os detentores de germoplasma vegetal (os

---

461. Plano Global de Ação para os Recursos Genéticos Animais. Parágrafo 15.
462. Consultar a esse respeito: Regine Andersen. *The history of farmers' rights:* a guide to central documents and literature. Oslo: The Fridtjof Nansen Institute, dez. 2005. Disponível em: www.farmersrights.org; Regine Andersen. "Towards a common understanding of the contents of farmers' rights." *In:* Informal International Consultation on Farmers' Rights, 18-10 set. 2007, Lusaka, Zambia. *Report.* Oslo: Ministry of Agriculture and Food, 2007, p. 49-56; Carlos Correa. *Options for the implementation of farmers' rights at the national level.* Genebra: South Centre, dez. 2000; Gerald Moore &Witold Tymowski. *Explanatory guide to the International Treaty on Plant Genetic Resources for Food and Agriculture.* Gland: IUCN, 2005.

agricultores, especialmente os que vivem nos centros de diversidade dos cultivos agrícolas, nos países tropicais e subtropicais) e os detentores da biotecnologia agrícola (baseados principalmente nos países do norte). Haveria uma "obrigação moral" de garantir que os agricultores sejam recompensados por sua contribuição para a conservação da agrobiodiversidade. Enquanto os direitos de propriedade intelectual – na forma de patentes ou direitos de melhoristas – recompensam os melhoristas e os estimulam a desenvolver novas variedades comerciais, não há nenhuma forma de compensação e/ou apoio aos agricultores para que continuem a conservar e utilizar, de forma sustentável, os recursos da agrobiodiversidade. Além disso, os direitos de propriedade intelectual recompensam por inovações sem considerar que, em muitos casos, tais inovações são apenas o último passo em invenções e conhecimentos acumulados ao longo de milênios por gerações de agricultores em diferentes partes do mundo.

2) O reconhecimento dos direitos dos agricultores seria uma forma de promover a conservação dos recursos fitogenéticos e dos conhecimentos tradicionais e assegurar a segurança alimentar atual e futura. O reconhecimento dos direitos dos agricultores beneficiaria não apenas os próprios agricultores, mas toda a humanidade. Essa seria, entretanto, uma visão utilitária dos direitos dos agricultores, que é criticada por muitas organizações de agricultores, pois os seus direitos devem contribuir não só para a conservação da agrobiodiversidade como também para o seu empoderamento e para a melhoria das suas condições de vida. É equivocado ver os sistemas agrícolas tradicionais e locais, ricos em agrobiodiversidade, como apenas uma fonte de recursos a serem conservados para exploração futura pelos melhoristas[463].

---

463. Enrico Bertacchini. "Coase, Pigou and the potato: whither farmers' rights?" *Ecological Economics*, n. 68, p. 183-193, 2008.

Eles representam, na verdade, a base da sobrevivência de quase 1,5 bilhão de pessoas em todo o mundo[464].

3) O reconhecimento dos direitos dos agricultores seria principalmente uma forma de garantir que os direitos dos melhoristas não inviabilizem as práticas agrícolas locais, como guardar, reutilizar, trocar e vender sementes[465]. Os direitos dos agricultores, entretanto, não se limitam ao chamado "privilégio do agricultor", que é apenas uma isenção ao direito de melhorista, que permite aos agricultores utilizar sementes de variedades protegidas sem a autorização do melhorista em determinadas situações. Os direitos dos agricultores são muito mais amplos do que o "privilégio do agricultor".

4) O reconhecimento dos direitos dos agricultores seria, na verdade, apenas uma "formalização" ou "codificação" de práticas, usos e costumes adotados por comunidades locais, já consagrados por normas e instituição locais. Seria um reconhecimento formal de práticas agrícolas tradicionalmente adotadas há milênios[466].

---

464. No Brasil, o Programa Nacional de Fortalecimento da Agricultura Familiar (Pronaf, do Ministério do Desenvolvimento Agrário), estima que a categoria "agricultores tradicionais" represente em torno de 15% da população agrícola total. O Ministério da Agricultura estima que os agricultores tradicionais representam 13% da população agrícola total, entre 3 e 4 milhões de indivíduos. A categoria "agricultores tradicionais", entretanto, está sujeita a interpretações diversas.
465. Segundo Bert Visser e Niels Louwaars, nos Estados Unidos, ainda nos anos 1960, durante as discussões em torno da Lei de Proteção às Variedades de Plantas (adotada em 1970), já se reconhecia que a proteção aos direitos de melhoristas não deveria impedir os agricultores de guardar e reutilizar sementes de variedades protegidas. Tal isenção foi assegurada pela legislação norte-americana até a adoção da Ata de 1991 da Convenção da Upov, que passou a restringir o "privilégio do agricultor". ("Revisiting the concept of farmers' rights: consensus reached and challenges remaining." *In*: Informal International Consultation on Farmers' Rights, 18-10 set. 2007, Lusaka, Zambia. *Report*. Oslo: Ministry of Agriculture and Food, 2007, p. 57-67).
466. Idem, *ibid.*, p. 59.

As motivações e as formas de implementação dos direitos dos agricultores geraram inúmeras divergências durante as negociações do Tratado Internacional sobre os Recursos Fitogenéticos para a Alimentação e a Agricultura. Em 1996, os países em desenvolvimento apresentaram uma proposta (comum) de implementação dos direitos dos agricultores, e a União Europeia e os Estados Unidos também apresentaram as suas propostas. Foram essas três propostas que serviram de base para as negociações que ocorreram entre 1996 e 1999, quando os artigos relativos aos direitos dos agricultores tiveram a redação definitivamente concluída. Alguns pontos das propostas apresentadas pelos países em desenvolvimento e pelos países europeus foram incluídos, outros, não, conforme veremos a seguir[467].

As propostas apresentadas pela União Europeia e pelos países em desenvolvimento tinham alguns pontos em comum. Ambas as propostas reconheciam a enorme contribuição dos agricultores de todas as regiões do mundo, e particularmente dos centros de origem e de diversidade de cultivos, para a conservação e o desenvolvimento dos recursos fitogenéticos, que constituem a base da alimentação e da produção agrícola mundial. Ambas previam ainda a adoção das medidas necessárias para que os agricultores possam continuar a conservar, manejar e melhorar/desenvolver os recursos fitogenéticos. A proposta europeia estabelecia que os países, "quando possível e apropriado", *inter alia*, e sujeito à legislação nacional, deveriam "respeitar, preservar e manter os conhecimentos, inovações e práticas dos agricultores relevantes para a conservação e a utilização sustentável dos recursos fitogenéticos". Já a proposta apresentada pelos países em desenvolvimento afirmava que a responsabilidade pela implementação dos direitos dos agricultores caberia tanto aos governos nacionais como à comunidade internacional.

---

467. Svanhild-Isabelle B. Bjornstad. *Breakthrough for "the South"? An analysis of the recognition of farmers' rights in the International Treaty on Plant Genetic Resources for Food and Agriculture*. Oslo: The Fridtjof Nansen Institute, 2004, p. 40. (FNI Report 13/2004). Disponível em: www.farmersrights.org.

Foram esses os principais pontos da proposta apresentada pelos países em desenvolvimento: desenvolvimento de um sistema *sui generis*, no âmbito internacional e em cada país, que reconheça, proteja e compense os agricultores e comunidades tradicionais por seus conhecimentos, inovações e práticas e assegure a repartição justa e equitativa dos benefícios derivados da utilização dos recursos fitogenéticos; garantia de que o consentimento prévio e informado dos agricultores e comunidades locais seja obtido antes da coleta de recursos fitogenéticos; apoio aos agricultores em diferentes regiões do mundo, especialmente nos centros de origem e de diversidade dos cultivos agrícolas, para conservação, melhoramento e utilização sustentável dos recursos fitogenéticos; estabelecimento de um fundo internacional; reconhecimento dos direitos dos agricultores de guardar, usar, trocar, compartilhar e vender suas sementes e outros materiais de propagação vegetal, incluindo o direito de reutilizar as sementes guardadas na colheita seguinte; participação dos agricultores e comunidades locais na definição e implementação de medidas e leis relativas aos seus direitos, em nível nacional e internacional; avaliação e, quando apropriado, modificação dos sistemas de propriedade intelectual e das leis de sementes e agrárias, para que sejam compatíveis com os direitos dos agricultores[468].

Muitos pontos da proposta apresentada pelos países em desenvolvimento estão diretamente associados a outros instrumentos internacionais: as expressões "consentimento prévio e informado", "repartição justa e equitativa dos benefícios derivados da utilização dos recursos fitogenéticos", e "utilização dos conhecimentos, inovações e práticas de comunidades locais e populações indígenas, com a aprovação e participação de seus detentores" são utilizadas pela Convenção sobre Diversidade Biológica (CDB); a expressão *sui generis* é empregada no Acordo sobre Aspectos dos Direitos de Propriedade Intelectual Relacionados ao

---

468. Svanhild-Isabelle B. Bjornstad. *Breakthrough for "the South"? An analysis of the recognition of farmers' rights in the International Treaty on Plant Genetic Resources for Food and Agriculture*. Oslo: The Fridtjof Nansen Institute, 2004, p. 41. (FNI Report 13/2004). Disponível em: www.farmersrights.org.

Comércio (Trips) da Organização Mundial do Comércio (OMC), mais especificamente em seu artigo 27.3.b, que determina que os países devem conceder proteção a variedades vegetais, seja por meio de patentes, seja por meio de um sistema *sui generis* eficaz, seja por uma combinação de ambos; – os direitos dos agricultores de guardar, reutilizar as sementes guardadas na colheita seguinte, trocar, compartilhar e vender suas sementes enfrenta, em muitos países, restrições impostas pelas leis de sementes e de proteção aos direitos de propriedade intelectual (especialmente nos países que aderiram à versão 91 da Upov).

O TRATADO INTERNACIONAL E O ARTIGO 9º

O tratado internacional, em sua versão final, incorpora alguns pontos da proposta apresentada pelos países em desenvolvimento, mas há outros itens relevantes que não foram incorporados. Relacionaremos a seguir os principais dispositivos do tratado internacional que tratam dos direitos dos agricultores, para que sejam posteriormente analisados.

No preâmbulo do tratado internacional:

• *"As contribuições passadas, presentes e futuras dos agricultores em todas as regiões do mundo, particularmente daqueles nos centros de origem e de diversidade de cultivos, para a conservação, o melhoramento e a disponibilidade desses recursos constituem a base dos direitos dos agricultores".*
• *"Os direitos reconhecidos neste Tratado de guardar, usar, trocar e vender sementes e outros materiais de propagação conservados pelos agricultores, e de participar da tomada de decisões sobre a repartição justa e equitativa dos benefícios derivados da utilização dos recursos fitogenéticos para a alimentação e a agricultura, são fundamentais para a aplicação dos direitos dos agricultores, bem como para sua promoção tanto nacional quanto internacional".*

Parte III – Direitos dos agricultores:
Artigo 9º – Direitos dos agricultores

"9.1. As partes contratantes reconhecem a enorme contribuição que as comunidades locais e indígenas e os agricultores de todas as regiões do mundo, particularmente dos centros de origem e de diversidade de cultivos, têm realizado e continuarão a realizar para a conservação e para o desenvolvimento dos recursos fitogenéticos, que constituem a base da produção alimentar e agrícola em todo o mundo.

9.2. As partes contratantes concordam que a responsabilidade de implementar os direitos dos agricultores em relação aos recursos fitogenéticos para a alimentação e a agricultura é dos governos nacionais. De acordo com suas necessidades e prioridades, cada parte contratante deverá, conforme o caso e sujeito a sua legislação nacional, adotar medidas para proteger e promover os direitos dos agricultores, inclusive:

(a) proteção do conhecimento tradicional relevante aos recursos fitogenéticos para a alimentação e a agricultura;

(b) o direito à repartição equitativa dos benefícios derivados da utilização dos recursos fitogenéticos para a alimentação e a agricultura; e

(c) o direito de participar na tomada de decisões, em nível nacional, sobre assuntos relacionados à conservação e ao uso sustentável dos recursos fitogenéticos para a alimentação e a agricultura.

9.3. Nada no presente Artigo será interpretado no sentido de limitar qualquer direito que os agricultores tenham de guardar[469]*, usar, trocar e vender sementes ou material de propagação conservado* on farm, *conforme o caso e sujeito às leis nacionais."*

Há uma divergência entre o preâmbulo do tratado, que reconhece a necessidade de que os direitos dos agricultores sejam promovidos tanto nacional como internacionalmente, e o artigo 9.2. do tratado, que deixou a responsabilidade pela implementação dos direitos dos agricultores a cargo dos governos nacionais, com base em suas próprias leis

---

469. Na tradução oficial do tratado, feita pelo governo brasileiro, o termo *"save"* é traduzido como "conservar". Achamos mais adequado, entretanto, que seja traduzido como "guardar", pois se refere ao direito do agricultor de guardar parte de sua colheita para semeadura nas safras seguintes.

e de acordo com suas necessidades e prioridades. Apesar de o tratado reconhecer que os países devem adotar medidas para proteger os direitos dos agricultores, cada país poderá decidir que medidas adotará, e as ações e políticas elencadas pelo tratado são apenas ilustrativas, podendo os países adotar outras. O tratado não estabeleceu os parâmetros internacionais a serem necessariamente adotados e respeitados pelos países signatários, o que reflete principalmente a falta de consenso entre os países em relação à forma de implementar os direitos dos agricultores. O tratado poderia ter mantido alguma flexibilidade, para que os países pudessem adaptar os direitos dos agricultores aos contextos locais, mas deveria ter estabelecido alguns parâmetros internacionais mínimos. O tratado limitou-se, entretanto, a estabelecer um rol ilustrativo de medidas que podem ser adotadas pelos países, o que tornará difícil para o seu órgão gestor avaliar se um país está ou não implementando tais direitos[470].

O não reconhecimento da dimensão internacional dos direitos dos agricultores foi uma clara divergência do texto final do tratado com a proposta apresentada pelos países em desenvolvimento, e atendeu às propostas apresentadas pela União Europeia e pelos Estados Unidos. Além disso, o Tratado não reconheceu os direitos dos agricultores como direitos humanos, a serem assegurados pelo sistema internacional. As organizações não governamentais defendiam que os direitos dos agricultores deveriam ser reconhecidos como direitos humanos, a serem assegurados pelo sistema internacional, e integrar o direito à alimentação, o que não foi adotado pelo texto final do tratado.

---

470. Regine Andersen. *Governing agrobiodiversity:* international regimes, plant genetics and developing countries. Oslo, 2007, p. 22. Tese (doutorado) – Department of Political Science, Faculty of Social Science, University of Oslo.

Os direitos dos agricultores de guardar, usar, trocar e vender sementes

O preâmbulo do tratado internacional se refere expressamente aos direitos dos agricultores de "guardar, usar, trocar e vender sementes e outros materiais de propagação conservados pelo agricultor". O artigo 9.3, entretanto, afirma que "nada no presente artigo (9º) será interpretado no sentido de limitar qualquer direito que os agricultores tenham de guardar, usar, trocar e vender sementes ou material de propagação conservado *on farm*, conforme o caso e sujeito às leis nacionais". Enquanto o preâmbulo faz um reconhecimento positivo de tais direitos, o artigo 9.3 é neutro e estabelece que a decisão compete a cada país. A redação do artigo 9.3 reflete a ausência de consenso entre os países que defendiam um reconhecimento positivo dos direitos dos agricultores de guardar, usar, trocar e vender sementes e os países que não queriam que o tratado estabelecesse qualquer restrição aos direitos de melhoristas que pudesse ser incompatível com a Ata de 91 da Upov[471].

O artigo 9.3 não cria, no entanto, nenhuma restrição às opções que podem ser adotadas pelos países em relação à implementação dos direitos dos agricultores, mesmo que impliquem limitações aos direitos de propriedade intelectual sobre variedades de plantas, e esse é, provavel-

---

[471]. Consultar o capítulo sobre o sistema Upov e a Lei de Proteção de Cultivares, que descreve as diferenças entre as atas de 78 e 91 da Upov, bem como a lei brasileira.

mente, um dos pontos mais controvertidos em relação ao reconhecimento dos direitos dos agricultores. Nem a proposta apresentada pela União Europeia e nem a apresentada pelos Estados Unidos continham qualquer referência aos direitos dos agricultores de "guardar, usar, trocar e vender sementes". Do ponto de vista da conservação da agrobiodiversidade, e dos sistemas agrícolas locais, tradicionais e agroecológicos, é absolutamente fundamental assegurar os direitos dos agricultores de guardar, usar, trocar e vender as sementes (em mercados locais), tanto de variedades locais como de protegidas. Entretanto, tais direitos conflitam com as restrições impostas pelas leis de proteção de cultivares, principalmente quando baseadas na Ata de 91 da Convenção da Upov, e, em alguns casos, entram em conflito também com as leis que regulam o comércio, a produção e a utilização de sementes.

No Brasil, a Lei de Proteção de Cultivares, inspirada na Ata de 78 da Convenção da Upov, já abre algumas brechas para o reconhecimento dos direitos dos agricultores de guardar, usar e trocar sementes, ainda que de variedades protegidas, mas elas não são suficientes. Se, entretanto, vierem a ser aprovados, pelo Congresso Nacional, os projetos de lei[472] que pretendem adaptar a Lei de Proteção de Cultivares à Ata de 91 da Convenção da Upov, o uso próprio de sementes será restringido e os intercâmbios entre os agricultores proibidos, o que trará impactos extremamente negativos para os sistemas agrícolas tradicionais e locais. São os sistemas agrícolas locais que geram e mantêm a maior diversidade genética *on farm*, e a possibilidade legal de guardar e trocar sementes é fundamental para a introdução e a adaptação de novas variedades a condições locais.

A Lei de Proteção de Cultivares não permite a venda de sementes de variedades protegidas, ainda que por "pequenos produtores rurais" e em mercados locais, sem a autorização do titular do cultivar protegido e o pagamento de *royalties*. Tal restrição tem trazido dificuldades para

---

472. Consultar o capítulo sobre o sistema Upov e a Lei de Proteção de Cultivares para saber mais detalhes sobre os projetos de lei em tramitação no Congresso Nacional.

que os pequenos agricultores possam multiplicar as sementes e vendê-las a outros pequenos agricultores em mercados locais. Muitas organizações da agricultura familiar e agroecológica têm relatado dificuldades de acesso às sementes de variedades protegidas. Como as empresas que vendem tais sementes têm que pagar uma parcela de seus lucros ao titular do cultivar protegido, e, para tanto, precisam fazer um controle de todas as vendas e verificar *in loco* as condições de produção das organizações, elas preferem vender grandes quantidades de sementes a poucos compradores e têm se negado a vender pequenas quantidades. Alegam que a venda a pequenos produtores de sementes não é interessante, do ponto de vista comercial[473]. Tal dificuldade limita a diversidade de sementes à disposição dos agricultores e empobrece a base genética dos cultivos agrícolas, e viola os direitos dos agricultores.

É importante assegurar o acesso dos agricultores a uma ampla variedade de sementes, e a legislação deve permitir as vendas de sementes protegidas (sem autorização do obtentor) aos agricultores locais (tradicionais, familiares e agroecológicos), desde que nos mercados locais e entre os próprios agricultores locais[474]. Entre as propostas destinadas a conciliar os direitos de propriedade intelectual com os direitos dos agricultores de guardar, usar, trocar e vender sementes (de variedades protegidas) estão: – restringir o direito do agricultor de guardar, reutilizar e vender sementes de variedades protegidas às espécies agrícolas cultivadas pelos agricultores para consumo e abastecimento nacional, ou seja, tal direito não se aplicaria às espécies agrícolas cultivadas para exportação[475]; ou – limitar o referido direito dos agricultores apenas às espécies

---

473. Conforme: Flávia Londres. "A nova legislação de sementes e mudas no Brasil e seus impactos sobre a agricultura familiar." Rio de Janeiro, jul. 2006. Disponível em: www.agroecologia.org.br

474. A definição do que é mercado "local" é complexa e foge aos objetivos deste trabalho. Tal definição deve, entretanto, considerar não só aspectos geográficos e agronômicos como também socioculturais.

475. Proposta apresentada por Niels Louwaars, do Centro de Recursos Genéticos de Wageningen, na Holanda, em grupo de discussão sobre os direitos dos agricultores. Disponível em: optionsforfarmersrights@googlegroups.com. Acessado em 15/1/2009.

agrícolas destinadas à alimentação (humana ou animal); tal direito não se aplicaria, por exemplo, às plantas ornamentais, já que os direitos dos agricultores são estabelecidos no Tratado Internacional sobre os Recursos Fitogenéticos para a Alimentação e a Agricultura, e, portanto, não se estenderiam a plantas usadas para ornamentação. As duas propostas são viáveis e devem ser consideradas pelo Brasil ao implementar um regime nacional de proteção aos direitos dos agricultores.

Entretanto, não é apenas a Lei de Proteção de Cultivares que impõe restrições aos direitos dos agricultores de guardar, trocar, usar, trocar e vender sementes. As restrições impostas por essa lei se aplicam apenas aos cultivares protegidos. A Lei de Sementes, que estabelece normas sobre produção, comercialização e utilização de sementes também impõe algumas restrições, que se aplicam também aos cultivares de domínio público. Ela contém, no entanto, ressalvas importantes para os cultivares locais, tradicionais e crioulas, assim como para os agricultores familiares, assentados da reforma agrária e indígenas que multipliquem sementes para distribuição, troca ou comercialização entre si. (Analisamos a Lei de Sementes e as suas interfaces com os sistemas agrícolas locais em capítulo anterior deste trabalho, ao qual remetemos o leitor, a fim de evitar repetições.) É importante destacar, todavia, que a Lei de Sementes deve ser também reavaliada em função da necessidade de conservação da agrobiodiversidade. É o que determina expressamente o tratado internacional que, no artigo 6º, *caput*, estabelece que os países devem elaborar e manter "políticas e medidas legais apropriadas" que promovam o uso sustentável da agrobiodiversidade, incluindo, entre tais medidas, a adequação das leis e regulamentos, principalmente os que disciplinam o lançamento de variedades agrícolas e a distribuição de sementes. Durante a terceira reunião do orgão gestor do tratado, realizada de 1º a 5/6/2009 na Tunísia, foi adotada uma resolução encorajando os países a rever todas as medidas (leis, políticas etc.) que possam afetar os direitos dos agricultores, e remover quaisquer barreiras que impeçam os agricultores de guardar, intercambiar e vender sementes. A resolução apoia o envolvimento das organizações de agricultores em todos os aspectos do tratado.

A UTILIZAÇÃO DE VARIEDADES COMERCIAIS NO MELHORAMENTO REALIZADO PELOS AGRICULTORES

Outro direito dos agricultores que deve ser expressamente reconhecido é o de utilizar as variedades comerciais como fonte de variação no desenvolvimento/melhoramento genético realizado pelos próprios agricultores. A chamada "isenção do melhorista" deve, portanto, ser assegurada aos agricultores, que também desenvolvem e melhoram suas variedades, ainda que utilizando métodos e técnicas distintas das empregadas por instituições de pesquisa agrícola. A lei brasileira não reconhece expressamente tal direito aos agricultores, mas outra não pode ser a sua interpretação, pois ela ressalva o direito de utilização de cultivares protegidos como fonte de variação no melhoramento genético (artigo 10, III). Diversas leis já reconhecem os direitos dos agricultores enquanto melhoristas (como as leis da Índia e da Etiópia, de que trataremos neste trabalho). A Associação Europeia de Sementes reconhece o direito dos agricultores de acessar livremente todos os recursos genéticos, incluindo as variedades protegidas por direitos de propriedade intelectual, para fins de melhoramento genético[476].

---

476. European Seed Association (ESA). *Position on farmers' rights*. Bruxelas, 28/11/2008. Disponível em: www.euroseeds.org. Acessado em 28/11/2008.

Em um artigo muito interessante, Rene Salazar, Niels Louwaars e Bert Visser[477] mostram que as variedades conservadas e desenvolvidas pelos agricultores não se restringem às variedades comumente denominadas "locais e tradicionais" e que os agricultores continuam a desenvolver novas variedades de plantas. Essas "novas" variedades são desenvolvidas e melhoradas pelos agricultores com base em diferentes fontes de variação, que incluem não só as variedades tradicionais e locais como também as desenvolvidas por programas de melhoramento de instituições públicas e privadas. Rene Salazar et al. destacam que, mesmo em sistemas agrícolas intensivos e voltados para o mercado, os agricultores continuam a criar suas próprias variedades. Em muitas situações, as variedades modernas simplesmente substituíram as variedades tradicionais/locais como fonte de diversidade, mas não aboliram o melhoramento realizado pelos agricultores. Muitas vezes os agricultores reconhecem características interessantes nas variedades modernas, incluindo alto rendimento e resistências a pragas ou doenças, mas também identificam características que não apreciam, como gosto, forma de preparo e/ou pouca capacidade de se adaptar a condições desfavoráveis de cultivo (seca, solos pobres etc.) e promovem o cruzamento entre variedades com características interessantes.

Rene Salazar et al. citam alguns exemplos de países do Sudoeste asiático, mas destacam que há relatos de tais práticas em outros países. (No Brasil, veja, mais adiante, a experiência de melhoramento participativo descrita por Altair Toledo Machado.) Vejamos um dos exemplos citados por René Salazar et al.:

A variedade de arroz IR 36, desenvolvida pelo centro internacional de pesquisa agrícola International Rice Research Institute (Irri) é uma das mais difundidas e utilizadas pelos agricultores asiáticos. Na ilha de Bohol, nas Filipinas, as comunidades locais preferem o arroz de cor vermelha, pois essa característica é associada a uma melhor qualidade do

---

477. Rene Salazar, Niels P. Louwaars, Bert Visser. "Protecting farmers' new varieties: new approaches to rights on collective innovations in plant genetic resources." *World Development*, v. 35, n. 9, p. 151-158, 2007.

arroz e a uma maior satisfação após a refeição. Algum tempo após a introdução da variedade de arroz *IR 36*, começaram a surgir, em Bohol, novos fenótipos dessa variedade, com grãos de cor vermelha (na variedade original, desenvolvida pelo Irri, os grãos eram brancos). O Conselho de Sementes das Filipinas realizou testes moleculares com as variedades com grãos vermelhos e descobriu que elas descendiam da variedade desenvolvida pelo Irri (de cor branca), mas haviam incorporado a característica da cor vermelha, por meio da introgressão de genes oriundos de variedades tradicionais de arroz, com grãos vermelhos, conservadas pelos agricultores[478]. É um exemplo interessante não só da utilização de uma variedade convencional como fonte de variação no melhoramento realizado pelos agricultores, como também de como uma variedade desenvolvida pelo setor formal (uma instituição de pesquisa) adquiriu uma característica "local", em virtude de sua adaptação a condições favorecidas e determinadas por comunidades locais. Em outro local, onde as condições socioambientais e culturais favorecessem outra característica (como determinado sabor ou resistência a determinada praga), a mesma variedade poderia ter adquirido outras características "locais" que a distinguiriam da variedade original, em virtude do melhoramento realizado pelos agricultores.

Ao realizar pesquisas sobre a diversidade genética de variedades de milho na comunidade indígena de Cuzalapa, em Cuautitlán, no Estado de Jalisco, México, Dominique Louette mostra que os agricultores utilizam frequentemente variedades de origem externa, e não apenas variedades estritamente locais, e que há uma contínua introdução de materiais genéticos exóticos, oriundos de outras regiões. Segundo Louette, a ideia de que os sistemas agrícolas tradicionais são "fechados" e "isolados" em relação ao fluxo de material genético é claramente contestada pelos resultados de sua pesquisa, que envolveu 39 agricultores (um quinto dos agricultores de Cuzalapa), se estendeu por três anos (1989, 1990 e 1991) e foi realizada em um centro de origem do milho e nas

---

478. Rene Salazar, Niels P. Louwaars, Bert Visser. "Protecting farmers' new varieties: new approaches to rights on collective innovations in plant genetic resources." *World Development*, v. 35, n. 9, p. 151-158, 2007.

proximidades da Reserva da Biosfera da Sierra de Manantlán (criada especialmente para proteger parentes silvestres do milho, como veremos adiante). Ela considera que a natureza dinâmica dos sistemas agrícolas impossibilita o "congelamento" de variedades locais em um sistema estático e propõe que as variedades locais de milho sejam tratadas como "estruturas genéticas abertas", por não serem populações geneticamente estáveis, como o são as variedades modernas[479].

Foi a possibilidade de acessar as sementes e de utilizá-las como fonte de variação no melhoramento, realizado tanto pelos agricultores como por instituições de pesquisa, que deu origem à ampla diversidade genética. As restrições ao intercâmbio de sementes impostas pela Ata de 91 da Convenção da Upov (que impede o intercâmbio e a comercialização de sementes, ainda que em mercados locais), ao qual o Brasil considera aderir (com base no projeto de lei que tramita no Congresso Nacional), inviabilizariam experiências como a descrita acima, fundamentais para a diversidade agrícola. Assim, a isenção do melhorista deve ser reconhecida não só aos melhoristas de instituições de pesquisa (públicas ou privadas) como também aos agricultores, que também são melhoristas, e não deve haver nenhuma restrição legal a que os agricultores utilizem as variedades protegidas como fonte de diversidade genética. Caso contrário, se estará impedindo os agricultores de continuar a inovar e a desenvolver novas variedades utilizando os materiais genéticos locais e os produzidos pelos sistemas formais, em prejuízo da diversidade agrícola.

A isenção do melhorista permite, inclusive, que sejam comercializadas as novas variedades, sem autorização do obtentor da variedade original utilizada como fonte de variação[480]. Portanto, os agricultores

---

479. Dominique Louette. "Traditional management of seed and genetic diversity: what is a landrace?" *In*: Stephen Brush. *Genes in the field*: on-farm conservation of crop diversity. Roma: International Plant Genetic Resources Institute; Ottawa: IDRC; Washington: Lewis Publishers, 1999, p. 109-142.
480. No Brasil, a Lei de Proteção de Cultivares reconhece a isenção do melhorista no artigo 10, III. A autorização do obtentor da variedade original só é exigida quando a produção comercial da nova variedade torna necessário o uso repetido da variedade (original) ou quando se trata da comercialização de variedades "essencialmente derivadas".

também podem vender as sementes das suas novas variedades, e segundo o artigo 8º, parágrafo 3º, da Lei de Sementes, os agricultores familiares, assentados da reforma agrária e indígenas podem distribuir, trocar ou vender sementes e mudas entre si, sem a necessidade de inscrição no Registro Nacional de Sementes e Mudas (Renasem). A Lei de Sementes também exime da obrigatoriedade da inscrição no Registro Nacional de Cultivares (RNC) os cultivares locais, tradicionais ou crioulos, desenvolvidos, adaptados ou produzidos por agricultores familiares, assentados da reforma agrária ou indígenas. Se forem caracterizadas como "locais, tradicionais ou crioulas" (ver o capítulo sobre a Lei de Sementes em que o conceito de cultivar local, tradicional ou crioulo é discutido), em virtude da sua adaptação a condições locais, tais variedades (novas, desenvolvidas pelos agricultores) estarão também isentas da obrigatoriedade de inscrição no Registro Nacional de Cultivares.

Os direitos dos agricultores de guardar, trocar, usar, vender, desenvolver e melhorar as sementes de variedades locais e/ou comerciais devem ser assegurados como condições fundamentais para a conservação e o manejo *on farm* da diversidade agrícola. Sem assegurar tais direitos, as ações e políticas de conservação da agrobiodiversidade terão um impacto limitado, pois sempre enfrentarão as restrições legais impostas a práticas locais e tradicionais essenciais à sustentabilidade dos sistemas agrícolas que conservam e utilizam a diversidade agrícola. Como adotar, por exemplo, uma política pública de apoio à agrobiodiversidade, se as leis de sementes impedirem o intercâmbio de sementes, por meio de redes sociais e segundo as normas locais, ou a guarda e a reutilização de sementes em safras seguintes? Como estimular sistemas agrícolas sustentáveis sem permitir a venda de sementes adaptadas a determinadas condições socioambientais, em mercados locais? Como as políticas públicas irão apoiar práticas consideradas ilegais pelas leis de sementes e cultivares? Todo o sistema jurídico deve ser reavaliado em função dos impactos que produz sobre a agrobiodiversidade, a fim de que possa promover a sua conservação *in situ* e *on farm*.

A PROTEÇÃO DOS CONHECIMENTOS TRADICIONAIS E A REPARTIÇÃO DOS BENEFÍCIOS

A proteção ao conhecimento tradicional associado à biodiversidade já era estabelecida no artigo 8 (j) da Convenção sobre Diversidade Biológica (CDB), mas, no âmbito do Tratado internacional, se refere especificamente às inovações, práticas e saberes relativos às sementes e aos sistemas agrícolas. Os conhecimentos tradicionais associados à agrobiodiversidade incluem as práticas de cultivo, o controle biológico de pragas e doenças, a seleção, o desenvolvimento e o melhoramento de variedades localmente adaptadas, a manutenção da fertilidade do solo etc. As variedades locais, desenvolvidas por agricultores e populações tradicionais, incorporam, em si, tais saberes agronômicos associados.

A distinção entre os componentes tangíveis (recursos fitogenéticos) e intangíveis (conhecimentos associados) da agrobiodiversidade é artificial, pois dificilmente se poderá dissociar as variedades dos saberes locais, que são incorporados ao próprio objeto biológico[481]. Nas palavras de Laure Emperaire:

> O conhecimento tradicional associado à planta domesticada e selecionada pelas comunidades locais se expressa na própria existência do objeto

---

481. No Brasil, por exemplo, a autorização de acesso do Conselho de Gestão do Patrimônio Genético (Cgen) é necessária para variedades tradicionais, locais ou crioulas, em virtude do conhecimento tradicional associado, incorporado ao material genético.

biológico, a planta. Sem o saber agronômico das comunidades locais, suas técnicas e experimentos de seleção e conservação, esses objetos não existiriam, quer se trate de plantas alimentares, medicinais, ornamentais e outras categorias de uso. A diversidade agrícola é por si expressão e materialização de saberes tradicionais[482].

A proteção aos conhecimentos tradicionais e a repartição dos benefícios derivados da utilização dos recursos fitogenéticos têm motivado diversas propostas, que se inspiram principalmente em dois modelos, propostos em separado e conjuntamente.

O primeiro modelo está centrado na criação de um regime *sui generis*[483] de propriedade intelectual. Seriam reconhecidos direitos de propriedade intelectual sobre as variedades de plantas desenvolvidas pelos agricultores, tal como se faz com as variedades comerciais. Tal forma de proteção considera que as comunidades locais serão beneficiadas com o recebimento de *royalties* por suas variedades da mesma forma como os melhoristas comerciais recebem *royalties* pelas variedades que desenvolvem e são protegidas. Os direitos de propriedade intelectual beneficiariam os agricultores por sua contribuição para a conservação da agrobiodiversidade e para o desenvolvimento de novas variedades e impediriam que terceiros se apropriassem indevidamente de suas variedades e saberes agrícolas (na visão dos defensores desse modelo). Os direitos de propriedade intelectual são em geral incorporados às leis de proteção de cultivares e dos direitos de melhoristas, como na lei da Índia (de que trataremos adiante).

---

482. Juliana Santilli & Laure Emperaire. "A agrobiodiversidade e os direitos dos agricultores indígenas e tradicionais." *In*: Beto Ricardo & Fany Ricardo. *Povos indígenas no Brasil: 2001-2005*. São Paulo: ISA, 2006, p. 100-103.

483. O termo *sui generis* pode ter muitos significados. Esses variam desde a criação de um regime jurídico verdadeiramente *sui generis* (ou seja, com características próprias, distintas do regime de propriedade intelectual), baseado no reconhecimento do pluralismo jurídico e das instituições jurídicas locais, desenvolvidas pelos próprios agricultores, até o significado que tem sido mais comumente adotado: um regime jurídico *sui generis* seria uma espécie de "adaptação" dos direitos de propriedade intelectual, nos termos do artigo 27.3. "b" do Acordo sobre Aspectos dos Direitos de Propriedade Intelectual Relacionados ao Comércio (Trips) da Organização Mundial de Comércio.

Há diversas dificuldades e incoerências na implementação de tal regime *sui generis* de propriedade intelectual. Proteger por meio de direitos de propriedade intelectual implica exclusão e concessão de monopólios, o que acabaria por desestimular o intercâmbio e a circulação de recursos e saberes agrícolas, solapando as bases dos sistemas agrícolas locais e tradicionais. Os agricultores estariam não apenas impedidos de utilizar os recursos da agrobiodiversidade em virtude da incidência de direitos de propriedade intelectual sobre as variedades comerciais como se excluindo, uns aos outros, com a criação de direitos exclusivistas. Além disso, tal regime negaria o caráter coletivo e cumulativo das inovações produzidas pelos agricultores, e seria complexo (para os direitos estatais) definir os titulares de tais direitos, considerando que os intercâmbios realizados pelas comunidades locais se dão por intermédio de complexas redes sociais e segundo as normas e instituições locais.

O direito de impedir terceiros de usar os recursos e saberes agrícolas – que é, basicamente, o que representa o direito de propriedade intelectual – teria, na verdade, impacto negativo sobre os sistemas agrícolas locais e sobre os processos biológicos, sociais e culturais que geram a agrobiodiversidade. Como observa Carlos Corrêa, "seria ilógico proteger os direitos de agricultores por meio do sistema de propriedade intelectual, porque foi exatamente esse sistema que criou os problemas que o conceito de direitos dos agricultores procura resolver"[484]. A fim de evitar a apropriação indevida de variedades locais, entretanto, as leis nacionais podem – e devem – estabelecer limitações à concessão de direitos de propriedade intelectual sobre os materiais genéticos vegetais.

O segundo modelo está centrado no estabelecimento de regimes bilaterais de acesso e repartição de benefícios, nos moldes da Convenção sobre Diversidade Biológica (CDB). Assim, o acesso aos recursos fitogenéticos conservados *in situ/on farm* pelos agricultores estaria sujeito ao seu consentimento prévio e informado e à repartição dos benefícios derivados de sua utilização. Algumas propostas sugerem que os melhoristas

---

484. Correa. *Options for the implementation of farmers' rights at the national level.* Genebra: South Centre, dez. 2000.

sejam obrigados a revelar a origem dos materiais genéticos utilizados no desenvolvimento de novas variedades, a fim de repartir benefícios com os agricultores[485]. No Brasil, o regime de acesso e repartição de benefícios foi estabelecido pela MP 2.186-16/2001, que implementa a Convenção sobre Diversidade Biológica. O regime bilateral de acesso e repartição de benefícios é incompatível com a natureza dos recursos fitogenéticos na área de alimentação e agricultura, e os contratos entre "provedores" e "usuários" de recursos não têm trazido benefícios para os agricultores.

Além das formas diretas e bilaterais de repartição de benefícios, discute-se a imposição de uma taxa sobre os lucros obtidos pelos melhoristas com a comercialização de sementes de variedades protegidas. Tais recursos seriam destinados a fundos de repartição de benefícios, implementados no plano internacional e nacional. O Tratado Internacional sobre os Recursos Fitogenéticos para a Alimentação e a Agricultura (ratificado pelo Brasil) cria um sistema multilateral de acesso e estabelece um fundo (internacional) de repartição de benefícios, onde é depositada parte dos lucros gerados pela venda de sementes protegidas por patentes, que tenham sido desenvolvidas com base em materiais genéticos acessados por meio do sistema multilateral[486]. Tais recursos não se destinam à implementação dos direitos dos agricultores, mas do tratado internacional de forma geral. O tratado estabelece, entretanto, que os benefícios econômicos devem reverter prioritariamente aos agricultores, especialmente dos países

---

485. Regine Andersen distingue duas abordagens distintas em relação aos direitos dos agricultores: a abordagem "proprietária" (*ownership approach*) está centrada nas leis de acesso e repartição de benefícios e no reconhecimento de direitos de propriedade intelectual sobre as variedades desenvolvidas pelos agricultores. A segunda abordagem, que Andersen chama de "guardiã" (*stewardship approach*), procura criar espaços legais, assim como políticas e programas de apoio, para que os agricultores possam continuar a ser os "guardiões" da agrobiodiversidade e manter suas práticas, inovações e sistemas agrícolas. Consultar: Regine Andersen. *Governing agrobiodiversity*: international regimes, plant genetics and developing countries. Oslo, 2007. Tese (doutorado) – Department of Political Science, Faculty of Social Science, University of Oslo.

486. Para saber mais sobre os mecanismos de repartição de benefícios instituídos pelo tratado internacional, consultar o subcapítulo anterior deste trabalho.

em desenvolvimento que conservam e utilizam, de forma sustentável, os recursos fitogenéticos[487]. Só fazem parte do sistema multilateral os cultivos agrícolas incluídos no Anexo 1 do tratado conservados *ex situ* e em coleções públicas, e esse fundo internacional é gerido pelo órgão gestor do tratado e não se confunde com os fundos de repartição de benefícios instituídos por alguns países, como a Índia.

O Brasil não deve estabelecer um regime de propriedade intelectual sobre as variedades de plantas desenvolvidas pelos agricultores. As formas de repartição de benefícios com os agricultores também não devem ser vinculadas à comercialização de produtos desenvolvidos com base em materiais genéticos, acessados de coleções *ex situ* ou coletados *in situ/on farm*, pois o papel dos agricultores na conservação da agrobiodiversidade estaria sendo subestimado: afinal, os agricultores conservam e manejam os recursos agrícolas há milênios, e considerar que a sua contribuição se limita ao material genético utilizado em variedades comerciais é subestimar enormemente a sua contribuição para o *pool* gênico global. Haveria ainda enormes dificuldades para se identificar as comunidades detentoras de recursos, conservados tanto *in situ/on farm* como *ex situ*. Muitas variedades conservadas *ex situ* foram coletadas em terras ocupadas por comunidades locais e raramente constam, dos dados de passaporte do acesso, quaisquer informações relativas às comunidades locais detentoras de recursos e saberes agrícolas, o que dificulta a sua identificação. Tal regime tende a estimular rivalidades, e os agricultores têm mais a ganhar se for preservada a sua liberdade de acessar e trocar as sementes, segundo as normas e instituições locais, do que se lhes forem assegurados direitos a restringir e impor condições e receber benefícios econômicos. As formas de repartição de benefícios devem assegurar que todos os agricultores possam acessar, manejar e usar os recursos genéticos de acordo com as práticas, usos e costumes locais.

---

487. Artigo 13.3. O artigo 18.5 também estabelece que os países concordam que seja dada prioridade à implementação de planos e programas voltados para os agricultores de países em desenvolvimento que conservam e utilizam de forma sustentável os recursos fitogenéticos.

O Brasil poderia estabelecer um fundo nacional de repartição de benefícios, gerido com a participação de representantes de agricultores locais, familiares e tradicionais e destinado a apoiar planos e programas voltados para a conservação *in situ* e *on farm* da agrobiodiversidade e para a implementação dos direitos dos agricultores. Entretanto, a esse fundo deveria ser destinado um percentual sobre todas as vendas de sementes no país, e não apenas sobre a comercialização de produtos desenvolvidos com base em materiais genéticos acessados de coleções *ex situ* ou coletados *in situ/on farm*. Os benefícios devem ser repartidos não apenas com aqueles agricultores que detêm variedades de plantas utilizadas em programas de melhoramento, mas com todos os agricultores que participaram da conservação e utilização sustentável da agrobiodiversidade.

A forma mais eficaz e equitativa de repartição de benefícios, ainda que indireta, é apoiar a conservação e o manejo *on farm* da agrobiodiversidade, com a participação dos agricultores, assegurando a continuidade dos processos biológicos, sociais e culturais, que geram a agrobiodiversidade, e fortalecendo os vínculos entre conservação e desenvolvimento local sustentável. As ações e políticas de conservação devem enfocar o sistema agrícola como um todo, e não apenas as espécies[488], e considerar não só os elementos biológicos, como espécies e variedades agrícolas, como os conhecimentos, as inovações e as práticas associadas a eles. Todo o sistema sociocultural que acompanha e dá suporte aos componentes biológicos deve ser considerado: as percepções e os valores locais associados aos recursos e saberes da agrobiodiversidade, as concepções desenvolvidas pelas comunidades locais sobre as variedades, como são criadas e se diferenciam entre si, a titularidade de direitos sobre tais recursos (segundo as normas e instituições jurídicas locais), o

---

488. Laure Emperaire, Lúcia H. van Velthem, Ana Gita de Oliveira. "Patrimônio cultural imaterial e sistema agrícola: o manejo da diversidade agrícola no médio rio Negro (AM)." *In*: 26ª Reunião Brasileira de Antropologia, realizada em 1º de abril de 2008, Porto Seguro, BA.CD virtual, disponível em: abant.org.br/ noticias.php?type=congressoRBA#453. Acessado em 11/1/2009.

liame entre o recurso e o conhecimento, a circulação e intercâmbio do material fitogenético, o seu compartilhamento por várias comunidades locais etc.[489]. São sistemas socioculturais complexos e pouco estudados, e o primeiro passo é definir, entre as prioridades para a pesquisa participativa, um melhor conhecimento de tais sistemas e de suas interações com a agrobiodiversidade. O tratado internacional prevê a obrigação dos países de fortalecer a pesquisa que promova e conserve a diversidade biológica, maximizando a variação intraespecífica e interespecífica em benefício dos agricultores (artigo 6.2."b").

Os arts. 5º e 6º do tratado internacional estabelecem os princípios e diretrizes que devem orientar as políticas e as ações voltadas para a conservação e a utilização sustentável dos recursos fitogenéticos, prevendo a participação dos agricultores no manejo e conservação *in situ* e *on farm* dos recursos fitogenéticos. Tais princípios e diretrizes estão diretamente relacionados com a implementação dos direitos dos agricultores: esses não são estabelecidos apenas no artigo 9º do tratado, mas também nas normas que disciplinam o uso e a conservação da agrobiodiversidade (artigos 5º e 6º). É a primeira vez que um tratado internacional vinculante reconhece o papel dos agricultores e das comunidades locais na conservação da agrobiodiversidade, obrigando os países a adotar ações, políticas e programas de apoio à conservação *on farm*. Essa cumpre várias outras funções, além da conservação em si, como o empoderamento das comunidades locais, o fortalecimento dos sistemas agrícolas tradicionais e locais e a manutenção dos agricultores em suas terras. O tratado obriga ainda os países a adotar políticas agrícolas que promovam o desenvolvimento e a manutenção dos diversos sistemas de cultivo que favoreçam o uso sustentável da agrobiodiversidade.

Os programas orientados para a conservação *on farm* devem incluir não só a conservação, mas políticas de valorização e fortalecimento dos

---

489. Juliana Santilli & Laure Emperaire. "A agrobiodiversidade e os direitos dos agricultores indígenas e tradicionais." *In*: Beto Ricardo & Fany Ricardo. *Povos indígenas no Brasil: 2001-2005*. São Paulo: ISA, 2006, p. 100-103.

sistemas agrícolas locais, como a criação de bancos de sementes locais/comunitários[490], a realização de feiras de sementes[491] e de programas de melhoramento participativo (realizados em parceria por melhoristas de instituições de pesquisa e agricultores), com o consequente fortalecimento da capacidade dos agricultores de desenvolver variedades adaptadas às suas condições socioculturais, econômicas e ecológicas. Deve ser assegurado o direito dos agricultores de conservar, usar, trocar e vender sementes ou outros materiais de propagação sem impedimentos ou restrições legais inadequadas às características dos processos produtivos locais. Um sistema de remuneração dos serviços ambientais[492] deve considerar a conservação da diversidade de espécies, variedades e agroecoosistemas como um dos serviços ambientais prestados pelos agricultores. Devem também ser desenvolvidos instrumentos e políticas especiais para garantir o acesso (em condições facilitadas) dos produtos

---

490. O Estado da Paraíba editou a Lei 7.298/2002, que dispõe sobre a criação do Programa Estadual de Bancos Comunitários de Sementes, e o Estado do Alagoas editou a Lei 6.903/2008, que dispõe sobre a criação do Programa Estadual de Bancos Comunitários de Sementes. Está em tramitação na Assembleia Legislativa de Minas Gerais o Projeto de Lei 1.976/2007, que dispõe sobre a Política Estadual de Incentivo à Formação de Bancos Comunitários de Sementes de Cultivares Locais, Tradicionais ou Crioulas. Os bancos são também chamados de "casas de sementes", para se fazer uma distinção em relação aos bancos convencionais, que emprestam dinheiro.
491. Alguns exemplos de feiras e festas de sementes que já são realizadas por organizações da agricultura familiar e tradicional: Feira Nacional do Milho Crioulo e Feira Nacional das Sementes Crioulas, em Santa Catarina; Feira Estadual da Semente Crioula, no Piauí; Feira Estadual da Semente da Paixão, na Paraíba; Feira Estadual de Sementes Crioulas e Tecnologias Populares, no Rio Grande do Sul; Feira de Sementes Caboclas, no Acre; Feira Regional de Sementes Crioulas e da Biodiversidade do Centro Sul do Paraná e Planalto Norte Catarinense; Feira de Sementes Tradicionais Krahô, em Tocantins; Feira de Sementes Crioulas e Produtos Orgânicos, no Mato Grosso do Sul etc.
Em dezembro de 2008, foi realizada a I Feira de Troca de Sementes e Mudas Tradicionais das Comunidades Quilombolas do Vale do Ribeira, em Eldorado, São Paulo, que contou com a participação dos quilombos de André Lopes, Bombas, Cangume, Galvão, Mandira, Morro Seco, Nhunguara, Pedro Cubas, Porto Velho, São Pedro e Sapatu. Para saber mais, consultar: www.socioambiental.org.
492. Consultar: FAO. *The State of Food and Agriculture. Paying farmers for Environmental Services*. Roma, 2007, e Henry de Novion & Raul do Valle. *É pagando que se preserva? Subsídios para políticas de compensação por serviços ambientais*. Brasília: ISA, 2009.

da agrobiodiversidade ao mercado[493]. Seriam as indicações geográficas um instrumento viável para valorizar os produtos da agrobiodiversidade? (Trataremos desse tema mais adiante neste trabalho) Além disso, a criação de quaisquer sistemas de registro deve ter sempre natureza declaratória, e não constitutiva de direitos, e contar sempre com a participação das comunidades locais.

Muitas iniciativas já têm sido adotadas pelas organizações da sociedade civil brasileira, em parceria com os agricultores, e outras pelo governo brasileiro. O Mapa das Expressões da Agroecologia no Brasil, elaborado durante o processo preparatório para o II Encontro Nacional de Agroecologia, realizado em junho de 2006, em Recife, Pernambuco, ilustra a abrangência e a diversidade das experiências nacionais de uso e conservação da biodiversidade (apesar de ser apenas uma pequena amostra, como destacam os seus organizadores). Para o tema Sementes, por exemplo, foram identificadas 47 experiências em catorze Estados, envolvendo 10.064 famílias, trabalhando com 51 espécies. O caderno Uso e Conservação da Biodiversidade, do II Encontro Nacional de Agroecologia, apresenta experiências como a produção de sementes de hortaliças agroecológicas pela Bionatur[494], a experiência da Unaic[495], no Rio Grande do Sul, com a recuperação de sementes crioulas, a experiência da Rede Sementes da Articulação do Semiárido Paraibano[496] e as práticas de recuperação, produção e melhoramento de sementes crioulas de hortaliças do Movimento de Mulheres Camponesas[497] de Santa Catarina.

---

493. Consultar: Jane Simoni. *A multidimensionalidade da valorização de produtos locais*: implicações para políticas públicas, mercado, território e sustentabilidade na Amazônia. Brasília, 2009. Tese (doutorado) – Centro de Desenvolvimento Sustentável, Universidade de Brasília.
494. A Bionatur é uma empresa social do Movimento dos Trabalhadores Rurais Sem Terra (MST) que mantém uma rede nacional de produção e comercialização de sementes agroecológicas de hortaliças. Consultar: www.alternet.com.br/bionatur.
495. A União das Associações Comunitárias do Interior de Canguçu (Unaic) reúne associações e grupos comunitários rurais e é dirigida exclusivamente por agricultores, contando com 38 associações filiadas. Canguçu situa-se no sudeste do Estado do Rio Grande do Sul. Consultar: www.unaic.com.br.
496. Consultar: www.asabrasil.org.br.
497. Consultar: www.mmcbrasil.com.br

Em 2005, foi criado, no âmbito da Articulação Nacional de Agroecologia (ANA), o Grupo de Trabalho de Biodiversidade[498].

Outra publicação do II Encontro Nacional de Agroecologia, intitulada Construção do Conhecimento Agroecológico, também produzida pelo Articulação Nacional de Agroecologia, em junho de 2007, relata experiências em redes, como a Articulação Mineira de Agroecologia e a Rede Ater Nordeste, e outras experiências institucionais, como o Centro de Agricultura Alternativa do Norte de Minas[499], o Centro Sabiá[500], no agreste pernambucano, o Grupo de Agricultores, Experimentadores e Monitores de Sistemas Agroecológicos no vale do rio Doce, em Minas Gerais, a Associação dos Produtores Alternativos de Ouro Preto do Oeste, em Rondônia; e a Assessoria e Serviços a Projetos em Agricultura Alternativa (AS-PTA)[501]. Paula Almeida e

---

[498]. Para mais informações, acessar: www.agroecologia.org.br; secretaria.ana@agroecologia.org.br. Fazem parte do Grupo de Trabalho de Biodiversidade da Articulação Nacional de Agroecologia a Articulação Pacari, a Articulação do Semiárido Brasileiro, a Articulação do Semiárido Paraibano, a AS-PTA, a Associação em Áreas de Assentamento no Estado do Maranhão (Assema), a Bionatur, o Centro de Agricultura Alternativa do Norte de Minas (CAA-NM), o Centro Piauiense de Ação Cultural (Cepac), a Confederação Nacional de Cooperativas da Reforma Agrária (Concrab), o Esplar – Centro de Pesquisa e Assessoria, a Federação de Órgãos para Assistência Social e Educacional (Fase), o Movimento de Mulheres Camponesas (MMC), o Movimento dos Pequenos Agricultores (MPA), o Movimento dos Trabalhadores Rurais Sem Terra (MST), a Rede de Agroecologia Ecovida, a Terra de Direitos (organização de direitos humanos) e a Unaic. Todas essas organizações desenvolvem atividades relacionadas ao uso e conservação da agrobiodiversidade.
Consultar também o site da Associação Brasileira de Agroecologia:www.ufrgs.br/abaagroeco. O IX Seminário Internacional sobre Agroecologia e o X Seminário Estadual sobre Agroecologia foram realizados em Porto Alegre, de 25 a 27 de novembro de 2008, quando foi aprovada a Carta Agroecológica de Porto Alegre (disponível no referido site). A Carta Agroecológica de Brasília foi aprovada no I Seminário de Agroecologia do Distrito Federal, realizado em novembro de 2008. O VI Congresso Brasileiro de Agroecologia e o II Congresso Latino-Americano de Agroecologia serão realizados em Curitiba, no Paraná, de 9 a 12 de novembro de 2009. Consultar ainda: www.encontroagroecologia.org.br/banco.htm.
[499]. www.caa.org.br.
[500]. www.centrosabia.org.br.
[501]. www.aspta.org.br.

Cláudia Schmitt[502] destacam ainda as experiências da Rede de Intercâmbio de Sementes do Ceará (RIS-CE), que conta com o apoio da organização não governamental cearense Esplar – Centro de Pesquisa e Assessoria[503]; da Rede de Sementes da Paraíba, apoiada pela Articulação do Semiárido Paraibano; da Cooperativa de Pequenos Produtores Agricultores dos Bancos Comunitários de Sementes (Coppabacs); e da Rede de Troca de Sementes do Grupo de Intercâmbio em Agricultura Sustentável (Gias), do Mato Grosso. No Estado de Goiás, o Movimento dos Pequenos Agricultores tem desenvolvido atividades de recuperação, produção, multiplicação e distribuição de sementes crioulas com os agricultores. Esses são apenas alguns exemplos de iniciativas da sociedade civil dirigidas para a conservação e a utilização sustentável da agrobiodiversidade, pois a Articulação Nacional de Agroecologia – ANA – conta com mais de cem organizações espalhadas por todo o país[504].

---

502. Paula Almeida & Cláudia Schmitt. "Sementes e soberania alimentar." *In*: Seminário Internacional de Soberania e Segurança Alimentar, 7 de novembro de 2008, Recife, Pernambuco. Heifer Internacional.
503. www.esplar.org.br.
504. Para mais informações sobre experiências agroecológicas, consultar também: www.agroecologiaemrede.org.br (banco de dados sobre experiências, pesquisas e contatos de pessoas e instituições vinculadas à agroecologia); www.ctazm.org.br (Centro de Tecnologias Alternativas da Zona da Mata de Minas); www.centroecologico.org.br (Centro Ecológico – Assessoria e Formação em Agricultura Ecológica); www.emater.tche.br (Associação Riograndense de Empreendimentos de Assistência Técnica de Extensão Rural); www.fase. org.br (Federação de Órgãos para Assistência Social e Educacional); www.cetap.org.br (Centro de Tecnologias Alternativas Populares); www.cptnac.com.br (Comissão Pastoral da Terra); www.ecovida.org.br (Rede de Agroecologia Ecovida); www.assesoar.org.br (Associação de Estudos, Orientação e Assistência Rural); www.planetaorganico.com.br; www. deser.org.br (Departamento de Estudos Socioeconômicos Rurais); www.ecooideia.org.br (Cooperativa de Serviços e Ideias Ambientais); www.maela-lac.org/home.htm (Movimento Agroecológico da América Latina e Caribe); www.centrosabia.org.br e www.ispn.org.br. A publicação do Taller Internacional sobre el Manejo Local de la Biodiversidad Agrícola, 9-19/05/2002, Rio Branco, AC. *Cultivando diversidad/Growing Diversity/En cultivant la diversité*. Barcelona: Grain, 2003, está disponível em: www.grain.org/gd/es/index.cfm e reúne 81 experiências do Projeto Cultivando Diversidad, na Ásia, África e América Latina. Consultar também: Harold Brookfield, Helen Parsons, Muriel Brookfield. *Agrodiversity learning from farmers across the world*. Nova York: United Nations University Press, 2003; Gyasi Edwin A. Gyasi et al. *Managing agrodiversity the*

No Parque Indígena do Xingu o Instituto Socioambiental tem desenvolvido atividades de apoio ao uso e conservação da agrobiodiversidade pelo povo indígena Kayabi[505]. Na região do rio Negro, na Amazônia, o Instituto Socioambiental desenvolve, em parceria com a Organização Indígena da Bacia do Içana (OIB) e com escolas indígenas, um projeto de pesquisa intitulado "Pimentas na bacia do Içana-Ayari: bases para a sustentabilidade da produção e comercialização". O projeto tem, entre seus objetivos, identificar e descrever a diversidade de pimentas (do gênero *Capsicum*) das roças do médio e alto rio Içana e Ayari e descrever as redes de troca de pimentas secas em pó (jiquitaias), para orientar iniciativas sustentáveis de produção e comercialização das pimentas do povo indígena Baniwa.

Na esfera governamental, deve ser mencionado o Programa de Aquisição de Alimentos (PAA), por meio do qual a Companhia Nacional de Abastecimento (Conab, do Ministério da Agricultura), adquire sementes locais de agricultores familiares para doá-las a bancos comunitários, a fim de recompor os estoques dos agricultores. O principal objetivo do PAA não é a compra e a distribuição de sementes, mas, sim, a compra e a distribuição de alimentos. O PAA foi instituído pelo artigo 19 da Lei 10.696/2003 e regulamentado pelo Decreto 5.873/2006, e o programa adquire alimentos, com dispensa de licitação, de agricultores familiares e os destina a pessoas em situação de insegurança alimentar e nutricional atendidas por programas sociais. O PAA é dirigido também a agricultores familiares enquadrados no Programa Nacional de Fortalecimento da Agricultura Familiar (Pronaf), bem como aquicultores,

---

traditional way: lessons from West Africa in sustainable use of biodiversity and related natural resources. Nova York: United Nations University Press, 2004; Fidelis Kaihura, Michael Stocking . *Agricultural biodiversity in smallholder farms of East Africa*. Nova York: United Nations University Press, 2003.

505. Geraldo Mosimann da Silva. "Uso e conservação da agrobiodiversidade pelos índios Kayabi do Xingu" In: Nurit Bensusan. *Seria melhor mandar ladrilhar? Biodiversidade: como, para que e por quê*. Brasília: UnB; IEB; São Paulo: Peirópolis, 2008b, p. 317-336. Consultar também: SILVA, Geraldo Mosimann et al. *A ciência da roça no Parque do Xingu: Livro Kayabi*. São Paulo: ISA, 2002.

pescadores artesanais, silvicultores, extrativistas, indígenas, quilombolas e agricultores assentados[506].

Outros exemplos são os Centros Irradiadores de Manejo da Agrobiodiversidade (Cimas), geridos por parcerias entre o governo federal (MMA e MDA), movimentos sociais e organizações da sociedade civil para promover o resgate, a conservação e o uso sustentável da agrobiodiversidade mantida e manejada por comunidades locais, povos indígenas e agricultores familiares no campo. Uma das linhas temáticas dos Cimas são as sementes crioulas (resgate e produção de sementes próprias, visando à autonomia do agricultor). O MDA também tem apoiado projetos de resgate e conservação de sementes locais e capacitação de agricultores e técnicos em agroecologia[507]. Foi aprovada ainda a incorporação do Programa Conservação, Manejo e Uso Sustentável da Agrobiodiversidade (conhecido como Programa Nacional de Agrobiodiversidade) no Plano Plurianual (PPA) 2008-2011, que é

---

506. Consultar: Cláudia Job Schimitt & Leonardo Alonso Guimarães. "O mercado institucional como instrumento para o fortalecimento da agricultura familiar de base ecológica"; Marcos César Pandolfo. "O Programa de Aquisição de Alimentos como instrumento revitalizador dos mercados regionais." Os dois textos estão na edição *Equidade e soberania nos mercados* (v. 5, n. 2, de jun. 2008), da revista *Agriculturas: experiências em agroecologia*, uma publicação da Assessoria e Serviços a Projetos em Agricultura Alternativa (AS-PTA), em parceria com a Fundação Ileia – Centre of Information on Low External Input and Sustainable Agriculture (ww.ileia.info). Essa revista descreve várias experiências de manejo, conservação e utilização sustentável da agrobiodiversidade, como a construção de mercados locais para a agricultura ecológica em Porto União (SC) e União da Vitória (PR), as feiras agroecológicas no semiárido brasileiro e a Rede Ecovida de Agroecologia. A edição *Revalorizando a agrobiodiversidade* (v. 1, n. 1, nov. 2004) também descreve experiências de revalorização de variedades locais na Paraíba, de agroextrativismo no Maranhão e de casas de sementes comunitárias no Ceará, entre outras.
507. O Departamento de Assistência Técnica e Extensão Rural da Secretaria de Agricultura Familiar do Ministério do Desenvolvimento Agrário (Dater/SAF/MDA) mantém uma seção em seu sítio na internet com mais de 300 tecnologias de base ecológica. O endereço é: www.pronaf.gov.br/dater/index.php?sccid=1976. Manejo de solos, plantas de cobertura, diferentes biofertilizantes, manejo de pragas e doenças, inseticidas naturais e biológicos, práticas para a produção ecológica de leite e de pecuária ecológica estão entre os temas tratados.

o principal instrumento de planejamento de médio prazo das ações do governo federal[508].

Outra iniciativa, desenvolvida pela Embrapa, pelo Instituto Chico Mendes de Conservação da Biodiversidade (ICM Bio) e pelo Istituto Agronomico per l'Oltremare (braço técnico-científico do Ministério das Relações Exteriores da Itália), em parceria com organizações da sociedade civil brasileira, movimentos sociais e institutos de pesquisa, é o Programa Biodiversidade Brasil-Itália[509], com cinco componentes. O primeiro componente se denomina "Utilização sustentável da biodiversidade pelas comunidades da biorregião do Araripe" e promove a conservação e o uso sustentável da biodiversidade nativa, trabalhando com comunidades agroextrativistas que habitam o entorno da floresta nacional do Araripe, no Ceará. O segundo componente se chama "Reserva Extrativista do Cazumbá-Iracema: um modelo de conservação e uso sustentável da biodiversidade por comunidades tradicionais da Amazônia" e desenvolve um modelo de uso múltiplo sustentável dos recursos naturais na reserva extrativista Cazumbá-Iracema, no Acre, trabalhando com seringueiros. São, entretanto, o terceiro e o quarto componentes do Programa Biodiversidade Brasil-Itália que desenvolvem atividades relacionadas com a agrobiodiversidade. O terceiro componente se denomina "Etnobiologia e conservação da agrobiodiversidade para promoção da segurança alimentar e desenvolvimento sustentável das comunidades

---

508. O Programa Conservação, Manejo e Uso Sustentável da Agrobiodiversidade inclui as seguintes ações: acompanhamento da participação de produtos alimentícios oriundos da agrobiodiversidade no Programa de Aquisição de Alimentos; desenvolvimento da agricultura orgânica (Pró-Orgânico); fomento à conservação e uso sustentável de recursos genéticos para agricultura e alimentação; fomento a projetos demonstrativos na Amazônia e Mata Atlântica; fomento ao manejo de recursos naturais de várzeas na Amazônia; fortalecimento e valorização de iniciativas territoriais de manejo e uso sustentável da agrobiodiversidade; identificação e pesquisa de espécies da fauna e flora de importância econômica atual e potencial; implantação de sistemas comunitários de conservação e uso sustentável da agrobiodiversidade; implantação de unidades territoriais de gestão ambiental rural (Gestar); implementação dos planos de utilização dos polos do Proambiente em escala territorial; e pesquisa, acesso e tecnologia para o manejo sustentável da agrobiodiversidade.
509. www.pbbi.org.br.

no Parque Indígena do Xingu e na Terra Indígena Krahô"[510] e promove o resgate e a conservação da agrobiodiversidade para garantir a segurança alimentar de povos indígenas, trabalhando com quatro etnias em áreas do Cerrado, da Amazônia e da transição entre os dois biomas.

O quarto componente se chama "Manejo sustentável da agrobiodiversidade nos biomas Cerrado e Caatinga", e dele participam, além da Embrapa e do Istituto Agronomico per l'Oltremare, o Centro de Agricultura Alternativa do Norte de Minas e a Confederação Nacional de Cooperativas da Reforma Agrária. O quarto componente utiliza polos de difusão de tecnologias para a conservação e o uso sustentável da agrobiodiversidade. São quatro polos irradiadores de agrobiodiversidade: dois no bioma Cerrado (Assentamento Cunha, na Cidade Ocidental, Goiás, e uma área experimental de 62 hectares do Centro de Agricultura Alternativa do Norte de Minas[511], em Montes Claros, que serve de apoio para a formação de agricultores e técnicos) e dois no bioma Caatinga (Assentamento Mulungu, em Itapipoca, no Ceará, e Assentamento Cajueiro, em Poço Redondo, em Sergipe). O quinto componente do Programa Biodiversidade Brasil-Itália se chama "Ações transversais e nacionais" e visa fomentar a pesquisa científica, o desenvolvimento tecnológico e a promoção de mercados para a agrobiodiversidade e a biodiversidade nativa[512], tendo abrangência nacional e atuação transversal nos projetos regionais.

---

510. Para saber mais, consultar: Terezinha Aparecida B. Dias et al. "Etnobiologia e conservação de recursos genéticos: o caso do povo Krahô." *In*: Luciano L. Nass. *Recursos genéticos vegetais*. Brasília: Embrapa Recursos Genéticos e Biotecnologia, 2007, p. 653-681. Ver também o DVD *Sementes do futuro*, sobre a VI Feira de Sementes Tradicionais Krahô, que se realizou na terra indígena Krahô, em Tocantins, de 22 a 25 de setembro de 2004, com a participação de 2,5 mil pessoas. O DVD foi produzido pelo programa Biodiversidade Brasil-Itália.
511. A área de abrangência do Centro de Agricultura Alternativa do Norte de Minas compreende dezessete municípios das microrregiões de Janaúba, Januária, Grão Mogol, Montes Claros e Salinas. Consultar: Cláudia Luz & Carlos Dayrell. *Cerrado e desenvolvimento: tradição e atualidade*. Montes Claros: CAA-NM: Rede Cerrado, 2000. Edição comemorativa dos 15 anos do Centro de Agricultura Alternativa do Norte de Minas (CAA-NM).
512. Consultar: Jean Pierre Medaets et al. *Agricultura familiar e uso sustentável da agrobiodiversidade nativa*. Brasília: Programa Biodiversidade Brasil-Itália, 2006.

Como podemos observar pelas diversas experiências descritas anteriormente, nem sempre os programas e políticas orientados para a conservação *on farm* e para a implementação dos direitos dos agricultores estão associados a leis específicas. As leis devem, entretanto, abrir espaços para que tais programas e políticas possam se realizar, e não criar empecilhos. Tais experiências poderiam ser fortalecidas pela criação de um fundo nacional de repartição de benefícios, destinado à conservação *in situ* e *on farm* da agrobiodiversidade e à implementação dos direitos dos agricultores, assim como pela adoção de leis especificamente concebidas para promover o uso sustentável da biodiversidade agrícola e assegurar o devido espaço legal aos sistemas agrícolas locais.

O MELHORAMENTO PARTICIPATIVO

O melhoramento participativo é previsto pelo tratado internacional entre as obrigações assumidas pelos países e também está diretamente associado aos direitos dos agricultores. O tratado internacional estabelece, no artigo 6.2, que os países devem avaliar e, se for o caso, fazer uma revisão das suas estratégias de melhoramento genético vegetal, para que promovam o uso sustentável dos recursos fitogenéticos, ampliem a base genética dos cultivos e aumentem a diversidade genética à disposição dos agricultores, e promovam o uso de cultivos localmente adaptados ("d", "e", "g"). Além disso, os países devem favorecer o fitomelhoramento, realizado com a participação dos agricultores, particularmente nos países em desenvolvimento, a fim de fortalecer o desenvolvimento de variedades especialmente adaptadas às condições sociais, econômicas e ecológicas ("c").

Na verdade, o melhoramento participativo já era previsto pelo Plano Global de Ação para a Conservação e Utilização Sustentável dos Recursos Fitogenéticos para Alimentação e Agricultura, adotado durante a 4ª Conferência Técnica Internacional sobre os Recursos Fitogenéticos, realizada em Leipzig, na Alemanha, em 1996. O Plano Global relaciona, entre as iniciativas a serem adotadas pelos países a fim de promover a diversidade genética dos cultivos agrícolas, o desenvolvimento de estratégias de "melhoramento participativo e descentralizado, para desenvolver variedades de plantas especificamente adaptadas aos ambientes locais" (parágrafo 184. "d"). No plano internacional, diversos programas de melhoramento participativo têm sido desenvolvidos, e o Grupo de Trabalho sobre Melhoramento Participativo estabelecido pelo Cgiar estima que cerca de cem projetos de melhoramento participativo estejam em curso em todo o mundo[513].

Segundo Altair Toledo Machado[514], o melhoramento participativo surgiu como uma alternativa ao melhoramento convencional de plantas e é utilizado sobretudo nos países em desenvolvimento e em áreas marginais que enfrentam sérios problemas agroecológicos, ambientais e socioeconômicos. Nessas regiões, os agricultores não dispõem de recursos para aquisição de sementes novas ou fertilizantes e necessitam de variedades que respondam bem às suas condições ambientais específicas. Esse público não foi beneficiado pelos programas de melhoramento convencional de plantas e por seus pacotes tecnológicos baseados em variedades de alto rendimento que produzem muito bem em solos férteis e em condições ambientais favoráveis e com o uso de insumos externos caros. Além disso, os programas de melhoramento convencional de plantas atendem

---

513. Michael Halewood et al. *Participatory plant breeding to promote farmers' rights*. Roma: Bioversity International, out. 2007. Disponível em: www.bioversityinternational.org. Acessado em 10/9/2008. O Cgiar mantém um programa de melhoramento participativo e análise de gênero (Cgiar Systemwide Program on Participatory Research and Gender Analysis), que envolve diversos centros internacionais de pesquisa agrícola, organizações não governamentais e fundações, em diversos países da África, Ásia e América Latina, e com vários cultivos agrícolas (milho, milheto, batata, mandioca, feijão, arroz etc.). Para mais informações, acessar: www.prgaprogram.org.; Ronnie Vernooy. *Seeds that give: participatory plant breeding*. Ottawa: IDRC, 2003. Disponível em: www.idrc.ca/ seeds; Hans Smolders & Edgar Caballeda. *Field guide for participatory plant breeding in famer field schools:* with emphasis on rice and vegetables. Amsterdam: Centre for Genetic Resources; Pedigrea, 2006; Hans Smolders. *Enhancing farmers' role in crop development:* framework information for participatory plant breeding in farmer field schools. Amsterdam:Centre for Genetic Resources; Pedigrea, 2006.
514. Altair T. Machado, Juliana Santilli, Rogério Magalhães. *A agrobiodiversidade com enfoque agroecológico:* implicações conceituais e jurídicas. Brasília: Embrapa Informação Tecnológica, 2008; Altair T. Machado "Manejo dos recursos vegetais em comunidades agrícolas: enfoque sobre segurança alimentar e agrobiodiversidade" *In:* Luciano L. Nass. *Recursos genéticos vegetais*. Brasília: Embrapa Recursos Genéticos e Biotecnologia, 2007, p. 719-744.

principalmente às necessidades impostas por segmentos de mercado de elevado valor comercial, nem sempre compatíveis com a adaptação ecológica e as necessidades de manejo e de uso dos agricultores familiares[515].

Conforme Machado, o melhoramento participativo possui como ingrediente fundamental a inclusão sistemática de conhecimentos, habilidades, experiências, práticas e saberes dos agricultores, e deve ser realizado de forma descentralizada, com a participação dos agricultores em todas as etapas do processo de melhoramento. No melhoramento convencional, o melhorista é quem define os objetivos e as estratégias e quem conduz todos os trabalhos de seleção e avaliação; apenas a validação do uso do material é feita junto com os produtores, e a organização é totalmente centralizada. Para Machado, o melhoramento participativo possui objetivos mais amplos do que os do melhoramento formal ou convencional. Além de ter por meta o ganho de produtividade (comum ao melhoramento convencional), visa também à conservação da biodiversidade, à obtenção e ao uso de germoplasma de adaptação local, à avaliação experimental de variedades (também denominada "seleção participativa de variedades"), ao lançamento e à divulgação de novas variedades e à diversificação do sistema produtivo e da produção de sementes[516].

---

515. Walter S. de Boef & Juliana B. Ogliari. "Seleção de variedades e melhoramento genético participativo." *In:* Walter S. Boef de et al. *Biodiversidade e agricultores:* fortalecendo o manejo comunitário. Porto Alegre: L & PM, 2007, p. 77-93. Essa publicação descreve experiências de manejo comunitário da agrobiodiversidade, como o resgate, uso e produção de sementes crioulas de milho em Anchieta, Santa Catarina, o manejo e a domesticação de mandioca por caiçaras da Mata Atlântica e ribeirinhos da Amazônia, o manejo e a conservação da agrobiodiversidade pelos índios Guarani Mbyá e a recuperação, produção e melhoramento de sementes crioulas de hortaliças em Santa Catarina. Consultar também: Walter S. de Boef & Marja H. Thijssen. *Ferramentas participativas no trabalho com cultivos, variedades e sementes.* Wageningen: Wageningen International, 2007. Consultar ainda: Andréa Gaifami & Ângela Cordeiro. *Cultivando a diversidade:* recursos genéticos e segurança alimentar local. Rio de Janeiro: AS-PTA, 1994.

516. Altair T. Machado "Manejo dos recursos vegetais em comunidades agrícolas: enfoque sobre segurança alimentar e agrobiodiversidade" *In*: Luciano L. Nass. *Recursos genéticos vegetais.* Brasília: Embrapa Recursos Genéticos e Biotecnologia, 2007, p. 719-744; Altair T. Machado, Juliana Santilli, Rogério Magalhães. *A agrobiodiversidade com enfoque agroecológico:* implicações conceituais e jurídicas. Brasília: Embrapa Informação Tecnológica, 2008.

Machado descreve ainda a experiência de melhoramento genético participativo desenvolvida com os agricultores da comunidade Sol da Manhã, em Seropédica, no Rio de Janeiro. O programa desenvolveu-se de 1986 a 2000 e teve como objetivo principal caracterizar e selecionar variedades de milho eficientes no uso de nitrogênio, a fim de gerar aumentos de produção que permitissem aos agricultores sobreviver e produzir em áreas onde predominam solos arenosos, com baixos níveis de matéria orgânica, baixa fertilidade natural e acentuada erosão genética. O programa incluiu o resgate, a caracterização, a seleção e a conservação de variedades de milho e teve a participação dos agricultores em todas as etapas do processo, tendo resultado no desenvolvimento da variedade "Sol da Manhã" (assim denominada em homenagem à comunidade de agricultores), que tem grande eficiência no uso de nitrogênio e no aumento da produtividade de 2 mil para 4 mil quilos por hectare[517].

Tal experiência motivou a formação, em 1990, de uma rede de trabalho, mais tarde chamada Rede Milho, com a participação de instituições públicas (Embrapa), da Rede PTA (uma rede de organizações não governamentais com atuação nas áreas de agroecologia e agricultura familiar, presentes em doze Estados brasileiros) e dos agricultores, com o objetivo de desenvolver estratégias participativas de uso e conservação da diversidade genética do milho em comunidades de agricultores. Essa rede perdurou até 1996, mas diversas organizações, como a Assessoria e Serviços a Projetos em Agricultura Alternativa (AS-PTA), o Centro de Tecnologias Alternativas da Zona da Mata, de Minas Gerais, o Centro de Tecnologias Alternativas Populares (Cetap), para citar apenas alguns exemplos, deram continuidade a várias atividades nessa linha participativa e agroecológica[518]. Em Santa Catarina,

---

517. Altair T. Machado & Cynthia T. T. Machado. "Melhoramento participativo de cultivos no Brasil." *In:* Walter S. de Boef et al. *Biodiversidade e agricultores:* fortalecendo o manejo comunitário. Porto Alegre: L & PM, 2007, p. 93-102.
518. Idem, *Ibid*, p. 93-102; Charles R. Clement et al. "Conservação *on farm*" *In:* Luciano L. Nass. *Recursos genéticos vegetais.* Brasília: Embrapa Recursos Genéticos e Biotecnologia, 2007, p. 533-536.

a Associação de Pequenos Agricultores do Oeste de Santa Catarina (Apaco) e o Centro Vianei de Educação Popular de Lages iniciaram um trabalho de resgate das sementes crioulas e contribuíram para que a discussão e mobilização pela autonomia na produção de sementes e a agroecologia se difundissem em todo o Estado. No oeste catarinense, Anchieta chegou a ser reconhecida, pela Assembleia Legislativa, como a "Capital Catarinense do Milho Crioulo"[519], tamanha a repercussão nacional do trabalho. A partir de 1996, o Sindicato dos Trabalhadores na Agricultura Familiar de Anchieta (Sintraf/Anchieta), com apoio da prefeitura e de algumas organizações da sociedade civil, passou a promover ações de resgate, uso e conservação de variedades locais de diversas espécies, especialmente o milho[520], que inspiraram outras iniciativas.

O melhoramento participativo não é, no Brasil, objeto de nenhuma regulamentação específica. A legislação de acesso e repartição de benefícios, de sementes e de proteção de cultivares não trata do melhoramento participativo em nenhum de seus dispositivos[521]. Com a entrada em vigor, no Brasil, do tratado da FAO, que prevê expressamente o melhoramento participativo como forma de utilização sustentável dos recursos fitogenéticos, é importante o estabelecimento de normas especiais para o melhoramento participativo que estimulem e apoiem a sua realização e considerem, ao tentar regulamentá-lo no

---

519. A 1ª Festa Estadual do Milho Crioulo ocorreu em 2000, promovida pelo Sindicato dos Trabalhadores na Agricultura Familiar de Anchieta (Sintraf) em parceria com o Movimento dos Pequenos Agricultores e a Prefeitura, e dela participaram 5 mil pessoas. A 1ª Festa Nacional do Milho Crioulo foi realizada em 2002, com exposição de 943 variedades de diversas espécies, das quais 228 só de milho crioulo, e dela participaram cerca de 20 mil pessoas. O mesmo sucesso tem sido alcançado nas festas realizadas em anos posteriores.
520. Gilcimar Adriano Vogt, Ivan Canci, Adriano Canci. "Uso e manejo de variedades locais de milho em Anchieta (SC)" *Agriculturas:* experiências em agroecologia. Rio de Janeiro: AS-PTA; Leusden: Ileia, v. 4, n. 3, p. 36-39, out. 2007.
521. A Orientação Técnica nº 5/2005 do Conselho de Gestão do Patrimônio Genético (Cgen), estabelece os conceitos de pesquisa científica, bioprospecção e desenvolvimento tecnológico para a finalidade de melhoramento genético vegetal. O melhoramento participativo, entretanto, não é regulado.

Brasil, as suas especificidades e as suas diferenças em relação ao melhoramento convencional.

Discute-se também a titularidade de eventuais direitos de propriedade intelectual incidentes sobre as novas variedades desenvolvidas por programas de melhoramento participativo (realizados por meio de parcerias entre instituições de pesquisa, organizações não governamentais e agricultores). Se as novas variedades (desenvolvidas por meio de melhoramento participativo) preencherem os requisitos legais para serem protegidas por direitos de propriedade intelectual (especialmente direitos de melhoristas), quem serão os titulares de tais direitos? Os agricultores ou as instituições de pesquisa agrícola que trabalharam conjuntamente? São apontadas duas opções: não proteger ou estabelecer a cotitularidade de direitos entre todos os participantes do programa de melhoramento participativo, incluindo cientistas, agricultores e outros envolvidos. Entretanto, um grande número de cotitulares de direitos de propriedade intelectual criará dificuldades para a implementação de tais direitos, pois quaisquer ações e atividades relacionadas ao uso das novas variedades dependeriam da aprovação de todos os cotitulares. Para se atribuir a titularidade sobre tais variedades a comunidades locais, seria necessária a criação de uma pessoa jurídica, como uma associação ou cooperativa, mas nem sempre as formas de constituição de tais pessoas jurídicas são adequadas aos sistemas agrícolas locais e/ou atendem às necessidades dos agricultores[522]. O mais adequado seria não proteger as novas variedades, e sim assegurar que elas continuem em domínio público, a fim de impedir a sua apropriação indevida (talvez por meio de um registro especificamente destinado a manter determinadas variedades em domínio público). Isso depende do interesse e da disposição dos agricultores locais de manterem tais sementes em domínio público e da compatibilidade do regime de domínio público

---

522. Rene Salazar, Niels P. Louwaars, Bert Visser. "Protecting farmers' new varieties: new approaches to rights on collective innovations in plant genetic resources." *World Development*, v. 35, n. 9, p. 151-158, 2007.

com as normas e instituições locais, que regem a circulação de recursos e saberes agrícolas[523]. Outra opção é uma eventual utilização/adaptação dos sistemas de código aberto e das licenças *creative commons* para as sementes e variedades agrícolas locais, de que falaremos mais adiante neste trabalho.

---

[523]. Manuela Carneiro da Cunha destaca que, embora as Nações Unidas e a Organização Mundial do Comércio já tenham entrado em choque em várias frentes, não há dúvida de que a "propriedade" levou a melhor sobre o "domínio público". Tanto assim que a expressão "direitos de propriedade intelectual" tornou-se corriqueira, como se não pudesse haver direitos intelectuais que não fossem propriedade. (*"Culture" and culture:* traditional knowledge and intellectual rights. Prickly Paradigm Press, 2007. Disponível em: openlibrary.org/b/OL8586895M . Acessado em 14/2/2009).

A PARTICIPAÇÃO POLÍTICA DOS AGRICULTORES

A participação de representantes dos agricultores em órgãos e conselhos responsáveis por decisões políticas é prevista em alguns instrumentos legais aprovados pelo Brasil. A Lei 8.171/1991, que dispõe sobre a política agrícola, estabelece, entre seus objetivos, a participação de todos os segmentos sociais que atuam no setor rural na definição dos rumos da agricultura brasileira e determina que o planejamento agrícola deve ser feito de forma democrática e participativa. O Decreto 4.623/2003 estabelece a composição do Conselho Nacional de Política Agrícola (CNPA) e inclui dois representantes da Confederação Nacional dos Trabalhadores na Agricultura (Contag). Participam também do referido conselho dois representantes da Confederação Nacional da Agricultura (CNA) e dois de "setores econômicos privados abrangidos pela lei agrícola", indicados pelo ministro da Agricultura. Todos os demais membros do Conselho Nacional de Política Agrícola pertencem a órgãos governamentais.

A Lei 11.326/2006, que estabelece a Política Nacional da Agricultura Familiar e Empreendimentos Familiares Rurais, prevê, entre seus princípios, a participação dos agricultores familiares na formulação e implementação da política nacional da agricultura familiar e empreendimentos familiares rurais. A participação de representantes dos agricultores no Conselho Nacional de Desenvolvimento Rural Sustentável (Condraf) é mais ampla, assim como nos Conselhos estaduais e municipais de desenvolvimento rural sustentável. O Condraf faz parte da estrutura básica do Ministério do Desenvolvimento Agrário (MDA) e é um conselho paritário, composto por 38 membros, sendo dezenove representantes de órgãos públicos e outros dezenove de organizações da sociedade civil[524]. O Condraf influencia a elaboração de políticas públicas relacionadas ao desenvolvimento rural sustentável, como reforma agrária e programas de apoio à agricultura familiar. Ele tem, entre seus membros, representantes de agricultores familiares, assentados da reforma agrária, trabalhadores rurais assalariados, trabalhadoras rurais, quilombolas, povos indígenas e pescadores artesanais, e representa um espaço importante de participação política.

O Conselho Nacional de Segurança Alimentar e Nutricional (Consea)[525] é também um instrumento de articulação entre governo e sociedade civil. Na gestão 2007/2009, o Consea é formado por 57 conselheiros (38 representantes da sociedade civil e dezenove do governo federal), além de 23 observadores convidados. O Consea acompanha e propõe diferentes programas na área de alimentação e nutrição, como Bolsa-Família, Alimentação Escolar, Aquisição de Alimentos da Agricultura Familiar e Vigilância Alimentar e Nutricional, entre outros. As atribuições do Consea estão relacionadas com a garantia do direito humano à alimentação[526] e, portanto, com a promoção da agrobiodiversidade e dos

---

524. O Decreto 4.854/2003 dispõe sobre composição, estruturação e competências do Condraf.
525. www.planalto.gov.br/consea.
526. Para saber mais, consultar a cartilha *Direito humano à alimentação e terra rural*, da Plataforma Brasileira de Direitos Humanos Econômicos, Sociais, Culturais e Ambientais. Plataforma Dhesca Brasil, de dezembro de 2008. A Plataforma Dhesca Brasil é uma articulação nacional, composta por mais de trinta entidades, que desde 2001 trabalha para a efetivação dos direitos humanos previstos em diversos tratados e pactos internacionais, dos quais o Brasil é signatário. A Plataforma Dhesca Brasil constitui o capítulo brasileiro da Plataforma Interamericana de Direitos Humanos, Democracia e Desenvolvimento, que atua em toda a América Latina na área dos direitos econômicos, sociais e culturais. Para saber mais, consultar: www.dhescbrasil.org.br; www.abrandh.org.br (Ação Brasileira pela Nutrição e

direitos dos agricultores. A Lei 11.346/2006 cria o Sistema Nacional de Segurança Alimentar e Nutricional, e o Decreto 6.272/2007 dispõe sobre a composição e o funcionamento do Consea. Têm sido criados também conselhos estaduais e municipais de segurança alimentar e nutricional[527].

Diversos instrumentos legais socioambientais também preveem a participação de representantes da sociedade civil e de atores sociais em conselhos e órgãos gestores. A Lei 9.433/1997, que estabelece a Política e o Sistema Nacional de Gerenciamento de Recursos Hídricos, prevê a participação de representantes de usuários das águas e de organizações civis no Conselho nacional e nos conselhos estaduais de recursos hídricos e nos comitês de bacia hidrográfica. Nos comitês de bacias hidrográficas cujos territórios abrangem terras indígenas, é prevista a participação de representantes da Funai e das comunidades indígenas ali residentes ou com interesses na bacia, nos termos do artigo 39, parágrafo 3º, da Lei 9.433/1997. Nas regiões agrícolas, é importante a participação de representantes de agricultores tradicionais, familiares e agroecológicos nos comitês de bacia hidrográfica, pois a água é um insumo fundamental à agricultura e os comitês são responsáveis pela gestão local dos recursos hídricos. Entre as atribuições

---

Direitos Humanos); www.acaoeducativa.org; www.terradedireitos.org.br; www.inesc.org.br (Instituto de Estudos Socioeconômicos); www.fbsan.org.br (Fórum Brasileiro de Segurança Alimentar e Nutricional); www.global.org.br (Centro de Justiça Global); www.fianbrasil.org.br (Rede de Informação e Ação pelo Direito Humano a se Alimentar); www.mndh.org.br (Movimento Nacional de Direitos Humanos); e www.social.org.br (Rede Social de Justiça e Direitos Humanos), entre outros. Consultar também a cartilha *Direito humano à alimentação. Diretrizes voluntárias para o direito à alimentação adequada*, da Ação Brasileira pela Nutrição e Direitos Humanos. As diretrizes voluntárias foram aprovadas pelos 151 países que compõem o conselho da FAO em novembro de 2004. Disponível em: www.abrandh.org.br/downloads/cartilha.pdf; a cartilha *Promovendo a exigibilidade do direito humano à alimentação adequada: subsídios para debate*, do Comitê Nacional para a Implementação do Direito Humano à Alimentação Adequada, 2006; Flávio Valente. *Direito humano à alimentação*: desafios e conquistas. São Paulo: Cortez, 2002 e Marco Borghi & Letizia P. Blommestein. *The right to adequate food and access to justice*. Bruxelas: Bruylant, 2006.

527. www.planalto.gov.br/consea/static/locais/locais.htm.

mais importantes dos comitês de bacia hidrográfica, estão a aprovação do Plano de Recursos Hídricos e dos mecanismos de cobrança pelo uso das águas[528].

Entretanto, o direito dos agricultores de participar da tomada de decisões, em nível nacional, sobre assuntos relacionados à conservação e ao uso sustentável dos recursos fitogenéticos, previsto no tratado internacional, vai muito além da participação em tais conselhos e comitês e deve abranger outros espaços de decisão política[529]. Tal direito deve ser compreendido de forma ampla e inclusiva e abarcar quaisquer decisões políticas que produzam impactos sobre os sistemas agrícolas locais e os recursos fitogenéticos para alimentação e agricultura. Os representantes de agricultores devem participar, por exemplo, do Conselho de Gestão do Patrimônio Genético (Cgen), que é responsável pelas políticas de gestão do patrimônio genético e pelas autorizações de acesso aos recursos genéticos e aos conhecimentos tradicionais associados.

É importante também a participação de representantes de agricultores tradicionais, familiares e agroecológicos nos conselhos externos que assessoram as instituições públicas de pesquisa agrícola para que possam influenciar as decisões sobre as prioridades da pesquisa agrícola, e, em especial, do melhoramento genético vegetal. Esse deve priorizar o desenvolvimento de variedades especialmente adaptadas às condições

---

528. Para saber mais, consultar: Juliana Santilli. "A Política Nacional de Recursos Hídricos (Lei 9.433/97) e sua implementação no Distrito Federal." *Revista da Fundação Escola Superior do Ministério Público do Distrito Federal e Territórios*, ano 9, n. 17, p.144-179, jan.-jun. 2001.
529. O direito de participação de comunidades locais na tomada de decisões políticas é estabelecido em vários instrumentos internacionais. A Declaração da ONU sobre os Direitos de Povos Indígenas, de 2007, reconhece tal direito, e a Convenção 169 da Organização Internacional do Trabalho, sobre Povos Indígenas e Tribais, também prevê o direitos dos povos indígenas e tribais de serem consultados, de forma livre e informada, antes de serem tomadas decisões que possam afetar seus direitos. O direito de consulta prévia tem sido reconhecido e aplicado pela Corte Interamericana de Direitos Humanos. O Decreto Legislativo nº 143/2002 aprovou o texto da Convenção 169 da OIT no Brasil.
Consultar o relatório especial sobre o direito de consulta livre, prévia e informada na Convenção 169 da OIT, elaborado pelo Programa de Políticas Públicas e Direito Socioambiental do Instituto Socioambiental (ISA) e disponível em: www.socioambiental.org/inst/esp/consulta_previa Acessado em 10/12/2008

sociais, econômicas e ecológicas, até mesmo nas áreas marginais, tal como estabelece o artigo 6.2, "c", do tratado internacional. Os agricultores devem participar não apenas dos projetos e experiências de melhoramento participativo como também das decisões relativas às prioridades do melhoramento genético convencional.

A participação dos agricultores em processos decisórios deve ser também incorporada à Lei de Sementes e Mudas (Lei 10.711, de 5 de agosto de 2003). Atualmente, há pouca (ou nenhuma) participação dos agricultores (notadamente dos agricultores tradicionais, familiares e agroecológicos) na definição das normas para produção, comércio e utilização de sementes e mudas, incluindo os critérios a serem observados nos ensaios para determinação do valor de cultivo e uso (VCU) dos cultivares e os padrões de identidade e qualidade das sementes e mudas, que são estabelecidos pelo Ministério da Agricultura. O artigo 13, parágrafo 1º, do Decreto 5.153/2004, prevê que o Ministério da Agricultura, "quando julgar necessário", constituirá comitês, por espécie vegetal, integrados por representantes de instituições públicas e privadas, para assessorá-lo no estabelecimento dos critérios mínimos a serem observados nos ensaios para determinação de valor de cultivo e uso (VCU). No entanto, o artigo 14 do referido decreto é claro quando estabelece que "os ensaios de VCU deverão obedecer aos critérios estabelecidos pelo Ministério da Agricultura". Quem decide sobre os critérios a serem observados para a determinação do valor de cultivo e uso das variedades é o Ministério da Agricultura, ainda que, a seu exclusivo critério, e quando julgar necessário, possa solicitar a assessoria de outras instituições[530].

Da mesma forma, o artigo 44 da Lei de Sementes determina a criação de comissões de sementes e mudas. Entre as atribuições das comissões de sementes e mudas estão: propor ao Mapa normas e padrões para produção e comercialização de sementes e mudas, rever as normas de

---

530. A Portaria 85/1998 instituiu comitês para assessorar a Secretaria de Desenvolvimento Rural no estabelecimento de critérios mínimos a serem observados nos ensaios de determinação do valor de cultivo e uso para as espécies algodão, arroz, batata, milho, soja, sorgo e trigo, para fins de inscrição no Registro Nacional de Cultivares.

produção de sementes e mudas, propondo a este Ministério as modificações necessárias, criar subcomissões técnicas e designar as entidades que delas farão parte etc[531].

Aos poucos, as comissões de sementes e mudas estão sendo criadas, com maior ou menor representação de agricultores familiares e agroecológicos, dependendo de cada Estado. É fundamental que essas comissões sejam integradas por representantes dos vários segmentos da agricultura e por diferentes tipos de agricultor, para que as suas recomendações reflitam o conjunto dos atores sociais envolvidos na agricultura no Brasil, contemplando a diversidade de seus interesses e necessidades. É importante também que haja equilíbrio na composição da comissão, tanto na definição do número de representantes dos diferentes tipos de agricultores e de sistemas agrícolas como de representantes dos setores governamentais e não governamentais. A participação das diferentes categorias de agricultores deve ser também proporcional à sua representatividade no contexto agrícola local, para que reflita as suas especificidades sociais, culturais e econômicas. Dessa forma, as normas relativas à produção, comércio e utilização de sementes terão maiores chances de contemplar a diversidade de interesses e necessidades dos agricultores.

Apesar de ser fundamental que essas comissões sejam efetivamente criadas e instaladas e os diversos segmentos da agricultura brasileira participem delas, elas têm caráter apenas "consultivo e de assessoramento ao Ministério da Agricultura", ou seja, não têm poderes decisórios ou deliberatórios, podendo apenas formular propostas ao Mapa, que decidirá se as acata ou não. Uma maior democratização das normas para produção, comércio e utilização de sementes e mudas exigiria que tais comissões participassem efetivamente das decisões políticas e que tais normas não fossem simplesmente impostas aos agricultores. Uma participação democrática de representantes dos agricultores familiares e agroecológicos, por exemplo, poderia resultar em normas específicas para utilização, produção e comércio de sementes locais e agroecológicas.

---

531. As atribuições das comissões de sementes e mudas estão definidas no artigo 140 do Decreto 5.153/2004.

Algumas variedades poderiam ser excluídas da obrigatoriedade do registro e estabelecidas exigências específicas para o registro de outras variedades. Essa mesma flexibilização/adaptação poderia ocorrer também em relação aos critérios para determinação do valor de cultivo e uso das variedades locais. Os padrões de identidade e qualidade das sementes e mudas que são atualmente estabelecidos pelo Mapa e valem para todo o território nacional, poderiam também se adequar às diversas condições sociais, ambientais, culturais e econômicas locais, permitindo a produção e o comércio de variedades adaptadas às condições de determinadas regiões, ainda que não atendam aos padrões para distribuição em todo o país. A conservação e o uso da agrobiodiversidade seriam favorecidos, criando-se as condições legais para que maior diversidade de variedades estivesse disponível para os agricultores.

Por outro lado, a Lei de Sementes brasileira incumbe ao Mapa decidir sobre a inscrição ou não de cultivares no Registro Nacional de Cultivares, e a referida inscrição é uma condição legal para produção, beneficiamento e comercialização de sementes e mudas. Não há participação dos agricultores nas decisões sobre a inscrição ou não de determinado cultivar no registro, e a decisão de rejeitar o pedido de inscrição de um cultivar impede a sua produção, beneficiamento e comercialização dentro dos parâmetros legais. As decisões sobre a inscrição ou não de um cultivar deveriam estar a cargo das próprias comissões de sementes e mudas (desde que essas passem a ter poderes deliberativos, e não apenas consultivos, e incluam representantes dos vários segmentos de agricultores) ou de comissões especialmente criadas para esse fim, com composição equitativa de representantes dos diferentes agricultores e de instituições públicas e privadas. Tal medida asseguraria maior transparência e democratização a tais processos decisórios, promovendo a descentralização de todo o sistema. Afinal, se o principal objetivo da legislação é assegurar que os agricultores tenham acesso a sementes de boa qualidade, é essencial que eles também participem dos processos decisórios relativos aos padrões e critérios para produção, comercialização e utilização de tais materiais de propagação.

Seria importante também que os agricultores participassem da elaboração do zoneamento agrícola, que atualmente é realizado pelo Mapa, com o objetivo de identificar, para cada município, a melhor época de plantio das culturas nos diferentes tipos de solo e ciclos dos cultivares. O geneticista e pesquisador da Embrapa Altair Toledo Machado[532] defende que o zoneamento agrícola seja realizado com o uso de metodologias participativas e a inclusão de parâmetros socioambientais, e não apenas agronômicos (como é feito atualmente). Essa seria uma forma de democratizar esse importante instrumento da política agrícola, o que permitiria aos agricultores participar de decisões sobre a conveniência ou não da inclusão das sementes locais no zoneamento agrícola, assim como sobre a conveniência e necessidade (ou não) de se criar um registro específico para as sementes locais[533].

Trataremos a seguir de algumas iniciativas para implementação dos direitos dos agricultores no plano nacional. Diversas leis nacionais de acesso e repartição de benefícios tratam da proteção aos conhecimentos tradicionais associados à biodiversidade e de direitos conferidos a comunidades locais sobre seus recursos e saberes[534], e muitas outras asseguram exceções aos direitos de melhoristas nos termos da Ata de 1978 da Upov. Entretanto, abordaremos aqui apenas as leis nacionais que tratam dos direitos dos agricultores em relação aos recursos e saberes agrícolas especificamente[535].

---

532. Entrevista à autora em 23 de julho de 2008, em Brasília.
533. Atualmente, só podem ser incluídas no zoneamento agrícola as variedades inscritas no RNC, e as variedades crioulas não o são por força do artigo 11, parágrafo 6º da Lei de Sementes.
534. Para conhecer as leis da Bolívia, Equador, Costa Rica, Panama, Peru, Venezuela, Bangladesh, Índia, Filipinas e Quênia sobre acesso e repartição de benefícios, consultar: www.grain.org/brl.
535. Para ler mais sobre as discussões em torno da implementação de direitos dos agricultores por leis nacionais, consultar: Kamalesh Adhikari. *Intellectual property rights in agriculture*: legal mechanisms to protect farmers' rights in Nepal. Kathmandu: Forum for Protection of Public Interest (Pro Public): South Asia Watch on Trade, Economics & Environment (Sawtee), 2008. Disponível em: www.propublic.org; www.sawtee.org. Acesso em 10/1/2009; Maria Scurrah, Regine Andersen, Tone Winge. *Farmers' righs in Peru:* farmers' perspectives. Oslo, The Fridtjof Nansen Institute, The Farmers' Rights Project, 2008. (FNI Report 16/2008); Feyissa Regassa. *Farmers' rights in Ethiopia*. Oslo: The Fridtjof Nansen Institute, The Farmers' Rights Project, 2006.

Os direitos dos agricultores em outros países

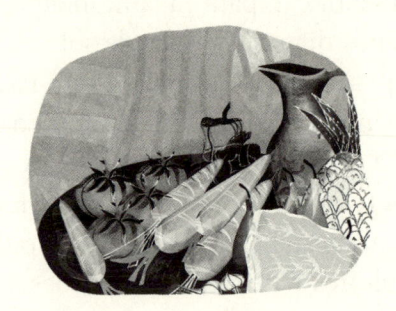

A Lei de Proteção às Variedades de Plantas e aos Direitos dos Agricultores da Índia

A Índia é o país que tem a legislação nacional mais abrangente quanto aos direitos dos agricultores. A lei indiana, aprovada em 2001, mas ainda em fase de implementação, combina aspectos das convenções da Upov, no que diz respeito aos direitos dos melhoristas, com os princípios estabelecidos pela Convenção sobre Diversidade Biológica em relação ao acesso aos recursos genéticos e aos conhecimentos tradicionais associados. A Índia é membro da Organização Mundial do Comércio (OMC), e aderiu ao Acordo sobre Aspectos dos Direitos de Propriedade Intelectual Relacionados ao Comércio (Trips), mas adotou uma lei que não corresponde a nenhuma das duas atas da Upov. A Índia adotou um sistema *sui generis* de proteção às variedades vegetais, tal como permitido pelo Acordo Trips da OMC[536].

---

536. O artigo 27.3.b. do Acordo Trips permite que as plantas sejam excluídas do patenteamento, mas os países devem proteger as variedades de plantas por meio de patentes, de um sistema *sui generis*, ou de uma combinação de ambos. A Índia manifestou interesse em se tornar membro da Upov em 2002, mas até o momento (15 de janeiro de 2009), o seu pedido não foi atendido, o que demonstra que a Upov provavelmente não aceitará um sistema *sui generis* de proteção às variedades vegetais, distinto do estabelecido por sua convenção.
Para ler o texto, na íntegra, da Lei de Proteção às Variedades de Plantas e aos Direitos dos Agricultores da Índia, consultar: www.grain.org/brl.

A agricultura é uma atividade essencial para a Índia: cerca de 70% de sua população depende da agricultura para sobrevivência e as atividades agrícolas respondem por cerca de 25% de seu Produto Interno Bruto (PIB). Aproximadamente 80% dos agricultores indianos dependem dos sistemas locais de sementes, em que os próprios agricultores produzem, trocam e guardam sementes para re-utilização nas safras seguintes. A segunda fonte mais importante é o comércio de sementes entre os próprios agricultores. Conforme uma pesquisa realizada em três cidades do Estado de Bihar, por exemplo, apenas 6% dos agricultores adquirem as sementes por meio dos sistemas formais. O restante dos agricultores depende dos sistemas locais de sementes[537].

O primeiro projeto de lei indiano foi apresentado em 1993-1994 e visava a proteger apenas os direitos dos melhoristas sobre as variedades comerciais, o que gerou inúmeros protestos de organizações não governamentais, que temiam os efeitos das políticas de privatização da agricultura. Em 1994, quando foi aprovado o Acordo Trips da OMC, os protestos se intensificaram em todo o país[538]. O projeto de lei foi revisto cinco vezes antes de ser aprovado em 2001, e as organizações da sociedade civil indiana exigiram que o país adotasse um sistema *sui generis* de proteção às variedades vegetais, que reconhecesse e assegurasse também os direitos dos agricultores, e não apenas os direitos dos melhoristas de instituições de pesquisa. Exigiam ainda a criação de um registro de variedades dos agricultores e a participação desses nos órgãos responsáveis pela implementação da lei. O reconhecimento de direitos de propriedade intelectual sobre as variedades de plantas dos agricultores, ainda que por meio de um sistema *sui generis*, acabou legitimando a posição dos representantes do setor

---

537. Munmeeth K. Soni. *Enforcing farmers' rights on uncharted territory:* the role of IPRS for development in India. Washington: Washington College Law, 30/4/2007. Disponível em: www.wcl.american.edu/pijip/go/research-and-advocacy/trade-human-rights-and-development. Acessado em 09/2/2009.
538. Para saber mais, consultar: www.genecampaign.org; www.navdanya.org; www.sristi.org/cms/en e www.mssrf.org.

privado/comercial de sementes a favor de tais direitos (sobre as variedades comerciais). Os agricultores conseguiram, entretanto, conquistar alguns direitos. São eles[539]:

• Ao estabelecer a definição de "melhorista", a lei indiana inclui não só os melhoristas de instituições de pesquisa (pública ou privada), mas também os agricultores e comunidades de agricultores que tenham melhorado ou desenvolvido variedades de plantas, ou seja, reconhece os agricultores não só como usuários, mas também como melhoristas e inovadores;

• Os direitos dos agricultores de guardar, usar, semear, ressemear, compartilhar e vender as sementes, inclusive de variedades protegidas, e o produto do plantio delas, tal como faziam antes da entrada em vigor da lei. Quando se tratar de sementes de variedades protegidas, os agricultores não podem vender as sementes em embalagens que contenham rótulos ou etiquetas que indiquem tratar-se de variedades protegidas. Os direitos dos agricultores de usar,

---

539. Anitha Ramanna. *Farmers' rights in India:* a case study. The Fridtjof Nansen Institute, The Farmers' Rights Project, 2006. (FNI Report 6/2006), disponível em: www.farmersrights.org. Para saber mais sobre a lei indiana, consultar: N. S. Gopalakrishnan. "An "effective" *sui generis* law to protect plant varieties and farmers' rights in India: a critique" *Journal of World Intellectual Property*, v. 4, n. 1, p. 157-172, jan. 2001; Pratibha Brahmi, Sanjeev Saxena, B. S. Dhillon. "The Protection of Plant Varieties and Farmers' Rights Act of India" *Current Science*, v. 86, n.3, p 392-398, 10/02/2004; Suman Sahai. "India's Plant Variety Protection and Farmers' Rights Act, 2001" *Current Science*, v. 84, n. 3, p. 407- 412, 10/2/2003; Suman Sahai. "Plant Variety Protection and Farmers' Rights Law", *Economic and Political Weekly*, v. 36, n. 35, p. 3338-3342, 01-7/9/2001; Shaila Seshia. "Plant variety protection and farmers' rights: law-making and cultivation of varietal control." *Economic and Political Weekly*, v. 37, n. 27, p. 2741-2747, 0612/07/2002; S. Nagarajan, S. P. Yaday, Singh A. K. Singh. "Farmers' variety in the context of protection of Plant Varieties and Farmers' Rights Act, 2001" *Current Science*, v. 94, n. 6, 25/03/2008; Anitha Ramanna & Melinda Smale. "Rights and access to plant genetic resources under India's new law." *Development Policy Review*, v. 22, n. 4, jul. 2004.

semear, ressemear, compartilhar e vender as sementes (inclusive de variedades protegidas) se aplicam a todos os agricultores[540];

- Os agricultores não poderão ser responsabilizados pela violação de direitos de melhorista quando puderem provar que não tinham conhecimento deles ao praticar o ato de violação. O objetivo desse dispositivo é proteger agricultores de boa-fé, que desconhecem a (nova) lei de proteção aos direitos de melhoristas;

- As empresas de sementes são obrigadas a informar os agricultores da qualidade e dos rendimentos esperados de quaisquer sementes vendidas a eles. Se as sementes não produzirem os rendimentos esperados, os agricultores têm o direito de pedir indenizações às empresas;

- Tanto os melhoristas de instituições de pesquisa como os agricultores/melhoristas podem requerer direitos de propriedade intelectual sobre variedades de plantas e o registro de suas variedades. Os critérios para registro das variedades dos agricultores são os mesmos (utilizados para o registro das variedades comerciais): distinção, uniformidade e estabilidade – apenas o requisito novidade não é exigido para as variedades dos agricultores. Os agricultores são isentos do pagamento de taxas de registro;

- Os direitos de propriedade intelectual podem ser requeridos para quatro categorias de variedades de plantas: novas, existentes, dos agricultores e essencialmente derivadas. Para serem protegidas, as variedades novas precisam preencher os requisitos Upov: novidade, distinção, uniformidade e estabilidade. As variedades consideradas

---

540. A lei indiana considera como agricultor "qualquer pessoa que cultive espécies agrícolas, seja cultivando a terra por si mesmo, supervisionando diretamente o cultivo realizado por outra pessoa, ou que conserve e preserve espécies silvestres ou variedades tradicionais ou adicione valor a tais espécies silvestres ou variedades tradicionais, por meio da seleção e identificação de suas propriedades úteis".

"existentes" incluem as variedades dos agricultores, as variedades em domínio público e as variedades em relação às quais existe um "conhecimento comum";

- As variedades dos agricultores são descritas como aquelas "tradicionalmente cultivadas e desenvolvidas pelos agricultores nas suas terras", ou "as variedades silvestres ou locais/tradicionais em relação às quais os agricultores detêm um conhecimento comum". As variedades essencialmente derivadas são aquelas que derivam de outra variedade (a variedade inicial) e mantêm a essência da variedade inicial, mas têm as suas próprias características distintivas. O conceito de variedade essencialmente derivada se baseia na Ata de 1991 da Convenção da Upov e há muita discussão entre os melhoristas sobre seu exato conteúdo e extensão;

- Uma oportunidade para a repartição de benefícios com os agricultores se dá por ocasião do pedido de registro da variedade, que é publicado a fim de dar aos agricultores a oportunidade de pleitear a repartição de benefícios. Não só os agricultores mas qualquer pessoa ou grupo de pessoas (envolvidas ou não nas atividades agrícolas), organização governamental ou não governamental pode, em nome de uma comunidade local, apresentar pedido de repartição de benefícios em decorrência da contribuição de uma comunidade local para o desenvolvimento de uma variedade. É conferida ao melhorista a oportunidade de defesa e, caso se comprove que a comunidade local contribuiu para o desenvolvimento da variedade, o melhorista terá que pagar determinada quantia ao Fundo Nacional de Genes (National Gene Fund), para que seja repassada à respectiva comunidade local. Quem decide a quantia a ser paga pelo melhorista é a autoridade responsável, considerando a extensão e o uso do material genético para o desenvolvimento da variedade, assim como a sua utilidade comercial e demanda de mercado;

- Além disso, qualquer melhorista (ou outra pessoa) que solicite o registro de uma variedade deve informar se utilizou materiais genéticos conservados por comunidades indígenas ou de agricultores no melhoramento ou desenvolvimento dessa variedade. Se o melhorista não revelar a origem/fonte das variedades conservadas pelos agricultores, esses podem acioná-lo, a fim de obrigá-lo a repartir benefícios, e os agricultores também receberão uma compensação por meio do Fundo Nacional de Genes (National Gene Fund). Em suma, os agricultores que contribuem para a conservação dos recursos genéticos (de variedades locais e espécies silvestres) ou para o melhoramento das variedades agrícolas têm direito de receber benefícios, por intermédio do Fundo Nacional de Genes (National Gene Fund), "desde que tais materiais genéticos tenham sido utilizados como fontes de genes para o desenvolvimento de variedades registradas";

- Além dos representantes de órgãos governamentais, participam do órgão responsável pela implementação da lei (que se chama "autoridade para a proteção das variedades de plantas e direitos dos agricultores"[541]): um representante de uma organização de agricultores, um representante de uma organização de povos indígenas, um representante da indústria de sementes, um representante de uma universidade agrícola e um representante de uma organização de agricultoras.

A lei indiana ainda está em fase de implementação, e é difícil saber, por enquanto, as suas consequências práticas para os agricultores. Ela tende, entretanto, a adotar um enfoque centrado no reconhecimento de direitos de propriedade sobre as variedades de plantas, desenvolvidas pelos agricultores ou pelos melhoristas de instituições de pesquisa,

---

541. *Protection of Plant Varieties and Farmers' farmers' Rights Authority*. A Índia aprovou também, em 2002, uma lei que regula o acesso à diversidade biológica. Consultar: www.grain.org/brl_files/india-biodiversityact-2002.pdf.

com todas as consequências que tal abordagem pode ter (já discutidas anteriormente). Uma das principais conquistas da lei indiana é o direito dos agricultores de guardar, usar, semear, ressemear, compartilhar e vender as sementes, inclusive de variedades protegidas (desde que não contenham rótulos ou etiquetas que indiquem tratar-se de variedades protegidas). Há, entretanto, o temor de que a nova lei de sementes passe a restringir tais direitos.

A Lei Modelo Africana para o Reconhecimento e a Proteção dos Direitos de Comunidades Locais, Agricultores e Melhoristas e para a Regulamentação do Acesso aos Recursos Genéticos

A Lei Modelo africana foi aprovada pela Organização da Unidade Africana em julho de 1998, em Ougadougou, na Burkina Faso, como um modelo que deveria ser seguido pelos países africanos para implementar a Convenção sobre Diversidade Biológica (CDB) e o Acordo sobre Aspectos dos Direitos de Propriedade Intelectual Relacionados ao Comércio (Trips) da Organização Mundial do Comércio (OMC), especialmente em relação à proteção de variedades de plantas. A Lei Modelo africana incorpora também alguns componentes do (então vigente) Compromisso Internacional sobre Recursos Fitogenéticos (que antecedeu o Tratado Internacional sobre Recursos Fitogenéticos para Alimentação e Agricultura). Até o momento, nenhum país africano implementou a Lei Modelo africana[542].

---

542. Para saber mais sobre a Lei Modelo africana, consultar: J. A. Ekpere. *The OAU's Model Law*: the protection of the rights of local communities, farmers and breeders, and the regulation of access to biological resources. Laos, Nigeria: Organization of African Unity. Scientific, Technical and Research Commission, nov. 2000; Patricia Kameri-Mbote. *Community, farmers' and breeders' rights in Africa*: towards a legal framework for sui generis legislation. Genebra: International Environmental Law Research Centre, 2003. Disponível em: www.ielrc.org/content/a0302.pdf. Acesso em 10/12/2008; Kent Nnadozie et al. *African perspectives on genetic resources*: a handbook on laws, policies and institutions governing access and benefit-sharing. Washington: Environmental Law Institute, 2003.

Direitos dos agricultores

A Lei Modelo africana afirma que o objetivo do reconhecimento e proteção dos direitos dos agricultores é fazer que esses continuem a dar sua contribuição para a conservação, desenvolvimento e uso sustentável dos recursos genéticos de plantas e animais, especialmente aqueles nos centros de origem e de diversidade dos cultivos agrícolas. Afirma ainda que as variedades e raças dos agricultores devem ser reconhecidas e protegidas de acordo com as normas, práticas e costumes das comunidades locais, "independentemente de tais normas serem escritas ou não". Trata-se de um raro e louvável reconhecimento da diversidade jurídica existente nas sociedades africanas, expressão de sua diversidade cultural. O reconhecimento da existência de uma pluralidade de ordens jurídicas, paralelas à oficial, é chamado de "pluralismo jurídico"[543] e se opõe ao monismo jurídico, que pretende o reconhecimento de uma única ordem jurídica estatal. As sociedades são essencialmente plurais, e o reconhecimento das instituições jurídicas locais pela lei modelo africana é um passo importante no desenvolvimento de sistemas de proteção mais adequados e legítimos.

A Lei Modelo africana define os seguintes direitos dos agricultores[544]: a proteção dos conhecimentos tradicionais relevantes aos recursos genéticos de plantas e animais; a participação, de forma equitativa, na repartição dos benefícios derivados da utilização dos recursos genéticos de plantas e animais; a participação na tomada de decisões, inclusive no nível nacional, sobre assuntos relacionados à conservação e à utilização sustentável dos recursos genéticos de plantas e animais; o direito de guardar, usar, trocar e vender sementes ou material de propagação das variedades dos agricultores; o direito de utilizar as novas variedades dos melhoristas, ainda que protegidas (por direitos de propriedade intelectual), para desenvolver as

---

543. Consultar: Antônio Carlos Wolkmer. *Pluralismo jurídico:* fundamentos de uma nova cultura no Direito. 3ª ed. São Paulo: Alfa-Omega, 2001; Ângela Maria Griboggi. *Pluralismo jurídico:* uma realidade da sociedade e do Direito no séc. XXI. Curitiba, 2009. Dissertação (Mestrado em Direito) - Pontifícia Universidade Católica do Paraná.
544. Segundo o artigo 26 da Lei Modelo Africana, os direitos dos agricultores devem considerar "a equidade de gênero".

variedades dos agricultores, incluindo materiais genéticos obtidos de bancos de germoplasma e de outros centros de conservação de recursos genéticos; o direito de coletivamente guardar, usar, multiplicar e processar sementes de variedades protegidas. Os agricultores não podem vender sementes de variedades protegidas em escala comercial.

De acordo com a Lei Modelo africana, os direitos dos melhoristas estão sujeitos a restrições relacionadas com a segurança alimentar, a saúde, a diversidade biológica e a exigências dos agricultores em relação a variedades específicas. Ademais, essa lei africana estabelece que qualquer produto derivado da utilização sustentável de um recurso biológico receberá um certificado ou rótulo de reconhecimento e que um certificado de comércio justo será conferido a produtos derivados de recursos biológicos quando parte significativa dos benefícios derivados de tais produtos retornar para as comunidades locais. São medidas que visam agregar valor ambiental e/ou social aos produtos da biodiversidade africana.

A Namíbia[545] e a Uganda propuseram leis nacionais inspiradas na Lei Modelo africana, ainda em tramitação nos parlamentos locais, assim como Zimbábue, Malawi e Zâmbia também têm discutido projetos de lei e políticas públicas baseadas na Lei Modelo africana. Em 2006, a Etiópia editou uma lei de proteção aos direitos de melhoristas (Proclamation 481/2006)[546], em que assegura os direitos dos agricultores de: guardar, usar, trocar e vender sementes ou material de propagação das variedades dos agricultores; usar as variedades protegidas (incluindo materiais genéticos obtidos de bancos de germoplasma e de outros centros de conservação de recursos genéticos) para desenvolver as variedades dos agricultores; guardar, usar, multiplicar e processar sementes de variedades protegidas (desde que não sejam vendidas em escala comercial, e como sementes certificadas). As variedades dos agricultores são

---

545. Sobre o projeto de lei proposto pela Namíbia, consultar: Biswajit Dhar. *Sui generis systems for plant variety protection:* options under Trips. Genebra: Quaker United Nations Office, 2002.
546. A Etiópia aprovou também a Proclamation 482/2006, que regula o acesso aos recursos genéticos e conhecimentos tradicionais.

definidas como variedades de plantas que possuem atributos específicos e foram melhoradas ou desenvolvidas por comunidades agrícolas etíopes, ou parentes silvestres de variedades de "conhecimento comum" de comunidades agrícolas[547].

A Diretiva Europeia sobre as Variedades de Conservação

Apesar de não se tratar exatamente de uma legislação orientada para a proteção dos direitos dos agricultores, a Diretiva 2008/62 da Comunidade Europeia beneficia, ainda que indireta e parcialmente, os agricultores europeus que se dedicam a cultivos agroecológicos e promovem a conservação da agrobiodiversidade.

A Diretiva 98/95, editada em 1998 pela Comunidade Europeia, e que regula o registro, a produção e a comercialização de sementes e variedades agrícolas, já previa a possibilidade de estabelecimento de critérios diferenciados para as variedades locais. Tal brecha legal decorreu principalmente das pressões exercidas por organizações da sociedade civil, preocupadas com a perda da biodiversidade agrícola e com a impossibilidade das variedades locais heterogêneas, ameaçadas de erosão genética, se enquadrarem nos critérios de homogeneidade e estabilidade para fins de registro.

Em 20 de junho de 2008, a Comunidade Europeia editou a Diretiva 2008/62, que permite que os países-membros inscrevam, em seus catálogos nacionais, as "variedades de conservação", desde que sejam "naturalmente adaptadas a condições locais e regionais", e estejam "ameaçadas de erosão genética". A diretiva permite que os países adotem normas diferenciadas em relação aos critérios de distinção, estabilidade e uniformidade para o registro de tais variedades, desde que observados alguns critérios mínimos, como uma percentagem de *off-types* (indivíduos fora

---

547. Sobre o reconhecimento dos direitos dos agricultores na Etiópia, consultar: Feyissa Regassa. *Farmers' rights in Ethiopia*. Oslo: The Fridtjof Nansen Institute, The Farmers' Rights Project, 2006.

dos padrões) de no máximo 10%. Para o registro, entretanto, não será necessário o exame oficial se as seguintes informações estiverem disponíveis: descrição da variedade e sua denominação; resultados de testes não oficiais; conhecimentos adquiridos com a experiência prática de cultivo, reprodução e uso; e outras informações, especialmente de autoridades da área de recursos fitogenéticos ou de outras organizações reconhecidas pelos Estados-membros. A variedade de conservação poderá ter mais de uma denominação/nome, se for conhecida, historicamente, por mais de um nome.

Para a inscrição de uma "variedade de conservação", deve ser identificada a região (ou regiões) em que a variedade é cultivada historicamente e à qual está "naturalmente adaptada", que é chamada de "região de origem". As variedades de conservação só poderão ser utilizadas e ter suas sementes produzidas em suas regiões de origem. Em situações excepcionais (quando ocorrerem "problemas ambientais"), a produção das sementes de variedades de conservação poderá ser realizada em outras regiões, mas tais sementes (produzidas em outras regiões) só poderão ser utilizadas nas regiões de origem das variedades de conservação.

A comercialização das sementes de variedades de conservação só poderá ser feita nas regiões de origem ou em outras regiões que tenham condições próximas às dos *habitat* naturais ou seminaturais das "variedades de conservação". A diretiva estabelece ainda limitações na quantidade de sementes de "variedades de conservação" que podem ser comercializadas: essas não podem exceder 0,5% das sementes (da mesma espécie) utilizadas no país em cada estação/época de cultivo ou a quantidade necessária para semear 100 hectares (o que representar uma quantidade maior de sementes). Para algumas espécies – ervilha (*Pisum sativum*), trigo (*Triticum spp*), cevada (*Hordeum vulgare*), milho (*Zea mays*), batata (*Solanum tuberosum*), canola (*Brassica napus*) e girassol (*Helianthus annuus*) –, o referido percentual é de 0,3% ou a quantidade necessária para semear 100 hectares. Em qualquer hipótese, a quantidade total de sementes de variedades de conservação vendidas em cada país não pode exceder 10% das sementes das respectivas espécies utilizadas anualmente em cada país ou a quantidade necessária para semear 100 hectares. Não podem ser registradas (como "variedades de conservação") as variedades já inscritas no catálogo comum ou que foram excluídas do catálogo comum nos últimos dois anos, assim como variedades protegidas por direitos de propriedade intelectual ou cuja proteção tenha sido requerida.

A Diretiva 2008/62 foi, em grande parte, resultado de articulações e mobilizações promovidas por organizações da sociedade civil (associações, sindicatos rurais etc.) reunidas em redes, como a Réseau Semences Paysannes[548], na França, a Red de Semillas "Resembrando e Intercambiando"[549], na Espanha, e a Rete Semi Rurali[550], na Itália, entre outras. Entretanto, há certa insatisfação dessas organizações com o texto final da Diretiva 2008/62, que elas consideram excessivamente restrititivo[551].

---

548. www.semencespaysannes.org. Consultar também: Riccardo Bocci & Véronique Chable. "Semences paysannes en Europe: enjeux et perspectives." *Cahiers Agricultures*, v. 17, n. 2, p. 216-221, 2008; Estelle Deléage. *Paysans de la parcelle à la planète*. Paris: Syllepse, 2004; Véronique Chable & Guy Kastler. "Maintien, re-découverte et création de la diversité cultivée pour l'agriculture biologique." *Alter Agri*, n. 78, p. 13-17, jul.-ago. 2006.
549. www.redsemillas.info. Consultar também: www.redandaluzadesemillas.org.
550. www.semirurali.net. Consultar também: www.croceviaterra.it; www.agriculturacontadina.org; www.osservatorioagroambientale.org, e o site do projeto *Farm Seed Oportunities* (*Opportunities for farm seed conservation, breeding and production*), desenvolvido por instituições de pesquisa, redes de agricultores e organizações da sociedade civil ligadas à agricultura orgânica de seis países europeus. (www.farmseed.net). O projeto tem o objetivo de promover a conservação, o manejo e o melhoramento (participativo) da agrobiodiversidade *on farm*.
551. Guy Kastler. Les variétés de conservation momifiées contre la volonté unanime des deputés. Brens: Réseau Semences Paysannes, 12/01/2009. Disponível em: www.semencespaysannes.org/varietes_conservation_momifiees_contre_volont_115-actu_64.php#date64. Acesso em 20/02/2009; Red De Semillas "Resembrando e intercambiando". Análisis de la nueva directiva sobre variedades de conservación. *Cultivar Local*, n. 22, p. 3-5, dez. 2008. Disponível em: www.redsemillas.info/wp-content/uploads/2009/02/cultivar-local-n-22-diciembre-08.pdf. Acessado em 22/2/2009.

AS LEIS REGIONAIS ITALIANAS

A Itália é o terceiro país europeu com o maior número de agricultores, ficando atrás apenas da Romênia e da Polônia. A agricultura italiana se caracteriza pela predominância de pequenas propriedades rurais: 85% do total têm menos de 10 hectares, e as propriedades rurais com mais de 50 hectares representam apenas 2,2%. Na média, as propriedades rurais italianas têm 7,4 hectares, o que representa cerca de 1/7 da média na França (onde as propriedades rurais têm em média 48,6 hectares) e quase 1/8 da média na Grã-Bretanha (onde as propriedades rurais têm em média 55,6 hectares). Outra característica interessante é a média de idade dos agricultores italianos: apenas 3,5% deles têm menos de 35 anos (na Europa essa média é de 6,9%), e 41,4% dos agricultores italianos têm mais de 64 anos[552].

A maior parte da agrobiodiversidade italiana é conservada em pequenas propriedades rurais, e por agricultores com mais de 65 anos, que detêm saberes e práticas agrícolas tradicionais. Estima-se que, nas regiões norte e central da Itália, 551 espécies de plantas sejam cultivadas, para as quais há 10.672 denominações locais. A Itália foi o primeiro país europeu a adotar uma lei nacional de proteção às "variedades de conservação" (Lei 46), em 2007, quando muitas regiões italianas já haviam aprovado leis regionais de proteção à biodiversidade agrícola. A Toscana foi a primeira região italiana a editar uma lei de proteção aos "recursos genéticos autóctones", a *Legge regionale* nº 50, de 16/07/1997, que foi substituída pela atual lei toscana (*Legge regionale* nº 64, de 16/11/2004). Em 2008, a Itália adotou o Plano Nacional de Agrobiodiversidade (*Piano Nazionale sulla Biodiversità di Interesse Agricolo*)[553].

Várias regiões da Itália têm aprovado leis de proteção e valorização das variedades vegetais e raças de animais locais ou regionais. Com

---

552. Dados extraídos de Riccardo Bocci & Tiberio Chiari. *The sustainable use of agrobiodiversity in Italy*. Report on case studies on article 6 of the International Treaty on Plant Genetic Resources for Food and Agriculture. Florença: Istituto Agronomico per l'Oltremare, 2009.
553. Idem, *ibid*.

algumas diferenças e particularidades, as regiões da Toscana, Friuli-Venezia Giulia, Marche, Lazio (Lácio), Emiglia-Romagna, Basilicata e Umbria[554] aprovaram leis que estabelecem ações e políticas de resgate, valorização e promoção das variedades e raças locais, que são consideradas como integrantes do patrimônio ambiental e cultural das regiões. As regiões da Sardenha e da Campania também já apresentaram seus projetos de lei, que estão em fase de discussão e aprovação nos conselhos e assembleias regionais.

As leis regionais italianas foram desenvolvidas no âmbito das políticas de desenvolvimento rural e salvaguarda dos agroecossistemas locais e dos produtos típicos e regionais de qualidade. Elas visam a proteger os "recursos genéticos autóctones de interesse agrário", que incluem espécies, raças, variedades, populações, cultivares, ecotipos e clones de interesse econômico, científico, ambiental, cultural, e que estejam ameaçados de erosão genética. São considerados autóctones não apenas os recursos originários de tais regiões como também as espécies, raças, variedades e cultivares de origem externa, introduzidos nos territórios das regiões há pelo menos cinquenta anos e que tenham se integrado aos agroecossistemas regionais e adquirido características específicas. A tutela conferida por tais leis se estende também às espécies, raças e variedades que desapareceram de suas regiões de origem, mas são conservadas *ex situ* (bancos genéticos etc.) e cuja reintrodução desperte interesse[555].

Tais leis estabelecem registros (também chamados de "repertórios") voluntários e regionais, subdivididos em seção animal e seção vegetal, nos quais são inscritas as espécies, as variedades e raças locais. Elas determinam a criação de redes de conservação e segurança (*rete di*

---

554. A Itália é dividida em vinte regiões, instituídas pela Constituição de 1948 com o objetivo de promover a autonomia local. Cada região se divide em províncias, que, por sua vez, se subdividem em *comuni* (municípios). A capital da Toscana é Florença, da Friuli-Venezia Giulia é Trieste, de Marche é Ancona, de Lazio (Lácio) é Roma, da Emiglia Romagna, Bolonha; da Basilicata, Potenza; da Úmbria, Perugia; da Sardenha, Cagliari; e da Campânia é Nápoles.
555. Foram consultadas as seguintes leis regionais italianas: Lazio. *Legge regionale* nº 15, de 1/3/2000; Friuli-Venezia Giulia. *Legge regionale* nº 11, de 22/4/2002; Marche. *Legge regionale* nº 12, de 3/6/2003; Toscana. *Legge regionale* nº 64, de 16/11/2004; Emiglia-Romagna. *Legge regionale* nº 1, de 29/1/2008. Basilicata. *Legge regionale* nº 26, de 14/10/2008. Umbria. *Legge regionale* nº 25, de 4/9//2001.

conservazione e sicurezza) dos recursos genéticos locais, coordenadas pelas agências de desenvolvimento regional. Dessas redes participam também os municípios, os centros de pesquisa, as universidades agrárias e os agricultores (individualmente e por meio de suas associações). Os agricultores que promovem a conservação *in situ/on farm* das variedades e raças locais e participam das redes são denominados, em algumas leis regionais, *agricoltori custodi* ("agricultores guardiões"). As redes são responsáveis pela conservação *in situ/on farm* e pela multiplicação dos recursos genéticos locais, a fim de disponibilizá-los aos agricultores e demais interessados para cultivo, seleção e/ou melhoramento.

Os "agricultores guardiões" podem vender uma pequena quantidade de sementes de suas variedades, e essa quantidade é determinada quando é feito o registro. Eles também podem replantar as sementes em suas terras, sem estarem sujeitos às restrições das leis de sementes. Os agricultores e os centros de pesquisa e universidades agrárias que não participam das redes devem fornecer às agências de desenvolvimento regional uma amostra de seus materiais genéticos, para fins de conservação e multiplicação. As leis preveem também o estabelecimento de planos e diretrizes regionais voltados para a conservação do patrimônio genético local. Tais planos e diretrizes incluem as formas de apoio e incentivo aos agricultores para que participem das redes de conservação, a multiplicação e distribuição de sementes de variedades locais e a divulgação de informações sobre elas, entre outras ações. São planos que muitas vezes incluem não só medidas voltadas à produção, mas também ao consumo de produtos desenvolvidos nos territórios rurais e com valor ambiental e cultural agregado. Na Toscana, por exemplo, várias iniciativas visam a promover relações diretas entre produtores e consumidores (a chamada "cadeia curta") e o agroturismo (nos territórios rurais), isentando os pequenos produtores de diversas obrigações legais impostas aos grandes produtores[556].

---

556. Para saber mais, consultar: www.arsia.toscana.it/network/P.asp?p=21 e <http://filieracorta.arsia.toscana.it/>.Consultar também: Natale Bazzanti, Rita Turchi, Matteo Bartoli. *La tutela e la valorizzazione del patrimonio di razze e varietà locali in Toscana*. Florença: Arsia (Agenzia Regionale per lo Sviluppo e l'Innovazione nel Settore Agricolo-Forestale), 2006.

As leis regionais italianas estabelecem, em geral, uma distinção entre o direito de propriedade sobre a variedade de planta ou raça de animal (inscrita no registro) e os direitos (coletivos) das comunidades locais sobre o patrimônio genético local. Há uma distinção entre o recurso em sua dimensão material (a planta ou animal) e em sua dimensão imaterial (a informação genética que contém). A propriedade sobre a planta ou animal não impede o reconhecimento de direitos coletivos sobre os recursos genéticos, de que são titulares as comunidades locais, e a quem cabe decidir sobre as formas de utilização e circulação de tais recursos. A Lei da Basilicata, por exemplo, estabelece, no artigo 7º, que, apesar de ser mantido o direito de propriedade sobre plantas e animais inscritos no registro regional, o patrimônio genético de tais plantas e animais é objeto de direitos coletivos de que são titulares as comunidades locais que os conservaram e com quem devem ser repartidos os benefícios derivados de sua utilização. Tais direitos coletivos são inalienáveis e imprescritíveis, e os agricultores têm o direito de trocar, no âmbito regional, as sementes e outros materiais de propagação das plantas, sem restrições legais. As variedades e raças locais não são, entretanto, um "patrimônio comum da humanidade", como destaca Antonio Onorati[557], mas um patrimônio cultural e ambiental (coletivo) das comunidades locais que as conservaram e desenvolveram em seus territórios.

Outra previsão comum em tais leis é a de que os recursos genéticos locais – ou suas partes e componentes – não podem ser apropriados por terceiros por meio de direitos de propriedade intelectual. Há, entretanto, diferenças significativas entre as leis regionais em relação a tal questão. Enquanto algumas leis, como a do Lazio, preveem expressamente que os recursos genéticos de plantas e animais pertencem às comunidades locais (e, portanto, não podem ser privatizados via patentes ou direitos de obtentor vegetal nos moldes da Upov), outras leis regionais, como as da Emiglia-Romagna e da Toscana, estabelecem que

---

557. Antonio Onorati. Collecive rights over farmers'seeds in Italy. *Seedling*, p.17-21, july 2005; Lorenza Paoloni. *Diritti degli agricoltori e tutela della biodiversità*. Torino: G. Giappichelli, 2005.

qualquer pedido de proteção (por patentes ou direitos de obtentor) de material biológico ou de variedades essencialmente derivadas de variedades inscritas nos registros regionais depende da prévia autorização do governo regional, ou seja, admitem, ainda que implicitamente, a possibilidade de concessão de direitos de propriedade intelectual. Até o momento, entretanto, nenhuma autorização foi concedida pelos governos da Emiglia-Romagna e da Toscana.

Os direitos coletivos sobre as variedades locais se inspiram, em grande medida, em uma figura do direito italiano conhecida como *usi civici*, ou "direitos de uso cívico", que compreende diversas formas de direitos coletivos. Os *usi civici* incluem tanto os direitos de coletividades de utilizar os recursos existentes em propriedades privadas para determinadas finalidades (caça, pesca, corte de lenha, pasto de animais, uso das águas e florestas etc.), que são chamados de *usi civici sulla proprietà privata*, como as formas de propriedade coletiva de terras e usufruto coletivo de seus recursos naturais (*terre civiche e proprietà collettive*). Os direitos de uso cívico são indivisíveis, inalienáveis e imprescritíveis, e as terras coletivas gravadas com *usi civici* são destinadas, em caráter perpétuo, a atividades agrossilvopastoris.

Após a unificação da Itália, os direitos de uso cívico passaram a ser regulados pela Lei nº 1.766, de 1927, e com a edição da Lei 431/1985, que regula os bens culturais e ambientais (conhecida como "Lei Galasso"), as terras gravadas com *usi civici* passaram a ser revalorizadas pelo Direito Ambiental, e reconhecidas como bens ambientais, por sua importância para a conservação dos recursos naturais e pelo modelo de gestão compartilhada do território. Originariamente, os *usi civici* são direitos coletivos sobre bens materiais, mas as leis regionais italianas têm se inspirado nesse instituto jurídico para regular também os bens imateriais[558] (as informações genéticas de plantas e animais).

---

558. Sobre *usi civici*, consultar: G. Branca & C. Perrone-Pacifico. "I beni collettivi: gli usi civici sulla proprietà privata e le terre colletive" *In*: G. Branca & C. Perrone-Pacifico. *Le terre collettive del Lazio*. Trieste: Terre Colletive del Friuli-Venezia Giulia. Disponível em: www.terrecollettivefvg.it/documenti/introduzione.pdf. Acesso em 22/02/2009; Ivano Moreschini.

A Lei Suíça

Apesar de não fazer parte da União Europeia, a Suíça adotou a legislação europeia relativa à produção e comercialização de sementes, que é extremamente restritiva (com exceções feitas às "variedades de conservação"). A Suíça pode, entretanto, regulamentar de forma diferente a comercialização de sementes dentro de seu território, e foi o que esse país fez em relação às variedades locais que não atendem às exigências de distinção, homogeneidade e estabilidade, estabelecidas para as variedades comerciais. As variedades locais não estão sujeitas às normas estabelecidas pela *Ordonnance* do Conselho Federal Suíço, que só permite a comercialização de sementes e plantas certificadas, de variedades registradas no catálogo oficial, em lotes homogêneos e com embalagens oficialmente lacradas e etiquetadas[559]. A lei suíça estabelece exceções a tais regras para as sementes de "variedades locais de cereais", definidas como populações de plantas de uma mesma espécie que resultaram da seleção natural e massal, no contexto da agricultura tradicional de uma região determinada. As variedades locais podem ser compostas de vários tipos de plantas, com diferenças morfológicas e fisiológicas entre si: as sementes e plantas de "variedades obsoletas", que são aquelas que foram retiradas do catálogo oficial há mais de cinco anos, ou, no caso das batatas, as variedades cultivadas tradicionalmente em regiões determinadas; as sementes e plantas de "ecotipos de plantas forrageiras", definidas como populações que resultaram da seleção natural em condições ecológicas particulares de uma região. Os ecotipos se compõem

---

"Gli usi civici nella regione Lazio". *Rivista di Diritto Pubblico Italiano, Comunitario e Comparato*, v. 5, n. 12, 13/6/2007. Disponível em: www.federalismi.it/ApplOpenFilePDF.cfm?dpath =document&dfile=12062007080302.pdf&content=Gli+usi+civici+nell a+Regione+Lazio+-+regioni+-+dottrina+-+. Acessado em 22/2/2009; BENEDETTI, Angelo. Gli usi civici nella storia e nella legislazione italiana. *Geopunto*, Roma: Collegio Provinciale dei Geometri e Geometri Laureati di Roma, v. 6, n. 5, p. 11–22. Disponível em: www.georoma.it/geopunto/geopunto6/usi%20civici.pdf; Luciana Fulciniti. *I beni d'uso civico*. Padova: Cedam, 2000; Alberto Germanò. *Manuale di Diritto Agrario*. 5ª ed. Torino: G. Giappichelli, 2003.
559. *Ordonnance du 7 décembre 1998 sur les semences et les plants des espèces de grandes cultures et de plantes fourragères*, artigo 27. Disponível em: www.admin.ch/ch/f/rs/916_151_1/index.html.

de vários tipos de plantas, com diferenças morfológicas e fisiológicas entre si. As exceções se aplicam também a "outros materiais de multiplicação postos em circulação para fins de conservação e utilização dos recursos fitogenéticos para alimentação e agricultura". As sementes de variedades locais, obsoletas ou ecotipos podem ser comercializadas no território suíço desde que tenham uma etiqueta não oficial, de cor diferente, com os seguintes dizeres: "material não certificado, variedade local, posta em circulação unicamente na Suíça" (artigo 29 da referida *ordonnance*). A comercialização de tais sementes está sujeita também a limitações quantitativas e a algumas normas relativas à amostragem e ao peso dos lotes. O Ministério da Agricultura suíço tem exigido, para descrição das variedades locais, os dados relativos a origem, região, valor específico e utilização[560].

A lei suíça permite que os agricultores escolham entre adquirir as variedades comerciais homogêneas e as variedades locais, e que façam uma opção consciente e deliberada. O espaço legal conferido às variedades locais tem viabilizado algumas iniciativas importantes para a conservação da agrobiodiversidade *in situ*, como a rede de coleções de variedades raras e ameaçadas de extinção mantidas por agricultores e jardineiros (amadores ou profissionais) em toda a Suíça, que é gerida pela Fundação ProSpecie Rara (Fondation Suisse pour la Diversité Patrimoniale et Génétique liée aux Végétaux et aux Animaux[561]). Essa rede, que envolve cerca de 2,5 mil pessoas e instituições, conserva *in situ* cerca de 900 variedades de legumes e verduras, 1,8 mil de frutas e 700 de *berries* (morangos, groselhas, cassis, framboesas etc.). Esses agricultores utilizam, para identificar os seus produtos, o selo de qualidade "ProSpecie Rara". Os jardins, pomares e sítios onde são mantidas as variedades (e raças) locais são visitados por cerca de 300 mil pessoas por ano.[562]

---

560. Shabnam L. Anvar. *Semences et droit:* l'emprise d'un modèle économique dominant sur une réglementation sectorielle. 2008, Paris, 470 f. Tese (doutorado) – Université de Paris I Panthéon-Sorbonne, p. 419-421.
561. www.prospecierara.ch. Para conhecer outras iniciativas do mesmo gênero, consultar: www.gardenorganic.org.uk/ e www.arche-noah.at/etomite/index.php?id=52.
562. Regine Andersen & Tone Winge. *Success stories from the realization of farmers' rights related to plant genetic resources for food and agriculture*. Lysaker, Noruega: Fridtjof Nansen Institute, 2008, p. 28-30.

O MOVIMENTO *SOFTWARE* LIVRE, OS *COMMONS* E AS SEMENTES

O movimento *software* livre se desenvolveu principalmente nos finais dos anos 1970 e início dos anos 1980, quando os *hackers* (que desenvolvem programas de computador[563]) começaram a reagir contra as restrições impostas por direitos autorais (*copyrights*[564]) e por seus empregadores ao livre compartilhamento de códigos-fontes de programas de computador (*software*), informações e dados, em virtude de interesses e lógicas comerciais e competitivas. Os *hackers* viam tais restrições como empecilho ao exercício de sua criatividade e à possibilidade de trabalhar em um ambiente cooperativo, o que acabava prejudicando o próprio desenvolvimento de novos programas de computador. Consideravam também que as possibilidades de inovação seriam muito

---

563. A tradução para o termo *hacker* seria "decifrador" (de programas de computador), mas o termo é pouco usado em português. Às vezes, o termo *hacker* é usado para se referir àqueles que quebram sistemas de segurança e violam os sistemas cibernéticos. Esses são, na verdade, *crackers*, e não *hackers*.

564. Os códigos-fontes de programas de computador são protegidos por direitos autorais (*copyrights*), e não por patentes. Os *copyrights* asseguram aos seus titulares os direitos exclusivos de reproduzir, copiar, distribuir e modificar os programas de computador. Para se fazer modificações em um programa de computador ou para se utilizar partes do código-fonte em outro programa, é necessário ter acesso ao seu código-fonte. Quando se compra um programa de computador protegido por direitos autorais, o código-fonte é mantido em segredo, e só se recebe uma versão "executável" pelo computador, o que impede (ou pelo menos dificulta muito) que terceiros possam copiar ou modificar o programa.

maiores se o desenvolvimento de *software* fosse descentralizado, e os códigos-fonte, abertos.

O acesso ao código-fonte de programas de computador é em geral duplamente protegido: tanto pelo próprio *software*, que contém dispositivos que não permitem o acesso ao seu código-fonte, como pelos direitos autorais (*copyrights*), que asseguram aos seus titulares os direitos exclusivos de reproduzir, copiar, distribuir e modificar os programas de computador. No *software* livre ocorre justamente o oposto: o autor permite que qualquer usuário acesse o código-fonte de programa de computador e use, copie, modifique e crie trabalhos derivados com base naquele código-fonte. Entretanto, o usuário não pode impedir a livre redistribuição do *software* livre, o que caracterizaria violação aos direitos do autor, conforme explica Ronaldo Lemos[565].

Um dos líderes do movimento *software* livre foi Richard Stallman, do Laboratório de Inteligência Artificial do Instituto de Tecnologia de Massachusetts (Estados Unidos), que criou a Fundação para o *Software Livre* (The Free Software Foundation[566]) e lançou, em 1984, um manifesto dirigido a outros *hackers*, pedindo a participação e o apoio deles ao projeto de desenvolvimento de *software* livre, e que eles passassem a compartilhar os códigos-fontes de seus programas de computador. Stallman defendia a liberdade dos *hackers* de usar, copiar, distribuir e modificar os *softwares* como quisessem, e para tanto era necessária a divulgação dos códigos-fontes. Stallman iniciou o desenvolvimento de um novo sistema operacional, convidando todos os *hackers* a participar e contribuir para esse projeto, e criou um modelo de licença que passou a chamar de *copyleft*, em oposição ao *copyright*, cuja forma mais comum é a General Public License (GPL), ou Licença para o Público Geral.

---

565. Ronaldo Lemos. *Direito, tecnologia e cultura*. Rio de Janeiro: FGV, 2005, p. 72.
566. Consultar: www.fsf.org e Richard Stallman. "The GNU operating system and the free *software* movement." In: Chris Dibona, Sam Ockman, Mark Stone. *Open sources*: voices from the open source revolution. Cambridge, Massachusetts, 1999. Disponível em: www.oreilly.com/catalog/opensources/book/stallman.html.

A General Public License é uma licença-padrão que qualquer *hacker* pode usar para permitir o acesso ao código-fonte do seu programa, e com base em tal licença permite-se que terceiros utilizem os programas de computador para quaisquer finalidades, estudem como funcionam, adaptem-nos às suas necessidades específicas, copiem e distribuam as novas cópias, assim como modifiquem o *software* ou desenvolvam novos produtos com base nele, sem ter que pagar nada ao seu inventor. Em compensação, se o usuário decide copiar ou distribuir quaisquer novas versões do programa, ele deve fazê-lo de acordo com uma licença *copyleft*, ou seja, deve permitir que terceiros utilizem e modifiquem livremente os produtos derivados. Assim, todos se beneficiam do acesso a uma ampla diversidade de códigos-fontes, que é permanentemente enriquecida pelas inovações desenvolvidas com base neles. Eric Raymond, em seu livro *The cathedral and the bazaar*, mostra a diferença entre dois modelos de inovação: o preconizado pelo movimento *software* livre, descentralizado e cooperativo (que ele compara com um "bazar"), e o modelo convencional, centralizado e hierarquizado (que ele chama de "catedral")[567].

Em 1991, Linus Torvalds, então estudante da Universidade de Helsinque (Finlândia), lançou o núcleo-base do sistema operacional Linux por meio de uma licença *copyleft* e convidou todos os *hackers* a contribuir para o desenvolvimento e aperfeiçoamento do sistema, atraindo a adesão de milhares de programadores de todo o mundo. Segundo Janet Hope, o Linux[568] acabou se tornando não apenas um fenômeno mercadológico e

---

567. Eric Raymond. *The cathedral and the bazaar*, 2000. Disponível em: www.catb.org/~esr/writings/cathedral-bazaar/, ou em português: www.geocities.com/CollegePark/Union/3590/pt-cathedral-bazaar.html. Acessado em 17/2/2009. Consultar também: Steven Weber. *The success of open source*. Cambridge: Harvard University Press, 2004; Frank Hecker. *Setting up shop*: the business of open-source software. Mountain View, CA, 2000. Disponível em: http://hecker.org/writings/setting-up-shop; Steven Levy. *Hackers*: heroes of the computer revolution. Nova York: Penguin Books, 2001, e o site da Open Source Initiative (www.opensource.org).
568. O Linux é um sistema operacional tal como o Windows, da Microsoft, com a diferença que pode ser livremente utilizado, pois sobre ele não incidem direitos autorais (*copyrights*).

tecnológico como também um símbolo de toda uma revolução tecnossocial, conhecida como movimento do *software* livre ou de código aberto (*open source*)[569], que tem diferentes vertentes e correntes. Atualmente, estima-se que mais de 150 mil projetos dessa natureza estejam em curso em todo o mundo, envolvendo mais de 1,5 milhão de programadores de computador[570], e o movimento de *software* livre e de código-fonte aberto estendeu muitos de seus conceitos fundadores a outras áreas do conhecimento.

Alguns biólogos passaram a defender, por exemplo, uma "biologia de código aberto" (*open source biology*) e outros cientistas propuseram uma aproximação da biotecnologia com o código aberto, por considerarem que o atual sistema de propriedade intelectual tem criado dificuldades, e não incentivos, à inovação científica, por ser altamente restritivo, oneroso e cercado de segredos e empecilhos à sua utilização. Muitas ferramentas de pesquisa são protegidas por inúmeros e às vezes sobrepostos direitos de propriedade intelectual e, em alguns casos, o desenvolvimento de produtos mais complexos depende da utilização de diversas ferramentas de pesquisa, o que faz que os cientistas tenham que despender muito tempo, energia e recursos com a negociação de patentes pertencentes a terceiros. Tais negociações retardam e, em alguns casos, inviabilizam as pesquisas, principalmente as que não têm finalidades comerciais, e isso motivou muitos pesquisadores a argumentar que os mesmos conceitos do *software* livre deveriam ser aplicados às ciências biológicas.

Um dos projetos de biotecnologia de código aberto em curso se chama Iniciativa para Doenças Tropicais (*Tropical Disease Initiative*), desenvolvido pela Escola Goldman de Políticas Públicas da Universidade da Califórnia em Berkeley, pelo Departamento de Ciências Biofarmacêuticas e Química Farmacêutica da Universidade da Califórnia em São

---

569. Janet Hope. *Biobazaar*: the open source revolution and biotechnology. Cambridge: Harvard University Press, 2008, p. 12.
570. Idem, *ibid.*, p. 13.

Francisco, e pela Escola de Direito da Universidade de Duke, na Carolina do Norte. Os cientistas pretendem utilizar os princípios do código-fonte aberto para produzir fármacos destinados ao tratamento de doenças tropicais, como malária, cólera, dengue e doenças de Chagas, que atingem mais de meio milhão de pessoas em todo o mundo. Todos os cientistas terão acesso livre e permanente às ferramentas de pesquisas e bancos de dados, as novas descobertas serão compartilhadas e os produtos não serão protegidos por patentes. Dessa forma, os cientistas pretendem diminuir custos, acelerar a pesquisa e o desenvolvimento de novos fármacos e se dedicar a um tipo de pesquisa que não interessa aos grandes laboratórios e à indústria farmacêutica, por envolver doenças que atingem populações de países pobres que não podem arcar com os custos de patentes[571].

Outra iniciativa é a Inovação Biológica para uma Sociedade Aberta (*Biological Innovation for Open Society, Bios*), coordenada pelo geneticista molecular Richard Jefferson, que é diretor do Centro para a Aplicação da Biologia Molecular à Agricultura Internacional (Centre for the Application of Molecular Biology to International Agriculture, Cambia)[572], situado em Canberra, na Austrália. Com o objetivo de estender os conceitos de código aberto (*open source*) para a biotecnologia,

---

571. Stephen M. Maurer, Arti Rai, Andrej Sali. "Finding cures for tropical diseases: is open source an answer?" *PLoS Medicine*, v. 1, n. 3, e56, p. 180-183, dez. 2004. Disponível em: www.tropicaldisease.org/documents/MauRaiSal_PLOS2004.pdf. Acessado em 19/2/2009.
572. Consultar: www.cambia.org; www.sciencecommons.org. Consultar também o *site* do Public Intellectual Property Resource for Agriculture (www.pipra.org) e Robin Feldman. "The open source biotechnology movement: is it patent misuse?" *Minnesota Journal of Law, Science & Technology*, v. 6, p. 117-167, 2004. Disponível em: http://mjlst.umn.edu/uploads/CS/bW/CSbWvh00RsLS5YM4raBkYg/feldman_a2.pdf; Gerry Toomey. *Sharing the fruits of science*. Ottawa: University Affairs, 7/8/2007. Disponível em: www.universityaffairs.ca/sharing-the-fruitsof-science.aspx; American Society of Plant Biologists. "The freedom to innovate: a privilege or a right?" *The Plant Cell*, v. 19, p. 1433-1434, mai 2007. Disponível em: www.plantcell.org; Amanda Brewster, Audrey Chapman, Stephen Hansen. "Facilitating humanitarian access to pharmaceutical and agricultural innovation." *Innovation Strategy Today*, v. 1, n 3, p. 203-216, 2005. Disponível em: www.biodevelopments.org/innovation/index.htm; Andrew Pollack. "Open-sources practices for biotechnology." *The New York Times*, 10/2/2005.

Jefferson desenvolveu a licença chamada de *Bios* (*Biological Open Source*), com o objetivo de reduzir as dificuldades de acesso ao conhecimento científico e às ferramentas de pesquisa protegidas pelos direitos de propriedade intelectual. Concordando com os termos da licença *Bios*, os cientistas têm acesso ao portfolio de vetores e tecnologias desenvolvidos pelo Cambia, entre as quais se destaca o "transbacter", um vetor que permite a transferência de genes para células vegetais, oferecendo uma alternativa tecnológica a outros vetores protegidos por direitos de propriedade intelectual[573]. A licença *Bios* visa a proteger os *commons* (os bens comuns, que são chamados de *protected commons*) e evitar que o uso de ferramentas e tecnologias científicas seja restringido por direitos de propriedade intelectual. Os *commons* protegidos se distinguem dos bens em domínio público, pois esses podem ser apropriados, por meio de patentes sobre produtos e processos desenvolvidos com base em bens em domínio público, porque não gozam de nenhuma proteção legal. Os *commons* protegidos (ferramentas e tecnologias licenciadas no modelo *open source*) não podem ser apropriados por terceiros, porque há uma proteção jurídica contra tal apropriação, assegurada pela licença *Bios*.

Tais iniciativas convertem, em maior ou menor medida, para o que passou a se chamar de "movimento dos *commons*". Os *commons* são bens que não estão sujeitos ao controle específico de ninguém, e o seu uso pode ser compartilhado. Conforme destaca Ronaldo Lemos, os *commons* sempre estiveram presentes na vida humana ao longo da história, e a vida em sociedade depende essencialmente de bens mantidos como tais, como praças, ruas, obras intelectuais em domínio público etc. Entretanto, o que define se determinado bem é um *common* não é a possibilidade intrínseca (decorrente de sua própria natureza) de ser

---

[573]. Consultar: Susana Dias. "Biotecnologia poderá sacrificar patentes e aderir ao código aberto" *ComCiência Revista Eletrônica de Jornalismo Científico*, n. 57, ago. 2004. Disponível em: www.comciencia.br/reportagens/2004/08/05_impr.shtml. Consultar também a entrevista com Richard Jefferson, no n. 102, de out. 2008 dessa revista, disponível em: www.comciencia.br/comciencia/?section=8&edicao=397tipo=entrevista.

compartilhado, mas o regime (social e jurídico) a que é submetido. Assim, alguns bens intrinsecamente não competitivos (ou seja, cujo uso por uma pessoa não impede que outra também os use) não são tratados como *commons*. Exemplo disso são as obras intelectuais que não têm um suporte físico, como músicas e obras literárias divulgadas pela internet, que podem ser usadas por muitas pessoas ao mesmo tempo, mas que, em decorrência da imposição de direitos autorais, tornam-se propriedade exclusiva de determinadas pessoas. Há um monopólio sobre criações intelectuais que, de outro modo, seriam livres, como explica Ronaldo Lemos[574].

As novas formas colaborativas de produção passaram a exigir novos estatutos jurídicos, distintos da propriedade intelectual convencional. Uma das respostas foi a criação do modelo *creative commons*[575], concebido por Lawrence Lessig[576], da Universidade de Stanford (Califórnia, Estados Unidos), como explica Ronaldo Lemos, diretor do Centro de Tecnologia e Sociedade da Escola de Direito da Fundação Getúlio Vargas, do Rio de Janeiro. No Brasil, o *creative commons* funciona em parceria com essa instituição[577]. O objetivo do *creative commons* é desenvolver modelos de licenças que possam ser utilizados por qualquer indivíduo ou organização para permitir que os seus trabalhos (músicas, filmes, fotos, textos ou quaisquer obras intelectuais) sejam distribuídos, copiados e utilizados por terceiros. Em geral, as obras intelectuais só podem ser utilizadas mediante autorização do autor, porque esse tem todos os seus direitos reservados, e as licenças *creative commons* permitem que os autores reservem apenas alguns direitos. O autor pode optar por diferentes tipos de licenças *creative commons*: ele pode autorizar a livre cópia, distribuição e utilização da obra, desde que conste sempre, em

---

574. Ronaldo Lemos. *Direito, tecnologia e cultura*. Rio de Janeiro: FGV, 2005, p. 18-19.
575. www.creativecommons.org.
576. Lawrence Lessig. *The future of ideas: the fate of the commons in a connected world*. Random House, 2001; Lawrence Lessig. *Free culture: the nature and future of creativity*. Nova York: Penguin Books, 2004.
577. www.creativecommons.org/projects/international/br.

todos os meios de divulgação, o nome do autor; o autor pode autorizar a livre cópia e distribuição da obra, mas proibir sua utilização para a criação de outras obras derivadas, ou seja, a obra original não poderá ser alterada sem a permissão prévia do autor; ou ele pode proibir a utilização da obra para fins comerciais, mas permitir a livre utilização sem fins comerciais etc. Em suma, o autor estabelece a licença mais adequada aos seus interesses e às peculiaridades de sua obra[578]. Este trabalho, por exemplo, é licenciado por uma licença *creative commons*, sob as seguintes condições: ele poderá ser livremente copiado e distribuído, por qualquer meio de comunicação, desde que seja dado crédito à autora original; ele poderá ser livremente utilizado para fins não comerciais, mas não poderá ser utilizado com finalidades comerciais (por exemplo, reproduzido para venda); ele poderá ser alterado, transformado ou utilizado para o desenvolvimento de outra obra, desde que a obra resultante seja licenciada nos mesmos termos (ou seja, no modelo *creative commons*).

Em outras palavras, o que iniciativas como o *software* livre, a biologia de código aberto e as licenças *creative commons* buscam é um equilíbrio entre os monopólios promovidos pelos direitos de propriedade intelectual e a proteção do domínio público. De alguma forma, todos respondem aos argumentos formulados por Garrett Hardin em seu famoso ensaio *The tragedy of the commons*, de 1968, em que sustenta que os bens que não são apropriados e se mantêm no domínio público, são mal utilizados e explorados indevidamente, porque ninguém se sente dono e se responsabiliza por cuidar deles[579]. Em 1998, Michael Heller rebateu tais argumentos, escrevendo o artigo "The tragedy of the anticommons: property in the transition from Marx to markets"[580], e em coautoria com Rebecca Eisenberg escreveu no mesmo ano "Can

---

578. Ronaldo Lemos. *Direito, tecnologia e cultura*. Rio de Janeiro: FGV, 2005, p. 82-92.
579. Garrett Hardin. "The tragedy of the commons" *Science*, v. 162, p. 1243-1248, 1968.
580. Michael Heller. "The tragedy of the anticommons: property in the transition from Marx to markets." *Harvard Law Review*, v. 11, p. 621-688, 1998.

patents deter inovation? Anticommons in biomedical research"[581], em que mostram os efeitos de uma situação contrária: quando há muitos donos e todos têm o direito de excluir uns aos outros, e a utilização de determinado bem ou recurso depende de complexas negociações com todos os seus donos, este acaba sendo subutilizado. A incidência e a sobreposição de direitos de propriedade intelectual sobre determinado bem ou recurso acabam impedindo seu uso e o desenvolvimento de inovações potencialmente úteis para a sociedade.

E o que os movimentos de *software* livre e o dos *commons* têm que ver com as sementes e os agricultores? Ambos pleiteiam o livre acesso e circulação dos conhecimentos e inovações e defendem o compartilhamento, e não a exclusão. Ambos têm sofrido os efeitos de uma proliferação excessiva de direitos de propriedade intelectual sobre recursos e saberes que lhe são fundamentais, e da ausência de mecanismos de proteção ao domínio público. Como os *hackers* que iniciaram o movimento *software* livre, os agricultores têm se indignado com leis editadas à sua revelia e que conflitam com as normas locais de acesso e compartilhamento de recursos e saberes. Buscam formas não apenas de se proteger contra a apropriação indevida de seus recursos e saberes por terceiros, mas de garantir espaço legal para manter os processos biológicos, sociais e culturais que asseguram sua segurança alimentar.

Não só os agricultores, mas os pesquisadores e melhoristas de instituições públicas também têm sentido os efeitos das restrições impostas por direitos de propriedade intelectual, que criam uma atmosfera avessa à cooperação científica e ao intercâmbio de germoplasma, o que acaba limitando as pesquisas e o desenvolvimento de novas variedades agrícolas. Afinal, o melhoramento vegetal é uma atividade que depende essencialmente do acesso a uma ampla diversidade de materiais genéticos vegetais. As novas variedades são criadas a partir das variedades e inovações já realizadas e as inovações se produzem cumulativamente.

---

581. Michael Heller; Rebecca Eisenberg. "Can patents deter inovation? Anticommons in biomedical research" *Science*, v. 280, p. 698-701, 1998.

E foi justamente por essa razão que os melhoristas criaram um sistema de proteção dos cultivares distinto das patentes, e considerado por alguns como um sistema *sui generis* por permitir a utilização da variedade vegetal protegida como fonte de variação no melhoramento e com a finalidade de criar novas variedades, sem a autorização do titular do direito de propriedade intelectual. Em sua versão original (e não mais na atual), alguns melhoristas entendem que o sistema Upov poderia ser considerado um sistema *open source*, pois não só assegurava o direito de livre utilização das variedades no melhoramento como também permitia aos agricultores guardar (sem restrições) as sementes de variedades protegidas para reutilização. Aos poucos, entretanto, o sistema Upov tem se aproximado do sistema de patentes, com a imposição de sucessivas restrições aos direitos de melhoristas e agricultores. O que os melhoristas querem, na verdade, é resgatar alguns princípios do sistema Upov original.

Para tanto, alguns cientistas têm proposto a criação de um modelo "Biolinux" e de uma General Public License (GPL), ou Licença para o Público Geral, que é a forma mais comum de licença *copyleft*, para germoplasma vegetal. Segundo tal proposta, os termos de transferência de materiais genéticos passariam a incluir normas relativas ao uso dos materiais recebidos semelhantes àquelas das licenças *copyleft*, ou seja, aquele que recebe os materiais genéticos se comprometeria a, caso sejam desenvolvidas novas variedades vegetais com base nos materiais genéticos recebidos, disponibilizá-las para livre utilização por terceiros. Assim, o melhorista poderá utilizar livremente os materiais recebidos em suas pesquisas e no desenvolvimento de novas variedades, mas as novas variedades também deverão estar livremente disponíveis para terceiros. Seriam também assegurados os direitos dos agricultores de utilizar livremente as variedades, guardá-las, trocá-las com outros agricultores e desenvolver novas variedades com base no cruzamento com as variedades protegidas pela licença *copyleft*, pois a proteção conferida pela licença *copyleft* é justamente a que impede a sua apropriação e assegura sua livre circulação e utilização. Diversos cientistas têm defendido propostas de utilização do modelo *open source* e das licenças *copyleft* para sementes e variedades agrícolas, como Sylvain Desmoulière[582], Jack Kloppenburg[583], Krishna Ravi Srinivas[584], Roberto Verzola[585] e Margareth Kipp[586].

Preston Hardison destaca, entretanto, algumas dificuldades para se utilizar o conceito de *commons* em relação a recursos e saberes detidos por povos indígenas e comunidades locais. Ele chama atenção para a necessidade de se distinguir os *commons* (bens comuns) de livre acesso e os *commons* socialmente regulados. Ele critica a tendência de algumas organizações da sociedade civil de tratar o conceito de *commons* como se fosse monolítico e unitário e pudesse ser aplicado indistintamente a quaisquer situações em que recursos e saberes são compartilhados e coletivamente desenvolvidos. É como se houvesse apenas dois movimentos antagônicos – representados por aqueles que promovem uma hiperprivatização da "nossa cultura", por um lado, e por aqueles que defendem o domínio público e o livre acesso à cultura e aos bens culturais, por outro. Hardison acentua que não existe uma única modalidade de *commons*, e sim uma pluralidade de *commons*, que são definidos por

---

582. Sylvain Desmoulière. *Approche ethnobotanique de la diversité varietale du manioc en Amazonie centrale*: gestion et perspectives de conservation. Paris, 2001. Tese (doutorado) – Muséum National d'Histoire Naturelle, Laboratoire d'Ethnobiologie-Biogéographie.
583. Jack Kloppenburg. *Seeds, sovereignty and the Via Campesina*: plants, property, and the promise of open source biology. Ensaio preparado para o Workshop on Food Sovereignty: Theory, Praxis and Power. 17-18 de novembro de 2008. St. Andrews College, University of Saskatchewan, Canada.
584. Krishna Ravi Srinivas. "Intellectual property rights and bio commons: open source and beyond." *International Social Science Journal*, v. 58, n. 188, p. 319-334, 2006.
585. Roberto Verzola. *Software* and seeds: lessons in community sharing. *Seedling*, p. 13-17, out. 2005.
586. Margareth Kipp. "*Software* and seeds: open source methods." *First Monday*, v. 10, n. 9, set. 2005. Disponível em: http://firstmonday.org/htbin/ cgiwrap/bin/ojs/index.php/fm/issue/view/188. No Brasil, o Fórum Internacional de *Software* Livre montou, em 2006, um "Banco de Sementes Livres", com o objetivo de oferecer às comunidades indígenas e quilombolas do Rio Grande do Sul sementes livres de modificações genéticas e sobre as quais não incida nenhum direito de propriedade intelectual. Fonte: Rafael Evangelista. *Banco de Sementes livres*. Porto Alegre, 11/1/2006. Disponível em: http://wiki.softwarelivre.org/Sementes/ Noticia20060111215216.

normas e instituições locais, e que os mais de seis mil povos indígenas existentes no mundo e as outras comunidades locais mantêm diversas concepções sobre os *commons*.[587]

Apesar de os povos indígenas não adotarem o nosso conceito de propriedade, isso não significa que eles não tenham suas próprias normas sociais para regular o uso e a circulação do conhecimento, e é muito comum que estabeleçam restrições em relação a quem pode usar determinados conhecimentos, quando, em que circunstâncias e com quais finalidades, destaca Hardison. Não se trata de criar um regime de domínio público em que tudo é livremente acessível a todos e em quaisquer circunstâncias e, sim, de respeitar as normas e instituições locais que regulam os direitos coletivos e individuais e as formas de compartilhamento, protegendo-se o que Hardison chama de *commons* socialmente regulados[588]. Ou, segundo Fernando Mathias, "é preciso ter em mente que são muitas as perspectivas indígenas, e nem todas caminham de mãos dadas com as abordagens de acesso livre"[589].

---

587. Preston Hardison. *Indigenous peoples and the commons*. Brasília: ISA, 17/8/2007. Disponível em: http://ct.socioambiental.org/node/3 Esse é o *blog* do projeto "Conhecimentos tradicionais. Inovar para avançar: propondo novas formas de salvaguarda aos direitos coletivos dos povos indígenas", desenvolvido pelo Instituto Socioambiental e coordenado pelo advogado Fernando Mathias.
588. Idem, *ibid*.
589. Relatório parcial do projeto "Conhecimentos tradicionais. Inovar para avançar: propondo novas formas de salvaguarda aos direitos coletivos dos povos indígenas", disponível em: http://ct.socioambiental.org/relatorioparcial. Acessado em 18/2/2009. Esse projeto enfoca os seguintes casos: o registro das danças tradicionais Wanano e das músicas Baniwa, de povos indígenas do rio Negro (http://ct.socioambiental.org/planorionegro), e o registro das músicas do povo indígena Yudjá e da casa de cultura Ikpeng, na região do Xingu (http://ct.socioambiental.org/planoxingu). Consultar também: Manuela Carneiro da Cunha. *"Culture" and culture*: traditional knowledge and intellectual rights. Prickly Paradigm Press, 2007. Disponível em: http://openlibrary.org/b/OL8586895M. Acessado em 14/2/2009. Nesse trabalho, Manuela Carneiro da Cunha afirma que tanto os direitos de propriedade intelectual coletivo como o regime de uso comum (*commons*) apagam a diversidade dos regimes históricos e sociais de conhecimento tradicional. Afirma que, embora ela se alinhe, de modo geral, às propostas de que o conhecimento tradicional seja colocado no domínio público, mais precisamente no domínio público pago (em que o conhecimento tradicional é acessível a todos, mas seus detentores têm direito a pagamento caso

Por tais razões é que uma eventual utilização/adaptação dos sistemas de código aberto para as sementes e variedades agrícolas locais deve considerar sempre as normas e as instituições locais que regulam o acesso e a circulação de materiais genéticos e de saberes agrícolas associados, seja de povos indígenas, seja de populações tradicionais ou agricultores tradicionais, familiares ou agroecológicos. De qualquer forma, as licenças *creative commons* têm sido suficientemente flexíveis para permitir aos autores que as adaptem segundo suas necessidades. Não faz sentido estabelecer quaisquer licenças, seja *copyleft* ou qualquer outra forma de acesso livre ou código aberto, para regular as relações entre membros de uma mesma comunidade indígena ou local, ou entre agricultores tradicionais, familiares ou agroecológicos, pois tais relações devem ser regidas pelas normas e instituições locais. Tais modelos podem, entretanto, ser pensados quando envolvem relações com terceiros (externos) e se pretende autorizar determinados usos, restringir outros e impedir a apropriação indevida de tais recursos e saberes por terceiros. As experiências de melhoramento participativo, desenvolvidas em parceria entre melhoristas de instituições de pesquisa e agricultores, por exemplo, poderiam utilizar as licenças *copyleft* quando são desenvolvidas novas variedades agrícolas.

---

algum produto de valor comercial seja desenvolvido com base nele), sabe que, em muitas sociedades tradicionais, existe a noção de direitos privados sobre conhecimentos e que, portanto, o domínio público pago pode ser muitas vezes contrário ao direito costumeiro dessas sociedades.

Os sistemas agrícolas e a proteção ao patrimônio cultural

Os bens culturais de natureza imaterial

Para Carl Sauer[590], as plantas cultivadas são "artefatos culturais", e para Laure Emperaire, são "objetos biológicos na sua natureza, mas culturais na sua essência". A cultura está presente até mesmo no termo "agri-cultura", e a palavra "cultura" tem, historicamente, o sentido de cultivo da terra. Cultura e agricultura estão, portanto, intimamente relacionadas, e não podemos prescindir da utilização dos instrumentos jurídicos de salvaguarda do patrimônio cultural para reconhecer, valorizar e proteger os sistemas agrícolas locais e todos os seus componentes, tangíveis e intangíveis: plantas cultivadas, técnicas, práticas e saberes agrícolas. Para tanto, dispomos de um sólido arcabouço jurídico, fundamentado na própria Constituição Federal e em convenções internacionais assinadas e ratificadas pelo Brasil.

A Constituição brasileira representou um grande avanço na proteção dos bens culturais, tendo consagrado uma nova e moderna concepção de patrimônio cultural, mais abrangente e democrática. A Constituição ampliou o conceito de patrimônio cultural (artigo 216), reconhecendo

---

590. Carl Sauer. "As plantas cultivadas na América do Sul tropical" *In*: Berta Ribeiro. *Suma etnológica brasileira: etnobiologia*. 3ª ed. Petrópolis: Vozes; Finep, 1986, p. 59-90.

sua dupla natureza – material e imaterial – e incluindo entre os bens culturais as formas de expressão, os modos de criar, fazer e viver e as criações científicas, artísticas e tecnológicas dos diferentes grupos sociais brasileiros. A concepção adotada pela Constituição foi a de que não é possível compreender os bens culturais sem considerar os valores neles investidos e o que representam – a sua dimensão imaterial – e, da mesma forma, não se pode entender a dinâmica do patrimônio imaterial sem o conhecimento da cultura material que lhe dá suporte[591]. A definição constitucional abrange as manifestações culturais de caráter processual e dinâmico, e valoriza a cultura "viva", enraizada no cotidiano das sociedades[592].

Os bens imateriais abrangem as mais diferentes formas de saber, fazer e criar, como músicas, contos, lendas, danças, receitas culinárias etc. Incluem os conhecimentos, inovações e práticas agrícolas, detidos pelos agricultores tradicionais e locais, que vão desde as formas de cultivo (queima e pousio, plantios consorciados etc.) até o controle biológico de pragas e doenças e o melhoramento de variedades locais. Tais conhecimentos tradicionais e locais, associados à agrobiodiversidade, fazem parte do patrimônio cultural brasileiro e devem ser objeto de ações

---

591.Instituto do Patrimônio Histórico e Artístico Nacional; Fundação Nacional de Arte. *O registro do patrimônio imaterial:* Dossiê final das atividades da Comissão e do Grupo de Trabalho Patrimônio Imaterial. Brasília, jul. 2003, p. 125. Consultar também: Carlos Frederico Marés de Souza Filho. *Bens culturais e sua proteção jurídica.* 3ª ed. Curitiba: Juruá, 2005; Izabela Tamaso. *A expansão do patrimônio:* novos olhares sobre velhos objetos, outros desafios. Brasília: UnB, 2006. (Antropologia, 390). Disponível em: www.unb.br/ics/dan; Mariza Velozo. "O fetiche do patrimônio", *Habitus* (Revista do Instituto Goiano de Pré-História e Antropologia da Universidade Católica de Goiás), v. 4, n. 1, jan.-jun. 2006.

592. Maria Cecília Londres Fonseca. "Da modernização à participação: a política federal de preservação dos anos 70 e 80". *Revista do Patrimônio Histórico e Artístico Nacional,* Brasília: Iphan, n. 24, p. 153, 1996. Consultar também: Maria Cecília Londres Fonseca. *O patrimônio em processo:* trajetória da política federal de preservação no Brasil. 2ª ed. Rio de Janeiro: UFRJ; Iphan, 2005; Maria Cecília Londres Fonseca. "Para além da pedra e cal: por uma concepção ampla de patrimônio cultural." In: Regina Abreu & Mário Chagas. *Memória e patrimônio:* ensaios contemporâneos. Rio de Janeiro: DP & A, 2003, p. 56-75.

e políticas de salvaguarda e fomento. As duas faces desse patrimônio cultural – material (agroecossistemas e plantas cultivadas) e imaterial (saberes agrícolas) – são tuteladas pela Constituição. Além do tombamento (destinado à proteção de edificações, obras de arte e outros bens de natureza material), a Constituição prevê ainda o registro e o inventário, instrumentos voltados para a tutela de bens culturais de natureza imaterial. Estabelece ainda que "outras formas de acautelamento e preservação" deverão ser estabelecidas pelo poder público, com o apoio da comunidade, para promover e proteger o patrimônio cultural brasileiro (artigo 216, parágrafo 1º da Constituição Federal).

O Decreto 3.551/2000 instituiu o registro de bens culturais de natureza imaterial, criando os livros de registro de saberes, celebrações, formas de expressão e lugares. No *Livro de Registro dos Saberes* são inscritos os conhecimentos e modos de fazer enraizados no cotidiano das comunidades (por exemplo, o ofício das paneleiras de Goiabeiras, no Espírito Santo, e o ofício das baianas de acarajé, na Bahia). No *Livro de Registro das Celebrações*, são inscritos os rituais e festas que marcam a vivência coletiva do trabalho, da religiosidade, do entretenimento e de outras práticas da vida social (por exemplo, o Círio de Nazaré, em Belém, Pará). No *Livro de Registro das Formas de Expressão*, são inscritas as manifestações literárias, musicais, plásticas, cênicas e lúdicas (por exemplo, arte gráfica Kusiwa dos índios Waiãpi, do Amapá). No *Livro de Registro dos Lugares* são inscritos os mercados, feiras, santuários, praças e demais espaços onde se concentram e reproduzem práticas culturais coletivas (por exemplo, a Cachoeira de Iauaretê, lugar sagrado para os povos indígenas do alto rio Negro, localizada no distrito de Iauaretê, município de São Gabriel da Cachoeira, no Amazonas[593]). Além desses quatro livros, o Decreto 3.551/2000 prevê a abertura de novos livros pelo Iphan. O principal objetivo do registro é reunir e sistematizar o mais completo conhecimento e documentação sobre o bem cultural

---

593. Esses são apenas alguns exemplos. Para uma relação completa dos bens inscritos nos livros de registro do Iphan, consultar:www.iphan.gov.br.

que se quer reconhecer como patrimônio cultural do Brasil, a fim de propiciar sua ampla difusão e valorização social, segundo Ana Cláudia Lima e Alves.[594] O registro tem natureza declaratória e deve contar sempre com o apoio dos grupos sociais envolvidos. Os bens culturais protegidos pelo registro não geram necessariamente produtos e serviços com um valor econômico, ainda que tenham forte valor cultural, simbólico, político, social etc.

Além da outorga do título de "patrimônio cultural do Brasil", o registro gera a obrigação dos poderes públicos de promover ações de salvaguarda, a fim de apoiar a sua continuidade e as condições sociais e materiais que possibilitam a sua existência. O registro considera ainda o caráter dinâmico e processual dos bens culturais imateriais, e o Iphan deve fazer a reavaliação dos bens culturais registrados pelo menos a cada dez anos, a fim de decidir sobre a revalidação (ou não) do título de patrimônio cultural do Brasil. Ana Cláudia Lima e Alves destaca que, diferentemente do entendimento erroneamente consagrado pelo senso comum, entende-se tradição como as práticas e expressões da cultura que são transformadas, reiteradas e atualizadas através dos tempos, mantendo sua essência e seus sentidos para o homem contemporâneo[595]. O Decreto 3.551/2000 institui ainda o Programa Nacional do Patrimônio Imaterial, que adota como instrumentos, além do registro, o

---

594. Ana Cláudia Lima e Alves. "A instrução dos processos de registro de bens culturais imateriais." Belo Horizonte: EAD/DUO Informação e Cultura, 2008. Curso *Patrimônio Imaterial*: Política e Instrumentos de Identificação, Documentação e Salvaguarda, módulo 3, aula 6, realização da Unesco. Consultar também: Fabíola Nogueira da Gama Cardoso. "Diversidade cultural e identidade nacional: aspectos da política federal de registro de bens culturais de natureza imaterial." *In*: *Patrimônio*: práticas e reflexões. Rio de Janeiro: Iphan/Copedoc, 2007, p. 203-232; Márcia Sant'Anna. "A face imaterial do patrimônio cultural: os novos instrumentos de reconhecimento e valorização." *In*: Regina Abreu & Mário Chagas. *Memória e patrimônio*: ensaios contemporâneos. Rio de Janeiro: DP & A, 2003, p. 46-55; Gilson Martins Mendonça. *Meio ambiente cultural*: aspectos jurídicos da salvaguarda ao patrimônio cultural imaterial brasileiro. 2006. Dissertação (Mestrado em Ciências Jurídicas e Sociais) – Pontifícia Universidade Católica do Paraná.
595. Ana Cláudia Lima e Alves, *op. cit*. A Resolução 1/2006 do Iphan detalha os procedimentos de registro previstos no Decreto 3.551/2000 e em seus considerandos adota tal conceito de tradição.

inventário nacional de referências culturais[596] e os planos de salvaguarda, em que são definidas as formas mais adequadas de salvaguardar o bem, que podem ir desde a ajuda financeira a detentores de saberes até a organização comunitária ou a facilitação de acesso a matérias-primas.

A Associação das Comunidades Indígenas do Médio Rio Negro (Acimrn) enviou ao Iphan um pedido de registro do sistema agrícola dessa região como patrimônio cultural imaterial no Livro de Registro dos Saberes em julho de 2007. Segundo relatam Laure Emperaire, Lúcia van Velthem e Ana Gita de Oliveira[597], tal demanda resultou da articulação com dois programas de pesquisa interdisciplinar sobre a agrobiodiversidade e os conhecimentos tradicionais associados na Amazônia[598], que demonstraram como a diversidade agrícola constitui a expressão de uma identidade cultural e se integra na noção de patrimônio cultural imaterial. Conforme Laure Emperaire, Lúcia van Velthem e Ana Gita de Oliveira[599], no contexto do rio Negro sistema agrícola pode ser entendido como "um conjunto de saberes,

---

596. O Inventário Nacional de Referências Culturais (INRC) é o instrumento técnico de produção de conhecimentos sobre bens culturais de natureza processual e dinâmica. Consultar: Ana Gita de Oliveira . "A diversidade cultural como categoria organizadora de políticas públicas." *In:* João Gabriel L. C. Teixeira. *Patrimônio imaterial, performance e (re)tradicionalização.* Brasília: ICS-UnB, 2004, p. 37-42. O inventário visa a produzir conhecimentos sobre os domínios da vida social aos quais são atribuídos sentidos e valores e que constituem marcos e referências de identidade para determinado grupo social. Contempla, além das categorias estabelecidas no registro, edificações associadas a certos usos, a significações históricas e a imagens urbanas, independentemente de sua qualidade arquitetônica ou artística.
597. Laure Emperaire, Lúcia H. van Velthem, Ana Gita de Oliveira. "Patrimônio cultural imaterial e sistema agrícola: o manejo da diversidade agrícola no médio rio Negro (AM)." *In:* 26ª Reunião Brasileira De Antropologia, realizada em 1º de abril de 2008, Porto Seguro, BA. CD virtual, disponível em: abant.org.br/ noticias.php?type=congressoRBA#453. Acessado em 11/1/2009.
598. Pesquisa realizada no âmbito de dois programas: "Manejo Tradicional da Mandioca na Amazônia Brasileira", 1998-2000, convênio CNPq-ISA – IRD, n. 91.0211 / 1997-3, com financiamento do BRG, CNPq e IRD; 2005-2009 e "Populações Locais, Agrobiodiversidade e Conhecimentos Tradicionais Associados na Amazônia" (Pacta), convênio CNPq – Unicamp / IRD – UR 169, n. 492693 / 2004-8, com a participação da Associação das Comunidades Indígenas do Médio Rio Negro (Acimrn). Financiamento: IRD, CNPq, ANR-Biodivalloc e BRG. Autorização 139 (*DOU* de 4/4/2006).
599. Laure Emperaire, Lúcia H. van Velthem, Ana Gita de Oliveira, *op. cit.*

mitos e relatos, práticas, produtos, técnicas, artefatos e outras manifestações associadas que envolvem os espaços manejados e as plantas cultivadas, as formas de transformação dos produtos agrícolas e os sistemas alimentares locais."[600] Explicam essas autoras que a noção de sistema vincula o bem cultural a um conjunto mais complexo de relações, e abre a perspectiva de registro (pelo Iphan) de elementos mais vastos do patrimônio cultural brasileiro, como a inscrição de sistemas agrícolas, entre os quais o do rio Negro, que se caracterizam por um conjunto de elementos interdependentes e não por um único objeto ou bem específico[601]. Acrescentam ainda que: "o sistema agrícola do Rio Negro detém rica agrobiodiversidade: as pesquisas realizadas em duas comunidades do médio rio Negro – Tapereira e Espírito Santo, e na cidade de Santa Isabel do Rio Negro levantaram 243 espécies cultivadas e 73 variedades de mandioca. Cada família cultiva entre 17 e 97 espécies diferentes e de seis a vinte variedades de mandioca. Além da diversidade associada à mandioca, identificou-se uma alta diversidade de pimentas, abacaxis, inhames e bananas, o que confirma a importância regional do rio Negro em termos de conservação da diversidade agrícola"[602]. Para essas autoras, o pedido de registro do sistema agrícola do rio Negro como patrimônio cultural imaterial é "um exemplo concreto de como os instrumentos e as políticas de salvaguarda do patrimônio cultural podem ser utilizados em favor da agrobiodiversidade, da diversidade cultural e dos sistemas agrícolas locais".

Outra forma de proteção dos produtos e processos associados à agrobiodiversidade é por meio do registro de sistemas alimentares como patrimônio cultural imaterial, considerando-se que alimentação e cultura estão também diretamente associadas[603]. O Iphan já efetuou, inclusive, o

---

600. Laure Emperaire, Lúcia H. van Velthem, Ana Gita de Oliveira. "Patrimônio cultural imaterial e sistema agrícola: o manejo da diversidade agrícola no médio rio Negro (AM)." *In*: 26ª Reunião Brasileira De Antropologia, realizada em 1º de abril de 2008, Porto Seguro, BA. *[Documentos]*. CD virtual, disponível em: abant.org.br/ noticias.php?type=congressoRBA#453. Acessado em 11/1/2009, p. 3.
601. Idem, *ibid.*, p. 5.
602. Idem, *ibid.*, p. 7-8.
603. Consultar a coluna "Alimentação e cultura", de Renata Menasche no *site*: www.slowfoodbrasil.com. Consultar ainda: Renata Menasche. *A agricultura familiar à mesa:* saberes

registro do modo de produção artesanal do queijo de Minas (das regiões do Serro e das serras da Canastra e do Salitre) como patrimônio imaterial brasileiro. Realiza ainda o Inventário Nacional de Referências Culturais da Produção de Doces Tradicionais Pelotenses, visando identificar e reconhecer a tradição doceira pela qual Pelotas, no Rio Grande do Sul, é nacionalmente conhecida, assim como os Inventários Nacionais de Referências Culturais do Tacacá e da Farinha de Mandioca (Pará), em parceria com o Centro Nacional de Folclore e Cultura Popular. A farinha de mandioca é um componente básico de vários pratos da cozinha típica paraense, como o pato no tucupi, a tapioca, a maniçoba e o tacacá, que estão associados à identidade regional. O tacacá é feito com goma de tapioca e tucupi, subprodutos da mandioca, e é servido em cuias, utensílio típico do artesanato paraense, e tomado geralmente no final da tarde. As tacacazeiras e suas barracas fazem parte da paisagem das ruas de Belém, conforme destaca Maria Dina Nogueira[604].

A Convenção para a Salvaguarda do Patrimônio Cultural Imaterial[605] e a Convenção sobre a Proteção e Promoção da Diversidade das Expressões Culturais também já foram incorporadas ao sistema jurídico brasileiro. A primeira define o patrimônio imaterial como o conjunto de "práticas, representações, expressões, conhecimentos e técnicas – junto

---

e práticas da alimentação no Vale do Taquari. Porto Alegre: UFRGS, 2007; Julie Antoinette Cavignac & Maria Isabel Dantas. "Sistema alimentar e patrimônio imaterial: o chouriço do Seridó." *Sociedade e Cultura*, Goiânia: UFGO, v. 8, n. 2, p. 63-78, jul.-dez. 2005; KATZ, Esther. *Alimentação indígena na América Latina*: Comida invisível, comida de pobres ou patrimônio culinário? Trabalho apresentado na 26ª. Reunião da Associação Brasileira de Antropologia, realizada entre os dias 1º e 4 de junho de 2008, em Porto Seguro (BA). Disponível em: http://201.48.149.88/abant/ Acesso em 12/02/2009.
604. Maria Dina Nogueira. "Mandioca e farinha: identidade cultural e patrimônio nacional." *In*: Brasil. Ministério do Meio Ambiente. *Agrobiodiversidade e diversidade cultural*. Brasília, 2006, p. 25-27.
605.A Convenção para a Salvaguarda do Patrimônio Cultural Imaterial foi aprovada pelo Congresso Nacional por meio do Decreto Legislativo n. 22/2006, e promulgada pelo Decreto Presidencial n. 5.753, de 12/4/2006. Consultar: Ana Luiza Membrive Martins. *Patrimônio imaterial*: conceitos, ações e perspectivas. Brasília, 2004. Dissertação (Mestrado) – Instituto Rio Branco, Ministério das Relações Exteriores; Regina M. C. Dunlop. *Conhecimentos tradicionais*: o interesse brasileiro na Ompi. Brasília: Instituto Rio Branco, 2003. XLIV Curso de Altos Estudos.

com os instrumentos, objetos, artefatos e lugares culturais que lhes são associados – que as comunidades, os grupos e, em alguns casos, os indivíduos reconhecem como parte integrante de seu patrimônio cultural". Reconhece ainda que o patrimônio cultural imaterial é "constantemente recriado pelas comunidades e grupos em função de seu ambiente, de sua interação com a natureza e de sua história".

Já a Convenção sobre a Proteção e Promoção da Diversidade das Expressões Culturais[606] (mais conhecida como Convenção para a Proteção da Diversidade Cultural) reconhece expressamente "a importância dos conhecimentos tradicionais como fonte de riqueza material e imaterial, e, em particular, dos sistemas de conhecimento das populações indígenas, e sua contribuição positiva para o desenvolvimento sustentável, assim como a necessidade de assegurar sua adequada proteção e promoção". Reconhece ainda os diversos modos de criação, produção e manifestação das expressões culturais e a necessidade de se adotar medidas para proteger e promover a diversidade das expressões culturais. As duas convenções constituem – juntamente com a Convenção para a Proteção do Patrimônio Mundial, Cultural e Natural[607] – os pilares da promoção da diversidade cultural. Em relação à Convenção para a Proteção do Patrimônio Mundial, interessa principalmente aos objetivos desse trabalho o conceito de paisagem cultural (*cultural landscape*), adotado pela Unesco

---

606. A Convenção sobre a Proteção e Promoção da Diversidade das Expressões Culturais foi aprovada pelo Congresso Nacional por meio do Decreto Legislativo n. 485/2006, e promulgada pelo Decreto Presidencial n. 6.177, de 1º de agosto de 2007. Consultar: Rodrigo Mendes Carlos de Almeida. *Cultura, Desenvolvimento e Comércio*: a Declaração Universal da Unesco sobre a Diversidade Cultural. Brasília, 2005. Dissertação (mestrado) – Instituto Rio Branco, Ministério das Relações Exteriores; Krishna Ravi Srinivas. "Unesco: Cultural Diversity Convention" *Economic & Political Weekly*, v. 41, n. 10, 11-17/3/2006. Disponível em: www.epw.org.in. Acessado em 10/1/2009.

607. A Convenção para a Proteção do Patrimônio Mundial, Cultural e Natural foi aprovada pelo Congresso Nacional por meio do Decreto Legislativo n.74/1977, e promulgada pelo Decreto Presidencial n. 80.978, de 12 de dezembro de 1977. Consultar: João Batista Lanari Bo. *Proteção do patrimônio na Unesco*: ações e significados. Brasília: Unesco, 2003 e Sandra Cureau. "Patrimônio, uma noção complexa, identitária e cultural" *In*: Sandra Akemi Shimada Kishi, Solange Teles da Silva, Inês Virgínia Prado Soares. *Desafios do Direito Ambiental no século XXI*: estudos em homenagem a Paulo Affonso Leme Machado. São Paulo: Malheiros, 2005, p. 728-752.

a partir de 1992, que promove uma visão integrada das relações entre homem e natureza e como elas se refletem nas paisagens.

As paisagens culturais

A Convenção para a Proteção do Patrimônio Mundial, Cultural e Natural, aprovada em 1972, estabeleceu a inscrição de bens como patrimônio mundial em duas categorias diferentes: patrimônio natural ou patrimônio cultural. Havia, no texto da convenção, um antagonismo entre as categorias cultural e natural, reflexo da origem bipartite da preocupação com o patrimônio mundial, oriunda de dois movimentos separados: um que se preocupava com os sítios culturais e outro que lutava pela conservação da natureza, conforme destaca Rafael Ribeiro[608]. Mais tarde, verificando-se a existência de bens que podiam ser classificados nas duas categorias, foi criada a classificação de bem misto, para aqueles que tinham sua inscrição justificada tanto por critérios naturais quanto culturais, mas sem uma análise da integração entre ambos. Foi apenas em 1992, no mesmo ano em que se realizou a Conferência das Nações Unidas sobre Meio Ambiente e Desenvolvimento, no Rio de Janeiro, que a Unesco adotou a categoria "paisagem cultural", valorizando todas as inter-relações entre homem e meio ambiente, entre o natural e o cultural. As paisagens culturais, para serem incluídas na lista do patrimônio mundial, devem ser selecionadas pelo seu valor universal, pela sua representatividade em termos de uma região geocultural claramente definida e pela sua capacidade de ilustrar elementos culturais distintos dessa região. O conceito de paisagem cultural abarca também as ideias de pertencimento, significado, valor e singularidade do lugar[609].

As paisagens culturais são classificadas em três categorias, para fins de inscrição como patrimônio mundial: a) paisagens claramente definidas

---

608. Rafael W. Ribeiro. *Paisagem cultural e patrimônio*. Rio de Janeiro: Iphan, Copedoc, 2007, p. 38.
609. Idem, *ibid.*, p. 41 e 48.

(*clearly defined landscapes*), que são aquelas desenhadas e criadas intencionalmente, como jardins e parques construídos por razões estéticas; b) paisagens evoluídas organicamente (*organically evolved landscapes*), também chamadas de "essencialmente evolutivas", que se subdividem em paisagens-relíquia ou fóssil (*relict or fossil landscapes*), cujo processo de construção terminou no passado, e paisagens contínuas ou vivas (*continuing landscapes*), em que os processos evolutivos ainda estão em curso; c) paisagens culturais associativas (*associative cultural landscapes*), que têm o seu valor determinado de acordo com associações feitas acerca delas, como as associações espirituais de povos tradicionais com determinadas paisagens[610]. Não há, até o momento, nenhum sítio brasileiro reconhecido como paisagem cultural na lista de patrimônio mundial da Unesco[611], assim como nenhum sítio inscrito no Livro do Tombo Arqueológico, Etnográfico e Paisagístico[612] que tenha sido tombado por seu valor enquanto "paisagem cultural", no sentido definido pela Unesco, que privilegia as interações entre cultura e natureza e os componentes materiais e imateriais[613].

Entre as paisagens culturais inscritas na lista do patrimônio mundial da Unesco estão alguns sistemas agrícolas tradicionais e locais: os terraços de arroz das cordilheiras filipinas (data da inscrição: 1995); as primeiras plantações de café do sudeste de Cuba, situadas no pé da sierra Maestra (data da inscrição: 2000); a paisagem agrícola do sul da ilha de Öland, no mar Báltico, na Suécia (data da inscrição: 2000), que é dominada por um platô de calcário, onde o homem se adapta, há cinco

---

610. Uma relação completa das paisagens culturais inscritas na lista do patrimônio mundial da Unesco pode ser encontrada em: http://whc.unesco.org/en/culturallandscape. Consultar também: P. J. Fowler. *World Heritage Cultural Landscapes:* 1992-2002. Paris: Unesco, 2003. (World Heritage Papers, n. 6)
611. A candidatura do Caminho do Ouro de Paraty, como paisagem cultural, foi submetida em junho de 2009 ao Comitê do Patrimônio Mundial da Unesco, mas não foi aprovada. Está sendo discutida a candidatura da Paisagem Cultural do Rio de Janeiro.
612. De acordo com o Decreto-Lei nº 25/1937, há quatro Livros do Tombo: o Livro do Tombo Arqueológico, Etnográfico e Paisagístico, o Livro do Tombo das Belas-Artes e o Livro do Tombo das Artes Aplicadas.
613. Rafael W. Ribeiro. *Paisagem cultural e patrimônio*. Rio de Janeiro: Iphan, Copedoc, 2007, p. 106.

mil anos, a um ambiente hostil; a paisagem cultural da região vinícola de Tokaj, na Hungria (data da inscrição: 2002); as paisagens vinícolas da ilha vulcânica do Pico, que integra o arquipélago de Açores (data da inscrição: 2004) e do Alto-Douro, em Portugal (data da inscrição: 2001). Todas foram reconhecidas como paisagens de "excepcional valor universal", nos termos da Convenção para a Proteção do Patrimônio Mundial da Unesco. A Convenção Europeia da Paisagem, aprovada em 2000, se distingue da convenção da Unesco não apenas por ter abrangência apenas regional (e não internacional) como também por cobrir todas as paisagens, inclusive aquelas que não têm valor excepcional. Ela estabelece normas de proteção e gestão de todas as formas de paisagens e incentiva a participação dos cidadãos nas decisões sobre as políticas relativas às paisagens nas quais vivem[614].

Além das paisagens culturais de "excepcional valor universal", reconhecidas pela Unesco por meio de sua convenção internacional, o Brasil criou um instrumento nacional de reconhecimento das "paisagens culturais brasileiras", denominado "chancela" e regulado pela Portaria nº 127, de 30/04/2007, do presidente do Iphan. Tal instrumento foi criado com fundamento no artigo 216, parágrafo 1º da Constituição, que determina que o poder público, com a colaboração da comunidade, promoverá e protegerá o patrimônio cultural brasileiro, por meio de inventários, registros, vigilância, tombamento, desapropriação e "outras formas de acautelamento e preservação". Segundo a referida portaria, a "paisagem cultural brasileira" é uma "porção peculiar do território nacional, representativa do processo de interação do homem com o meio natural, à qual a vida e a ciência humana imprimiram marcas ou atribuíram valores". A "paisagem cultural brasileira" é declarada por chancela instituída pelo Iphan, e qualquer pessoa natural ou jurídica é parte legítima para requerer a instauração de processo administrativo visando a chancela de uma "paisagem cultural brasileira".

---

614. Rafael W. Ribeiro. *Paisagem cultural e patrimônio*. Rio de Janeiro: Iphan, Copedoc, 2007, p. 53.

A chancela implica o estabelecimento de um pacto entre o poder público, a sociedade civil e a iniciativa privada, visando à gestão compartilhada das porções do território nacional assim reconhecidas. A chancela das paisagens culturais brasileiras considera o caráter dinâmico da cultura e da ação humana sobre as porções do território e deve ser revalidada num prazo máximo de dez anos. O objetivo da chancela é contribuir para a preservação do patrimônio cultural, complementando e integrando os instrumentos de promoção e proteção existentes, nos termos preconizados pela Constituição.

Conforme a Carta de Bagé[615], a paisagem cultural é "o meio natural ao qual o ser humano imprimiu as marcas de suas ações e formas de expressão, resultando em uma soma de todos os testemunhos resultantes da interação do homem com a natureza, e, reciprocamente, da natureza com o homem". Entre os sítios que estão sendo considerados para chancela como paisagens culturais brasileiras estão o vale do Ribeira (SP)[616], a serra da Bodoquena (MS), o vale do Itajaí (SC), Canudos (BA)

---

615. A Carta de Bagé ou Carta da Paisagem Cultural foi aprovada durante a Jornada "Paisagens culturais: novos conceitos, novos desafios", realizada em Bagé, Rio Grande do Sul, no dia 17/8/2007. A Carta da Serra da Bodoquena ou Carta das Paisagens Culturais e Geoparques foi aprovada durante o seminário "Serra da Bodoquena/MS – Paisagem Cultural e Geoparque", realizado em Bonito, Mato Grosso do Sul, de 19 a 21 de setembro de 2007. Agradeço a Maria Regina Weissheimer, arquiteta e urbanista do Iphan, por todas as informações sobre as ações institucionais relativas às paisagens culturais.
616. O vale do Ribeira corresponde a uma região geográfica formada por 25 municípios, banhados pela bacia hidrográfica do rio Ribeira de Iguape. A região abriga a maior biodiversidade do Estado de São Paulo e faz parte da Reserva da Mata Atlântica, reconhecida como patrimônio natural da humanidade pela Unesco em 1999. Possui grande diversidade cultural, representada por quilombolas, caiçaras, comunidades indígenas, núcleos de colonização imigrante, agricultores familiares e pescadores tradicionais. Há também na região muitos sítios arqueológicos e núcleos urbanos com construções coloniais. Consultar o relatório "Paisagem cultural: Inventário de Conhecimento do Patrimônio Cultural no vale do Ribeira", da Superintendência Regional do Iphan, em São Paulo, coordenado pela arquiteta Flávia Brito do Nascimento. O Relatório descreve as ações de identificação de bens culturais no vale do Ribeira no Estado de São Paulo, com enfoque nas paisagens culturais. Consultar também: Kátia M. Pacheco Santos & Nilto Tatto. *Agenda socioambiental de comunidades quilombolas do vale do Ribeira*. São Paulo: ISA, 2008 e Fábio Graf Pedroso et al (eds.). *Banana orgânica no quilombo de Ivaporunduva*: uma experiência para o desenvol-

e os Céus de Brasília[617]. O arquiteto de paisagem e técnico do Iphan Carlos Fernando de Moura Delphim define a paisagem cultural como "um sistema complexo, dinâmico e instável, onde os diferentes fatores evoluem, de forma conjunta e interativa", e defende a necessidade de que a legislação a proteja contra eventuais danos e ações lesivas[618].

O Iphan destaca que no vale do Itajaí a pequena propriedade rural policultora e a produção baseada na mão de obra familiar foi a peça-chave para o desenvolvimento e a sustentabilidade das propriedades, desde o tempo da colonização até hoje. Mesmo quando as colônias de imigrantes se desenvolveram e alguns de seus membros enriqueceram, a base social manteve-se lastreada nos minifúndios agrícolas, e as casas de pequenos produtores formam o cerne da arquitetura dos imigrantes no sul do Brasil. Junto das casas são encontrados jardins, hortas (onde preponderam tomates, repolhos, couves, alfaces, abóboras, pepinos, amendoim, pimentas e temperos, todos bastante utilizados nas refeições) e pomares no fundo das casas (com abacates, caquis, carambolas, jabuticabas, pitangas, laranjas, limões, goiabas e araçás). As bananeiras e a cana-de-açúcar estão sempre presentes, e os palmitos são guardados para ocasiões especiais. Geralmente os pequenos lagos, com patos e marrecos, se localizam nas proximidades, e os bambus, por suas múltiplas utilidades, são vistos como indispensáveis. Nas áreas de imigrantes polo-

---

vimento sustentável. São Paulo: ISA; Eldorado, SP: Associação Quilombo de Ivaporunduva, 2007. Consultar ainda: Simone Scifoni, Flávia Brito Nascimento, Simone Sayuri Toji. "Espaços urbanos e rurais: tombamento e a paisagem cultural do vale do Ribeira." Artigo apresentado no seminário "Garantindo a permanência da memória em São Carlos", organizado pela Associação Pró-Casa do Pinhal e pelo Departamento de Arquitetura e Urbanismo da Escola de Engenharia de São Carlos (USP). Local: Fazenda Pinhal, São Carlos (SP), de 6 a 8 de novembro de 2008; Simone Scifoni. *A construção do patrimônio natural*. São Paulo: FFLCH-USP/Labur Edições, 2008. Disponível em: http://fflch.usp.br/dg/gesp. Acessado em 2/2/2009; Aziz Ab'saber. *Os domínios da natureza no Brasil. Potencialidades paisagísticas*. São Paulo: Ateliê Editorial, 2003.
617. Consultar o texto de Carlos Fernando de Moura Delphim intitulado "Política Nacional de Paisagem Cultural." Documento interno do Iphan, de 2006, não publicado. Carta dirigida ao presidente do Iphan por Carlos Fernando de Moura Delphim em 3 de julho de 2007, defende o reconhecimento dos Céus de Brasília como a primeira paisagem cultural brasileira.
618. Carlos Fernando de Moura Delphim. "Paisagem". Rio de Janeiro: Iphan, 6/11/2007.

neses e italianos as parreiras são quase sempre obrigatórias, permitindo a tradicional fabricação doméstica do vinho[619]. Estão sendo consideradas, para fins de chancela como "paisagens culturais brasileiras", as localidades de Testo Alto (no município de Pomerode) e Rio da Luz (no município de Jaraguá do Sul), no Vale do Itajaí, em Santa Catarina. Esses exemplos mostram o potencial uso da categoria "paisagem cultural" para proteger os sistemas agrícolas tradicionais e locais.

OS SISTEMAS ENGENHOSOS DO PATRIMÔNIO AGRÍCOLA MUNDIAL

Em 2002, a FAO deu início a um amplo programa global para promover a conservação e o manejo dinâmico e adaptivo de sistemas agrícolas tradicionais, de rica biodiversidade e diversidade cultural associada, chamados de "sistemas engenhosos do patrimônio agrícola mundial" (GIAHS)[620]. O programa visa a fortalecer os vínculos entre agricultura e patrimônio cultural e estabelecer as bases para a criação da categoria "patrimônio agrícola mundial", por meio da colaboração com a Unesco e a Convenção para a Proteção do Patrimônio Mundial. Cerca de duzentos sistemas agrícolas foram identificados, dos quais cinco foram selecionados para dar início a projetos-pilotos[621]:

---

619. Instituto do Patrimônio Histórico e Artístico Nacional. 11ª Superintendência Regional, Santa Catarina. *Roteiros nacionais de imigração. Santa Catarina.* Florianópolis: Iphan, p. 212-221. Supervisão e Coordenação: Dalmo Vieira Filho e Maria Regina Weissheimer. Esse lindo trabalho apresenta e valoriza a contribuição dos imigrantes oriundos de países como Alemanha, Itália, Polônia e Ucrânia para o patrimônio cultural brasileiro. Ele foi apresentado ao Conselho Consultivo do Iphan em dezembro de 2007.
620. Giahs é a sigla em inglês desse programa: Globally Important Agricultural Heritage Systems. O programa tem o apoio do Global Environment Facility (GEF), por meio do Programa das Nações Unidas para o Desenvolvimento (UNDP). Além da Unesco, participam também o International Fund for Agricultural Development (Ifad) e o Bioversity International, entre outros.
621. Fonte: www.fao.org/sd/giahs. Acessado em 10/1/2009.

1) O sistema agrícola localizado no sul dos Andes peruanos, nos vales de Cuzco e Puno, nas proximidades da cidade Inca de Machu Picchu. Os cultivos agrícolas são divididos em terraços que chegam a quatro mil metros de altitude, e a região é centro de origem da batata (domesticada pelos povos indígenas Aymara e Quechua), da quinoa, da chinchona, da coca, do amaranto, do chili (pimentão) e de raízes de grande importância alimentar regional, como a arracacha e o yacón, entre outros[622].

2) O sistema agrícola do arquipélago de Chiloé, no Sul do Chile, é um dos centros de origem das plantas cultivadas identificados pelo cientista russo Nikolai Vavilov[623]. É centro de origem da batata, e cerca de duzentas variedades nativas de batata ainda são cultivadas pelo povo indígena Huilliche, assim como uma variedade de alho (*Ajo chilote*) que só existe no arquipélago de Chiloé e em seus solos vulcânicos.

3) Os terraços de arroz da província de Ifugao, nas cordilheiras das Filipinas, que já foram também reconhecidos como patrimônio mundial pela Unesco na categoria "paisagens culturais" da Convenção sobre o Patrimônio Mundial. É um agroecossistema de montanhas altas, em que os terraços interagem com um conjunto de microbacias, que funcionam como sistemas de irrigação e filtragem. Os terraços de arroz seguem os contornos das montanhas. Estima-se que sejam conservadas 565 variedades de arroz[624].

---

622. Para saber mais, consultar: Mario Tapia. *Agrobiodiversidad en los Andes*. Lima: Fundacion Friedrich Ebert, 1999.
623. Para saber mais sobre a teoria de Nikolai Vavilov sobre os centros de origens das plantas cultivadas, consultar o subcapítulo anterior deste trabalho.
624. Cristi Nozawa et al. "Evolving culture, evolving landscapes: the Philippine rice terraces" In: Thora Amend et al (eds.). *Protected landscapes and agrobiodiversity values*. Gland: IUCN; Eschborn: GTZ; Heidelberg: Kasparek Verlag, 2008, p. 71-93.

4) Os cultivos agrícolas existentes nos oásis da região do Magreb (Argélia, Marrocos e Tunísia), que formam ilhas verdes circundadas por um ambiente inóspito. O oásis de Tamegroute, no Marrocos, também participa do programa da Unesco "O Homem e a Biosfera" e integra a "reserva da biosfera dos oásis do sul marroquino". Trata-se de um sistema agrícola altamente diversificado, intensivo e produtivo, desenvolvido ao longo de milênios. São produzidas tâmaras, frutas (romãs, figos, pêssegos, maçãs, uvas etc.), legumes e verduras, cereais, plantas medicinais etc.;

5) O sistema de piscicultura integrado com plantações de arroz da China. Os peixes são criados nos campos úmidos de arroz, ocorrendo uma simbiose: os peixes proveem fertilizantes para o arroz, regulam as condições microclimáticas, amaciam o solo e comem as larvas e ervas daninhas, e o arroz fornece sombra e comida para os peixes. É um sistema agrícola bastante tradicional, que existe desde a dinastia Han, há dois mil anos.

Entre os sistemas agrícolas identificados e apresentados à FAO, para inclusão no programa global de conservação e manejo dinâmico dos "sistemas engenhosos do patrimônio agrícola mundial" (GIAHS), estão as terras pretas, encontradas em toda a Região Amazônica. São solos muito especiais, bastante férteis, formados pelo acúmulo de detritos orgânicos em sítios de moradia e cultivo agrícola de povos indígenas pré-históricos. (Para saber mais sobre as terras pretas amazônicas, consultar o primeiro capítulo deste trabalho.) Outros sistemas agrícolas apresentados à FAO incluem os sistemas pastoris tradicionais do povo Massai (Quênia e Tanzânia), o sistema agrícola tradicional do México, baseado nos chinampas (canteiros flutuantes construídos de madeira trançada sobre áreas lacustres, nos quais se realiza o cultivo agrícola; os chinampas são conhecidos também como "ilhas ou jardins flutuantes"), e o sistema agrícola tradicional centro-americano, baseado na policultura de feijão, milho e abóbora (que são chamados de "três irmãs") e de outras plantas, conhecido como "milpa", em que após dois anos de cultivo, a terra "descansa" por cerca de oito anos, para que o solo recomponha a sua fertilidade, e não são utilizados fertilizantes artificiais.

O programa Giahs visa a identificar, definir e apoiar as formas de conservação e manejo dinâmico de tais sistemas agrícolas, para que os agricultores possam manter a diversidade biológica e, ao mesmo tempo, ter assegurados os recursos necessários à sua sobrevivência. Busca desenvolver políticas públicas e incentivos para a conservação *in situ/ on farm* da biodiversidade e dos conhecimentos tradicionais associados. Uma das características de tais sistemas agrícolas é justamente a sua rica agrobiodiversidade: pelo menos 177 variedades únicas de batata foram identificadas na região dos Andes peruanos; cerca de vinte variedades tradicionais de arroz foram encontradas nos sistemas de piscicultura-rizicultura da China, e mais de cem variedades distintas de tâmara foram encontradas nos oásis do Magreb[625]. Além de valorizar e proteger os sistemas agrícolas tradicionais/locais, o programa Giahs pode fornecer subsídios para as discussões em torno da criação de áreas protegidas especialmente voltadas para a conservação da agrobiodiversidade (também chamadas de "reservas da agrobiodiversidade")[626].

---

625. Fonte: www.fao.org/sd/giahs. Acessado em 10/1/2009. Consultar também: Miguel A. Altieri & Parviz Koohafkan. *Globally Important Ingenious Agricultural Heritage Systems (GIAHS)*: extent, significance and implications for development. Roma: FAO/GIAHS; Stuart Harrop. *Globally Important Ingenious Agricultural Heritage Systems*: an examination of their context in existing multilateral instruments. Roma: FAO/GIAHS; P. S. Ramakrishnan. *Globally Important Ingenious Agricultural Heritage Systems (GIAHS)*: an eco-cultural landscape perspective. Roma: FAO/GIAHS. Disponíveis em: www.fao.org/sd/giahs. Acessado em 10/1/2009.
626. Stuart Harrop. "Traditional agricultural landscapes as protected areas in international law and policy." *Agriculture, Ecosystems & Environment*, v. 121, n. 3, p. 296-307, jul. 2007.

AS ÁREAS PROTEGIDAS

No Brasil, a Constituição prevê a obrigação do poder público de preservar a diversidade e a integridade do patrimônio genético do país e de definir, em todas as unidades da federação, espaços territoriais e seus componentes a serem especialmente protegidos (artigo 225, II e III). A Lei 9.985/2000 instituiu o Sistema Nacional de Unidades de Conservação da Natureza (Snuc), estabelecendo os critérios e normas para a criação, implantação e gestão das unidades de conservação. Essas são divididas em duas categorias: a) as unidades de conservação de proteção integral, cujo principal objetivo é preservar a natureza, sendo admitido apenas o uso indireto de seus recursos naturais. O uso indireto é aquele que não envolve consumo, coleta, dano ou destruição dos recursos naturais. São exemplos de unidades de proteção integral as estações ecológicas, as reservas biológicas e os parques nacionais; b) as unidades de conservação de uso sustentável, que visam a compatibilizar a conservação da natureza com o uso sustentável de parcela dos seus recursos naturais. São exemplos de unidades de uso sustentável as áreas de proteção ambiental, florestas nacionais, reservas extrativistas e reservas de desenvolvimento sustentável. A criação de unidades de conservação ambiental está prevista também na Convenção sobre Diversidade Biológica e na Lei 6.938/81 (artigo 9º, VI), que instituiu a Política Nacional do Meio Ambiente, como instrumento para a conservação *in situ* de ecossistemas e para a manutenção de espécies em seu *habitat* natural. Além das unidades de conservação previstas na Lei 9.985/2000, são consideradas áreas protegidas os territórios indígenas e os ocupados por comunidades quilombolas, que têm estatuto jurídico especial e desempenham um papel importante na conservação e no manejo da biodiversidade[627].

A Lei 9.985/2000, que instituiu o Sistema Nacional de Unidades de Conservação da Natureza (Snuc), não estabeleceu, entretanto, nenhuma categoria de unidade de conservação especialmente destinada à conservação e ao manejo dinâmico e sustentável da agrobiodiversidade. Se o sistema de unidades de conservação deve representar amostras significativas e ecologicamente viáveis das diferentes populações, *habitat* e ecossistemas existentes no território nacional, é fundamental que consagre também uma categoria dedicada à conservação *in situ* e *on farm* da agrobiodiversidade. O Tratado Internacional sobre os Recursos Fitogenéticos para a Alimentação e a Agricultura, no artigo 5º, que trata da conservação dos recursos fitogenéticos, estabelece que os países signatários (como o Brasil) devem "promover a conservação *in situ* dos parentes silvestres das plantas cultivadas e das plantas silvestres, inclusive em áreas protegidas, apoiando, entre outros, os esforços das comunidades indígenas e locais". Afirma ainda que os países devem promover e apoiar os esforços de agricultores e comunidades locais para manejar e conservar *on farm* os seus recursos fitogenéticos. O Brasil assumiu, nos

---

627. João Paulo Ribeiro Capobianco et al .*Biodiversidade na Amazônia brasileira:* avaliação e ações prioritárias para a conservação, uso sustentável e repartição de benefícios. São Paulo: Estação Liberdade; ISA, 2001; Fany Ricardo. *Terras indígenas e unidades de conservação da natureza:* o desafio das sobreposições territoriais. São Paulo: ISA, 2004; Vilmar Guarany. *Direito territorial Guarani e as unidades de conservação.* 2009. Dissertação (mestrado em Direito) – Pontifícia Universidade Católica do Paraná, Curitiba; Javier Béltran. *Indigenous and traditional peoples and protected areas:* principles, guidelines and case studies. País de Gales: Cardiff University; Gland: IUCN, 2000. (Best Practices Protected Area Guidelines Series, n.4); Grazia Borrini-Feyerabend, Ashish Kothari, Gonzalo Oviedo. *Indigenous and local communities and protected areas:* toward equity and enhanced conservation. País de Gales: Cardiff University; Gland: IUCN, 2004.

termos do artigo 5º do tratado, a obrigação de promover a conservação *in situ* e *on farm* da agrobiodiversidade dentro e fora dos limites de unidades de conservação.

A criação de uma categoria de unidade de conservação especialmente voltada para a agrobiodiversidade seria uma forma de atrair a atenção e promover a conscientização pública para a necessidade de conservação da diversidade agrícola e para as suas implicações em relação à segurança alimentar. Além disso, seria mais uma forma de obrigar o poder público a apoiar, por meio de políticas públicas, a conservação *in situ/on farm* da agrobiodiversidade, a definir as áreas prioritárias para a conservação da agrobiodiversidade[628] e a promover a regularização fundiária das terras incluídas em seus limites, beneficiando os agricultores e os sistemas agrícolas locais. As normas destinadas a regular as "reservas da agrobiodiversidade" poderiam restringir as atividades (como exploração de madeira e de minérios, obras de infraestrutura etc.) que podem impactar negativamente a biodiversidade agrícola, limitar o uso de agrotóxicos e de outros poluentes químicos, proteger os mananciais hídricos (com maior rigor) e estabelecer normas de biossegurança mais severas, a fim de evitar possíveis contaminações por cultivos transgênicos. O Protocolo de Biossegurança de Cartagena reconhece a "importância crucial" dos centros de origem e de diversidade genética das plantas e, consequentemente, a necessidade de se adotar medidas especiais para evitar os impactos dos organismos geneticamente modificados sobre tais centros[629]. Portanto, uma categoria de área protegida especialmente destinada a conservar a

---

628. A Estratégia Global de Conservação e Uso de Parentes Silvestres de Plantas Cultivadas recomenda a identificação de um pequeno número de áreas prioritárias para o estabelecimento de "reservas genéticas" voltadas para a conservação *in situ* de parentes silvestres de plantas cultivadas. A estratégia recomenda cem áreas no plano global, 25 no plano regional e cinco no plano nacional. Consultar: Ruth Raymond. *Crop wild relatives*. Roma: Biodiversity International, 2006, e a newsletter *Crop wild relative*, do Grupo de Especialistas em Parentes Silvestres de Plantas Cultivadas da IUCN (www.iucn.org).
629. Consultar: Ruth Mackenzie et al. *An explanatory guide to the Cartagena Protocol on Biosafety*. Gland: IUCN, 2003.

agrobiodiversidade *in situ/on farm* deve contemplar normas especiais de biossegurança[630].

Como conservação e utilização sustentável da agrobiodiversidade são indissociáveis, é importante que tal categoria de unidade de conservação seja de uso sustentável, e não de proteção integral, a fim de que

---

630. A Portaria n. 21, de 13 de janeiro de 2005, do Ministério da Agricultura, reconhece algumas localidades, municípios e unidades da federação como zonas de exclusão, onde não podem ser cultivados sementes ou caroços de algodão herbáceo (*Gossypium hirsutum*) geneticamente modificado ou de algodão herbáceo convencional com traços de transformação genética. A Lei 11.460/2007 veda a pesquisa e o cultivo de organismos geneticamente modificados nas terras indígenas e unidades de conservação, exceto nas áreas de proteção ambiental. Segundo essa lei, o plano de manejo das unidades de conservação disporá sobre a liberação planejada e o cultivo de organismos geneticamente modificados nas áreas de proteção ambiental e nas zonas de amortecimento das demais categorias de unidade de conservação, observadas as informações contidas na decisão técnica da Comissão Técnica Nacional de Biossegurança sobre: o registro de ocorrência de ancestrais diretos e parentes silvestres; as características de reprodução, dispersão e sobrevivência do organismo geneticamente modificado; o isolamento reprodutivo do organismo geneticamente modificado em relação aos seus ancestrais diretos e parentes silvestres; e situações de risco do organismo geneticamente modificado à biodiversidade. O Poder Executivo estabelecerá os limites para o plantio de organismos geneticamente modificados nas áreas que circundam as unidades de conservação até que seja fixada sua zona de amortecimento e aprovado o seu plano de manejo. A Lei 11.105/2005 estabelece normas de segurança e mecanismos de fiscalização de atividades que envolvam organismos geneticamente modificados (OGMs) e seus derivados. Ela foi regulamentada pelo Decreto nº 5.591/2005. Para saber mais sobre a legislação de biossegurança no Brasil, consultar: SILVA, Letícia Rodrigues da; Victor Pelaez. O marco regulatório para a liberação comercial dos organismos geneticamente modificados (OGM) no Brasil. *Revista de Direito Ambiental*, v. 12, n. 48, p. 118-139, out.-dez. 2007; Sílvia Cappelli. "Reflexos jurídicos da biotecnologia vegetal: a situação do Rio Grande do Sul." *Revista de Direitos Difusos*, v. 1, p. 883-898, 2001; Cristiane Derani. *Transgênicos no Brasil e biossegurança*. Porto Alegre: Sergio Antonio Fabris, 2005; e Aurélio V. Rios. "O ambiente no meio rural: dos agrotóxicos à biotecnologia." In: André Lima. *O Direito para o Brasil socioambiental*. São Paulo: ISA; Porto Alegre: Sérgio Antônio Fabris, 2002, p. 277-300. Consultar também o site da Comunidade Virtual da Biossegurança: www.territoriosdacidadania.gov.br/principal. A Lei 10.831/2003 estabelece que, para um sistema de produção agropecuária ser considerado "orgânico", deve ser eliminado o uso de organismos geneticamente modificados e radiações ionizantes em qualquer fase do processo de produção, processamento, armazenamento, distribuição e comercialização (entre outras condições).

seja reconhecido o papel dos agricultores no manejo dos recursos da agrobiodiversidade, tal como ocorre em relação às populações tradicionais que vivem em reservas extrativistas e de desenvolvimento sustentável. Algumas unidades de conservação de proteção integral (como parques, reservas biológicas etc.) podem abrigar parentes silvestres de plantas cultivadas, ou variedades tradicionais e locais, ainda que não tenham sido especialmente criadas com essa finalidade. Uma categoria de unidade de conservação especialmente destinada ao manejo e conservação *on farm* da agrobiodiversidade deve ser de uso sustentável, a fim de permitir a presença dos agricultores, a sua participação na elaboração e implantação do plano de manejo, bem como a continuidade das práticas e sistemas agrícolas essenciais à conservação da biodiversidade agrícola.

As reservas da agrobiodiversidade não precisam ser necessariamente de domínio público, e não faz sentido, evidentemente, desapropriar as terras de agricultores incluídas em seus limites, e a criação das reservas poderia ser feita por meio de acordo com eles. Quando os agricultores não possuírem títulos de propriedade incidentes sobre as áreas, mas detiverem a posse delas, a criação das reservas da agrobiodiversidade pode ser uma forma de regularizar a situação fundiária da área, de forma que concilie conservação e desenvolvimento local e inclusão social. Um modelo semelhante ao das reservas extrativistas poderia ser utilizado: o poder público pode celebrar contratos de concessão de direito real de uso com os ocupantes das reservas de agrobiodiversidade. Apesar de terem um estatuto jurídico diferenciado, os territórios indígenas e ocupados por comunidades quilombolas também poderiam ser objeto de ações e políticas de conservação da agrobiodiversidade, assim como os territórios ocupados por outras populações tradicionais (seringueiros, castanheiros, quebradeiras de côco, caiçaras, coletores de pinhão etc).

Afinal, são os sistemas agrícolas tradicionais e locais que conservam e manejam a diversidade agrícola. Na Amazônia brasileira, o povo indígena Kayabi cultiva mais de 140 cultivares repartidos em trinta espécies[631]; os Yanomami quarenta[632]; os seringueiros do Acre no alto Juruá, dezessete cultivares de mandioca, catorze de banana e nove de feijão[633]. No alto rio Negro, os povos indígenas Baniwa, Tukano, Desana e Baré cultivam um imenso leque de cultivares de mandioca, o alimento básico das populações amazônicas. Em uma única roça dessa região, pode haver quarenta variedades de mandioca, que servem para preparar diversos tipos de farinha, beijus, mingaus etc[634]. Nivaldo Peroni e Natália Hanazaki apontam que em um conjunto de 181 variedades distribuídas em mais de dezessete espécies cultivadas em sistemas tradicionais caiçaras no Estado de São Paulo, a mandioca chega a apresentar 51 variedades num universo de 33 agricultores[635].

Em Frutal (Minas Gerais), dezenove variedades de mandioca, quatro de cará, uma de batata-doce e uma de taioba são cultivadas pelos agricultores nos quintais domésticos[636]. Estudos realizados pela AS-PTA no agreste da Paraíba mostram que os sistemas agrícolas agroecológicos são muito mais diversificados do que os convencionais. Nos sistemas agro-

---

631. Geraldo Mosimann da Silva. "Uso e conservação da agrobiodiversidade pelos índios Kayabi do Xingu" In: Nurit Bensusan. Seria melhor mandar ladrilhar? Biodiversidade: como, para que e por quê. Brasília: UnB; IEB; São Paulo: Peirópolis, 2008b, p. 317-336.
632. William Milliken & Bruce Albert. *Yanomami, a forest people*. Kew: Royal Botanical Garden, 1999.
633. Mariana Pantoja et al. "Botar roçados" In: Manuela Carneiro da Cunha & Mauro Barbosa de Almeida. *Enciclopédia da floresta. O alto Juruá:* práticas e conhecimentos das populações. São Paulo: Companhia das Letras, 2002, p. 249-283.
634. Laure Emperaire. "Mandioca, raiz do Brasil." In: Instituto Socioambiental. *Almanaque Brasil Socioambiental:* uma nova perspectiva para entender o país e melhorar nossa qualidade de vida. São Paulo: ISA, 2008c, p. 420.
635. Nivaldo Peroni & Natália Hanazaki. "Current and lost diversity of cultivated varieties, especially cassava, under swidden cultivation systems in the Brazilian Atlantic Forest." *Agriculture Ecosystems & Environment*, v. 92 (2-3), 2002, p. 171-183.
636. Gercina Aparecida Angelo & Maria Christina de M. Amorozo. Diversidade de tubérculos alimentícios em povoados rurais no município de Frutal, Minas Gerais In: Ulysses Paulino Albuquerque & Cecília de Fátima C. B. R. Almeida. *Tópicos em conservação e etnobotânica de plantas alimentícias*. Recife: Nupeea, 2006, p. 121-141. Consultar também: Adriana Perez Felipim. *O sistema agrícola Guarani Mbyá e seus cultivares de milho:* um estudo de caso na aldeia Guarani da ilha do Cardoso, município de Cananeia, SP. Piracicaba, 2001. Dissertação (mestrado) – Escola Superior de Agricultura "Luiz de Queiroz", Universidade de São Paulo.

ecológicos dessa região, os agricultores utilizam 71 espécies vegetais e 26 variedades, ao passo que nos sistemas convencionais são usadas 23 espécies e nove variedades[637].Em Anchieta (Santa Catarina), foram expostas, na 1ª Festa Nacional do Milho Crioulo, em 2002, 228 variedades de milho crioulo, das quais 33 foram produzidas em Anchieta, e 943 variedades de diversas outras espécies[638].

O principal argumento contra a criação das "reservas da agrobiodiversidade" tem sido o fato de que os sistemas agrícolas tradicionais e locais estão espalhados por todo o país e de que seria, portanto, muito difícil definir quais locais seriam transformados em "reservas da agrobiodiversidade". As áreas protegidas serão sempre insuficientes para conservar a biodiversidade do planeta, pois os processos que geram e mantêm essa diversidade ocorrem numa escala que transcende as dimensões usuais das áreas protegidas, destaca Nurit Bensusan[639]. Entretanto, ainda que insuficientes, as áreas protegidas têm cumprido um papel importante na conservação *in situ* da biodiversidade e podem ser relevantes também para o manejo sustentável da agrobiodiversidade. O componente cultivado da biodiversidade tem sido, historicamente, negligenciado pelas políticas públicas, e a criação de instrumentos voltados especialmente para a sua conservação destacaria a sua importância, estimularia a produção de mais conhecimentos sobre os processos biológicos e socioculturais que geram a agrobiodiversidade, atrairia mais recursos públicos para a pesquisa e para a conservação e poderia gerar outras fontes de renda e melhorar as condições de vida dos agricultores tradicionais, agroecológicos e locais (desde que concedidos incentivos à produção agrícola sustentável). Poderiam ser úteis também para despertar a cons-

---

637.Paula Almeida & Cláudia Schmitt. "Sementes e soberania alimentar." *In*: Seminário Internacional de Soberania e Segurança Alimentar, 7 de novembro de 2008, Recife, Pernambuco. Heifer Internacional.
638. Adriano Canci et al. "A festa do milho crioulo em Anchieta" *In*: Walter S. de Boef et al . *Biodiversidade e agricultores:* fortalecendo o manejo comunitário. Porto Alegre: L & PM, 2007. p 140-141.
639. Nurit Bensusan. *Conservação da biodiversidade em áreas protegidas.* Rio de Janeiro: Ed. FGV, 2006.

ciência sobre as relações entre agrobiodiversidade e hábitos alimentares, ou seja, entre produção agrícola e consumo sustentável, por meio da educação socioambiental e alimentar.

A criação de reservas da agrobiodiversidade por si só não será suficiente para minimizar os impactos de um modelo agrícola industrial e insustentável, principalmente se tais reservas forem apenas "ilhas" cercadas por atividades agrícolas insustentáveis. Entretanto, as reservas da agrobiodiversidade poderão representar mais um instrumento a ser utilizado pelas políticas de conservação da agrobiodiversidade. É importante, assim como na criação de qualquer área protegida, que as reservas da agrobiodiversidade tenham sustentabilidade política e social e atendam a objetivos mais amplos de desenvolvimento local sustentável e inclusão social, e não apenas de conservação ambiental, e contem com o apoio e participação dos agricultores.

No Brasil, como em muitos outros países agrobiodiversos, a maioria dos recursos genéticos nativos é conservada *on farm*, independentemente de estarem ou não incluídos nos limites de unidades de conservação, e tais recursos não são bem representados nas coleções *ex situ*. Dos 250 mil acessos conservados nos bancos de germoplasma da Embrapa, por exemplo, aproximadamente 76% são de espécies exóticas e apenas 24% de espécies autóctones/nativas[640]. A conservação *on farm* concentra sua atenção nos cultivos agrícolas de interesse dos agricultores, e, conforme explica Charles Clement, "tanta gente trabalha na conservação *on farm* porque é intrínseca às suas organizações sociais e econômicas; nessas organizações, conhecer e manter a diversidade de recursos ambientais no tempo e no espaço é um dos principais fatores de reprodução social"[641].

---

640. Clara de O Goedert. "Histórico e avanços em recursos genéticos no Brasil." *In*: Luciano L. Nass. *Recursos genéticos vegetais*. Brasília: Embrapa Recursos Genéticos e Biotecnologia, 2007, p. 33.
641. Charles R. Clement et al. "Conservação *on farm*" *In*: Luciano L. Nass. *Recursos genéticos vegetais*. Brasília: Embrapa Recursos Genéticos e Biotecnologia, 2007, p.515. Sobre a conservação *in situ* e *on farm* de recursos fitogenéticos, consultar também: Stephen Brush (ed.). *Genes in the*

Independentemente, entretanto, da criação de uma categoria de unidade de conservação especialmente voltada para a agrobiodiversidade, é importante utilizar melhor as unidades já criadas para promover a conservação da biodiversidade agrícola. Em um primeiro momento, inventariar os parentes silvestres de plantas cultivadas e as variedades locais existentes nas unidades de conservação[642] e avaliar os riscos e ameaças à sua conservação, a fim de desenvolver ações e políticas de conservação e manejo *in situ* e *on farm*. Os planos de manejo e a gestão das unidades de conservação já criadas raramente contemplam ações especificamente dedicadas à biodiversidade agrícola, e tal situação precisa ser revertida. Por outro lado, a utilização sustentável dos recursos da agrobiodiversidade deve também ser promovida, pois a conservação está diretamente associada ao uso e ao manejo dinâmico dos recursos fitogenéticos. De acordo com o Segundo Relatório Nacional sobre a Situação dos Recursos Fitogenéticos para a Alimentação e a Agricultura, apresentado pelo Ministério da Agricultura em dezembro de 2008, há atualmente 56 reservas extrativistas federais, predominantemente na Amazônia, onde se encontram as espécies *Bertholletia excelsa* (castanheira), *Hevea brasiliensis* (seringueira), *Euterpe oleracea* e *Euterpe precatoria* (açaí), *Theobroma grandiflorum* (cupuaçu) e *Attalea speciosa* (babaçu), principais fontes do extrativismo. Entretanto, espécies do Cerrado importantes

field: on farm conservation of crop diversity. Roma: IPGRI; Ottawa: IDRC; Boca Raton: Lewis Publishers, 1999; Mauricio R. Bellon. "Conceptualizing interventions to support *on farm* genetic conservation" *World Development*, v. 32, n. 1, p. 159-172, 2004; Mauricio R. Bellon. "Do we need crop landraces for the future? Realizing the global option value for *in situ* conservation" *In*: Andreas Kontoleon; Unai Pascual & Melinda Smale. *Agrobiodiversity, conservation and economic development*. Nova York: Routledge, 2009, p. 51-61; U. Pascual & C. Perrings "Developing incentives and economic mechanisms for *in situ* biodiversity conservation in agricultural landscapes" *Agriculture, Ecosystems & Environment*, v. 121, p. 256-268, 2007.
642. O Ministério do Meio Ambiente deu início ao mapeamento de variedades crioulas e de parentes silvestres das seguintes plantas cultivadas: algodão, amendoim, arroz, cucurbitáceas (abóboras), mandioca, milho e pupunha. Consultar: Lídio Coradin. *Parentes silvestres das espécies de plantas cultivadas*. Brasília: MMA, 2006. Entre 2005 e 2007, o MMA coordenou o projeto "Identificação de Espécies da Flora Brasileira de Valor Econômico Atual e Potencial, Utilizadas em Âmbito Local e Regional: Plantas para o Futuro". Esse estudo não enfoca especificamente as variedades locais e parentes silvestres encontrados em áreas protegidas.

para a alimentação regional e para o extrativismo, como o pequi (*Caryocar brasiliensis*), a cagaita (*Eugenia dysenterica*), o baru (*Dipteryx alata*), o buriti (*Mauritia flexuosa*), a macaúba (*Acrocomia aculeata*) e a mangaba (*Hancornia speciosa*), entre outras, não dispõem de áreas protegidas especificamente voltadas para a sua conservação *in situ*. O referido relatório enfoca principalmente as espécies silvestres, e considera que as reservas extrativistas, de desenvolvimento sustentável e as florestas nacionais podem cumprir a função de "reservas genéticas" e promover a conservação *in situ* de recursos fitogenéticos.

Há algumas experiências em curso em outros países, mas a primeira área protegida criada especialmente para promover a conservação *in situ* de um parente silvestre de uma planta cultivada (o teosinto, parente silvestre do milho) foi a Reserva da Biosfera da Sierra de Manantlán, nos Estados de Jalisco e Colima, no México. A reserva foi criada por meio de decreto presidencial em 1988, e no mesmo ano o programa internacional "Homem e Biosfera", da Unesco[643], aprovou também a sua nomeação como reserva da biosfera. Em 1984 o Estado de Jalisco já havia comprado terras em Las Joyas, onde existe uma grande população de teosinto (*Zea diploperennis*) e foi instalado o Laboratório Natural Las Joyas da Sierra de Manantlán, administrado pela Universidade de Guadalajara. O restante da reserva é constituído de terras pertencentes a comunidades indígenas (20% das terras), de terras particulares (40%) e de terras comunais, de uso coletivo, chamadas de "ejidos"[644]. O Instituto Manantlán de Ecologia e Conservação da Biodiversidade (Imecbio), da Universidade de Guadalajara, e o Centro Internacional de Melhoramento do Milho e do Trigo

---

643. Consultar: www.unesco.org/mabdb/mab-cont/index.asp.
644. Os *ejidos* são terras de uso coletivo de grande importância na vida agrícola do México. O sistema de *ejidos* era muito usado durante o Império Asteca para promover o uso coletivo das terras. Os colonizadores espanhóis tentaram acabar com esse sistema, que foi reintroduzido pelo presidente Lázaro Cárdenas em 1934, como um componente importante do programa de reforma agrária. A reforma da Constituição mexicana, realizada em 1991, eliminou o direito dos camponeses de requerer o acesso a terra por meio do sistema de *ejidos*, pelo qual o governo desapropriava terras particulares ou destinava terras públicas aos camponeses para uso coletivo.

desenvolvem programas de conservação das populações de teosinto na referida reserva, que é uma das mais importantes unidades de conservação do México. Atualmente, o teosinto e as variedades tradicionais e locais de milho do México enfrentam o grave problema da contaminação pelo milho transgênico, situação semelhante à que ocorre no Brasil.

A história da criação da Reserva da Biosfera da Sierra de Manantlán é curiosa: em 1976 o professor de Botânica Hugh Iltis, da Universidade de Wisconsin-Madison, Estados Unidos, mandou, para várias universidades, um cartão de ano-novo com uma foto de uma espécie de teosinto (*Zea perennis*), na qual escreveu: "Extinta em ambientes silvestres", pois a espécie havia sido vista pela última vez no México em 1921, quando foi coletada e levada para os Estados Unidos, para ser conservada *ex situ*. Na Universidade de Guadalajara, o cartão incomodou os botânicos mexicanos, que dependuraram na universidade um pôster dirigido aos alunos que dizia: "Achem o teosinto e provem que o gringo Iltis está errado". O estudante Rafael Guzmán aceitou o desafio e decidiu realizar pesquisas nas regiões onde o teosinto havia sido visto pela última vez e encontrou não só o *Zea perennis* como outra espécie, o *Zea diploperennis*, tolerante a vários tipos de vírus encontrados no milho[645]. A partir daí surgiram várias iniciativas voltadas para a conservação *in situ* do teosinto, mas praticamente todas as populações de teosinto estão ameaçadas de extinção[646].

---

645. Essa história é contada no capítulo: "Mexico: sierra de Manantlán, from a one-species project to an ecosystem project", que faz parte de: Sue Stolton et al. *Food stores*: using protected areas to secure crop genetic diversity. Gland: WWF; Birmingham: University of Birmingham, 2006, p. 82-84. Disponível em: www.panda.org; www.biosciences.bham.ac.uk.
646. No Brasil, a reserva da biosfera é prevista pela Lei 9.985/2000, embora não faça parte do Sistema Nacional de Unidades de Conservação da Natureza (Snuc). O Brasil participa do programa internacional O Homem e a Biosfera – MAB, da Unesco. A reserva da biosfera é constituída por áreas de domínio público ou privado, e pode ser integrada por unidades de conservação já criadas pelo poder público. Ela é gerida por um conselho deliberativo, formado por representantes de instituições públicas, de organizações da sociedade civil e da população residente. Algumas reservas da biosfera já foram criadas no Brasil (como a Reserva da Biosfera da Mata Atlântica, do Cerrado, da Caatinga, da Amazônia e do Pantanal), mas nenhuma se destina especificamente à conservação da agrobiodiversidade.

Outra experiência bastante difundida é o "Parque de la Papa" (Parque da Batata), na região de Cuzco, no sul do Peru. O Parque de la Papa foi criado por seis comunidades do povo indígena Quéchua (Amaru, Chawaytire, Cuyo Grande, Pampallaqta, Paru-Paru e Sacaca), com o apoio da organização não governamental Associação Quéchua-Aymara para a Conservação da Natureza e o Desenvolvimento Sustentável (Andes), e cobre uma área de cerca de 12 mil hectares, situada entre 3.150 e cinco mil metros acima do nível do mar. O Parque de la Papa é uma "biblioteca" viva e dinâmica da diversidade genética de batata, dos conhecimentos tradicionais associados a esse cultivo agrícola e dos sistemas agrícolas tradicionais que conservam tais recursos e saberes. Cerca de 1,2 mil variedades de batata são identificadas pelo nome e utilizadas na região em que está situado o parque. As famílias de agricultores cultivam entre vinte e oitenta variedades de batata, e cerca de 750 variedades nativas de batata são cultivadas no parque[647]. A batata é tão importante para o Peru que em 2005 o governo peruano declarou o dia 30 de maio como o "Dia Nacional da Batata", em que várias comemorações são realizadas. A região é também centro de diversidade de cultivos agrícolas andinos como quinoa[648] e amaranto[649].

---

647. No "Catálogo de variedades de papa nativa de Huancavelica, Perú", publicado pelo Centro Internacional de la Papa (CIP) e pela Federación Departamental de Comunidades Campesinas (Fedech), em 2006, são descritas 144 variedades nativas de batata, encontradas no departamento de Huancavelica, no centro-sul dos Andes peruanos. Consultar também: Christine Graves. *The potato, treasure of the Andes:* from agriculture to culture. Lima: International Potato Center, 2001.

648. A *quinoa* é um grão originário da Colômbia, Peru e Chile, indispensável à alimentação humana no altiplano andino. É altamente nutritivo, e no Brasil já é encontrado em forma de flocos, grãos e farinha.

649. O amaranto (chamado de *kiwicha* na língua Quéchua) é também um grão muito nutritivo, rico em proteínas, cálcio e zinco. Segundo pesquisas realizadas pelo Laboratório de Bioquímica e Propriedades Funcionais dos Alimentos da Universidade de São Paulo (USP), o amaranto é um excelente redutor dos níveis de colesterol. Antes da colonização espanhola, era quase tão difundido pelas Américas quanto o milho. Consultar: National Research Council. *Lost crops of the Incas.* Washington: National Academy Press, 1989. Esse livro contém informações sobre muitas plantas domesticadas pelos Incas (como oca, maca, arracacha, tarwi, nuñas e lucuma), que eram de grande importância para a alimentação

Direitos dos agricultores

Em 2004, a Associação das Comunidades do Parque de la Papa assinou com o Centro Internacional de la Papa (CIP), um dos centros de pesquisa agrícola internacional, um acordo prevendo a repatriação de 410 variedades nativas de batata, originárias dessa região e que eram conservadas nos bancos de germoplasma do CIP. O objetivo do parque é proteger não só os recursos biológicos/genéticos, mas os sistemas e processos sociais e culturais que produziram (e continuam a produzir) a diversidade agrícola. Algumas alternativas de geração de renda têm sido desenvolvidas, e outras consideradas, como agroecoturismo, educação ambiental, a criação de um centro de visitantes com exposições com as diversas variedades de batata e um restaurante com pratos típicos, a venda de variedades coloridas de batatas em mercados locais etc.[650]

As reservas ou "zonas" de agrobiodiversidade são previstas pela legislação peruana: o Decreto Supremo nº 068-2001-PCM, que regulamentou a Lei 26.839, de 1997[651], que trata da "conservação e utilização sustentável

---

local e foram substituídas por cultivos agrícolas impostos pelos espanhóis, como trigo e cevada. Consultar também: Hernandez Bermejo & J. Leon. *Cultivos marginados*: otra perspectiva de 1492. Roma: FAO, 1992. (Colección Producción y Protección Vegetal, n.26), em que são apresentados cultivos agrícolas das Américas que foram marginalizados nos últimos 500 anos e os processos que levaram à perda da diversidade genética. Outro livro, também publicado pela National Academy Press, em 1996, sob o título *Lost crops of Africa*, dividido em três volumes (dedicados aos grãos, legumes e frutas), também contém informações sobre cultivos agrícolas importantes para a alimentação dos povos africanos, pouco conhecidos fora da África.
650. Regine Andersen & Tone Winge. *Success stories from the realization of farmers' rights related to plant genetic resources for food and agriculture*. Lysaker: Fridtjof Nansen Institute, 2008, p. 53-56. (The Farmers' Right Project, Background Study, 7). Consultar também os *sites:* www.iied.org; www.diversefoodsystems.org e www.andes.org.pe. Acessado sem 10/1/2009.
651. A Lei nº 26.839/1997 e o Decreto Supremo nº 068-2001-PCM podem ser consultados em: http://www.farmersrights.org/database/peru.html. Acessado em 18/1/2009. O Peru aprovou também a Lei 27.811/2002, que estabelece um regime de proteção aos conhecimentos coletivos dos povos indígenas associados aos recursos biológicos, e a Lei 28.477/2005, que estabelece uma lista de cultivos nativos considerados "patrimônio natural da nação". A Decisão 345 da Comunidade Andina de Nações estabelece normas comuns sobre a proteção dos direitos de melhoristas sobre variedades de plantas, a Decisão 391, um regime comum de

da diversidade biológica", prevê a possibilidade de estabelecimento de "zonas de agrobiodiversidade" destinadas à conservação e à utilização sustentável de espécies nativas cultivadas por povos indígenas. Tais zonas não poderão ser destinadas a outros fins que não sejam a conservação de tais espécies nativas e a manutenção das culturas indígenas. Cabe ao Ministério da Agricultura criar as "zonas de agrobiodiversidade" (artigos 38 e 39 do referido decreto). O Instituto Nacional de Recursos Naturais (Inrena) do Peru, entretanto, não considera o Parque de la Papa como parte integrante do sistema peruano de áreas protegidas. Ele foi criado em terras pertencentes às comunidades indígenas, por iniciativa dessas comunidades, e com fundamento no conceito de "patrimônio biocultural indígena", desenvolvido pela Andes. O Peru criou também, em 2008, um Registro Nacional de Variedades Nativas de Batatas[652], e

---

acesso aos recursos genéticos e a Decisão 486, um regime comum de propriedade intelectual (para os países que fazem parte da Comunidade Andina de Nações).
Consultar: Manuel Ruiz Muller. *Guía explicativa de la Decisión 391 y una propuesta alternativa para regular el acceso a los recursos genéticos en la Sub-región Andina.* Lima: SPDA; Eschborn: GTZ, 2008; Manuel Ruiz Muller. *La protección jurídica de los conocimientos tradicionales:* algunos avances políticos y normativos en América Latina. Lima: SPDA; Gland: UICN, 2006.
Consultar: Santiago Pastor. *Agrobiodiversidad nativa del Perú y patentes.* Lima: SPDA, 2008; Manuel Ruiz Muller; Pamela Ferro (ed.). *Apuntes sobre agrobiodiversidad:* conservación, biotecnología y conocimientos tradicionales. Lima: SPDA; Ipgri, 2005; Santiago Pastor, Beatriz Fuentealba & Manuel Ruiz Muller. *Cultivos subutilizados en el Perú:* análisis de las políticas públicas relativas a su conservación y uso sostenible. Lima: SPDA, 2008. Disponíveis em: www.spda.org.pe.
652. Isabel Lapeña. *Genetic Resources Policy Initiative (GRPI): Peru final project report May 2004-June 2008*, Lima: SPDA, 2008. Isabel Lapeña é codiretora do Programa de Assuntos Internacionais e Biodiversidade da Sociedade Peruana de Direito Ambiental (www.spda. org. pe). Consultar também: Manuel Ruiz Muller. *Las zonas de agrobiodiversidad y el registro de cultivos nativos en el Perú:* aprendiendo de nosotros mismos. Lima: SPDA, 2009. Consultar também: Marco Chevarria. "Áreas de manejo especial para la conservación de la agrobiodiversidad – Ameca: Base técnica para su reconocimiento oficial". Proyecto PER 98G33 PNUD *"Conservación in situ de cultivos nativos y sus parientes silvestres"* FMAM, IIAP et al. Lima, 2007. Disponível em: http://www.iiap.org.pe/Publicaciones/CD/documentos/literatura_gris/In%20Situ/ameca.pdf; Marco Chevarria. "Protection des ressources génétiques et phytogénétiques: une solidarité andine est-elle possible ?" *In:* J. Lombard, E. Mesclier, S. Velut. *La Mondialisation côté sud – acteurs et territoires*" Paris: Éditions IRD,

o governo de Cuzco editou uma norma regional (nº 010/2007)[653] que proíbe a venda, o cultivo, o uso e o transporte de variedades de batatas geneticamente modificadas.

Um estudo do Fundo Mundial para a Natureza (WWF)[654] analisa algumas ecorregiões importantes para a conservação da diversidade genética agrícola. O estudo destaca a importância e o papel estratégico das áreas protegidas para a conservação *in situ* dos parentes silvestres de plantas cultivadas e das variedades locais. Conclui, entretanto, que o atual sistema global de áreas protegidas tem sido ineficiente para proteger a biodiversidade agrícola, tanto do ponto de vista da localização das áreas protegidas como da forma como são manejadas e geridas. As principais conclusões do estudo são: a maior parte dos centros de diversidade dos principais cultivos agrícolas é mal protegida. Das 34 ecorregiões importantes para a conservação da diversidade genética agrícola que foram analisadas pelo estudo, 29 (ou seja, 82%) têm menos de 10% de suas áreas protegidas por unidades de conservação, e seis (18%) têm menos de 1%; muitas unidades de conservação abrigam populações essenciais à conservação da diversidade dos recursos fitogenéticos, mas o plano de manejo e as ações de conservação de tais áreas não as contemplam especificamente.

O estudo apresenta uma relação de áreas protegidas, em todo o mundo, que estão situadas em ecorregiões importantes para a conservação da biodiversidade agrícola. No Brasil, foram identificadas: 1) a ecorregião do Madeira-Tapajós, com suas florestas úmidas, na Região Amazônica, onde são apontadas como importantes, para a conservação da biodiversidade agrícola, as seguintes áreas protegidas: Parque Nacional da Amazônia (nos Estados do Amazonas e Pará), que tem parte de seus

---

2006, p. 343-354. Disponível em: http://www.ird.fr/es/textes/fas_267_es.pdf. Acessados em 12/03/2009.
653. Sue et Stolton al. *Food stores:* using protected areas to secure crop genetic diversity. Gland: WWF; Birmingham: University of Birmingham, 2006. Disponível em:http://assets.panda.org/downloads/food_stores.pdf.Acessado em 3/3/2009.
654. Idem, *ibid*.

limites superposta com a Terra Indígena Andirá-Marau, do povo Sateré-Mawé; Estação Ecológica de Cuniã (Rondônia); Reserva Biológica do Guaporé (Rondônia), que tem parte de seus limites superposta à Terra Indígena Massaco, habitada por índios isolados; Estação Ecológica do Iquê (Mato Grosso); Reserva Biológica do Jaru (Rondônia); e o Parque Nacional Pacaás Novos, que tem seus limites superpostos com a Terra Indígena Uru Eu Wau Wau (Rondônia); e 2) a ecorregião do Sudoeste da Amazônia, onde foram apontadas as seguintes áreas protegidas: Reservas Extrativistas do Alto Juruá, de Porto Dias, do Remanso, de Santa Quitéria, do Riozinho, da Figueira; a Floresta Nacional Macauã; a Estação Ecológica do Rio Acre; e o Parque Nacional da Serra do Divisor (o povo indígena Nawa vive no interior do parque, e a Terra Indígena Nukini[655] é contígua ao parque, mas os índios Nukini reivindicam a ampliação de seu território, de modo que incida sobre uma porção do parque). Todas as ecorregiões identificadas pelo referido estudo estão localizadas na região norte do Brasil, e no bioma amazônico, e o estudo não abrange outros biomas brasileiros, como o cerrado, a caatinga e a mata atlântica, também ricos em biodiversidade agrícola. O estudo apresenta uma relação de parentes silvestres de plantas cultivadas e de variedades locais existentes dentro de áreas protegidas já criadas, além de estudos de casos na Turquia, México, África, Vietnam, Peru e Índia.

O estudo destaca que a Turquia tem adotado várias medidas para promover a conservação *in situ* da biodiversidade agrícola, por estar situada em uma região que é um dos berços da agricultura (conhecida como Crescente Fértil[656]) e por ter uma flora extraordinariamente rica e diversificada. A Turquia está localizada em dois centros vavilovianos de diversidade dos cultivos agrícolas: o Mediterrâneo e o Oriente Próximo.

---

655. Fonte: Instituto Socioambiental (www.socioambiental.org).
656. O "Crescente Fértil" abrange o Sudeste da Turquia, a Palestina, Israel, parte ocidental da Síria, parte oriental do Iraque e parte ocidental do Irã, e é centro de origem e de diversidade de muitos cultivos agrícolas importantes, como trigo e cevada. Acredita-se também que muitos animais importantes – como a vaca, a cabra, o carneiro e o porco – tenham sido domesticados inicialmente nessa região.

Por intermédio de um projeto para conservação *in situ* da diversidade de plantas do país, financiado pelo Global Environment Facility (GEF), e com a participação dos Ministérios da Agricultura, das Florestas e do Meio Ambiente da Turquia e de comunidades locais, foram identificados inicialmente três sítios para o estabelecimento de reservas genéticas (o Ceylanpinar, o Parque Nacional de Kazdag e as montanhas de Amanus, Bolkar e Aladag), e algumas espécies prioritárias para conservação [parentes silvestres de trigo, cevada, lentilha, grão-de-bico, espécies silvestres de ameixa, uma espécie de castanha (*Castanea sativa*) e três espécies de árvores, *Abies equi-trojani*, *Pinus brutia* e *P. nigra*]. Posteriormente, 22 reservas genéticas foram estabelecidas, e planos de manejo desenvolvidos para cada uma delas, com o objetivo de manter a maior diversidade genética possível em cada reserva. As comunidades locais participaram do desenvolvimento dos planos de manejo, de forma a garantir que elas mantivessem o acesso às reservas genéticas e as suas práticas e atividades tradicionais. Algumas práticas tradicionais são essenciais à própria conservação da diversidade, como a criação e a pastagem dos animais, que é importante para a dispersão das sementes e a sua germinação nos anos seguintes.

No Vietnam, foi também desenvolvido um projeto de conservação *in situ* e *on farm* da agrobiodiversidade[657], com a participação de comunidades locais. O Vietnam também está localizado em um centro vaviloviano de diversidade dos cultivos agrícolas e, em 1995, aprovou um Plano de Ação para a Biodiversidade que elege a agrobiodiversidade como uma de suas prioridades. O Plano enfatiza o manejo *on farm* de variedades adaptadas às condições ambientais locais e a participação

---

657. O projeto *In situ* Conservation of Native Landraces and their Wild Relatives in Vietnam foi financiado pelo Global Environment Facility (GEF) e foi desenvolvido de 2002 a 2005. Para saber mais, consultar: www.un.org.vn/undp/projects/vie01g35/index.htm. Consultar também: T. Thi Hoa et al. "*In situ* conservation of native lychee and their wild relatives and participatory market analysis and development: the case of Vietnam." *ISHS Acta Horticulturae*, Leuvens: ISHS, n. 665, p. 125-140, 2005. Disponível em: www.actahort.org/books/665/665_15.htm. Acessado em 2/2/2009.

dos agricultores na definição e implementação das ações de conservação. As espécies priorizadas foram arroz, taro[658], chá (*Camellia* e *Ilex*), feijão-verde[659], frutas cítricas e duas frutas nativas: lichia e longan[660]. Oito reservas genéticas foram selecionadas, das quais duas estão dentro dos limites de unidades de conservação (Parque Nacional de Ba Vi e Reserva Natural de Huu Lien) e as outras seis são formadas por ecossistemas cultivados.

Outro estudo[661] realizado pela Comissão Mundial de Áreas Protegidas, da União Mundial para a Conservação da Natureza (IUCN), apresenta estudos de casos em diferentes partes do mundo, que ilustram o papel desempenhado pelas áreas protegidas na conservação da agrobiodiversidade e dos saberes e práticas agrícolas associados. O estudo enfoca principalmente a categoria V de áreas protegidas: são as chamadas "paisagens protegidas" (*protected landscapes*). As paisagens protegidas são definidas pela IUCN como áreas em que a interação entre o homem e a natureza ao longo do tempo produziu características que as distinguem em virtude de seus valores estéticos, ecológicos e/ou culturais e, frequentemente, da alta diversidade biológica. Essa interação entre homem e natureza é reconhecida como vital para proteção, manutenção e evolução das paisagens protegidas. A IUCN definiu seis categorias de áreas protegidas[662], e as paisagens protegidas são apenas uma dessas categorias, mas são apontadas como as mais adequadas para a conservação *in situ* dos *hot spots* (áreas ricas) da agrobiodiversidade, com a participação das comunidades locais. São apresentados estudos de casos de áreas protegidas usadas para a conservação *in situ* da agrobiodiversidade no Equador, na Espanha, no

---

658. O taro é um tubérculo da mesma família (Araceae) do inhame.
659. O feijão-verde (em inglês *mug bean*) é também conhecido como soja-verde.
660. A lichia e o longan são parecidos e pertencem à família Sapindaceae, que também inclui o rambotã. O longan é também conhecido como "olho do dragão".
661. Thora Amend et al (eds.). *Protected landscapes and agrobiodiversity values*. Gland: IUCN; Eschborn: GTZ; Heidelberg: Kasparek Verlag, 2008, p. 71-93.
662. A. Philips. *Management guidelines for IUCN Category V Protected Areas*. Gland: IUCN, 2002. Disponível em: http://data.iucn.org/dbtw-wpd/edocs/PAG-009.pdf.

Peru, na Alemanha, nas Filipinas, na Sérvia, no Canadá, na Etiópia, na Inglaterra, no Nepal e nos Estados Unidos.

Outra proposta em discussão, e apresentada inicialmente pelo procurador de justiça de Minas Gerais Afonso Henrique de Miranda Teixeira[663], é a de criação, por lei, da categoria denominada "reserva (ou área) de segurança alimentar", em moldes semelhantes aos das áreas de preservação permanente e de reserva legal, estabelecidas pelo Código Florestal (Lei 4.771/65). Segundo esse código (artigo 2º), consideram-se de preservação permanente as florestas e demais formas de vegetação natural situadas ao longo dos rios, lagos, nas nascentes, no topo de morros, montanhas, nas encostas, nas restingas, nas bordas dos tabuleiros ou chapadas, em altitude superior a 1,8 mil metros etc. Nos termos do artigo 3º do Código Florestal, podem também ser declaradas por ato do poder público as florestas e demais formas de vegetação natural destinadas a atenuar a erosão do solo, fixar dunas etc. A reserva legal é definida pelo código florestal (artigo 1º, III) como a área localizada no interior de uma propriedade ou posse rural, excetuada a de preservação permanente, necessária ao uso sustentável dos recursos naturais, à conservação e reabilitação dos processos ecológicos, à conservação da biodiversidade e ao abrigo e proteção de fauna e flora nativas. A reserva legal corresponde a um percentual sobre a propriedade rural (que varia conforme o bioma) em que a vegetação não pode ser suprimida, salvo hipóteses excepcionais (artigo 16 e seguintes).

A reserva de segurança alimentar – que atualmente não é prevista pela legislação brasileira, mas poderia ser criada por lei – seria um percentual incidente sobre os imóveis rurais, no qual deveriam ser obrigatoriamente cultivadas espécies destinadas à alimentação humana e para abastecimento interno. A área destinada à reserva de segurança alimentar teria que ser averbada na matrícula do imóvel, tal como sucede com a reserva legal, e o procurador de justiça Afonso Henrique de

---

663. Afonso Henrique de Miranda Teixeira. "Reserva para segurança alimentar." *Revista da Procuradoria-Geral de Justiça do Estado de Minas Gerais*, v. 3, n.12, p. 52-53, dez. 2007.

Miranda Teixeira sustenta que a criação da reserva de segurança alimentar seja inserida na Lei 8.629/93, que regulamenta os dispositivos constitucionais relativos à reforma agrária. A reserva de segurança alimentar estaria fundamentada: na função social da propriedade, estabelecida pelo artigo 186 da Constituição; na Lei 8.171/91, que estabelece que a política agrícola está baseada no pressuposto de que "o adequado abastecimento alimentar é condição básica para garantir a tranquilidade social, a ordem pública e o processo de desenvolvimento econômico-social" (artigo 2º, IV); na Lei 11.346/2006, que cria o Sistema Nacional de Segurança Alimentar e Nutricional e assegura o direito humano à alimentação.

A reserva de segurança alimentar seria um instrumento legal para enfrentar os excessos da monocultura voltada à exportação, a grave crise de alimentos gerada pela alta de preços e o avanço do plantio de agrocombustíveis sobre terras agriculturáveis. Caso seja implementada a proposta, os efeitos sobre a agrobiodiversidade e sobre a segurança alimentar também seriam positivos: as enormes extensões de terras dedicadas à monocultura para exportação seriam, ainda que parcialmente, substituídas por policultivos de gêneros destinados à alimentação humana: arroz, feijão, milho, mandioca, abóbora, cará, taioba etc.

As indicações geográficas

As indicações geográficas também poderiam, em tese, ser utilizadas para a proteção e a valorização dos produtos da agrobiodiversidade, apesar de ainda serem pouco conhecidas no Brasil. Instrumento jurídico e econômico previsto na Lei 9.279/96, as indicações geográficas se prestam, essencialmente, a identificar e a agregar valor a produtos e serviços associados a determinados territórios, concebidos em sua dimensão natural e cultural. As indicações geográficas conferem ao produto ou serviço uma identidade própria, uma vez que o nome geográfico utilizado no produto ou serviço estabelece uma ligação entre as suas características e a sua origem. Alguns exemplos de produtos associados aos seus locais de origem são: o queijo da serra da Canastra, Minas Gerais; a cachaça de Paraty, Rio de Janeiro; os doces de Pelotas, Rio Grande do Sul; o presunto de Parma (Itália); o *champagne* (espumante produzido em Champagne, na França), o *cognac* (também francês); o vinho do Porto (Portugal), o queijo parmesão (Parma e Reggio, na Itália) etc.

A França foi um dos países pioneiros na proteção legal aos nomes geográficos, tendo editado sua primeira lei sobre indicações geográficas – chamadas nesse país de *appellations d'origine contrôlées* (AOC) – ainda em 1919, inicialmente para os vinhos[664], e em 1990 a proteção das AOC foi estendida a todos os produtos agroalimentares[665]. Muitos países europeus, principalmente do sul da Europa (Itália, Espanha, Portugal e Grécia), também usam as indicações geográficas para promover o desenvolvimento local sustentável, e a União Europeia regulamentou as indicações geográficas e as denominações de origem em 1992[666]. Em 2006, a União Europeia instituiu um novo regulamento dessa matéria (510/2006). As indicações geográficas valorizam produtos diferenciados, associados a valores simbólicos e a dinâmicas socioculturais locais, que buscam as suas próprias formas de inserção em um mercado dominado por produtos globalizados e estandartizados, sem um enraizamento cultural, que podem ser encontrados em lojas e supermercados de qualquer lugar do mundo. Os produtos estandartizados são, na verdade, "produtos sem alma", e os produtos de origem, típicos, regionais ou localizados, integram o patrimônio cultural dos países a que pertencem.

As indicações geográficas são apontadas como instrumentos que podem atingir diversas finalidades: promover o desenvolvimento local sustentável, proteger o patrimônio cultural, paisagístico e culinário associado a determinadas regiões, promover o acesso ao mercado, em melhores condições, dos produtos regionais e típicos, assegurar a qualidade e a identidade desses produtos, promover o vínculo entre produtores e consumidores etc. Neste subcapítulo, analisaremos, mais adiante, um aspecto específico das indicações geográficas: o seu potencial para valorizar

---

664. Um decreto-lei de 1935 criou um comitê nacional que em 1947 se tornou o Institut National des Appellations d'Origine (Inao). A partir de 2006, o Inao se tornou responsável não só pelas *appellations d'origine* como por todos os demais signos de qualidade e origem de produtos agroalimentares, razão pela qual passou a se chamar Institut National de l'Origine et de la Qualité, mas manteve a mesma sigla (Inao). Para saber mais sobre outros signos franceses, como *Label Rouge* e *Agriculture Biologique*, consultar: www.inao.gouv.fr. As *Spécialités Traditionelles Garanties* (especialidades tradicionais garantidas) são previstas no Regulamento da União Europeia nº 509/2006.
665. Para saber mais detalhes sobre a valorização de produtos agrícolas, florestais, alimentares e do mar na França, consultar a *Ordonnance* nº 2006-1547, de 7 de dezembro de 2006, e o *Décret* 2007-30, de 5 de janeiro de 2007, disponíveis em: www.legifrance.gouv.fr.
666. Regulamento nº 2082/92.

os produtos da agrobiodiversidade e se integrar a estratégias de conservação *in situ/on farm* da biodiversidade agrícola e da diversidade cultural associada.

A partir de 1994, as indicações geográficas passaram a ser reguladas pelo Acordo sobre os Aspectos dos Direitos de Propriedade Intelectual Relacionados ao Comércio (Trips), firmado no âmbito da Organização Mundial do Comércio (OMC) e incorporado ao sistema jurídico brasileiro pelo Decreto 1.355/94. Como todos os países que integram a OMC são obrigados a assinar o Acordo Trips, as indicações geográficas passaram a ser reconhecidas e protegidas legalmente em um número muito maior de países após a entrada em vigor do Acordo Trips[667]. As indicações geográficas são definidas pelo referido acordo como indicações que "identificam um produto como originário do território de um membro, ou região ou localidade deste território, quando determinada qualidade, reputação ou outra característica do produto seja essencialmente atribuída à sua origem geográfica" (artigo 22). Embora o Trips estabeleça uma definição de indicações geográficas, os países têm certa flexibilidade para adotar suas leis internas, desde que confiram efetiva proteção contra o uso não autorizado das indicações geográficas[668].

O Trips estabelece, entretanto, níveis distintos de proteção para os vinhos e bebidas alcoólicas e os demais produtos. O Trips proíbe a utilização de indicações geográficas falsas para vinhos e bebidas alcoólicas que não são originários das respectivas regiões, mesmo quando a sua

---

667. No âmbito da Organização Mundial da Propriedade Intelectual (Ompi, agência da ONU especializada em propriedade intelectual), foram firmados os seguintes acordos internacionais relacionados às indicações geográficas: a Convenção de Paris (1883, com diversas revisões posteriores); o Acordo de Madri, relativo à repressão às indicações de procedência falsas ou enganosas (1891), também revisto várias vezes, e o Acordo de Lisboa, relativo à proteção das denominações de origem (de 1958). Para consultar esses acordos internacionais, acessar: www.wipo.int.

668. Para saber mais sobre as diferentes iniciativas, nos países europeus, para proteger as indicações geográficas, consultar o *site* do projeto *Development of Origin Labelled Products: Humanity, Innovation and Sustainability* (*Dolphins*), desenvolvido pela União Europeia: www.origin-food.org/index_dolphins.htm.

verdadeira origem é descrita nos produtos, e quando as indicações falsas são acompanhadas de expressões como "tipo", "gênero", "imitação" e outras similares (artigo 23.1.). Os vinhos e bebidas alcoólicas gozam, portanto, de uma proteção mais rígida em relação às indicações geográficas. Nos demais produtos, se a verdadeira origem é indicada e isso afasta a possibilidade de induzir o consumidor a erro, o falso nome geográfico pode ser utilizado. Além disso, o Trips (artigo 24.9) estabelece que as indicações geográficas que não são protegidas, ou que tenham deixado de ser protegidas ou caído em desuso nos seus países de origem, não têm direito à proteção do acordo[669].

No Brasil, há duas espécies de indicações geográficas: as indicações de procedência e as denominações de origem (Lei 9.279/96, artigo 176 e seguintes). A indicação de procedência corresponde ao nome geográfico de país, cidade, região ou localidade de seu território que se tenha tornado conhecido como centro de extração, produção ou fabricação de determinado produto ou de prestação de determinado serviço. Portanto, para

---

669. Para saber mais sobre os aspectos jurídicos das indicações geográficas, consultar: Liliana Locatelli. *Indicações geográficas:* a proteção jurídica sob a perspectiva do desenvolvimento econômico. Curitiba: Juruá, 2008; Marcos Fabrício Gonçalves. *Propriedade industrial e a proteção dos nomes geográficos:* indicações geográficas, indicações de procedência e denominações de origem. Curitiba: Juruá, 2007; Marie-Angèle Hermitte. "Les appellations d'origine dans la genèse des droits de la propriété intellectuelle." *In:* Pascale Moity-Maïzi et al (eds.). *Systèmes agroalimentaires localisés:* terroirs, savoir-faire, innovations. Paris: Inra, 2001, p. 195-206. (Etudes et Recherches sur les Systèmes Agraires et le Développement, 32); Norbert Olszak. *Droit des appellations d'origine et indications de provenance.* Paris: Éditions Tec & Doc, 2001. Sobre os aspectos econômicos, sociais e culturais: Joana Filipa Dias. *A construção institucional da qualidade em produtos tradicionais.* Rio de Janeiro, 2005. Dissertação (Mestrado em Desenvolvimento, Agricultura e Sociedade) – Universidade Federal Rural do Rio de Janeiro; Vinicius Lages, Léa Lagares, Christiano Braga. *Valorização de produtos com diferencial de qualidade e identidade:* indicações geográficas e certificações para competitividade nos negócios. Brasília: Sebrae, 2005; Flávia Trentini. *Denominação de origem:* elemento fundamental às atuais empresas rurais. São Paulo, 2006. Tese (Doutorado) – Faculdade de Direito da Universidade de São Paulo; Vinicius Lages, Christiano Braga, Gustavo Morelli. *Territórios em movimento:* cultura e identidade como estratégia de inserção competitiva. Rio de Janeiro: Relume Dumará; Brasília: Sebrae, 2004. Consultar também: Lia Krucken. *Design e território:* valorização de identidades e produtos locais. São Paulo: Studio Nobel, 2009.

a caracterização da indicação de procedência é suficiente a vinculação do produto ou serviço a um determinado espaço geográfico, independentemente de suas características e qualidades intrínsecas. É a simples procedência do produto que o torna singular, o sentido de "lugar", e os valores e significados a ele associados[670].

Já a denominação de origem exige algo mais: além de tal vinculação, é necessário que o produto ou serviço guarde características e qualidades próprias, relacionadas ao território, incluídos os fatores naturais (clima, solo, vegetação etc.) e os fatores culturais (saberes, práticas, modos de fazer e criar, processos e técnicas tradicionais de fabricação de produtos etc.). De acordo com a definição legal, a denominação de origem corresponde ao nome geográfico de país, cidade, região ou localidade de seu território que designe produto ou serviço cujas qualidades ou características se devam exclusiva ou essencialmente ao meio geográfico, incluídos fatores naturais e humanos. Trata-se, portanto, de um produto cujo modo de fabricação apresenta peculiaridades e tipicidades que o diferenciam de outros da mesma natureza. São fabricados de acordo com técnicas, processos e métodos específicos, que são estabelecidos nos regulamentos das indicações geográficas.

O Instituto Nacional de Propriedade Industrial (Inpi) é responsável pelo registro das indicações geográficas[671], que são reconhecidas como

---

670. O Estado de Santa Catarina aprovou a Lei 12.117/2002, que cria cinco selos para identificar a qualidade e a origem dos produtos agrícolas: indicação geográfica protegida, denominação de origem controlada, agricultura orgânica, produto de origem familiar e certificado de conformidade.

671. No Inpi, o registro de indicações geográficas está a cargo da Coordenação Geral de Outros Registros, vinculada à Diretoria de Transferência de Tecnologia e outros Registros. Consultar: www.inpi.gov.br

O IBGE desenvolve o projeto Nomes Geográficos do Brasil, que, além de divulgar os nomes padronizados de lugares, com sua localização precisa, também busca valorizar os aspectos socioculturais e históricos dos nomes geográficos por meio da manutenção do Banco de Nomes Geográficos do Brasil, que prevê a carga desses atributos associados aos topônimos existentes nas cartas, mapas e demais produtos da instituição. O projeto Nomes Geográficos do Brasil se inspira nas orientações e resoluções aprovadas pelos países reunidos no Grupo de Peritos das Nações Unidas em Nomes Geográficos e nas Conferências das Nações Unidas sobre Padronização de Nomes Geográficos (http://unstats.un.org/

uma espécie de direito de propriedade intelectual coletivo. O Inpi já registrou as seguintes indicações geográficas brasileiras (todas na categoria "indicação de procedência": 1) vinhos do Vale dos Vinhedos, que é uma região da serra gaúcha produtora de vinhos (tinto, branco e espumantes) e cujo titular é a Associação dos Produtores de Vinhos do Vale dos Vinhedos – registro concedido em 2002[672]; 2) café do Cerrado mineiro, cujo titular é o Conselho das Associações dos Cafeicultores do Cerrado (Caccer) – registro concedido em 2005; 3) carne bovina e seus derivados, cujo titular é a Associação dos Produtores de Carne do Pampa Gaúcho da Campanha Meridional – registro concedido em 2006; 4) cachaça artesanal de Paraty, cujo titular é a Associação dos Produtores e Amigos da Cachaça Artesanal de Paraty e o registro foi concedido em 2007. Ademais, o Decreto Presidencial nº 4.062/2001 estabeleceu que o nome "cachaça", de origem e uso exclusivamente brasileiros, constitui indicação geográfica e o uso das expressões protegidas "cachaça", "Brasil" e "cachaça do Brasil" é restrito aos produtores estabelecidos no país. Outros registros de indicações geográficas foram concedidos pelo Inpi a produtos de outros países, como os vinhos verdes de Portugal, o *cognac* francês[673] etc. Foram negados os registros ao presunto de Parma (Itália), e ao queijo de Roquefort (França) por não atenderem às exigências do Inpi. Segundo o artigo 180 da Lei

---

unsd/geoinfo) para questões de padronização dos nomes e considera que os nomes geográficos são um importante componente do patrimônio cultural das populações. Em coerência com essas orientações, o projeto considera que é preciso proteger especialmente os nomes regionais e de minorias, registrando, além das formas padronizadas, as variantes locais, com o apoio da rede que já está sendo incentivada em âmbito regional, como é o caso do Estado do Paraná. Um exemplo da atuação da rede se encontra na Secretaria de Meio Ambiente do Estado do Paraná (ver www.diaadiaeducacao.pr.gov.br/diaadia/escola/modules/noticias/article.php?storyid=114 e www.sepl.pr.gov.br/modules/noticias/article.php?storyid=102).
672. Segundo as normas da indicação geográfica dos vinhos do Vale dos Vinhedos, são autorizados exclusivamente cultivares de *Vitis vinifera* L (de origem europeia), e são proibidos todos os cultivares de origem americana, bem como os híbridos interespecíficos.
673. No Brasil, o termo francês *cognac* não pode ser utilizado, mas a expressão aportuguesada "conhaque" pode, desde que ressalvada a sua procedência (por exemplo, "conhaque produzido em São João da Barra").

9.279/96 e o artigo 4º da Resolução do Inpi nº 075/2000[674], não são suscetíveis de registro como indicação geográfica os nomes geográficos que tenham se tornado de uso comum, designando produto ou serviço[675]. Há muitas discussões sobre os critérios para estabelecer quando um nome geográfico se torna "de uso comum" ou genérico: no caso do queijo *feta*, por exemplo, os Tribunais da Comunidade Europeia decidiram a favor do reconhecimento dessa denominação de origem à Grécia, por considerarem que o nome feta está associado ao queijo fabricado numa vasta região da Grécia, com leite de ovelha ou com uma mistura de leite de ovelha e de cabra, pelo método natural e artesanal de escorrimento sem pressão.

O direito ao uso das indicações geográficas é coletivo e se estende a todos os produtores estabelecidos no território correspondente, sendo ainda inalienável e imprescritível[676]. O registro de uma indicação geográfica pode ser requerido por sindicatos, associações, institutos ou qualquer pessoa jurídica de representatividade coletiva, com legítimo interesse e estabelecida no respectivo território[677]. A pessoa jurídica age como substituto processual da coletividade que tiver direito ao uso de tal nome geográfico. Isso quer dizer que, quando uma associação de produtores requer o registro de uma indicação geográfica, ela pleiteia o reconhecimento de um direito coletivo, que beneficiará todos os produtores estabelecidos naquele território. O registro das indicações geográficas

---

674. A Resolução do Inpi n. 75/2000 estabelece as condições para o registro das indicações geográficas.
675. Há produtos que se tornaram de tal forma associados aos seus locais de origem, que o próprio nome geográfico se tornou genérico e deixou de designar uma origem geográfica para designar um tipo de produto. O queijo de Minas, por exemplo, é associado a um tipo de queijo branco, independentemente de ter sido produzido ou não em Minas Gerais, e poucas pessoas se lembram de que a água de Colônia se originou em uma cidade da Alemanha de mesmo nome.
676. Não há prazo de vigência para as indicações geográficas.
677. Na hipótese de um único produtor ou prestador de serviço estar legitimado ao uso exclusivo do nome geográfico, estará ele, pessoa física ou jurídica, autorizado a requerer o registro da indicação geográfica em nome próprio, nos termos do artigo 5º, parágrafo 1º da Resolução do Inpi n. 75/2000.

tem natureza declaratória, porque as condições socioambientais e culturais, assim como a reputação do produto, são preexistentes[678]. A proteção se estende à representação gráfica ou figurativa da indicação geográfica, bem como à representação geográfica de país, cidade, região ou localidade de seu território cujo nome seja indicação geográfica[679].

As indicações geográficas são, em sua essência, instrumentos econômicos, de identificação e agregação de valor a produtos e serviços, mas não podem ser confundidas com as marcas de produtos ou serviços usadas para distinguir produtos ou serviços de outros idênticos, semelhantes ou afins, mas elaborados por outras empresas ou pessoas. As marcas não estão associadas a territórios específicos, e as características dos produtos não estão vinculados às suas regiões de origem, ao contrário das indicações geográficas. As marcas diferenciam os produtos pelas empresas que os produziram, e não por sua origem geográfica[680]. Os produtores de uma região delimitada por uma indicação geográfica não podem se mudar para outra região e continuar a usar o mesmo

---

678. Não se pode supor que o registro de uma indicação geográfica poderá criar artificialmente tais condições. Eles devem existir antes do registro, para que esse seja concedido pelo Inpi.
679. Artigo 179 da Lei 9.279/96. Os crimes contra as indicações geográficas são estabelecidos nos artigos 192 e 193 da Lei 9.279/96 e incluem a fabricação, importação, exportação, venda, exposição ou oferecimento à venda, ou manutenção em estoque de produto que apresente falsa indicação geográfica. A pena cominada a tais crimes é de detenção de um a três meses ou multa. Incide na mesma pena quem usa, em produto, recipiente, invólucro, cinta, rótulo, fatura, circular, cartaz ou em outro meio de divulgação ou propaganda, termos retificativos, tais como tipo, espécie, gênero, sistema, semelhante, sucedâneo, idêntico, ou equivalente, não ressalvando a verdadeira procedência do produto.
680. É importante não confundir o registro de marcas de produtos ou serviços, que é realizado pelo Inpi, com o registro de nomes comerciais (de empresas), que é realizado pelas juntas comerciais dos Estados.
As marcas coletivas identificam os produtos ou serviços dos membros de determinada entidade ou grupo, e as marcas de certificação atestam a conformidade de um produto ou serviço a determinadas normas ou especificações técnicas.
Nos termos do artigo 124 da Lei 9.279/96, não são registráveis como marca:– indicação geográfica, sua imitação suscetível de causar confusão ou sinal que possa falsamente induzir indicação geográfica; – sinal que induza a falsa origem, procedência, natureza, qualidade ou utilidade do produto ou serviço a que a marca se destina.

nome, ou mesmo "vender" o uso do nome a produtores que não estejam estabelecidos naquela região ou cujos produtos não tenham qualidades associadas exclusiva ou essencialmente àquele território delimitado. Os titulares de marcas protegidas podem vendê-las (o que não ocorre com as indicações geográficas), e os produtos com marcas registradas podem ser fabricados em quaisquer regiões geográficas. Recentemente, a Etiópia, centro de origem e de diversidade do café, solicitou o registro de suas marcas de café mais conhecidas: Sidamo, Harar e Yirgacheffe (nomes de regiões produtoras de café na Etiópia e pelos quais são conhecidos os cafés originários dessas regiões) em vários países, em uma estratégia destinada a obter maiores benefícios com a reputação de seus cafés, tidos como muito especiais e saborosos e comercializados por grandes indústrias em todo o mundo. A Etiópia conseguiu registrar as suas marcas de café na União Europeia, no Japão e no Canadá. Nos Estados Unidos, a Etiópia registrou a Yirgacheffe, mas a Starbucks Coffee, uma grande multinacional de origem norte-americana, se opôs ao registro das marcas Sidamo e Harar, que são vendidas a altos preços, como cafés gourmet, em suas lojas de todo o mundo. Após uma longa campanha, com o apoio da Oxfam (agência de desenvolvimento), a Starbucks Coffee concordou em assinar um acordo com o governo da Etiópia, reconhecendo os direitos deste país sobre suas marcas de café e estabelecendo condições para que a Starbucks Coffee possa distribuir e vender tais marcas de café etíope[681].

Apresentadas as principais características e finalidades das indicações geográficas, passamos à discussão sobre as suas interfaces com o tema deste trabalho: o potencial uso das indicações geográficas para valorizar os produtos da agrobiodiversidade e se integrar a estratégias de conservação *in situ/on farm* da biodiversidade agrícola e da diversidade cultural associada. Não se pode presumir que as indicações geográficas

---

681. Fonte: www.oxfam.org.au/media/article.php?id=285;www.oxfamamerica.org/newsandpublications/press_releases/archive2007/press_release.2007-06-20.7121433540/?searchterm=Ethiopian%20coffee.

serão, em quaisquer contextos, instrumentos de valorização dos produtos da agrobiodiversidade, e algumas experiências em curso podem ser úteis para destacarmos as condições socioambientais, culturais e econômicas necessárias à utilização de tal instrumento com essa finalidade. Há exemplos positivos e negativos, e citaremos ambos, começando pelas experiências de Laurence Bérard e Philippe Marchenay, pesquisadores do Centre National de la Recherche Scientifique (CNRS)[682], com as indicações geográficas francesas (*as appellations d'origine contrôlées*, AOC). A seguir mostraremos os impactos negativos causados pela indicação geográfica da tequila, do México.

Na França, muitos produtos são designados por seus locais de origem, ou seja, pelo nome geográfico do lugar onde foram elaborados, e essa associação traduz o elo estabelecido entre a qualidade, a origem e a notoriedade daí decorrentes, explicam os dois pesquisadores[683]. Alguns exemplos clássicos são o *champagne* (espumante produzido na região de Champagne), os queijos *beaufort* e *comté* (também produzidos nas regiões francesas que têm os mesmos nomes), o queijo *roquefort* (que se tornou tão conhecido que muitas pessoas supõem se tratar apenas do nome de um tipo de queijo, desconhecendo que se trata de nome de uma cidade e região francesas onde ele é produzido)[684]. Apesar de as indicações geográficas não terem sido desenvolvidas com essa fina-

---

682. Laurence Bérard é antropóloga e Philippe Marchenay é etnobiólogo, e os dois integram a unidade de pesquisa em Eco-antropologia e Etnobiologia do Centre National de la Recherche Scientifique, dirigindo o núcleo Ressources des Terroirs – Cultures, Usages, Sociétés, situado em Bourg-en-Bresse, na França. Para mais informações e publicações, consultar: www.ethno-terroirs.cnrs.fr. Acessar também o site do Centre de Ressources des Produits Alimentaires de Terroir (www.enitac.fr/cerpat), do Groupement d'Intérêt Scientifique. "Systèmes agroalimentaires localisés" (www.gis-syal.agropolis.fr), e da Association Terroirs et Cultures (www.terroirsetcultures.asso.fr).
683. Laurence Bérard & Philippe Marchenay. Biodiversidade e indicação geográfica: produções agrícolas e alimentares locais. *Revista do Patrimônio Histórico e Artístico Nacional*. Brasília: Iphan, n. 32, p. 81-93, 2005.
684. Para saber mais sobre as indicações geográficas francesas, consultar o site do Institut National de l'Origine et de la Qualité (www.inao.gouv.fr) e o guia *Local flavour*: a tour of French origin-linked products. editado pelo Inao e pela Hachette, Paris, 2006, cuja versão em francês chama-se *Le goût de l'origine* (Paris: Inao; Hachette, 2005). Consultar também o site www.sitesremarquablesdugout.com.

lidade, Laurence Bérard e Philippe Marchenay defendem seu uso para promover a conservação da diversidade biológica e cultural, por meio da valorização de produtos que têm estreita relação com o território (*terroir*), em sua dimensão ambiental e cultural, e estão associados a práticas e saberes (*savoir-faire*) tradicionais e a uma memória coletiva, transmitida ao longo de muitos séculos ou alguns decênios. Eles citam alguns exemplos da França[685]:

• As castanhas de Ardèche[686]. Durante séculos a produção de castanha foi uma das principais atividades da região de Ardèche, e as comunidades locais aprenderam a identificar, selecionar e fazer enxertos em uma grande diversidade de castanhas, cujo tamanho, forma e qualidades organolépticas variam de um lugar para outro e de acordo com as práticas e costumes locais. Algumas variedades de castanhas, do norte de Ardèche, são cozidas e acompanham as refeições, no lugar do pão, e no sul outras variedades se tornaram um alimento básico, de subsistência. A vida social, cultural e econômica de Ardèche sempre girou em torno da produção de castanha, um produto local intimamente ligado ao território (*terroir*). Quando a produção de castanha começou a declinar, passou-se a considerar a introdução de castanhas híbridas, que mais bem atendem a critérios técnicos e comerciais. Entretanto, isso seria uma completa descaracterização de todo o sistema tradicional, que deixaria de ser agroflorestal para se tornar um cultivo intensivo, e muitos produtores protestaram. Como forma de valorizar sua forma tradicional de produção, os agricultores solicitaram o reconhecimento de uma denominação de origem (concedido em 2006), que cobre de-

---

685. Esses exemplos são relatados pelos dois pesquisadores nas seguintes publicações: Laurence Bérard & Philippe Marchenay. *From localized products to geographical indications*: awareness and action. Bourg-en-Bresse: CNRS: Ressources des terroirs. Cultures, Usages, Sociétés, 2008. Disponível em: www.ethno.terroirs.cnrs.fr; Laurence Bérard & Philippe Marchenay. *Les produits de terroir*: entre cultures et règlements. Paris: CNRS, 2004; Laurence Bérard et al (eds.). *Biodiversity and local ecological knowledge in France*. Paris: Inra, Cirad, Iddri, IFB, 2005.
686. Ardèche é o nome de um departamento da região sul-central da França.

zenove variedades de castanhas, todas exclusivamente locais. O uso de híbridos e fertilizantes químicos é proibido, e apenas o manejo agroflorestal tradicional é permitido.

* A sidra[687], o *calvados* e o *poiré* da Normandia[688]. A sidra é uma bebida fermentada à base de maçãs, o *poiré*, de peras, e o *calvados* é uma bebida feita à base de maçã, que é fermentada (tornando-se sidra) e depois destilada. Portanto, não é possível falar de calvados sem falar de sidra, e de um sistema de cultivo conhecido como *pré-verger*, em que os pomares são associados a pastagens de animais. O mesmo espaço fornece frutas (maçãs e peras), para produção de bebidas, assim como ervas e capins para a pastagem do gado (usado para produção de queijo e de outros derivados do leite e para carne). Os agricultores locais detêm uma rica gama de saberes e conhecimentos associados ao manejo das relações/interações entre os animais, a pastagem, as árvores e as frutas. As maçãs se dividem em doces, doces-amargas, amargas, ácidas, aciduladas etc., tendo sido identificadas 177 variedades. Alguns dos produtos ligados à sidra, protegidos por *appellations d'origine contrôlées*, são: calvados, calvados Pays d'Auge, *calvados* Domfrontais e *pommeau* da Normandia. Entre os leiteiros, estão o *camembert* da Normandia e a manteiga e o creme de leite fresco de Isigny. Já a *appellation d'origine contrôlée* sobre o *poiré* Domfront, reconhecida em 2002, estabelece que a principal variedade de pera é a *plant de blanc*, de utilização tradicional nessa região, mas outras variedades locais também podem ser utilizadas. A AOC define como os recursos vegetais (as pereiras) e os agroecossistemas associados (os pomares) devem ser manejados, fixando normas sobre a poda, a densidade das plantações (que deve ser inferior a 150 pereiras por hectare), as associações entre os pomares e

---

687. Segundo o *Dicionário Aurélio*, sidra é a bebida que se prepara com o suco fermentado da maçã, e a *cidra* é o fruto da cidreira. Portanto, estamos nos referindo à *sidra*.
688. A Normandia é uma região do Noroeste da França, atualmente dividida em duas regiões administrativas: a Baixa-Normandia, que inclui os departamentos de Calvados, Manche e Orne, e a Alta-Normandia, de que fazem parte os departamentos de Eure e Seine-Maritime.

as pastagens etc.[689] Nesse caso, os produtos protegidos por AOC visam assegurar a continuidade dos sistemas produtivos locais. AOCs anteriores, como a do feno de Crau (1999) e do queijo Comté (1958) também resultam de uma visão sistêmica, que vai além do produto, e enfoca o agroecossistema como um todo.

• As pimentas de Espelette, as lentilhas verdes do Puy, as cebolas doces de Cévennes e o *coco* de Paimpol[690]. Todos esses produtos agroalimentares são protegidos por *appellations d'origine contrôlées* que permitem que os agricultores reproduzam suas próprias sementes, o que constitui importante exceção à norma geral francesa, que é extremamente restritiva em relação ao uso e à produção de sementes pelos próprios agricultores. Nos quatro casos, os agricultores podem multiplicar e utilizar as sementes produzidas em suas propriedades, desde que não as vendam como tais (como sementes). Isso permite que os agricultores façam a seleção e o melhoramento das sementes de variedades locais, de espécies de reprodução sexuada, utilizando-se de conhecimentos e práticas tradicionais. Tal permissão valoriza o papel dos agricultores como melhoristas, e eles não precisam recorrer aos intermediários que, nos sistemas comerciais, são responsáveis pela multiplicação das sementes. Ao fazer a seleção das sementes segundo critérios diferenciados (tamanho da planta, forma, volume, sabor, cor dos frutos etc.), os agricultores mantêm a diversidade. As *appellations d'origine contrôlées* foram reconhecidas nos seguintes anos: 2000 (pimentas de Espelette), 1996 (lentilhas verdes do Puy), 2003 (cebolas doces de Cévennes) e 1998 (*coco* de Paimpol).

Se os pesquisadores franceses oferecem exemplos positivos do uso das indicações geográficas para valorizar os produtos da agrobiodiversidade, isso não sucede com a análise feita pelos pesquisadores mexicanos Ana Valenzuela-Zapata e Jorge Larson dos impactos socioeconômicos

---

689. Laurence Bérard & Philippe Marchenay. *Les produits de terroir:* entre cultures et règlements. Paris: CNRS, 2004.
690. O *coco* de Paimpol é um feijão branco semisseco.

e ambientais das denominações de origem da tequila e do *mezcal* no México. Tanto a tequila como o *mezcal*[691] são bebidas destiladas feitas com o agave, uma planta que tem o caule e as folhas suculentas e ricas em carboidratos, parecida com um abacaxi gigante. O México é o centro de origem e de diversidade do agave, uma planta adaptada a solos vulcânicos e às regiões áridas e semiáridas que cobrem 45,5% do território mexicano, e a grande diversidade de agaves cultivados e silvestres compõe a paisagem natural e cultural do país[692].

A denominação de origem da tequila foi uma das primeiras da América Latina, reconhecida por uma lei mexicana de 1974[693], e a deno-

---

691. *Mezcal* provém de *metl* (agave) + *calli* (cozido) em *Náhuatl* (em português se diz " náuatle").
O *Náhuatl* é um grupo de línguas e dialetos pertencentes à família linguística Asteca. Atualmente, é falada principalmente na região central do México. Conforme a *Ley General de Derechos Linguísticos de los Pueblos Indígenas*, promulgada no México em 2003, o *Náhuatl*, assim como outras línguas indígenas, é reconhecida como língua nacional, da mesma forma que o espanhol.
È chamada de *mezcal* uma grande família de bebidas destiladas feitas de agaves, às quais podem também ser acrescentados outros açúcares. Inicialmente, a tequila era considerada um tipo de *mezcal* (e era chamada de "vinho *mezcal* de tequila"), mas acabou adquirindo identidade própria e passou a ser chamada apenas de tequila.
Antes da conquista espanhola, o *mezcal* (agave cozido) era muito usado como açúcar, mas depois foi introduzida a cana-de-açúcar.
692. A "paisagem do agave" e as destilarias de tequila, situadas no vale de Amatitán-Tequila, foram reconhecidos pela Unesco como patrimônio comum da humanidade em 2006 na categoria sítio cultural. Para saber mais, consultar: http://whc.unesco.org/en/list/1209 e Ana Valenzuela-Zapata & G. P Nabhan. *Tequila*: a natural and cultural history. Tucson: University of Arizona Press, 2003.
693. Outros produtos mexicanos protegidos por denominações de origem incluem a *bacanora*, o *sotol* e a *charanda* (os três são destilados), a manga Ataulfo, o café de Veracruz e de Chiapas e a cerâmica de Talavera. Na América do Sul, entre os produtos agroalimentares protegidos por indicações geográficas estão a *quinua real del Altiplano*, da Bolívia; o *blanco gigante del Cuzco*, uma variedade local de milho, do Peru, e o *pisco*, uma bebida destilada produzida com diversas variedades de uvas do Sul do Peru e do Norte do Chile. O *pisco* foi registrado como indicação geográfica pelos dois países (Peru e Chile). Consultar a esse respeito: Jorge Larson. *Relevance of geographical indications and designations of origin for the sustainable use of genetic resources*. Roma: Study Global Facilitation Unit, 2007b. Disponível em: www.underutilized-species.org/Documents/PUBLICATIONS/gi_larson_lr.pdf; KOP, Denis Petra van Sautier & Astrid Gerz (eds.). *Origin-based products*: lessons for pro-poor market development. Amsterdam: Royal Tropical Institute; Montpellier: Cirad, 2006. Consultar também os *sites* www.origin-food.org e www.origin-gi.com.

minação de origem do *mezcal* foi reconhecida mais tarde, em 1994. Tequila é o nome de uma cidade situada no Estado do Jalisco, mas a denominação de origem da tequila inclui não só o território do Jalisco, mas também de Guanajuato, Michoacán, Nayarit e Tamaulipas. Segundo as normas da denominação de origem da tequila, só pode ser utilizada, para a produção desse destilado, a espécie *Agave tequilana* (também chamada de agave azul), e a denominação abrange tanto a tequila (em que o agave-azul pode ser substituído por açúcares de cana em até 49%) como a tequila 100% (feita exclusivamente de agave-azul).

De acordo com Valenzuela, a proibição de utilização de outras espécies de agave (além da azul) na produção da tequila fez que praticamente desaparecessem as demais espécies de agave, o que gerou grave perda da diversidade de espécies e variedades dessa planta[694]. A homogeneidade genética dos cultivos de agave os tornaram mais vulneráveis a pragas e doenças, e a produção industrial e de larga escala da tequila, principalmente para exportação, contribuiu para a desagregação de sistemas agrícolas tradicionais e para a substituição de cultivos agrícolas diversificados por grandes monoculturas de agave-azul. Além disso, houve um grande aumento da utilização de pesticidas químicos, em detrimento de práticas agrícolas baseadas no trabalho manual, e a mecanização crescente dos cultivos tem eliminado muitos empregos[695]. Na região abrangida pela denominação de origem, estão instaladas 105 empresas, a maior parte estrangeira, e se consomem anualmente cerca de 30 milhões de plantas de agave-azul (60 milhões de toneladas) para produzir quase 205 milhões de litros de tequila[696]. Segundo Jorge

---

694. Sarah Bowen & Ana Valenzuela-Zapata. "Les appellations d'origine et les durabilités sócio-economique et ecologique: le cas de la tequila au Mexique." *Cahiers Agricultures*, v. 17, n. 6, p. 552-560, nov.-dez. 2008.
695. Idem, *ibid*.
696. Ana Valenzuela-Zapata. "Las denominaciones de origen tequila y mezcal y la biodiversidad en el genero Agave sp *In*: Seminário Biodiversidade e Denominações de Origem: Uma Problemática Global, 18/04/2007, Coimbra. *[Conferências]*. Coimbra: Esac, 2007. Disponível em: www.esac.pt/cernas/comunicacoes_BioDO/3.%20Ana%20 Valenzuela_PDF.pdf.; Ana Valenzuela-Zapata et al. "Conservación de la diversidad de cultivos en

Larson, na cadeia de produção industrial da tequila, a diversidade de espécies de agave é vista como um entrave, os agricultores se tornaram apenas mão de obra, e os critérios de qualidade, impostos verticalmente para assegurar segurança sanitária e homogeneidade, transformaram a tequila em um produto químico e industrial. Apesar disso, as tequilas tradicionais ainda existem, mas são excluídas e se mantêm na clandestinidade[697].

Mais preocupante é o fato de que a denominação de origem do mezcal, aprovada em 1994, segue a tendência da tequila em relação à monocultura e à perda da diversidade de espécies e variedades de agave. Só são permitidas, para a elaboração do mezcal, cinco espécies de agave[698], apesar de a Comissão de Biodiversidade do México já ter identificado doze espécies de agave usadas para produzir mezcal e tequila, além de outras espécies ainda não estudadas. A região delimitada pela denominação de origem para a produção do mezcal compreende os Estados de Durango, Guerrero, Oaxaca, San Luis Potosí e Zacatecas, mas o mezcal é produzido também em outras regiões, como o sul do Estado de Puebla e em Morelos (excluídos da área delimitada). O mezcal não pode ser comercializado com esse nome (mezcal) quando produzido fora da região delimitada pela denominação de origem, o que exclui os demais produtores. Segundo Larson, a denominação de origem favorece aqueles que promovem uma "dé-localisation" ("des-localização" ou perda da identidade local) do mezcal[699], padronizam a sua produção e desconsideram não só a rica diversidade biológica como também as inúmeras técnicas de preparo, cozimento, fermenta-

---

las regiones con indicaciones geográficas: los ejemplos del tequila, mezcal y calvados" In: Adolfo Álvarez Macias et al. *Agroindustria rural y território. Los desafíos de los sistemas agroalimentarios localizados.* tomo I. Toluca, México: Universidad Autónoma del Estado de México, 2006, p. 127- 154.

697. Jorge Larson. "(Dé) localisation du mezcal". *Courrier de la Planète*, n. 83, p.54-57, jan.-mar. 2007a.

698. *Agave angustifolia* Haw, *A. esperrima* Jacobi, *A. weberi* Cela, *A. potatorum* Zucc e *A. salmiana* Otto ex Salm.

699. Jorge Larson, *op. cit.*

ção e destilação detidas pelas comunidades locais. Valenzuela destaca que existe um extenso número de mezcales clandestinos, em que a diversidade de espécies e variedades de agaves utilizadas e conservadas na produção dos destilados é muito maior do que nos mezcales produzidos de acordo com as normas oficiais. Valenzuela salienta que a pureza varietal é promovida como um atributo de qualidade da tequila e do mezcal, e as normas das duas denominações de origem desconsideram a diversidade de variedades e espécies de agave e as diferentes práticas, saberes e processos culturais a que estão associados[700].

No Brasil, ainda são poucos os estudos e pesquisas sobre o uso das indicações geográficas para promover a agrobiodiversidade. Entretanto, Delphine Vitrolles, Luiz Mafra e Claire Cerdan[701] realizaram dois estudos de caso, ambos de Minas Gerais, envolvendo os seguintes produtos: o café do Cerrado mineiro, cuja indicação geográfica (espécie: indicação de procedência) foi registrada pelo Inpi em 2005 e o seu titular é o Conselho das Associações dos Cafeicultores do Cerrado (Caccer); e o queijo da serra da Canastra, cujo pedido de indicação geográfica ainda não foi solicitado ao Inpi, mas tal possibilidade tem sido discutida entre os produtores, com o apoio do Emater-MG[702], da

---

700. Ana Valenzuela-Zapata. "Las denominaciones de origen tequila y mezcal y la biodiversidad en el genero *Agave* sp *In*: Seminário Biodiversidade e Denominações de Origem: Uma Problemática Global, 18/04/2007, Coimbra. *[Conferências]*. Coimbra: Esac, 2007. Disponível em: www.esac.pt/cernas/comunicacoes_BioDO/3.%20Ana%20 Valenzuela_PDF.pdf.
701. Delphine Vitrolles, Luiz Mafra, Claire Cerdan. "Enjeux et perspectives de développement des indications géographiques au Brésil, une analyse à partir des deux produits de l'Etat du Minas Gerais." *In*: 3º Colloquio Internacional da Rede Syal, 18-21 de outubro de 2006, Baeza, Espanha. Os dois estudos de caso mencionados nesse trabalho são relatados nessa interessante apresentação. Vale a pena consultar o *site* do movimento *Slow Food*, que promove a conscientização dos consumidores sobre as interfaces da alimentação com a biodiversidade, valorizando o conceito de ecogastronomia e desenvolvendo várias iniciativas de valorização de produtos artesanais e regionais. No Brasil, as iniciativas do *Slow Food* têm se voltado para produtos como castanha de baru, feijão canapu, guaraná nativo Sateré-Mawé, arroz-vermelho, umbu, marmelada de Santa Luzia, entre outros. Para saber mais, consultar: www.slowfoodbrasil.com.
702. Empresa de Assistência Técnica e Extensão Rural do Estado de Minas Gerais (www.emater.mg.gov.br)

Epamig-MG[703], de universidades, prefeituras e da cooperação francesa (por meio da organização chamada Agri-fert). As conclusões desse estudo são interessantes para se compreender as diferentes motivações, contextos e atores sociais que podem fazer uso das indicações geográficas. No Brasil, apesar de a definição jurídica das indicações geográficas ser exatamente a mesma para todos os produtos e serviços[704], trata-se de um instituto novo, pouco conhecido tanto por produtores como por consumidores. Os parâmetros e condições de reconhecimento das indicações geográficas ainda estão em construção no Brasil, e essas podem ser apropriadas e utilizadas com diferentes finalidades, como mostram os estudos de casos do queijo da serra da Canastra e do café do Cerrado mineiro.

Minas Gerais é reconhecida nacionalmente como um dos Estados brasileiros com a maior produção de leite e de queijos artesanais, e a reputação do "queijo de Minas" chegou ao ponto de se tornar um nome genérico, e em geral se refere ao "queijo de Minas" como um queijo branco, ainda que não tenha sido produzido nesse Estado. Entretanto, as regiões de produção tradicional e artesanal do queijo de Minas utilizam leite cru, coalho e fermento natural (chamado de "pingo"). Essas regiões foram caracterizadas e identificadas pelo Iphan como: Serro, Serra da Canastra e Salitre (ou Alto Paranaíba), quando esse órgão realizou os estudos necessários ao registro do "modo artesanal de fazer queijo de Minas" como bem cultural imaterial brasileiro[705]. O Iphan considera que o "modo artesanal de fazer queijo de Minas" constitui

---

703. Empresa de Pesquisa Agropecuária de Minas Gerais (www.epamig.br).
704. Até o momento não há nenhum serviço registrado como indicação geográfica no Inpi, apesar de a Lei 9.279/96 prever expressamente tal possibilidade.
705. O "modo artesanal de fazer queijo de Minas" foi registrado no Livro de Registro dos Saberes do Departamento do Patrimônio Imaterial do Iphan em 13 de junho de 2008. Nos termos do Decreto 3.551/2000, no Livro de Registro dos Saberes do Iphan devem ser inscritos conhecimentos e modos de fazer enraizados no cotidiano das comunidades. O queijo artesanal do Serro foi registrado como patrimônio cultural imaterial do Estado de Minas Gerais em 7 de agosto de 2002, com base no Decreto 42.505/2002, que estabelece o registro de bens culturais imateriais do Estado de Minas Gerais.

um "conhecimento tradicional e um traço marcante da identidade cultural dessas regiões mineiras" e "sintetiza um conjunto de experiências, símbolos e significados que definem a identidade do mineiro"[706].

O estudo realizado por Delphine Vitrolles, Luiz Mafra e Claire Cerdan enfocou o queijo da serra da Canastra, e os referidos pesquisadores fazem o seguinte relato: a produção e o consumo de queijo na serra da Canastra se confundem com a própria história dessa região, que foi povoada durante o ciclo da mineração, quando muitos imigrantes portugueses instalados nesse território produziam seus queijos conforme as práticas e técnicas tradicionais que trouxeram de uma localidade conhecida como serra da Estrela, em Portugal. O queijo da serra da Canastra é produzido segundo um método tradicional e empírico há mais de duzentos anos, e a região delimitada como serra da Canastra é constituída de sete municípios: Bambuí, Delfinópolis, Medeiros, Piumhi, São Roque de Minas, Tapiraí e Vargem Bonita, que possuem características ambientais, socioculturais e econômicas comuns. Segundo o IBGE (2002), 69,9% das propriedades dessa região têm menos de 100 hectares, o que revela a predominância dos agricultores familiares nas atividades agropecuárias, e em alguns municípios é principal fonte de renda e empregos para tais agricultores. Trata-se, portanto, de uma atividade que permite a muitas famílias continuar a viver da agricultura, e não precisar migrar para as cidades. O queijo da serra da Canastra tem uma forma cilíndrica, um diâmetro de aproximadamente 15 centímetros, uma cor branca quando está fresco e fina crosta amarela depois de alguns dias de maturação, sendo produzido com leite cru. As características do queijo da serra da Canastra resultam de uma combinação de

---

706. Iphan. Departamento de Patrimônio Imaterial. Gerência de Registro. *Parecer nº 006/2006*. Processo nº 01450.012192/2006-65, referente ao registro dos queijos artesanais de Minas no Livro de Registro dos Saberes. Documento interno do Iphan. Parecer assinado por Ana Lúcia de Abreu Gomes, de 30 de outubro de 2006.

As indicações geográficas e o registro de bens culturais imateriais, instituído pelo Decreto 3.551/2000, são instrumentos com finalidades diferentes, que não podem ser confundidos, ainda que, em algumas situações, possam ser complementares.

técnicas e métodos tradicionais de produção e de condições geográficas, climáticas e de solo associadas, em alguma medida, ao fato de a região estar situada nas nascentes do rio São Francisco.

Entretanto, os produtores familiares de queijo da serra da Canastra têm enfrentado diversas dificuldades, entre as quais, o fato de que o nome "Canastra" é registrado como marca por produtores industriais[707] que fabricam queijo com leite pasteurizado, o que faz com que os consumidores não consigam, muitas vezes, distinguir o queijo da serra da Canastra, fabricado artesanalmente e com leite cru, do queijo industrial, produzido com leite pasteurizado. Os produtores de queijo de outras regiões também utilizam o nome "Canastra", aproveitando-se de sua boa reputação entre os consumidores. Além disso, as leis sanitárias federais[708] estabelecem condições (como pasteurização do leite e tempo de cura e maturação do queijo) que são incompatíveis com a forma artesanal de produção do queijo, e para superar esse problema, o Estado de Minas Gerais editou a Lei nº 14.185/2002[709], que permite a utilização de leite cru. Tais normas estaduais foram editadas em virtude do reconhecimento de que a pasteurização do leite descaracteriza completamente o queijo Minas artesanal, bem como a relação entre o produto final e o ambiente natural em que os animais são criados. Entretanto, a edição da

---

707. Conforme consulta ao *site* do Instituto Nacional de Propriedade Industrial (www.inpi.gov.br), a marca "Canastra" está registrada em nome da Sociedade Cooperativa Piumhiense de Laticínios Ltda. Nos termos do artigo 124 da Lei 9.279/96, não são registráveis como marca: indicação geográfica, sua imitação suscetível de causar confusão ou sinal que possa falsamente induzir indicação geográfica. Portanto, como o registro da indicação geográfica no Inpi tem natureza declaratória, os produtores de queijo da serra da Canastra poderão solicitar a anulação, por via administrativa ou judicial, da marca "Canastra".
708. A Lei 1.283/1950, regulamentada pelo Decreto 30.691/1952, e a Lei 7.889/1989 regulam a inspeção sanitária dos produtos de origem animal.
709. A Lei 14.185/2002 foi regulamentada pelo Decreto 42.645/2002. A Portaria do Instituto Mineiro de Agropecuária (IMA) n. 517/2002 estabelece normas de defesa sanitária para rebanhos fornecedores de leite para produção de queijo de Minas artesanal. A Portaria 518/2002 dispõe sobre os requisitos básicos das instalações materiais e equipamentos para fabricação do queijo de Minas artesanal. A Portaria nº 523/2002 dispõe sobre as condições higiênico-sanitárias e boas práticas na manipulação e fabricação do queijo de Minas artesanal.

lei estadual mineira, com normas específicas para a produção de queijo de Minas artesanal, só resolveu parcialmente o problema, pois o queijo da serra da Canastra é vendido não só em Minas Gerais como também em São Paulo e no Rio de Janeiro, e o comércio interestadual e internacional de queijos é regulado pelas leis federais.

O segundo estudo de caso realizado por Delphine Vitrolles, Luiz Mafra e Claire Cerdan enfocou o pedido de registro da indicação geográfica sobre o café do Cerrado mineiro, desenvolvido em contextos sociais, culturais e econômicos completamente diversos dos queijos artesanais de Minas. Os referidos pesquisadores fazem o seguinte relato: o café não é um produto tradicional do Cerrado mineiro e a ocupação dessa região por produtores de café ocorreu especialmente a partir dos anos 1970, quando cafeicultores de outros Estados, principalmente do Paraná, iniciaram uma procura por terras com condições climáticas favoráveis ao cultivo do café. Como as terras do Cerrado eram consideradas pouco férteis, os cafeicultores conseguiram comprar grandes extensões de terras, onde o café passou a ser cultivado de forma intensiva e mecanizada. As características específicas do café do Cerrado mineiro estão associadas sobretudo às condições ambientais dessa região, que está situada em uma zona continental do território brasileiro e não sente tanto os efeitos das variações oceânicas. A região tem uma distribuição peculiar de luz, que garante um crescimento uniforme do café. Assim, o café do Cerrado mineiro tem um aroma intenso, uma acidez delicada e um sabor doce, mas encorpado, e tais características lhe agregam valor econômico. O café do Cerrado mineiro é vendido como matéria-prima para as grandes indústrias de torrefação, e sua produção se volta principalmente para o mercado internacional (Estados Unidos, União Europeia e Japão). As normas de produção do café são bastante rígidas e visam a atender principalmente aos parâmetros internacionais. O registro da indicação geográfica do café do Cerrado mineiro, pelo Conselho das Associações dos Cafeicultores do Cerrado (Caccer), se insere, portanto, em uma estratégia de inserção competitiva no mercado internacional, com agregação de valor a um produto diferenciado. As normas de produção do café também incluem diversas exigências sociais e ambientais, e a área geográfica delimitada abrange as regiões do Triângulo Mineiro, Alto Paranaíba e parte do Alto São Francisco e do Noroeste[710].

Os diferentes contextos sociais, culturais e econômicos e as diversas motivações dos atores sociais envolvidos na produção do queijo da serra da Canastra e do café do Cerrado mineiro são apontados por Delphine Vitrolles, Luiz Mafra e Claire Cerdan: No caso do queijo da serra da Canastra, trata-se de um produto tradicional, cujo modo de fazer é transmitido de geração para geração e tem forte dimensão identitária e patrimonial. A indicação geográfica é um instrumento para valorizar o modo artesanal de fazer queijo, ameaçado por normas legais que restringem a utilização de leite cru e pela concorrência cada vez maior de queijos industrializados. Além disso, busca viabilizar uma atividade que representa a principal fonte de renda para a maior parte dos agricultores familiares que vive nas regiões queijeiras mineiras. Para os cafeicultores, a indicação geográfica visa a destacar o vínculo estreito entre o café e as características ambientais do território em que é produzido, para que se diferencie em um mercado internacional que valoriza cada vez mais os cafés "especiais", ou gourmet, com gosto e aroma diferenciados.

Conforme destacam Vitrolle, Mafra e Cerdan, a agricultura brasileira é essencialmente marcada por uma dualidade de modelos agrícolas: a agricultura familiar e o agronegócio, e deve-se considerar que a coexistência desses dois modelos gera divergências de interesses que têm consequências importantes para a definição das políticas de apoio às indicações geográficas. Há dois ministérios com atribuições relativas às políticas de desenvolvimento agrícola e rural no Brasil: o Ministério da Agricultura, Pecuária e Abastecimento (Mapa), cuja missão é "estimular o aumento da produção agropecuária e o desenvolvimento do agronegócio[711]", e o Ministério do Desenvolvimento Agrário, que se responsabiliza pelas políticas agrárias e relativas à agricultura familiar.

---

710. A região delimitada pela indicação geográfica inclui os municípios de Unaí, Monte Carmelo, Araguari, Patrocínio e Carmo do Paranaíba.
711. Esses são apenas alguns exemplos. Para a relação completa dos produtos, consultar: www.agricultura.gov.br e no link "serviços", clicar em indicação geográfica.

Direitos dos agricultores

O Mapa criou a Coordenação de Incentivo à Indicação Geográfica de Produtos Agropecuários, que realizou o Diagnóstico das Potenciais Indicações Geográficas no Brasil, com a identificação de alguns produtos, como o queijo serrano; vinhos e uvas no Rio Grande do Sul; queijo serrano e uva Goethe em Santa Catarina; café no Paraná; queijo Minas artesanal, cachaça e inhame, em Minas Gerais; queijo de coalho, cajuína, rapadura, cachaça artesanal, doce de buriti, amêndoas de castanha de caju no Ceará; cacau, farinha, peixe ornamental, guaraná, açaí, amêndoas e cupuaçu no Amazonas; açaí das Ilhas, castanha-do-Brasil, feijão caupi, fibra de curauá, farinha de mandioca e de tapioca, no Pará. No Acre, foram identificados, entre outros produtos, a farinha de mandioca, e Mauro de Almeida et al. destacam, em estudo realizado no âmbito do programa Biodivalloc[712], que as políticas públicas voltadas para as indicações geográficas no Brasil não têm integrado as dimensões ambientais e culturais da produção de farinha de mandioca de Cruzeiro do Sul (AC), enfocando principalmente as normas sanitárias, a homogeneidade do produto final

---

712. O programa Biodivalloc – *Des productions localisées aux indications géographiques: quels instruments pour valoriser la biodiversité dans les pays du sud?* – visa a analisar as percepções e os processos locais de gestão da biodiversidade e avaliar como os instrumentos de valorização (como as indicações geográficas e outros signos distintivos) podem ser adaptados para que promovam a conservação da diversidade biológica e cultural e atendam às necessidades e expectativas das comunidades locais. Tais questões são abordadas por uma perspectiva interdisciplinar (antropológica, econômica, ecológica, etnobiológica e jurídica) e com base em estudos de casos concretos: na Etiópia, centro de origem e de diversidade do café, se analisam as interfaces entre indicações geográficas e a diversidade dos "cafés da floresta" e dos jardins domésticos (*home gardens*); no Senegal, são analisadas as formas de ecocertificação para os produtos do mar e do mangue; no Níger, são avaliadas as interfaces entre produções localizadas e as marcas de parques nacionais e regionais e na África do Sul entre indicações geográficas e ecossistemas específicos; na Amazônia brasileira, o uso das indicações geográficas para produtos como a farinha de mandioca de Cruzeiro do Sul (Acre), de instrumentos de reconhecimento patrimonial (Decreto 3.551/2000) para o sistema agrícola do rio Negro, entre outros; e na Índia, o uso das indicações geográficas para valorizar os sistemas agroflorestais. O programa Biodivalloc é desenvolvido pela unidade mista de pesquisa (UMR 208) sobre Patrimônios Locais do Institut de Recherche pour le Développement (IRD)/Muséum National d'Histoire Naturelle (MNHN), com o apoio da Agence Nationale de la Recherche/ Institut Français de la Biodiversité (2006-2009).

e a visibilidade de sua embalagem⁷¹³. Tal perspectiva não favorece a conservação da diversidade biológica e do patrimônio cultural associado, que inclui saberes tradicionais e elementos da cultura material.

As políticas públicas destinadas às indicações geográficas devem considerar os diferentes modelos agrícolas existentes no Brasil, para que tal instrumento beneficie não apenas os grandes produtores, mas também os agricultores familiares, tradicionais e agroecológicos, e promovam também os valores culturais e socioambientais. Não basta agregar valor aos produtos, se não houver mecanismos para garantir que o valor agregado beneficie os produtores, e não os intermediários da cadeia de produção. Além disso, as políticas voltadas para as indicações geográficas devem se articular com as políticas de desenvolvimento territorial, social e humano, e considerar não só padrões de qualidade como a sustentabilidade socioambiental dos produtos. Devem ainda valorizar a nossa diversidade biológica e cultural e os produtos especializados que tal diversidade gera e produz⁷¹⁴.

As indicações geográficas só serão úteis à conservação da agrobiodiversidade se essa for uma preocupação dos produtores e das políticas

---

713. Mauro Almeida, Manuela Carneiro da Cunha, Ludivine Eloy, Laure Emperaire, Esther Katz, Jane Simoni, Roberta Rizzi, Juliana Santilli, Lúcia H. van. Velthem. *L'indication géographique, un instrument de pérennisation des productions localisées en Amazonie? Le cas de la farine de manioc de Cruzeiro do Sul (Acre, Brésil)*. 2009. Resumo encaminhado ao Simpósio Internacional "Localiser les produits", organizado pela Unesco, realizado de 9-11/6/2009, em Paris.

714. Sobre o potencial uso das indicações geográficas para agregar valor ambiental e cultural aos produtos desenvolvidos por povos indígenas e populações tradicionais, consultar: Juliana Santilli. As indicações geográficas e as territorialidades específicas das populações tradicionais, povos indígenas e quilombolas In: Vinicius Lages; Léa Lagares; Christiano Braga. *Valorização de produtos com diferencial de qualidade e identidade*: indicações geográficas e certificações para competitividade nos negócios. Brasília: Sebrae, 2005, p. 189- 203. No Sul do Brasil desenvolve-se, no âmbito da Rede Ecovida de Agroecologia, uma iniciativa chamada de "certificação participativa", vista como uma alternativa ao sistema formal de certificação por auditores externos. Por meio da certificação participativa, a elaboração e a verificação das normas de produção ecológica são realizadas com a participação efetiva de agricultores e consumidores. Para saber mais, consultar: www.ecovida.org.br. A Lei da Agricultura Orgânica (10.831/2003) estabelece que, no caso da comercialização direta aos consumidores, por parte dos agricultores familiares, a certificação dos produtos é facultativa, desde que assegurada a rastreabilidade do produto e o livre acesso aos locais de produção.

e instituições púbicas. As normas sobre a produção dos produtos, estabelecidas nos regulamentos das indicações geográficas, devem contemplar medidas especificamente destinadas a promover a diversidade e fugir de qualquer padrão que promova uma excessiva homogeneização e/ou industrialização dos produtos, em detrimento de sua identidade e tipicidade. As normas fitossanitárias também devem incorporar a diversidade como um valor e buscar um equilíbrio entre a saúde e a segurança dos alimentos e a valorização de práticas locais e tradicionais relevantes à diversidade agrícola. Para se evitar um efeito negativo comum às indicações geográficas – a exclusão de alguns produtos agroalimentares em virtude da proteção conferida apenas a outros produtos[715] – é importante pensar em novos modelos de indicações geográficas que enfoquem não apenas produtos agroalimentares específicos, mas os sistemas agrícolas como um todo, compreendendo todos os seus elementos e inter-relações e toda a sua diversidade ambiental e cultural. Assim como o registro de bens culturais imateriais tem sido considerado, em algumas situações, com base na noção de sistema (como no caso do sistema agrícola do rio Negro[716]), e não de objetos ou bens específicos, a noção de sistema também poderia ser usada para as indicações geográficas como forma de promover um conjunto mais amplo de produtos associados a determinados sistemas agrícolas e territórios. Além disso, é importante considerar que nem todos os produtos da agrobiodiversidade têm grande potencial comercial e econômico, ainda que possuam forte valor ambiental, social, cultural, identitário etc., e que as políticas que buscam inserção diferenciada dos produtos da agrobiodiversidade no mercado terão sempre um alcance parcial e limitado e deverão ser apenas parte de políticas públicas mais ampla de conservação da agrobiodiversidade.

---

715. Valérie Boisvert. *From the conservation of genetic diversity to the promotion of quality foodstuff: can the French model of "appellation d'origine contrôlée" be exported?* Washington: Ifpri, 2006. (Capri Working Paper, 49). Disponível em: www.capri.cgiar.org. Acessado em 30/9/2008.
716. Laure Emperaire, Lúcia H. van Velthem, Ana Gita de Oliveira. "Patrimônio cultural imaterial e sistema agrícola: o manejo da diversidade agrícola no médio rio Negro (AM)." *In*: 26ª Reunião Brasileira de Antropologia, realizada em 1º de abril de 2008, Porto Seguro, BA. CD virtual, disponível em: abant.org.br/ noticias.php?type=congressoRBA#453. Acessado em 11/1/2009.

Conclusão

O universo agrário e agrícola brasileiro é extremamente complexo, seja em função da grande diversidade da paisagem agrária (ambiente, variáveis econômicas etc.), seja em virtude da existência de diferentes tipos de agricultores, os quais têm estratégias próprias de sobrevivência e de produção. É comum a referência à "dualidade de modelos agrícolas no Brasil" (agronegócio e agricultura familiar), mas, na verdade, a nossa diversidade agrícola se traduz não em uma dualidade, mas em uma multiplicidade de sistemas agrícolas (indígenas, quilombolas, tradicionais, familiares, camponeses, agroecológicos etc.).

A coexistência de modelos agrícolas com interesses políticos, sociais e econômicos divergentes tem sido, entretanto, desconsiderada pelas leis agrícolas, que têm tratado o espaço rural como se fosse homogêneo e uniforme e promovido uma quase impossibilidade de sobrevivência dos sistemas agrícolas locais e tradicionais, justamente os que conservam a agrobiodiversidade. As leis agrícolas têm imposto um único modelo agrícola, produtivista, industrial e de baixíssima diversidade genética, com todas as suas consequências socioambientais. Leis de sementes que só atendem a sistemas formais e de produção de larga escala e a rígida proteção de direitos de propriedade intelectual sobre cultivares contribuem para reduzir a biodiversidade agrícola e a diversidade sociocultural associada, agravando os impactos produzidos pela revolução verde.

Apesar de conquistas importantes dos movimentos sociais do campo, as políticas públicas – e as leis em que se baseiam – têm promovido um modelo de desenvolvimento agrícola baseado na produção de *commodities* para exportação e subestimado a importância dos sistemas agrícolas locais e tradicionais para a segurança alimentar e nutricional de toda a população, o desenvolvimento rural sustentável, a inclusão social e o combate à fome e à miséria. Isso tem se refletido em um conjunto de leis agrícolas aprovadas nos últimos anos e no pouco espaço legal que assegura à agricultura familiar, tradicional e agroecológica.

Como reverter esse quadro? O marco legal da agrobiodiversidade ainda está em construção no Brasil, o que oferece às organizações da agricultura familiar, tradicional e agroecológica a oportunidade de aprofundar as discussões sobre os instrumentos jurídicos em vigor e os que podem ser propostos. Muitas leis agrícolas mencionadas neste trabalho passam por um processo de revisão, e outras ainda estão em fase de formulação. Há dificuldades para se consolidar as vitórias já conquistadas pela agricultura familiar, tradicional e agroecológica e, por outro lado, tramitam no Congresso Nacional projetos de lei que, caso sejam aprovados, restringirão ainda mais o espaço legal da agricultura familiar, tradicional e agroecológica. Alguns instrumentos jurídicos em vigor devem ser revistos e outros devem ser formulados, para que guardem mais coerência com a lógica e os processos socioculturais e ambientais que geram e mantêm a agrobiodiversidade e garantem a sobrevivência social, cultural e econômica dos agricultores. Este trabalho reúne um conjunto de proposições a serem consideradas pelas organizações da agricultura familiar, tradicional e agroecológica:

Em relação às leis em vigor:

- revogação do artigo 4º, parágrafo 3º, do Decreto 5.153/2004, que regulamenta a Lei de Sementes e impõe restrições às organizações constituídas por agricultores familiares, assentados da reforma agrária e indígenas que a lei não faz, sendo, portanto, claramente ilegal;

Conclusão

- mais do que apenas abrir algumas "brechas" e exceções para os sistemas agrícolas locais e tradicionais, a Lei de Sementes deve se limitar a regular os sistemas formais, deixando fora de seu escopo os sistemas locais e tradicionais, que não podem ser obrigados a se enquadrar em normas tão distantes de sua realidade econômica e sociocultural;

- alteração do art. 10, IV, da Lei de Proteção de Cultivares (Lei nº 9.456/1997), para que os agricultores familiares, tradicionais e agroecológicos possam não só multiplicar sementes para doação ou troca, mas também vender sementes protegidas para outros agricultores familiares, tradicionais e agroecológicos, nos mercados locais;

- regulamentação do artigo 11, parágrafo 7º, da Lei de Sementes, que determina que o Poder Público deve estabelecer os critérios de permanência ou exclusão de inscrição no Registro Nacional de Cultivares (RNC) dos cultivares de domínio público. Quando se tratar de cultivares importantes para a agricultura familiar e agroecológica e/ou para a conservação da agrobiodiversidade, o poder público deve assumir a condição de mantenedor de tais cultivares, a fim de assegurar que os agricultores continuem a ter acesso a eles, ou dispensar a exigência de mantenedor para que tais cultivares continuem inscritos no RNC;

- ampliação dos espaços de participação política de representantes dos agricultores familiares, tradicionais e agroecológicos, para que não apenas integrem conselhos como Consea, CNPA, Condraf e conselhos estaduais e municipais de desenvolvimento rural sustentável, mas participem também de todas as decisões políticas que produzem impactos sobre os sistemas agrícolas locais e os recursos fitogenéticos para alimentação e agricultura. Os seus representantes devem participar, com direito a voz e voto, do Conselho de Gestão do Patrimônio Genético (Cgen), das decisões sobre as prioridades da pesquisa agrícola desenvolvida por instituições públicas, da definição das normas para produção, comércio e utilização de sementes e mudas, inclusive sobre o registro de cultivares e os critérios para determinação dos valores de cultivo e uso, entre outros;

- implementação nacional dos direitos dos agricultores previstos no artigo 9º do Tratado Internacional sobre os Recursos Fitogenéticos para a Alimentação e a Agricultura. Aos agricultores devem ser assegurados, entre outros, os direitos de: – guardar, usar, trocar, produzir e vender as suas sementes, livres de impedimentos e restrições legais inadequadas às características dos processos produtivos locais; – participar da repartição dos benefícios derivados da utilização da agrobiodiversidade, por meio de mecanismos coletivos e de políticas de valorização/fortalecimento dos sistemas agrícolas locais e tradicionais; – participar dos processos decisórios, em nível nacional, regional e local, sobre políticas públicas (agrícolas, agrárias, ambientais etc.) que causem impacto à conservação e ao uso da agrobiodiversidade;

- reformulação do regime de acesso e repartição de benefícios estabelecido pela MP 2.186-16/2001 para que contemple a natureza especial dos recursos fitogenéticos utilizados para alimentação e agricultura. As formas de repartição de benefícios derivados da utilização de recursos fitogenéticos (para alimentação e agricultura) devem ser coletivas e estar diretamente associadas ao reconhecimento dos direitos dos agricultores. Os benefícios devem ser repartidos não apenas com aqueles agricultores que detêm variedades de plantas utilizadas em programas de melhoramento, mas com todos os agricultores envolvidos na conservação e utilização sustentável da agrobiodiversidade;

- destinação de um percentual sobre as vendas de sementes no país a um fundo nacional de repartição de benefícios, gerido com a participação de representantes de agricultores locais, familiares e tradicionais e destinado a apoiar planos e programas voltados para a conservação *in situ* e *on farm* da agrobiodiversidade e para a implementação dos direitos dos agricultores;

Conclusão

Em relação a projetos de lei em tramitação no Congresso Nacional:

- rejeição dos projetos de lei que pretendem adaptar a lei de proteção de cultivares à Ata de 1991 da Convenção da Upov, pois a referida Ata estende a proteção ao produto da colheita e permite o estabelecimento de novas restrições aos direitos dos agricultores, seja proibindo o intercâmbio de sementes, seja permitindo a limitação da extensão das áreas e das categorias de agricultores a que se aplicam os direitos dos agricultores de reutilização de sementes;

- qualquer alteração na Lei de Proteção de Cultivares só pode ser considerada depois de implementados os direitos dos agricultores previstos no Tratado Internacional sobre os Recursos Fitogenéticos para a Alimentação e a Agricultura, que o Brasil já ratificou;

- rejeição do projeto de lei que visa a alterar a Lei de Biossegurança (Lei 11.105/2005) para permitir a pesquisa, o patenteamento ou qualquer outra atividade que não seja a comercialização de sementes que contenham tecnologias genéticas de restrição de uso;

Em relação a novos instrumentos e políticas:

- criação de uma categoria de área protegida especialmente destinada a conservar a agrobiodiversidade *in situ/on farm*;

- desenvolvimento de ações e políticas especificamente voltados para a conservação e o uso sustentável da agrobiodiversidade dentro das áreas protegidas já criadas;

- criação de uma reserva (ou área) de segurança alimentar, em moldes semelhantes aos das áreas de preservação permanente e de reserva legal, estabelecidas pelo Código Florestal;

- utilização dos instrumentos jurídicos de salvaguarda do patrimônio cultural para reconhecer, valorizar e proteger os sistemas agrícolas tradicionais e locais com singular agrobiodiversidade, tais como o registro de bens culturais de natureza imaterial, as paisagens culturais e os sistemas engenhosos do patrimônio agrícola mundial (Giahs);

- discussão sobre a eventual utilização/adaptação dos sistemas de código aberto e das licenças *creative commons* para regular o acesso e a circulação das sementes e variedades agrícolas;

- discussão sobre a eventual utilização das indicações geográficas para valorizar os produtos da agrobiodiversidade, agregando-lhes valor ambiental e cultural. Para tanto, as políticas públicas devem considerar os diferentes modelos agrícolas existentes no Brasil, para que as indicações geográficas beneficiem não apenas os grandes produtores, mas também os agricultores familiares, tradicionais e agroecológicos. Elas devem considerar não só padrões de qualidade como a sustentabilidade socioambiental dos produtos e se articular com as políticas de desenvolvimento territorial, social e humano.

As leis de sementes, proteção de cultivares e acesso a recursos genéticos (entre outras), editadas segundo parâmetros internacionais, têm contribuído para agravar a perda da diversidade agrícola e sociocultural no campo, e as organizações da agricultura familiar, tradicional e agroecológica devem aprofundar as discussões sobre tais instrumentos jurídicos e estabelecer uma agenda propositiva de acompanhamento e intervenção nos processos políticos e legislativos em curso, a fim de garantir que todo o sistema jurídico mantenha coerência com o princípio constitucional que determina ao poder público a obrigação de preservar a diversidade e a integridade do patrimônio genético e cultural brasileiro.

Referências bibliográficas

ABRAMOVAY, Ricardo. O que é fome. 9ª ed. São Paulo: Brasiliense, 1991. (Primeiros Passos, 102)

_____. A atualidade do método de Josué de Castro e a situação alimentar mundial. *Revista de Economia e Sociologia Rural*. Brasília: Soc. Bras. de Econ. e Soc. Rural, v. 3-4, p. 81-102, jul.-dez. 1996.

ABRASEM. O mercado de sementes no Brasil. Brasília, 2008. Palestra institucional disponibilizada em 21/7/2008 em: www.abrasem.com.br.

_____. *Semente:* inovação tecnológica. *Anuário 2008*. Brasília: Abrasem, jun. 2008.

ADHIKARI, Kamalesh. *Intellectual property rights in agriculture:* legal mechanisms to protect farmers'rights in Nepal. Katmandu: Forum for Protection of Public Interest (Pro Public): South Asia Watch on Trade, Economics & Environment (Sawtee), 2008. Disponível em: www.propublic.org; www.sawtee.org. Acessado em 10/1/2009.

ALBERGONI, Leide & PELAEZ, Victor. Da revolução verde à agrobiotecnologia: ruptura ou continuidade de paradigmas? *Revista de Economia*. Curitiba: UFPR, v. 33 (ano 31), n. 1, p. 31-53, jan.-jun. 2007.

ALMEIDA, Mauro, CARNEIRO DA CUNHA, Manuela, ELOY, Ludivine, EMPERAIRE, Laure, KATZ, Esther, SIMONI, Jane, RIZZI, Roberta, SANTILLI, Juliana, VELTHEM, Lúcia H. Van. *L'indication géographique, un instrument de pérennisation des productions localisées en Amazonie? Le cas de la farine de manioc de Cruzeiro do Sul (Acre, Brésil)*. Resumo apresentado no Symposium International "Localiser les produits", organizado pela Unesco, Paris, 9-11/6/2009.

ALMEIDA, Paula & SCHMITT, Cláudia. Sementes e soberania alimentar. *In:* SEMINÁRIO INTERNACIONAL DE SOBERANIA E SEGURANÇA ALIMENTAR, 7-11/7/2008, Recife, PE. Heifer Internacional.

ALMEIDA, Rodrigo Mendes Carlos de. *Cultura, Desenvolvimento e Comércio:* a Declaração Universal da Unesco sobre a Diversidade Cultural. 2005. Dissertação (mestrado) – Ministério das Relações Exteriores, Instituto Rio Branco, Brasília.

ALMEIDA, Sílvio Gomes de, PETERSEN, Paulo, CORDEIRO, Ângela. *Crise socioambiental e conversão ecológica da agricultura brasileira*. Rio de Janeiro: AS-PTA, 2001.

ALMEKINDERS, Conny, FRESCO, Louise, STRUIK, Paul. The need to study and manage variation in agro-ecosystems. *Netherlands Journal of Agricultural Science*. Haia: Royal Netherlands Society for Agricultural Ecosystems, v. 43, p. 127-142, 1995.

_____& LOUWAARS, Niels. *Farmers' seed production:* new approaches and practices. Londres: Intermediate Technology Publications, 1999.

ALTIERI, Miguel A. *Biotecnologia agrícola:* mitos, riscos ambientais e alternativas. Petrópolis: Vozes, 2004.

_____& KOOHAFKAN, Parviz. *Globally Important Ingenious Agricultural Heritage Systems (GIAHS):* extent, significance and implications for development. Roma: FAO/GIAHS. Disponível em: www.fao.org/sd/giahs. Acessado em 10/1/2009.

ALVES, Ana Cláudia Lima e. *A instrução dos processos de registro de bens culturais imateriais.* Belo Horizonte: EAD/DUO Informação e Cultura, 2008. Curso Patrimônio imaterial: política e instrumentos de identificação, documentação e salvaguarda. Módulo 3, aula 6. Realização: Unesco.

AMEND, Thora et al. (eds.). *Protected landscapes and agrobiodiversity values.* Gland: IUCN; Eschborn, GTZ; Heidelberg: Kasparek Verlag, 2008. (Protected Landscapes and Seascapes). Disponível em: www.kasparek-verlag.de; www.iucn.org; www.gtz.de.

AMERICAN SOCIETY OF PLANT BIOLOGISTS. The freedom to innovate: a privilege or a right? *The Plant Cell,* Rockville, v. 19, p. 1.433-1.434, mai. 2007. Disponível em: www.plantcell.org.

ANDERSEN, Regine. *The history of farmers'rights: a* guide to central documents and literature. Oslo: The Fridtjof Nansen Institute, dez. 2005. Disponível em: www.farmersrights.org.

_____. Towards a common understanding of the contents of farmers'rights. In: INFORMAL INTERNATIONAL CONSULTATION ON FARMERS' RIGHTS, 18-10 set. 2007, Lusaka, Zâmbia. *Relatório.* Oslo: Ministry of Agriculture and Food, 2007. p. 49-56.

_____. *Governing agrobiodiversity:* international regimes, plant genetics and developing countries. Oslo, 2007. Tese (doutorado) – Department of Political Science, Faculty of Social Science, University of Oslo.

_____ & WINGE, Tone. *Success stories from the realization of farmers'rights related to plant genetic resources for food and agriculture.* Lysaker: Fridtjof Nansen Institute, The Farmers' Right Project, 2008. (Background study, 7)

ANDERSON, Simon, CENTONZE, Roberta. Property rights and the management of animal genetic resources. *World Development,* Amsterdam: Elsevier, v. 35, n. 9, p. 1529-1541, 2007.

ANGELO, Gercina Aparecida & AMOROZO, Maria Christina de M. Diversidade de tubérculos alimentícios em povoados rurais no município de Frutal, Minas Gerais. In: ALBUQUERQUE, Ulysses Paulino & ALMEIDA, Cecília de Fátima C. B. R. (orgs.). *Tópicos em conservação e etnobotânica de plantas alimentícias.* Recife: Nupeea, 2006. p. 121-141.

ANVAR, Shabnam L. Les indicateurs de biodiversité: de l'importance du contexte réglementaire. *Le Courrier de l'environnement de l'Inra.* Paris, n. 54, p. 9-18, set. 2007.

_____. *Semences et droit:* l'emprise d'un modèle économique dominant sur une réglementation sectorielle. Paris, 17/6/2008. Tese (doutorado) – Université de Paris I Panthéon-Sorbonne.

Referências bibliográficas

ARAÚJO, José Cordeiro de. *A Lei de Proteção de Cultivares*: análise de sua formulação e conteúdo. Brasília, 1998.

ARTICULAÇÃO NACIONAL DE AGROECOLOGIA. Mapa das Expressões da Agroecologia no Brasil. Rio de Janeiro, 2006. (Caderno preparatório do II Encontro Nacional de Agroecologia)

_____. *A produção de sementes registradas*. Brasília, 2007.

_____. *Semente criôula é legal*. Brasília, 2007.

_____. Grupo de Trabalho de Biodiversidade. *Uso e conservação da biodiversidade*. Rio de Janeiro, abr. 2007. (Caderno preparatório do II Encontro Nacional de Agroecologia)

_____. Grupo de Trabalho de Construção do Conhecimento Agroecológico. *Construção do conhecimento agroecológico:* novos papéis, novas identidades. Rio de janeiro, jun. 2007. (Caderno preparatório do II Encontro Nacional de Agroecologia)

BADSTUE, Lone B. Confiança mútua como base para a aquisição de sementes. *Agriculturas:* Experiências em Agroecologia. Rio de Janeiro: AS-PTA; Leusden: Ileia, v. 4, n. 3, p.18-21, out. 2007.

BALICK, Michael J. & COX, Paul A. *Plants, people and culture:* the science of ethnobotany. Nova York: Scientific American Library, 1996.

BALTER, Michael. Seeking agriculture's ancient roots. *Science,* Washington: AAAS, v. 316, p. 1830-1835, 29/6/2007.

BAZZANTI, Natale, TURCHI, Rita, BARTOLI, Matteo. *La tutela e la valorizzazione del patrimonio di razze e varietà locali in Toscana*. Florença: Arsia (Agenzia Regionale per lo Sviluppo e l'Innovazione nel Settore Agricolo-Forestale), 2006.

BELLON, Mauricio R. Conceptualizing interventions to support on-farm genetic resources conservation. *World Development,* Amsterdam: Elsevier, v. 32, n. 1, p. 159-172, 2004.

_____. Do we need crop landraces for the future? Realizing the global option value of *in situ* conservation. *In:* KONTOLEON, Andreas, PASCUAL, Unai, SMALE, Melinda (eds.). *Agrobiodiversity, conservation and economic development*. Nova York: Routledge, 2009. p. 51-61.

BELLWOOD, Peter. *The first farmers:* origins of agricultural societies. Oxford: Blackwell Publishing, 2005.

BENSUSAN, Nurit. *Conservação da biodiversidade em áreas protegidas*. Rio de Janeiro: FGV, 2006.

BÉRARD, Laurence et al. (eds.). *Biodiversity and local ecological knowledge in France*. Paris: Inra; Cirad; Iddri; IFB, 2005.

_____ & MARCHENAY, Philippe. *Les produits de terroir:* entre cultures et règlements. Paris: CNRS, 2004.

_____. Biodiversidade e indicação geográfica: produções agrícolas e alimentares locais. *Revista do Patrimônio Histórico e Artístico Nacional.* Brasília: Iphan, n. 32, p. 81-93, 2005.

_____. *From localized products to geographical indications:* awareness and action. Bourg-en-Bresse: CNRS: Ressources des terroirs. Cultures, Usages, Sociétés, 2008. Disponível em: www.ethno.terroirs.cnrs.fr.

BERMEJO, Hernandez & LEON, J. (eds.). *Cultivos marginados:* otra perspectiva de 1492. Roma: FAO, 1992. (Producción y Protección vegetal, 26)

BERTACCHINI, Enrico. Coase, Pigou and the potato: whither farmers' rights? *Ecological Economics,* Amsterdam: Elsevier, v. 68, n. 1-2, p. 183-193, dez. 2008.

BEZERRA, Maria do Carmo & VEIGA, José Eli da (coords.). *Agricultura sustentável.* Brasília: Ministério do Meio Ambiente; Ibama; Consórcio MPEG, 2000.

BIANCHINI, Valter. *Políticas diferenciadas para a agricultura familiar.* Curitiba: Deser, mai. 2005. Disponível em: www.deser.org.br/biblioteca_read.asp?id=20.

BJORNSTAD, Svanhild-Isabelle B. *Breakthrough for "the South"? An analysis of the recognition of farmers' rights in the International Treaty on Plant Genetic Resources for Food and Agriculture.* Lysaker: The Fridtjof Nansen Institute, 2004. Disponível em: www.farmersrights.org.

BOCCI, Riccardo & CHABLE, Véronique. Semences paysannes en Europe: enjeux et perspectives. *Cahiers Agricultures,* Montpellier: Cirad; IRD; Agence Universitaire de la Francophonie, v. 17, n. 2, p. 216-221, mar.-abr. 2008.

BOCCI, Riccardo; CHIARI, Tiberio (eds). *The sustainable use of agrobiodiversity in Italy.* Report on case studies on article 6 of the International Treaty on Plant Genetic Resources for Food and Agriculture. Florença: Istituto Agronomico per l'Oltremare, 2009.

BOEF, Walter S. de. *Tales of the unpredictable:* learning about institutional frameworks that support farmer management of agro-biodiversity. Wageningen: Wageningen University, 2000.

BOEF, Walter S. de, THIJSSEN, Marja H. *Ferramentas participativas no trabalho com cultivos, variedades e sementes.* Wageningen: Wageningen International, 2007.

_____. Uma perspectiva de sistemas aproximando agricultores e pesquisadores no manejo comunitário da agrobiodiversidade. In: BOEF, Walter S. de et al. (orgs.). *Biodiversidade e agricultores:* fortalecendo o manejo comunitário. Porto Alegre: L & PM, 2007a. p. 59-66.

_____ et al. (orgs.). *Biodiversidade e agricultores:* fortalecendo o manejo comunitário. Porto Alegre: L & PM, 2007b.

_____ et al. Estratégias de conservação em unidades de produção familiares. In: BOEF, Walter S. de et al. (orgs.). *Biodiversidade e agricultores:* fortalecendo o manejo comunitário. Porto Alegre: L & PM, 2007c. p. 45-52.

Referências bibliográficas

_____ & OGLIARI, Juliana B. Seleção de variedades e melhoramento genético participativo. *In:* BOEF, Walter S. de et al. (orgs.). *Biodiversidade e agricultores:* fortalecendo o manejo comunitário. Porto Alegre: L & PM, 2007. p. 77-93.

BOISVERT, Valérie. *From the conservation of genetic diversity to the promotion of quality foodstuff:* can the French model of "Appellation d'Origine Contrôlée" be exported? Washington: Ifpri, 2006. Disponível em: www.capri.cgiar.org. Acessado em 30/9/2008.

BONNEUIL, Christophe et al. Innover autrement? *In:* GASSELIN, Clèment O. (coord.). *Quelles variétés et semences pour des agricultures paysannes durables?* Paris: Inra, out. 2006. p. 27-51. (Dossiers de l'environnement de l'Inra, 30)

BONNEUIL, Christophe, THOMAS, Frédéric. *Du maïs hybride aux OGM:* un demi-siècle de génétique et d'amélioration des plantes à l'Inra. *In:* COLLOQUE L'AMÉLIORATION DES PLANTES, CONTINUITÉS ET RUPTURES, oct. 2002, Montpellier. *Actes.* Paris: Inra, 2002. Disponível em: www.inra.fr/gap/vie-scientifique/animation/colloque-AP2002/Bonneuil.pdf. Acesso em 16/02/2009.

BOWEN, Sarah & ZAPATA VALENZUELA, Ana. Les appellations d'origine et les durabilités sócio-economique et ecologique: le cas de la tequila au Mexique. *Cahiers Agricultures,* Montrouge, France: John Libbey Eurotext, v. 17, n. 6, p. 552-560, nov.-dez. 2008.

BRAHIC, Catherine. 'Urgent need' for rice that tolerates climate change. *Science and Development Network,* Londres, 29/3/2006. Disponível em: www.scidev.net/news. Acessado em 7/12/2007.

BRAHMI, Pratibha, SAXENA, Sanjeev, DHILLON, B. S. The Protection of Plant Varieties and Farmers'Rights Act of India. *Current Science,* Bangalore: Current Science Association, v. 86, n. 3, p 392-398, 10/2/2004.

BRASIL. Ministério da Agricultura, Pecuária e Abastecimento. *Cultivares registrados.* Brasília. Disponível em: www.agricultura.gov.br > Serviços > Sementes e mudas > Cultivares registradas.

_____. Indicação geográfica de produtos agropecuários. Brasília. Disponível em: www.agricultura.gov.br > Serviços > Indicação geográfica.

BREWSTER, Amanda, CHAPMAN, Audrey, HANSEN, Stephen. Facilitating humanitarian access to pharmaceutical and agricultural innovation. *Innovation Strategy Today,* Ithaca, NY: BioDevelopments International Institute, v. 1, n. 3, p. 203-216, 2005.

BROOKFIELD, Harold. *Exploring agrodiversity.* Nova York: Columbia University Press, 2001.

_____ & PADOCH, Christine. Appreciating agrodiversity: a look at the dynamism and diversity of Indigenous farming practices. *Environment,* Farmington Hills, MI: Gale Group, v. 36, n. 5, p. 8-11, 1994.

_____, PARSONS, Helen, BROOKFIELD, Muriel (eds.). *Agrodiversity learning from farmers across the world.* Nova York: United Nations University Press, 2003.

_____ & STOCKING, Michael. Agrodiversity: definition, description and design. *Global Environmental Change*, Londres: Elsevier, v. 9, n. 2, p. 77-80, 1999.

BRUSH, Stephen B. (ed.). *Genes in the field:* on farm conservation of crop diversity. Roma: Ipgri; Ottawa: IDRC; Boca Raton: Lewis Publishers, 1999.

BUARQUE DE HOLANDA, Sérgio. *Raízes do Brasil*. 26ª ed. São Paulo: Companhia das Letras, 1995.

_____. *Caminhos e fronteiras*. São Paulo: Companhia das Letras, 2002.

BUSTARRET, Jean. Variétés et variations. *Annales agronomiques,* Paris: Inra, n.14, p. 336-362, 1944.

CANDOLLE, Alphonse de. *Origin of cultivated plants*. 2ª ed. Nova York: Hafner, 1959.

CAPOBIANCO, João Paulo Ribeiro et al. (orgs.). *Biodiversidade na Amazônia brasileira:* avaliação e ações prioritárias para a conservação, uso sustentável e repartição de benefícios. São Paulo: Estação Liberdade; ISA, 2001.

CARDOSO, Ciro Flamarion. Camponês, campesinato: questões acadêmicas, questões políticas. In: CHEVITARESE, André Leonardo (org.). *O campesinato na história*. Rio de Janeiro: Relume Dumará; Faperj, 2002. p. 19-38.

CARNEIRO DA CUNHA, Manuela (org.). Patrimônio imaterial e biodiversidade. *Revista do Patrimônio Histórico e Artístico Nacional,* Brasília: Iphan, n.32, 2005.

_____. *"Culture" and culture:* traditional knowledge and intellectual rights. Prickly Paradigm Press, 2007. Disponível em: http://openlibrary.org/b/OL8586895M. Acessado em 14/2/2009.

CARNEY, Judith Ann & MARIN, Rosa Acevedo. Saberes agrícolas dos escravos africanos no novo mundo. *Ciência Hoje,* Rio de Janeiro: SBPC, v. 35, n. 205, p. 26-33, jun. 2004.

CARRARO, Ivo. *A empresa de sementes no ambiente de proteção de cultivares no Brasil*. Pelotas, 2005. Tese (Doutorado em ciência e tecnologia de sementes) – Faculdade de Agronomia Eliseu Maciel, Universidade Federal de Pelotas.

CARVALHO, Horácio Martins de (org.). *O campesinato no século XXI:* possibilidades e condicionantes do desenvolvimento do campesinato no Brasil. Petrópolis: Vozes, 2005.

CAUVIN, Jacques. *The birth of the gods and the origins of agriculture*. Cambridge: Cambridge University Press, 2000.

CENTRE NATIONAL DE RESSOURCES EN AGRICULTURE BIOLOGIQUE. *Agriculture biologique et changement climatique*. Contribution de l'agriculture biologique et de nos choix alimentaires à l'effet de serre. Lempdes: AbioDoc-CNRAB, 2008. 1 CD. (www. abiodoc.com)

CENTRO ECOLÓGICO. Assessoria e Formação em Agricultura Ecológica. *Biodiversidade:* passado, presente e futuro da humanidade. Ipê, RS: out. 2006. Disponível em: www.centroecologico.org.br. Acessado em 4/12/2008.

Referências bibliográficas

CENTRO INTERNACIONAL DE LA PAPA (CIP); FEDERACIÓN DEPARTAMENTAL DE COMUNIDADES CAMPESINAS (Fedech). *Catálogo de variedades de papa nativa de Huancavelica.* Lima, Peru: 2006.

CENTRO INTERNACIONAL DE LA PAPA (CIP); USERS' PERSPECTIVE WITH AGRICULTURAL RESEARCH AND DEVELOPMENT (Upward). *Conservation and sustainable use of agricultural biodiversity:* a sourcebook. 3 v. Manila: CIP-Upward, 2003.

CHABLE, Véronique & KASTLER, Guy. Maintien, re-découverte et création de la diversité cultivée pour l'agriculture biologique. *Alter Agri,* Paris: Institut Technique de l'Agriculture Biologique, n. 78, p. 13-17, jul.-ago. 2006.

CHADE, Jamil. Países pobres querem levar crise ao Conselho de Segurança da ONU: estudo do Programa Mundial de Alimentos revela que 100 milhões já foram atingidos pela fome. *O Estado de S. Paulo,* São Paulo, 11/5/2008, p. A16.

CLEMENT, Charles R. 1492 and the loss of Amazonian crop genetic resources. I. The relation between domestication and human population decline. *Economic Botany,* Nova York: The New York Botanical Garden, v. 53, p. 188-202, 1999a.

_____. 1492 and the loss of Amazonian crop genetic resources. II. Crop biography at contact. *Economic Botany,* Nova York: The New York Botanical Garden, v. 53, p. 203-216, 1999b.

_____. Um pote de ouro no fim do arco-íris? O valor da biodiversidade e do conhecimento tradicional associado, e as mazelas da lei de acesso – Uma visão e proposta a partir da Amazônia. *Amazônia: Ciência & Desenvolvimento,* Belém, v. 3, n.5, p. 7-28, 2007.

_____ et al. Conservação *on farm. In:* NASS, Luciano L. (ed.). *Recursos genéticos vegetais.* Brasília: Embrapa Recursos Genéticos e Biotecnologia, 2007. p. 513-544.

_____, MCCANN, Joseph M., SMITH, Nigel J. H. Agrobiodiversity in Amazonia and its relationship with dark earths. *In:* LEHMNANN, Johannes et al. (eds.). *Amazonian dark earths:* origin, properties, management. Netherlands: Kluver Academic Publishers, 2003. p. 159-178.

CLIMATE change threatens wild relatives of key crops. *Bioversity International News,* Roma, 18/5/2007.

COMISSÃO PASTORAL DA TERRA, RS. *Conhecendo e resgatando sementes crioulas.* Porto Alegre: Evangraf, 2006.

CONFALONIERI, Ulisses E. C. Mudança climática global e saúde. *ComCiência.* Revista Eletrônica de Jornalismo Científico, Rio de Janeiro: SBPC, n.85, 10/3/2007.

CONFERÊNCIA DAS PARTES DA CDB, 3ª, Buenos Aires, 1996. *Decisão III/11.* Disponível em: www.cbd.int/decisions.

CONSELHO DE GESTÃO DO PATRIMÔNIO GENÉTICO. Resoluções. Brasília. Disponível em: www.mma.gov.br/index.php?ido=conteudo.monta&idEstrutura=85.

CONSULTATIVE GROUP ON INTERNATIONAL AGRICULTURAL RESEARCH. *Global climate change*: can agriculture cope? Washington: CGIAR, 2007. Pinpointing the risks to maize production. Disponível em: www.cgiar.org/impact/global/cc_mapping-themenace.html. Acessado em 7/12/2007.

CONWAY, Gordon. The properties of agroecosystems. *Agricultural Systems,* Barking Essex: Elsevier, v. 24, n. 2, p. 95-117, 1987.

COOPER, David H. The international treaty on plant genetic resources for food and agriculture. *Review of European Community & International Environmental Law,* Oxford: Blackwell Publishers, v. 11, n.1, p. 1-16, 2002.

CORADIN, Lídio. *Parentes silvestres das espécies de plantas cultivadas.* Brasília: MMA, 2006.

CORDEIRO, Ângela. Biodiversidade cercada: quem é o dono? *In:* BOEF, Walter S. de et al. (orgs.). *Biodiversidade e agricultores:* fortalecendo o manejo comunitário. Porto Alegre: L & PM, 2007. p. 193-207.

CORMIER-SALEM, M. C. (coord.). *Programme Biodivalloc. Des productions localisées aux indications géographiques*: quels instruments pour valoriser la biodiversité dans les pays du Sud? Rapport scientifique intermédiaire: état de l'avancement au 1er and 2ème semestre 2008. Paris: IRD, MNHN, 2008.

CORREA, Carlos. *Intellectual property rights, the WTO and developing countries:* the TRIPS agreement and policy options. London: Zed Books; Penang: Third World Network, 2000.

CORREA, Carlos. *Options for the implementation of farmers' rights at the national level.* Genebra: South Centre, dez. 2000. (Trade-related Agenda, Development and Equity Working Papers, 8)

CORREA, Ciro & WEID, Jean Marc von der. Variedades crioulas na Lei de Sementes: avanços e impasses. *Agriculturas:* experiências em agroecologia. Rio de Janeiro: AS-PTA; Leusden: Ileia, v. 3, n.1, p. 12-14, abr. 2006.

COUPE, Stuart & LEWINS, Roger. *Negotiating the seed treaty.* Warwickshire, GB: Practical Action Publishing, 2007.

CROMWELL, Elizabeth, COOPER, David, MULVANY, Patrick. Defining agricultural biodiversity. *In:* CENTRO INTERNACIONAL DE LA PAPA (CIP); USERS' PERSPECTIVE WITH AGRICULTURAL RESEARCH AND DEVELOPMENT (Upward). *Conservation and sustainable use of agricultural biodiversity:* a sourcebook. 3 v. Manila: CIP-Upward, 2003. v. 1, cap. 1, p. 1-12.

CUREAU, Sandra. Patrimônio, uma noção complexa, identitária e cultural. *In:* KISHI, Sandra Akemi Shimada; SILVA, Solange Teles da, SOARES, Inês Virgínia Prado (orgs.). *Desafios do Direito Ambiental no século XXI:* estudos em homenagem a Paulo Affonso Leme Machado. São Paulo: Malheiros, 2005. p. 728-752.

Referências bibliográficas

DAMANIA, Adi B. History, achievements and current status of genetic resources conservation. *Agronomy Journal,* Stanford, CA: American Society of Agronomy, Stanford University Libraries, v. 100, n.1, p. 9-21, 2008. Disponível em: http://agron.scijournals.org.

DARWIN, Charles. *The origin of species.* 1859. Disponível em: www.literature.org/authors/darwin-charles/the-origin-of-species

_____. *The variation of animals and plants under domestication.* 2ª ed. 1883. Disponível em: www.esp.org/books/darwin/variation/facsimile/title3.html.

DAVID, Jacques. *L'histoire des plantes cultivées et son rôle sûr leur diversité.* Montpellier, 2008. Apresentação realizada em 17/11/2008, em Montpellier, França, na *École Thématique Internationale Agrobiodiversité:* des hommes et des plantes, organizada pelo Cirad e pelo IRD, com apoio da Agropolis Fondation.

DEAN, Warren. *A ferro e fogo:* a história e a devastação da Mata Atlântica brasileira. São Paulo: Companhia das Letras, 1996.

DECONTO, Jaime Gesisky (coord.). *Aquecimento global e a nova geografia da produção agrícola no Brasil.* São Paulo: Embrapa; Campinas: Unicamp, 2008.

DELPHIM, Carlos Fernando de Moura. *Política Nacional de Paisagem Cultural.* Rio de Janeiro: Iphan, 2006.

_____. *Paisagem.* Rio de Janeiro: Iphan, 6/11/2007.

DEL PRIORE, Mary & VENÂNCIO, Renato. *Uma história da vida rural no Brasil.* Rio de Janeiro: Ediouro, 2006.

DENEVAN, W. M. *Cultivated landscapes of Native Amazonia and the Andes.* Oxford: Oxford University Press, 2001.

DENHAM, Tim; WHITE, Peter. *The emergence of agriculture:* a global view. London; New York: Routledge, 2007.

DESMOULIÈRE, Sylvain. *Approche ethnobotanique de la diversité varietale du manioc en Amazonie centrale:* gestion et perspectives de conservation. Paris, 2001. Tese (doutorado) – Muséum National d'Histoire Naturelle, Laboratoire d'Ethnobiologie-Biogéographie.

DEVERRE, Christian & KASTLER, Guy. Semences, ressources génétiques et droit. *In:* GASSELIN, Clèment O. (coord.). *Quelles variétés et semences pour des agricultures paysannes durables?* Paris: Inra, out. 2006. p. 167-168. (Dossiers de l'environnement de l'Inra, 30)

DHAR, Biswajit. *Sui generis systems for plant variety protection:* options under Trips. Genebra: Quaker United Nations Office, 2002.

DIAS, Ondemar. A produção de vegetais no Brasil antes de Cabral. *Boletim do Instituto de Arqueologia Brasileira,* Belford Roxo, RJ, n.11, set. 2001.

DIAS, Terezinha Aparecida B. et al. Etnobiologia e conservação de recursos genéticos: o caso do povo Kraô. *In:* NASS, Luciano L. (ed.). *Recursos genéticos vegetais.* Brasília: Embrapa Recursos Genéticos e Biotecnologia, 2007. p. 653-681.

DIEGUES, Antônio Carlos, ANDRELLO, Geraldo, NUNES, Márcia. Populações tradicionais e biodiversidade na Amazônia: levantamento bibliográfico georreferenciado. In: CAPOBIANCO, João Paulo Ribeiro et al. (orgs.). Biodiversidade na Amazônia brasileira: avaliação e ações prioritárias para a conservação, uso sustentável e repartição de benefícios. São Paulo: Estação Liberdade; ISA, 2001. p. 205-224.

DILLEHAY, Tom et al. Preceramic adoption of peanut, squash and cotton in Northern Peru. Science, Washington: AAAS, v. 316, p. 1890-1893, 29/6/2007.

DOUGLAS, Johnson E. Successful seed programs: a planning and management guide. Boulder, CO: Westview Press, 1980.

DUTFIELD, Graham. Turning plant varieties into intellectual property: the Upov Convention. In: TANSEY, Geoff & RAJOTTE, Tasmin (eds.). The future control of food. Londres: Earthscan; Otawa: IDRC, 2008. p. 27-47.

EHLERS, Eduardo. Agricultura sustentável: origens e perspectivas de um novo paradigma. 2ª ed. Guaíba: Agropecuária, 1999.

_____. Agricultura sustentável. In: INSTITUTO SOCIOAMBIENTAL. Almanaque Brasil Socioambiental: uma nova perspectiva para entender o país e melhorar nossa qualidade de vida. São Paulo, 2008. p. 414-419.

EKPERE, J. A. The OAU's Model Law: the protection of the rights of local communities, farmers and breeders, and the regulation of access to biological resources. Laos: Organization of African Unity. Scientific, Technical and Research Commission, nov. 2000.

EMBRAPA. Animais do descobrimento: raças domésticas da história do Brasil. Brasília: Embrapa, 2006a.

EMBRAPA. Segundo Relatório Nacional sobre a Situação dos Recursos Fitogenéticos para a Alimentação e Agricultura em Dezembro de 2008. Brasília: Embrapa, 2008. 1 CD.

EMPERAIRE, Laure. O que é domesticação. In: INSTITUTO SOCIOAMBIENTAL. Almanaque Brasil Socioambiental: uma nova perspectiva para entender o país e melhorar nossa qualidade de vida. São Paulo, 2004. p. 339.

_____. O manejo do espaço agrícola. In: INSTITUTO SOCIOAMBIENTAL. Almanaque Brasil Socioambiental: uma nova perspectiva para entender o país e melhorar nossa qualidade de vida. São Paulo, 2008a. p. 421.

_____. O manejo da agrobiodiversidade: o exemplo da mandioca na Amazônia. In: BENSUSAN, Nurit (org.). Seria melhor mandar ladrilhar? Biodiversidade: como, para que e por quê. Brasília: UnB; IEB; São Paulo: Peirópolis, 2008b. p. 337-352.

_____. Mandioca, raiz do Brasil. In: INSTITUTO SOCIOAMBIENTAL. Almanaque Brasil Socioambiental: uma nova perspectiva para entender o país e melhorar nossa qualidade de vida. São Paulo: ISA, 2008c. p. 420.

_____, VELTHEM, Lúcia H. Van, OLIVEIRA, Ana Gita de. Patrimônio cultural imaterial e sistema agrícola: o manejo da diversidade agrícola no médio rio Negro (AM). In: REUNIÃO BRASILEIRA DE ANTROPOLOGIA, 26ª, 1º 4/6/2008, Porto Seguro, BA.

Referências bibliográficas

CD virtual. Disponível em: http://abant.org.br/noticias.php?type=congressoRBA#453. Acessado em 11/1/2009.

ENCONTRO NACIONAL DE AGROECOLOGIA, 30/7-2/8/2002, Rio de Janeiro, RJ. *Banco de experiências*. Disponível em: www.encontroagroecologia.org.br/banco.htm.

ENGINEERS begin critical 'cooling down' of Arctic Doomsday Seed Vault for deep-freeze and 24-hour polar night. *Global Seed Vault News,* Oslo, 16/11/2007. Disponível em: www.seedvault.no. Acessado em 17/11/2007.

ESTERCI, Neide. Campesinato na fronteira – O sentido da lei e a força da aliança. In: FERNANDES, Bernardo Mançano, MEDEIROS, Leonilde Servolo de, PAULILO, Maria Ignez (orgs.). *Lutas camponesas contemporâneas:* condições, dilemas e conquistas. v. 1. São Paulo: Unesp; Brasília: Nead. (História social do campesinato no Brasil)

ETC GROUP. The law of the seed. *Translator,* Ottawa, v. 3, n.1, p. 2-16, dez. 2001. Disponível em: www.etcgroup.org. Acessado em 10/12/2008.

EUROPEAN SEED ASSOCIATION (ESA). *Position on farmers'rights.* Bruxelas, 28/11/2008. Disponível em www.euroseeds.org. Acessado em 28/11/2008.

EVANGELISTA, Rafael. *Banco Sementes Livres*. Porto Alegre, 11/1/2006. Disponível em: http://wiki.softwarelivre.org/Sementes/Noticia20060111215216.

THE FAO seed treaty: from farmers'rights to breeders'privileges. *Seedling,* Barcelona: Grain, p. 21-24, out. 2005.

FAO. *Seed production and improvement:* assessment for Sub-Saharan African. Roma: FAO. Seed and Plant Genetic Resources Service, 1998.

_____. *The State of Food and Agriculture. Paying farmers for environmental services.* Roma: FAO, 2007.

_____. *The State of Food and Agriculture. Biofuels:* prospects, risks and opportunities. Roma: FAO, 2008.

_____. *Climate change adaptation and mitigation in the food and agriculture sector.* Roma: FAO, 2008. Disponível em: www.fao.org/fileadmin/user_upload/foodclimate/HL-Cdocs/HLC08-bak-1-E.pdf.

_____. *Climate change and biodiversity for food and agriculture.* Roma: FAO, 2008. Disponível em: www.fao.org/fileadmin/user_upload/foodclimate/HLCdocs/HLC08-bak3-E.pdf.

_____. *The State of Food Insecurity in the World 2008. High food prices and food security – Threats and opportunities.* Roma: FAO, 2008.

_____. Plant Production and Protection Division. Seed and Plant Genetic Resources Service. *Seed policy and programmes in Latin America and the Caribbean.* In: REGIONAL TECHNICAL MEETING ON SEED POLICY AND PROGRAMMES IN LATIN AMERICA AND THE CARIBBEAN, 20-24/3/2000, Mérida, México. *Proceedings....* Roma: FAO, 2000. 219 p. (FAO Plant Production and Protection, Paper, 164)

FARGIONE, Joseph et al. Land clearing and the biofuel carbon debt. *Science,* Washington: AAAS, v. 319, p. 1235-1238, 29/2/2008.

FAUSTO, Carlos. *Os índios antes do Brasil.* 3ª ed. Rio de Janeiro: Jorge Zahar, 2005.

FERNANDEZ-CONEJO, Jorge. *The seed industry in U.S. agriculture:* an exploration of data and information on crop seed markets, regulation, industry structure, research and development. Washington: United States Department of Agriculture. Economic Research Service, 2004. (Agriculture information bulletin, 786) Disponível em: www.ers.usda. gov/Publications/AIB786. Acessado em 5/8/2008.

FLORA Brasiliensis. Campinas: Centro de Referência em Informação Ambiental, 2005. Sistema de informação *on-line* sobre a flora brasileira, baseada na obra de Martius. Disponível em: http://florabrasiliensis.cria.org.br.

FOWLER, Cary. *Unnatural selection:* technology, politics and plant evolution. Yverdon: Gordon and Breach Science Publishers, 1994. (International Studies in Global Change, 6)

_____. The status of public and proprietary germplasm and information: an assessment of recent developments at FAO. *IP Strategy Today,* Ithaca, NY: BioDevelopments International Institut e Strategic World Initiative For Technology Transfer, Cornell University, n. 7, p. 1-19, 2003. Disponível em: www.biodevelopments.org e www.swiftt.cornell.edu.

_____ & MOONEY, Pat. *Shattering:* food, politics, and the loss of genetic diversity. Tucson: The University of Arizona Press, 1990.

_____ & HAWTIN, Geoffrey, HODGKIN, Toby. Foreword. *In:* BRUSH, Stephen (org.). *Genes in the field:* on-farm conservation of crop diversity. Roma: Ipgri; Ottawa: IDRC; Washington: Lewis Publishers, 1999.

FRANKEL, Otto & BENNETT, Erna (eds.). *Genetic resources in plants*: their exploration and conservation. Oxford: Blackwell Scientific Publishers, 1970.

_____ & HAWKES, Jack (eds.). *Crop genetic resources for today and tomorrow.* Cambridge: Cambridge University Press, 1975.

GAIFAMI, Andrea & CORDEIRO, Ângela (orgs.). *Cultivando a diversidade:* recursos genéticos e segurança alimentar local. Rio de Janeiro: AS-PTA, 1994.

GARCIA, Selemara B. *A proteção jurídica das cultivares no Brasil.* Curitiba: Juruá, 2004.

GASPAR, Madu. Os ocupantes pré-históricos do litoral brasileiro. *In:* TENÓRIO, Maria Cristina (org.). *Pré-história da Terra Brasilis.* Rio de Janeiro: Ed. da UFRJ, 2000. p.159-169.

_____. *Sambaqui:* arqueologia do litoral brasileiro. 2ª ed. Rio de Janeiro: Jorge Zahar, 2004.

GAUTIER, Achilles. *La domestication – et l'homme créa ses animaux.* Paris: Errance, 1990. (Collection Jardin des Hesperides)

GHINI, Raquel. *Mudanças climáticas globais e doenças de plantas.* Jaguariúna: Embrapa Meio Ambiente, 2005.

Referências bibliográficas

GIMPEL, Jean. *La révolution industrielle du moyen age.* Paris: Éditions du Seuil, 1975.

GISSELQUIST, D. Regulatory issues. *In:* WOOD, D. & LENNÉ, J. M. (eds.). *Agrobiodiversity:* characterization, utilization and management. Wallingford, GB: Cabi Publishing, 1999. p. 409-423.

GOEDERT, Clara de O. Histórico e avanços em recursos genéticos no Brasil. *In:* NASS, Luciano L. (ed.). *Recursos genéticos vegetais.* Brasília: Embrapa Recursos Genéticos e Biotecnologia, 2007. p. 25-60.

GONÇALVES, Carlos Walter Porto. Mudança de poder na agricultura. *Folha de S.Paulo,* São Paulo, 1º/11/2007.

GOODMAN, David, SORJ, Bernardo, WILKINSON, John. *Da lavoura às biotecnologias:* agricultura e indústria no sistema internacional. Rio de Janeiro: Campus, 1990.

GOPALAKRISHNAN, N. S. An "effective" *sui generis* law to protect plant varieties and farmers' rights in India: a critique. *Journal of World Intellectual Property,* Hoboken, NJ: Wiley, v. 4, n. 1, p. 157-172, jan. 2001.

GRAIN. Africa's seed laws: red carpet for the corporations. *Seedling,* Barcelona: Grain, p. 28-35, jul. 2005.

_____. *Biodiversity Rights Legislation (BRL).* Barcelona, 2008. Disponível em: www.grain.org/br. Acessado em 11/11/2008.

GUANZIROLI, Carlos Enrique & CARDIM, Silvia Elizabeth de C. S. (coords.). *Novo retrato da agricultura familiar:* o Brasil redescoberto. Brasília: Projeto de Cooperação Técnica Incra/FAO, 2000.

GUILHOTO, Joaquim J. M et al. *Agricultura familiar na economia:* Brasil e Rio Grande do Sul. Brasília: Nead, 2005. (Nead estudos, 9) Disponível em: www.nead.org.br.

_____ et al. *PIB da agricultura familiar:* Brasil-Estados. Brasília: Nead, 2007. (Nead estudos, 19) Disponível em: www.nead.org.br.

GYASI, Edwin A et al. (eds.). *Managing agrodiversity the traditional way:* lessons from West Africa in sustainable use of biodiversity and related natural resources. Nova York: United Nations University Press, 2004.

HALEWOOD, Michael et al. *Participatory plant breeding to promote farmers' rights.* Roma: Bioversity International, out. 2007. Disponível em: www.bioversityinternational.org. Acessado em 10/9/2008.

_____ & NNADOZIE, Kent. Giving priority to the commons: the International Treaty on Plant Genetic Resources for Food and Agriculture. *In:* TANSEY, Geoff & RAJOTTE, Tasmin (eds.). *The future control of food.* Londres: Earthscan; Otawa: IDRC, 2008. p. 115-140.

HAMMER, Karl, ARROWSMITH, Naney, GLADIS, Thomas. Agrobiodiversity with emphasis on plant genetic resources. *Naturwissenschaften,* Berlim: Springerlink, v. 90, p. 241-250, 2003.

HARDIN, Garrett. The tragedy of the commons. *Science,* Washington: AAAS, v. 162, p. 1243-1248, 1968.

HARDISON, Preston. *Indigenous peoples and the commons.* Brasília: ISA. Projeto Conhecimentos Tradicionais, Inovar para Avançar, 17/8/2007. Disponível em: http://ct.socioambiental.org/node/3.

HARDON, J. J. & BOEF, W. S. Linking farmers and plant breeders in local crop development. In: BOEF, W. S. de et al. (eds.). *Cultivating knowledge. Genetic diversity, farmers experimentation and crop research.* Londres: Intermediate Technology Publications, 1993. p. 64-71.

HARLAN, Jack R. *Crops and man.* Madison: American Society of Agronomy; Crop Science Society of America, 1975a.

_____. Our vanishing genetic resources. *Science,* Washington: AAAS, v. 188, p. 618-621, 9 mai. 1975b.

_____. *The living fields:* our agricultural heritage. Cambridge: Cambridge University Press, 1995.

HARROP, Stuart. *Globally Important Ingenious Agricultural Heritage Systems:* an examination of their context in existing multilateral instruments. Roma: FAO/GIAHS. Disponível em: www.fao.org/sd/giahs. Acessado em 10/1/2009.

_____. Traditional agricultural landscapes as protected areas in international law and policy. *Agriculture, Ecosystems & Environment,* Amsterdam: Elsevier, v. 121, n. 3, p. 296-307, jul. 2007.

HATHAWAY, David. *Quadro comparativo dos principais dispositivos:* PL 1.457/96 (Lei de Cultivares), Upov 78 e Upov 91. Rio de Janeiro: AS-PTA, 1996.

_____. *A Lei de Cultivares.* Rio de Janeiro: AS-PTA, 1997.

HAWKES, Jaci. *The diversity of crop plants.* Cambridge: Harvard University Press, 1983.

HECKENBERGER, Michael et al. Amazonia 1492: pristine forest or cultural parkland? *Science,* Washington: AAAS, v. 301, p. 1710-1714, 19 set. 2003. Disponível em: www.sjsu.edu/faculty/kojan/page3/files/Heckenberger_2003.pdf.

_____. *The ecology of power:* culture, place and personhood in the Southern Amazon, A.D. 1000-2000. Nova York: Routledge, 2005.

_____ et al. The legacy of cultural landscapes in the Brazilian Amazon: implications for biodiversity. *Philosophical transactions of the Royal Society,* Londres: Royal Society, v. 362, p. 197-207, 2007. Publicado *on-line* em 8/1/2007. Disponível em: www.clas.ufl.edu/users/mheckenb/PDF%20Articles/Heckenberger%20et%20al%20 2007%20-%20The%20Legacy%20of%20Cultural%20Landscapes.pdf.

HELFER, Laurence R. *Intellectual property rights in plant varieties:* international legal regimes and policy options for national governments. Roma: FAO, 2004. (FAO legislative study, 85)

Referências bibliográficas

HELLER, Michael. The tragedy of the anticommons: property in the transition from Marx to markets. *Harvard Law Review,* Cambridge: The Harvard Law Review Association, v. 11, p. 621-688, 1998.

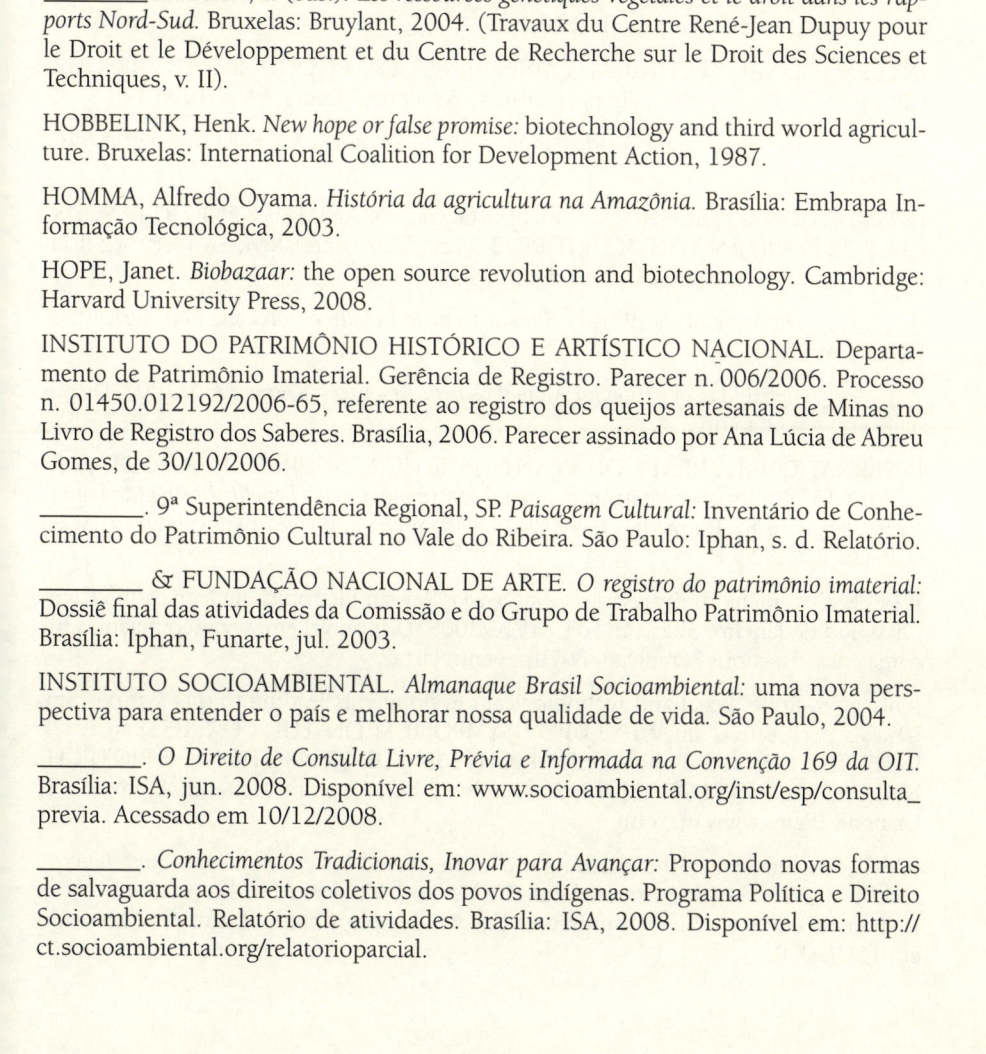

_____& EISENBERG, Rebecca. Can patents deter inovation? Anticommons in biomedical research. *Science,* Washington: AAAS, v. 280, p. 698-701, 1998.

HERMITTE, Marie-Angèle. Les appellations d'origine dans la genèse des droits de la propriété intellectuelle. *In:* MOITY-MAÏZI, Pascale et al. (eds.). *Systèmes agroalimentaires localisés:* terroirs, savoir-faire, innovations. Paris: Inra, 2001. p. 195-206. (Etudes et Recherches sur les Systèmes Agraires et le Développement, 32)

_____& KAHN, P. (eds.). *Les ressources génétiques végétales et le droit dans les rapports Nord-Sud.* Bruxelas: Bruylant, 2004. (Travaux du Centre René-Jean Dupuy pour le Droit et le Développement et du Centre de Recherche sur le Droit des Sciences et Techniques, v. II).

HOBBELINK, Henk. *New hope or false promise:* biotechnology and third world agriculture. Bruxelas: International Coalition for Development Action, 1987.

HOMMA, Alfredo Oyama. *História da agricultura na Amazônia.* Brasília: Embrapa Informação Tecnológica, 2003.

HOPE, Janet. *Biobazaar:* the open source revolution and biotechnology. Cambridge: Harvard University Press, 2008.

INSTITUTO DO PATRIMÔNIO HISTÓRICO E ARTÍSTICO NACIONAL. Departamento de Patrimônio Imaterial. Gerência de Registro. Parecer n. 006/2006. Processo n. 01450.012192/2006-65, referente ao registro dos queijos artesanais de Minas no Livro de Registro dos Saberes. Brasília, 2006. Parecer assinado por Ana Lúcia de Abreu Gomes, de 30/10/2006.

_____. 9ª Superintendência Regional, SP. *Paisagem Cultural:* Inventário de Conhecimento do Patrimônio Cultural no Vale do Ribeira. São Paulo: Iphan, s. d. Relatório.

_____ & FUNDAÇÃO NACIONAL DE ARTE. *O registro do patrimônio imaterial:* Dossiê final das atividades da Comissão e do Grupo de Trabalho Patrimônio Imaterial. Brasília: Iphan, Funarte, jul. 2003.

INSTITUTO SOCIOAMBIENTAL. *Almanaque Brasil Socioambiental:* uma nova perspectiva para entender o país e melhorar nossa qualidade de vida. São Paulo, 2004.

_____. *O Direito de Consulta Livre, Prévia e Informada na Convenção 169 da OIT.* Brasília: ISA, jun. 2008. Disponível em: www.socioambiental.org/inst/esp/consulta_previa. Acessado em 10/12/2008.

_____. *Conhecimentos Tradicionais, Inovar para Avançar:* Propondo novas formas de salvaguarda aos direitos coletivos dos povos indígenas. Programa Política e Direito Socioambiental. Relatório de atividades. Brasília: ISA, 2008. Disponível em: http://ct.socioambiental.org/relatorioparcial.

INSTITUTO SOCIEDADE, POPULAÇÃO E NATUREZA. *Cana-de-açúcar avança sobre áreas prioritárias para a conservação do cerrado.* Brasília: ISPN, 2007.

INTERGOVERNMENTAL PANEL ON CLIMATE CHANGE. *Climate change and biodiversity.* Genebra, abr. 2002. (IPCC Technical Paper, V) Disponível em: www.ipcc.ch/pdf/technical-papers/climate-changes-biodiversity-en.pdf. Acessado em 11/11/2007.

_____. Fourth Assessment. Report of the Intergovernmental Panel on Climate Change. Genebra, 2007. Disponível em: www.ipcc.ch. Acessado em 30/1/2008.

INTERNATIONAL SERVICE FOR THE ACQUISITION OF AGRI-BIOTECH APPLICATIONS. *Global status of commercialized biotech/GM Crops:* Ithaca, 2006. (ISAAA Briefs, 35). Disponível em: www.isaaa.org/resources/publications/briefs/35/executivesummary/default.html. Acessado em 29/1/2008.

INTERNATIONAL TECHNICAL CONFERENCE ON PLANT GENETIC RESOURCES, 4ª, 17-23 jun. 1996, Leipzig, Germany. *Relatório...* Roma: FAO, 1996.

_____. *The State of the World's Plant Genetic Resources for Food and Agriculture.* Roma: FAO, 1996.

INTERNATIONAL TECHNICAL CONFERENCE ON ANIMAL GENETIC RESOURCES FOR FOOD AND AGRICULTURE, 3-7 set. 2007, Interlaken, Switzerland. *Relatório..* Roma: FAO, 2007. Disponível em: www.fao.org.

_____. *The State of the World's Animal Genetic Resources for Food and Agriculture.* Roma: FAO, 2007.

_____. *Global Plan of Action for Animal Genetic Resources.* Roma: FAO, 2007. Disponível em: www.fao.org.

INTERNATIONAL TREATY ON PLANT GENETIC RESOURCES FOR FOOD AND AGRICULTURE. *Norway announces annual contribution to the benefit-sharing fund of the International Treaty.* Roma: FAO, 3/3/2008. Disponível em: www.planttreaty.org. Acessado em 17/10/2008.

JEFFERSON, Richard. Entrevista. *ComCiência.* Revista Eletrônica de Jornalismo Científico, Rio de Janeiro: SBPC, n. 102, 10/10/2008. Disponível em: www.comciencia.br/comciencia/?section=8&edicao=397tipo=entrevista.

JÖRDENS, Rolfe. Legal and technological developments leading to this symposium: UPOV's perspective. *In:* WIPO-UPOV SYMPOSIUM ON THE CO-EXISTENCE OF PATENTS AND PLANT BREEDERS' RIGHTS IN THE PROMOTION OF BIOTECHNOLOGICAL DEVELOPMENTS, 25 October 2002, Genebra. Genebra, Upov, 2002. Disponível em: www.upov.int.

JOSHI, Krishna Devi. Strengthening the farmers' seed system in Nepal. *Biotechnology and Development Monitor,* Amsterdam: The Network University, n. 42, p. 15-17, 2000. Disponível em: www.biotech-monitor.nl/new/index.php?link=publications. Acessado em 16/2/2009.

Referências bibliográficas

KAIHURA, Fidelis & STOCKING, Michael (eds.). *Agricultural biodiversity in smallholder farms of East Africa*. Tóquio; Nova York: United Nations University Press, 2003.

KAMERI-MBOTE, Annie Patricia. *Community, farmers'and breeders'rights in Africa*: towards a legal framework for sui generis legislation. Genebra: International Environmental Law Research Centre, 2003. Disponível em: www.ielrc.org/content/a0302.pdf. Acessado em 10/12/2008.

KASTLER, Guy. Seed laws in Europe: locking farmers out. *Seedling*, Barcelona, jul. 2005. Disponível em: www.grain.org/seedling. Acessado em 8/7/2008.

_____. Les variétés de conservation momifiées contre la volonté unanime des deputés. Brens: Réseau Semences Paysannes, 12/1/2009. Disponível em: www.semencespaysannes.org/varietes_conservation_momifiees_contre_volont_115-actu_64.php#date64. Acessado em 20/2/2009.

KIPP, Margareth. Software and seeds: open source methods. *First Monday*, Chicago: University of Illinois, v. 10, n. 9, set. 2005. Disponível em: http://firstmonday.org/htbin/cgiwrap/bin/ojs/index.php/fm/issue/view/188.

KLOPPENBURG, Jack. *Seeds, sovereignty and the Via Campesina*: plants, property, and the promise of open source biology. 7-18 nov. 2008. St. Andrews College, University of Saskatchewan, Canadá.

_____ & KLEINMAN, Daniel. Plant germplasm controversy: analyzing empirically the distribution of the world's plant genetic resources. *BioScience*. Washington: American Institute of Biological Sciences, v. 37, n. 3, p. 190-198, 1987.

KOP, Petra Van de, SAUTIER, Denis, GERZ, Astrid (eds.). *Origin-based products*: lessons for pro-poor market development. Amsterdam: Royal Tropical Institute; Montpellier: Cirad, 2006.

KOTSCHI, Johannes. Agricultural biodiversity is essential for adapting to climate change. *Gaia-Ecological Perspectives for Science and Society*, Zurique: Oekom Verlag, v. 16, n. 2, p. 98-101, jun. 2007. Disponível em: www.oekom.de/gaia. Acessado em 30/4/2008.

LAGES, Vinicius, BRAGA, Christiano, MORELLI, Gustavo (orgs.). *Territórios em movimento*: cultura e identidade como estratégia de inserção competitiva. Rio de Janeiro: Relume Dumará; Brasília: Sebrae, 2004.

_____, LAGARES, Léa, BRAGA, Christiano (orgs.). *Valorização de produtos com diferencial de qualidade e identidade*: indicações geográficas e certificações para competitividade nos negócios. Brasília: Sebrae, 2005.

LAMARCHE, Hugues. *L'agriculture familiale*: une réalité polymorphe. Paris: L'Harmattan, 1994.

LARSON, Jorge. (Dé) localisation du mezcal. *Courrier de la planète*, Montpellier: Aïda, n. 83, p. 54-57, jan.-mar. 2007a.

_____. *Relevance of geographical indications and designations of origin for the sustainable use of genetic resources*. Roma: Global Facilitation Unit, 2007b. Disponível em: www.underutilized-species.org/Documents/PUBLICATIONS/gi_larson_lr.pdf.

LEMOS, Ronaldo. *Direito, tecnologia e cultura*. Rio de Janeiro: FGV, 2005.

LESSIG, Lawrence. *Free culture:* the nature and future of creativity. New York, NY: Penguin Books, 2004.

LESSIG, Lawrence. *The future of ideas:* the fate of the commons in a connected world. Random House, 2001.

LOBELL, Molly et al. Prioritizing climate change adaptation needs for food security in 2030. *Science,* Washington: AAAS, v. 319, n. 5863, p. 607-610, 01/2/2008.

LOCATELLI, Liliana. *Indicações geográficas:* a proteção jurídica sob a perspectiva do desenvolvimento econômico. Curitiba: Juruá, 2008.

LONDRES, Flávia. *A nova legislação de sementes e mudas no Brasil e seus impactos sobre a agricultura familiar.* Rio de Janeiro, jul. 2006. Disponível em: www.agroecologia.org.br.

LONDRES FONSECA, Maria Cecília. Para além da pedra e cal: por uma concepção ampla de patrimônio cultural. *In:* ABREU, Regina; CHAGAS, Mário (orgs.). *Memória e patrimônio:* ensaios contemporâneos. Rio de Janeiro: DP & A, 2003. p. 56-75.

LONDRES FONSECA, Maria Cecília. *O patrimônio em processo:* trajetória da política federal de preservação no Brasil. 2ª. ed. Rio de Janeiro: UFRJ: Iphan, 2005.

LOSKUTOV, Igor. *Vavilov and his institute*. Rome: IPGRI, 1997.

LOUETTE, Dominique. Traditional management of seed and genetic diversity: what is a landrace? *In:* BRUSH, Stephen (org.). *Genes in the field:* on-farm conservation of crop diversity. Roma: Ipgri; Ottawa: IDRC; Washington: Lewis Publishers, 1999. p. 109-142.

LOUWAARS, Niels P. *Seeds of confusion:* the impact of policies on seed systems. Holanda, 2007. Tese (doutorado) – Wageningen Universiteit, Wageningen.

LUZ, Cláudia & DAYRELL, Carlos (orgs.). *Cerrado e desenvolvimento:* tradição e atualidade. Montes Claros: CAA-NM, 2000.

MACHADO, Altair T. Manejo dos recursos vegetais em comunidades agrícolas: enfoque sobre segurança alimentar e agrobiodiversidade. *In:* NASS, Luciano L. (ed.). *Recursos genéticos vegetais*. Brasília: Embrapa Recursos Genéticos e Biotecnologia, 2007. p. 719-744.

_____& MACHADO, Cynthia T. de T. Melhoramento participativo de cultivos no Brasil. *In:* BOEF, Walter S. de et al. (orgs.). *Biodiversidade e agricultores:* fortalecendo o manejo comunitário. Porto Alegre: L & PM, 2007. p. 93-102.

_____. SANTILLI, Juliana, MAGALHÃES, Rogério. *A agrobiodiversidade com enfoque agroecológico:* implicações conceituais e jurídicas. Brasília: Embrapa Informação Tecnológica, 2008. (Texto para discussão, 34).

Referências bibliográficas

MANDIOCA era segredo do sucesso dos Maias. *Globo Online*, Rio de Janeiro, 22/8/2007. Disponível em: www.oglobo.globo.com. Acessado em 22/8/2007.

MARENGO, José A. *Mudanças climáticas globais e seus efeitos sobre a biodiversidade:* caracterização do clima atual e definição das alterações climáticas para o território brasileiro ao longo do século XXI. Brasília: Ministério do Meio Ambiente, 2006.

MARÉS DE SOUZA FILHO, Carlos Frederico. *A função social da terra.* Porto Alegre: Sérgio Antônio Fabris, 2003a.

_____. *Bens culturais e sua proteção jurídica.* 3ª ed. Curitiba: Juruá, 2005.

MARTINS, Ana Luiza Membrive. *Patrimônio imaterial:* conceitos, ações e perspectivas. 2004. Dissertação (mestrado) – Ministério das Relações Exteriores, Instituto Rio Branco, Brasília.

MARTINS, José de Souza. *Os camponeses e a política.* Petrópolis: Vozes, 1995.

MARZALL, Kátia. Fatores geradores da agrobiodiversidade: influências socioculturais. *Revista Brasileira de Agroecologia,* Porto Alegre: Associação Brasileira de Agroecologia, v. 2, n. 1, p. 237-40, fev. 2007b.

MAZOYER, Marcel & ROUDART, Laurence. *História das agriculturas do mundo:* do neolítico à crise contemporânea. Lisboa: Instituto Piaget, 1998.

MEDAETS, Jean Pierre et al. (coords.). *Agricultura familiar e agrobiodiversidade nativa.* Brasília: Programa Biodiversidade Brasil-Itália, 2006.

MEIENBERG, François. Access and benefit-sharing under the FAO Seed Treaty. In: INFORMAL INTERNATIONAL CONSULTATION ON FARMERS' RIGHTS, 18-10 set. 2007, Lusaka, Zâmbia. *Relatório.* Oslo: Ministry of Agriculture and Food, 2007. p. 129-132.

MOONEY, Pat. *Seeds of the earth:* private or public resource? Ottawa: Canadian Council for International Cooperation; International Coalition for Development Action, 1979.

_____. The law of the seed. *Development Dialogue,* Uppsala: Dag Hammarskjöld Foundation, v. 1-2, 1983.

_____. *O escândalo das sementes*: o domínio na produção de alimentos. São Paulo: Nobel, 1987.

MOORE, Gerald & TYMOWSKI, Witold. *Explanatory guide to the International Treaty on Plant Genetic Resources for Food and Agriculture.* Gland: IUCN, 2005. (IUCN Environmental Policy and Law Paper, 57)

MORATO LEITE, José R.; FAGÚNDEZ, Paulo R. A. (orgs). *Biossegurança e novas tecnologias na sociedade de risco*: aspectos jurídicos, técnicos e sociais. Florianópolis: Conceito Editorial, 2007.

MOTTA, Márcia & ZARTH, Paulo (orgs.). *Concepções de justiça e resistência nos Brasis.* v. I do tomo Formas de resistência camponesa: visibilidade e diversidade de conflitos ao longo da história. São Paulo: Unesp; Brasília: Nead, 2008. (História Social do Campesinato no Brasil)

MOTTA, Paulo. A pesquisa agropecuária no Brasil. *In:* EMBRAPA. *Terra e alimento:* panorama dos 500 anos de agricultura no Brasil. Brasília, 2000. p. 163-182.

NAGARAJAN, S, YADAV, S. P., SINGH, A. K. Farmers' variety in the context of the Protection of Plant Varieties and Farmers' Rights Act, 2001. *Current Science,* Bangalore: Current Science Association, v. 94, n. 6, p. 709-714, 25/3/2008.

NASCIMENTO, Elimar Pinheiro do; VIANNA, João Nilo (orgs.). *Dilemas e desafios do desenvolvimento sustentável no Brasil.* Rio de Janeiro: Garamond, 2007.

NATIONAL ACADEMY OF SCIENCES. *Genetic vulnerability of major crops.* Washington: National Research Council, 1972.

NAYLOR, Rosamond et al. Assessing risks of climate variability and climate change for Indonesian rice agriculture. *PNAS,* Washington: National Academy of Science, v. 104, nº 19, p. 7752-7757, 8/5/2007. Disponível em: http://cesp.stanford.edu/items/pubs/21884/Naylor_et_al_PNAS_2007.pdf. Acessado em 7/12/2007.

NEPOMUCENO, Rosa. *O Brasil na rota das especiarias:* o leva-e-traz de cheiros, as surpresas da nova terra. Rio de Janeiro: José Olympio, 2005.

_____. *O jardim de D. João.* Rio de Janeiro: Casa da Palavra, 2007.

NEUMANN, Katherine. New Guinea: a cradle of agriculture. *Science,* Washington: AAAS, v. 301, p.180-181, 11/7/2003.

NEVES, Delma Pessanha & SILVA, Maria Aparecida de Moraes (orgs.). *Formas tuteladas de condição camponesa.* v. I do tomo Processos de constituição e reprodução do campesinato no Brasil. São Paulo: Unesp; Brasília: Nead, 2008. (História Social do Campesinato no Brasil)

NEVES, Eduardo Góes. Duas interpretações para explicar a ocupação pré-histórica na Amazônia. *In:* TENÓRIO, Maria Cristina (org.). *Pré-história da Terra Brasilis.* Rio de Janeiro: Editora da UFRJ, 2000. p. 359-367.

_____. *Arqueologia da Amazônia.* Rio de Janeiro: Jorge Zahar, 2006.

NNADOZIE, Kent et al. *African perspectives on genetic resources:* a handbook on laws, policies and institutions governing access and benefit-sharing. Washington: Environmental Law Institute, 2003.

NODARI, Rubens, GUERRA, Miguel P. Implicações dos transgênicos na sustentabilidade ambiental e agrícola. *História, Ciência e Saúde – Manguinhos,* Rio de Janeiro: Fiocruz, v. 7, n. 2, p. 481-491, 2000.

NOGUEIRA, Maria Dina. Mandioca e farinha: identidade cultural e patrimônio nacional. *In:* BRASIL. Ministério do Meio Ambiente. *Agrobiodiversidade e diversidade cultural.* Brasília: MMA, 2006, p. 25-27.

NOVA "Arca de Noé" vai guardar sementes. *Folha de S. Paulo,* São Paulo, 24/11/2007.

NOVION, Henry Philippe de & BAPTISTA, Fernando Mathias. *O certificado de procedência legal no Brasil:* estado da arte da implementação da legislação. São Paulo: ISA, 28/3/2006. Disponível em: www.socioambiental.org/nsa/detalhe?id=2221. Acessado em 10/9/2008.

NOVION, Henry de & VALLE, Raul do (orgs). *É pagando que se preserva? Subsídios para políticas de compensação por serviços ambientais*. Brasília: ISA, 2009.

NOZAWA, Cristi et al. Evolving culture, evolving landscapes: the Philippine rice terraces. *In:* AMEND, Thora et al. (eds.). *Protected landscapes and agrobiodiversity values*. Gland: IUCN; Eschborn: GTZ; Heidelberg: Kasparek Verlag, 2008. p. 71-93. (Protected Landscapes and Seascapes, 1)

OLIVEIRA, Ana Gita de. A diversidade cultural como categoria organizadora de políticas públicas. *In:* TEIXEIRA, João Gabriel L. C. (org.). *Patrimônio imaterial, performance e (re)tradicionalização*. Brasília: ICS-UnB, 2004. p. 37-42.

ONORATI, Antonio. Collecive rights over farmers'seeds in Italy. *Seedling*, Barcelona: Grain, p. 17-21, jul. 2005.

OPTIONS for farmers' rights. Grupo de discussão sobre os direitos dos agricultores. Disponível em: optionsforfarmersrights@googlegroups.com. Acessado em 15/1/2009.

OXFAM. Oxfam celebrates win-win outcome for Ethiopian coffee farmers and Starbucks. *Oxfam America News*, Boston, 20/6/2007. Disponível em: www.oxfamamerica.org/newsandpublications/press_releases/archive2007/press_release.2007-06-20.7121433540/?searchterm=Ethiopian%20coffee.

PADMA, T. V. Crop research must switch to climate adaptation. *Science and Development Network*, Londres, 23/11/2007. Disponível em: www.scidev.net/news. Acessado em 7/12/2007.

PÁDUA, José Augusto. "Cultura esgotadora": agricultura e destruição ambiental nas últimas décadas do Brasil Império. *Estudos Sociedade e Agricultura*, Rio de Janeiro: UFRJ, v. 11, p. 134-163, out. 1998. Disponível em: www.bibliotecavirtual.clacso.org.ar/ar/libros/brasil/cpda/estudos/onze/padua11.htm. Acessado em 23/2/2008.

PALACIOS, Ximena Flores. *Contribution to the estimation of countries' interdependence in the area of plant genetic resources*. Roma: FAO, 1999. (Background Study Paper, 7, Rev. 1). Disponível em: www.fao.org/ag/cgrfa/docs.htm. Acessado em 2/10/2008.

PANDOLFO, Marcos César. O Programa de Aquisição de Alimentos como instrumento revitalizador dos mercados regionais. *Agriculturas:* experiências em agroecologia. Equidade e soberania nos mercados, Rio de Janeiro: AS-PTA; Leusden: Ileia, v. 5, n.2, p.14-17, jun. 2008.

PANTOJA, Mariana et al. Botar roçados. *In:* CARNEIRO DA CUNHA, Manuela & ALMEIDA, Mauro Barbosa de (orgs.). *Enciclopédia da floresta. O alto Juruá:* práticas e conhecimentos das populações. São Paulo: Companhia das Letras, 2002. p. 249-283.

PAOLONI, Lorenza. *Diritti degli agricoltori e tutela della biodiversità*. Torino: G. Giappichelli, 2005.

PASCUAL, U.; PERRINGS, C. Developing incentives and economic mechanisms for *in situ* biodiversity conservation in agricultural landscapes. *Agriculture, Ecosystems & Environment*, Amsterdam: Elsevier, v. 121, n.3, p. 256-268, jul. 2007.

PASTOR, Santiago. *Agrobiodiversidad nativa del Perú y patentes.* Lima: SPDA, 2008. Disponível em: www.spda.org.pe.

_____, FUENTEALBA, Beatriz, RUIZ MULLER, Manuel. *Cultivos subutilizados en el Perú:* análisis de las políticas públicas relativas a su conservación y uso sostenible. Lima: SPDA, 2008. Disponível em: www.spda.org.pe.

PERONI, Nivaldo. Manejo e domesticação de mandioca por caiçaras da Mata Atlântica e ribeirinhos da Amazônia. In: BOEF, Walter S. de et al. (orgs.). *Biodiversidade e agricultores:* fortalecendo o manejo comunitário. Porto Alegre: L & PM, 2007. p. 234-242.

PETERSEN, Paulo. Editorial. *Agriculturas:* experiências em agroecologia. Rio de Janeiro: AS-PTA; Leusden: Ileia, v. 4, n. 3, out. 2007.

PISTORIUS, Robin. *Scientists, plants and politics:* a history of the plant genetic resources movement. Roma: Ipgri, 1997.

PROUS, André. Agricultores de Minas Gerais. In: TENÓRIO, Maria Cristina (org.). *Pré-história da Terra Brasilis.* Rio de Janeiro: Editora da UFRJ, 2000. p. 345-358.

QUALSET, C. O. et al. Locally based crop plant conservation. Agrobiodiversity: key to agricultural productivity. *California Agriculture,* Oakland: University of California, v. 49, n. 5, p. 45-49, 1995.

QVENILD, Marte. Svalbard Global Seed Vault: a "Noah's Ark" for the world's seeds. *Development in Practice,* Oxford, GB, v. 18, n. 1, p. 110-116, fev. 2008.

RAJOTTE, Tasmin. The negotiations web: the complex connections. In: TANSEY, Geoff & RAJOTTE, Tasmin (eds.). *The future control of food.* Londres: Earthscan; Ottawa: International Development Research Centre, 2008. p. 141-167.

RAMAKRISHNAN, P. S. *Globally Important Ingenious Agricultural Heritage Systems (GIAHS):* an eco-cultural landscape perspective. Disponível em: www.fao.org/sd/giahs. Acessado em 10/1/2009.

RAMANNA, Anitha. *Farmers'rights in India:* a case study. The Fridtjof Nansen Institute, The Farmers'Rights Project, 2006. (FNI Report 6/2006), Disponível em: www.farmersrights.org.

_____& SMALE, Melinda. Rights and access to plant genetic resources under India's new law. *Development Policy Review,* Londres: Overseas Development Institute, v. 22, n. 4, p. 423-442, jul. 2004.

RAYMOND, Eric. *The cathedral and the bazaar.* S.l.: 2000. Disponível em: www.catb.org/~esr/writings/cathedral-bazaar/, ou em português: www.geocities.com/CollegePark/ Union/3590/pt-cathedral-bazaar.html. Acessado em 17/2/2009.

RAYMOND, Ruth (ed.). *Crop wild relatives.* Roma: Bioversity International, 2006.

RED DE SEMILLAS "RESEMBRANDO E INTERCAMBIANDO". Análisis de la nueva directiva sobre variedades de conservación. *Cultivar Local,* Sevilha, n. 22, p. 3-5, dez. 2008. Disponível em: www.redsemillas.info/wp-content/uploads/2009/02/cultivar-local-n-22-diciembre-08.pdf. Acessado em 22/2/2009.

Referências bibliográficas

REGASSA, Feyissa. *Farmers'rights in Ethiopia*. Oslo: The Fridtjof Nansen Institute, The Farmers' Rights Project, 2006. (Relatório FNI, 7/2006)

REIS, Maria Rita. Considerações sobre o impacto da propriedade intelectual sobre sementes na agricultura camponesa. In: MATHIAS, Fernando & NOVION, Henry de (orgs.). *As encruzilhadas das modernidades:* debates sobre biodiversidade, tecnociência e cultura. São Paulo: ISA, 2006. p. 229-241.

REVALORIZANDO a agrobiodiversidade. *Agriculturas:* experiências em agroecologia. Rio de Janeiro: AS-PTA; Leusden: Ileia, v. 1, n.1, 52 p., nov. 2004.

RIBEIRO, Rafael W. *Paisagem cultural e patrimônio*. Rio de Janeiro: Iphan; Copedoc, 2007.

RIBEIRO, Ricardo Ferreira. *Florestas anãs do sertão*: o cerrado na história de Minas Gerais. Belo Horizonte: Autêntica, 2005.

RIBEIRO, Ricardo Ferreira. O Eldorado do Brasil Central: ambiente, democracia e saberes populares no Cerrado. In: CARVALHO, Horácio Martins de (org.). *O campesinato no século XXI:* possibilidades e condicionantes do desenvolvimento do campesinato no Brasil. Petrópolis: Vozes, 2005. p. 118-125.

ROFFE, Pedro. Bringing minimum global intellectual property standards into agriculture: the Agreement on Trade-Related Aspects of Intellectual Property Rights (Trips). In: TANSEY, Geoff & RAJOTTE, Tasmin (eds.). *The future control of food*. Londres: Earthscan; Otawa: IDRC, 2008. p. 48-68.

ROMEIRO, Ademar Ribeiro. Agricultura e ecodesenvolvimento. In: *Ecologia e desenvolvimento*. Rio de Janeiro: Aped, 1992. p. 207-233.

_____. Perspectivas para políticas agroambientais. In: RAMOS, Pedro (org.). *Dimensões do agronegócio brasileiro:* políticas, instituições e perspectivas. Brasília: MDA, 2007. p. 283-317. (Nead estudos, 15)

ROOSEVELT, Anna. *Parmana:* prehistoric maize and manioc subsistence along the Amazon and Orinoco. Nova York: Academic Press, 1980.

_____. Arqueologia amazônica. In: CARNEIRO DA CUNHA, Manuela (org.). *História dos índios no Brasil*. São Paulo: Companhia das Letras, 1992. p. 53-86.

_____ et al. Eighth millenium pottery from a prehistorical shell midden in the Brazilian Amazon. *Science,* Washington: AAAS, v. 254, p. 1621-1624, out. 1991.

RUIZ MULLER, Manuel. *Las zonas de agrobiodiversidad y el registro de cultivos nativos:* aprendiendo de nosotros mismos. Lima: SPDA, 2009.

RUIZ MULLER, Manuel & FERRO, Pamela (eds.). *Apuntes sobre agrobiodiversidad:* conservación, biotecnología y conocimientos tradicionales. Lima: SPDA; Ipgri, 2005. Disponível em: www.spda.org.pe.

SAHAI, Suman. Plant Variety Protection and Farmers'Rights Law. *Economic & Political Weekly,* Mumbai, v. 36, n. 35, p. 3338-3342, 1-7/9/2001.

_____. India's Plant Variety Protection and Farmers'Rights Act, 2001. *Current Science,* Bangalore: Current Science Association, v. 84, n. 3, p 407-412, 10/2/2003.

SAKAMOTO, Leonardo (coord.). *O Brasil dos agrocombustíveis:* os impactos das lavouras sobre a terra, o meio e a sociedade. São Paulo: Repórter Brasil, abr. 2008. 3 v. Disponível em: www.reporterbrasil.org.br/agrocombustiveis/relatorio.php. Acessado em 12/2/2009.

SALAZAR, Rene, LOUWAARS, Niels P., VISSER, Bert. Protecting farmers' new varieties: new approaches to rights on collective innovations in plant genetic resources. *World Development,* Amsterdam: Elsevier, v. 35, n.9, p. 151-158, 2007.

SANJAD, Nelson. Éden domesticado: a rede luso-brasileira de jardins botânicos, 1790-1820. *Anais de História de Além-Mar,* Lisboa: Centro de História de Além-Mar (Cham), Universidade Nova de Lisboa, v. VII, p. 251-278, 2007.

SANT'ANNA, Márcia. A face imaterial do patrimônio cultural: os novos instrumentos de reconhecimento e valorização. *In:* ABREU, Regina & CHAGAS, Mário (orgs.). *Memória e patrimônio:* ensaios contemporâneos. Rio de Janeiro: DP & A, 2003. p. 46-55.

SANTILLI, Juliana. *Socioambientalismo e novos direitos:* proteção jurídica à diversidade biológica e cultural. São Paulo: Peirópolis: ISA; Brasília: IEB, 2005.

_____. As indicações geográficas e as territorialidades específicas das populações tradicionais, povos indígenas e quilombolas. *In:* LAGES, Vinicius, LAGARES, Léa, BRAGA, Christiano (orgs.). *Valorização de produtos com diferencial de qualidade e identidade:* indicações geográficas e certificações para competitividade nos negócios. Brasília: Sebrae, 2005. p. 189-203.

_____ & EMPERAIRE, Laure. A agrobiodiversidade e os direitos dos agricultores indígenas e tradicionais. *In:* RICARDO, Beto & RICARDO, Fany (eds.). *Povos indígenas no Brasil:* 2001-2005. São Paulo: ISA, 2006. p. 100-103.

SAUER, Carl. As plantas cultivadas na América do sul tropical. *In:* RIBEIRO, Berta (ed.). *Suma etnológica brasileira.* v. 1. Etnobiologia. Petrópolis: Vozes; Finep, 1986. p. 59-90.

SCHMITT, Cláudia Job & GUIMARÃES, Leonardo Alonso. O mercado institucional como instrumento para o fortalecimento da agricultura familiar de base ecológica. *Agriculturas:* experiências em agroecologia. Equidade e soberania nos mercados. Rio de Janeiro: AS-PTA; Leusden: Ileia, v. 5, n. 2, p.7-13, jun. 2008.

SCURRAH, Maria, ANDERSEN, Regine, WINGE, Tone. *Farmers'righs in Peru:* farmers' perspectives. Oslo: The Fridtjof Nansen Institute, The Farmers'Rights Project, 2008. (Relatório FNI, 16/2008)

SEARCHINGER, Timothy et al. Use of U.S. croplands for biofuels increases greenhouse gases through emissions from land use change. *Science,* Washington: AAAS, v. 319, p. 1238-1240, 29/2/2008.

Referências bibliográficas

SEMINÁRIO DE AGROECOLOGIA DO DISTRITO FEDERAL, 1º, 11-13/11/2008, Brasília, DF. *Carta Agroecológica de Brasília*. Brasília, 2008.

SEMINÁRIO INTERNACIONAL SOBRE AGROECOLOGIA, 9º; SEMINÁRIO ESTADUAL SOBRE AGROECOLOGIA, 10º, 25-27/11/2008, Porto Alegre, RS. *Carta agroecológica de Porto Alegre*. Porto Alegre, 2008. Disponível em: www.ufrgs.br/abaagroeco.

SEMENTES do futuro. Programa Biodiversidade Brasil-Itália. Brasília, 2004. DVD sobre a VI Feira de Sementes Tradicionais Krahô, 22-25/9/2004, TI Krahô.

SESHIA, Shaila. Plant variety protection and farmers'rights: law-making and cultivation of varietal control. *Economic & Political Weekly*, Mumbai, v. 37, n. 27, p. 2741-2747, 6-12/7/2002.

SHANAHAN, Mike. Arctic cave to safeguard global crop diversity. *Science and Development Network*, Londres, 13/1/2006. Disponível em: www.scidev.net/news. Acessado em 7/12/2007.

SILVA, Geraldo Mosimann da. Terra preta arqueológica: um solo bastante especial. *In*: INSTITUTO SOCIOAMBIENTAL. *Almanaque Brasil Socioambiental*: uma nova perspectiva para entender o país e melhorar nossa qualidade de vida. São Paulo, 2008a. p. 334.

_____. Uso e conservação da agrobiodiversidade pelos índios Kayabi do Xingu. *In*: BENSUSAN, Nurit (org.). *Seria melhor mandar ladrilhar? Biodiversidade*: como, para que e por quê. Brasília: UnB; IEB; São Paulo: Peirópolis, 2008b. p. 317-336.

_____ et al. (orgs.). *A ciência da roça no Parque do Xingu*: Livro Kayabi. São Paulo: ISA, 2002.

SILVA, Letícia Rodrigues da; PELAEZ, Victor. O marco regulatório para a liberação comercial dos Organismos Geneticamente Modificados (OGM) no Brasil. *Revista de Direito Ambiental*, São Paulo: Revista dos Tribunais, v. 12, n. 48, p. 118-139, out.-dez. 2007.

SIMONI, Jane. *A multidimensionalidade da valorização de produtos locais*: implicações para políticas públicas, mercado, território e sustentabilidade na Amazônia. Brasília, 2009. Tese (doutorado) – Centro de Desenvolvimento Sustentável, Universidade de Brasília.

SMOLDERS, Hans (ed.). *Enhancing farmers'role in crop development*: framework information for participatory plant breeding in farmer field schools. Pedigrea; Centre for Genetic Resources, 2006.

SOARES, Inês Virgínia Prado. *Proteção jurídica do patrimônio arqueológico no Brasil*. Erechim: Sociedade de Arqueologia Brasileira; Habilis, 2007.

SONI, Munmeeth K. *Enforcing farmers'rights on uncharted territory*: the role of IPRS for development in India. Washington: Washington College of Law, 30/4/2007. Disponível em: www.wcl.american.edu/pijip/go/research-and-advocacy/trade-human-rights-anddevelopment. Acessado em 9/2/2009.

SRINIVAS, Krishna Ravi. Intellectual property rights and bio commons: open source and beyond. *International Social Science Journal,* Paris: Unesco, v. 58, n.188, p. 319-334, 2006.

STANNARD, Clive et al. Agricultural biological diversity for food security: shaping international initiatives to help agriculture and the environment. *Howard Law Journal,* Washington: Howard University School of Law, v. 48, n.1, p. 397-430, 2004.

STOLTON, Sue et al. Mexico: Sierra de Manantlán, from a one-species project to an ecosystem project. *In:* STOLTON, Sue et al. *Food stores:* using protected areas to secure crop genetic diversity. Gland: WWF; Birmingham: University of Birmingham, 2006. p. 82-84. Disponível em: www.biosciences.bham.ac.uk.

TALLER INTERNACIONAL SOBRE EL MANEJO LOCAL DE LA BIODIVERSIDAD AGRÍCOLA, 9-19/5/2002, Rio Branco, AC. *Cultivando diversidad/Growing Diversity/ En cultivant la diversité.* Barcelona: Grain, 2003. Disponível em: www.grain.org/gd/es/index.cfm.

TAPIA, Mario. *Agrobiodiversidad en los Andes.* Lima: Fundacion Friedrich Ebert, 1999.

TEIXEIRA, Afonso H. de M. Reserva para segurança alimentar. *Revista da Procuradoria-Geral de Justiça do Estado de Minas Gerais,* Belo Horizonte, v. 2, n.12, p. 52-53, dez. 2007.

TENÓRIO, Maria Cristina. Coleta, processamento e início da domesticação de plantas no Brasil. *In:* TENÓRIO, Maria Cristina. *Pré-história da Terra Brasilis.* Rio de Janeiro: Editora da UFRJ, 2000. p.260-271.

TERRA DE DIREITOS. *O jogo da privatização da biodiversidade.* Curitiba, 2008. Disponível em: www.terradedireitos.org.br.

THRUPP, Lori Ann. The central role of agricultural biodiversity. *In:* CENTRO INTERNACIONAL DE LA PAPA (CIP); USERS' PERSPECTIVE WITH AGRICULTURAL RESEARCH AND DEVELOPMENT (Upward). *Conservation and sustainable use of agricultural biodiversity:* a sourcebook. 3 v. Manila: CIP-Upward, 2003. v.1, cap. 3, p. 20-32.

TOLEDO, Alvaro. Saving the seed: Europe's challenge. *Seedling,* Grain, abr. 2002. Disponível em www.grain.org/seedling/seed-02-04-2-en.cfm. Acessado em 15/8/2008.

TRIPP, Robert, EATON, Derek, LOUWAARS, Niels. *Intellectual property rights:* designing regimes to support plant breeding in developing countries. Washington: World Bank, 2006. (Relatório 35517 – GLB)

TURNER, M. India debates expanding seed legislation. *Seed World,* Grand Forks, ND, p. 48-50, dez. 1994.

UNITED NATIONS. Economic and Social Council Commission on Human Rights. *The right to adequate food and to be free from hunger.* Genebra: United Nations, 1999. E/CN 4/Sub.2/1999/12.

Referências bibliográficas

UNITED STATES PATENT AND TRADEMARK OFFICE. Board of Patent Appeals and Interferences. *Appeal no. 645-91*. Disponível em: www.uspto.gov/go/dcom/bpai/index.html. Acessado em 10/12/2008.

VALENZUELA-ZAPATA, Ana. Las denominaciones de origen tequila y mezcal y la biodiversidad en el género *Agave* sp. *In:* SEMINÁRIO "BIODIVERSIDADE E DENOMINAÇÕES DE ORIGEM: UMA PROBLEMÁTICA GLOBAL", 18/4/2007, Coimbra. *[Conferencias]*. Coimbra: Esac, 2007. Disponível em: www.esac.pt/cernas/comunicacos_BioDO/3.%20Ana%20Valenzuela_PDF.pdf.

_____ et al. Conservación de la diversidad de cultivos en las regiones com indicaciones geográficas: los ezemplos del tequila, mezcal y calvados. *In:* ÁLVAREZ MACIAS, Adolfo et al. (coords.). *Agroindustria rural y territorio*. Los desafíos de los sistemas agroalimentarios localizados. Toluca, México: Universidad Autónoma del Estado de México, 2006. p. 127-154.

VAVILOV, Nikolai Ivanovich. *Studies on the origin of cultivated plants*. Leningrado: Institute of Applied Botany and Plant Breeding, 1926.

VEIGA, José Eli da. *O desenvolvimento agrícola:* uma visão histórica. São Paulo: Edusp; Hucitec, 1991. (Estudos rurais, 11)

VERNOOY, Ronnie. *Seeds that give:* participatory plant breeding. Ottawa: IDRC, 2003. Disponível em: www.idrc.ca/seeds.

VERZOLA, Roberto. Software and seeds: lessons in community sharing. *Seedling,* Barcelona: Grain, p. 13-17, out. 2005.

VISSER, Bert. An agrobiodiversity perspective on seed policies. *Journal of New Seeds*, Filadélfia, PA: Haworth Press, v. 4, p. 231-245, 2002.

_____. *Genebank management:* what to conserve? Wageningen: Wageningen International, 2008. Apresentação realizada em 18/6/2008, no curso *Contemporary Approaches in Plant Genetic Resources Conservation and Use*.

_____ et al. *Potential impacts of genetic use restriction technologies (GURTs) on agrobiodiversity and agricultural production systems*. Roma: FAO. Commission on Genetic Resources, 2001. (Background study paper, 15)

_____. & LOUWAARS, Niels. Revisiting the concept of farmers' rights: consensus reached and challenges remaining. In: INFORMAL INTERNATIONAL CONSULTATION ON FARMERS' RIGHTS, 18-20/9/2007, Lusaka, Zâmbia. *Relatório* Oslo: Ministry of Agriculture and Food, 2007. p. 57-67.

VITROLLES, Delphine, MAFRA, Luiz, CERDAN, Claire. Enjeux et perspectives de développement des indications géographiques au Brésil, une analyse à partir des deux produits de l'Etat du Minas Gerais. *In:* COLLOQUIO INTERNACIONAL DA REDE SYAL, 3°, 18-21/10/2006, Baeza, Espanha.

VIVEIROS DE CASTRO, Eduardo. Amazônia antropizada. *In:* INSTITUTO SOCIOAMBIENTAL. *Almanaque Brasil Socioambiental*: uma nova perspectiva para entender o país e melhorar nossa qualidade de vida. São Paulo, 2008. p. 102-103.

VOGT, Gilcimar Adriano, CANCI, Ivan, CANCI, Adriano. Uso e manejo de variedades locais de milho em Anchieta (SC). *Agriculturas:* experiências em agroecologia. Rio de Janeiro: AS-PTA; Leusden: Ileia, v. 4, n. 3, p. 36-39, out. 2007.

WAGNER, Alfredo. *Terras tradicionalmente ocupadas:* terras de quilombo, terras indígenas, "babaçuais livres", "castanhais do povo", faxinais e fundos de pasto. Manaus: PPGSCA-Ufam, 2006.

WALTER, Bruno M. T. et al. Coleta de germoplasma vegetal: relevância e conceitos básicos. *In:* WALTER, Bruno M. T & CAVALCANTI, Taciana B. (eds.). *Fundamentos para a coleta de germoplasma vegetal.* Brasília: Embrapa Recursos Genéticos e Biotecnologia, 2005a. p. 28-55.

_____ & CAVALCANTI, Taciana B. (eds.). *Fundamentos para a coleta de germoplasma vegetal.* Brasília: Embrapa Recursos Genéticos e Biotecnologia, 2005b.

WANDERLEY, Maria de Nazareth. A emergência de uma nova ruralidade nas sociedades modernas avançadas: o rural como espaço singular e ator coletivo. *Estudos Sociedade e Agricultura,* Rio de Janeiro: UFRJ, n. 15, p. 87-145, 2000.

_____. Raízes históricas do campesinato brasileiro. *In:* CARVALHO, Horácio Martins de (org.). *O campesinato no século XXI:* possibilidades e condicionantes do desenvolvimento do campesinato no Brasil. Petrópolis: Vozes, 2005. p. 26-27.

WIJK, Arndjan Van & LOUWAARS, Niels. *Framework for the introduction of plant breeders'rights in countries with an emerging plant variety protection system. Plant variety protection course.* Netherlands: Naktuinbouw; Centre for Genetic Resources, jun. 2008.

WOOD, D.; LENNÉ, J. M. Why agrodiversity? *In:* WOOD, D., LENNÉ, J. M. (eds.). *Agrobiodiversity:* characterization, utilization and management. Wallingford, GB: Cabi Publishing, 1999. p.1-13.

WORLD FOOD SUMMIT, 13-17/11/1996, Roma, Itália. *Declaração de Roma sobre Segurança Alimentar Mundial.* Roma: FAO, 1996. Disponível em: www.fao.org/docrep/003/ w3613p/w3613p00.htm.

_____. *Plano de Ação da Cúpula Mundial sobre a Alimentação.* Roma: FAO, 1996. Disponível em: www.fao.org/docrep/003/w3613p/w3613p00.htm.

ZAPATA FERRUFINO, Beatriz, ATAHUACHI, Margoth, LANE, Annie. The impact of climate change on crop wild relatives in Bolivia. *Crop Wild Relative,* Birmingham: University of Birmingham, n.6, p. 22-23, jan. 2008. Disponível em:http://intranet.iucn.org/webfiles/doc/SSC/Gen_docs/e_bulletin_/CWR_6_online_pdf. Acessado em 14/2/2009.

ZARTH, Paulo Afonso. *História agrária do planalto gaúcho – 1850/1920.* Niterói, 1988. Dissertação (mestrado em história) – Universidade Federal Fluminense.

ZEVEN, A. C. Landraces: a review of definitions and classifications. *Euphytica,* Netherlands: Springer, n.104, p. 127-139, 1998.

Referências bibliográficas

_____ & DE WET, J. M. J. *Dictionary of cultivated plants and their regions of diversity.* Wageningen: Centre for Agricultural Publishing and Documentation, 1982.

SITES

ACTION GROUP ON EROSION, TECHNOLOGY AND CONCENTRATION (ETC Group), Otawa, Canadá: www.etcgroup.org/en

AGENZIA REGIONALE PER LO SVILUPPO E L'INNOVAZIONE NEL SETTORE AGRICOLO-FORESTALE, Firenze: Arsia: www.arsia.toscana.it/network/P.asp?p=21 e http://filieracorta.arsia.toscana.it

AGROECOLOGIA EM REDE. Banco de dados sobre experiências, pesquisas e contatos de pessoas e instituições vinculadas à agroecologia: www.agroecologiaemrede.org.br

ARCHE NOAH – THE AUSTRIAN SEED SAVERS ASSOCIATION. Preserving and Growing the Diversity of Cultural Plants, Schiltern, Austria: www.archenoah.at/etomite/index.php?id=52

ARTICULAÇÃO DO SEMIÁRIDO PARAIBANO: www.asabrasil.org.br

ARTICULAÇÃO NACIONAL DE AGROECOLOGIA: www.agroecologia.org.br

ASOCIACIÓN PARA LA NATURALEZA Y EL DESARROLLO SOSTENIBLE – ANDES, Cusco, Peru: www.andes.org.pe

ASSESSORIA E SERVIÇOS A PROJETOS EM AGRICULTURA ALTERNATIVA: www.aspta.org.br

ASSOCIAÇÃO BRASILEIRA DE AGROECOLOGIA: http://www.aba-agroecologia.org.br

ASSOCIAÇÃO DE ESTUDOS, ORIENTAÇÃO E ASSISTÊNCIA RURAL. Francisco Beltrão, PR: www.assesoar.org.br

ASSOCIAÇÃO RIOGRANDENSE DE EMPREENDIMENTOS DE ASSISTÊNCIA TÉCNICA DE EXTENSÃO RURAL. Porto Alegre, RS: www.emater.tche.br

ASSOCIATION NATIONALE DES SITES REMARQUABLES DU GOÛT. Besançon, França: www.sitesremarquablesdugout.com

ASSOCIATION TERROIRS ET CULTURES, Montpellier, França: www.terroirsetcultures.asso.fr

BIOVERSITY INTERNATIONAL, Roma: www.bioversityinternational.org

BioNatur Sementes Agroecológicas: www.alternet.com.br/bionatur

BRASIL. Ministério do Desenvolvimento Agrário. Secretaria da Agricultura Familiar: www.mda.gov.br/saf

CAMPAGNA PER L'AGRICOLTURA CONTADINA, Itália: www.agricolturacontadina.org

CENTRE DE RESSOURCES DES PRODUITS ALIMENTAIRES DE TERROIR, Lempdes, France: www.enitac.fr/cerpat

CENTRE FOR THE APPLICATION OF MOLECULAR BIOLOGY TO INTERNATIONAL AGRICULTURE (Cambia), Canberra, Austrália: www.cambia.org

CENTRE OF INFORMATION ON LOW EXTERNAL INPUT AND SUSTAINABLE AGRICULTURE – Fundação Ileia: ww.ileia.info

CENTRO DE AGRICULTURA ALTERNATIVA DO NORTE DE MINAS, Montes Claros, Minas Gerais: www.caa.org.br

CENTRO DE TECNOLOGIAS ALTERNATIVAS DA ZONA DA MATA DE MINAS, Viçosa, Minas Gerais: www.ctazm.org.br

CENTRO DE TECNOLOGIAS ALTERNATIVAS POPULARES, Passo Fundo, Rio Grande do Sul: www.cetap.org.br

CENTRO ECOLÓGICO - ASSESSORIA E FORMAÇÃO EM AGRICULTURA ECOLÓGICA, Ipê, Rio Grande do Sul: www.centroecologico.org.br

CENTRO INTERNAZIONALE CROCEVIA, Roma: www.croceviaterra.it

CENTRO SABIA, Recife: www.centrosabia.org.br

CLIMA E AGRICULTURA. Realização Embrapa e Unicamp: www.climaeagricultura.org.br

COMISSÃO PASTORAL DA TERRA, Brasília: www.cptnac.com.br

CONFEDERAÇÃO NACIONAL DE COOPERATIVAS DA REFORMA AGRÁRIA: www.concrab.org.br

CONSELHO NACIONAL DE SEGURANÇA ALIMENTAR E NUTRICIONAL (Consea), Brasília: www.planalto.gov.br/consea

CONSELHO NACIONAL DE SEGURANÇA ALIMENTAR E NUTRICIONAL (Consea). Conselhos locais. Brasília: www.planalto.gov.br/consea/static/locais/locais.htm

CONSULTATIVE GROUP ON INTERNATIONAL AGRICULTURAL RESEARCH: www.cgiar.org

COOPERATIVA DE SERVIÇOS E IDÉIAS AMBIENTAIS, Brasília: www.ecooideia.org.br

CREATIVE COMMONS, San Francisco: www.creativecommons.org; www.creativecommons.org/projects/international/br

DEPARTAMENTO DE ASSISTÊNCIA TÉCNICA E EXTENSÃO RURAL (DATER). Secretaria da Agricultura Familiar. Mantém uma seção com mais de trezentas tecnologias de base ecológica: www.pronaf.gov.br/dater/index.php?sccid=1976

Referências bibliográficas

DEPARTAMENTO DE ESTUDOS SOCIOECONÔMICOS RURAIS, Curitiba: www.deser.org.br

DEVELOPMENT OF ORIGIN LABELLED PRODUCTS: HUMANITY, INNOVATION AND SUSTAINABILITY – Projeto Dolphins: www.originfood.org/index_dolphins.htm

ESPLAR – CENTRO DE PESQUISA E ASSESSORIA, Fortaleza: www.esplar.org.br

FAO, Roma: www.fao.org FAO. Globally Important Agricultural Heritage Systems (GIAHS): www.fao.org/sd/giahs

FARM SEED OPORTUNITIES. Opportunities for farm seed conservation, breeding and production. Desenvolvido por instituições públicas de pesquisa, redes de agricultores e organizações da sociedade civil ligadas à agricultura orgânica de seis países europeus: www.farmseed.net/home/

FEDERAÇÃO DE ÓRGÃOS PARA ASSISTÊNCIA SOCIAL E EDUCACIONAL (FASE), Rio de Janeiro: www.fase.org.br

FÓRUM BRASILEIRO DE SEGURANÇA ALIMENTAR E NUTRICIONAL, Rio de Janeiro: www.fbsan.org.br

FREE SOFTWARE FOUNDATION: www.fsf.org

GENE CAMPAIGN. Nova Délhi: www.genecampaign.org

GLOBAL CROP DIVERSITY TRUST: www.croptrust.org

GROUPEMENT D'INTÉRÊT SCIENTIFIQUE. "Systèmes Agroalimentaires Localisés", Montpellier, França: ww.gis-syal.agropolis.fr

INSTITUT NATIONAL DE L'ORIGINE ET DE LA QUALITÉ, França: www.inao.gouv.fr

INSTITUTO DE ESTUDOS SOCIOECONÔMICOS, Brasília: www.inesc.org.br

INSTITUTO DE PESQUISA AMBIENTAL DA AMAZÔNIA. Clima e desmatamento: www.climaedesmatamento.org.br

INSTITUTO DO PATRIMÔNIO HISTÓRICO E ARTÍSTICO NACIONAL (IPHAN), Brasília: www.iphan.gov.br

INSTITUTO INTERNACIONAL DE EDUCAÇÃO DO BRASIL (IEB). Brasília, Belém (PA), Manicoré (AM) e Lábrea (AM): www.iieb.org.br

INSTITUTO NACIONAL DE PROPRIEDADE INDUSTRIAL: www.inpi.gov.br

INSTITUTO SOCIEDADE, POPULAÇÃO E NATUREZA. Brasília: www.ispn.org.br

INSTITUTO SOCIOAMBIENTAL, São Paulo, Brasília, Canarana (MT), Eldorado (SP), Manaus (AM), São Gabriel da Cachoeira (AM): www.socioambiental.org

INTELLECTUAL PROPERTY RESOURCE FOR AGRICULTURE. Davis, CA: www.pipra.org

INTERNATIONAL CROPS RESEARCH INSTITUTE FOR THE SEMI-ARID TROPICS: www.icrisat.org

INTERNATIONAL INSTITUTE FOR ENVIRONMENT AND DEVELOPMENT (IIED): www.iied.org; www.diversefoodsystems.org

INTERNATIONAL RICE RESEARCH INSTITUTE: www.irri.org

MOVIMENTO AGROECOLÓGICO DA AMÉRICA LATINA E CARIBE, México: www.maela-lac.org/home.htm

MOVIMENTO DE MULHERES CAMPONESAS: www.mmcbrasil.com.br

MS SWAMINATHAN RESEARCH FOUNDATION, Chennai, Índia: www.mssrf.org

OBSERVATÓRIO DO AGRONEGÓCIO. Brasília: www.observatoriodoagronegocio.com.br

ORGANIZATION FOR AN INTERNATIONAL GEOGRAPHICAL INDICATIONS NETWORK, Genebra: www.origin-gi.com

OSSERVATORIO AGROAMBIENTALE, Cesena, Itália: www.osservatorioagroambientale.org

PLANETA ORGÂNICO: www.planetaorganico.com.br

PLATAFORMA BRASILEIRA DE DIREITOS HUMANOS, ECONÔMICOS, SOCIAIS, CULTURAIS E AMBIENTAIS – Plataforma Dhesca Brasil, Curitiba: www.dhescbrasil.org.br

PORTAL DA CIDADANIA. Rede de Biossegurança: www.territoriosdacidadania.gov.br/principal

PROSPECIE RARA. Fondation Suisse pour la Diversité Patrimoniale et Génétique liée aux Végétaux et aux Animaux: www.prospecierara.ch

PROGRAMA BIODIVERSIDADE BRASIL-ITÁLIA: www.pbbi.org.br

RED ANDALUZA DE SEMILLAS, Sevilha, Espanha: www.redandaluzadesemillas.org

RED DE SEMILLAS "RESEMBRANDO E INTERCAMBIANDO", Espanha: www.redsemillas.info

REDE DE INFORMAÇÃO E AÇÃO PELO DIREITO HUMANO A SE ALIMENTAR, Goiânia: www.fianbrasil.org.br

REDE ECOVIDA DE AGROECOLOGIA: www.ecovida.org.br

RESEARCH FOUNDATION FOR SCIENCE, TECHNOLOGY AND ECOLOGY (RFSTE). Navdanya Program. New Delhi: www.navdanya.org

RESSOURCES DES TERROIRS. Cultures, usages, sociétés. Bourg-en-Bresse, França: www.ethno-terroirs.cnrs.fr

RETE SEMI RURALI: www.semirurali.net

SEED REGULATIONS – DROIT ET SEMENCE: www.droit-et-semence.blogspot.com

Referências bibliográficas

SEMENCES PAYSANNES. www.semencespaysannes.org

SLOW FOOD BRASIL: www.slowfoodbrasil.com

SOCIETY FOR RESEARCH AND INITIATIVES FOR SUSTAINABLE TECHNOLOGIES AND INSTITUTIONS (SRISTI), Gujarat, Índia: www.sristi.org/cms/en

STRENGHTENING INTERNATIONAL RESEARCH ON GEOGRAPHICAL INDICATIONS: www.origin-food.org

TERMINAR TERMINATOR, Ottawa, Canadá: www.terminarterminator.org

TERRA DE DIREITOS, Curitiba: www.terradedireitos.org.br

TOPONÍMIA. Nomes geográficos do Brasil. Rio de Janeiro: www.toponimia.org

UNESCO. Programa internacional "O Homem e a Biosfera": www.unesco.org/mabdb/mab-cont/index.asp

UNESCO. Paisagens culturais. Paris: http://whc.unesco.org/en/culturallandscapes

UNIÃO DAS ASSOCIAÇÕES COMUNITÁRIAS DO INTERIOR DE CANGUÇU (UNAIC): www.unaic.com.br

UNION INTERNATIONALE POUR LA PROTECCION DES OBTENTIONS VÉGÉTALES (UPOV), Genebra: www.upov.int

WORLD INTELLECTUAL PROPERTY ORGANIZATION. Genebra: www.wipo.int

BIBLIOGRAFIA CONSULTADA

ACQUAAH, George. *Principles of plant genetics and breeding*. Oxford: Blackwell Publishing, 2007.

AGUIAR, Renata Alves dos Santos. *Reflexões sobre a proteção jurídica aos recursos fitogenéticos e o conhecimento tradicional associado indígena Guarani Mbyá*. 2007. Monografia (Graduação em Engenharia Florestal) – Instituto de Florestas, Universidade Federal Rural do Rio de Janeiro, Seropédica, RJ.

ALBAGLI, Sarita. *Geopolítica da biodiversidade*. Brasília: Ibama, 1998.

ALBISINNI, Ferdinando. L'origine dei prodotti agro-alimentari e la qualità territoriale. *Rivista di Diritto Agrario*. Milão: Giuffrè, v.1, jan.-mar. 2000.

ALBUQUERQUE, Ana Christina Sagebin; SILVA, Aliomar Gabriel da (eds.). *Agricultura tropical:* quatro décadas de inovações tecnológicas, institucionais e políticas. Brasília: Embrapa, 2008.

ALFONSIN, Jacques T. *O acesso à terra como conteúdo de direitos humanos fundamentais à alimentação e à moradia*. Porto Alegre: Sergio Antônio Fabris, 2003.

ALMEIDA, Fábio A. *O melhoramento vegetal e a produção de sementes na Embrapa*. Brasília: Embrapa, 1997.

ALMEIDA, Jalcione. *A construção social de uma nova agricultura:* tecnologia agrícola e movimentos sociais no sul do Brasil. Porto Alegre: Editora da UFRGS, 1999.

ALMEIDA, Paula. Revalorizando a agrobiodiversidade. *Agriculturas:* experiências em agroecologia. Rio de Janeiro: AS-PTA; Leusden: Ileia, v.1, n. 1, p. 4–5, 2004.

_____ & CORDEIRO, Ângela. *Semente da paixão:* estratégia comunitária de conservação de variedades locais no semiárido. Campina Grande: AS-PTA; Articulação do Semi-Árido Paraibano, 2002.

_____, JANTARA, André, PETERSEN, Paulo. Conservando a biodiversidade em ecossistemas cultivados: ação comunitária na manutenção de variedades locais na Paraíba e no Paraná. *In:* BENSUSAN, Nurit (org.). *Seria melhor mandar ladrilhar? Biodiversidade:* como, para que e por quê. Brasília: UnB; IEB; São Paulo: Peirópolis, 2008. p. 277-291.

ALMEKINDERS, Conny & BOEF, Walter (eds.). *Encouraging diversity:* the conservation and development of plant genetic resources. Londres: Intermediate Technology Publications, 2000.

ALTIERI, Miguel. The ecological role of biodiversity in agroecosystems. *Agriculture, Ecosystems & Environment,* Amsterdam: Elsevier, v. 74, n.1-3, p. 19-31, jun. 1999.

Bibliografia consultada

_____. *Agroecologia:* bases científicas para uma agricultura sustentável. Guaíba: Agropecuária, 2002.

AMOROZO, Maria Christina de M. A dimensão temporal da conservação da agrobiodiversidade por agricultores de subsistência – algumas considerações preliminares sobre um estudo de caso. *In:* SIMPÓSIO BRASILEIRO DE ETNOBIOLOGIA E ETNOECOLOGIA, 6°. Porto Alegre: Sociedade Brasileira de Etnobiologia e Etnoecologia, 2006. p.179-185.

AMOROZO, Maria Christina de M. Maintenance and management of agrobiodiversity in small-scale agriculture. *In:* ALBUQUERQUE, Ulysses Paulino de (ed.). Ethnobotany: focus on Brazil. *Functional Ecosystems & Communities,* Global Science Books, v. 2, publicação especial 1, p. 11-20, 2008.

AMOROZO, Maria Christina de M. Management and conservation of *Manihot Esculenta* Crantz germplasm by traditional farmers in Santo Antônio do Leverger, Mato Grosso, Brazil. *Etnoecológica,* v. 4, n. 6, p. 69-83, 2000.

AMSTEL, Mariëtte Van et al. The reliability of product specific eco-labels as an agrobiodiversity management instrument. *Biodiversity Conservation,* Amsterdam: primavera, v. 14, n.16, p. 4109-4129, 2007.

ANDERSEN, Birgitte. If intellectual property rights is the answer, what is the question? Revisiting the patent controversies. *Economics of Innovation and New Technology,* Nova York: Routledge, v. 13, n. 5, p. 417-442, jul. 2004.

AQUINO, Adriana M. de; ASSIS, Renato L. (eds.). *Agroecologia:* princípios e técnicas para uma agricultura orgânica sustentável. Brasília: Embrapa, 2005.

ARTICULAÇÃO NACIONAL DE AGROECOLOGIA. *Mulheres construindo agroecologia.* Brasília, jul. 2007.

ASTIER, Marta & HOLLANDS, John (eds.). *Sustentabilidad y campesinado:* seis experiencias agroecológicas en Latinoamerica. México: Mundi-Prensa, 2005.

AUBERTIN, Catherine, PINTON, Florence, BOISVERT, Valérie. *Les marchés de la biodiversité.* Paris: IRD Éditions, 2007.

BADSTUE, Lone B. et al. The dynamics of farmers' maize seed supply practices in the central valleys of Oaxaca, Mexico. *World Development,* Amsterdam: Elsevier, v. 35, n. 9, p. 1579-1593, 2007.

BALBONTÍN ARENAS, Pablo. *The custodians of biodiversity.* Torino: Angolo Manzoni; FAO, 2003.

BARBIERI, Rosa Lía; STUMPF, Elisabeth R.T. (eds.). *Origem e evolução de plantas cultivadas.* Brasília: Embrapa, 2008.

BARDSLEY, Douglas. Valuing diversity for sustainable futures: a response to Wood and Lenné. *Land Use Policy,* Amsterdam: Elsevier, v. 23, p. 643-644, 2006.

BARDSLEY, Douglas; THOMAS, Ian. *In situ* agrobiodiversity conservation: Examples from Nepal, Turkey and Switzerland in the first decade of the Convention on Biological Diversity. *Journal of Environmental Planning & Management*; Abingdon: Carfax, v. 49, n. 5, p. 653-674, sept. 2006.

BARROS, Ana Flávia Granja e; VARELLA, Marcelo Dias. A nova tendência mundial de segurança alimentar e o sistema de certificações. *In:* LAGES, Vinicius; BRAGA, Christiano; MORELLI, Gustavo (orgs.). *Territórios em movimento:* cultura e identidade como estratégia de inserção competitiva. Rio de Janeiro: Relume Dumará; Brasília: Sebrae, 2004. p. 201-218.

BAZZAZ, Fakri & SOMBROEK, Wim. *Changements du climat et production agricole.* Paris: Polytechnica; Roma: FAO, 1997.

BEGOSSI, Alpina et al. Estudos de ecologia humana e etnobiologia: uma revisão sobre usos e conservação. *In:* ROCHA, C. F. D. et al. (orgs.). *Biologia da conservação:* essências. Rio de Janeiro: Rima, 2006. p. 537-562.

BELLIVIER, Florence. Os contratos sobre os recursos genéticos vegetais: tipologia e eficácia. *In:* PLATIAU, Ana Flávia & VARELLA, Marcelo (orgs.). *Diversidade biológica e conhecimentos tradicionais.* Belo Horizonte: Del Rey, 2004, p.163-196.

BELLIVIER, Florence & NOIVILLE, Christine. *La bioéquité:* batailles autour du partage du vivant. Paris: Autrement, 2009.

BERG, Trygve. Landraces and folk varieties: a conceptual reappraisal of terminology. *Euphytica,* Amsterdam: Springer, v. 166, n. 3, p. 423-430, 2008.

BERTACCHINI, Enrico. Regional legislation in Italy for the protection of local varieties. *Journal of Agriculture and Environment for International Development*, Florença: Istituto Agronomico per l'Oltremare, v. 103, n.1-2, p. 51-63, jan-june 2009.

BIBER-KLEMM, Susette, COTTIER, Thomas, BERGLAS, Danuta S. *Rights to plant genetic resources and traditional knowledge:* basic issues and perspectives. Berna: Swiss Agency for Development and Cooperation; World Trade Institute, 2006.

BOCCI, Riccardo. Seed legislation and agrobiodiversity: conservation varieties. *Journal of Agriculture and Environment for International Development*, Florença: Istituto Agronomico per l'Oltremare, v. 103, n. 1-2, p. 31-49, jan-june 2009.

BOCCI, Riccardo & RICOVERI, Giovanna (orgs.). *Agri-cultura:* terra lavoro ecosistemi. Bolonha: Editrice Missionaria Italiana, 2006.

BOEF, Walter S. de. Aspectos políticos e legais internacionais com impacto local. *In:* BOEF, Walter S. de et al. (orgs.). *Biodiversidade e agricultores:* fortalecendo o manejo comunitário. Porto Alegre: L & PM, 2007b. p.180-187.

BOROWIAK, C. Farmers' rights: intellectual property regimes and the struggle over seeds. *Politics & Society.* s. l.: Sage Publications, v. 32, n. 4, p. 511-543, dez. 2004.

BRAGDON, Susan, FOWLER, Cary, FRANÇA, Z., GOLDBERG, E. (eds.). *Leyes y políticas de importancia para el manejo de los recursos fitogenéticos.* Módulo de aprendizaje con revisión de instrumentos, desarollos y tendencias en materia de política, en las regiones. 2ª ed. Roma: Programa de Recursos Genéticos del Grupo Consultivo para la Investigación Agrícola Internacional: Instituto Internacional de Recursos Fitogenéticos: Instituto Internacional de Investigación en Políticas Alimentarias, 2006. 1 DVD.

BRUSH, Stephen B. Farmers'rights and genetic conservation in traditional farming systems. *World Development,* Amsterdam: Elsevier, v. 20, n. 11, p. 1617-1630, 1992.

_____. Farmers'rights and protection of traditional agricultural knowledge. Washington: Ifpri, 2005. (Capri Working Paper, 36). Disponível em: www.capri.cgiar.org. Acessado em 30/9/2008.

BURSZTYN, Maria Augusta, BURSZTYN, Marcel, ASSUNÇÃO, Francisca N. Aspectos legais e institucionais da gestão ambiental na Amazônia. In: SAYAGO, Doris, TOURRAND, Jean-François, BURSZTYN, Marcel (orgs.). *Amazônia:* cenas e cenários. Brasília: Universidade de Brasília, 2004. p. 263-293.

BUSTAMANTE, Patrícia Goulart. *Estudo genético-evolutivo de etnovariedades de milho (Zea mays mays L.):* conciliando dados biológicos e dados arqueológicos. Rio de Janeiro, 2005. Tese (doutorado) – Laboratório de Biologia Molecular de Plantas, Instituto de Bioquímica Médica, Centro de Ciências da Saúde, Universidade Federal do Rio de Janeiro.

BUTLER, Bees & PISTORIUS, Robin. How farmers' rights can be used to adapt plant breeders' rights. *Biotechnology and Development Monitor,* Amsterdam: The Network University, n. 28, p. 7-11, set. 1996.

BYSTRÖM, Marie. *Formal and informal systems in support of farmer management of agrobiodiversity*: some policy challenges to consolidate lessons learned. Washington: Ifpri, 2004. (Capri Working Paper, 31). Disponível em: www.capri.cgiar.org. Acessado em 30/9/2008.

CAMPOS, Antônio Valmor de. *O reconhecimento de agricultores do município de Anchieta-SC, que cultivam sementes de milho crioulo, como pesquisadores e detentores de direito da propriedade intelectual sobre a melhoria dessas sementes.* São Leopoldo (RS), 2006. Dissertação (Mestrado em educação) – Universidade do Vale do Rio dos Sinos (Unisinos).

CAPORAL, Francisco R. & COSTABEBER, José A. Segurança alimentar e agricultura sustentável: uma perspectiva agroecológica. *Ciência & Ambiente.* Santa Maria: UFSM, v.1, n. 1, p. 153-165, jul. 1990.

_____. *Agroecologia e extensão rural:* contribuições para a promoção do desenvolvimento rural sustentável. Brasília: MDA/SAF/Dater-Iica, 2004.

CARDOSO, Thiago Mota. *Etnoecologia, construção da diversidade agrícola e manejo da dinâmico espaço-temporal dos roçados indígenas no rio Cueiras, Baixo Rio Negro (AM).* Manaus, 2008. Dissertação (mestrado em Biologia tropical e recursos naturais) – Instituto Nacional de Pesquisas da Amazônia, Universidade Federal do Amazonas.

CARVALHO, Henrique José Antão de. *Entre as pedras e as florestas da terra:* as relações entre movimentos sociais de luta pela terra e movimentos ambientalistas. 2001. Monografia (Apresentada ao VI Curso de Especialização em Assessoria Parlamentar) – Departamento de Ciência Política, Universidade de Brasília, Brasília.

CARVALHO, Horácio Martins de. (org.). *Sementes:* patrimônio do povo a serviço da humanidade. São Paulo: Expressão Popular, 2003.

CARVALHO, Igor Simoni Homem de. *Potenciais e limitações do uso sustentável da biodiversidade do Cerrado:* um estudo de caso da Cooperativa Grande Sertão no Norte de Minas. Brasília, 2007. Dissertação (Mestrado) - Centro de Desenvolvimento Sustentável, Universidade de Brasília.

CASTELLO BRANCO, Telma. *Gênero, segurança alimentar e agroecologia no semi-árido brasileiro:* as experiências do programa Meios de Vida Sustentáveis. Recife: Oxfam, 2007.

CASTILLO, Elena Pardo & QUENTI, Rocío Achahui. Redescobrindo as raízes culturais: as crianças e a biodiversidade nos Andes. *Agriculturas:* experiências em agroecologia. Rio de Janeiro: AS-PTA; Leusden: Ileia, v.2, n. 1, p. 14-18, 2005.

CLEVELAND, David A. & MURRAY, Stephen. The world's crop genetic resources and the rights of Indigenous farmers. *Current Antropology,* Chicago: University of Chicago, v. 38, n. 4, p. 477-515, ago.-out. 1997.

CLUNIES-ROSS, Tracey. A importância da diversidade na agricultura. *The Ecologist Brasil,* Porto Alegre, n.17, p. 27-32, 2008.

CORREIA. João. *Pedologia e conhecimento local:* proposta metodológica de interlocução entre saberes construídos por pedólogos e agricultores em área de cerrado em Rio Pardo de Minas, MG. Rio de Janeiro, 2005. Tese (doutorado em Agronomia e Ciência do Solo) – Instituto de Agronomia, Universidade Federal Rural do Rio de Janeiro, Seropédica, RJ.

CORTEZ, Cácia, CORREA, Ciro, MOREIRA, Vladimir. *Sementes:* patrimônio dos povos a serviço da humanidade. Rede Bionatur de Sementes Agroecológicas, 2005.

COSTA GOMES, João C. Pluralismo epistemológico e metodológico como base para o paradigma ecológico. *Ciência & Ambiente.* Santa Maria, v.1, n.1, p. 121-132, jul. 1990.

DAL SOGLIO, Fábio Kessler et al. Metodologias participativas e a geração de biotecnologias apropriadas para o desenvolvimento rural sustentável. *In:* BOEF, Walter S. de et al. (orgs.). *Biodiversidade e agricultores:* fortalecendo o manejo comunitário. Porto Alegre: L & PM, 2007. p. 210-219.

DAYRELL, Carlos. *Geraizeiros e biodiversidade no norte de Minas:* a contribuição da agroecologia e da etnoecologia nos estudos dos agroecossistemas tradicionais. 1998. Dissertação (Mestrado em Agroecología y Desarollo Rural Sostenible), Universidad Internacional de Andalucía.

Bibliografia consultada

DEPARTAMENTO DE ESTUDOS SÓCIO-ECONÔMICOS RURAIS (DESER); CENTRO DE ESTUDOS, ASSESSORIA E PUBLICAÇÕES (CESAP); CENTRO VIANEI DE EDUCAÇÃO POPULAR. *Sementes crioulas:* resgatar, melhorar, partilhar e defender. Curitiba, 2004.

DIEGUES, Antônio Carlos (org.). *Etnoconservação:* novos rumos para a conservação da natureza. São Paulo: Hucitec, Nupaub-USP, 2000.

DIEGUES, Antônio Carlos & MOREIRA, André de Castro C. (orgs.). *Espaços e recursos naturais de uso comum.* São Paulo: Nupaub-USP, 2001.

DIEHL, Nelson Dias et al. Arroz quilombola *Oryza Glaberrima. The Ecologist Brasil,* Porto Alegre, n. 17, p. 34-38, 2008.

DUTFIELD, Graham. Intellectual property rights, trade and biodiversity: the case of seeds and plant varieties. Gland: IUCN, jun. 1999. (IUCN Background Paper). Disponível em: www.sristi.org/mdpipr2005/other_readings. Acessado em 9/12/2008.

ELOY, Ludivine. *Entre ville et forêt:* le futur de l'agriculture amérindienne en question. Transformations agraires en périphérie de São Gabriel da Cachoeira, Nord-ouest amazonien, Brésil. 2005. Tese (Doctorat en géographie, aménagement, urbanisme). Université de Paris III/Iheal, Paris. Disponível em: http://tel.archives-ouvertes.fr/tel-00124085/fr.

EMBRAPA. *Mandioca:* o pão do Brasil. Brasília: Embrapa, 2005.

EMBRAPA. *Marco referencial em agroecologia.* Brasília: Embrapa, 2006b.

EMBRAPA. *Terra e alimento:* panorama dos 500 anos de agricultura no Brasil. Brasília: Embrapa, 2000.

EMPERAIRE, Laure. Elementos de discussão sobre a conservação da agrobiodiversidade: o exemplo da mandioca (*Manihot Esculenta* Crantz) na Amazônia brasileira. In: CAPOBIANCO, João Paulo R. et al. (orgs.). *Biodiversidade na Amazônia brasileira:* avaliação e ações prioritárias para a conservação, uso sustentável e repartição de benefícios. São Paulo: Estação Liberdade; ISA, 2001. p. 225-234.

_____. A agrobiodiversidade em risco: o exemplo das mandiocas na Amazônia. *Ciência Hoje,* Rio de Janeiro: SBPC, v. 32, n. 187, p. 29-33, out. 2002.

_____. A biodiversidade agrícola na Amazônia brasileira: recurso e patrimônio. *Revista do Patrimônio Histórico e Artístico Nacional.* Brasília: Iphan, n. 32, p. 31-43, 2005.

_____& PERONI, Nivaldo. Traditional management of agrobiodiversity in Brazil: a case study of Manioc. *Human Ecology,* Amsterdam: Springer, v. 35, n. 6, p.761–768, dez. 2007.

_____, ROBERT, Pascale de, SANTILLI, Juliana, ELOY, Ludivine, VELTHEM, Lúcia H. Van, KATZ, Esther, LOPEZ, Cláudia, LAQUES, Anne Elisaberth, CARNEIRO DA CUNHA, Manuela, ALMEIDA, Mauro. Diversité agricole et patrimoine dans le moyen Rio Negro (Amazonie brésilienne). In: CONGRÈS DU BUREAU DES RESSOURCES GÉNÉTIQUES, 2008, Strasbourg. *Les Actes.* v. 7. Paris, 2008. p. 139-53.

_____ & ELOY, Ludivine. A cidade, um foco de diversidade agrícola no Rio Negro (Amazonas, Brasil). *Boletim do Museu Paraense Emílio Goeldi,* Belém, v. 3, n. 2, p. 195-211, mai.-ago. 2008.

ESQUINAS-ALCÀZAR, José. Farmers' rights. *In:* EVENSON, R. E.; GOLLIN, D.; SANTANIELLO, V. (eds.). *Agricultural values of plant genetic resources.* Roma: FAO; Center for International Studies on Economic Growth, Tor Vergata University, 1998. p. 207-217.

EVENSON, R. E., GOLLIN, D., SANTANIELLO, V. (eds.). *Agricultural values of plant genetic resources.* Roma: FAO; Center for International Studies on Economic Growth, Tor Vergata University, 1998.

EYZAGUIRRE, Pablo; DI GREGORIO, Monica, MEINZEN-DICK. Introduction to the special issue on: "Property Rights, Collective Action, and Local Conservation of Genetic Resources". *World Development,* Amsterdam: Elsevier, v. 35, n. 9, p. 1481-1488, 2007.

_____ & DENNIS, Evan M. The impacts of collective action and property rights on plant genetic resources. *World Development,* Amsterdam: Elsevier, v. 35, n.9, p. 1489-1498, 2007.

_____ & LINARES, Olga. *Home gardens and agrobiodiversity.* Washington: Smithsonian Books, 2004.

FACHIN, Luiz E. & GOMES, Manoel E. *Direito e neoliberalismo:* elementos para uma leitura interdisciplinar. Curitiba: EDIBEJ, 1996.

FARIA, José Eduardo. *O Direito na economia globalizada.* São Paulo: Malheiros, 1999.

FELIPIM, Adriana Perez. *O sistema agrícola Guarani Mbyá e seus cultivares de milho:* um estudo de caso na aldeia Guarani da ilha do Cardoso, município de Cananéia, SP. Piracicaba, 2001. Dissertação (Mestrado) – Escola Superior de Agricultura "Luiz de Queiroz", Universidade de São Paulo.

FERNANDES, Gabriel B. *Os direitos dos agricultores no contexto do Tratado de Recursos Fitogenéticos da FAO:* o debate no Brasil. Rio de Janeiro: AS-PTA, 2007.

FILOCHE, Geoffroy. *Ethnodéveloppement, développement durable et droit en Amazonie.* Bruxelas: Bruylant, 2007.

FLEURY, Marie; MORETTI, Christian (eds). *Recherche et valorisation des produits de la forêt:* quelle démarche équitable? Cayenne: Association Gadepam, 2006.

FLOREZ ALONSO, Margarita. Proteção do conhecimento tradicional? *In:* SANTOS, Boaventura de S. (org.). *Semear outras soluções:* o caminho da biodiversidade e dos conhecimentos rivais. Rio de Janeiro: Civilização Brasileira, 2005. p. 287-317.

FREITAS, Vladimir Passos de (coord.). *Direito Ambiental em evolução.* n⁻ 1 ao 5. Curitiba: Juruá, 2007.

GAMA-ALVES, Isabel Teresa. *Le rôle de l'action publique pour la qualité dans l'agroalimentaire em France.* 1996. Tese (Doctorat en Sciences Economiques) – École Doctorale Sciences de l'Entreprise, Université des Sciences Sociales, Toulouse I, Toulouse.

Bibliografia consultada

GERMAN-CASTELLI, Pierina. *Diversidade biocultural:* direitos de propriedade intelectual versus direitos dos recursos tradicionais. 2004. Tese (Doutorado) – Centro de Pós-Graduação em Desenvolvimento, Agricultura e Sociedade, Universidade Federal Rural do Rio de Janeiro.

GIRSBERGER, Martin A. Biodiversity and the concept of farmers' rights in international law. *Studies in Global Economic Law,* Berna: Peter Lang AG, European Academic Publishers, v. 1., 1999.

GIULIANI, Alessandra. *Developing markets for agrobiodiversity:* securing livelihoods in dryland areas. Londres: Earthscan, 2007.

GOLLIN, D. Valuing farmers' rights. *In:* EVENSON, R. E., GOLLIN, D., SANTANIELLO, V. (eds.). *Agricultural values of plant genetic resources.* Roma: FAO; Center for International Studies on Economic Growth, Tor Vergata University, 1998. p. 233-45.

HAUDRICOURT, André G. Domestication des animaux, culture des plantes et traitement d'autrui. *L'Homme,* Paris, v. 2, n.1, p. 40-50, 1962. Disponível em: www.persee.fr. Acessado em 10/1/2008.

HEISEN Jr., Charles B. *Sementes para a civilização:* a história da alimentação humana. Tradução de Sylvio Uliana. São Paulo: Ed. Nacional; Edusp, 1977. (Biblioteca do Espírito Moderno, série 2ª, ciências, v. 30)

HOCDÉ, Henri. *A lógica dos agricultores-experimentadores:* o caso da América Central. Rio de Janeiro: AS-PTA, 1999. (Metodologias participativas, 2)

HOWARD, Patricia L. (ed.). *Women & plants. Gender relations in biodiversity management and conservation.* Nova York: Zed Books; Eschborn: GTZ; Otawa: IDRC, 2003.

HOWARD, Patricia L. & NABANOGA, Gorettie. Are there customary rights to plants? An inquiry among the Baganda (Uganda), with special attention to gender. *World Development,* Amsterdam: Elsevier, v. 35, n. 9, p. 1542-1563, 2007.

HUE, Sheila M. *Delícias do descobrimento.* Rio de Janeiro: Jorge Zahar, 2008.

HURTADO, Francisco Dueñas et al. As crianças e as feiras de agrobiodiversidade: uma vivência em Cuba. *Agriculturas:* experiências em agroecologia. Rio de Janeiro: AS-PTA; Leusden: Ileia, v. 2, n. 1, p. 30–33, 2005.

INSTITUTO LATINOAMERICANO DE SERVICIOS LEGALES ALTERNATIVOS; GRUPO SEMILLAS; INSTITUTO DE GESTIÓN AMBIENTAL; FONDO MUNDIAL PARA LA NATURALEZA. *Diversidad biológica y cultural. Retos y propuestas desde América Latina.* Bogotá: Ilsa, 1998.

INSTITUTO SOCIOAMBIENTAL. *Y Ikatu Xingu:* uma campanha de responsabilidade socioambiental compartilhada em defesa das nascentes do Xingu. São Paulo: ISA, 2008.

INTERNATIONAL DEVELOPMENT RESEARCH CENTRE; INTERNATIONAL PLANT GENETIC RESOURCES INSTITUTE; DAG HAMMARSKJÖLD FOUNDATION. *Seeding Solutions.* v. 1 e 2: Policy options for genetic resources (people, plants and patents revisited). Ottawa: The Crucible II Group, 2000.

INTERNATIONAL TECHNICAL CONFERENCE ON PLANT GENETIC RESOURCES, 4a., 17-23. Jun. 1996, Leipzig, Germany. *Leipzig Declaration on Conservation and Sustainable Utilization of Plant Genetic Resources for Food and Agriculture.* Roma: FAO, 1996.

_____. *Global Plan of Action for the Conservation and Sustainable Utilization of Plant Genetic Resources for Food and Agriculture.* Roma: FAO, 1996.

INTERNATIONAL TECHNICAL CONFERENCE ON ANIMAL GENETIC RESOURCES FOR FOOD AND AGRICULTURE, 3-7 set. 2007, Interlaken, Suíça. Interlaken Declaration on Animal Genetic Resources. Roma: FAO, 2007.

JACKSON, L. E., PASCUAL, U., HODGKIN, T. Utilizing and conserving agrobiodiversity in agricultural landscapes. *Agriculture, Ecosystems & Environment,* Amsterdam: Elsevier, v. 121, n. 3, p. 196-210, jul. 2007.

KAMERI-MBOTE, Annie Patricia & CULLET, Philippe. Agro-biodiversity and international law: a conceptual framework. *Journal of Environmental Law,* Oxford University Press, v. 2, n. 2, p. 257-279, 1999.

KATZ, Esther. *Alimentação indígena na América Latina:* comida invisível, comida de pobres ou patrimônio culinário? *In:* REUNIÃO BRASILEIRA DE ANTROPOLOGIA, 26ª, 01-04/06/2008, Porto Seguro, BA. CD Virtual, disponível em: <http:// abant.org.br/noticias.php?type=congressoRBA#453>. Acesso em 12/02/2009.

KATZ, Esther; ELOY, Ludivine, EMPERAIRE, Laure. *Agrobiodiversité et changements alimentaires dans deux villes du Rio Negro (Amazonie brésilienne).* Communication au Congrès "Contribution de la biodiversité à l'alimentation". 26e Symposium ICAF Paris, MNHN –15-17 décembre 2008.

KATZ, Esther, ROBERT, Pascale de, VELTHEM, Lúcia H. Van, ALMEIDA, Mauro, SANTILLI, Juliana, ELOY, Ludivine, RIZZI, R., EMPERAIRE, Laure. La valorización del patrimonio culinario amazónico a través de las Indicaciones Geográficas. *In:* ÁLVAREZ, Marcelo & MEDINA, F. Xavier (eds.). *Identidades en el plato. El patrimonio cultural alimentario entre Europa y América.* Barcelona: Icaria/Observatorio de la Alimentación, 2009. p. 97-117.

KELLER, Tilo et al. *Chances and limitations of "ex-situ" conservation of species and genetic diversity on a global perspective.* Bonn: Federal Agency for Nature Conservation, 2002.

KISHI, Sandra A. S. & KLEBA, John B. (orgs.). *Dilemas do acesso à biodiversidade e aos conhecimentos tradicionais* – Direito, Política e Sociedade. Belo Horizonte: Fórum, 2009.

KONTOLEON, Andreas, PASCUAL, Unai, SMALE, Melinda (eds.). *Agrobiodiversity, conservation and economic development.* Nova York: Routledge, 2009.

KRATTIGER, Anatole et al. *Intellectual property management in health and agricultural innovation: a handbook of best practices.* Oxford: MIHR (Centre for the Management of Intellectual Property in Health Research and Development), Oxford Centre for Innovation; Davis, CA: Pipra (Public Intellectual Property Resource for Agriculture), University of California; Rio de Janeiro: Fiocruz; Ithaca, NY: Biodevelopments International Institute, Cornell Business and Technology Park, 2007.

Bibliografia consultada

KRUCKEN, Lia. *Design e território*: valorização de identidades e produtos locais. São Paulo: Studio Nobel, 2009.

LARANJEIRA, Raymundo. Política agrária: segurança alimentar, transgênicos e soberania nacional. *In:* BARROSO, Lucas A; MIRANDA, Alcir G. de; SOARES, Mário Lúcio Q. (orgs.). *O Direito Agrário na Constituição.* Rio de Janeiro: Forense, 2006. p. 187-222.

LATOUR, Bruno. *Jamais fomos modernos.* Tradução de Carlos Irineu da Costa. Rio de Janeiro: Ed. 34, 1994.

LEITE, Sérgio. *Políticas públicas e agricultura no Brasil.* Porto Alegre: UFRGS, 2001.

LEUZINGER, Márcia Dieguez. *Natureza e Cultura:* direito ao meio ambiente equilibrado e direitos culturais diante da criação de unidades de conservação de proteção integral e domínio público habitadas por populações tradicionais. 2007. Tese (Doutorado) – Centro de Desenvolvimento Sustentável, Universidade de Brasília, Brasília.

LOCKIE, Stewart & CARPENTER, David. *Agriculture, biodiversity and markets:* livelihoods and agroecology in comparative perspective. Londres: Earthscan, 2009.

LOPES, Maurício A., CASTRO, Antônio M. G. de, LIMA, Suzana M. V. Impactos do novo arcabouço legal e tecnológico sobre os recursos genéticos vegetais. *In:* NASS, Luciano L. (ed.). *Recursos genéticos vegetais.* Brasília: Embrapa Recursos Genéticos e Biotecnologia, 2007. p. 809-858.

LOUWAARS, Niels P. (ed.). *Seed policy, legislation and law:* widening a narrow focus. Nova York: Food Products Press, 2002.

LOVE, Brian & SPANER, Dean. Agrobiodiversity: its value, measurement, and conservation in the context of sustainable agriculture. *Journal of Sustainable Agriculture,* Taylor & Francis, v. 31, n. 2, p. 53-82, 2007.

MACHADO, Altair T. Biodiversidade e agroecologia. *In:* BOEF, Walter S. de et al. (orgs.). *Biodiversidade e agricultores:* fortalecendo o manejo comunitário. Porto Alegre: L & PM, 2007. p 40- 45.

MAGNANTI, Natal João. Circuito Sul de circulação de alimentos na Rede Ecovida de Agroecologia. *Agriculturas:* experiências em agroecologia. Rio de Janeiro: AS-PTA; Leusden: Ileia, v. 5, n. 2, p. 26-9, jun. 2008.

MARCHENAY, Philippe. *A la recherche des variétés locales de plantes cultivées:* guide méthodologique. Paris: Bureau des Ressources Génétiques, 1987.

MARZALL, Kátia. Agrobiodiversidade e resiliência de agroecossistemas: bases para a segurança ambiental. *Revista Brasileira de Agroecologia,* Porto Alegre: Associação Brasileira de Agroecologia, v. 2, n. 1, p. 233-6, fev. 2007a.

MATHIAS, Fernando. Sistemas agrícolas tradicionais: proteção ainda não impede privatização, mas pode ajudar no chão. *In:* RICARDO, Beto & RICARDO, Fany (eds.) *Povos indígenas no Brasil:* 2001-2005. São Paulo: ISA, 2006b. p. 678.

MAZZARO, Márcio A. T., SANTOS, Roberto L. B., TAVEIRA, Leontino R. Proteção jurídica dos conhecimentos tradicionais associados aos recursos genéticos e dos direitos dos agricultores. Brasília, 2007.

MEKOUAR, Mohammed Ali. Treaty agreed on agrobiodiversity: the International Treaty on Plant Genetic Resources for Food and Agriculture. *Environmental Policy & Law,* Amsterdam: IOS Press, v. 32, n. 1, p. 20-5, 2001.

MONTELIONE, Emanuele. La produzione agroalimentare di qualità come bene culturale. *Rivista di Diritto Agrario,* Milão: Giuffrè, v. 79, n. 3, ago.-set. 2000.

MORATO LEITE, José R. & WOLKMER, Antônio C. (orgs.). *Os "novos" direitos no Brasil:* natureza e perspectivas. São Paulo: Saraiva, 2003.

_____ & FAGÚNDEZ, Paulo R.A. (orgs) *Biossegurança e novas tecnologias na sociedade de risco:* aspectos jurídicos, técnicos e sociais. Florianópolis: Conceito Editorial, 2007.

MOVIMENTO DOS PEQUENOS AGRICULTORES DE SANTA CATARINA. Festa do milho crioulo de Anchieta e o histórico da atuação do Movimento dos Pequenos Agricultores relacionado às sementes crioulas. In: BRASIL. Ministério do Meio Ambiente. *Agrobiodiversidade e diversidade cultural.* Brasília, 2006. p. 77-84.

NASCIMENTO, Elimar P. & DRUMMOND, José Augusto. Cenários da Amazônia: o descortinar das incertezas no início do terceiro milênio. In: SAYAGO, Doris; TOURRAND, Jean-François; BURSZTYN, Marcel (orgs.). *Amazônia:* cenas e cenários, 2004. p.344-364.

NASSAR, Nagib. Conservation of the genetic resources of cassava, *Manihot Esculenta*: determination of wild species localities with emphasis on probable origin. *Economic Botany,* Nova York: The New York Botanical Garden, v. 32, n. 4, p. 311-320, 1978.

NASS, Luciano L. (ed.). *Recursos genéticos vegetais.* Brasília: Embrapa Recursos Genéticos e Biotecnologia, 2007.

NIEDZIELSKI, Aires, MARQUES, Anésio da Cunha, BONA, Luis Cláudio. Trajetória e desafios da construção de mercados locais para a agricultura ecológica em Porto União (SC) e União da Vitória (PR). *Agriculturas:* experiências em agroecologia. Rio de Janeiro: AS-PTA; Leusden: Ileia, v. 5, n. 2, p. 18-22, jun. 2008.

NOIVILLE, Christine. O estatuto jurídico da coleção dos recursos genéticos. In: PLATIAU, Ana Flávia & VARELLA, Marcelo (orgs.). *Diversidade biológica e conhecimentos tradicionais.* Belo Horizonte: Del Rey, 2004. p. 255-292.

NUNES, Sidemar Presotto. *Em busca de viabilização, legitimidade social e de novos referenciais ideológicos:* o campo político da agricultura familiar e a idéia de "projeto alternativo de desenvolvimento". 2007. Dissertação (mestrado em Sociologia) – Departamento de Ciências Sociais, Universidade Federal do Paraná, Curitiba.

OLIVEIRA, Ana Gita de, MATHIAS, Fernando, ANDRELLO, Geraldo. *Compartilhar ou monopolizar? Propriedade intelectual, patrimônio imaterial e os povos indígenas do rio Uaupés.* Brasília: Iphan, 2008. p. 13-17. (Dossiê Iphan, 7: Cachoeira de Iauaretê. Lugar sagrado dos povos indígenas dos rios Uaupés e Papuri – AM).

Bibliografia consultada

OLIVEIRA, Angélia Carvalho; BUSTAMANTE, Patrícia Goulart; SANTILLI, Juliana. *Traçando um paralelo entre a Convenção da Diversidade Biológica e o Tratado Internacional sobre Recursos Fitogenéticos para Alimentação e Agricultura no Brasil. In:* SIMPÓSIO BRASILEIRO DE RECURSOS GENÉTICOS, 2º, 25-28/11/2008, Brasília. p. 399.

PADMANABHAN, Martina Aruna. Collective action in agrobiodiversity management: gendered rules of reputation, trust and reciprocity in Kerala, India. *Journal of International Development.* s. l.: Wiley, v. 20, p. 83-97, 2008.

PASCUCHI, Priscila M., PY-DANIEL,Victor, FERREIRA, Gabriel L. B. V. Agrobiodiversidade tradicional e sua proteção. *In:* CONGRESSO INTERNACIONAL DE DIREITO AMBIENTAL. 10º, 2006, São Paulo. *Teses apresentadas.* São Paulo: Imprensa Oficial do Estado de São Paulo, 2006. v.1, p. 827-843.

PERFECTO, Ivette, VANDERMEER, John, WRIGHT, Angus. *Nature's matrix:* linking agriculture, conservation and food sovereignty. Londres: Earthscan, 2009.

PERONI, Nivaldo. Agricultura de pescadores. *In:* BEGOSSI, Alpina (org.). *Ecologia humana de pescadores da Mata Atlântica e da Amazônia.* São Paulo: Hucitec, 2004. p. 59-87.

_____, MIRANDA, Tatiana, HANAZAKI, Natalia. Aspectos específicos do acesso ao patrimônio genético e do conhecimento tradicional associado à biodiversidade. *In:* BOEF, Walter S. de et al. (orgs.). *Biodiversidade e agricultores:* fortalecendo o manejo comunitário. Porto Alegre: L & PM, 2007. p. 187-193.

_____ & MARTINS, Paulo Sodero. Influência da dinâmica agrícola itinerante na geração de diversidade de etnovariedades cultivadas vegetativamente. *Interciencia,* Caracas: Asociación Interciencia, v. 25, n. 1, p. 22-9, jan.-fev. 2000.

PETIT, Michel et al. *Why governments can't make policy:* the case of plant genetic resources in the international arena. Global Forum on Agricultural Research. Dresden, Germany, may 21-23, 2000. Disponível em: http://www. fao.org/docs/eims/upload/207144/ GFAR2003.pdf

PINTON, Florence & EMPERAIRE, Laure. Agrobiodiversidade e agricultura tradicional na Amazônia: que perspectivas? *In:* SAYAGO, Doris, TOURRAND, Jean-François, BURSZTYN, Marcel (orgs.). *Amazônia: cenas e cenários,* Brasília: UnB, 2004. p.73-100.

PLATIAU, Ana Flávia & VARELLA, Marcelo (orgs.). *Diversidade biológica e conhecimentos tradicionais.* Belo Horizonte: Del Rey, 2004.

PROCHNOW, Miriam (org.). *No jardim das florestas.* Rio do Sul: Apremavi, 2007.

PRONER, Carol. *Propriedade intelectual:* para uma outra ordem jurídica possível. São Paulo: Cortez, 2007. (Questões da nossa época, 131)

RAMOS FILHO, Luiz Octávio (ed.). *Agricultura, meio ambiente e inclusão social:* questões para debate. Jaguariúna: Embrapa Meio Ambiente, 2006.

RANI, M.Geetha. Community gene banks sustain food security and farmers' rights. *Biotechnology and Development Monitor,* Amsterdam: The Network University, n. 41, p. 19-22, 2000.

RED ANDALUZA DE SEMILLAS. Manual para la utilización y conservación de variedades locales de cultivo. Sevilha, 2007. Disponível em: www.redandaluzadesemillas.org.

RIBEIRO, Raquel. O princípio da precaução e a avaliação de risco no Decreto 4.074/2002. Brasília, 2005. Dissertação (mestrado) – Centro de Desenvolvimento Sustentável, Universidade de Brasília.

RIBEIRO, Ricardo Ferreira. Florestas anãs do sertão: o cerrado na história de Minas Gerais. Belo Horizonte: Autêntica, 2005.

RIGDEN, Luciane Vieira de Mello, CAVALCANTI, Taciana Barbosa, WALTER, Bruno Machado Teles. A conservação e a utilização de recursos genéticos vegetais. In: BENSUSAN, Nurit (org.). Seria melhor mandar ladrilhar? Biodiversidade: como, para que e por quê? Brasília: UnB; IEB; São Paulo: Peirópolis, 2008. p. 157-165.

RIOS, Aurélio V. & IRIGARAY, Carlos Teodoro H. (orgs.). O direito e o desenvolvimento sustentável. São Paulo: Peirópolis; Brasília: IEB, 2005.

RODRIGUES, Flávio Quental et al. Iniciativa recupera variedades agrícolas perdidas. In: RICARDO, Beto & RICARDO, Fany (eds.). Povos indígenas no Brasil: 2001-2005. São Paulo: ISA, 2006. p. 467-469.

SANTILLI, Juliana. Brazil's experience in implementing its ABS regime: suggestions for reform and the relationship with the International Treaty on Plant Genetic Resources for Food and Agriculture. In: KAMAU, Evanson & WINTER, Gerd (orgs.). Genetic resources, traditional knowledge and the law: solutions for access and benefit sharing. Londres: Earthscan, 2009.

SANTOS, Alvori C. dos & FERRAZZA, Suzete R. As fomes do mundo, a história das agriculturas, o futuro das famílias agricultoras: e a necessária revolução no padrão de consumo. Boletim do Deser, Curitiba, v. 32, n. 150, p. 32-39, mar. 2006.

SANTOS, Luzia do S. S. dos. Tutela das diversidades culturais regionais à luz do sistema jurídico-ambiental. Porto Alegre: Sergio Antônio Fabris, 2005.

SAWYER, Donald R. Campesinato e ecologia na Amazônia. In: HOGAN, Daniel J. & VIEIRA, Paulo F (orgs.). Dilemas socioambientais e desenvolvimento sustentável. Campinas: Editora da UNICAMP, 1995. p.211-234.

SCHMIDT, Marcus Vinícius. Pequi é fruta cultural indígena. In: RICARDO, Beto & RICARDO, Fany (eds.). Povos indígenas no Brasil: 2001-2005. São Paulo: ISA, 2006. p. 675-678.

SCHMIDT, Markus R. & WEI, W. Loss of agro-biodiversity, uncertainty, and perceived control: a comparative risk perception study in Austria and China. Risk Analysis, McLean, VA: Society for Risk Analysis v. 26, n. 2, p. 455-470, abr. 2006.

SEIXAS, Ana Carolina Pinto de Souza. Entre terreiros e roçados: a construção da agrobiodiversidade por moradores do Rio Croa, Vale do Juruá (AC). Brasília, 2008. Dissertação (Mestrado) – Centro de Desenvolvimento Sustentável, Universidade de Brasília.

SILIPRANDI, Emma. Mulheres e agroecologia: a construção de novos sujeitos políticos na agricultura familiar. Brasília, 2009. Tese (Doutorado) – Centro de Desenvolvimento Sustentável, Universidade de Brasília.

Bibliografia consultada

SILVA, Letícia B. da & OLIVEIRA, Paulo C. de (coords.). *Socioambientalismo:* uma realidade. Homenagem a Carlos Frederico Marés de Souza Filho. Curitiba: Juruá, 2007.

SILVEIRA, Luciano, PETERSEN, Paulo, SABOURIN, Eric (orgs.). *Agricultura familiar e agroecologia no semi-árido:* avanços a partir do agreste da Paraíba. Rio de Janeiro: AS-PTA, 2002.

SOARES, Adriano Campolina et al. (orgs.). *Milho crioulo:* conservação e uso da biodiversidade. Rio de Janeiro: AS-PTA, 1998.

SONTOT, Andrée. *Processus internationaux de création de normes dans un sous-système complexe:* le cas de la génétique pour l'agriculture et l'alimentation. Paris, 2006. Tese (Doutorado) – École Doctorale de Sciences Politiques, Institut d'Études Politiques de Paris.

SRINIVASAN, C.S. Exploring the feasibility of farmers' rights. *Development Policy Review,* Londres: Overseas Development Institute, v. 21, n. 4, p. 419-447, 2003.

STELLA, André, KAGEYAMA, Paulo, NODARI, Rubens. Políticas públicas para a agrobiodiversidade. *In:* BRASIL. Ministério do Meio Ambiente. *Agrobiodiversidade e diversidade cultural.* Brasília: MMA, 2006. p. 41-59.

SULLIVAN, Shawn N. Plant genetic resources and the law. *Plant Physiology,* Rockville, MD: American Society of Plant Biologists, v. 135, p. 10-15, 2004.

SWAMINATHAN, M. S. *Agrobiodiversity and farmers' rights.* Nova Délhi: M. S. Swaminathan Foundation, 1996.

TANSEY, Geoff. *Food security, biotechnology and intellectual property:* unpacking some issues around TRIPS. Genebra: Quaker United Nations Office, 2002.

THIJSSEN, Marja H., BIDSHAW, Zewdie, BESHIR, Abdurahman (eds.). *Farmers, seeds and varieties:* supporting informal seed supply in Ethiopia. Wageningen: Wageningen International, 2008.

THRUPP, Lori Ann. *Cultivating diversity:* agrobiodiversity and food security. Washington: World Resources Institute, 1998.

TORRE DE LARA, Oscar Arnulfo de la. Mientras prevalezca el hambre, no podrá haber justicia plena: maíz y derechos humanos en México. *Revista del Instituto de Investigaciones Jurídicas,* Facultad de Derecho de la Universidad Autónoma de San Luis Potosí, n. 14, p. 11-68 , 2007.

UDRY, Consolación V. & DUARTE, Wilton (orgs.). *Uma história brasileira do milho:* o valor dos recursos genéticos. Brasília: Paralelo 15, 2000.

UTERMOEHL, Bruno & GONÇALVES, Pedro. Conservação na roça (*in situ*) da agrobiodiversidade Guarani. *Revista Brasileira de Agroecologia,* Porto Alegre: Associação Brasileira de Agroecologia, v. 2, n.1, p. 1708-1711, fev. 2007.

VEIGA, José Eli da. *A emergência socioambiental.* São Paulo: Senac, 2007.

VIRCHOW, Detlef. *Conservation of genetic resources:* costs and implications for a sustainable utilization of plant genetic resources for food and agriculture. Bonn: Zentrum für Entwicklungsforschung, 1999.

WILKINSON, John & GERMAN-CASTELLI, Pierina. *A transnacionalização da indústria de sementes no Brasil:* biotecnologias, patentes e biodiversidade. Rio de Janeiro: ActionAid Brasil, 2000.

WOLFF, Franziska. Legal factors driving agrobiodiversity loss. *Elni Review,* Berlim, n.1, 2004. Disponível em: www.agrobiodiversitaet.net. Acessado em 10/9/2008.

WOOD, D.; LENNÉ, J.M (eds.). *Agrobiodiversity:* characterization, utilization and management. Wallingford, UK: Cabi Publishing, 1999.

WRIGHT, B. D. Intellectual property and farmers' rights. *In:* EVENSON, R.E., GOLLIN, D., SANTANIELLO, V. (eds.). *Agricultural values of plant genetic resources.* Roma: FAO; Center for International Studies on Economic Growth, Tor Vergata University, 1998. p. 219-232.

ÍNDICE REMISSIVO

A

Acesso e Repartição de benefícios 233, 236, 237, 242, 243, 250 à 252, 257, 259, 261 à 267, 270, 273 à 280, 282 à 287, 289, 290, 293, 300, 321 à 323, 339, 349, 354, 450
    Regime Bilateral de Acesso e Repartição de Benefícios 241, 244, 251, 252, 259, 260, 270, 282, 283, 287, 321, 322
    Sistema Multilateral de Acesso e Repartição de Benefícios 250 à 252, 257 à 266, 268 à 273, 282, 286, 287, 289 à 291, 298, 322, 323
Acordo Trips – Acordo sobre Aspectos dos Direitos de Propriedade Intelectual Relacionados ao Comércio 182 à 188, 194, 197, 198, 200, 201, 203, 204, 305, 306, 320, 350, 351, 356, 421, 422
Acordo Trips-Plus 185
África 31, 36, 38, 42 à 44, 48, 50, 53, 60, 73, 80, 81, 109, 111 à 113, 143, 182, 199, 200, 239, 240, 248, 259, 411, 414, 441
    Lei Modelo Africana para o Reconhecimento e a Proteção dos Direitos de Comunidades Locais, Agricultores e Melhoristas e para a Regulamentação do Acesso aos Recursos Genéticos 200, 356 à 359
    Organização da Unidade Africana 199, 200, 356
Agave 432 à 435
Agricultor Familiar, Local ou Tradicional *Veja* **Agricultura Familiar, Local, Tradicional ou Camponesa**
Agricultores Guardiões – *Agricoltori Custodi* 364
Agricultura Familiar, Local, Tradicional ou Camponesa 21, 27, 28, 30, 48, 54, 59, 74, 76, 81 à 90, 115, 121, 125 à 127, 145, 148, 152, 154 à 158, 161, 162, 164 à 166, 169 à 171, 209, 212, 213, 241, 242, 285, 292, 303, 312, 313, 318, 324, 330, 331, 337 à 339, 342 à 347, 367, 381, 383, 393, 404, 405, 437, 440, 442, 447 à 449, 450, 452
    Lei n. 11.326/2006 (Política Nacional de Agricultura Familiar e Empreendimentos Familiares Rurais) 89, 342
    Organizações da Agricultura Familiar e Agroecológica 152, 153, 155 à 157, 312, 326, 448, 452

    Práticas Agrícolas Tradicionais e/ou Locais 28, 39, 50, 58, 60, 69, 73, 90, 94, 96, 104, 125, 136, 138, 174, 214, 215, 218, 233, 236, 285, 303 à 305, 318, 319, 322, 324, 327, 337, 355, 357, 362, 382, 383, 403, 415, 416, 423, 429, 431, 433, 435, 443
    Programa Nacional de Fortalecimento da Agricultura Familiar (Pronaf) 28, 89, 162, 303, 330
    Secretaria de Agricultura Familiar (SAF) 86, 89, 161, 163, 331
    Seguro da Agricultura Familiar – Proagro Mais 163
    Sindicato dos Trabalhadores na Agricultura Familiar de Anchieta 339
    Sistemas Agrícolas Tradicionais ou Locais 29, 31, 48, 52, 60, 73, 76, 91, 103, 115, 121, 137, 138, 139, 142 à 147, 157, 199, 211, 213, 215, 218, 227, 241, 243, 246, 253, 265, 284, 302, 311, 313, 316, 321, 325, 326, 334, 340, 345, 363, 382, 387, 391, 395, 397, 398, 401, 403 à 405, 410, 429, 431, 433, 447 à 450, 452
Agricultura Orgânica 332, 423, 442
    Lei n. 10.831/2003 (Dispõe sobre a agricultura orgânica) 402, 442
Agrobiodiversidade 21, 27 à 30, 35, 69, 73, 90 à 95, 100, 102, 104, 106, 115, 116, 119, 120, 123, 127, 129, 131 à 133, 137, 141, 154, 169, 216, 218 à 220, 234, 236, 243, 246, 257, 282, 283, 297, 317, 343, 362, 418, 419, 421, 427, 428, 431, 435, 443, 447
    Centros de Diversidade Genética – Centros de Diversidade de Cultivos 39, 147, 214, 224, 229, 231, 232, 237, 239, 240, 248, 258, 286, 299, 302, 304, 305, 307, 308, 357, 401, 410, 413 à 415, 427, 432
    Componentes Intangíveis 319, 382
    Componentes Tangíveis 319, 382
    Diversidade de Plantas Cultivadas (Diversidade de Espécies) 48, 58, 62, 70, 79, 90 à 94, 100, 105, 116, 165, 214, 326, 411, 415, 433 à 435
    Hot Spots da Agrobiodiversidade 416
    Manejo 69, 119, 142, 160, 214, 246, 254, 257, 269, 283, 284, 286, 292, 318, 324, 331, 332, 337, 361, 395, 397, 398, 400, 403, 405, 407, 415

Centros Irradiadores de Manejo da Agrobiodiversidade (Cimas) 331
   Perda 27, 62, 90, 96, 97, 98, 123, 127, 131, 141, 169, 226, 236, 359, 433, 452
   Programa Nacional de Agrobiodiversidade 331
   Registro de Sistemas Alimentares 387
   Reservas da Agrobiodiversidade 398, 401, 403, 405, 406, 411, 412
   Reservas Genéticas 401, 408, 415, 416
   Uniformidade Genética 100 à 102
   Uso e Conservação 27 à 29, 89, 90, 119, 121, 140, 145, 148, 152, 153, 157, 165, 211, 214, 216, 219, 220, 227, 245, 250, 253, 255, 257, 268, 269, 274, 284 à 286, 290, 292, 297, 302, 311, 313, 318, 320, 321, 323 à 325, 328 à 334, 348, 359, 368, 387, 398, 400 à 403, 406, 407, 409, 411, 413, 416, 429, 442, 443, 447, 449 à 451
   Variedades Agrícolas – Variedade de Plantas *Veja* Plantas
   Variedades de Conservação 135, 359 à 362, 367
Agrocombustíveis 30, 120, 122 à 127, 132, 258, 418
   Biodiesel 120, 124 à 127, 152, 153
   Programa Nacional de Produção e Uso de Biodiesel 125
   Selo Combustível Social 125
   Etanol 120, 122 à 125
Agroecologia
   Articulação Mineira de Agroecologia 328
   Articulação Nacional de Agroecologia (ANA) 328, 329
   Associação Brasileira de Agroecologia 328
Agroecossistema *Veja* **Ecossistemas Agrícolas – Ecossistemas Cultivados**
Agrotóxicos 54 à 56, 59, 62 à 64, 87, 90, 104, 105, 123, 401
   Lei n. 11.936/2009 (Proíbe a fabricação, a importação, a exportação, a manutenção em estoque, a comercialização e o uso de diclorodifeniltricloretano – DDT) 104
   Lei n. 7.802/1989 (Regula a utilização, comercialização, transporte, armazenamento, importação e exportação de Agrotóxicos) 104
Alimentação – Alimentos 27, 37, 40, 47, 50, 53, 54, 59, 61, 62, 70, 72, 86, 92, 98, 102 à 104, 113, 124, 125, 141, 142, 248, 249, 251, 256, 258, 266, 271, 273, 286, 287, 300, 301, 304, 309, 313, 343, 387, 408, 410, 417, 418, 435
   Programa de Aquisição de Alimentos (PAA) 330, 332

   Decreto n. 5.873/2006 (Regulamentou o PAA) 330
   Lei n. 10.696/2003 (Instituiu o PAA) 330
   Slow Food 435
Animais Domésticos – Perda da Diversidade de Raças 58, 98, 99
Áreas Protegidas 31, 254, 398 à 400, 405 à 408, 412 à 414, 416, 451
   Comissão Mundial de Áreas Protegidas da IUCN 416
   Programa Internacional "O Homem e a Biosfera" 397, 408, 409
   Reservas da Agrobiodiversidade 398, 401, 403, 405, 406, 411, 412
   Reservas de Segurança Alimentar 417, 418, 451
   Reservas Genéticas 401, 408, 415, 416
   Unidades de Conservação 123, 276, 277, 287, 288, 399 à 402, 406, 407, 409, 413, 416
Arqueologia 36, 38, 65 à 73
   Cerâmicas 41, 66, 67, 69
   Cultura Açutuba 68
   Cultura Manacapuru 68
   Holoceno 38
   Idade da Pedra Polida 35
   Pleitosceno 38
   Sambaquis – Sambaquieiros 71 à 73
   Zoólitos 72
Arroz 27, 48, 53, 76, 78, 81, 83, 91, 95, 97, 103, 112, 113, 116, 117, 143, 145, 146, 150, 175, 215, 218, 247, 249, 251, 265, 315, 316, 346, 396 à 398, 416, 418
   International Rice Research Institute (IRRI) 117, 224, 315, 316
   Orizicultura Aquática 48
   Sistema de Piscicultura Integrado com Plantações de Arroz da China 397, 398
   Terraços de Arroz da Província de Ifugao (Filipinas) 391, 396
Articulação do Semiárido Brasileiro 328
Articulação do Semiárido Paraibano 327 à 329
Articulação Mineira de Agroecologia 328
Articulação Nacional de Agroecologia (ANA) 328, 329
   GT de Biodiversidade 328
Articulação Pacari 328
Assessoria e Serviços a Projetos em Agricultura Alternativa (AS-PTA) 158, 328, 338, 404
Associação Brasileira de Agroecologia 328
Associação Brasileira de Sementes e Mudas (Abrasem) 145, 146
**Associação das Comunidades do "Parque de la

Índice remissivo

Papa" 411
Associação das Comunidades Indígenas do Médio Rio Negro (ACIMRN) 386
Associação de Pequenos Agricultores do Oeste de Santa Catarina (Apaco) 339
Associação dos Produtores Alternativos de Ouro Preto do Oeste 328
Associação dos Produtores de Carne do Pampa Gaúcho da Campanha Meridional 424
Associação dos Produtores de Vinhos do Vale do Vinhedos 424
Associação dos Produtores e Amigos da Cachaça Artesanal de Paraty 424
Associação em Áreas de Assentamento no Estado do Maranhão (Assema) 328
Associação Européia de Sementes 314
Associação Internacional de Melhoristas para a Proteção das Obtenções Vegetais (Assinsel) 176
Associação Internacional para a Proteção da Propriedade Intelectual (APPI) 176
Associação Quechua-Aymara para a Conservação da Natureza e o Desenvolvimento Sustentável (Andes) 410
Atas da Upov de 1978 e 1991 181, 186 à 190, 194 à 200, 203 à 206, 211, 212, 214, 233, 303, 306, 310, 311, 317, 349, 350, 354, 451

B

Banco de Nomes Geográficos do Brasil 423
Bancos de Germoplasma 118, 119, 139, 214, 220, 221, 223 à 227, 229, 250, 254, 255, 265, 326, 330, 358, 363, 379, 406, 411
    Arca de Noé 118, 119
    Cooperativa de Pequenos Produtores Agricultores dos Bancos Comunitários de Sementes (COPPABACS) 329
    Lei n. 6.903/2008 do Estado de Alagoas (Dispõe sobre a criação do Programa Estadual de Bancos Comunitários de Sementes) 326
    Lei n. 7.298/2002 do Estado da Paraíba (Dispõe sobre a criação do Programa Estadual de Bancos Comunitários de Sementes) 326
    Projeto de Lei 1.976/2007 da Assembléia Legislativa de Minas Gerais (Dispõe sobre a Política Estadual de Incentivo à Formação de Bancos Comunitários de Sementes de Cultivares Locais, Tradicionais e Crioulas) 326
Bancos de Sementes *Veja* Bancos de Germoplasma
Batata 47, 53, 81, 101, 103, 113 à 115, 135, 203, 226, 248, 251, 271, 336, 360, 367, 396, 398, 410, 411, 413
    Centro Internacional de la Papa (CIP) 224, 410, 411
    Dia Nacional da Batata 410
    Parque de la Papa 410 à 412
    Registro Nacional de Variedades Nativas de Batatas 412
Bens Culturais Imateriais 366, 382 à 385, 436, 437, 443, 452
    Registro de Bens Culturais de Natureza Imaterial 384 à 388, 436, 437, 443, 452
Biocombustíveis *Veja* Agrocombustíveis
Biodivalloc 441
Biodiversidade Agrícola *Veja* Agrobiodiversidade
Biomas
    Amazônia 39, 41, 67 à 71, 75, 77, 84, 107, 109, 121, 123, 124, 126, 213, 330, 332, 333, 337, 386, 397, 403, 404, 407, 409, 413, 414, 441
    Caatinga 42, 121, 333, 409, 414
    Cerrado 121, 123, 124, 126, 333, 407, 414, 424, 435, 436, 439, 440
    Mata Atlântica 27, 332, 337, 393, 409, 414
    Pantanal 409
Bionatur 327, 328
Bioprospecção 275 à 277, 279, 282, 284, 339
Biossegurança 401, 402
    Comissão Técnica Nacional de Biossegurança 402
    Decreto n. 5.591/2005 (Regulamentou a Lei de Biossegurança) 402
    Lei n. 11.105/2005 (Lei de Biossegurança) 216, 217, 402, 451
    Projeto de Lei n. 268/2007 (Altera a Lei de Biossegurança) 216
    Protocolo de Biossegurança de Cartagena 401
Biotecnologia 62 à 64, 185, 191, 204, 230, 243, 274, 302, 372, 373
    Biotecnologia de Código Aberto 372, 373
    Biological Innovation for Open Society (Bios) 373
    Transgênicos 62 à 64, 82, 119, 121, 125, 135, 163, 189, 191, 202, 203, 210, 216, 217, 401, 402, 409, 413
        Lei n. 11.460/2007 (Dispõe sobre o plantio de organismos geneticamente modificados em unidades de conservação) 402
        Ordenanza Regional n. 010/2007 de Cuzco, Peru (Proíbe a venda, o cultivo, o uso e o transporte de variedades de batatas geneticamente modificadas) 413
Bioversity International 225, 395

C

Caiçaras – Agricultores-Pescadores 77, 160, 393, 403, 404
Carta da Serra da Bodoquena – Carta das Paisagens Culturais e Geoparques 393
Carta de Bagé – Carta da Paisagem Cultural 393
Centre for the Application of Molecular Biology to International Agriculture (Cambia) 373, 374
Centre National de la Recherche Scientifique (CNRS) 428
Centro de Agricultura Alternativa do Norte de Minas (CAA-NM) 328, 333
Centro de Investigaciones Fitoecogenéticas de Pairumani 112
Centro de Tecnologias Alternativas da Zona da Mata 338
Centro de Tecnologias Alternativas Populares (Cetap) 338
Centro Internacional de Agricultura Tropical (CIAT) 116, 192, 224, 255, 265
Centro Internacional de la Papa (CIP) 224, 410, 411
Centro Internacional de Pesquisa Agrícola em Áreas Secas (Icarda) 224
Centro Internacional de Pesquisas nos Trópicos Semiáridos 117
Centro Internacional de Pesquisas sobre Criação de Animais (ILRI) 116
Centro Internacional para o Melhoramento de Milho e Trigo (CIMMYT) 224, 247, 408
Centro Nacional de Folclore e Cultura Popular 388
Centro Piauiense de Ação Cultural (Cepac) 328
Centro Sabiá 328
Centro Vianei de Educação Popular de Lages 339
Centros de Diversidade Genética – Centros de Diversidade de Cultivos 39, 147, 214, 224, 229, 231, 232, 237, 239, 240, 248, 258, 286, 299, 302, 304, 305, 307, 308, 357, 401, 410, 413 à 415, 427, 432
Centros de Origem 36, 214, 229, 231, 232, 237, 239, 240, 286, 299, 304, 305, 307, 308, 357, 396, 401, 414, 427, 432
Centros Irradiadores de Manejo da Agrobiodiversidade (Cimas) 331
Chinampas 46, 397
Código Internacional de Conduta para a Coleta e Transferência de Germoplasma Vegetal 235
Comércio
    Acordo Trips 182 à 188, 194, 197, 198, 200, 201, 203, 204, 305, 306, 320, 350, 351, 356, 421, 422
    Acordo Trips-Plus 185
    Câmara Internacional do Comércio 176
    Comércio Justo 358
    Decreto n. 1.355/1994 (Promulga a Ata Final que incorpora os resultados da Rodada Uruguaia de negociações comerciais multilaterais do GATT) 421
    Organização Mundial do Comércio (OMC) 21, 182 à 184, 187, 198 à 201, 203, 204, 306, 320, 341, 350, 356, 421
    Sementes 30, 132 à 135, 137 à 139, 148 à 150, 153 à 157, 166 à 169, 175, 180, 194, 207, 209, 211, 216, 217, 311, 313, 317, 346, 359, 360, 367, 368, 449, 451
Comissão de Biodiversidade do México 434
Comissão de Proteção às Variedades de Plantas (Tailândia) 199
Comissão de Recursos Genéticos para a Alimentação e Agricultura 96, 228, 230, 231, 244, 248, 299
Comissão Mundial de Áreas Protegidas da IUCN 416
Comissão Nacional de Desenvolvimento Sustentável dos Povos e Comunidades Tradicionais 288, 289
    Decreto de 13 de julho de 2006 (Criou a Comissão) 289
Comissões de Sementes e Mudas 346 à 348
Commons 31, 369, 374, 375, 377, 379, 380
Compromisso Internacional sobre Recursos Fitogenéticos 227 à 233, 235, 236, 299, 300, 356
Confederação Nacional da Agricultura (CNA) 82, 342
Confederação Nacional de Cooperativas da Reforma Agrária (Concrab) 328, 333
Confederação Nacional dos Trabalhadores na Agricultura (Contag) 342
Conferência da FAO
    Resoluções 228, 230 à 232, 235, 299, 300
Conferência Internacional da Via Campesina (5ª.) 297
Conferência Internacional para a Proteção de Novas Variedades de Plantas 176
Conferências Técnicas Internacionais sobre os Recursos Fitogenéticos 96, 220, 221, 223, 252, 335
Conhecimentos Tradicionais 21, 28, 31, 198, 236, 242, 273 à 277, 280 à 285, 300, 302, 304, 305, 308, 319, 320, 345, 349, 350, 357, 358, 380, 383, 386, 389, 398, 410, 430, 431, 437

Índice remissivo

Consentimento Prévio Fundamentado ou Informado 234, 242, 264, 288, 305, 321, 345
Decreto n. 5.459/2005 (Estabeleceu sanções administrativas aplicáveis às condutas e atividades lesivas ao patrimônio genético e ao conhecimento tradicional associado) 280
Lei n. 27.811/2002 do Peru (Estabelece um regime de proteção aos conhecimentos coletivos dos povos indígenas associados aos recursos biológicos) 411
Medida Provisória n. 2.186-16/2001 (Regula o acesso ao patrimônio genético e aos conhecimentos tradicionais associados) 31, 273 à 275, 277 à 284, 286, 287, 289, 322, 450
Saberes Agrícolas 28, 58, 73, 96, 131, 136 à 138, 157, 174, 211, 215, 230, 237, 241 à 243, 275, 283, 284, 319 à 321, 323, 324, 337, 341, 349, 362, 379, 381, 382, 384, 410, 416, 429, 430, 435
Conselho das Associações dos Cafeicultores do Cerrado (Caccer) 424, 435, 439
Conselho de Gestão do Patrimônio Genético (CGEN) 274 à 278, 280, 281, 284, 319, 345, 449
Decreto n. 3.945/2001 (Definiu a composição do CGEN) 274
Decreto n. 4.946/2003 (Alterou a composição do CGEN) 274
Decreto n. 5.439/2005 (Alterou a composição do CGEN) 274
Decreto n. 6.159/2007 (Alterou a composição do CGEN) 274, 279
Deliberações 275
Orientações Técnicas 275 à 277, 284, 339
Resoluções 276, 278, 280, 281, 287
Conselho de Sementes das Filipinas 316
Conselho Nacional de Desenvolvimento Rural Sustentável (Condraf) 343, 449
Decreto n. 4.854/2003 (Dispõe sobre a composição, estruturação e competências do Condraf) 343
Conselho Nacional de Política Agrícola (CNPA) 342, 449
Decreto n. 4.623/2003 (Estabeleceu a composição do CNPA) 342
Conselho Nacional de Segurança Alimentar e Nutricional (Consea) 343, 344, 449
Decreto n. 6.272/2007 (Dispõe sobre as competências, a composição e o funcionamento do Consea) 344
Consentimento Prévio Fundamentado ou Informado 234, 242, 264, 288, 305, 321, 345
Conservação
Ex situ 118, 119, 220 à 223, 225 à 227, 231, 235, 249 à 255, 260 à 262, 270, 273, 286, 287, 289 à 291, 323, 324, 363, 406, 409
In situ 31, 112, 119, 221 à 223, 226, 227, 231, 237, 249, 250, 252 à 255, 257, 260, 263, 264, 270, 287, 289 à 292, 318, 321, 323 à 325, 334, 364, 368, 398, 400 à 402, 405, 407 à 409, 413 à 416, 421, 427, 450, 451
In vitro 226
On farm 31, 89, 119, 167, 227, 250, 253, 254, 256, 257, 260, 269, 270, 284, 292, 308, 310, 311, 318, 321, 323 à 325, 334, 364, 398, 400 à 403, 406 à 407, 415, 421, 427, 450, 451
Constituição Brasileira 28, 131, 156, 157, 288, 363, 382 à 384, 392, 399, 418
Consultative Group on International Agricultural Research (CGIAR) 114, 224, 225, 229, 235, 253, 262, 336
Convenções, Tratados e Declarações Internacionais
Convenção 169 da Organização Internacional do Trabalho 345
Decreto Legislativo n. 143/2002 (Aprovou o texto da Convenção) 345
Convenção da Upov – Convenção Internacional para a Proteção das Obtenções Vegetais 30, 172, 176, 178 à 182, 185 à 190, 194, 196, 198, 203, 230, 233, 299, 350
Atas da Upov de 1978 e 1991 181, 186 à 190, 194 à 200, 203 à 206, 211, 212, 214, 233, 303, 306, 310, 311, 317, 349, 350, 354, 451
Convenção de Berna para a Proteção das Obras Literárias e Artísticas 183, 184
Convenção de Paris para a Proteção da Propriedade Industrial 183, 184, 421
Convenção Européia da Paisagem 392
Convenção para a Proteção do Patrimônio Mundial, Cultural e Natural 389, 390, 392, 395, 396
Decreto Legislativo n. 74/1977 (Aprovou o texto da Convenção) 389
Decreto n. 80.978/1977 (Promulgou a Convenção) 389
Convenção para a Salvaguarda do Patrimônio Cultural Imaterial 388
Decreto Legislativo n. 22/2006 (Aprovou o texto da Convenção) 388
Decreto n. 5.753/2006 (Promulgou a Convenção) 388
Convenção sobre a Diversidade Biológica (CDB) 31, 92, 186, 198, 200, 217, 233 à 237, 241 à 245, 251, 252, 257, 259, 260, 265, 270, 273, 279, 281, 282, 285, 286, 300, 305, 319, 321, 322, 350, 356, 399

Decreto Legislativo n. 2/1994 (Aprovou a CDB) 273
Decreto n. 2.519/1998 (Promulgou a CDB) 273
Convenção sobre a Proteção e Promoção da Diversidade de Expressões Culturais – Convenção para a Proteção da Diversidade Cultural 388, 389
Decreto Legislativo n. 485/2006 (Aprovou o texto da Convenção) 389
Decreto n. 6.177/2007 (Promulgou a Convenção) 389
Declaração da ONU sobre os Direitos dos Povos Indígenas 345
Declaração de Maputo – Declaração dos Direitos dos Camponeses e Camponesas 297
Declaração de Roma sobre Segurança Alimentar Mundial 249, 250
Tratado de Budapeste sobre o Reconhecimento Internacional do Depósito de Microorganismos para fins de Patentes 186
Tratado Internacional sobre Recursos Fitogenéticos para Alimentação e Agricultura (Tirfa) 31, 213, 214, 220, 227, 233, 235, 237, 244 à 247, 249 à 264, 266 à 273, 282, 285 à 292, 297 à 299, 304, 307 à 310, 313, 319, 322, 323, 325, 335, 339, 345, 346, 356, 400, 401, 450, 451
Decreto Legislativo n. 70/2006 (Aprovou o Tirfa) 273
Decreto n. 6.476/2008 (Promulgou o Tirfa) 273
Cooperativa de Pequenos Produtores Agricultores dos Bancos Comunitários de Sementes (COPPABACS) 329
Coordenação de Incentivo à Indicação Geográfica de Produtos Agropecuários 441
Copyleft 370, 371, 378, 379, 381
Creative Commons 341, 375, 376, 381, 452
Cultivares 62, 139, 146, 148, 149, 151, 173, 215, 216, 241, 284, 348, 363, 403, 404, 424, 447, 449
Certificação
Certificado de Obtenção Vegetal 173, 192, 193
Certificado de Proteção de Cultivar 151, 193, 205, 209, 210
Certificado Provisório de Proteção 205, 210
Participativa 442
Comerciais 150, 153, 158, 160, 170, 197, 205, 210, 211

Crioulos 157, 161 à 164, 170, 284, 313, 318, 319, 349, 407
De Domínio Público 151, 152, 171, 196, 242, 287, 289, 290, 313, 340, 354, 449
Descritores 149, 158, 160, 170, 173, 206, 210
Laboratório Nacional de Análise, Diferenciação e Caracterização de Cultivares (Ladic) 203
Leis de Proteção de Cultivares 131, 138, 172, 173, 199, 311, 320, 339, 452
Brasil
Decreto n. 2.366/1997 (Regulamentou a Lei de Proteção de Cultivares) 173, 203
Lei n. 9.456/1997 (Lei de Proteção de Cultivares) 30, 151, 166, 171, 173, 188, 203 à 211, 213, 311, 313, 317, 449
Projeto de Lei n. 2.325/2007 (Altera artigos da Lei de Proteção de Cultivares) 211, 212, 311
Licença Compulsória 201, 202, 209
Locais 155, 157, 160 à 164, 170, 256, 313, 318
Mantenedor de Cultivares 151 à 153
Obtentor de Cultivar – Melhorista 139, 151, 154, 173 à 179, 181, 190, 193 à 195, 199, 201 à 203, 205 à 208, 214, 219, 221, 229, 248, 302, 312, 317, 320 à 322, 337, 352 à 355, 377, 378, 431
Paradigma Fixista ou Estático 134, 135, 179
Proteção de Cultivares 138, 172, 193, 194, 204, 209, 215
Proteção do Domínio Público 216, 233, 242, 243
Registro Nacional de Cultivares (RNC) 148, 149, 151 à 153, 157, 162, 164, 165, 170, 171, 203, 318, 346, 348, 349, 449, 450
Serviço Nacional de Proteção de Cultivares 139, 203, 215
Sistema *Sui Generis* de Proteção 175, 176, 178, 187, 188, 193, 198, 201, 204, 305, 306, 320, 321, 350, 351, 378
Sistema Upov – Sistema de Proteção de Cultivares 31, 172 à 174, 176, 179, 180, 188, 193, 196, 198 à 202, 214 à 216, 267, 365, 378
Sistema de Inovação Cumulativa 214
Tradicionais 155, 157, 160 à 164, 170, 256, 313, 318
Uso Público Restrito 209
Valor de Cultivo e Uso (VCU) 150, 346, 348

Índice remissivo

D

Direitos Coletivos 284, 321, 365, 366, 380, 425
Direitos das Populações Tradicionais 288
Direitos do Obtentor – Direitos do Melhorista
176 à 180, 188, 189, 193 à 198, 200, 203, 205,
211, 213, 218, 229, 230, 233, 267, 290, 299, 302,
303, 310, 320, 340, 349 à 351, 353, 358, 365,
366, 378, 411
    Associação Internacional de Melhoristas
para a Proteção das Obtenções Vegetais
(Assinsel) 176
    Union Internationale pour la Protection des
Obtentions Végétales (Upov) 172, 187, 188,
199, 353
Direitos dos Agricultores 29, 31, 156, 157, 178,
193, 194, 196 à 200, 203, 210 à 214, 216, 229 à
233, 235, 253, 260, 284 à 286, 289, 292, 295, 297 à
314, 317, 321, 322, 324, 325, 334, 335, 344, 345,
349 à 351, 355 à 357, 359, 378, 408, 450, 451
    Declaração de Maputo – Declaração dos
Direitos dos Camponeses e Camponesas 297
    Guardar, Usar, Trocar, Vender Sementes
157, 165, 181, 189, 200, 202, 207, 214, 284, 303,
305 à 308, 310 à 313, 318, 326, 352, 356 à 358,
365, 378, 450
    Proclamation n. 481/2006 da Etiópia
(Assegura os direitos dos agricultores) 358
**Diretiva Européia 2008/62 sobre as Variedades
de Conservação** 135, 359 à 361
**Diretiva Européia 98/44 sobre a Proteção Legal
de Invenções Biotecnológicas** 188, 201, 202
Diversidade Agrícola *Veja* **Agrobiodiversidade**
Diversidade Cultural 31, 102, 357, 387, 389,
393, 395, 421, 427, 429, 442
    Convenção sobre a Proteção e Promoção
da Diversidade de Expressões Culturais –
Convenção para a Proteção da Diversidade
Cultural 388, 389
        Decreto Legislativo n. 485/2006
(Aprovou o texto da Convenção) 389
        Decreto n. 6.177/2007 (Promulgou a
Convenção) 389
**Diversidade de Plantas Cultivadas (Diversidade
de Espécies)** 48, 58, 62, 70, 79, 90 à 94, 100,
105, 116, 165, 214, 326, 411, 415, 433 à 435
**Diversidade Ecológica (Ecossistemas e
Paisagens)** 91, 93
Diversidade Genética Vegetal 28, 62, 69, 87, 90
à 92, 97, 99, 114, 119, 141, 142, 145, 176, 213,
214, 220, 222, 227, 237, 239, 240, 250, 255, 256,
280, 311, 316, 317, 335, 338, 410, 413, 415, 447

    Centros de Diversidade Genética – Centros
de Diversidade de Cultivos 39, 147, 214, 224,
229, 232, 237, 239 à 241, 248, 258, 286, 299,
302, 304, 305, 307, 308, 357, 401, 410, 413 à
415, 427, 432
Domesticação
    Animais 42, 43, 47, 54, 57, 58, 66, 77, 93,
238, 414
    Co-evolução incidental 40
    Domesticação Incipiente 40
    Paisagens Cultivadas – Paisagens Agrícolas
40, 41, 69
    Plantas 38 à 42, 46 à 48, 58, 65 à 67, 70,
97, 114, 174, 237, 238, 240, 245, 246, 253, 319,
337, 396, 410
    Semidomesticação 40

E

**Ecossistemas Agrícolas - Ecossistemas
Cultivados** 27 à 29, 51, 62, 73, 89, 90 à 94, 105,
106, 165, 169, 221, 227, 250, 254, 326, 363, 384,
396, 400, 416, 430, 431
**Empresa Brasileira de Pesquisa Agropecuária
(Embrapa)** 79, 113, 139, 332, 333, 338, 349,
406
**Empresa de Assistência Técnica de Extensão
Rural do Estado de Minas Gerais (Emater)** 435
**Empresa de Pesquisa Agropecuária de Minas
Gerais (Epamig)** 436
Erosão Genética 96, 97, 102, 221, 222, 226,
256, 338, 359, 363
Esplar – Centro de Pesquisa e Assessoria 328, 329
**Estratégia Global para a Conservação das
Plantas – Estratégia Global de Conservação e
Uso de Parentes Silvestres de Plantas Cultivadas**
236, 401
**ETC Group – Action Group on Erosion,
Technology and Concentration** 225, 298
Etiópia 43, 78, 239, 314, 358, 359, 417, 427, 441
    Proclamation n. 481/2006 da Etiópia
(Assegura os direitos dos agricultores) 358
    Proclamation n. 482/2006 da Etiópia
(regula o acesso aos recursos genéticos e
conhecimentos tradicionais) 358
EUA 54, 60, 97, 101, 107, 112, 113, 121, 124,
125, 137, 139, 144, 165, 174 à 176, 183, 185, 186,
188 à 192, 198, 200, 214, 224, 229, 234, 244, 264,
290, 303, 304, 309, 311, 417, 427, 439
    Appeal n. 645-91 191
    Board of Paten Appeals and Interferences
(EUA) 191

Escritório de Patentes e Marcas Registradas (EUA)   191, 192
Lei de Patentes – de Utilidade (EUA)   189 à 193
Lei de Patentes de Plantas – *Plant Patents Act* (EUA)   176, 189 à 191
Lei de Proteção às Variedades de Plantas – *Plant Variety Protection Act*   189 à 192, 303

F

Federação de Órgãos para Assistência Social e Educacional (Fase)   328
Federação dos Estudantes de Agronomia do Brasil (Feab)   297
Federação Internacional de Sementes (FIS)   176
Federación Departamental de Comunidades Campesinas (Fedech)   410
Fondation Suisse pour la Diversité Patrimoniale et Génétique liée aux Végétaux et aux Animaux   368
Food and Agriculture Organization (FAO)   61, 85, 96, 114, 122, 134, 143, 146, 166, 213, 220 à 223, 225, 228, 229, 235, 236, 244, 269, 270, 299, 300, 339, 344, 395, 397
    Conferência da FAO
        Resoluções   228, 230 à 232, 235, 299, 300
    Programa de Melhoramento e Desenvolvimento de Sementes   134
Fórum Internacional de *Software* Livre   379
França   51, 53, 111, 135, 144, 165, 173, 180, 202, 361, 419, 420, 424, 428 à 431
    Appellations d'Origine Contrôlées (AOCs)   419, 420, 428, 430, 431
        Décret 2007-30, de 05/01/2007 (França)   420
    Institut de Recherche pour le Développement (IRD)   386, 441
    Institut Français de la Biodiversité   441
    Institut National de l'Origine et de la Qualité (Inao)   420, 428
    Institut National de la Recherche Agronomique (Inra)   134
Fundo Internacional para os Recursos Fitogenéticos   231, 232, 299, 305, 323
Fundos de Repartição de Benefícios   266, 268, 269, 278, 283, 288 à 292, 322 à 324, 334, 450

G

Genetic Resources Action International (Grain)   225

Germoplasma Vegetal
    Bancos de Germoplasma   118, 119, 139, 214, 220, 221, 223 à 227, 229, 250, 254, 255, 265, 326, 330, 358, 363, 379, 406, 411
    Código Internacional de Conduta para a Coleta e Transferência de Germoplasma Vegetal   235
    Coleta de Germoplasma – Coleta de Recursos Genéticos   221, 223, 224, 226, 229, 235, 239, 247, 249, 250, 263, 265, 277, 278, 287, 288, 290, 291, 305, 323, 324, 409
Gestão Ambiental Rural (Gestar)   332
Global Crop Diversity Trust   117, 118
Global Environment Facility (GEF)   395, 415
Globally Important Agricultural Heritage Systems (GIAHS)   395, 397, 398, 452
Grupo de Agricultores, Experimentadores e Monitores de Sistemas Agroecológicos no Vale do Rio Doce   328
GURTs – Genetic Use Restrictions Technologies   217, 218

H

Heterose ou Vigor Híbrido   140, 141, 175, 267

I

Índia   31, 36, 48, 74, 80, 97, 107, 124, 140, 143, 182, 198, 204, 239, 314, 323, 350, 351, 414, 441
    Lei de Proteção às Variedades de Plantas e aos Direitos dos Agricultores da Índia   140, 198, 350 à 356
Indicações Geográficas   31, 327, 419 à 428, 431, 432, 435 à 443, 452
    Acordo de Lisboa   421
    Acordo de Madri   421
    Appellations d'Origine Contrôlées (AOCs)   419, 420, 428, 430, 431
    Banco de Nomes Geográficos do Brasil   423
    Conferências das Nações Unidas sobre Padronização de Nomes Geográficos   423
    Coordenação de Incentivo à Indicação Geográfica de Produtos Agropecuários   441
    Décret 2007-30, de 05/01/2007 (França)   420
    Decreto n. 4.062/2001 (Define as expressões "cachaça", "Brasil" e "cachaça do Brasil" como indicações geográficas)   424
    Denominações de Origem   420 à 423, 425, 429, 432 à 435
    Diagnóstico das Potenciais Indicações Geográficas no Brasil   441

Índice remissivo

Grupo de Peritos das Nações Unidas em Nomes Geográficos 423
  Indicações de Procedência 421 à 424, 435
  Institut National de l'Origine et de la Qualité (Inao) 420, 428
  Lei n. 12.117/2002 de Santa Catarina (Dispõe sobre a Certificação de Qualidade, Origem e Identificação de Produtos Agrícolas e de Alimentos) 423
  Lei n. 14.185/2002 de Minas Gerais (Dispõe sobre o processo de produção do Queijo Minas Artesanal) 438
    Nomes Geográficos do Brasil 423
    Programa Biodivalloc 441
    Proteção Legal aos Nomes Geográficos 419
    Regulamento da União Européia n. 2.082/1992 420
    Regulamento da União Européia n. 509/2006 420
    Regulamento da União Européia n. 510/2006 420
    Spécialités Traditionelles Garanties 420
Institut de Recherche pour le Développement (IRD) 386, 441
Institut Français de la Biodiversité 441
Institut National de l'Origine et de la Qualité (Inao) 420, 428
Institut National de la Recherche Agronomique (Inra) 134
Instituto Agronômico de Campinas (IAC) 79
Instituto Brasileiro de Geografia e Estatística (IBGE) 423, 437
Instituto Chico Mendes de Conservação da Biodiversidade (ICM Bio) 277, 332
Instituto do Patrimônio Histórico e Artístico Nacional (Iphan) 384 à 387, 392 à 394, 436
  Departamento do Patrimônio Imaterial 436
Instituto Internacional de Agricultura Tropical (IITA) 224
Instituto Manantlán de Ecologia e Conservação da Biodiversidade (Imecbio) 408
Instituto Mineiro de Agropecuária (IMA) 438
Instituto Nacional de Propriedade Industrial (Inpi) 281, 423 à 426, 435, 436, 438
  Diretoria de Transferência de Tecnologia e Outros Registros
    Coordenação Geral de Outros Registros 423
  Resolução n. 075/2000 (estabelece as condições para o registro das indicações geográficas) 425

Instituto Nacional de Recursos Naturais (Inrena) 412
Instituto Sociedade, População e Natureza (ISPN) 123
Instituto Socioambiental (ISA) 281, 330
Instituto Vavilov – Instituto Nacional de Plantas Industriais 239
International Board for Plant Genetic Resources (IBPGR) 224, 225
International Coalition for Development Action (ICDA) 225
International Fund for Agricultural Development (Ifad) 395
International Network for the Improvement of Banana and Plantain (Inibap) 225
International Plant Genetic Resources Institute (IPGRI) 225
International Rice Research Institute (IRRI) 117, 224, 315, 316
Inventário Nacional de Referências Culturais (INRC) 386, 388
Istituto Agronomico per l'Oltremare 332, 333
Itália 31, 53, 144, 180, 264, 269, 332, 333, 361 à 363, 366, 395, 419, 420, 424
  Leis Regionais Italianas 31, 362 à 366
  Programa Biodiversidade Brasil-Itália 332, 333
  Registros (Repertórios) Voluntários e Regionais de Variedades 363, 365, 366

J

Jardins Botânicos 79, 80

L

Licença Bios (Biological Open Source) 374

M

Mamona 125 à 127, 150
Mandioca 27, 39, 46, 47, 53, 70, 76, 80, 83, 103, 112, 160, 161, 208, 209, 226, 248, 249, 251, 255, 258, 271, 273, 336, 337, 387, 388, 404, 407, 418, 441
Melhoramento Genético Vegetal 31, 55, 57, 62, 90, 134, 136, 139, 173 à 176, 178, 180, 181, 201, 208, 210, 214, 215, 220, 221, 224, 228, 229, 236, 239, 241, 245 à 248, 256, 258, 261, 266 à 269, 283, 284, 286, 287, 289, 290, 292, 305, 307, 314 à 317, 319, 336, 337, 340, 346, 355, 364, 377, 378, 383, 431

Heterose ou Vigor Híbrido 140, 141, 175, 267
Obtentor de Cultivar – Melhorista
Direitos do Obtentor – Direitos do Melhorista 176 à 180, 188, 189, 193 à 198, 200, 203, 205, 211, 213, 218, 229, 230, 233, 267, 290, 299, 302, 303, 310, 320, 340, 349 à 351, 353, 358, 365, 366, 378, 411
Union Internationale pour la Protection des Obtentions Végétales (Upov) 172, 187, 188, 199, 353
Melhoramento Genético Vegetal Participativo 256, 315, 326, 335 à 340, 346, 361, 381
Grupo de Trabalho sobre Melhoramento Participativo 336
México 45 à 47, 53, 65, 97, 124, 147, 192, 200, 224, 316, 397, 408, 409, 414, 428, 432 à 434
Comissão de Biodiversidade 434
Laboratório Natural las Joyas da Sierra de Manantlán 408
Reserva da Biosfera da Sierra de Manantlán 317, 408, 409
Mezcal 432 à 435
Milho 27, 36, 40, 42, 47, 48, 53, 57, 63, 76, 83, 86, 91, 95, 97, 101, 103, 112, 116, 124, 125, 140, 144 à 147, 149, 150, 159, 175, 192, 193, 248, 249, 258, 265, 271, 316, 317, 326, 336 à 339, 346, 360, 397, 405, 407, 409, 418, 432
Centro Internacional para o Melhoramento de Milho e Trigo (CIMMYT) 224, 247, 408
Praga da Folha do Milho Sulino 101
Rede Milho 338
Ministério da Agricultura, Pecuária e Abastecimento (Mapa) 149, 150, 152, 153, 158, 161 à 163, 166, 169 à 171, 203, 213, 215, 285, 303, 330, 346 à 349, 402, 407, 440
Programa de Aquisição de Alimentos (PAA) 330, 332
Secretaria de Desenvolvimento Rural 203, 346
Ministério do Desenvolvimento Agrário 28, 86, 89, 126, 158, 161, 163, 164, 303, 331, 343, 440
Secretaria de Agricultura Familiar (SAF) 86, 89, 161, 163, 331
Ministério do Meio Ambiente 126, 274, 331, 407
Secretaria de Biodiversidade e Florestas 274
Monoculturas – Sistemas Monoculturais 48, 57, 60, 73, 75, 82, 87, 90, 100, 105, 120, 121, 123, 126, 127, 141, 215, 418, 433, 434
Movimento de Mulheres Camponesas (MMC) 297, 327, 328

Movimento dos Atingidos por Barragens (MAB) 297
Movimento dos Pequenos Agricultores (MPA) 297, 328, 329, 339
Movimento dos Trabalhadores Rurais sem Terra (MST) 89, 297, 327, 328
Mudanças Climáticas 30, 105 à 117, 119, 219
Aquecimento Global 106, 107, 111, 117, 123
Dióxido de Carbono 107, 113, 114, 117
Efeito Estufa 107, 122, 124
El Niño 113
Fundo Especial de Mudança Climática 111
Painel Intergovernamental sobre Mudanças Climáticas – IPCC 107, 117
Refugiados do Clima 111

O

Obtentor de Cultivar – Melhorista 139, 151, 154, 173 à 179, 181, 190, 193 à 195, 199, 201 à 203, 205 à 208, 214, 219, 221, 229, 248, 302, 312, 317, 320 à 322, 337, 352 à 355, 377, 378, 431
Direitos do Obtentor Vegetal – Direitos do Melhorista 176 à 180, 188, 189, 193 à 198, 200, 203, 205, 211, 213, 218, 229, 230, 233, 267, 290, 299, 302, 303, 310, 320, 340, 349 à 351, 353, 358, 365, 366, 378, 411
Associação Internacional de Melhoristas para a Proteção das Obtenções Vegetais (Assinsel) 176
Isenção do Melhorista ou "Privilégio do Pesquisador" 177, 178, 189, 193, 195, 197, 201, 202, 207, 210, 267, 303, 314, 317
Union Internationale pour la Protection des Obtentions Végétales (Upov) 172, 187, 188, 199, 353
Open Source Biology 372, 376
Organismos Geneticamente Modificados *Veja* **Transgênicos**
Organização da Unidade Africana 199, 200, 356
Organização das Nações Unidas (ONU) 124, 182, 234, 297, 341
Comissão de Direitos Humanos 300
Conferência das Nações Unidas sobre Meio Ambiente e Desenvolvimento (Unced) 221, 234, 235, 273, 299, 390
Conferências das Nações Unidas sobre Padronização de Nomes Geográficos 423
Declaração da ONU sobre os Direitos dos Povos Indígenas 345

Índice remissivo

Grupo de Peritos das Nações Unidas em Nomes Geográficos 423
Organização Mundial da Saúde (OMS) 104, 110
Organização Mundial de Propriedade Intelectual (Ompi) – Wipo em inglês 172, 182, 183, 188, 421
Organização Mundial do Comércio (OMC) 21, 182 à 184, 187, 198 à 201, 203, 204, 306, 320, 341, 350, 356, 421

P

Paisagem Cultural – *Cultural Landscape*
    Convenção Européia da Paisagem 392
    Paisagens Claramente Definidas – *Clearly Defined Landscapes* 390, 391
    Paisagens Culturais Associativas – *Associative Cultural Landscapes* 391
    Paisagens Evoluídas Organicamente – *Organically Evolved Landscapes* 391
    Paisagens Contínuas ou Vivas – *Continuing Landscapes* 391
    Paisagens-Relíquia ou Fóssil – *Relict or Fossil Landscapes* 391
Paisagem Cultural Brasileira 392 à 395
    Carta da Serra da Bodoquena – Carta das Paisagens Culturais e Geoparques 393
    Carta de Bagé – Carta da Paisagem Cultural 393
    Livro do Tombo Arqueológico, Etnográfico e Paisagístico 391
Paisagens Cultivadas – Paisagens Agrícolas 41, 391, 432, 447
    Domesticação 40, 41, 69
Participação Política dos Agricultores 342, 343, 449
Pastoral da Juventude Rural (PJR) 297
Patentes 173, 176 à 178, 183 à 189, 191, 192, 201 à 203, 210, 216 à 218, 264, 267, 280, 281, 290, 302, 306, 322, 366, 372 à 374, 378, 451
    Acordo Trips 182 à 188, 194, 197, 198, 200, 201, 203, 204, 305, 306, 320, 350, 351, 356, 421, 422
    Acordo Trips-Plus 185
    Appeal n. 645-91 191
    Board of Paten Appeals and Interferences (EUA) 191
    Escritório de Patentes e Marcas Registradas (EUA) 191, 192
    Lei de Patentes – de Utilidade (EUA) 189 à 193
    Lei de Patentes de Plantas – *Plant Patents Act* (EUA) 176, 189 à 191

    Lei n. 5.772/1971 (Estabeleceu o Código de Propriedade Industrial Brasileiro) 184, 204
    Lei n. 9.279/1996 (Lei de Patentes) 184, 204, 210, 419, 422, 425, 426, 436, 438
    Marcas Registradas – Marcas Protegidas 191, 427
    Tratado de Budapeste sobre o Reconhecimento Internacional do Depósito de Microorganismos para fins de Patentes 186
Patrimônio Agrícola Mundial   *Veja* **Globally Important Agricultural Heritage Systems (GIAHS)**
Patrimônio Comum da Humanidade 228 à 230, 232, 234, 365, 432
Patrimônio Cultural 31, 365, 382 à 385, 387, 389, 390, 392, 393, 395, 420, 424, 442
    Decreto-Lei n. 25/1937 (Organiza a proteção do patrimônio histórico e artístico nacional) 391
    Imaterial 383 à 389, 436
    Convenção para a Salvaguarda do Patrimônio Cultural Imaterial 388
    Decreto Legislativo n. 22/2006 (Aprovou o texto da Convenção) 388
    Decreto n. 5.753/2006 (Promulgou a Convenção) 388
    Decreto n. 3.551/2000 (Instituiu o registro de bens culturais de natureza imaterial) 384, 385, 436, 437, 441
    Decreto n. 42.505/2002 de Minas Gerais (Estabelece o registro de bens culturais imateriais) 436
    Decreto n. 42.645/2002 de Minas Gerais (Institui as formas de Registros de Bens Culturais de Natureza Imaterial ou Intangível que constituem patrimônio cultural de Minas Gerais) 438
    Instituto do Patrimônio Histórico e Artístico Nacional (Iphan) 384 à 387, 392 à 394, 436
    Departamento do Patrimônio Imaterial 436
    Livros de Registro
        Das Celebrações 384
        Das Formas de Expressão 384
        De Lugares 384
        Dos Saberes 384, 386, 436
    Programa Nacional do Patrimônio Imaterial 385
    Registro de Sistemas Alimentares 387, 388
    Inventário Nacional de Referências Culturais (INRC) 386, 388

Material 366, 383, 384, 389, 442
Patrimônio Genético 28, 39, 42, 131, 237, 273 à 277, 280, 284 à 287, 345, 364, 365, 399, 452
    Conselho de Gestão do Patrimônio Genético (CGEN) 274 à 278, 280, 281, 284, 319, 345, 449
    Decreto n. 6.159/2007 (Alterou a composição do CGEN) 274, 279
    Decreto n. 5.459/2005 (Estabeleceu sanções administrativas aplicáveis às condutas e atividades lesivas ao patrimônio genético e ao conhecimento tradicional associado) 280
    Medida Provisória n. 2.186-16/2001 (Regula o acesso ao patrimônio genético e aos conhecimentos tradicionais associados) 31, 273 à 275, 277 à 284, 286, 287, 289, 322, 450
Patrimônio Mundial 390 à 392, 396
    Convenção para a Proteção do Patrimônio Mundial, Cultural e Natural 389, 390, 392, 395, 396
    Decreto n. 80.978/1977 (Promulgou a Convenção) 389
    Decreto Legislativo n. 74/1977 (Aprovou o texto da Convenção) 389
Pau-Brasil 74
Peru 39, 45, 185, 186, 224, 349, 396, 398, 410 à 412, 414, 417, 432
    Comunidade Andina de Nações
        Decisões 186, 411, 412
    Decreto Supremo n. 068-2001-PCM (Regulamentou a Lei 26.839, de 1997, que trata da conservação e utilização sustentável da diversidade biológica) 411
    Lei n. 28.477/2005 do Peru (Estabelece uma lista de cultivos nativos considerados "patrimônio natural da nação") 411
    Ordenanza Regional n. 010/2007 de Cuzco, Peru (Proíbe a venda, o cultivo, o uso e o transporte de variedades de batatas geneticamente modificadas) 413
    Sistema Agrícola do Sul dos Andes Peruanos 396
Plano de Ação da Cúpula Mundial sobre a Alimentação 249
Plano de Ação para a Biodiversidade (Vietnam) 415
Plano Global de Ação para a Conservação e Utilização Sustentável dos Recursos Fitogenéticos para Alimentação e Agricultura 96, 244, 252, 257, 268, 300, 335
Plano Global de Ação para os Recursos Genéticos Animais 301
Plantas
    Agave 432 à 435

    Arroz 27, 48, 53, 76, 78, 81, 83, 91, 95, 97, 103, 112, 113, 116, 117, 143, 145, 146, 150, 175, 215, 218, 247, 249, 251, 265, 315, 316, 346, 396 à 398, 416, 418
        International Rice Research Institute (IRRI) 117, 224, 315, 316
        Orizicultura Aquática 48
        Sistema de Piscicultura Integrado com Plantações de Arroz da China 397, 398
        Terraços de Arroz da Província de Ifugao (Filipinas) 391, 396
    Batata 47, 53, 81, 101, 103, 113 à 115, 135, 203, 226, 248, 251, 271, 336, 360, 367, 396, 398, 410, 411, 413
        Centro Internacional de la Papa (CIP) 224, 410, 411
        Dia Nacional da Batata 410
        Parque de la Papa 410 à 412
        Registro Nacional de Variedades Nativas de Batatas 412
    Biorreatores 216, 217
    Café do Cerrado Mineiro 424, 435, 436, 439, 440
    Cana-de-Açúcar 53, 73, 74, 76, 78, 120, 122 à 125, 127, 139, 208, 215, 249, 394, 432
    Cultivadas 40, 41, 58, 62, 69, 70, 73, 79, 91, 93, 94, 97, 100, 103, 112, 114, 116, 122, 126, 135, 158, 181, 199, 219, 229, 237 à 241, 246, 249, 254, 258, 312, 354, 360, 362, 367, 382, 384, 387, 396, 400, 401, 403, 404, 407, 408, 410, 412 à 414
        Estratégia Global para a Conservação das Plantas – Estratégia Global de Conservação e Uso de Parentes Silvestres de Plantas Cultivadas 236, 401
    Domesticadas 38 à 42, 46 à 48, 58, 65 à 67, 70, 97, 114, 174, 237, 238, 240, 245, 246, 253, 319, 337, 396, 410
    Favorecidas 42
    Forrageiras 51, 52, 149, 150, 203, 257 à 259, 272, 367
    Mamona 125 à 127, 150
    Mandioca 27, 39, 46, 47, 53, 70, 76, 80, 83, 103, 112, 160, 161, 208, 209, 226, 248, 249, 251, 255, 258, 271, 273, 336, 337, 387, 388, 404, 407, 418, 441
    Milho 27, 36, 40, 42, 47, 48, 53, 57, 63, 76, 83, 86, 91, 95, 97, 101, 103, 112, 116, 124, 125, 140, 144 à 147, 149, 150, 159, 175, 192, 193, 248, 249, 258, 265, 271, 316, 317, 326, 336 à 339, 346, 360, 397, 405, 407, 409, 418, 432
        Centro Internacional para o Melhoramento de Milho e Trigo (CIMMYT) 224, 247, 408

Índice remissivo

Praga da Folha do Milho Sulino 101
Patógeno 100, 113, 160
Pau-Brasil 74
Pupunha 47, 70, 407
Resiliência das Plantas 105, 117
Silvestres 39 à 41, 54, 92, 93, 97, 112, 114, 115, 142, 219, 229, 237 à 240, 244 à 247, 254, 258, 270, 273, 283, 317, 353, 354, 355, 359, 400 à 403, 407 à 409, 413 à 415, 432
Soja 53, 63, 82, 103, 113, 114, 120, 121, 123 à 125, 127, 144 à 146, 150, 163, 175, 215, 218, 258, 346
Sorgo 43, 53, 54, 95, 96, 145, 146, 150, 346
Teosinto 408, 409
Trigo 39, 48, 53, 82, 97, 101, 103, 113, 125, 135, 141, 143 à 146, 150, 175, 203, 215, 218, 221, 247 à 249, 346, 360, 414, 415
Variedades Agrícolas – Variedade de Plantas 55, 97, 102, 103, 105, 114, 182, 187, 188, 237, 410, 411
Adaptadas 90, 114, 115, 121, 137, 141, 142, 148 à 151, 154, 157, 158, 161, 167, 169, 222, 226, 256, 318, 319, 326, 335, 336, 345, 348, 359, 360, 415
Autopolinização 141, 144, 165
Comerciais 154, 161, 302, 314, 318, 320, 321, 323, 351 à 353, 367, 368
Comunidade Andina de Nações
Decisões 186, 411, 412
Critérios de Homogeneidade e Estabilidade 135, 136, 359
"De Elite" 229
Distintas – Cultivares Distintos 53, 163, 190, 205, 206, 398
Domésticas Gerais (Tailândia) 199
Domésticas Locais (Tailândia) 199
Dos Agricultores 229, 251, 353, 354, 357, 358
Dupla Proteção 196, 210
Em Extinção ou Extintas 97, 108, 112, 114, 220, 368, 409
Rede de Coleções de Variedades Raras e Ameaçadas de Extinção 368
Espécies Autóctones/Nativas 53, 79, 97, 102, 149, 153, 249, 284, 362, 363, 396, 406, 410 à 412, 416
Espécies Exóticas 73, 79, 126, 149, 153, 284, 406
Essencialmente Derivadas 190, 195, 197, 204 à 206, 208, 210, 317, 353, 354, 366
Estáveis – Cultivares Estáveis 133 à 135, 137, 149, 174, 177, 179, 181, 189, 190, 205, 206, 317

Heterogeneidade Genética 115, 134, 142, 149
Heterose ou Vigor Híbrido 140, 141, 175, 267
Híbridos 87, 141, 144, 149, 161, 175, 190, 193, 208, 218, 267, 424, 429, 430
Homogêneas – Cultivares Homogêneos 58, 90, 121, 133 à 135, 137, 141, 149, 174, 177, 179, 181, 205, 206, 215, 367, 368
Homogeneidade Genética 105, 134, 149, 162, 179, 197, 206, 367, 433, 434, 441
Homogeneização das Práticas Produtivas 62
Intercâmbio de Variedades 53, 58, 145, 197, 230, 237, 246, 286
Locais e Tradicionais – Heterogêneas 97, 135, 144, 146, 149, 158 à 162, 164, 179, 222, 229, 247, 265, 283, 284, 311, 315 à 319, 321, 331, 339, 341, 348, 353 à 355, 359, 362, 364, 366 à 368, 383, 398, 403, 407, 409, 413, 414, 430, 431
Melhoradas – Sementes Melhoradas 59, 64, 87, 115, 133, 134, 138, 142, 146, 174, 181, 247, 314, 315, 431
Modernas 97, 315, 317
Novas 40, 53, 58, 63, 114, 115, 137, 173 à 177, 180, 181, 189, 190, 193, 195, 198, 199, 201, 202, 214, 218, 224, 236, 246, 247, 256, 284, 302, 311, 315, 317, 318, 320, 322, 337, 340, 353, 357, 377, 378, 381
Conferência Internacional para a Proteção de Novas Variedades de Plantas 176
"Obsoletas" ou "Primitivas" 229, 367, 368
Polinização Cruzada 141
Protegidas 166, 176 à 178, 180, 181, 189, 190, 192 à 198, 201, 203, 206 à 208, 211, 212, 215, 303, 311 à 314, 317, 322, 352, 353, 356 à 358, 361, 378
Seleção de Variedades de Plantas 54, 58, 70
Sistema *Sui Generis* de Proteção 175, 176, 178, 187, 188, 193, 198, 201, 204, 305, 306, 320, 321, 350, 351, 378
Valor Agronômico e Tecnológico 135, 136
Variedades Clone 134, 160, 363
Variedades Selvagens (Tailândia) 199
Vulnerabilidade Genética 100, 115
Políticas Públicas 28, 131, 143, 162, 164, 169, 257, 284, 297, 318, 343, 358, 398, 401, 405, 441 à 443, 448, 450, 452

Conselho Nacional de Política Agrícola (CNPA) 342, 449
    Decreto n. 4.623/2003 (Estabeleceu a composição do CNPA) 342
    Empresa Brasileira de Pesquisa Agropecuária (Embrapa) 79, 113, 139, 332, 333, 338, 349, 406
    Empresa de Assistência Técnica de Extensão Rural do Estado de Minas Gerais (Emater) 435
    Empresa de Pesquisa Agropecuária de Minas Gerais (Epamig) 436
    Fundo Nacional do Meio Ambiente 278
    Instituto Brasileiro do Meio Ambiente e dos Recursos Naturais Renováveis (Ibama) 275
    Instituto Nacional de Colonização e Reforma Agrária (Incra) 85
    Lei n. 8.171/1991 (Dispõe sobre a Política Agrícola) 342, 418
    Lei n. 9.433/1997 (Institui a Política Nacional de Recursos Hídricos) 292, 344
    Medida Provisória n. 285/2006 (Dispõe sobre as operações de crédito rural) 163
    Ministério da Agricultura, Pecuária e Abastecimento (Mapa) 149, 150, 152, 153, 158, 161 à 163, 166, 169 à 171, 203, 213, 215, 285, 303, 330, 346 à 349, 402, 407, 440
    Ministério do Desenvolvimento Agrário 28, 86, 89, 126, 158, 161, 163, 164, 303, 331, 343, 440
    Ministério do Meio Ambiente 126, 274, 331, 407
    Ministério do Trabalho 122
    Plano Plurianual (PPA) 331
    Política Nacional do Meio Ambiente 292, 399
        Lei n. 6.938/1981 (Dispõe sobre a Política Nacional do Meio Ambiente) 292, 399
    Programa Nacional de Fortalecimento da Agricultura Familiar (Pronaf) 28, 89, 162, 303, 330
Populações Tradicionais – Comunidades Locais 21, 35, 76, 84, 121, 123, 133, 158, 161, 211, 213, 220, 233, 236, 242, 253, 265, 274 à 276, 281 à 286, 288, 289, 300, 303, 305, 308, 315, 316, 319 à 321, 323 à 325, 327, 331, 332, 340, 343, 345, 349, 358, 365, 379 à 381, 391, 393, 400, 403, 404, 415, 416, 429, 441, 442
    Caiçaras – Agricultores-Pescadores 77, 160, 393, 403, 404
    Comissão Nacional de Desenvolvimento Sustentável dos Povos e Comunidades Tradicionais 288, 289
        Decreto de 13 de julho de 2006 (Criou a Comissão) 289
    Direitos das Populações Tradicionais 288
    Política Nacional de Desenvolvimento Sustentável dos Povos e Comunidades Tradicionais 288
        Decreto n. 6.040/2007 (Instituiu a Política Nacional) 288
    Quilombos – Quilombolas 84, 121, 286 à 288, 326, 331, 343, 379, 393, 400, 403, 447
        Direitos dos Quilombolas 84, 288
    Seringueiros 84, 332, 403, 404
Pousio 44, 49 à 52, 91, 383
    Sistemas Agrários sem Pousio 51, 52, 54
    Sistemas de Pousio e Cultura Atrelada Ligeira 49
    Sistemas de Pousio e Cultura Atrelada Pesada 49, 50
Povos Indígenas 47, 48, 68 à 71, 73 à 76, 98, 102, 121, 154 à 156, 158, 161, 162, 166, 170, 171, 213, 236, 254, 275, 276, 281, 284 à 286, 288, 300, 305, 308, 313, 316, 318, 331, 333, 343 à 345, 355, 379 à 381, 384, 386, 389, 393, 396, 397, 400, 403, 404, 408, 410 à 412, 414, 442, 447, 448
    Baniwa 330, 380, 404
    Baré 404
    Carijó 72
    Convenção 169 da Organização Internacional do Trabalho 345
        Decreto Legislativo n. 143/2002 (Aprovou o texto da Convenção) 345
    Desana 404
    Direitos dos Povos Indígenas 288, 345
        Declaração da ONU sobre os Direitos dos Povos Indígenas 345
    Guarani 72
    Guarani Mbyá 337
    Índios Isolados 414
    Kayabi 330, 403
    Krahô 326, 333
    Lei n. 27.811/2002 do Peru (Estabelece um regime de proteção aos conhecimentos coletivos dos povos indígenas associados aos recursos biológicos) 411
    Nawa 414
    Nukini 414
    Organizações Indígenas 283
        Associação das Comunidades Indígenas do Médio Rio Negro (ACIMRN) 386
        Organização Indígena da Bacia do Içana (OIB) 330
    Patrimônio Biocultural Indígena 412

Índice remissivo

Sateré-Mawé 414, 435
Terras Indígenas 276, 287, 288, 333, 344, 400, 402, 403, 414
    Parque Indígena do Xingu 330, 333
    Tukano 404
    Uru-Eu-Wau-Wau 414
    Waiãpi 384
    Yanomami 404
Privilégio do Agricultor *Veja* **Direitos dos Agricultores**
Programa Biodiversidade Brasil-Itália 332, 333
Programa de Aquisição de Alimentos (PAA) 330, 332
    Decreto n. 5.873/2006 (Regulamentou o PAA) 330
    Lei n. 10.696/2003 (Instituiu o PAA) 330
Programa Internacional "O Homem e a Biosfera" 397, 408, 409
Programa Nacional de Agrobiodiversidade 331
Programa Nacional de Fortalecimento da Agricultura Familiar (Pronaf) 28, 89, 162, 303, 330
Programa Nacional do Patrimônio Imaterial 385
Propriedade Intelectual 172, 174, 182, 183, 186, 200, 203, 305, 320, 321, 323, 372, 375, 412
    Associação Internacional para a Proteção da Propriedade Intelectual (APPI) 176
    Convenção da Upov – Convenção Internacional para a Proteção das Obtenções Vegetais 30, 172, 176, 178 à 182, 185 à 190, 194, 196, 198, 203, 230, 233, 299, 350
    Convenção de Berna para a Proteção das Obras Literárias e Artísticas 183, 184
    Convenção de Paris para a Proteção da Propriedade Industrial 183, 184, 421
    Direitos de Propriedade Intelectual 30, 62, 117, 141, 151, 166, 172, 175, 177 à 180, 183 à 185, 190, 191, 196, 215, 216, 218, 223, 225, 232, 233, 242, 243, 259, 261, 263, 264, 269, 280, 281, 290, 302, 306, 310, 312, 314, 320 à 322, 340, 341, 351, 353, 357, 361, 365, 366, 372, 374, 376 à 380, 424, 447
    Acordo Trips 182 à 188, 194, 197, 198, 200, 201, 203, 204, 305, 306, 320, 350, 351, 356, 421, 422
    Acordo Trips-Plus 185
    Organização Mundial de Propriedade Intelectual (Ompi) – Wipo em inglês 172, 182, 183, 188, 421
Proteção do Domínio Público 216, 233, 242, 243, 374, 376, 377, 379, 380
Proteção Legal aos Nomes Geográficos 419

Protocolo de Biossegurança de Cartagena 401
Pupunha 47, 70, 407

Q

Queijo da Serra da Canastra 419, 435 à 440
Quilombos – Quilombolas 84, 121, 286 à 288, 326, 331, 343, 379, 393, 400, 403, 447
    Direitos dos Quilombolas 84, 288

R

Recursos Fitogenéticos *Veja* **Recursos Genéticos**
Recursos Genéticos 69, 90, 94, 96, 115, 142, 219, 220, 225 à 227, 233, 234, 240, 242 à 245, 247 à 249, 254, 255, 259, 260, 279, 280, 282, 284, 289, 291 à 293, 319, 360, 365
    Acesso 28, 31, 131, 176, 198, 215, 219, 226 à 237, 241 à 243, 248 à 252, 258 à 266, 270, 273, 274 à 279, 283, 285 à 287, 289 à 291, 298, 314, 321, 323, 345, 350, 356, 358, 412, 452
        Anuência Prévia 276, 278
    Acesso e repartição de benefícios 233, 236, 237, 242, 243, 250 à 252, 257, 259, 261 à 267, 270, 273 à 280, 282 à 287, 289, 290, 293, 300, 321 à 323, 339, 349, 354, 450
        Regime Bilateral de Acesso e repartição de Benefícios 241, 244, 251, 252, 259, 260, 270, 282, 283, 287, 321, 322
    Bens de Interesse Público 279, 291
    Comissão de Recursos Genéticos para a Alimentação e Agricultura 96, 228, 230, 231, 244, 248, 252, 299
    Compromisso Internacional sobre Recursos Fitogenéticos 227 à 233, 235, 236, 299, 300, 356
    Conferências Técnicas Internacionais sobre os Recursos Fitogenéticos 96, 220, 221, 223, 252, 335
    Diálogos de Keystone 227
    Fundo Internacional para os Recursos Fitogenéticos 231, 232, 299, 305, 323
    Manejo 231, 234, 253, 254, 269, 325, 407
    Plano Global de Ação para a Conservação e Utilização Sustentável dos Recursos Fitogenéticos para Alimentação e Agricultura 96, 244, 252, 257, 268, 300, 335
    Plano Global de Ação para os Recursos Genéticos Animais 301
    Proclamation n. 482/2006 da Etiópia (regula o acesso aos recursos genéticos e conhecimentos tradicionais) 358

Redes de Conservação e Segurança – Rete di Conservazione e Sicurezza 363
Sistema Global de Conservação e Utilização dos Recursos Genéticos para a Alimentação e a Agricultura 228, 235
Termo de Transferência de Material (TTM) 259, 261 à 263, 266, 269, 276, 277, 290
Tratado Internacional sobre Recursos Fitogenéticos para Alimentação e Agricultura (Tirfa) 31, 213, 214, 220, 227, 233, 235, 237, 244 à 247, 249 à 264, 266 à 273, 282, 285 à 292, 297 à 299, 304, 307 à 310, 313, 319, 322, 323, 325, 335, 339, 345, 346, 356, 400, 401, 450, 451
Decreto Legislativo n. 70/2006 (Aprovou o Tirfa) 273
Decreto n. 6.476/2008 (Promulgou o Tirfa) 273
Uso e Conservação 97, 220 à 222, 224, 225, 227, 229, 231, 232, 234, 241, 244, 246, 248, 249, 252, 253, 255, 257, 268 à 270, 275, 278, 281, 284, 292, 298 à 300, 302, 304, 305, 307, 308, 320, 323, 325, 332, 335, 339, 345, 355, 357, 363, 364, 368, 400, 408, 413, 450
Recursos Hídricos
Comitês de Bacia Hidrográfica 344, 345
Conselho Nacional e Estaduais de Recursos Hídricos 344
Irrigação 44 à 46, 59, 66, 104, 146, 147, 396
Lei n. 9.433/1997 (Institui a Política Nacional de Recursos Hídricos) 292, 344
Red de Semillas "Resembrando y Intercambiando" 361
Rede Ater Nordeste 328
Rede de Agroecologia Ecovida 328
Rede de Coleções de Variedades Raras e Ameaçadas de Extinção 368
Rede de Intercâmbio de Sementes do Ceará (RIS-CE) 329
Rede de Sementes da Paraíba 329
Rede Ecovida de Agroecologia 331, 442
Rede Milho 338
Rede PTA 338
Registro de Bens Culturais de Natureza Imaterial 384 à 388, 436, 437, 443, 452
Registro de Sistemas Alimentares 387, 388
Registro Nacional de Cultivares (RNC) 148, 149, 151 à 153, 157, 162, 164, 165, 170, 171, 203, 318, 346, 348, 349, 449, 450
Registro Nacional de Sementes e Mudas (Renasem) 153 à 155, 170, 171, 318
Registro Nacional de Variedades Nativas de Batatas 412

Registros (Repertórios) Voluntários e Regionais de Variedades 363, 365, 366
Repartição Justa e Equitativa dos Benefícios – Repartição Econômica dos Benefícios 234, 244, 249, 250, 266 à 270, 289, 300, 305, 307, 308, 319, 323, 324, 355, 357, 365
Fundos de Repartição de Benefícios 266, 268, 269, 278, 283, 288 à 292, 322 à 324, 334, 450
Réseau Semences Paysannes 361
Reservas da Agrobiodiversidade 398, 401, 403, 405, 406, 411, 412
Reservas de Segurança Alimentar 417, 418, 451
Reservas Genéticas 401, 408, 415, 416
Resiliência das Plantas 105, 117
Rete Semi Rurali 361
Rural Advancement Foundation International (Rafi) 225, 298

S

Saberes Agrícolas 28, 58, 73, 96, 131, 136 à 138, 157, 174, 211, 215, 230, 237, 241 à 243, 275, 283, 284, 319 à 321, 323, 324, 337, 341, 349, 362, 379, 381, 382, 384, 410, 416, 429, 430, 435
Intercâmbio de Saberes Agrícolas 58, 137, 145, 157, 211, 241, 269, 283, 321
Saúde 100, 102 à 104, 110, 111, 209, 216, 297, 358, 443
Organização Mundial da Saúde (OMS) 104, 110
Secretaria de Agricultura Familiar (SAF) 86, 89, 161, 163, 331
Departamento de Assistência Técnica e Extensão Rural (Dater) 331
Segurança Alimentar e Nutricional 27, 30, 61, 86, 87, 91, 100, 102, 103, 116, 121, 123, 132, 145, 211, 216, 218 à 221, 236, 242, 244, 250, 258, 270, 286, 297, 302, 330, 332, 333, 358, 377, 401, 448
Alimentação – Alimentos 27, 37, 40, 47, 50, 53, 54, 59, 61, 62, 70, 72, 86, 92, 98, 102 à 104, 113, 124, 125, 141, 142, 248, 249, 251, 256, 258, 266, 271, 273, 286, 287, 300, 301, 304, 309, 313, 343, 387, 408, 410, 417, 418, 435
Conselho Nacional de Segurança Alimentar e Nutricional (Consea) 343, 344, 449
Decreto n. 6.272/2007 (Dispõe sobre as competências, a composição e o funcionamento do Consea) 344
Declaração de Roma sobre Segurança Alimentar Mundial 249, 250

Índice remissivo

Fome 27, 48, 51, 60 à 62, 87, 101, 104, 112, 124, 223, 249, 250, 265, 448
    Grande Fome na Irlanda 101
    Food and Agriculture Organization (FAO) 61, 85, 96, 114, 122, 134, 143, 146, 166, 213, 220 à 223, 225, 228, 229, 235, 236, 244, 269, 270, 299, 300, 339, 344, 395, 397
    Reservas de Segurança Alimentar 417, 418, 451
    Sistema Nacional de Segurança Alimentar e Nutricional
        Lei n. 11.346/2006 (Criou o Sistema) 102, 344, 418
Seguro da Agricultura Familiar – Proagro Mais 163
    Conselho Monetário Nacional
        Resolução n. 3.587/2008 163
Sementes 19 à 21, 30, 39, 40, 42, 58, 60, 80, 95, 105, 132, 141, 155, 175, 327, 369, 377, 379
    Acesso 146 à 148, 153, 209, 216, 218, 312, 317, 348, 452
    Associação Brasileira de Sementes e Mudas (Abrasem) 145, 146
    Associação Européia de Sementes 314
    Bancos de Germoplasma 118, 119, 139, 214, 220, 221, 223 à 227, 229, 250, 254, 255, 265, 326, 330, 358, 363, 379, 406, 411
        Arca de Noé 118, 119
    Cooperativa de Pequenos Produtores Agricultores dos Bancos Comunitários de Sementes (COPPABACS) 329
        Lei n. 6.903/2008 do Estado de Alagoas (Dispõe sobre a criação do Programa Estadual de Bancos Comunitários de Sementes) 326
        Lei n. 7.298/2002 do Estado da Paraíba (Dispõe sobre a criação do Programa Estadual de Bancos Comunitários de Sementes) 326
        Projeto de Lei 1.976/2007 da Assembléia Legislativa de Minas Gerais (Dispõe sobre a Política Estadual de Incentivo à Formação de Bancos Comunitários de Sementes de Cultivares Locais, Tradicionais e Crioulas) 326
    Certificação 132, 137, 140, 154, 168, 169
    Comercialização 30, 132 à 135, 137 à 139, 148 à 150, 153 à 157, 166 à 169, 175, 180, 194, 207, 209, 211, 216, 217, 311, 313, 317, 346, 359, 360, 367, 368, 449, 451
    Comissões de Sementes e Mudas 346 à 348
    Comité Technique Permanent de la Sélection 134, 135
    Conselho de Sementes das Filipinas 316
    Controle Biológico ou Natural 141, 175
    Controle Legal 141, 175
    Crioulas 125, 157, 158, 161, 162, 326, 327, 329, 331, 337, 339, 349, 405, 407
        Da Biodiversidade 158
        Da Paixão 158
    Distribuição – Circulação 138, 139, 145, 155, 156, 161, 166, 168, 169, 209, 211, 241, 243, 256, 313, 329, 330, 346, 364, 452
    Estéreis – *Terminator* 217, 218
    Federação Internacional de Sementes (FIS) 176
    Grupo de Intercâmbio em Agricultura Sustentável (GIAS)
        Rede de Troca de Sementes 329
    Intercâmbio 58, 137, 139, 145, 147, 157, 193, 196 à 198, 211, 218, 233, 241, 246, 283, 311, 317, 318, 321, 451
    Leis de Sementes
        África
            Camarões 140
            Etiópia 314, 358
            Malawi 140, 358
            Namíbia 199, 358
            Nigéria 140
            Senegal 140
            Uganda 199, 358
            Zâmbia 140, 358
            Zimbábue 358
        Bangladesh 140, 198, 349
        Brasil 133, 140, 147, 160, 172, 174, 209, 313
            Decreto n. 5.153/2004 (Regulamentou a Lei de Sementes n. 10.711/2003) 132, 133, 150, 152, 154 à 156, 162, 164, 166, 167, 170, 171, 346, 347, 448
            Lei n. 10.711/2003 (Lei de Sementes) 30, 132, 133, 147 à 158, 160 à 162, 164 à 171, 196, 318, 346, 348, 349, 449
        França 135
        Indonésia 140
        Leis Regionais Italianas 31, 362 à 366
            Agricultores Guardiões – *Agricoltori Custodi* 364
            Legge Regionale n. 11/2002 (Friuli-Venezia Giulia) 363
            Legge Regionale n. 12/2003 (Marche) 363
            Legge Regionale n. 15/2000 (Lazio) 363, 365
            Legge Regionale n. 26/2008 (Basilicata) 363, 365
            Legge Regionale n. 64/2004 (Toscana) 362 à 366

Nepal 198, 199
Paquistão 198
Sri Lanka 198
Suiça 367, 368
    Ordonnance du 7 dècembre 1998 sur les semences et les plants des espèces de grandes cultures et de plantes fourragères 367
    Locais 140, 142, 145, 146, 157, 158, 161 à 163, 169, 330, 331, 347, 349
    Melhoradas 64, 115, 133, 134, 138, 142, 146, 327, 431
    Multiplicação 139, 155 à 157, 170, 181, 194, 197, 207 à 209, 211, 212, 218, 312, 313, 431, 449
    Para Uso Próprio 145, 157, 164 à 168, 171, 178, 179, 189, 190, 196, 202, 206, 207, 211 à 213, 215, 311, 431
    Produção 30, 64, 132 à 134, 136 à 139, 142 à 146, 148 à 150, 152 à 154, 166 à 169, 172, 175, 179, 180, 194, 203, 204, 207, 216, 311, 313, 327, 329 à 331, 337, 339, 346 à 348, 359, 360, 367, 431, 449
    Programa de Aquisição de Alimentos (PAA) 330, 332
        Decreto n. 5.873/2006 (Regulamentou o PAA) 330
        Lei n. 10.696/2003 (Instituiu o PAA) 330
    Programa de Melhoramento e Desenvolvimento de Sementes da FAO 134
    Red de Semillas "Resembrando y Intercambiando" 361
    Rede de Intercâmbio de Sementes do Ceará (RIS-CE) 329
    Rede de Sementes da Paraíba 329
    Registro Nacional de Sementes e Mudas (Renasem) 153 à 155, 170, 171, 318
    Réseau Semences Paysannes 361
    Sistemas de Sementes
        "Comercial" 138, 146, 148
        "Formal" 133, 138, 139, 141 à 148, 154, 167, 169, 317, 447, 449
        "Informal" 138, 139, 142 à 148, 157, 165 à 169, 213, 351
        Tradicionais 157, 158
        Troca 155 à 157, 161, 166 à 168, 170, 207, 212, 214, 303, 313, 449
        Uso e Conservação 30, 115, 136, 139, 167, 222, 303, 311, 449
Serviço Nacional de Proteção de Cultivares 139, 203, 215
Sindicato dos Trabalhadores na Agricultura Familiar de Anchieta 339

Sistema de Piscicultura Integrado com Plantações de Arroz da China 397, 398
Sistema Global de Conservação e Utilização dos Recursos Genéticos para a Alimentação e a Agricultura 228, 235
Sistema Nacional de Segurança Alimentar e Nutricional
    Lei n. 11.346/2006 (Criou o Sistema) 102, 344, 418
Sistema Nacional de Unidades de Conservação da Natureza (SNUC)
    Lei n. 9.985/2000 (Instituiu o SNUC) 288, 399, 400, 409
Sistema *Sui Generis* de Proteção 175, 176, 178, 187, 188, 193, 198, 201, 204, 305, 306, 320, 321, 350, 351, 378
Sistema Upov – Sistema de Proteção de Cultivares 31, 172 à 174, 176, 179, 180, 188, 193, 196, 198 à 202, 214 à 216, 267, 365, 378
    Sistema de Inovação Cumulativa 214
Sistemas Agrícolas 28, 30, 33, 35, 36, 52 à 54, 61, 93, 95, 104, 105, 114, 119, 132, 133, 137, 174, 214, 248, 265, 315, 317 à 319, 324, 347, 382, 386, 387, 395, 397, 398, 403, 443, 447
    Agrobiodiversos 102, 121, 141, 215
    Do Arquipélago de Chiloé (Chile) 239, 396
    Do Sul dos Andes Peruanos 396
    Heterogêneos 141
    "Modernos" 60, 96, 138
    Sustentáveis – Diversificados 48, 104, 105, 121, 169, 318, 397, 404
    Tradicionais ou Locais 29, 31, 48, 52, 60, 73, 76, 91, 103, 115, 121, 137 à 139, 142 à 147, 157, 199, 211, 213, 215, 218, 227, 241, 243, 246, 253, 265, 284, 302, 311, 313, 316, 321, 325, 326, 334, 340, 345, 363, 382, 387, 391, 395, 397, 398, 401, 403 à 405, 410, 429, 431, 433, 447 à 450, 452
Slow Food 435
***Software* Livre** 31, 369 à 372, 376, 377
    Fórum Internacional de Software Livre 379
    General Public License (GPL) 370, 371, 378
    Open Source 372 à 374, 378, 379, 452

T

Tailândia 48, 199
    Comissão de Proteção às Variedades de Plantas 199
        Variedades Agrícolas – Variedades de Plantas Domésticas Gerais 199
        Domésticas Locais 199

Índice remissivo

Variedades Selvagens 199
Termo de Transferência de Material (TTM) 259, 261 à 263, 266, 269, 276, 277, 290
Terra de Direitos 153, 328
Terra Preta 41, 69, 397
Terraços de Arroz da Província de Ifugao (Filipinas) 391, 396
Terras de Domínio Público / Terras de Uso Coletivo 250, 287, 288, 290, 291, 403, 409
    Ejidos 408
    Terre Civiche e Proprietà Collettive 366
Transgênicos 62 à 64, 82, 119, 121, 125, 135, 163, 189, 191, 202, 203, 210, 216, 217, 401, 402, 409, 413
    Lei n. 11.460/2007 (Dispõe sobre o plantio de organismos geneticamente modificados em unidades de conservação) 402
    Ordenanza Regional n. 010/2007 de Cuzco, Peru (Proíbe a venda, o cultivo, o uso e o transporte de variedades de batatas geneticamente modificadas) 413
Trigo 39, 48, 53, 82, 97, 101, 103, 113, 125, 135, 141, 143 à 146, 150, 175, 203, 215, 218, 221, 247 à 249, 346, 360, 414, 415
    Centro Internacional para o Melhoramento de Milho e Trigo (CIMMYT) 224, 247, 408

U

União das Associações Comunitárias do Interior de Canguçu (Unaic) 126, 127, 327, 328
União dos Lavradores e Trabalhadores Agrícolas 89
União Européia 31, 183, 185, 201 à 203, 264, 304, 309, 311, 361, 367, 420, 427, 439
    Diretiva Européia 2008/62 sobre as Variedades de Conservação 135, 359 à 361
    Regulamento n. 2.082/1992 420
    Regulamento n. 2.100/1994 (estabelece normas relativas à proteção de variedades de plantas) 203
    Regulamento n. 509/2006 420
    Regulamento n. 510/2006 420
    Tribunais da Comunidade Européia 425
União Internacional para a Conservação da Natureza (UICN) 416
Unidades de Conservação 123, 276, 277, 287, 288, 399 à 402, 406, 407, 409, 413, 416
    Área de Proteção Ambiental 399, 402
    Estação Ecológica 277, 399, 414
    Floresta Nacional 332, 399, 408, 414
    Parque Nacional 277, 399, 403, 413 à 416, 441
    Reserva Biológica 399, 403, 414
    Reserva da Biosfera 317, 397, 408, 409
    Reserva de Desenvolvimento Sustentável 287, 288, 399, 403, 408
    Reserva Extrativista 287, 288, 332, 399, 403, 407, 408, 414
    Reserva Natural de Huu Lien 416
    Sistema Nacional de Unidades de Conservação da Natureza (SNUC)
        Lei n. 9.985/2000 (Instituiu o SNUC) 288, 399, 400, 409
Union Internationale pour la Protection des Obtentions Végétales (Upov) 21, 172, 187, 188, 199, 353
    Convenção da Upov – Convenção Internacional para a Proteção das Obtenções Vegetais 30, 172, 176, 178 à 182, 185 à 190, 194, 196, 198, 203, 230, 233, 299, 350
        Atas da Upov de 1978 e 1991 181, 186 à 190, 194 à 200, 203 à 206, 211, 212, 214, 233, 303, 306, 310, 311, 317, 349, 350, 354, 451
    Sistema Upov – Sistema de Proteção de Cultivares 31, 172 à 174, 176, 179, 180, 188, 193, 196, 198 à 202, 214 à 216, 267, 365, 378
United Nations Educational, Scientific and Cultural Organisation (Unesco) 389 à 393, 395 à 397, 408, 409, 432

V

Valor de Cultivo e Uso (VCU) 150, 346, 348
Variedades Agrícolas – Variedades de Plantas *Veja* **Plantas**
Variedades de Conservação 135, 359 à 362, 367

W

World Wildlife Foundation (WWF) 413

Z

Zonas de Agrobiodiversidade *Veja* **Reservas de Agrobiodiversidade**
Zoneamento Agrícola 127, 162, 163, 349

Impressão e Acabamento

Prol